de
ión

**Teoría y Práctica
de la Composición y del Estilo**

Curso de Redacción

Teoría y Práctica de la Composición y del Estilo

Gonzalo Martín Vivaldi
XXXIII edición actualizada por:
Arsenio Sánchez Pérez

33ª Edición

THOMSON

™

PARANINFO

Australia · Canadá · México · Singapur · España · Reino Unido · Estados Unidos

THOMSON
PARANINFO

Curso de redacción
© Gonzalo Martín Vivaldi y Arsenio Sánchez Pérez

Gerente Editorial Área Técnico-Vocacional:
Mª Teresa Gómez-Mascaraque Pérez

Editora de Producción:
Clara Mª de la Fuente Rojo
Consuelo García Asensio

Producción Industrial:
Susana Pavón Sánchez

Diseño de cubierta:
Montytexto

Preimpresión:
Montytexto

Impresión:
Unigraf, S.L.
Móstoles - Madrid

COPYRIGHT © 2000 International
Thomson Editores Spain
Paraninfo, S.A.
33ª edición, 3ª reimpresión, 2003

Magallanes, 25; 28015 Madrid
ESPAÑA
Teléfono: 91 4463350
Fax: 91 4456218
clientes@paraninfo.es
www.paraninfo.es

Impreso en España
Printed in Spain

ISBN: 84-283-2570-7
Depósito Legal: M-8.771-2003

(023/70/56)

Otras delegaciones:

México y Centroamérica
Tel. (525) 281-29-06
Fax (525) 281-26-56
clientes@mail.internet.com.mx
clientes@thomsonlearning.com.mx
México, D.F.

Puerto Rico
Tel. (787) 758-75-80 y 81
Fax (787) 758-75-73
thomson@coqui.net
Hato Rey

Chile
Tel. (562) 531-26-47
Fax (562) 524-46-88
devoregr@netexpress.cl
Santiago

Costa Rica
EDISA
Tel./Fax (506) 235-89-55
edisacr@sol.racsa.co.cr
San José

Colombia
Tel. (571) 340-94-70
Fax (571) 340-94-75
clithomson@andinet.com
Bogotá

Cono Sur
Pasaje Santa Rosa, 5141
C.P. 141 - Ciudad de Buenos Aires
Tel. 4833-3838/3883 - 4831-0764
thomson@thomsonlearning.com.ar
Buenos aires (Argentina)

República Dominicana
Caribbean Marketing Services
Tel. (809) 533-26-27
Fax (809) 533-18-82
cms@codetel.net.do

Bolivia
Librerías Asociadas, S.R.L.
Tel./Fax (591) 2244-53-09
libras@datacom-bo.net
La Paz

Venezuela
Ediciones Ramville
Tel. (582) 793-20-92 y 782-29-21
Fax (582) 793-65-66
tclibros@attglobal.net
Caracas

El Salvador
The Bookshop, S.A. de C.V.
Tel. (503) 243-70-17
Fax (503) 243-12-90
amorales@sal.gbm.net
San Salvador

Guatemala
Textos, S.A.
Tel. (502) 368-01-48
Fax (502) 368-15-70
textos@infovia.com.gt
Guatemala

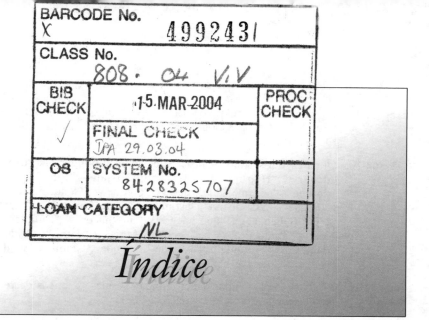
Índice

Capítulo 1. Cuestiones gramaticales

INTRODUCCIÓN: I. La Redacción y la Gramática.- II. El lenguaje, medio de comunicación.- III. El estilo puede conseguirse.- IV. Leer para aprender 1

Lección 1. La puntuación: las reglas y el temperamento.- La coma.- El punto y coma.- Ejercicios 7

Lección 2. La puntuación (conclusión).- El punto.- Los dos puntos.- Los puntos suspensivos.- Los signos de interrogación y admiración.- Guiones y paréntesis.- Las comillas.- Posibilidad de crear nuevos signos de puntuación.- Ejercicios 14

Lección 3. Verbo y sujeto.- Dinamismo del verbo.- Verbos transitivos e intransitivos.- Algunas características de la construcción verbal española: 1. Verbos auxiliares.- 2. Formas verbales no personales.- 3. Formas verbales personales.- El modo indicativo.- Decadencia del modo subjuntivo.- Notas.- El modo imperativo.- Ejercicios 25

Lección 4. Uso y abuso de la voz pasiva.- Sustituciones posibles de la voz pasiva.- Ejercicios 38

Lección 5. El adjetivo y el adverbio.- Algunas normas prácticas de redacción.- Ejercicios. 42

Lección 6. Principales preposiciones: empleo correcto y uso incorrecto. Ejercicios 52

Lección 7. El gerundio correcto y el incorrecto.- Conclusiones.- Ejercicios 61

Lección 8. Leísmo, laísmo y loísmo.- Ejercicios.- Notas: Los escritores y el laísmo.- Los clásicos y el leísmo.- El "losismo".- Ejercicios 66

Lección 9.   Uso y abuso del relativo.- El relativo "cuyo" y su valor posesivo.-
Equívocos.- Incorrecciones.- Cómo se suprime una frase de relativo.-
Ejercicios   71

Lección 10. Otros escollos gramaticales.- Suposición y obligación: "deber de" y
"deber".- "Han habido", frecuente dislate.- "Sino" y "si no".-
"Porque", "por que", "por qué" y "porqué".- "Conque", "con que" y
"con qué".- "Asimismo", "así mismo" y "a sí mismo".- "Haber" y "a
ver".- "Quehacer", "que hacer" y "qué hacer".- "También" y "tan
bien".- "Tampoco" y "tan poco".- "Atrás" y "detrás".- "Adelante" y
"delante".- "Adonde", "a donde", "dónde", "adónde" y "donde".-
Ejercicios   78

Lección 11. El abuso de las siglas y acrónimos.- Reglas prácticas de redacción
para las siglas.- Notas.- Ejercicios   88

Lección 12. Otros abusos lingüísticos.- Abuso de pronombres.- El posesivo "su".-
"Queísmo", "dequeísmo" y "adequeísmo".- Notas.- Los galicismos
"c'est... qui", "c'est..."- Ejercicios   92

Capítulo 2. Claridad y orden

INTRODUCCIÓN: Orden, disciplina y variedad.- Las Gramáticas del texto y la
Lingüística textual   99

Lección 13. Elementos de la oración o frase.- Oración y sintagma.- El predicado:
sus clases.- El enunciado: frase, período y cláusula.- La frase inarticulada y la frase nominal.- La frase larga y el período.- Ejercicios   102

Lección 14. Elementos modificadores y frases modificadoras.- Su importancia en
la puntuación de la frase.- Elementos modificadores.- Frases modifi-
cadoras.- Ejercicios   109

Lección 15. Orden de las palabras y construcción de la frase.- Fisionomía de la
construcción española.- Perfil estilístico del idioma español.- El orden
sintáctico.- Lugar del verbo en la frase.- Ejercicios   113

Lección 16. Construcción lógica I.- El orden de las palabras y el orden de las
ideas.- Ejercicios   119

Lección 17. Construcción lógica II.- La cohesión en el párrafo y las frases desordenadas.- Ejercicios   123

Lección 18. Construcción lógica III.- El relativo "que" y su antecedente.-
Observaciones.- Ejercicios   126

Lección 19. La colocación de modificativos y la claridad de la frase.- Ejercicios .   129

Lección 20. Unidad de propósito: coherencia entre la idea principal y las ideas secundarias.- Ejercicios 132

Lección 21. Problemas de redacción en las frases ligadas.- La elipsis y la construcción nominal.- I. Frases ligadas.- II. La elipsis y la construcción nominal.- Ejercicios 135

Lección 22. Los marcadores textuales y su importancia como elementos de enlace.- Ejercicios 140

Lección 23. Coherencia y claridad en los párrafos.- A) Alteraciones en torno al sujeto.- B) Alteraciones en el verbo.- Ejercicios 143

Lección 24. Variedad y armonía.- La elección entre el período corto y el amplio.- Lo amplio y lo ampuloso.- Ejercicios 146

Capítulo 3. Precisión en el empleo del lenguaje

INTRODUCCIÓN: Vocabulario frecunte, vocabulario disponible y vocabulario técnico.- El lenguaje de los jóvenes 151

Lección 25. Uso y abuso de las palabras "cosa", "algo", "esto" y "eso".- La palabra "cosa".- La palabra "algo".- Los pronombres demostrativos "esto" y "eso".- Ejercicios 156

Lección 26. Sustitución de verbos frecuentes I.- Sustitución de los verbos "ser", "estar", "encontrarse" y "haber" (impersonal).- Sustitución del verbo "tener".- Ejercicios 161

Lección 27. Sustitución de verbos frecuentes II.- Sustitución del verbo "hacer".- Sustitución del verbo "poner".- Sustitución de los verbos "decir" y "ver".- Abuso del verbo "producir" y el sustantivo "tema".- Ejercicios 164

Lección 28. Cohexión entre las frases que forman un párrafo.- Procedimientos de cohexión textual.- Ejercicios 169

Lección 29. "Yo", "nosotros" y "uno".- Uso del "yo".- Uso del "nosotros".- Uso del "uno".- El énfasis y la modestia: recomendación práctica.- Ejercicios 173

Lección 30. Frases cortas y frases largas.- Períodos largos y períodos cortos: la trabazón.- El período amplio y la belleza.- Ejercicios 179

Lección 31. Repetición de ideas y palabras.- La repetición de ideas.- La repetición de palabras.- Ejercicios 183

Lección 32. Modos de evitar las repeticiones.- El arte de repetir.- Cómo evitar las repeticiones.- Ejercicios 188

Lección 33. Los incisos y el arte de tachar.- A) Los incisos y la unidad de la frase.- Notas: Mecánica del paréntesis.- B) El arte de tachar y el estilo conciso.- Ejercicios 192

Lección 34. Neologismos, barbarismos, extranjerismos, solecismos y "telecismos".- Neologismos, barbarismos, extranjerismos y solecismos.- Neologismos de construcción.- La adaptación analógica.- Del galicismo al anglicismo.- Adaptación del vocablo extraño.- Nuevos artículos en el diccionario de la RAE.- Algunos barbarismos innecesarios, con su equivalencia española.- Barbarismo sintáctico: el condicional de suposición.- Ejercicios 198

Lección 35. El idioma y la responsabilidad.- La responsabilidad de conservar el idioma.- Vocablos técnicos y científicos de uso corriente. Criterio para su admisión.- Terminología aeronáutica y astronáutica.- Lenguaje publicitario.- Los "telecismos" y la política del idioma.- Momento de crisis en el idioma.- Anexo terminológico. Algunas novedades comentadas.- Posdata. Diccionarios: respeto, pero no obediencia ciega.- Ejercicios 224

Capítulo 4. La elegancia en el lenguaje y el arte de escribir

INTRODUCCIÓN: Arte, elegancia y composición.- Escribir y componer 245

Lección 36. La construcción de la frase y la armonía.- La armonía, cualidad esencial del arte de escribir.- Vicios: cacofonía, monotonía, repeticiones, asonancias y consonancias.- Ejercicios 247

Lección 37. El estilo pintoresco.- El detalle descriptivo.- La comparación.- La antítesis.- Ejercicios 251

Lección 38. Metáforas y frases hechas.- Cualidades de la metáfora.- Génesis de la frase hecha.- Cómo se renuevan las metáforas.- El poeta, la metáfora, el pueblo y los sentidos.- Ejercicios 256

Lección 39. Las figuras retóricas.- Planteamiento y justificación.- Preocupación renovadora.- Principales figuras retóricas.- La sinestesia.- La paradoja.- La ironía.- La hipérbole.- La hipérbole en Quevedo.- Ejercicios . 265

Lección 40. Estilos directo, indirecto y semidirecto.- El estilo.- Tipos de estilo: directo, indirecto y semidirecto o indirecto libre.- Utilización de los diferentes estilos.- Ejercicios 277

Lección 41. El lenguaje, medio de comunicación.- La composición literaria.- La invención.- La disposición.- La elocución.- El retoque.- El oficio y la inspiración.- La improvisación y la técnica 285

Lección 42. Estilo y estilística.- Cualidades primordiales del buen estilo: claridad, concisión, sencillez y naturalidad.- Escribir y hablar.- Cuatro reglas de estilística.- De lo escrito y de lo hablado 294

Lección 43. Originalidad y estilística.- La originalidad del estilo.- Estilo y musicalidad.- El estilo "no es nada" y "es todo".- Estilo y exactitud.- El estilo científico o demostrativo.- El estilo, el tono y los "baches". Ejemplos comentados.- ¿Hacia una estilística generativa? 303

Lección 44. La palabra como utensilio.- La precisión en el uso de la palabra.- La palabra lo es en la frase.- Sentido aproximativo de las palabras.- Belleza y magia de las palabras.- No hay palabras bellas ni feas.- Poder mágico de las palabras.- La palabra y los autores.- Estructura del léxico.- Palabras vacías y palabras llenas.- Palabras "alfileres".- Ambigüedad de las palabras.- La palabra y las nuevas unidades lingüísticas 314

Capítulo 5. El arte de escribir y las técnicas

INTRODUCCIÓN: La técnica ayuda, pero no basta 329

Lección 45. La descripción y su técnica I.- Principios generales.- Mecanismo de la descripción.- Tiempos de la descripción.- Ejercicios 331

Lección 46. La descripción y su técnica II.- Cualidades de la descripción.- Descripciones diversas según su sujeto individual.- Diferentes tipos de descripción de un conjunto.- Reglas del estilo descriptivo.- Ejercicios 338

Lección 47. La descripción estática y la descripción animada.- La descripción según el punto de vista del autor.- Análisis de textos descriptivos: De Homero a nuestro tiempo.- Dinamismo plástico.- Describir y enumerar.- Ejercicios 343

Lección 48. La biografía y su técnica.- La nota biográfica.- La biografía.- La semblanza biográfica.- Ejercicios 352

Lección 49. Cartas y traducciones.- Las cartas.- Tipos de cartas: la carta privada, la carta de negocios y la carta diplomática: Normas prácticas de redacción.- Las traducciones.- Requisitos para traducir.- La traducción libre.- Ejercicios 357

Lección 50. La técnica del resumen.- El resumen.- Resumen de una conferencia.- Conferencias excepcionales.- Resumen de un libro.- Ejercicios 367

Lección 51. Desarrollo de una idea.- Principios y normas para desarrollar una idea.- Ejercicios 372

Lección 52. La titulación I.- Principios y normas.- Titulación periodística y titulación literaria.- Normas de titulación periodística.- Ejercicios 375

Lección 53. Teoría y práctica de la crítica.- Condiciones de la crítica.- La crítica periodística.- Papel del crítico.- La crítica en funciones.- Las tres exigencias fundamentales al crítico.- Ejercicios 381

II LA INFORMACIÓN Y LA NOTICIA 388

INTRODUCCIÓN: El periodismo como ejemplo y modelo 388

Lección 54. La noticia.- La noticia y sus elementos.- Orden informativo: la pirámide invertida.- Valoración.- Límites del orden descendente.- La "encabezaditis".- La entradilla o "lead".- Condiciones de la noticia.- Observaciones prácticas.- Ejercicios 389

Lección 55. El reportaje.- El reportaje, el gran reportaje y la novela.- Ejercicios .. 399

Lección 56. Apuntes acerca de la entrevista.- La entrevista.- La entrevista-retrato o de personaje.- Lo que debe ser y lo que no debe ser una entrevista.- Ambiente, personas y diálogo.- No recargar demasiado.- El arte de preguntar.- ¿Se deben tomar notas?- Entrevistas, encuestas y ruedas de prensa.- La entrevista informativa.- El magnetófono en las entrevistas.- Ejemplo analizado.- Ejercicios 403

III EL COMENTARIO 414

INTRODUCCIÓN: "El hombre es un ser que comenta" 414

Lección 57. Técnica del comentario.- Qué es comentar.- Ejemplos comentados.- Ejercicios 415

Lección 58. Condiciones del comentarista.- El comentarista.- Lenguaje y estilo.- Ejemplo comentado.- Ejercicios 419

Lección 59. Tipos de comentario.- Tipos fundamentales de comentario editorial.- Observaciones.- Ejemplo comentado.- Ejercicios 423

IV LA NARRACIÓN Y SU TÉCNICA 427

INTRODUCCIÓN: Lo que se aprende y lo que no se aprende 427

Lección 60. Esquema de la narración.- Qué es narrar.- Leyes de la narración.- El interés humano.- Cómo se gana la atención del lector.- Verdad y verosimilitud en la narración.- Notas complementarias sobre la verosimilitud.- Ejercicios 429

Lección 61. Elementos de la narración.- El narrador.- Los tipos.- Opiniones de Ortega, Mauriac y Baroja.- El diálogo.- La acción.- El ambiente.- Tres tipos de relato literario.- Ejercicios 440

Lección 62. Desarrollo de la narración.- El comienzo.- La segunda escena y el desenlace.- Consejos prácticos.- Lo que no debe ser la narración.- El fundido y la pausa en el arte narrativo.- El proceso creador: concepción e incubación.- El estilo narrativo: nota previa.- Las narraciones en voz alta.- El tiempo en la narración.- Las narraciones enmarcadas.- La hipertrofia del estilo.- Nota: El estilo psicológico.- Ejercicios   456

APÉNDICE: Notas sobre el estilo narrativo y la novela.- Escribir para el hombre.- Distinción entre el realismo y la vulgaridad, según M. Guyau.- La fábula y el argumento.- La novela "bahaviorista", el monólogo interior y la novela clásica.- Presente y porvenir de la novela. Nota: El "mortal aburrimiento"   476

A MANERA DE EPÍLOGO: Autodidactismo y personalidad   487

OBRAS DE CONSULTA   490

CLAVE DE EJERCICIOS   493

Advertencia del editor

Este libro surgió en su día con objeto de cubrir las necesidades expuestas por algunos Centros y Academias que, dado el prestigio del autor, su profundo conocimiento del lenguaje y sus experiencias como profesor, recabaron de Gonzalo Martín Vivaldi la creación de un texto que viniera a apoyar los problemas que en su labor docente planteaba la redacción correcta.

En su condición de profesor y de periodista, Martín Vivaldi recopiló en su primer trabajo una serie de cuestiones prácticas ligadas a la estadística o a la redacción, de acuerdo con las sugerencias que le fueron apuntadas por Centros Educativos interesados en este tipo de obras. La 1ª Edición del *Curso de Redacción* consistió, pues, en lo que él mismo dio en llamar en su prólogo, un tanto modestamente, *"información de urgencia"* –quizá también por propia modestia– ya que al crearlo, nunca pensó en el *éxito* sino en el *servicio* que con ello prestaba a la enseñanza.

Pero la realidad fue muy otra. El lector, la crítica, la prensa y el profesorado, acogieron el libro con un criterio excepcionalmente unánime: generosidad de elogios y, sobre todo, animación sincera para que ampliara temas y experiencias personales en la siguiente edición.

El libro, en su primera tirada, se agotó con una rapidez que sorprendió al propio editor. Y desde entonces hasta hoy, el *Curso de Redacción (Teoría y Práctica de la Composición y del Estilo)* llega a la nueva Edición que ahora presentamos con la lógica satisfacción como editores. Estamos convencidos del acierto que Martín Vivaldi tuvo, edición tras edición, para enriquecer constantemente su obra, incorporando temas nuevos, precisiones, matices lingüísticos, innovaciones de la Real Academia Española o las corrientes del castellano en el habla actual, tan amenazado por la inevitable influencia de un mundo cada vez más "internacional" o, mejor aún, cada vez más inmerso en el uso de diferentes lenguas.

De aquí la necesidad de velar con mayor ahínco para mantener la pureza de nuestro idioma, labor en la que Editorial Paraninfo intenta colaborar con el máximo empeño. La nueva Edición de este *Curso de Redacción,* de presentación más moderna y didáctica, actualizada por Arsenio Sánchez con nuevos conceptos, matices y ejercicios, es prueba más que satisfactoria de este afán editorial.

Como colofón, no quisiéramos pasar por alto nuestro sincero agradecimiento, tanto hacia el lector como hacia el profesorado y los centros docentes españoles e hispanoamericanos, que han venido demostrando su interés y atención constantes por esta obra.

EL EDITOR

Capítulo 1

Cuestiones gramaticales

Introducción

I. La Redacción y la Gramática

> **Redactar bien** es expresarse por escrito con exactitud, originalidad, concisión y claridad.

Redactar, etimológicamente, significa *compilar* o *poner en orden;* en un sentido más preciso, consiste en expresar por escrito los pensamientos o conocimientos ordenados con anterioridad.

Redactar bien es construir la frase con exactitud, originalidad, concisión y claridad.

Nuestro propósito, al escribir estas lecciones, no ha sido otro que el de contribuir a mejorar la redacción de todo el que tenga interés en ello. Para conseguirlo, en distintas fases, procuramos estudiar los errores más frecuentes, llamando la atención sobre aquellos puntos esenciales y que deben tenerse en cuenta al escribir.

En los primeros temas consideramos preciso hablar algo de Gramática, entendida –según Saussure– como "sistema de medios de expresión". No obstante, procuraremos evitar el "gramaticalismo", es decir, el concepto muerto de la Gramática clásica, que concibe el idioma con sentido estático. "Cuando escribimos –dice Martín Alonso–, es siempre para decir lo que tenemos en nuestro espíritu o está a nuestro alrededor. A los gramáticos especulativos les falta el arranque de ese motor que da actividad al idioma y relaciona el lenguaje escrito con nuestro pensamiento: *la redacción*".

Todos hemos estudiado Gramática –valga la expresión– demasiado gramaticalmente. Por ello la olvidamos: porque aquel estudio se reducía a un conjunto de reglas muertas, frías, sin vida[1].

No obstante, no podemos prescindir en absoluto de las reglas; pero es preciso darles vida, animarlas.

Todo en la vida es norma. Desde el hombre hasta el mineral, todo lo que existe está sometido a un orden. La anarquía no conduce a nada: esteriliza. Y el autodidactismo –que en nuestro caso significa pretender escribir sin someterse a regla alguna, sin estudio previo– tiene un grave inconveniente: la lentitud. Se tarda más cuando se quiere llegar a la meta sin ayuda alguna, sin entrenamiento previo.

Por ello, al comenzar un curso de redacción, resulta útil recordar algunos temas gramaticales, incluso los más sencillos, los que todos creemos o suponemos "archisabidos", esos temas que, en más de una ocasión, cuando nos disponemos a escribir, se nos presentan erizados de dificultades, y cuyo recordatorio supone aquí una simple ayuda, un modo de evitar la consulta de obras alejadas de nuestro quehacer habitual.

Verdad es que se puede escribir bien sin conocer apenas las reglas gramaticales, sin haberlas estudiado. Pero lo que sucede en estos casos, es que muchas reglas *se conocen sin saberlo*. Es posible que no se estudiaran nunca tales reglas en un manual (o que, si se estudiaron, se hayan olvidado por completo); pero también es verdad que, a fuerza de mucho leer a los buenos escritores, el buen uso del lenguaje se aprende... sin darse uno cuenta.

En su obra citada *El hombre y la gente,* escribe Ortega y Gasset:

"... El efectivo hablar y escribir es casi una constante contradicción de lo que enseña la gramática y define el diccionario, hasta el punto de que casi podría decirse que el habla consiste en faltar a la gramática y exorbitar el diccionario. Por lo menos y muy formalmente, lo que se llama ser un buen escritor, un escritor con estilo, es causar frecuentes erosiones a gramática y léxico."

Lo cual –anotamos– nos parece admisible siempre que las "erosiones" causadas a la gramática y al léxico no produzcan lesiones... "de pronóstico grave o reservado".

II. EL LENGUAJE, MEDIO DE COMUNICACIÓN

El *lenguaje* es el mejor sistema de comunicación entre los hombres.

El escritor –tomada la palabra en su sentido más amplio: escritor, todo el que escribe habitualmente– necesita conocer lo más perfectamente posible los útiles de su traba-

---

[1] ... "La lengua, que es siempre y últimamente la lengua materna, no se aprende en Gramáticas y Diccionarios, sino en el decir de la gente." Ortega y Gasset, *El hombre y la gente.* Cap. XI.

jo: las palabras, el lenguaje; análogamente a como el pintor necesita conocer el dibujo, la perspectiva, el manejo de los colores, etc., antes de lanzarse a la gran aventura de la creación sobre un lienzo.

El lenguaje tiene su origen en la capacidad humana de utilizar sonidos articulados como medio de comunicación y convivencia (comunicación interpersonal), y sus imágenes mentales como instrumento al servicio del pensamiento de cada individuo (comunicación intrapersonal). Existe, por tanto, una relación íntima entre lenguaje y pensamiento: el *emisor* (hablante o escritor) expresa su pensamiento mediante el lenguaje y el *receptor* (oyente o lector) transforma el lenguaje en pensamiento.

"El lenguaje –dice Rafael Seco– es el gran instrumento de comunicación de que dispone la Humanidad, íntimamente ligado a la civilización, hasta tal punto, que se ha llegado a discutir si fue el lenguaje el que nació de la sociedad, o fue la sociedad la que nació del lenguaje."

El arte de hablar o de escribir es el arte de persuadir.

Verdad es que no todas las personas poseen el mismo caudal lingüístico, pero "no cabe duda –dice el autor citado– de que las ventajas estarán de parte de aquéllas en que ese caudal sea más preciso. Todo el mundo sabe que el que consigue hacerse entender mejor, el que se expresa con mayor claridad y precisión, es dueño de recursos poderosos para abrirse camino en el trato con sus semejantes. El arte de hablar o de escribir es el arte de persuadir".

"En realidad –sigue diciendo el mismo autor–, los pensamientos y los estados de ánimo son siempre algo vago e inconcreto si no se traducen en palabras, si no se hablan mentalmente. La mayoría de lo que pensamos es íntimo monólogo, y al pensar, más que manejar ideas, manejamos las etiquetas de esas ideas que son las palabras..."

Así, se ha llegado a decir: "No se explica la invención del lenguaje sin el lenguaje". Y tan patente es la utilidad del lenguaje, que "los psicólogos lo consideran en sus 'tests' *como uno de los índices más seguros para determinar la capacidad del desarrollo mental de un individuo"*[2].

Pero el uso del lenguaje –del que todos tenemos un conocimiento práctico– es un fenómeno complejo; no es tan fácil como se cree el hablar o escribir con corrección.

Considérese el ejemplo de una simple carta. ¿Habrá nada más fácil que escribir una carta a unos familiares? Y, sin embargo, ¡cuánto trabajo, cuantos sudores, exige el arte

---

[2] "Vida y palabra, pensamiento y palabra son inseparables", dice Fidelino de Figueiredo en *La lucha por la expresión*. Y continúa: "Pensar y saber es querer decir y poder decir. Todo lo que el hombre siente y piensa, lo incorpora al mundo de las palabras. El juicio, pieza nuclear del pensamiento lógico, sólo existe en el cerebro del hombre por su traducción en frase". Y más adelante, afirma Figueiredo: *"Indecible* e *impensable* son casi sinónimos... El hombre comienza a entender un poco del mundo ambiente cuando puede asociar las cosas a signos sonoros y a rotularlos después con palabras".

epistolar a una persona inculta! ¡Cuánto titubeo en la expresión! ¡Cuántas repeticiones innecesarias y, sobre todo, cuántas faltas!

Todos nos hemos encontrado alguna vez en nuestra vida con el gran problema de descifrar una carta escrita por quien ignora lo más elemental del arte de escribir. Y no por lo que allí se dice, sino por el cómo se dice. Son tantas las faltas de ortografía y, sobre todo, de sintaxis, que el pensamiento más sencillo resulta a veces ininteligible.

III. EL ESTILO PUEDE CONSEGUIRSE

El *estilo* puede conseguirse con el propio esfuerzo.

El conocimiento sistemático –científico– del lenguaje es el objeto de la Gramática, que no es, precisamente, cosa de niños, como algunos creen.

La estilística, complemento de la Gramática, añade a la corrección en el uso del lenguaje, la precisión, la elegancia, la claridad y la armonía.

Los temas y ejercicios que integran este *Curso de Redacción,* no son otra cosa que los principios más esenciales de Gramática y de Estilística; lo que toda persona culta necesita saber para expresar su pensamiento por escrito, con la debida corrección y la imprescindible elegancia.

Predomina en estos temas el sentido práctico. Por ello abundan los ejercicios, y la teoría ha quedado reducida a su mínima expresión. Porque el mejor procedimiento para aprender a escribir consiste en *escribir mucho.* Es preciso emborronar muchas cuartillas, tachar y corregir continuamente: la facilidad se adquiere... a la fuerza de tropezar con las dificultades.

Abunda la creencia, y es frecuente escuchar, que el arte de escribir no puede aprenderse, porque escribir "es un don del Cielo". Falso. Es verdad que hay *algo* en este arte que no se aprende; pero sí hay *mucho* que depende del trabajo, del oficio.

Un gran estilista francés, L. Veuillot, ha dicho: "A fuerza de trabajo se puede llegar a ser un escritor puro, claro, correcto, incluso elegante".

"Creo que se puede enseñar a tener talento", escribía Antoine Albalat en el prólogo de su obra *L'art d'écrire,* allá por el año de 1899. Y añadía: "Creo que con una aptitud media, uno puede llegar a crearse un estilo"[3].

---

[3] En contra de esta opinión, dice Marcel Barrière en su *Essai sur l'art du roman:* "A los escritores que ya tienen estilo y sólo a ellos es a los que puede agradar y servir este capítulo de mi ensayo. Los demás, los que sólo aspiran a escribir correctamente, que se dirijan al autor del *Arte de escribir en veinte lecciones;* lecciones inútiles, me permitiría afirmar, ya que las Letras puras no soportan a los advenedizos".

Más aún: incluso las obras de los grandes genios son producto de una paciente labor. El estudio de sus manuscritos o de las ediciones sucesivas de sus obras nos revela las numerosas correcciones que sufrieron sus "inspiradas" páginas antes de ir, definitivamente, a la imprenta. También los grandes talentos literarios han dudado al escribir, han reflexionado, han luchado con las palabras y las frases, y han corregido una y otra vez.

Y si el genio –según expresión muy conocida– es hijo en gran parte de la paciencia, si los *grandes* del mundo literario debieron en parte su grandeza a su capacidad de trabajo, fácil es comprender que el alumno de Redacción, el principiante, *puede llegar a crearse un estilo* con su propio esfuerzo, contando, claro está, con una aptitud mínima para escribir.

IV. LEER PARA APRENDER

A *escribir bien* se aprende leyendo a los grandes escritores.

En su obra *L'art d'écrire,* M. de Courault habla del "contagio de los estilos" ("il y a une *contagion* des styles") para destacar la importancia de la lectura –entiéndase bien: de las buenas lecturas– en la formación del estilo. Como en pintura se aprende a pintar estudiando e incluso copiando a los grandes maestros del pincel, en el arte de escribir también se aprende leyendo atentamente a los grandes escritores. Decía Voltaire –en una de sus magistrales cartas– a Mademoiselle X: "... la lectura de nuestros mejores poetas vale más que todas las lecciones; pero... le recomiendo que lea sólo las obras que, desde hace mucho tiempo, gozan del favor del público y cuya reputación no es equívoca... Se acostumbra uno a hablar bien leyendo a menudo a los que han escrito bien...".

Aunque lo anterior nos parece válido en conjunto, no podemos estar completamente de acuerdo con la última afirmación de Voltaire: "Se acostumbra uno a hablar bien leyendo a menudo a los que han escrito bien...". La *lengua escrita* tiene su origen en la *lengua oral* y, aunque ambas utilizan la palabra como instrumento, entre ellas existen interferencias que impiden el paso fiel de la una a la otra. Son dos parcelas diferentes de una misma realidad que resultan de la naturaleza distinta de los procesos y signos que emplean –gráficos o fónicos, respectivamente–, por tanto, podemos afirmar que a hablar bien se aprende escuchando a quienes se expresan bien oralmente y que a escribir bien se aprende leyendo frecuentemente a los que escriben bien.

Aceptada esta tesis, surge la inevitable pregunta: ¿qué leer?... La respuesta completa transformaría esta nota en un tratado de Historia de la Literatura. Circunscribiéndonos a sólo unos pocos escritores en lengua castellana, entre los prosistas, no puede ignorarse a los siguientes:

El autor anónimo de *El lazarillo de Tormes;* Cervantes (naturalmente, el *Quijote*); Mariano José de Larra (sus artículos completos); Benito Pérez Galdós (los *Episodios nacionales);* Leopoldo Alas, "Clarín" *(Solos de Clarín);* Pío Baroja, Ramón J. Sender, Camilo José Cela, Miguel Delibes, Carmen Laforet, Torrente Ballester, Sánchez Ferlosio, Ana María Matute, Carmen Martín Gaite, Goytisolo, Francisco Umbral, Javier Marías... Sin olvidar a los grandes prosistas del llamado *boom* hispanoamericano: Jorge Luis Borges, Alejo Carpentier, Gabriel García Márquez, Ernesto Sábato, Mario Vargas Llosa, Julio Cortázar, Octavio Paz...

Y pues que el señor de Voltaire hablaba de "poetas", citemos, como cumbres poéticas, a Jorge Manrique (las *Coplas por la muerte de su padre);* Gustavo Adolfo Bécquer (las *Rimas);* Antonio Machado, Juan Ramón Jiménez, León Felipe, Pedro Salinas, Federico García Lorca, Miguel Hernández, Vicente Aleixandre, Gerardo Diego, Dámaso Alonso, Luis Cernuda... y, entre los grandes poetas iberoamericanos, a sor Juana Inés de la Cruz, Rubén Darío, César Vallejo, Jorge Guillén, Pablo Neruda...

La puntuación: las reglas y el temperamento

CUALQUIER Gramática elemental nos da suficientes reglas de puntuación. No obstante, conviene recordar aquí las principales, para que esta breve teoría nos ayude en la resolución de los casos prácticos.

Cabe hacerse la siguiente pregunta: ¿en realidad, hay reglas para puntuar? Porque, la verdad sea dicha, leyendo a los buenos escritores, se observan diferencias de puntuación: éste pone "punto" donde aquél escribe "coma" y ése "punto y coma"... ¿Qué hacer entonces?

> El escritor debe adaptar las *reglas de puntuación* a su temperamento.

He aquí nuestra respuesta: a pesar de que la puntuación sea materia un tanto elástica, conviene tener en cuenta las susodichas reglas y adaptarlas luego a nuestro temperamento. Lo que no puede hacerse en modo alguno es despreciarlas en absoluto. Estos pequeños signos –puntos y comas–, intercalados en la escritura, son a modo de hitos que ayudan a nuestra mente a seguir el pensamiento del que escribe. Pruébese, por ejemplo, a suprimir en una página literaria todo signo de puntuación. Inténtese, después, la lectura: comprobaremos que cuesta gran trabajo seguir el hilo del discurso.

Un ejemplo reciente de estos procedimientos lo tenemos en la novela *Ulises,* de James Joyce. El autor, al final de la obra, inserta un extenso capítulo sin un solo signo de puntuación. Resultado: mareo del lector. Parece como si nos hubiéramos metido en un laberinto de palabras desordenadas, confusas, sin sentido: cual si nos hubiésemos perdido en un bosque de signos cabalísticos.

Con esta experiencia basta para convencernos de la necesidad de los puntos y las comas.

Ahora bien, como dice Azorín, "la puntuación tiene una base más ancha que la decisión personal, que el capricho del escritor. Esa base es la psicología. El estilo es la psicología; no puede uno tener el estilo que quiere. No basta decir: Yo voy a poner punto y coma donde los demás ponen punto. Y voy a poner punto donde la generalidad de las gentes ponen punto y coma".

Y, más adelante, insiste: "¿Cuestión de psicología el puntuar? Evidentemente. Varía la puntuación a lo largo del tiempo, como varía –no mucho– la sensibilidad. Varía la manera que el hombre tiene de sentir, y varía el modo de expresar ese sentimiento. Cosa curiosa es ver cómo puntuaban los antiguos y cómo puntuamos nosotros...".[4]

A pesar de ello, insistimos en la necesidad de los signos de puntuación. Son tan precisos como las "señales de tráfico" en una gran ciudad. Ayudan a caminar y evitan el desorden.

a) La coma

La **coma** (,) señala en la lectura una pausa corta y se emplea para separar:

- El vocativo: *Ángel, ven aquí.*
- Las palabras o los sintagmas de la misma clase en una enumeración o serie, si no van unidas por una de las conjunciones *y, e, o, u* o *ni: Comieron pan, queso, chorizo y fruta.*
- Las oraciones independientes que están relacionadas: *Salieron a la calle, cerraron la puerta y subieron calle arriba.*
- Las expresiones: *En efecto, eso es lo que dice Luisa.*
- Una aclaración o explicación intercalada en una oración: *Jaime, su hermano menor, no vino.*
- Un elemento anticipado en el orden lógico de la oración: *Cuando quieras, puedes ir.*
- También se emplea la **coma** para sustituir el verbo omitido en una oración elíptica: *María es morena; su hermano, rubio.*

Según Amado Alonso y Henríquez Ureña, la *coma* tiene dos usos principales:

1.º Separar elementos análogos de una serie, sean palabras, frases u oraciones.

---

[4] Recomendamos al lector un curioso, entretenido y aleccionador ejercicio: elíjase un trozo cualquiera de un escritor español clásico: Cervantes, Quevedo; suprímase la puntuación original; puntuemos a nuestro modo. Compárese, luego, la puntuación del clásico y la nuestra: con toda seguridad observaremos más de una notable discrepancia.

EJEMPLOS:

> Ufano, alegre, altivo, enamorado.
> Ni tú lo crees, ni yo lo creo, ni nadie lo cree.

2.º Separar elementos que tienen carácter incidental dentro de la oración:

EJEMPLOS:

> Buenos Aires, *la capital,* es una ciudad muy populosa.
> Él, *entonces,* se detuvo.
> Yo, *si me lo proponen,* lo acepto.

Obsérvese que se hubiera podido decir, en los ejemplos anteriores: "Buenos Aires es una ciudad populosa": "Él se detuvo"; "Yo lo acepto". Se han añadido aquellas palabras, frases u oraciones explicativas (subrayadas en los ejemplos), que, suprimidas, no alterarían el sentido de la oración.

EJEMPLOS:

> Colón, *que era genovés,* descubrió el Nuevo Mundo.
> Napoleón acabó sus días, *me parece,* en la isla de Santa Elena.

A veces, cuando el sujeto de la oración es muy largo, se separa con una coma de los otros elementos constitutivos de la oración –verbo y complementos– para facilitar la "respiración" de la frase. Así: *"Los gallos, las gallinas, los patos y otros animales de la granja, despertaron al unísono".*

Es imprescindible el uso de la coma después del vocativo. Así, no tiene el mismo sentido decir: "Juan entra en seguida" –aquí afirmamos que Juan entra–, que escribir: "Juan, entra en seguida". En este caso llamamos a Juan –vocativo– diciéndole que entre.

Es interesante aclarar el uso de los términos *explicativo* y *determinativo*. No es lo mismo escribir: "El piloto mareado no pudo dominar el avión", que "El piloto, mareado, no pudo dominar el avión". En el primer caso *determinamos* cuál era el piloto que no pudo dominar el avión, decimos *cuál* de los pilotos era. En el segundo caso *explicamos,* con un inciso, entre comas, que el piloto no pudo dominar el avión *porque estaba mareado.*

Lo mismo puede decirse de una oración, según sea subordinada explicativa o determinativa. En el primer caso –oración incidental– irá entre comas; en el segundo, no.

EJEMPLO:

> Los niños, que estaban en el patio, echaron a correr.

En este caso, la expresión "que estaban el patio" es un inciso explicativo que nos dice dónde estaban los niños que echaron a correr. Es oración incidental y va entre comas.

En cambio, si escribimos: "Los niños que estaban en el patio echaron a correr", se determina o afirma que solamente echaron a correr los niños que estaban en el patio. Es una precisión, no una explicación. No es, pues, oración incidental y por eso va sin comas.

En las oraciones *elípticas* hay que poner coma en el lugar del verbo omitido.

EJEMPLO:

> Manuel era simpático; Pedro, antipático.

Se ha omitido el verbo "era" en la segunda oración, lo cual se indica mediante una coma.

A veces se usa la coma para separar oraciones enlazadas por la conjunción "y", en los casos en que pudiera haber confusión.

EJEMPLO:

> A Pedro le gustaba el trabajo, y el ocio lo consideraba absurdo.

En este caso, se ha puesto una coma para precisar el sentido; sin ese signo, parecería que "A Pedro le gustaba el trabajo y el ocio".

Ejercicios

* * * * * * * * * * * * * * * * * * *

A) *En los párrafos siguientes se han omitido* las comas. *Colóquelas donde crea que deban ir. Los demás signos de puntuación son correctos.*

1. "Y aquellos ojos hondos y ansiosos aquella gran boca desdeñosa aquella mezcla de sentimientos y pasiones contradictorias que se sospechaban en sus rasgos (de ansiedad y de fastidio de violencia y de una suerte de distraimiento de sensualidad casi feroz y de una especie de asco por algo muy general y profundo) todo confería a su expresión un carácter que no podía olvidar".

Ernesto Sábato, *Sobre héroes y tumbas*

2. Se quitó frente al tocador el sombrero de fieltro negro que seguía haciendo un buen papel a pesar de tener dos temporadas y cambio rápidamente su traje de chaqueta por un vestido de casa.

3. La primera impresión que tuve de la ciudad de Lisboa fue un poco desconcertante. Me habían hablado mucho de su incomparable belleza de su carácter cosmopolita y cuando me vi allí rodeado de empinada calles pisando aquel singular y oscuro empedrado tan resbaladizo para el que no está acostumbrado a él observando cómo algunos comerciantes en pleno centro de la población extendían sus géneros a las puertas del establecimiento... Debo confesar que me sentí un tanto desconcertado y

---

pensé: "Pero ¿esto es Lisboa?" Sin embargo esta primera impresión duró bien poco. A medida que fueron pasando los días y me fui compenetrando con aquel ambiente tan amable y acogedor y fui conociendo mejor la ciudad entonces comprendí que los portugueses sientan orgullo por su capital un orgullo que se compendia en este dicho popular: "El que no vio Lisboa no vio cosa buena".

4. La atmósfera esto es la capa de aire que envuelve la Tierra es tan necesaria que sin ella no vivirían los hombres los demás animales ni las plantas.

5. Una vida sencilla de austeridad casi monástica; una mesa un piano una pequeña biblioteca con los libros preferidos y unos cigarrillos de tabaco picado que él mismo preparaba antes de la cena. Le gustaba fumar a ratos sueltos sobre todo cuando leía.

6. "Durante la cena tomó su chocolate como todas las noches. Se sentía tranquilo.

-Oye Anita. ¿Sabes a quién enterraron hoy?
-No tío.
-¿Te acuerdas de Miguel Páramo?
-Sí tío.
-Pues a él.
Ana agachó la cabeza.
-Estás segura de que él fue ¿verdad?
-Segura no tío. No le vi la cara. Me agarró de noche y en lo oscuro.
-¿Entonces cómo supiste que era Miguel Páramo?
-Porque él me dijo: "Soy Miguel Páramo Ana. No te asustes." Eso me dijo."

Juan Rulfo, Pedro Páramo

b) El punto y coma

El **punto y coma** señala en la lectura una pausa intermedia y separa:

- Las oraciones de un período cuando ya se han utilizado comas: *Antes era una mujer desagradable; ahora, en cambio, es muy simpática.*
- Las oraciones que tratan aspectos distintos de un mismo asunto: *No pueden abandonar ahora; tienen que seguir intentándolo.*
- Las oraciones que expresan un hecho y su consecuencia: *No encuentran a su hijo; están desesperados.*

El *punto y coma* sirve para separar –según Amado Alonso y Henríquez Ureña– oraciones entre cuyo sentido hay proximidad, y por excepción, frases largas, semejantes, en serie.

EJEMPLO:

> Hubiérase asignado su parte a la configuración del terreno y a los hábitos que ella engendran; su parte a las tradiciones españolas y a la conciencia nacional; su parte a la barbarie indígena...

Otros autores dicen que se usa el punto y coma para separar períodos relacionados entre sí, pero no enlazados por una preposición o conjunción.

EJEMPLO:

> Al contrario, vivo muy cerca; éste es mi distrito.

Es el caso de períodos relacionados entre sí, es decir, de oraciones entre cuyo sentido hay proximidad.

También se usa siempre el punto y coma –seguimos anotando– "cuando poniendo coma solamente, una oración o un período pueden prestarse a confusiones".

EJEMPLO:

> La primera parte de la obra era interesante; la segunda, insípida; la tercera, francamente aburrida...

Éste es un caso de oraciones elípticas, en donde la coma sustituye al verbo sobreentendido.

Ejercicios
* * * * * * * * * * * * * * * * * * * *

B) En los párrafos siguientes se ha sustituido por "coma" el "punto y coma". Coloque este signo de puntuación donde el sentido de la frase lo exija.

1. "La buena mujer en su casa es reina y resplandece (...). El descanso y la seguridad la acompañan adonde quiera que endereza sus pasos, y á cualquier parte que mira encuentra con el alegría y con el gozo, porque si pone en el marido los ojos, descansa en su amor, si los vuelve a los hijos, alégrase con su virtud, halla en los criados bueno y fiel servicio, y en la hacienda, provecho y acrecentamiento, y todo le es gustoso y alegre, como, al contrario, á la que es mala casera todo se le convierte en amarguras, como se puede ver por infinitos ejemplos".

Fray Luis de León, *La perfecta casada*

2. La lucha por la vida es áspera y continuada, sin embargo, debemos esforzarnos por sobrellevarla, incluso con alegría.

3. La intranquilidad de ánimo, la zozobra del espíritu, la desazón, todo eso nos hace presentir la mala conciencia.

---

4. Ya os he dicho bastante, pensadlo. La puntuación correcta aclara el pensamiento, la incorrecta, lo enturbia.

5. Anímese usted a escribir sobre cualquier asunto, por ejemplo, sobre los beneficios que reporta el conocimiento de la estilística.

6. "A pesar de esto, tenían todos un aspecto algo extraño y sombrío, aspecto que yo me expliqué cuando supe, tras una hora de charla, que todos ellos pertenecían a la secta calvinista".

Pío Baroja, *Los caminos del mundo*

7. "Riego y Aviraneta afirmaron que no había tal, que existía el contacto entre España y el resto de Europa, que así se había podido dar en España, antes que en otra nación europea, unas Cortes como las de Cádiz...".

Pío Baroja, obra citada.

8. "Pero aquella mañana, a veinte metros mal contados de la orilla, donde ya no hacía pie, el señor Souto sufrió un calambre, sintió que los músculos de sus piernas se entorpecían, se inmovilizaban..., le acudió súbitamente la idea de la muerte, dio unos chillidos, manoteó en vano y tragó al hundirse un gran sorbo de agua".

W. Fernández Flórez, *Volvoreta*

9. "La doncella pugnó con mucha porfía por besarle las manos, mas Don Quijote, que en todo era comedido y cortés caballero, jamás lo consintió, antes la hizo levantar y la abrazó con mucha cortesía y comedimiento...".

Cervantes, *Don Quijote de la Mancha*

10. "Nacido en la pobreza, criado en la lucha por la existencia, más que mía de mi patria, endurecido a todas las fatigas, acometiendo todo lo que creía bueno, y coronada la perseverancia por el éxito, he recorrido todo lo que hay civilizado en la Tierra y toda la escala de los honores humanos, en la modesta proporción de mi país y de mi tiempo, he escrito algo bueno entre mucho indiferente, y, sin fortuna, que nunca codicié, porque era bagaje pesado para la incesante pugna, espero una buena muerte corporal, pues la que me vendrá en política es la que yo espero y no deseé mejor...".

Sarmiento

11. "Geraldo es muy pobre, vive solo, siendo un adolescente, su tío, que era marino, le llevó a navegar, trabajó como grumete en el *Bóreas*, un barco ballenero al servicio de la factoría montada frente a los bajos de la Lobeira, a la entrada de la ría de Corcubión. Era un buen empleo, como toda la dotación, cobraba una prima por cada ballena pescada, y en cuanto se habituó al triste y penetrante olor del cetáceo muerto y a la margarina con que sustituían el aceite los tripulantes noruegos, que estaban en mayoría en el *Bóreas,* la vida a bordo le pareció soportable".

W. Fernández Flórez, *El bosque animado*

La puntuación
(conclusión)

c) El punto

> El **punto (.)** señala una pausa mayor, indica el final de una oración y puede ser:
>
> - **Punto seguido,** que se emplea al final de una oración cuando el texto continúa en el mismo párrafo.
> - **Punto y aparte,** que se utiliza cuando termina el párrafo.
> - **Punto final,** que se pone cuando acaba el escrito (parte, capítulo o texto).

EL *punto* separa oraciones cuando los pensamientos que ellas contienen, aunque relacionados entre sí, no lo están de modo inmediato.

Es decir, la diferencia entre el "punto" y el "punto y coma" es sutilísima, cuestión de matiz. Tanto es así, que encontraremos autores –no importa repetirlo una vez más– que ponen "punto" donde otros emplean "punto y coma" y viceversa.

EJEMPLO:

> Habláis en nombre de la Patria. Vuestra palabra no puede morir sin eco: habláis en tierra española. Os inspiran sinceras emociones...

Cuando el pensamiento se ha desarrollado en una o más oraciones, formando un todo que se llama "párrafo", se pone punto final. Es decir, cuando lo que se ha expresado tiene sentido completo.

Ejercicios

* * * * * * * * * * * * * * * * * * * *

A) *Corrija los errores de puntuación en las frases siguientes, cambiando las* comas *incorrectas por* punto y coma *o* punto.

1. Chamizo escribió poesía en extremeño, su labor puede compararse a los poemas escoceses de Burns.

2. Nos quedamos sin papel blanco a los veinte minutos, por eso las últimas 200 copias estaban impresas en hojas amarillentas.

3. La expedición de Scott cruzó la Ross Barrier, en la Antártida, en 1904, la expedición de Shackleton la cruzó cuatro años después, en 1908.

4. Parece como si Pérez hubiera copiado a Martínez, sin embargo, ha sido al contrario.

5. Asia es el mayor continente de la Tierra, su extensión es de 43 millones de kilómetros cuadrados.

6. López, que permaneció sentado al sonar el himno nacional, no lo hizo por falta de patriotismo, fue sencillamente, porque no lo oyó, debido a su sordera.

7. En algunas ciudades los informadores de diversos periódicos trabajan juntos, en otras, hay competencia y falta de colaboración.

8. Simenon es uno de los novelistas más fecundos de nuestra época, ha escrito ya más de doscientas novelas.

9. El perro pastor alemán o perro lobo puro tiene mala reputación, se le considera muy inteligente, pero muy peligroso.

10. La lancha le llevará hasta la playa, allí puede descansar y tomarse un aperitivo en uno de los bares que hay junto a la orilla.

11. *Coloque los signos de puntuación (coma, punto y coma o punto) que faltan en este texto.*

"Los barrios son como una casa grande en la que hay de todo En una esquina está la farmacia en la otra la tienda donde uno compra el calzado y los cigarrillos y las muchachas compran géneros aros y peines el almacén está en frente La Superiora bastante cerca y la panadería a mitad de cuadra

La panadera atendía a su público impasiblemente Era majestuosa amplia sorda blanca limpia y llevaba el escaso pelo dividido en mitades con ondas sobre las orejas grandes e inútiles Cuando le llegó el turno Gauna dijo moviendo mucho los labios:

—Me va a dar señora unas facturitas para el mate

Supo entonces que la muchacha lo miraba Gauna se volvió miró Clara estaba frente a una vitrina con frascos de caramelos tabletas de chocolate y lánguidas muñecas rubias con vestidos de seda y rellenas de bombones Gauna notó el pelo negro liso la piel morena lisa La invitó a ir al cinematógrafo"

Adolfo Bioy Casares, *El sueño de los héroes*

d) Los dos puntos

Los **dos puntos** (:) indican una pausa mayor o intermedia y se emplean:

- Después del encabezamiento de las cartas y otros documentos.

  Querido padre: Muy señor mío: Excmo. Sr.:   CERTIFICO: Hago saber:

- Antes de las enumeraciones: *Las clases de vertebrados son: mamíferos, aves, reptiles, peces y anfibios.*

- Delante de los ejemplos: *Los nombres propios se escriben con letra inicial mayúscula: Pepe, Adela, España, Granada, Ebro.*

- Precediendo a las citas textuales: *Carlos dijo: "No podremos ir esta tarde."*

- Antes de lo que se dice como argumento o prueba: *Han tenido que suspender el acto: había poco público.*

EJEMPLOS:

Tres nombres destacan en la poesía española contemporánea: Juan Ramón Jiménez, Antonio Machado y Federico García Lorca.

No se me puede condenar por lo que he dicho: la verdad, lealmente expresada, no puede ser delito.

Al entrar en la habitación, me dijo: "Acabo de llegar de Segovia...".

En el primer ejemplo, los *dos puntos* indican que, tras ellos, viene una enumeración de elementos incluidos en la primera frase. En el segundo, la primera frase tiene su consecuencia en la segunda. El tercer caso, el más frecuente, es el de transcripción o cita de lo dicho por otra persona.

Ejercicios

* *

B) *En los ejercicios siguientes se han omitido los* dos puntos. *Coloque este signo donde el sentido de la frase lo exija. Salvo este detalle, el resto de la puntuación es normal.*

1. El holgazán acaba ordinariamente sus días en la mayor miseria y abandono justo castigo que recibe el que se entrega a la ociosidad.

2. Don Joaquín Costa dijo "Los árboles son los reguladores de la vida."

3. En la familia del representante de la Casa X, hay también dos hijas Isabel y Julia.

4. En la escuela era un rebelde; sus profesores decían "Es inteligente; pero insoportable."

5. No aflige a los mortales vicio más pernicioso que el juego por él gentes muy acomodadas han venido a caer en la mayor miseria.

6. "Un cronopio encuentra una flor solitaria en medio de los campos. Primero la va a arrancar,

pero piensa que es una crueldad inútil

y se pone de rodillas a su lado y juega alegremente con la flor, a saber le acaricia los pétalos, la sopla para que baile, zumba como una abeja, huele su perfume, y finalmente se acuesta debajo de la flor y se duerme envuelto en una gran paz.

La flor piensa 'Es como una flor'."

Julio Cortázar, *Historias de cronopios y de famas*

e) Los puntos suspensivos

Los **puntos suspensivos (...)** indican una pausa de duración a juicio del lector y se utilizan para:

- Dejar una oración incompleta y su significación en suspenso: *Ya sabes... No está bien, pero...*

- Para expresar temor, duda o sorprender al lector: *Entró y... ¡qué espanto! El espectáculo era macabro.*

- Para dejar incompleta una frase que se sobreentiende o que no se quiere expresar por completo: *Quien mucho abarca...*

- Para sustituir a la palabra *etcétera* en las enumeraciones: *En Salamanca hay estudiantes de todos los lugares del mundo: europeos, norteamericanos, japoneses...*

Atención a los *puntos suspensivos*. El abuso de estos signos es propio de escritor incipiente, porque con dichos signos se traslada al lector el trabajo de completar la frase o el pensamiento que estamos escribiendo. Es un modo gráfico de expresar lo que no debe verse: la pausas, las dudas, la inseguridad, en suma, de nuestro propio pensamiento al escribir[5].

No obstante, los puntos suspensivos deben emplearse siempre que, precisamente, sea esa impresión de duda o inseguridad la que debe darse al lector; por ejemplo, en el diálogo. Aquí, normalmente, los puntos suspensivos deben emplearse cuando queremos indicar con ellos las pausas que está haciendo el que habla, sus vacilaciones, sus dudas.

Veamos las reglas que, al respecto, nos dan los gramáticos:

1) Los puntos suspensivos indican interrupción en lo que se dice.

EJEMPLO:

> Sí, lo respeto mucho, pero...

2) Otras veces los puntos suspensivos están en un lugar del poco admisible "etcétera".

EJEMPLO:

> Numerosos son los grandes caudillos de la historia: César, Felipe II, Napoleón, Bismarck...

3) También se ponen cuando se hace una pausa al ir a expresar temor, duda o algo sorprendente.

EJEMPLO:

> No me decidía a estrechar la mano de un... asesino.
> Empiezo a comprender por qué la quería y por qué... la odiaba.
> Abrí la puerta y... ¡horror!... Un espectáculo dantesco.

LA PUNTUACIÓN Y LAS PAUSAS

Como complemento de las reglas de puntuación expuestas, damos a continuación las normas que al respecto expone Manuel Seco en su *Diccionario de dudas de la lengua española,* normas éstas basadas en la pausa fonética, es decir, en la entonación de la frase.

Punto. "Se emplea al final de una oración para indicar que lo que precede forma un sentido completo. Señala una pausa, y entonación descendente en la última palabra pronunciada... El *punto final* indica una pausa más larga, ya que ha terminado de exponerse una idea completa (o un aspecto de una idea) y lo que sigue va a constituir una exposición aparte."

---

[5] "Puntos prodigados, decía Balzac, por la literatura moderna en los pasos peligrosos, a modo de tablas ofrecidas a la imaginación del lector para hacerle franquear los abismos".

Coma. "Señala una pausa en el interior de una oración, pausa que obedece a una necesidad lógica de ésta y que puede indicar entonación ascendente o descendente, según las circunstancias."

Punto y coma. "Señala una pausa y un descenso en la entonación, los cuales no suponen, como el punto, el fin de la oración completa, sino un mero descanso que separa dos de sus miembros."

Dos puntos. "Señalan pausa precedida de un descenso en el tono, pero, diferencia del punto, denotan que no se termina con ello la enunciación del pensamiento completo."

Puntos suspensivos. "Señalan una pausa inesperada o la conclusión vaga, voluntariamente imperfecta, de una frase."

f) Los signos de interrogación y admiración

> Los **signos de interrogación (¿?)** y **de admiración (¡ !)** se ponen en español al principio y al final de los enunciados interrogativos y admirativos, respectivamente: *¿Quién viene? Mónica, ¿quieres salir ya? ¡Qué escándalo! Arturo, ¡siéntate!*

Damos por sabido lo que a los *signos de interrogación* y *de admiración* se refiere[6]. Anotamos, sin embargo, que estos signos, aunque sirvan de punto final, no excluyen el uso de los demás signos de puntuación. Muy frecuentemente es que vayan seguidos de una coma.

EJEMPLOS:

–¿Desde cuándo le conoces?, preguntóle Pedro.
–¡Por favor, señor!, exclamó la muchacha.

Ahora bien, ocurre a veces –aunque muy raramente– que ciertas cláusulas son interrogativas y exclamativas a la vez. En estos casos, se colocará al principio el signo de interrogación y al final el de exclamación –o viceversa–, según el tono de la cláusula. He aquí dos ejemplos de la Gramática de la Academia:

¡Qué esté negado al hombre saber cuándo será la hora de su muerte?
¿Qué persecución es ésta, Dios mío!

En este último ejemplo, puede evitarse la dificultad, escribiendo: "¡Dios mío! ¿Qué persecución es ésta?".

---

[6] Véase lo que, respecto a los signos de exclamación, decimos en el último capítulo de este libro, al estudiar "Las narraciones en voz alta".

g) *Guiones y paréntesis*

El **guión (-)** se utiliza para separar dos sílabas de una palabra al final de un renglón, siempre que una de ellas no sea una vocal aislada *(Mar-ta no a-pro-bó)*; para separar dos fechas consecutivas *(1858-1930)*, y para separar los componentes de algunas palabras compuestas *(Aprobó el examen teórico-práctico en Castilla-La Mancha)*.

La **raya (—)** o **guión mayor** se pone delante de lo que dice cada personaje en los diálogos, y delante y detrás de las oraciones que van intercaladas en otras, excepto en el caso de que una de ellas vaya al final de un párrafo, en cuyo caso sólo la lleva al principio:

–*¡Hola! Soy Javier. ¿Está Mónica?*

–*Mónica se ha ido –contestó Pilar–. Creo que iba a casa de Charo.*

–*Dile que ella le llamará dentro de un rato –dijo Almudena.*

Los **paréntesis ( )** se emplean para encerrar palabras o frases que aclaran algo expuesto anteriormente: *Pasaron el verano en Villalba (Madrid),* o una explicación larga que interrumpe lo que se está exponiendo: *Se pasaban el día sentados bajo el pino del jardín (hacía mucho calor en aquel lugar) leyendo o jugando a las cartas.* Cuando el paréntesis va al final del enunciado, el punto que indica el final se pone fuera.

En los *guiones,* hay que distinguir el *guión menor,* signo que sirve para indicar, al final de un renglón, que una palabra no ha terminado y continúa en el siguiente. También se usa en determinados compuestos: por ejemplo, cuando se quiere indicar oposición y no fusión. Así, "hispanoamericano", sin *guión,* es el nativo de uno de los países de la América donde se habla español; "hispano–americano", con guión, puede referirse a un conflicto entre España y América, como, por ejemplo, la guerra de 1898.

El *guión mayor,* o *raya,* sirve para separar los elementos intercalados en una oración; representa un grado mayor de separación que las dos comas que encierran, por ejemplo, la oración incidental.

Los *paréntesis* sirven para separar, dentro de una oración, aquella misma especie de elementos incidentales, pero con mayor grado de separación aún del que indican los guiones.

Es decir, que emplearemos las comas, los guiones o los paréntesis, según el mayor o menor grado de relación que tenga lo *incidental* con lo que estamos escribiendo.

EJEMPLOS:

> Hombres, mujeres y niños, *apelotonados dentro del autobús,* parecían sardinas en lata.
>
> Hombres, mujeres y niños –*los había para todos los gustos*– se apelotonaban dentro del autobús.
>
> El mariscal Von Paulus *(nacido en 1890)* fue un hombre enigmático y del que será difícil decir si fue leal o traidor a su patria.

Cuando una oración o frase entre paréntesis aclara otra que va entre comas –es decir, cuando se trata de una oración incidental dentro de otra también incidental–, se pone la coma fuera del paréntesis. Así: "Guillermo, que fingía dormir en su diván *(ante todo por su seguridad),* estudiaba al mismo tiempo la situación."

h) Las comillas

> Las **comillas** (" "/« »/' ') se emplean para encerrar entre ellas las palabras textuales de alguien: *El señor dijo: "No puede esperar más.";* el título de una obra: *"Cien años de soledad", "Concierto de Aranjuez", "Las Meninas", "La casa de Bernarda Alba";* los apodos, seudónimos y sobrenombres: *"El Zurdo", "Clarín", "Cid Campeador",* y las palabras y expresiones irónicas, vulgares o extranjeras de un texto: *Esto se ha "terminao". Tienen una tienda de "bricolage".*

He aquí otro signo ortográfico que, bien empleado, sirve en ocasiones para destacar una palabra o una frase, pero del que no conviene abusar, ante todo por razones de estética tipográfica.

Las *comillas* sirven para destacar una cita o una frase reproducida textualmente.

EJEMPLOS:

> Y yo le dije: "¡Caramba! ¡Estás desconocido!".
>
> César, antes de pasar el Rubicón, dijo: "¡La suerte está echada!".

También se pueden utilizar las comillas cuando se quiere dar cierto énfasis a una palabra, o, simplemente, un sentido irónico.

EJEMPLO:

> Nunca recibí un ataque tan "caballeroso", como el que acaba de hacerme tan "digno" contrincante.

Suele utilizarse también este signo ortográfico cuando se escribe una palabra nueva (neologismo o barbarismo) o algún vocablo poco conocido –tal el caso de una palabra propia de una determinada jerga profesional.

EJEMPLOS:

Las cabinas "presurizadas" son indispensables para los vuelos de gran altura. Esto de los "cíceros" y de los "puntos", no acabo de entenderlo bien.

El peligro de las comillas está en el abuso. Escritores hay que entrecomillan las palabras suponiendo que así, la frase resulta más intencionada o más "graciosa". El resultado suele ser antiestético, tipográficamente, y hasta contraproducente. Cuando se abusa de las comillas, el signo pierde fuerza y acaba por ser prácticamente insignificante.

Ejercicios

* * * * * * * * * * * * * * * * * * *

C) *Las siguientes frases no llevan puntuación. Coloque los signos correspondientes donde crea que deban ponerse.*

1. Certifico que don Fulano de Tal es alumno de esta Academia.

2. La razón de nuestro proceder es muy sencilla no queremos someternos a una injusticia palmaria.

3. Al pasar el Rubicón dijo César "la suerte está echada".

4. Y luego dice usted que no es capaz de... Parece mentira

5. Los mares las selvas los montes los ríos y el firmamento son como el adorno del escenario del mundo.

6. El naturalista estudia los seres inanimados los vegetales los animales y el mundo racional

7. El juez oídos los testigos pronunció la sentencia

8. Luis y Pedro que son amigos por su profesión se odian en silencio

9. Escribiré a su padre puesto que usted me lo ruega

10. Insistió tanto que no hubo más remedio que atenderle

11. Si quieres la paz prepárate para la guerra

12. Antes de que lleguen los exámenes tendremos que estudiar y repasar lo ya estudiado

13. Aunque no creo una palabra de lo que me dices voy a procurar complacerte

14. Cuanto más se estudia mayor parece nuestra ignorancia

15. Acuérdate hombre de que tu caso no tiene remedio

16. Tengamos en cuenta por tanto la importancia de la puntuación correcta

17. He aquí pues el resultado de nuestras pesquisas

---

18. Madrid la capital es una ciudad muy populosa

19. El muy tranquilo siguió su camino

20. El Enola Gay que bombardeó Hiroshima tenía su base en Tinian

21. Yo además se lo dije

22. Expuso sus ideas con orden pero no las apoyó suficientemente

23. El entonces se detuvo

24. Mis amigos una vez comprada la casa se instalaron en ella

25. Yo si me lo proponen lo acepto

26. La mona aunque se vista de seda mona se queda

D) *Coloque los signos ortográficos correspondientes en el siguiente texto:*

Un joven operario entró de la calle silbando el vals de La viuda alegre Al ver gente extraña en el taller se calló puso sobre una mesa dos paquetitos envueltos en papel de china y aprovechando el silencio que al entrar él se hizo entre el maestro y aquellas personas dijo

Ojos de venado le traje Dice que le siga poniendo de ésos porque no hay otros en plaza En el otro paquetito vienen unos de tigre por si le gustan hay otros de loro pero éstos son muy redondos y muy claros

Y de caballo para ponerte a vos gritó el santero avanzando hacia el aprendiz que escabulló el bulto atolondrado ante la cólera verde del maestro que cuando se enojaba se ponía como la hoja de un árbol Ese tendero dijo después me ha estado engañando ojos para imágenes leí en el catálogo y qué tiene que ver un animal con una imagen

El que me despachó dijo el operario tímidamente al dármelos le dijo a la señorita que está en la caja Las bestias y los santos tienen los mismos ojos porque son animales puros

El puro animal es él imbécil me van a venir a devolver la Señora Santa Ana de Pueblo Nuevo porque quién va a querer una Señora Santa Ana con ojos de venado y el Nazareno de San Juan

Miguel Ángel Asturias, *Hombres de maíz*

POSIBILIDAD DE CREAR NUEVOS SIGNOS DE PUNTUACIÓN

La lengua –según Marouzeau– tiene, no sólo fisonomía gráfica, sino fónica. "La cosa escrita –dice este autor en su *Précis de Stylistique*– nos es hoy tan familiar que, al percibir las palabras pronunciadas, las vemos en cierto modo como serían sobre en papel". "Al oír las palabras, ha dicho Paul Claudel, pienso en su forma".

Los signos tipográficos –sigue Marouzeau– "subrayan las intenciones del autor". Y defiende la tesis de que la puntuación es no sólo guía de lo que se dice, sino un modo de expresión. La puntuación corriente –nos informa–, en opinión de algunos, no basta: se ha intentado, a veces, emplear una "semicoma" y una "coma interrogativa", y el poeta Alcanter de Brahm ha inventado el "punto o signo de ironía".

No es intención nuestra ahora complicar la vida del lector dando rienda suelta a la imaginación. Pero, análogamente al "signo de ironía", podría intentarse la creación del "punto de duda" o del "signo de odio", hasta agotar tipográficamente todos los estados de ánimo posibles. Con lo que no conseguiríamos otra cosa que "reinventar" la escritura ideográfica.

Posible nuevo empleo del paréntesis. A título de curiosidad, y para completar lo expuesto, quiero recordar aquí un artículo publicado por quien esto escribe, allá por el año 1945, en el semanario "El Español". Lo titulaba yo "Un nuevo empleo del paréntesis" y lo definía como "ocurrencia" tipográfica especialmente dedicada a los novelistas.

Decía entonces que los caracteres de imprenta, los signos de puntuación, al estilo del paréntesis, son ideográficos. Se fueron inventando con el sano propósito de destacar un estado psíquico determinado –una vivencia– con el empleo de un solo signo, sin necesidad de recurrir a toda una explicación marginal. De no existir el signo de interrogación, cada vez que el escritor hubiera de reflejar una pregunta, tendría que anotar al margen de la frase: "Léase en tono interrogativo." O también: "Léase en tono admirativo", si se quería decir un tono emocional.

A continuación, y en tono humorístico, se defendía un nuevo empleo del paréntesis para reflejar las conversaciones por teléfono.

Fundamento de aquella tesis: que toda conversación normal, frente a frente del interlocutor, queda influida por el "marco" en que se desarrolla (una habitación, la calle, el campo, etc.). Por ello, todo buen escritor ha de procurar matizar, "situar" el diálogo, para ambientar al lector. Luego, basta con reproducir la charla, anteponiendo a lo que dicen los dialogantes el consabido "guión de conversación".

La charla o diálogo por teléfono es diferente a la conversación normal porque le falta la presencia física del interlocutor. Al "teléfono–parlante" le faltan los *ingredientes* de la charla normal. Todo se reduce a un puro y simple escuchar. La mirada del que habla por teléfono es diferente a la mirada del hombre que habla cara a cara con otro. Parece como si quisiera adivinar, ver lo que no ve. Es como un momentáneo paréntesis en nuestra vida. De ahí la utilidad de emplear el signo tipográfico apropiado –el paréntesis–, para despertar en el lector la sensación descrita, para situar la escena sin confundirla con el diálogo normal, para el que se utiliza el simple guión (–).

Si citamos aquí esta tesis tipográfica, sólo es para que el lector se percate de que la empresa de crear nuevos signos tipográficos o la de buscar nuevo empleo a los hasta ahora utilizados, no es problema extremadamente difícil. Basta con un poco de imaginación.

Lección 3

Verbo y sujeto

> El *verbo* es la parte variable de la oración que expresa estado, acción o pasión del *sujeto*.

EL *verbo,* según la Gramática de la Academia, es una parte de la oración que designa estado, acción o pasión. También suele definirse como "una palabra que expresa acción, esencia o estado del ser".

La función principal del verbo en la frase es la de afirmar algo acerca del *sujeto*.

> El *sujeto* es la persona, animal o cosa que experimenta, realiza o padece la acción expresada en el *predicado*.

"El verbo –dice Rafael Seco en su *Manual de Gramática Española*– es la palabra por excelencia, que expresa el juicio mental incluyendo sus dos términos esenciales: el *predicado* y el *sujeto*. Así, en la forma verbal *leo* está contenida la idea de leer más la del sujeto que lee, *yo*."

"Así como los sustantivos –sigue R. Seco– designan los objetos, y los adjetivos las cualidades de estos objetos, está en el verbo la expresión de los cambios, movimientos, alteraciones de estos mismos sujetos en relación con el mundo exterior."

"Los verbos –dicen Amado Alonso y Henríquez Ureña– son unas formas especiales del lenguaje con las que pensamos la realidad como un comportamiento del sujeto." Pero dicha realidad puede ser una "acción": el avión *vuela,* el caballo *corre;* puede ser "inacción": aquí *yace* un desdichado; un "accidente": ya *caen* las hojas; una "cualidad": le *blanquea* el cabello, etc.

Dinamismo del verbo

Las cosas, los objetos, no están inertes, no son algo estático, reducido a sus solas cualidades. La vida es movimiento, continua actividad, dinamismo. Por eso, las palabras con que designamos las cosas nos interesan dinámicamente. Así, *el perro anda, corre, bebe, ladra, muerde, come, duerme; el niño mama, llora, duerme, habla, chilla*, etc.

Estas palabras, *corre, come, duerme, mama,* etc., son las que nos dicen cómo viven las cosas, los objetos, los seres; expresan el movimiento, el cambio, las alteraciones de tales cosas en el mundo.

Pues bien, las palabras que expresan *lo que les ocurre* a las cosas, son los verbos.

Expresado de otro modo: si el verbo, en una oración gramatical expresa *lo que le pasa al sujeto,* fácilmente se comprende que para saber cuál es el sujeto de una frase, bastará preguntar al verbo "quién" o "qué cosa" realiza la acción. Según se trate de una persona o de un animal; o bien de algo inanimado: una cosa o un concepto abstracto. La respuesta nos dará el sujeto de la oración.

EJEMPLOS:

   a) *El niño jugaba al fútbol.* Pregunta: ¿quién jugaba? Respuesta: el niño; he aquí el sujeto.

   b) *El tintero se cayó al suelo.* Pregunta: ¿qué cosa se cayó? Respuesta: el tintero.

Ejercicios
* * * * * * * * * * * * * * * * * * *

A) *Indique los sujetos de las siguientes frases:*

EJEMPLO:

   Juan escribe una carta a su hermana. *(Juan* es el sujeto.)

   1. Al tomar una curva muy cerrada, el coche volcó en las afueras de Murcia.

   2. Los ingenieros de la Compañía RWI han aumentado notablemente en 1956.

   3. La pelota sólo recorrió unos 25 metros en medio del campo.

   4. Desde que terminó el bachillerato, Juan fue un muchacho serio y estudioso.

   5. Tanto el fútbol como el baloncesto se juegan mucho en España.

   6. La construcción de la escuela quedó suspendida por desavenencias laborales.

   7. Una buena colección de libros siempre es de utilidad.

   8. El libro de Matemáticas era un inmenso volumen de unas mil páginas.

---

9. Arreglar un aparato de televisión es tarea casi imposible para un aficionado.

10. Más de veinte personas resultaron heridas al precipitarse por salir pronto del local incendiado.

11. Ha habido muchas llamadas por radio para advertir que se permanezca fuera de la zona peligrosa.

12. El paquete que contenía los valores fue robado en la misma oficina.

VERBOS TRANSITIVOS E INTRANSITIVOS

Clases de verbos:

- *Auxiliares:* Sirven para formar los tiempos compuestos, la voz pasiva o las perífrasis verbales.
- *Copulativos:* Sirven de nexo entre el sujeto y el atributo.
- *Predicativos:* Son núcleo del predicado y se clasifican en *transitivos, intransitivos, reflexivos, defectivos* y *unipersonales.*

Los verbos se dividen en varias clases pero, de todas ellas, la que aquí nos interesa es la clasificación en *verbos transitivos e intransitivos.*

Si decimos "Caín mató a Abel", el verbo matar es aquí transitivo porque la acción de matar pasa *(transit)* del sujeto al complemento, al objeto (de "Caín" a "Abel"). En cambio, si digo, "la alegría repentina mata", aquí el verbo matar no hace referencia a ningún objeto, la acción termina en el verbo, no pasa a un complemento. En el primer caso, matar es transitivo; en el segundo, intransitivo.

En realidad, casi todos los verbos pueden ser transitivos o intransitivos. Depende de que lleven o no complemento directo, también llamado objeto directo. No obstante, hay algunos verbos que sólo son intransitivos porque su significado es completo siempre, sin necesidad del complemento directo. Así: nacer, brillar, palidecer, enrojecer, fluir. Otros, en cambio, casi nunca se emplean sin complemento u objeto directo porque, sin él, parece que no tienen significado alguno. Así: hacer ruido, hacer calor, dar gritos, dar limosna, etc.[7]

---

[7] Modernamente, en Francia, se tiende a desarrollar el empleo transitivo de los verbos. "Dormid vuestro sueño", decía Bossuet. Y Duhamel escribe: "El hombre piensa la tierra, los campos, los bosques...".

Ejercicios

* *

B) *A continuación damos unas cuantas frases formadas por verbos que pueden ser empleados como transitivos o intransitivos. Diga si el verbo usado es transitivo o intransitivo. Escriba otra frase con el mismo verbo, empleado como transitivo, si la frase era intransitiva y a la inversa.*

EJEMPLO:

Mi padre canta muy bien. *(Intransitivo.)*
Mi padre cantó una melodía muy bella.

1. La niña lloraba amargamente.

2. Mi tío no fuma.

3. El que espera, desespera.

4. Respiraba con dificultad.

5. Le susurró unas palabras al oído.

6. Antonio lee el periódico.

ALGUNAS CARACTERÍSTICAS DE LA CONSTRUCCIÓN VERBAL ESPAÑOLA

1. Verbos auxiliares

HABER Y SER. Característico del idioma español es el gran empleo del verbo *haber* para formar los tiempos compuestos de otros verbos, en comparación con otras lenguas que prefieren el verbo *ser.*

EJEMPLOS:

En francés se dice: "Jean *est* mort". En español: "Juan *ha* muerto".

El verbo *ser* se utiliza como auxiliar para formar la voz pasiva de otros verbos.

EJEMPLOS:

América *fue* descubierta por Colón.
El acto ha *sido* suspendido.

Característico de nuestro idioma es también el matiz diferencial entre *ser* y *estar.* Así, no es lo mismo *"ser* un enfermo", que *"estar* enfermo". No es igual: "el puente *es* construido" que "el puente *está* construido". Ni es lo mismo *"ser* enamorado" que *"estar"* enamorado": se puede *ser* un enamorado del Arte y *estar* enamorado de una obra artística determinada.

2. Formas verbales no personales

> Las *formas verbales no personales* son el *infinitivo,* el *gerundio* y el *participio.*

A) El infinitivo

El español se distingue por la gran flexibilidad del *infinitivo,* que se usa unas veces como *verbo* y otras como *sustantivo*[8].

Los españoles sustantivamos los infinitivos con gran frecuencia: *"El comer* mucho no me sienta bien"; "me canso *al subir".*

Blecua *(Lengua española)* dice que el infinitivo, con valor de sustantivo, puede ser sujeto, predicado nominal, complemento de sujeto, de verbo y de sustantivo. Y pone los siguientes ejemplos:

> *Sujeto:* COMER mucho hace daño.
> *Compl. de sujeto:* Ya es hora DE IR.
> *Compl. directo:* Juan no quiere VENIR.
> *Compl. indirecto:* Leo PARA APRENDER.
> *Compl. circunstancial:* DE TRABAJAR tanto cayó enfermo.

B) El gerundio

(Le dedicamos un tema especial en este capítulo. *Vide:* lección 5.)

C) El participio

El *participio* puede funcionar como verbo en los tiempos compuestos, en las oraciones pasivas y en las perífrasis verbales, o como adjetivo en concordancia de género y número con el sustantivo, pudiendo ir cuantificado por un adverbio o por el sufijo superlativo *–ísimo.*

---

[8] Blecua –en su texto de *Lengua española*– dice que el infinitivo es "un sustantivo que equivale por su significación a un abstracto verbal, teniendo, por lo tanto caracteres comunes con el sustantivo y con el verbo".

EJEMPLOS:

> *Tiempo compuesto:* Han COMPRADO una casa.
> *Oración pasiva:* Fueron VISTOS al salir del cine.
> *Perífrasis verbal:* Te tengo DICHO que no vayas con él.
> *Adjetivo:* Tienes el vestido ARRUGADO (muy ARRUGADO, ARRUGA-DÍSIMO).

En los verbos que tienen dos participios, la forma irregular sólo se utiliza como adjetivo, excepto en *freír, imprimir* y *proveer,* que se pueden emplear los participios regulares o irregulares, indistintamente.

EJEMPLOS:

> *Verbo:* Marta se ha SOLTADO el pelo.
> *Adjetivo:* Marta lleva el pelo SUELTO.
> *Verbo:* Han IMPRIMIDO o han IMPRESO el libro.

3. Formas verbales personales

EL MODO INDICATIVO

> El *modo indicativo* presenta los hechos como reales.

El presente de indicativo: Según la acción expresada, el *presente de indicativo* puede emplearse como:

Presente actual: Indica que la acción coincide con el momento en que se habla o se escribe.

EJEMPLO:

> Javier estudia la lección en su cuarto.

Presente habitual: Indica que la acción ocurre habitualmente.

EJEMPLO:

> Javier estudia siempre en su cuarto.

Presente durativo: Indica que la acción que ocurre cuando se habla o se escribe también sucedía antes y seguirá sucediendo después.

EJEMPLO:

> Por aquí pasa el autobús que va a la escuela.

Presente gnómico: Se utiliza en refranes, sentencias, definiciones, etc. para indicar que suceden en cualquier tiempo pasado, presente o futuro.

EJEMPLOS:

> En verano hace calor.
> Quien mucho corre, pronto para.

Presente histórico: Tiempo de gran valor literario porque actualiza los hechos pasados, convirtiéndolos en presentes para el lector, aproximándolo a la escena que se narra[9].

EJEMPLO:

> ... Aquella soledad *favorecía* sus propósitos. Y, cuando ya *estaba* decidido a saltar la cerca del cortijo, *ve* acercarse a un gañán con la azada al hombro. Indeciso, Juan, se *oculta* tras un árbol y *espera* a que *pase* el labrador... El buen hombre *va silbando,* ignorante del peligro...

O, en la lengua coloquial, para dar mayor viveza a la expresión.

EJEMPLO:

> No quería verle y, apenas salgo, me lo encuentro (en vez de *encontré*).

Presente conativo: Expresa una acción pasada que estuvo a punto de producirse.

EJEMPLO:

> Por poco nos *quedamos* allí dentro.

Presente por futuro: También se emplea mucho en la conversación corriente para actualizar así la acción futura, convirtiéndola en presente, dándola ya como realizada, asegurando su realización; para preguntarse a sí mismo; para pedir permiso o solicitar instrucciones; para sustituir al imperativo; para indicar el futuro inmediato cuando va acompañado de un adverbio o una locución adverbial; necesariamente, para expresar futuro en las oraciones condicionales cuya proposición subordinada empiezan por *si,* mientras que no es necesario en la proposición principal.

EJEMPLOS:

> Mañana *voy* al cine (en vez de *iré*).
> ¿Cómo salgo de este embrollo? (en vez de *saldré*).

---

[9] Marouzeau afirma que este presente histórico es característico y muy frecuente entre los escritores impulsivos. Ejemplo: "*Se busca* a Martínez, se *corre* a su habitación, se *da* un empujón a la puerta y se le *encuentra* anegado en su propia sangre".

¿Nos vemos mañana al salir de clase? (en vez de *veremos).*

¡Tú te callas y te sientas! (en vez de *siéntate* y *cállate).*

Enseguida voy; ahora mismo voy (en vez de *iré).*

Si le ves (en vez de *verás),* dile que no puedo (o *podré)* ir.

El pretérito perfecto simple o pretérito indefinido: Expresa una acción pasada en un tiempo acabado para el hablante. Indica un pasado remoto *(quise, corrí, salté)* con relación al momento en que se habla o escribe.

EJEMPLO:

Ayer *estuve* en el concierto.

El pretérito perfecto compuesto: Expresa una acción pasada en un tiempo que aún no ha terminado para el hablante. Indica el pasado visto desde el presente; más próximo y relacionado con quien habla *(he querido, he corrido, he saltado).*

EJEMPLO:

Ha llegado el muchacho de quien te *hablé* ayer.

Otras veces, en cambio, apenas si hay diferencia de significación entre estos dos tiempos.

EJEMPLOS:

Le *pareció* muy bien lo que usted le *ha dicho.*

Le *ha parecido* muy bien lo que usted *le dijo.*

El pretérito imperfecto: Expresa una acción pasada pero sin terminar, ya que no indica el principio ni el fin de la misma. Es decir, indica que el hecho estaba sucediendo en el pasado *(llovía, trabajaba en el taller);* es, en suma, como un presente en el pasado. Por ello es el tiempo preferido para la narración y la descripción. Se diferencia del pretérito perfecto simple en que éste tiene un matiz momentáneo *(cantó, fue, llovió);* en cambio, el pretérito imperfecto expresa una acción duradera *(cantaba, iba, llovía)*[10].

EJEMPLO:

Cuando llegó, yo *dormía* plácidamente.

A veces, se emplea para expresar acciones presentes, principalmente al hacer una petición cortés.

---

[10] Cressot, en *Le style et ses téchniques,* llama al imperfecto "tiempo-línea" porque sugiere una idea de duración. Al indefinido le llama "tiempo-punto", porque implica una acción momentánea. (Citado por Raúl H. Castagnino en su obra *El análisis literario.* Ed. Nova. Buenos Aires.) En realidad, el imperfecto equivale a veces a un *gerundio durativo.* Ej.: "Cuando llegué a casa, *llovía* o *estaba lloviendo.*"

EJEMPLOS:

> *Quería* pedirle un favor.
> Por favor, ¿*podías* prestarme tu bolígrafo?

El pretérito pluscuamperfecto: Expresa un hecho anterior a otro hecho pasado.

EJEMPLO:

> Se levantaron cuando ya *había amanecido.*

Tiempo éste muy útil en los relatos, sobre todo porque permite intercalar acciones secundarias sin que se confundan con la acción principal.

EJEMPLO:

> Cuando Juan *llegó* al cortijo no *vio* a nadie. Hacía tiempo que no *había estado* allí. Le *llamó* la atención el silencio denso, espeso, que envolvía a las cosas...

El pretérito anterior: Expresa que una acción pasada es inmediatamente anterior a otra acción también pasada.

EJEMPLO:

> Se levantaron en cuanto *hubo amanecido.*

El pretérito anterior expresa lo mismo que el pluscuamperfecto, pero se diferencia de él en que indica que la acción *(hubo amanecido)* es inmediatamente anterior a otra *(se levantaron).*

El futuro imperfecto: Expresa una acción que ha de ocurrir en un tiempo posterior al que se habla.

EJEMPLO:

> El próximo verano *iremos* a Galicia.

Se utiliza también, en lugar del imperativo, para expresar un mandato, y, en lugar del presente, para expresar probabilidad, conjetura, incertidumbre, cortesía o atenuación.

EJEMPLOS:

> *Mandato:* No *matarás.* Mañana *traeréis* estos problemas resueltos.
> *Probabilidad:* Esos jóvenes *tendrán* unos veinte años.
> *Conjetura:* Seguramente *valdrá* cinco o seis millones.
> *Incertidumbre:* ¿Quién *vendrá* a estas horas?
> *Cortesía:* Usted *dirá* en qué puedo ayudarle.
> *Atenuación:* No te *ocultaré* mi enfado por tu actitud.

El futuro perfecto: Expresa una acción que habrá acabado cuando suceda otra acción futura.

EJEMPLO:

Cuando vengáis, ya *habremos terminado* este trabajo.

También se emplea, en lugar del pasado, para indicar conjetura, duda o probabilidad.

EJEMPLOS:

Conjetura: Creo que ya *habrá terminado* el examen.
Duda: ¿*Habrá terminado* ya el examen?
Probabilidad: Seguramente, ya *habrá terminado* el examen.

El condicional simple: Expresa una acción futura a partir del pasado indicando conjetura o probabilidad.

EJEMPLO:

Me dijo que *iría* al día siguiente.

También se emplea para expresar cortesía y para sugerir o aconsejar algo con delicadeza.

EJEMPLOS:

Cortesía: Por favor, ¿*podría* ir usted mañana?
Sugerencia: Si quiere, *podría* ir usted mañana.
Consejo: En mi opinión, *podría* ir usted mañana.

El condicional compuesto: Expresa una acción futura y terminada a partir del pasado.

EJEMPLO:

Me dijo que esa misma tarde *habría arreglado* el coche.

También se utiliza, como el condicional simple, para expresar conjetura o probabilidad pero indicando una acción terminada.

EJEMPLO:

Me dijo que, a las cinco, ya *habría arreglado* el coche.

DECADENCIA DEL MODO SUBJUNTIVO

Los tiempos del *modo subjuntivo* se utilizan siempre en las proposiciones subordinadas de las oraciones compuestas.

En esta rápida enumeración de características verbales del idioma español, hay que hacer constar la decadencia del *modo subjuntivo* en los idiomas modernos, decadencia que repercute también en nuestra lengua. (Recuérdese que el modo subjuntivo sirve para expresar el deseo afectivo, la posibilidad y la subordinación gramatical.)

El subjuntivo español se caracteriza por la duplicidad de formas del imperfecto *(amara y amase)* y del pluscuamperfecto *(hubiera y hubiese amado)* y también por el problemático futuro hipotético *(amare y hubiere amado)*.

Respecto al imperfecto sólo diremos que, actualmente, las diferencias entre las dos formas admitidas *(leyera y leyese, cantara y cantase)* son tan pequeñas que sólo preocupan a los especialistas en gramática. El escritor, hoy, utiliza una u otra forma, indiferentemente.

Del futuro hipotético (llamado así porque expresa el hecho como contingente) baste reconocer su decadencia en el lenguaje actual. Hoy, en vez de decir "Si *fuere* necesario, se hará", se dice "Si *es* necesario..." o "Si *fuera* necesario". En vez de "Si *viniere,* dígale que pase", hoy se dice y se escribe "Si *viene,* dígale..." o "Si *viniera,* dígale que pase".

Sólo se utiliza ya este tiempo por los escritores casticistas y en el estilo burocrático (leyes, decretos, convocatorias, etc.): "El que no *presentare* la documentación en el plazo previsto...". Y aun así, también va desapareciendo esta forma del lenguaje del *Boletín Oficial.*

NOTAS

Presente atemporal e imperfecto de subjuntivo en "ra". Afirma Marouzeau que cuando decimos "el año que viene me *tomo* dos meses de vacaciones", utilizamos un presente "atemporal", que contiene el enunciado de la acción sin prejuzgar el momento donde se sitúa. El sentido de "me tomo", equivale a decir: "quiero tomarme" o "estoy decidido a tomarme".

Julio Casares, en *Crítica profana* (pág. 44), es partidario del empleo del pluscuamperfecto de indicativo o del perfecto del mismo modo, en lugar del imperfecto de subjuntivo en *ra.* Así, en vez de "temía perder el dominio que hasta entonces *conservara* sobre sí", dígase "*había conservado*". Y en lugar de "a falta de otro patrimonio *heredara* la gentil presencia de su padre", es mejor "*heredó*".

EL MODO IMPERATIVO

El *modo imperativo* se utiliza en oraciones imperativas o exhortativas para mandar, pedir o prohibir algo.

El *modo imperativo* únicamente tiene el tiempo *presente* que, en realidad, sólo consta de las dos formas correspondientes a la segunda persona del singular y del plural *(canta, cantad),* ya que no existe la primera persona del singular (nadie se da órdenes a sí mismo) y las formas utilizadas para las restantes personas, aunque expresen órdenes, ruegos, etc., son un caso particular del uso del presente de subjuntivo *(cante, cantemos, canten).*

Recuérdese que es incorrecto emplear el imperativo en lugar del subjuntivo para negar *(no cantad,* en vez de *no cantéis),* y que es un vulgarismo utilizar el infinitivo en lugar del imperativo *(cantar,* en vez de *cantad; sentaros,* por *sentaos).*

Ejercicios

* * * * * * * * * * * * * * * * * * *

C) *Indique los tipos de presente utilizados en las siguientes frases:*

1. Aquí siempre venden antigüedades muy interesantes.

2. Subíamos tan tranquilos y, de repente, se oye un alarido.

3. Anoche casi me caigo por la escalera.

4. Ana y Óscar se casan el lunes.

5. A quien madruga, Dios le ayuda.

6. Colón descubre América el mismo año que los Reyes Católicos conquistan Granada.

7. Todos los días viene a verle algún amigo.

8. El delantero chuta y marca el primer gol del partido.

9. Los murciélagos son mamíferos.

10. ¿Le busco luego a la salida del teatro?

D) *Indique el tiempo y el valor de las formas verbales en cursiva en las siguientes frases:*

1. El *comer* y el *arrascar* es hasta empezar.

2. Aunque no quieras, *irás* ahora mismo.

3. Me fastidia *explicar* siempre lo que pasó.

4. *Quería* un interruptor como éste.

5. Jaime, ¿*habrán venido* tus amigos?

6. Ya es hora de *dormir,* vámonos a la cama.

7. Posiblemente *iremos* hoy al cine.

8. Todos los días, el comerciante *cerraba* la tienda a las ocho.

9. El año pasado *llovió* mucho; en cambio, éste no *ha llovido* apenas.

10. Ustedes *dirán* cuál les gusta más.

E) *Sustituya el futuro hipotético de estas frases por otras formas usuales actualmente.*

1. No te preocupes, lo haré si pudiese.

2. Si viniere por aquí, dígale que me espere.

3. Si me llegare alguna carta, remítala a mi nueva dirección.

4. Si alguien lo hubiere visto, ya lo habría dicho.

5. Si hubiere sabido esto, no habría venido.

F) *Indique a qué tiempo se refieren las formas de subjuntivo de estas frases:*

1. Necesito que termines esto ahora mismo.

2. Si no estuviera aquí, te habrías enfadado.

3. Creo que quiere que vayas mañana.

4. Me dijo que volviera el martes.

5. Le avisó para que ayer estuviese pendiente.

6. Si hubiera podido, habría ido.

G) *Indique el tiempo de las formas verbales del siguiente texto y cómo es la acción que expresan:*

"Nada más entrar de la calle, aquel vestíbulo con los ascensores al fondo tenía algo de extraño santuario. Vuelvo a entrar en el templo, se dijo con una sonrisa. Pero no consiguió que le sonara totalmente a burla. Le deslumbraba por los dibujos del suelo, las lámparas picudas y los adornos triangulares de mármol, bronce y espejo que disparaban su imaginación simultáneamente hacia el futuro y el pasado. En alas de aquella geometría dinámica del *art-déco,* le parecía volar rumbo al futuro en la piel de un americano de los años treinta que sueña con Europa, en la piel de su padre, por ejemplo, que ahora cumpliría ochenta si viviera, *back to future,* siempre el cine.

Se tropezó con una joven alta y de pelo corto que llevaba un blusón de colorines. Estaba embarazada."

Carmen Martín Gaite, Irse de casa

Lección 4

Uso y abuso de la voz pasiva

> Las *oraciones pasivas* tienen sujeto paciente, que recibe o sufre la acción del verbo. Pueden ser:
>
> - *1as de pasiva:* Verbo en voz pasiva y complemento agente expreso.
> - *2as de pasiva:* Verbo en voz pasiva y no se expresa el complemento agente.
> - *Pasivas reflejas.* Verbo está en voz activa precedido de la partícula *se*.

Nos empieza a invadir un modo de expresión que no está de acuerdo con el genio de nuestro idioma: el uso –mejor, abuso– de la voz pasiva. Han influido en este fenómeno las traducciones, sobre todo las del inglés y francés, idiomas éstos en los que la voz pasiva se emplea mucho más que en castellano.

Es muy frecuente escribir: *Por el director general de ... ha sido firmada una orden,* cuando, en español, debe escribirse: *El director general de... ha firmado una orden.*

Recordemos que el esquema de la oración activa es:

Sujeto agente, más *voz activa verbal,* más *objeto.* Ejemplo: *Mi abuelo construyó esta casa en 1930.*

Mientras que los esquemas posibles de la voz pasiva son:

- *1as de pasiva.* Llevan el verbo en voz pasiva y se expresa el complemento agente. Ejemplo: *Esta casa fue construida por mi abuelo en 1930.* Sujeto paciente: *Esta casa.* Verbo en voz pasiva: *fue construida.* Complemento agente: *por mi abuelo.* Complemento circunstancial de tiempo: *en 1930.*

- *2ᵃˢ de pasiva.* Llevan el verbo en voz pasiva y no se expresa el complemento agente. Ejemplo: *Esta casa fue construida en 1930.* Sujeto paciente: *Esta casa.* Verbo en voz pasiva: *fue construida.* Complemento circunstancial de tiempo: *en 1930.*

- *Pasivas reflejas.* El verbo está en voz activa y va precedido de la partícula *se.* Ejemplo: *Esta casa se construyó en 1930.* Sujeto paciente: *Esta casa.* Verbo en voz activa: *se construyó.* Complemento circunstancial de tiempo: *en 1930.*

En cuanto a los casos:

VOZ ACTIVA. Sujeto en nominativo; verbo; y objeto en acusativo.

VOZ PASIVA. Objeto en nominativo; verbo; y ablativo agente.

Martín Alonso insiste en que el idioma español tiene preferencia por la voz activa. "Las circunstancias de hecho –dice– imponen la pasiva, por ser desconocido el agente activo, porque existe en el que habla un interés en ocultarlo, o sencillamente por ser indiferente a los interlocutores."

Así, entre las frases: *Hemos conquistado nuevos territorios al enemigo;* o *Nuevos territorios han sido conquistados al enemigo;* por razones de psicología lingüística, es preferible la primera.

En el caso de que el sujeto de la frase sea nombre de cosa, en español es preferible emplear la *pasiva refleja,* con la partícula *se.* Así, en vez de escribir: *Ha sido comprado el papel necesario,* diremos mejor: *Se compró el papel necesario.* Esta pasiva refleja es mucho más frecuente en español que la formada con el verbo *ser.*

> Las *oraciones pasivas* pueden transformarse en *activas.*

Cualquier *oración pasiva* puede transformarse en *activa.*

EJEMPLOS:

La oración 1ª de pasiva *Esta casa fue construida por mi abuelo en 1930,* puede transformarse en la oración activa *Mi abuelo construyó esta casa en 1930.*

Y las oraciones *Esta casa fue construida en 1930* (2ª de pasiva) o *Esta casa se construyó en 1930* (pasiva refleja), pueden transformarse en la oración activa *Construyeron esta casa en 1930.*

Aunque es posible transformar las oraciones pasivas en activas, hay que tener en cuenta lo que decíamos en la introducción: lo que se trata de corregir no es el uso, sino el abuso de la pasiva. Por tanto, no siempre es conveniente dar vuelta a la frase y convertirla, de pasiva, en activa. Este procedimiento puede cambiar el sentido de lo que queríamos decir. El sustantivo empleado como sujeto al principio de una frase pone de relieve aquello de que nos ocupamos con preferencia, es decir, el punto fundamental que atrae nuestra atención. Por ejemplo, si quiero contar la vida de Rómulo, puedo decir: *Rómulo fundó Roma;* pero si me propongo narrar los orígenes de la Ciudad Eterna, diré mejor: *Roma fue fundada por Rómulo.* La idea es la misma, pero el punto de vista ha cambiado.

Sustituciones posibles de la voz pasiva

1.ª En las frases que tienen por sujeto un nombre de cosa, lo más frecuente en español, en vez de la pasiva con *ser,* es –como hemos dicho antes– la pasiva refleja con *se.*

2.ª Si el verbo pasivo está en infinitivo, se le puede reemplazar por un nombre abstracto en sentido pasivo. Ejemplo: *Poco me importa* ser odiado *por estos hombres.* Sustitución: *Poco me importa* el odio *de estos hombres.*

3.ª Otro procedimiento puede ser el de sustituir el participio de la pasiva *(amado, cantado, pintado)* por un sustantivo, conservando el verbo *ser,* aunque cambiando el tiempo. Ejemplo: *Este cuadro* ha sido pintado *por usted.* Sustitución: *Este cuadro* es obra *de usted.*

4.ª Finalmente, si queremos conservar el mismo sujeto de la frase, se puede dar a ésta un giro activo, pero cambiando a veces el verbo y otras palabras de la oración. Ejemplo: *Los cuerpos* son movidos *por la gravitación.* Sustitución: *Los cuerpos* obedecen *a la gravitación.*

ADVERTENCIA. No siempre es preferible la voz activa o la pasiva refleja con *se.* Los ejercicios que van a continuación, los damos simplemente para "ejercitar" al alumno en estos cambios de giro. El natural sentido del idioma es el que ha de decirnos cuándo emplearemos la voz activa o la pasiva.

Ejercicios

* * * * * * * * * * * * * * * * * * * *

A) *En los siguientes ejercicios sustitúyase la voz pasiva con* ser *por la pasiva refleja con* se.

EJEMPLO:

> Este año será visto un cometa.
> *Este año se verá un cometa.*

1. El bromuro es utilizado como calmante.

2. La pared fue hundida por el peso de la techumbre.

3. Los pájaros fueron alborotados por el ruido.

4. El crimen fue al fin descubierto.

5. Ha sido visto un avión volando a gran altura.

B) *En las siguientes frases sustitúyase el infinitivo en pasiva por un nombre abstracto.*

EJEMPLO:

> Luis temía ser odiado por sus compañeros.
> *Luis temía el odio de sus compañeros.*

1. Tú prefieres ser amado por Julia.
2. El dictador no temía ser despreciado por su pueblo.
3. El criminal teme ser castigado severamente.
4. Cuando termine el trabajo, contará con ser admirado por sus jefes.
5. Ese rey no merece ser respetado por sus súbditos.

C) *Escriba de nuevo las frases siguientes, sustituyendo el participio pasivo por un sustantivo.*

EJEMPLO:

> Muchos hijos son mimados por sus padres.
> *Muchos hijos son objeto del mimo de sus padres.*

1. Este cuadro ha sido pintado por usted.
2. El presidente es idolatrado por su pueblo.
3. Esta prueba será empleada para su condena.
4. La casa fue destruida por las llamas.
5. Nuestro equipo fue aplaudido por todos los espectadores.

D) *Escriba nuevamente las siguientes frases, dándoles un giro activo o reflejo, y conservando el mismo sujeto.*

EJEMPLO:

> El alumno fue llamado por teléfono.
> *El alumno recibió una llamada por teléfono.*

1. Carlos I fue sucedido en el trono por Felipe II.
2. El cloro es utilizado para desinfectar el agua.
3. Luis fue instruido por un gran maestro en el arte de la pintura.
4. Este libro fue publicado el año 1956.
5. Pedro es estimado por todos.

Lección *5*

El adjetivo y el adverbio

El adjetivo

> El *adjetivo* es la parte variable de la oración que acompaña al sustantivo, expresa una cualidad del mismo y concuerda con él en género y número; funciona en la oración como núcleo del predicado nominal o atributo y como complemento de un sintagma nominal, y puede ser *especificativo*, cuando delimita o concreta la cualidad (*Monta en el caballo BLANCO*), o *explicativo*, cuando la indica solamente (*Monta en un caballo BLANCO*).
>
> Muchos adjetivos pueden expresar la cualidad del sustantivo en *grado positivo* (*Mi caballo es BLANCO*); *comparativo de igualdad* (*Mi caballo es TAN BLANCO COMO el tuyo*), *de inferioridad* (*Mi caballo es MENOS BLANCO QUE el tuyo*), o *de superioridad* (*Mi caballo es MÁS BLANCO QUE el tuyo*), y *superlativo absoluto* (*Mi caballo es MUY BLANCO. Mi caballo es BLANQUÍSIMO*) o *relativo* (*Mi caballo es EL MÁS BLANCO de todos*).

Los *adjetivos* son palabras que modifican a los nombres sustantivos, determinándolos o calificándolos: *nuevos* aviones; cielo *azul; este* libro.

El nombre sustantivo tiene una significación muy extensa: *hombre* abarca a todos los hombres; pero si digo *hombre grueso* o *este hombre,* restrinjo la significación de *hombre*, calificándolo *(grueso)* o determinando a qué hombre me refiero *(éste).*

Todas estas palabras que reducen, precisan o concretan la extensión indefinida del sustantivo se llaman "adjetivos"[11].

En su *Gramática de la Lengua Española* dice Emilio Alarcos: "Se separan los *adjetivos calificativos* y los *adjetivos determinativos,* y entre los últimos se agrupa una serie de unidades designadas como *demostrativos, posesivos, numerales, indefinidos* y *relativos.* El criterio seguido para esta clasificación discernía, en primer término, entre los contenidos de "cualidad" y "determinación", mezclando las consideraciones semánticas (o más bien referenciales) y las propiamente funcionales." Y añade más adelante: "Tanto las determinaciones como las calificaciones no son más que nociones atribuidas a los objetos mentados por los sustantivos, y por ello, unas y otras delimitan la extensión con que se enfoca el contenido propio del sustantivo (esto es, la aplicabilidad de su referencia). No califica más un adjetivo "calificativo" como *blanco* a un objeto designado por un sustantivo, ni lo determina menos que un adjetivo "determinativo" como *aquel.* La diferencia entre uno y otro adjetivo no reside en lo gramatical, sino que estriba en el hecho de que sus respectivos significados atañen a zonas de la realidad diversas (en *blanco,* el "campo del color", y en *aquel,* el "campo de la situación"). En ambos casos *(paño blanco* o *aquel paño)* se delimita con el adyacente adjetivo el objeto a que nos referimos de entre todos los posibles de la misma clase (ni *paño negro* o *azul,* ni *este* o *ese paño)."*

Es, por tanto, nota esencial del adjetivo la de acompañar y modificar el sustantivo.

Los *determinantes* constituyen una parte variable de la oración o clase de palabras que delimita el significado de los sustantivos; forman parte de un sintagma nominal, y pueden ir solos o agrupados delante, detrás o delante y detrás del núcleo.

Como el adjetivo, son modificadores del sustantivo al que acompañan y concuerdan con él en género y número. Se clasifican en: *artículos determinados* (el, la, lo, los, las) e *indeterminados* (un, una, unos, unas); *distributivos* (sendos, cada); *posesivos* (mi, tu, su, nuestro, vuestro, etc.); *demostrativos* (este, ese, aquel, etc.); *indefinidos* (algún, ningún, cualquier, etc.); *numerales cardinales* (uno, dos, tres, etc.) y *ordinales* (primero, segundo, tercero, etc.); *interrogativos* y *exclamativos* (qué, cuánto, etc.), que tienen las mismas formas que los pronombres correspondientes.

---

[11] Los modernos gramáticos, al referirse al rango de las palabras, distinguen entre términos *primarios, secundarios* y *terciarios,* según la importancia e independencia del vocablo. Así, por ejemplo, la expresión "muy mala película" consta de un término *primario,* el sustantivo *película;* un término *secundario,* el adjetivo *mala,* y un término *terciario,* el adverbio *muy.*

Según esto, el adjetivo suele ser definido como palabra que funciona generalmente como término secundario, es decir, que se caracteriza por su dependencia de otra –el término primario–, sin el cual no puede aparecer en la frase. *Viejo, joven, bueno, malo, pintado, despintado,* son palabras que por sí solas carecen de sustancia, si no se refieren a un sustantivo (término primario) del cual nos dicen su juventud, vejez, bondad o maldad.

Actualmente, muchos gramáticos consideran que los adjetivos determinativos forman una clase de palabras o parte de la oración, que recibe el nombre de *determinantes,* entre cuyas clases, además de los citados *demostrativos, posesivos, numerales, indefinidos* y *relativos,* se incluyen los *artículos,* los *distributivos,* los *interrogativos* y los *exclamativos.*

El adverbio

El *adverbio* es la parte invariable de la oración que modifica la significación del verbo, del adjetivo o de otro adverbio. Algunos adverbios se apocopan (*tanto: tan*), otros se forman con adjetivos y el sufijo -*mente* (*malamente*) y otros admiten diminutivos (*cerquita*) y grados (*muy cerca, cerquísima, tan cerca como*).

Las *locuciones adverbiales* son grupos de palabras que funcionan como adverbios *(a lo mejor, tal vez).*

Los adverbios y las locuciones adverbiales pueden ser *de lugar* (abajo, aquí, en medio...), *de tiempo* (hoy, pronto, con frecuencia...), *de cantidad* (muy, poco, al menos...), *de modo* (así, bien, a escondidas...), *de afirmación* (sí, también, sin duda...), *de negación* (no, jamás, de ningún modo...), *interrogativos* (dónde, cuándo, cómo...) y *de duda* (acaso, quizás, tal vez...).

Los *adverbios* son palabras que modifican a los verbos (El tren marchaba *rápidamente*), a los adjetivos (Eran unos animales *terriblemente* feroces) o a otros adverbios (Juan vive *muy lejos*)[12].

ALGUNAS NORMAS PRÁCTICAS DE REDACCIÓN PARA EL ADJETIVO Y EL ADVERBIO

I. Del adjetivo

A) CONCORDANCIA DEL ADJETIVO. Un solo adjetivo puede referirse a varios sustantivos. ¿Debe ponerse en plural o en singular, concordando con el más próximo? Predomina la concordancia en plural: "Geografía e Historia americanas"; pero también

---

[12] Son, pues, los adverbios *términos terciarios* porque dependen de un término secundario cuya significación precisan o modifican.

se puede decir "Geografía e Historia americana". Cuando los sustantivos son de distinto género, entonces el adjetivo se pone en masculino y plural o en masculino singular.

EJEMPLOS:

> *Son necesarios* mucho dinero y mucha paciencia.
> *Es necesario* mucho dinero y mucha paciencia.

Esta concordancia específica del adjetivo masculino cuando acompaña a un sustantivo masculino y a otro femenino ("un hombre con pantalón y chaqueta negros") es, a nuestro juicio, una consecuencia –una repercusión gramatical– de lo que los filósofos llaman "cultura masculina" o concepción masculina de la Historia. Concepto éste que choca ya en un mundo en el que la mujer se equipara casi por completo al hombre en sus derechos, deberes y capacidad jurídica y laboral. En un mundo, pues, no femeinizado, sino que ha dejado de ser preferentemente masculino, sería lógico pensar en la posibilidad de modernizar esta vetusta regla de la concordancia del adjetivo cuando acompaña a un sustantivo masculino y otro femenino. Aun a sabiendas de que, precisamente por esa "cultura masculina", se producirán confusiones, nos atreveríamos a sugerir la regla siguiente:

Cuando uno de los sustantivos a que se refiere es masculino y el otro femenino, se tendrá en cuenta para la concordancia la situación o proximidad entre el término primario y secundario. Así, por ejemplo, se diría: "claveles y rosas roj*as*" o "rosas y claveles roj*os*". Es decir, que la concordancia estaría determinada por la proximidad del adjetivo al sustantivo. El adjetivo concordaría con el sustantivo más próximo. Y se diría: "aquel hombre llevaba una chaqueta y un pantalón roj*os*" o "... un pantalón y una chaqueta roj*as*".

B) COLOCACIÓN DEL ADJETIVO. Las lenguas germánicas, por regla general, anteponen el adjetivo al sustantivo: "un negro caballo", en vez de "un caballo negro". Hay autores que defienden esta colocación diciendo que, al anteponer el adjetivo "negro", imagino primero la idea de color para adjudicarla inmediatamente al caballo. En cambio, posponiendo el adjetivo, pienso primero en el caballo para adjudicarle después el color. Y como el color más corriente en el caballo no es precisamente el negro, sino el castaño, resulta que –según esta opinión– la posposición del adjetivo en este caso exige un doble esfuerzo mental.

Quienes así opinan, olvidan que la operación mental por la que imagino "un caballo negro" es instantánea. No hay tiempo para imaginar primero el color y luego el animal al que se aplica. Tan rápida es dicha operación que no hay lugar para estas disgresiones bizantinas. Con la misma razón podríamos argüir que, al decir "un negro caballo", imagino primero a "un negro" –confundiéndolo con un hombre de color–, para después tener que desglosar la idea primera y aplicarla a un caballo. Todo esto no es más que una disección mental, psicológicamente falsa.

- En español, el adjetivo antepuesto al sustantivo atrae la atención sobre la cualidad a que dicho adjetivo se refiere: *bello* paisaje.

- El adjetivo pospuesto es el que nos dice cómo es el objeto para distinguirlo de otros: caballo *alazán* y caballo *blanco.*

- Recuérdese también que, a veces, la idea varía según la colocación del adjetivo: un *pobre* hombre y un hombre *pobre;* un hombre *grande* y un *gran* hombre; noticia *cierta* y *cierta* noticia.

C) AGLOMERACIÓN DE ADJETIVOS. Es muy importante evitar la aglomeración innecesaria de adjetivos de análoga o similar significación.

EJEMPLO:

> *Notorio y manifiesto; ilustre y preclaro; bello y hermoso...*

(Azorín ha dicho: "Si un sustantivo necesita de un adjetivo, no lo carguemos con dos. El emparejamiento de adjetivos indica esterilidad de pensamiento. Y mucho más la acumulación inmoderada.")

D) ABUSO DEL ADJETIVO. Wolfgang Kayser recuerda que hay tres clases de adjetivos: "caracterizador u objetivo" (vertiente *escarpada,* mesa *redonda*), "afectivo o exornativo" (las palabras *aladas,* el *pobre* muchacho) y el que se usa como "fórmula" (el *hondo* valle, el *verde* soto, el *anchuroso* mar).

"Algunos escritores –dice Marouzeau– abusan de la facilidad que les ofrece el inagotable material de los adjetivos y apenas si dejan un sustantivo sin calificación". Y añade: "La multiplicación de los epítetos raramente sirve para reforzar una impresión. Dicha multiplicación, a menudo, dispersa y cansa la atención". Es decir, que resulta contraproducente.

EJEMPLO:

> *Sus bellos* ojos *esmeralda,* su mirada *clara, profunda, escrutadora,* su color de trigo *maduro,* su pelo *reluciente y negro,* su nariz *recta, fina* y *orgullosa,* sus labios *gruesos, rojos,* su cuello *esbelto,* etc., etc.

La figura que así se intenta dibujar se pierde, se esfuma, entre la nebulosa de adjetivos que, como los árboles, no nos dejan ver el bosque.

Y es el propio Marouzeau quien cita aquella frase de Voltaire: "el nombre y el adjetivo son enemigos mortales", o aquella otra afirmación del poeta francés Paul Valéry: "El epíteto ha perdido valor; la inflación de la publicidad ha reducido a nada la potencia de los adjetivos". El poeta chileno Vicente Huidobro, en su poema *Arte poética,* dice: "el adjetivo, cuando no da vida, mata".

E) REACCIÓN NOMINAL. "El epíteto –escribe Dauzat en *Le génie de la langue française*– caracteriza cada día más al lenguaje periodístico –donde su facilidad lo impone a la redacción rápida– y al lenguaje burocrático que lo cultiva por tradición. En la literatura ha surgido una clara reacción, con una vuelta a la construcción nominal. Primacía para el sustantivo que expresa la idea y designa el objeto de modo más pleno, más neto. Bien elegido, el sustantivo puede ser suficiente, liberado del epíteto inútil".

"Con razón –continúa Dauzat– los escritores reaccionan contra el abuso de las formas superlativas y adverbios que se sobreañaden al adjetivo: esa exageración del lenguaje, a la que nuestra época tanto se inclina, con el abuso de lo "formidable", de los calificativos y cuantitativos, debe ser perseguida bajo todos sus aspectos".

F) ADJETIVOS INEXPRESIVOS. Evítense los adjetivos inexpresivos, que no dicen nada nuevo. Son éstos los que algunos gramáticos llaman términos *vacíos* porque se pueden aplicar a cualquier cosa o hecho.

EJEMPLOS:

> Una tarde *maravillosa.*
> Un espectáculo *lindo.*

G) VARIEDAD DE ADJETIVOS. Es frecuente "encariñarse" con algún adjetivo que resulta cómodo y del que se abusa sin medida. No es raro encontrar personas para las que todo es *estupendo,* o *maravilloso* o *magnífico...* Este es un vicio que conviene vencer, sobre todo al escribir.

En resumen, las principales virtudes de la adjetivación son la *variedad,* la *propiedad* y la *riqueza.* Los vicios son: la *monotonía,* la *vaguedad* y la *pobreza.*

II. Del adverbio

A) NORMA GENERAL. Aunque la colocación del adverbio en la frase española es muy libre, como norma general, debe ir lo más cerca posible de la palabra que modifica.

EJEMPLOS:

> Canta *maravillosamente.*
> Se expresa *correctamente.*

Sin embargo, dice Criado de Val, "Cuando se antepone, su valor es menos concreto que si aparece en segundo lugar: *BIEN está,* indica una determinación menos precisa que *está BIEN*".

El adverbio se coloca en primer lugar –afirma Marouzeau– si aporta una determinación vulgar, corriente, de tipo calificativo: *suficientemente* cocido; *convenientemente* pagado. Se pone en segundo lugar (se pospone) si contiene una determinación precisa, cuya definición interesa: llegar *inopinadamente;* actuar *cristianamente.*

B) ADVERBIOS DERIVADOS EN "MENTE". Esta facilísima forma de transformar adjetivos en adverbios *(mansa, mansamente)* tiene el inconveniente de la monotonía y de la cacofonía, producidas por el abuso de estos sufijos en "mente". Cuando los adverbios modales de este tipo son consecutivos, se aplica la terminación en "mente" sólo al último.

EJEMPLO:

Vivíamos *tranquila y holgadamente.*

Este defecto puede subsanarse utilizando otras palabras como adverbios. Por ejemplo: si suprimimos el sufijo "mente", podemos decir, en vez de "se expresa muy oscuramente", "se expresa de un modo *muy oscuro*". O también: "pronuncia *claro*", en vez de "pronuncia *claramente.*"

Ejercicios

* * * * * * * * * * * * * * * * * * * *

A) *Señale los adjetivos de las siguientes frases.*

EJEMPLO:

La miel es *dulce.*

1. Una piedra cayó desde el alto puente y se incrustó en una vieja choza.

2. Un autobús grandísimo irrumpió de pronto por las soleadas calles del pequeño pueblo.

3. Un tren corriente suele llevar hasta diez vagones amplios y cómodos.

4. La vieja bicicleta, mohosa y muy usada, se partió por el cuadro cuando el hombre gordo dejó caer sobre los escuálidos hierros su pesada humanidad.

5. El coche más pequeño, el de la carrocería roja, es más veloz que el coche grande amarillo.

B) *Indique los adverbios de las frases siguientes y las palabras a que modifican.*

EJEMPLO:

Andrés "lee" *bien,* "escribe" *mal* y "cuenta" *despacio (bien, mal y despacio* modifican, respectivamente, a "lee", "escribe" y "cuenta").

1. Entonces, el alpinista, sepultado entre la nieve, gritó jubilosamente cuando vio claramente la luz que le llegaba poco a poco por una hendidura muy estrecha.

2. El agua, al humedecer continuamente el techo, amenazaba con hundir completamente la humilde casucha.

3. El señor Pérez ha llamado nuevamente para recordar que se le envíe definitivamente el libro solicitado.

4. El pescador contempló calladamente su barca averiada... Después desapareció rápida y silenciosamente.

5. El tierno croar melancólico de las ranas formaba el fondo permanente de calma en la gran noche de calor. Los dos caminaron en silencio; no había ya necesidad de hablar.

C) *Intercale en las siguientes frases estos adjetivos:*

atractivo	**excelente**	**confortable**	**prudente**
fantástico	**magnífico**	**encantador**	**lujoso**
acogedor	**maravilloso**	**delicado**	**hábil**

Acóplelos, según su significado, en el lugar marcado con puntos suspensivos. Si es necesario, varíe el género y el número.

EJEMPLO:

> Es un niño muy *despierto*.

1. Le alojaron en un ... hotel.
2. Aspiraba al primer puesto después de un ... examen.
3. Permanecieron reunidos en un ... salón.
4. No pudo llevar a cabo sus ... sueños.
5. Pudo dominar su mal humor observando un ... silencio.
6. El presidente llegó a un ... automóvil.
7. El padre trajo del Japón un ... regalo.
8. La señora del gerente es ...
9. El día de su santo envió a su mujer un ... recuerdo.
10. El ambiente de la ciudad era ...
11. Se han eliminado las complicaciones gracias a contar con un ... director.
12. En Madrid abundan las chicas ...

D) *Intercale en las siguientes frases estos adverbios y frases adverbiales:*

convenientemente	de memoria	sobre todo	encima
de vez en cuando	demasiado	después de	mucho
suficientemente	mucho más	nunca más	muy
en realidad	bastante	a menudo	tan
de repente	a gatas		

Escriba el adverbio o frase adverbial más apropiados para cada frase en el lugar de los puntos suspensivos.

EJEMPLO:

> Nos divertimos *mucho* en la fiesta.

1. Yo suelo venir a este café ...
2. He puesto la mesa delante de la ventana y el cuadro lo he colocado ...
3. ... todo se reduce a corregir lo escrito.

4. He comido ...; siento pesadez de estómago.

5. No lo haré ..., dijo el niño arrepentido.

6. Pude entrar ... por la estrecha abertura.

7. ..., se oyó un enorme estampido.

8. Ha recitando la lección ...

9. No soy un parroquiano asiduo; sólo vengo ...

10. ..., tenga usted cuidado con las emanaciones de los gases.

11. Ya me parece que he hecho ... por ti.

12. ... comer me cepillo los dientes.

13. Luis vino al colegio ... rápidamente.

14. Ha conseguido un color ... bonito.

15. Cuelgue la campana con una cuerda ... fuerte.

16. González salió de la prueba ... airosamente que Martínez.

17. El profesor expuso, ... rápidamente como pudo, su tesis.

18. Sea en su conversación ... discreto.

19. El tren llegó ... temprano que el autobús.

E) *En las frases que van a continuación falta uno de los adverbios o frases adverbiales siguientes:*

insuficientemente	fastuosamente	escasamente
maravillosamente	a escondidas	pobremente
de vez en cuando	a la postre	despacio
excelentemente	cómodamente	por fin
agradablemente	de hecho	detrás
pronto	adrede	

Escriba el adverbio a frase adverbial más apropiados por cada frase y en su lugar adecuado.

EJEMPLO:

Llegó, después de tanto esperar ("por fin" es la frase adverbial que falta al principio de este ejemplo).

1. en todo su discurso, el orador combinó las palabras

2. es un gran técnico; resolvió el problema de los transportes

3. los asesinos pagan sus maldades

4. te portaste mal; tiraste la piedra

5. fue un gasto superior a lo que en principio se pensó

6. hoy no vamos a tu casa; mañana iremos

7. vaya usted; aquí hay mucho tráfico

8. dormitaba arrellanado en un sillón del despacho

9. si caminamos los veremos mejor

10. vive porque tiene inmensas riquezas

11. la visita fue recibida

12. se está haciendo tarde; nos tendremos que marchar a casa

13. pedía limosna vestido

14. pasear es bueno para la salud; debemos hacer este ejercicio

15. yo creo que come; está delgado

16. se comieron las manzanas que robaron a Pedro

17. los que estaban en la sala llegaban a dos docenas

F) *Indique los adjetivos, adverbios y frases adverbiales que hay en el siguiente texto:*

"El niño, entre tanto, ha volcado una caja a su alcance y se concreta en los juguetes así desparramados: piezas educativas ensamblables moldeadas en plástico de colores, bichitos de trapo, un tentempié con cascabeles y un caballito basculante que le compró el viejo y obtuvo gran éxito inmediato. Luego cayó en el olvido infantil y en ese momento resulta ser de nuevo el objeto preferido, para regocijo del viejo, que se sienta junto al niño y empieza a susurrarle:

−¡Pues claro que conmigo no se puede! ¿Qué se han creído esas dos?... La Anunziata es buena mujer, Brunettino, y te quiere a su manera de solterona, pero no se entera de nada, como tus padres... Se creen que no quieres mis brazos y es lo contrario: gracias a que yo te he entendido y te achucho desde que llegué vas ganando seguridad. Te haces hombre a mi lado, y, claro, te atreves a más, angelote mío; a pisar el suelo y a moverte.

Así viene ocurriendo en las dos últimas semanas. Brunettino muestra su creciente afán por ampliar su campo de experimentación. Cuando se sienta en la cuna y le entregan juguetes, acaba tirándolos fuera enérgicamente y los señala: no para que se los devuelvan, como antes pretendía, sino para que le coloquen entre ellos. Incluso a veces se aferra a la barandilla de la cunita y se asoma de un modo que obliga a estar pendiente para que no bascule por encima y se caiga al suelo."

José Luis Sampedro, *La sonrisa etrusca*

Lección 6

Principales preposiciones
(Empleo correcto y uso incorrecto)

Las *preposiciones* forman una clase de palabras o parte de la oración invariable. No admiten cambios, sirven de enlace entre otras palabras de distinta categoría sintáctica y tienen significado propio (*Lo puso* ANTE *sus ojos,* "delante de sus ojos"), significado derivado del contexto (*Llegó* CON *Raúl,* compañía; *Lo construyó* CON *cartón,* materia; *Lo clavó* CON *un martillo,* instrumento) o carecen de significado léxico (*Se lo dio* A *Elisa*).

Las preposiciones españolas son: *a, ante, bajo, cabe, con, contra, de, desde, en, entre, hacia, hasta, para, por, según, sin, so, sobre* y *tras,* a las que se añaden actualmente *durante* (*Su equipo consiguió varias victorias* DURANTE *la competición,* "en la competición") y *mediante* (*Consiguió el empleo* MEDIANTE *la recomendación de un amigo,* "con ayuda"), procedentes de participios latinos de presente, y los vocablos *pro,* cultismo de origen latino de poco uso (*Asociación* PRO *damnificados*), y *vía,* utilizado en los textos administrativos, jurídicos, políticos, etc. (*Hizo el viaje* VÍA *París. Transmitieron el concierto* VÍA *satélite. Consiguieron el acuerdo* VÍA *sindicatos*).

Son preposiciones arcaicas *cabe,* que significa "junto a" (*Usaba poner* CABE SÍ...) y no debe confundirse con la forma del verbo *caber* (*No cabe aquí*), y *so,* que significa "bajo" (*Se puso* SO *la sombra*), aunque ésta última se emplea actualmente formando parte de algunas *locuciones preposicionales* (SO *pena de,* SO *pretexto de*); no debe confundirse con la palabra *so* utilizada para reforzar los insultos (*¡So bruto!*).

Algunas preposiciones se agrupan formando nexos complejos (*Lo hizo* DE POR *sí*) y otras se combinan con la conjunción *que* (*Esperó* A QUE *llegase. Me conformo* CON QUE *vayas hoy. Me alegro* DE QUE *hayas venido. Es feliz* DESDE QUE *lo supo*).

Las *locuciones preposicionales* son grupos de palabras que funcionan en la oración como preposiciones: *a causa de, a fin de, al lado de, con relación a, de acuerdo con, de cara a, en favor de, en relación con,* etc.

LAS preposiciones no suelen plantear graves problemas de redacción. Generalmente, todos las usamos correctamente. No obstante y, sobre todo, por influencia de malas traducciones, de vez en cuando se leen frases en las que se observa el uso incorrecto de alguna preposición. Tales incorrecciones, algunas muy frecuentes, nos obligan a recordar en este apartado lo que es una preposición y a dar unas normas prácticas para su empleo correcto.

CONCEPTOS. La preposición es una partícula invariable que sirve para enlazar una palabra principal (núcleo sintáctico) con su complemento *(Vaso DE vino. Voy A Roma)*. A este complemento se le llama *término* de la preposición porque en él termina y se consuma la relación que la preposición establece *(Pinté la pared CON pintura DE plástico)*.

La preposición –según Gil y Gaya– va siempre unida a su término y forma con él una unidad sintáctica y fonética.

Lo normal es que la preposición, por su propio significado etimológico ("posición anterior"), se coloque antes. Pero hay casos –según Roca Pons– en que va pospuesta: *cuesta arriba; río abajo*. Otros autores estiman que, en este caso, no se trata de preposiciones, sino de adverbios que funcionan *casi* como preposiciones.

SIGNIFICADO Y USO DE LAS PRINCIPALES PREPOSICIONES. Para no caer en inútil casuismo, no vamos a dar aquí todas las reglas que suelen incluir algunas gramáticas respecto a lo que significan, expresan o indican todas y cada una de las preposiciones. Nos limitaremos a indicar solamente el correcto empleo de las principales o más importantes, señalando, de paso, algunos casos de frecuentes incorrecciones[13].

Empleo de la preposición A. Esta preposición expresa fundamentalmente:

- Movimiento, material o figurado: *Voy A Madrid. Miró AL techo. Dedicó el libro A su padre.*
- Proximidad: *Se sentaron A la lumbre.*
- Lugar y tiempo: *Está A la derecha. Vendrá A fin de mes. Se cayó A la puerta de mi casa. Me levanto A las ocho.*
- Modo o manera: *Se despidió A la francesa. Lo hizo A su gusto, A su estilo.* (De aquí se derivan los significados de medio *(Lo hizo A mano)*, precio *(Lo vende A quinientas pesetas)* y causa *(Repitió el número A petición del público)*.
- Valor condicional cuando, en ciertas frases, precede a un infinitivo sin artículo: *A no ser por ti, me hubiera caído.*

La preposición *a* desempeña un papel destacado en el *acusativo personal*, llamado así porque el complemento directo, cuando es persona o cosa personificada, va precedido de esta preposición. Así, en español decimos: *Veo A Pedro, quiero A Luisa, amo A María* y no *Veo Pedro, quiero Luisa, amo María*. Y también decimos: *Quiero A mi perro*, que no es lo mismo que *Quiero mi perro*.

---

[13] Véase Gil y Gaya (ob. citada); *Diccionario de dudas*, de M. Seco, y *Fisionomía del idioma español*, de Criado de Val.

Característico de nuestro idioma es la diferencia entre *a* con sentido de movimiento, de dirección, y *en* con valor estático, no dinámico: *Voy A Madrid. Estoy EN Madrid.*

Usos incorrectos de A. Son usos incorrectos muy frecuentes de la preposición *A:*

– Los galicismos "cocina *a* gas", en vez de "cocina *de* gas"; " vestido *a* rayas", en lugar de "vestido *de* rayas", aunque actualmente se aceptan en "avión *a* reacción" y "olla *a* presión"
– Especial atención merece la construcción en que la preposición *a* va detrás de un sustantivo y delante de un infinitivo *(tareas A realizar; cuestiones A discutir; problema A resolver).* Se trata de un galicismo sintáctico, tan difundido hoy que puede decirse ha adquirido ya carta de naturaleza.

El éxito de esta construcción –según Manuel Seco– se debe, sin duda, a su brevedad, frente a la relativa pesadez de sus equivalentes castizas *(tarea que hay que realizar; cuestiones que hay que discutir; problema que hay que resolver,* o *que ha de realizarse, discutirse, resolverse).* No obstante, creemos que es preferible escribir "criterio que se ha de adoptar" en vez de "criterio a adoptar". La ley del mínimo esfuerzo o la economía del lenguaje no hay que llevarlas tan "a rajatabla".

– "Desprecio *A* la ley" en vez de "desprecio *POR* la ley"; "timbre *A* metálico" por "timbre *EN* metálico"; "dolor *A* los oídos" por "dolor *DE* oídos"; "*A* la mayor brevedad" por "*CON* la mayor brevedad"; "noventa kilómetros *A* la hora" por "noventa kilómetros *POR* hora".
– En cuanto a la frase prepositiva "a por" *(ir a por agua),* tan extendida en España, aunque no sea expresión muy *académica* ni se emplee en Hispanoamérica, es más expresiva que el simple "por" y resulta muy útil para evitar ambigüedades. Así, "ir a por agua" parece que indica más que "ir por agua", ya que sin la preposición *a* parece que sólo indica el fin de la acción, mientras que la locución prepositiva *a por* expresa también el movimiento, el trayecto, el desplazamiento; o "Fue *a por* la niña" sólo significa "Fue a buscar a la niña", mientras que "Fue *por* la niña" puede tener el mismo significado o cualquiera de los siguientes: "Fue en lugar de la niña" o "Fue porque se lo pidió la niña".

Manuel Seco, en su *Diccionario de dudas* ya citado, defiende su uso y, frente a quienes afirman que no deben ir juntas dos preposiciones, puede argumentarse que la Academia admite otras frases prepositivas que sí las contienen: *por entre, de entre, para con,* etc.

Empleo de la preposición CON. Esta preposición expresa:

• Medio, modo o instrumento para hacer algo: *Le dio CON la mano. Lo cortó CON el serrucho.*
• Circunstancias con que se ejecuta o sucede algo: *Come CON ansia.*
• Compañía: *Venía CON su amiga.*
• Antepuesta al infinitivo, equivale a un gerundio: *CON declarar, se libró del castigo.*
• A veces, se emplea con el significado de "a pesar de": *CON ser tan joven, le han jubilado.*

También se emplea para contraponer con una realidad expresa o implícita lo que se dice en una exclamación: *¡CON lo hermosa que era esta calle y ahora la han estropeado!*

Empleo de la preposición CONTRA. Esta preposición denota:

- Oposición y contrariedad de una cosa con otra: *Están CONTRA el Gobierno.*
- Enfrente: *Jugaban CONTRA el sol.*
- "Hacia", "en dirección a": *Caminaban CONTRA el viento.*
- "A cambio de": *Préstale el dinero CONTRA recibo.*
- Es incorrecto utilizar la preposición *contra* con significado de cantidad: *CONTRA más lo miro, menos me gusta,* en lugar de *Cuanto más lo miro, menos me gusta.*

Empleo de la preposición DE. Esta preposición indica:

- Posesión o pertenencia: *el libro DE Juan; el sombrero DE Luisa; el azul DEL cielo; el poder DEL Rey.*
- Materia: *reloj DE oro; puente DE piedra.*
- Asunto: *libro DE Botánica.*
- Cualidad: *hombre DE genio.*
- Número (anticuado): *dar DE palos.*
- Origen o procedencia: *vengo DE casa; desciende DE ilustre familia.*
- Modo: *caer DE espaldas; DE mal humor.*
- Tiempo: *es DE noche.*
- Aposición: *la calle DE Alcalá.*
- Realce de una cualidad: *el idiota DE Pedro.*
- Condición (ante un infinitivo): *DE haber estado allí, lo hubiera visto.*

Usos incorrectos de DE. Son usos incorrectos de esta preposición:

- El anglicismo tan utilizado por periodistas y locutores deportivos en las crónicas y retransmisiones de los partidos de baloncesto "ganar *de* cinco puntos" en vez de "ganar *por* cinco puntos".
- Expresiones como "se ocupa *de* visitar" por "se ocupa *en* visitar"; "regalos *de* señora" por "regalos *para* señora"; "paso *de* peatones" por "paso *para* peatones"; *"de* consiguiente" en vez de *"por* consiguiente", etc.
- La omisión en enunciados como "Se olvidó que tenía que ir" por "Se olvidó *de* que tenía que ir".

Empleo de la preposición DESDE. La preposición *desde:*

- Denota el punto, en tiempo o lugar, de que procede, se origina o ha de empezar a contarse una cosa, un hecho o una distancia: *DESDE la Creación; DESDE Madrid; DESDE que nací; DESDE mi casa.*
- Forma parte de muchas locuciones adverbiales que expresan punto de partida en el espacio o en el tiempo: *DESDE entonces; DESDE ahora; DESDE aquí; DESDE allí.*

Empleo de la preposición EN. Esta preposición expresa:

- Idea estática de reposo: *Vivo EN Madrid.*
- Tiempo: *Estamos EN invierno.*
- Modo: *EN mangas de camisa; EN zapatillas*[14].
- Medio: *viajar EN tren; hablar EN francés.*
- Precio: *Vendido EN mil pesetas.*
- Causa: *Se le notaba EN la manera de moverse.*
- Término de un movimiento, con ciertos verbos: *Entró EN el despacho.*

Usos incorrectos de EN. Son incorrectos los siguientes usos de la preposición *de:*

- Enunciados como "Voy *en* casa de mis padres" por "Voy *a* casa de mis padres"; "Salí *en* dirección a Murcia" por "*con* dirección a"; "Sentarse *en* la mesa" por "*a* la mesa" (salvo en el caso de que realmente se siente uno *sobre* la mesa); "Hablar *en* catedrático" por "*como* catedrático", o "estatua *en* bronce" por "estatua *de* bronce".
- Según M. Seco, es galicismo o anglicismo decir: "Viajamos *en* la noche" en lugar de "*por* la noche" o "*durante* la noche". También es galicismo la expresión "Vive *en* príncipe" en vez de "Vive *como* un príncipe", que es lo español o correcto.
- El *dequeísmo* o empleo de la preposición *de* delante de la conjunción *que:* "Pienso *de que* no vendrá", en lugar de "Pienso que no vendrá".

Empleo de la preposición ENTRE. Esta preposición denota:

- Dentro de, en lo interior: *Lo pensaba ENTRE mí.*
- Estado intermedio. *ENTRE dulce y agrio.*
- Situación o estado en medio de dos o más cosas o acciones: *Se cayó ENTRE la silla y la mesa.*
- Cooperación de dos o más personas o cosas. *Se lo comieron ENTRE cuatro estudiantes. Le llevaron ENTRE seis.*

---

[14] La anécdota la cuenta Ortega y Gasset (*El Espectador.* I. "Baroja tropieza en Coria con la Gramática"). Cuenta Ortega que, en cierta ocasión, el novelista Pío Baroja le dijo: "No hay cosa peor que ponerse a pensar en cómo se deben decir las cosas, porque acaba uno por perder la cabeza. Yo había escrito aquí: *Avinareta bajó de zapatillas.* Pero me he preguntado si está bien o mal dicho, y ya no sé si se debe decir: *Avinareta bajó de zapatillas, o bajó con zapatillas, o bajó a zapatillas.*"

Resulta, en verdad, duro de admitir que Baroja ignorase la solución de tal problema gramatical. Cualquier manual de Gramática se lo hubiese resuelto tal como indicamos en el texto. Se dice: "bajó *en* zapatillas".

Ahora bien, cabe preguntarse: ¿Por qué no se dice "iba *en* chaqueta o *en* esmoquin o *en* frac o *en* zapatos de charol"?

La respuesta no puede ni debe ser dogmática. Es el uso de la lengua quien nos dará la solución. Y así diremos usual y correctamente: "iba *de* frac, o *de* esmoquin, o *de* etiqueta, o *con* traje de etiqueta, o *con* zapatos de charol". Se dirá en cambio: "iba *en* zapatillas, *en* mangas de camisa, *en* camiseta...". Pareciendo así que el uso reserva la preposición *en* para las ropas que se portan más habitualmente: lo que suelen llamarse ropas o paños menores; utilizándose las preposiciones *de* o *con* en los vestidos... menos pegados al cuerpo, por así decirlo.

- Según costumbre de alguien: *Así actúan ENTRE futbolistas.*
- Reciprocidad: *Hablaron ENTRE ellos.*
- Es incorrecta la utilización de *entre,* como *contra,* con significado de cantidad: *ENTRE (CONTRA) más lo miro, menos me gusta,* en lugar de *Cuanto más lo miro, menos me gusta.*

Empleo de la preposición HACIA. Esta preposición expresa:

- Dirección del movimiento: Va HACIA su casa.
- Proximidad en el tiempo o el espacio: *HACIA las tres de la tarde. Ese pueblo está HACIA Guadalajara.*

Empleo de la preposición HASTA. Esta preposición expresa:

- Término de tiempo, lugares, acciones o cantidades: *Esperó HASTA las cinco. Fueron HASTA Vitoria. Lo llenó HASTA el borde. Voy a contar HASTA tres.*
- Se usa como conjunción copulativa, con valor incluyente, combinada con *cuando* o con un gerundio: *Canta HASTA CUANDO come,* o *COMIENDO;* o con valor excluyente, seguida de *que: Canta HASTA QUE come.*
- Se usa en expresiones para despedirse de una persona a quien se espera volver a ver pronto o en el mismo día: *HASTA ahora, HASTA después, HASTA luego, HASTA la vista;* o que indican el límite de la acción del verbo principal: *Correré HASTA QUE me canse,* y en locuciones adverbiales: *HASTA no más, HASTA nunca.*

Empleo de la preposición PARA. Esta preposición expresa:

- Dirección: *Voy PARA Barcelona.*
- Tiempo: *Déjalo PARA mañana.*
- Inminencia de un suceso: *Está PARA llover.*
- Objeto o fin: *Compró papel PARA dibujar.*

Usos incorrectos de PARA. Es incorrecto emplearla en expresiones como "pastillas *para* el mareo", "jarabe *para* la tos" o "veneno *para* las ratas" en vez de "*contra* el mareo, la tos, las ratas".

Empleo de la preposición POR. Esta preposición indica:

- Tiempo: *POR aquellos días.*
- Lugar: *Pasó POR la calle.*
- Medio: *Fue transmitido POR radio.*
- Modo: *Lo hago POR obediencia.*
- Sustitución, equivalencia: *Los haré POR ti. Lo compré POR dos mil pesetas.*
- Causa: *Lo hace POR amor al prójimo.*
- Concesión (seguida de adjetivo o adverbio de cantidad y la conjunción *que): POR mucho que lo repitas, no te creo.*
- Perspectiva futura (con infinitivo): *Está POR ver si hay alguien que lo supere.*

Usos incorrectos de POR. Es incorrecto su empleo en enunciados como "Tiene afición *por* las Ciencias" en lugar de *"a* las Ciencias"; *"Por* orden del Presidente" por *"de* orden"; "ropa para estar *por* casa" en vez de *"en* casa"; "Me voy *por* siempre" en lugar de *"para* siempre".

Empleo de la preposición SEGÚN. Esta preposición denota:

- Conformidad o con arreglo a algo: *SEGÚN la ley; SEGÚN arte; SEGÚN eso.*
- Precediendo inmediatamente a nombres o pronombres personales, significa con arreglo o conformemente a lo que opinan o dicen las personas de que se trate: *SEGÚN él; SEGÚN ellos; SEGÚN Aristóteles; SEGÚN San Pablo.*
- Toma carácter de adverbio, denotando relaciones de conformidad, correspondencia o modo, y equivaliendo más comúnmente a "con arreglo" o "en conformidad a lo que", o a "como": *SEGÚN veamos; SEGÚN se encuentre mañana el enfermo.* "Con proporción" o "correspondencia a": *Te pagará SEGÚN lo que trabajes.* "De la misma suerte" o "manera que": *Todo queda SEGÚN estaba."* Por el modo en que": *...la cabeza sin toca, ni con otra cosa adornada que con sus mismos cabellos, que eran sortijas de oro, SEGÚN eran rubios y enrizados.*

Empleo de la preposición SIN. Esta preposición denota:

- Carencia o falta de alguna cosa: *Está SIN dinero. Lo hizo SIN ayuda de nadie.*
- "Fuera de" o "además de": *Llevó tanto en dinero, SIN las alhajas.*
- Cuando se junta con el infinitivo de un verbo, vale lo mismo que *no* con su participio o gerundio: *Me fui SIN comer; esto es, no habiendo comido.*

Empleo de la preposición SOBRE. Esta preposición denota:

- "Encima de": Lo lleva SOBRE la cabeza.
- "Acerca de": *No tengo opinión SOBRE lo que dices.*
- "Además de": *Llueve SOBRE mojado.*
- Aproximación en una cantidad o un número. *Tengo SOBRE mil pesetas. Vendré SOBRE las once.*
- Cerca de otra cosa, con más altura que ella y dominándola: *El castillo se levanta SOBRE el pueblo.*
- Dominio y superioridad: *Influye SOBRE los que le rodean.*
- Precedida y seguida de un mismo sustantivo, denota idea de reiteración o acumulación: *Crueldades SOBRE crueldades; robos SOBRE robos.*

Empleo de la preposición TRAS. Esta preposición denota:

- "Después de", "a continuación de", aplicado al espacio o al tiempo: *TRAS este tiempo vendrá otro mejor.*
- "En busca o seguimiento de": *Se fue deslumbrado TRAS los honores.*
- "Detrás de, en situación posterior": *TRAS la puerta.*
- "Fuera de esto", "además": *TRAS de llegar tarde, protesta.*
- Se usa como prefijo en voces compuestas: *TRAStienda, TRAScoro.*

Ejercicios

* * * * * * * * * * * * * * * * * * *

A) *Señale las preposiciones de las siguientes frases e indique el término de cada una.*

EJEMPLO:

> Me senté *en* el "monte" *bajo* una "encina".
> Preposiciones: en, bajo. Términos: monte, encina.

1. El hermano de Miguel se pasa de listo.
2. Algunos de vosotros no conocéis las reglas del juego.
3. Desde lo alto de la montaña se ve todo el valle.
4. Descubrió mediante una treta que iban tras su dinero.
5. Todos ellos fueron muy amables con nosotros.
6. El automóvil se estrelló contra la farola de la esquina.
7. Se lo dijeron a Manuel por fastidiar.
8. El embarcadero se reflejaba sobre el agua al atardecer.
9. Fueron andando hasta la entrada del túnel.
10. Las nubes se alejaron hacia el poniente.
11. Este hombre no sirve para nada.
12. Fueron en su coche desde Madrid hasta Sevilla.
13. Aunque hacía frío salió a la calle en zapatillas y sin abrigo.
14. Volaban entre las nubes sobre las montañas.
15. El chico caminó tras él en silencio durante un buen rato.

B) *Señale las locuciones prepositivas de las siguientes frases:*

1. Colocó el libro abierto encima de la mesa.
2. Cayó enfermo a causa del disgusto.
3. Tuvieron una discusión por culpa de Jaime.
4. Consiguieron el empleo gracias a su buena preparación.
5. No sé nada acerca de lo que me preguntas.
6. Estoy de acuerdo con todo lo que dices.
7. Estaban hablando junto a la puerta.
8. Fuimos a verle a fin de averiguar lo que pasó.
9. Tenemos mucho que hablar respecto de eso.
10. No tiene nada que ver con relación a ese asunto.

C) *Complete las frases con las preposiciones correspondientes.*

1. Compramos un diccionario ... mil pesetas ... esa librería

2. Las hojas ... muchos árboles se caen ... el otoño.

3. Llenaron el vaso ... agua ... el borde.

4. Lo arreglaron ... unos trozos ... madera ... Lola y Carlos.

5. Estaba seguro ... que iba ... aprobar el examen.

6. Estamos ... vosotros ... un momento.

7. Julio salió ... la calle ... mangas de camisa.

8. Le vi ... la plaza cuando iba ... el periódico.

9. Antonio es un hombre bueno ... sí.

10. Eso lo sabe ... el más ignorante.

D) *Indique las preposiciones y las locuciones prepositivas que hay en el siguiente texto:*

"Inútil para los trabajos mayores, Mackandal fue destinado a guardar el ganado. Sacaba la vacada de los establos antes del alba, llevándola hacia la montaña en cuyos flancos de sombra crecía un pasto espeso, que guardaba el rocío hasta bien entrada la mañana. Observando el lento desparramo de las bestias que pacían con los tréboles por el vientre, se le había despertado un raro interés por la existencia de ciertas plantas siempre desdeñadas. Recostado a la sombra de un algarrobo, apoyándose en el codo de su brazo entero, forrajeaba con su única mano entre las yerbas conocidas en busca de todos los engendros de la tierra cuya existencia hubiera desdeñado hasta entonces."

Alejo Carpentier, *El reino de este mundo*

Lección 7

El gerundio correcto
y el incorrecto

El *gerundio* presenta dos formas: *simple (cantando)* y *compuesta (habiendo cantado);* no puede ir precedido de ninguna preposición, excepto *en* para indicar inmediatez en construcciones poco usuales *(EN ACABANDO la carta, se fue de allí)*; algunos *gerundios simples* admiten diminutivos *(andandito, callandito)*, y puede funcionar en la oración como adverbio, como verbo o, en algunos casos, como adjetivo.

- Como adverbio, se utiliza en los enunciados no oracionales de los titulares o los pies de grabados y fotografías *(Armstrong PISANDO la Luna)*, o desempeña la función de complemento circunstancial *(Los pájaros se fueron VOLANDO. Raquel salió CORRIENDO)* o de complemento de un nombre *(Vieron la casa ARDIENDO)*.
- Como verbo, puede llevar sujeto explícito *(Vinieron ESTANDO María ausente)* y los complementos directo *(Te mantendrás en forma HACIENDO deporte)*, indirecto *(Te recibirán PRESENTANDO la carta al director)* o circunstancial *(Vimos a Roberto PASEANDO por la calle)*.
- Como adjetivo, se utiliza en pocas ocasiones *(Ponlo en agua HIRVIENDO. Es capaz de agarrarse a un clavo ARDIENDO para conseguirlo)*.

MUCHO se ha escrito sobre esta forma verbal y no seremos nosotros quienes agobiemos al lector con abstrusas tesis gramaticales.

"El gerundio –escribe González Ruiz– se emplea muchas veces mal. Tan honda es la convicción de este hecho, que ha llegado a producir otro: el que muchos realicen denodados esfuerzos para eludir el gerundio al escribir, como quien se encontrase ante un paraje peligroso y prefiriera dar un rodeo con tal de no transitar por él. Pero el rodeo no es nunca buen procedimiento de escribir. Se puede navegar perfectamente entre escollos conociendo cuáles son y dónde están."

El gerundio, en todo caso, constituye *una oración subordinada de carácter adverbial*. Si yo escribo: "Luis llegó silbando", indico el *modo* como llegó "Luis". En este caso "silbando" es la oración subordinada que completa a la principal "Luis llegó", diciéndonos *su manera de llegar*[15].

Para evitar confusiones, el gerundio debe ir lo más cerca posible del sujeto al cual se refiere. Así, no significa lo mismo "Vi a Juan *paseando*", que "*Paseando*, vi a Juan". En el primer caso es *Juan* quien pasea; en el segundo *soy yo* quien, mientras paseaba, vi a Juan.

Para poner un poco de orden en este problema del gerundio, vamos a estudiar los casos en que consideramos su empleo *correcto* o *incorrecto*, según la opinión autorizada de los gramáticos y especialistas del lenguaje.

A) Gerundio correcto

1.º *Gerundio modal.* Ejemplo: "Llegó silbando o cantando".

2.º *Gerundio temporal.* Generalmente indica contemporaneidad entre la acción expresada por el verbo principal y el gerundio. Ejemplo: "Vi a Juan paseando". "Nos llegó la noticia estando en Barcelona".

(Estos dos casos, en realidad, se pueden reducir a uno sólo.)

3.º *Gerundio que indica acción durativa o matiz de continuidad.* Ejemplos: "Está escribiendo". "Sigo pensando".

4.º *Gerundio cuya acción es inmediatamente anterior a la del verbo principal.* Ejemplo: "Alzando la mano, la dejó caer sobre la mesa con toda su fuerza".

5.º *Gerundio condicional.* Ejemplo: "Habiéndolo ordenado el jefe, hay que obedecer"; es decir, "Si lo ordenó el jefe..." –condición–. (Aquí va incluido el gerundio, tan frecuente en las sentencias jurídicas, de los "Considerandos", que en realidad equivalen a "Si se considera").

6.º *Gerundio causal.* Ejemplo: "Conociendo su manera de ser, no puedo creerlo"; es decir, "Porque conozco su manera de ser..." –causa–. (También es gerundio causal el "Resultando" de las sentencias; equivale a "Porque resulta").

7.º *Gerundio concesivo* (poco corriente). Ejemplo: "Lloviendo a cántaros, iría a tu casa"; es decir, "Aunque lloviera a cántaros..." –concesión–.

---

[15] Dice M. Seco que el gerundio es una forma verbal no personal (es decir, sin variación morfológica de persona) que, a su significación verbal de acción, reúne una función modificadora adjunta, de tipo adverbial y en cierto modo adjetiva.

8.º *Gerundio explicativo.* Ejemplo: "El piloto, viendo que el altímetro no funcionaba..."; es decir, "Al ver que el altímetro no funcionaba..." –explicación.

Finalmente, se usa mucho el gerundio de los verbos "arder" y "hervir" con carácter de adjetivo –una olla de agua hirviendo, o ardiendo–, en el sentido de "hirviente" o "ardiente". Todos decimos: "Le cayó una olla de agua hirviendo", y no "hirviente".

Y también suele ser corriente, en la conversación –sobre todo en Andalucía y en los países hispanoamericanos–, el empleo del gerundio en "aparente diminutivo". Así se dice: "Voy corriendito", o "Llegó callandito". Y decimos "diminutivo aparente", porque, en realidad, estas expresiones significan "corriendo mucho" o "más que callando". Se usa también el gerundio en ciertos titulares y leyendas o pies de grabados y fotografías. Ejs.: "Napoleón pasando los Alpes". "El satélite Telstar girando en torno a la Tierra".

B) Gerundio incorrecto

Veámoslo a través de unos cuantos ejemplos.

Así, no puede ni debe escribirse:

1) "Llegó sentándose...", porque la acción de *llegar* y de *sentarse* no pueden ser simultáneas, no es ése un "modo" de llegar a ningún sitio.

Es frecuente leer: "D. Fulano de Tal *nació* en Madrid en 1900, *siendo* hijo de D. Luis y Dª. María...". Es decir, que *nació siendo* ya hijo de... ¡Extraña manera de nacer!

2) "Una caja conteniendo..." Se trata de un típico galicismo; traducción de la expresión francesa: "Une boîte contenant..." Y ello porque el participio de presente francés en -*ant* (*parlant, écrivant, sachant*) tiene un valor adjetivo. Nosotros, en español, debemos decir: "Una caja que contiene..." Es también el caso del "gerundio curialesco" o del *Boletín Oficial*: "Orden disponiendo...", cuando, en realidad, debe decirse "...que dispone..."[16].

Es, por tanto, incorrecto el empleo del gerundio de un verbo que no expresa acción en función de complemento de un nombre.

3) Es incorrecto el empleo del gerundio para complementar a un nombre que funciona como complemento indirecto *(Dio el paquete a una mujer entrando en la casa,* en vez de *Dio el paquete a una mujer que entraba en la casa),* o complemento circunstancial *(Vieron a un hombre dando gritos de dolor,* en lugar de *Vieron a un hombre que daba gritos de dolor).*

4) "Vi un árbol floreciendo", por "floreciente". Tampoco puede admitirse este "floreciendo" porque el gerundio, en español, no debe expresar cualidades. Ni tampoco se refleja aquí el matiz de contemporaneidad, ya que es imposible que yo vea "el florecer"

---

[16] La terminación *ant* del francés es gerundio –o debe traducirse por tal– cuando va precedida de la preposición *en: en parlant, en écrivant...*

de un árbol, mientras se produce, a menos que se trate de una película de dibujos fantástica, o gracias a un procedimiento especial cinematográfico, capaz de captar el florecer de un árbol mientras se va produciendo.

5) "El avión se estrelló, siendo encontrado..." "El agresor huyó siendo detenido..." Estos gerundios son incorrectos porque la acción que el gerundio indica no puede ser posterior a la del verbo principal. Lo correcto es escribir: "El agresor huyó y fue detenido cuando intentaba subir al tranvía".

No es correcto el *gerundio de posterioridad* porque, cuando es simple, indica simultaneidad: "La farola cayó sobre el coche muriendo sus ocupantes", ya que debe decirse: "La farola cayó sobre el coche y, como consecuencia, murieron sus ocupantes".

En el caso del *gerundio temporal*, la acción que expresa dicha forma verbal puede ser *simultánea, inmediatamente anterior o inmediatamente posterior* a la acción expresada por el verbo principal.

EJEMPLOS:

> *Teniendo yo doce años, aprendí a montar en bicicleta* (simultánea).
> *Levantando la mano, quedó con la pluma en suspenso* (inmediatamente anterior).
>
> *Salió de puntillas, cerrando la puerta con mucho cuidado* (inmediatamente posterior).

CONCLUSIONES. Consideramos muy difícil que el alumno, al escribir, retenga en la memoria todas las reglas que hemos dado acerca del gerundio. Por ello, recomendamos seguir la pauta del conocido aforismo: "En la duda, abstente". Es decir, no usemos el gerundio cuando no estemos muy seguros de que su empleo es correcto. Siempre será posible recurrir de otra forma verbal. Por ejemplo: en vez de "Nos llegó la noticia estando en Barcelona", podemos escribir: "Nos llegó la noticia cuando estábamos en Barcelona".

"Como norma, más o menos estabilizada en el estado actual del idioma –escribe Criado del Val en su obra *Fisonomía del idioma español*–, podemos aceptar la siguiente: el uso del gerundio español será tanto más propio cuanto más predomine en él el carácter verbal (o adverbial), cuanto más atractiva y considerada en su trayectoria (aspecto durativo) sea la acción que expresa, cuanto más coexistente o inmediatamente anterior a la principal sea esa misma acción."

"Viceversa, el uso del gerundio español será tanto más impropio cuanto más se aproxime a la función adjetiva, a la expresión de cualidades o estados (ya sean momentáneos o permanentes), o cuanto mayor sea el desacuerdo entre el tiempo de su acción (especialmente en el caso de ser posterior) y el del verbo o frase principal."

Ejercicios

* * * * * * * * * * * * * * * * * * * *

A) *En las siguientes frases hay gerundios correctos e incorrectos. Diga si tales gerundios están bien o mal empleados. Si están mal, escriba las formas correctas que deban sustituir al gerundio.*

EJEMPLO:

> Discutieron comiendo.
> Discutieron *mientras comían.*

1. Decidí publicar la obra, enviando a América la edición.

2. Se ha publicado un decreto modificando el procedimiento para solicitar las becas.

3. La Ley prohibiendo la importación de hierro es de fecha...

4. Los niños corrieron velozmente, perdiéndose de vista.

5. Sufrió un grave accidente, muriendo poco después.

6. Abriendo la ventana se dejó acariciar por la brisa.

7. Acabo de leer un reportaje describiendo el incendio.

8. Bombardearon las posiciones enemigas destruyendo tres fábricas.

9. Se pasa el día durmiendo.

10. Estaba cogiendo flores.

11. El autor describe al protagonista combatiendo con imaginarios enemigos.

12. Vi a López volando sobre el mar.

13. Se cayó del trapecio, rompiéndose una pierna.

14. Aprendió la lección, repitiéndola mucho.

B) *Señale los gerundios que hay en el siguiente texto e indique de qué tipos son:*

"Los ajusticiaron poniéndolos de rodillas y apoyándoles la cabeza en el broquel del pozo de agua. Los tenían bien sujetos mientras los vecinos, pasando en fila, los chancaban con las piedras que recogían de la construcción, junto a la casa comunal. La milicia no participó en las ejecuciones. No se disparó un tiro. No se clavó un cuchillo. No se dio un machetazo. Sólo se usaron manos, piedras y garrotes, pues ¿se debía acaso desperdiciar en ratas y escorpiones las municiones del pueblo? Actuando, participando, ejecutando la justicia popular, los andamarquinos irían tomando conciencia de su poderío. Éste era un destino sin retorno. Ya no eran víctimas, comenzaban a ser libertadores."

Mario Vargas Llosa, *Lituma en los Andes*

Leísmo, laísmo y loísmo

Los pronombres átonos de tercera persona

Usos correctos:

- Complemento directo: *lo, los* (masculino); *la, las* (femenino); *lo* (neutro).
- Complemento indirecto: *le, les* (sin distinción de género).

Usos incorrectos:

- El *leísmo* consiste en emplear las formas *le* y *les,* del dativo, como complemento directo, en lugar de *lo, la, los* y *las.* Se acepta su uso cuando se refiere a personas masculinas, pero es incorrecto cuando se refiere a personas femeninas o a cosas.
- El *laísmo* consiste en emplear las formas *la* y *las,* del acusativo, como complemento indirecto, en lugar de *le* y *les.* Su uso es siempre incorrecto.
- El loísmo consistente en emplear las formas *lo* y *los,* del acusativo, como complemento indirecto. Su uso es siempre incorrecto.

EN España, y muy especialmente en Castilla, son muchas las personas –incluso escritores de fama– que emplean mal los pronombres personales átonos *le, la* y *lo.* Y ello porque, en vez de utilizar las formas que, según el caso gramatical, corresponden a los complementos directo o indirecto, se atiende a la terminación en "o" o en "a", del género masculino o femenino. Así, se dice *LA di un empujón,* cuando se hace referencia a una mujer, y *LO di un empujón*, si se refiere a un hombre.

De este vicio ha surgido la denominación. Y se llama "leísmo", "laísmo" y "loísmo" al empleo indebido de las formas átonas de los pronombres personales "le", "la" y "lo", respectivamente.

Consideremos unos ejemplos para mejor comprender la doctrina:

No es lo mismo decir: "Reunió a los empleados para *presentarlos* al jefe", que "... para *presentarles* al jefe". En el primer caso, *los* son los empleados quienes son presentados; en el segundo, *les* el jefe quien *se les* presenta a *los* empleados.

Otros caso:

"Cuando *la* veo ese peinado a Eloísa..." es incorrecto. Lo correcto es: "Cuando *le veo* ese peinado a Eloísa". O también: "Cuando *la* veo ese peinado..."

Otros dos más:

"*Le* digo a usted, joven, y *le* digo a usted, señorita, que aquí no se puede fumar". Aquí el empleo del pronombre *le* es correcto. "No intente colarse, caballero, que *lo* veo; no intente colarse, señorita, que *la* veo". También son correctos en ese caso *lo* y *la*.

En el siguiente ejemplo hay un *lo* correcto y otro incorrecto:

"En cuanto me *lo* tropiece, *lo* voy a dar una sorpresa". (El primer *lo* es correcto; el segundo, incorrecto).

Razones. LO y LA (LOS y LAS) son el caso acusativo, que es el del complemento directo; LE y LES son dativo, caso del complemento indirecto.

Por eso no puede decirse "Cuando LA veo ese peinado" que es lo que veo "a Eloisa", complemento indirecto de la oración (a quien) y, por tanto, debe decirse LE. En cambio es correcto decir "Cuando LA veo con ese peinado", porque, en este caso, el complemento directo de ver –lo que veo– es "a ELOÍSA" y, por tanto, está bien LA.

No es por ello aceptable escribir "LO di un empujón", porque el complemento directo de "dar" es el "empujón", y el indirecto –a quien se LO di– fue a él y, por consiguiente, ha de decirse LE.

En cuanto al LEÍSMO –empleo indebido del pronombre LE– se debe, a nuestro juicio, a las siguientes razones:

En español, cuando el complemento directo es persona o cosa personificada, lleva la preposición A; no la lleva en los demás casos. Decimos: "Quiero A Pedro" y no "Quiero Pedro". En cambio, escribimos "Quiero pan" y no "Quiero A pan". (Lo lógico sería decir "quiero Pedro", lo mismo que decimos "quiero pan".)[17] De aquí la confusión: al llevar la persona complemento directo la preposición A, parece como si fuera complemento indirecto. Por ello, al usar el pronombre personal, se dice LE, cuando debía ser LO. Es frecuentísimo oír: "Yo LE conocí", en lugar de "Yo LO conocí". Aquí, el complemento directo de "conocer" es, por ejemplo, Pedro; pero si hubiéramos utilizado el nombre personal, hubiésemos escrito "Yo conocí A PEDRO" –el cual, a pesar de la preposición A, es acusativo y, por tanto, debe decirse LO.

---

[17] En francés el complemento directo de persona no lleva la preposición *a*. Un francés dice: "je vois Pierre", mientras nosotros decimos: "veo *a* Pedro"; pero en ambos casos el complemento directo de *ver* es Pedro.

Según el uso culto actual, el LOÍSMO y el LAÍSMO se consideran como incorrectos. En cambio, se admite el LEÍSMO. Es decir, no se admite el empleo de LO y LA por LE; pero sí LE cuando debía ser LO.

Hay, no obstante, un LEÍSMO completamente inadmisible: el que refiere el pronombre LE a cosas no personificadas. Ejemplos: "Este tema no me LE sé". "Este libro no te LE doy".

EJEMPLO:

> Oído en el "metro" de Madrid:
> - Y, al armario –dice una señora a otra–, ¿con qué *lo* diste para limpiar*le*?
> - *Lo* di "Brillantol" –contesta la aludida.

Las dos señoras citadas debieron decir *le diste* y no *lo,* porque *dieron* fue *al armario* (complemento indirecto y, por tanto, *le*).

En cambio, hubiera sido correcto: "¿Con qué *lo* limpiaste?", porque, en este caso, el armario es complemento directo y, por consiguiente, exige el pronombre *lo*.

También está mal dicho "limpiar*le*", porque aquí sí que nos referimos al armario como complemento directo de limpiar. La frase correcta, pues, sería:

"Y al armario, ¿con qué *le* diste para limpiar*lo*?"

Ejercicios

* * * * * * * * * * * * * * * * * * * *

A) *En las frases siguientes, subraye los pronombres átonos de tercera persona empleados incorrectamente. Escriba en su lugar las formas correctas.*

EJEMPLO:

> *Incorrecto:* La vi que *la* daba un mareo.
> *Correcto:* La vi que *le* daba un mareo.

1. El problema del leísmo parece fácil, pero no lo es.

2. La vi en el tranvía y la dije...

3. Les he visto pasar y les he llamado.

4. Este tema no me le sé.

5. El dinero no te le doy, me lo guardo.

6. Busco el diccionario y no le encuentro.

7. Voy a hacerlo feliz; voy a hacerle todo el bien que pueda.

8. El juez tomó declaración a los ladrones y les condenó.

9. A la aviadora se le admiraba.

10. Les vi y al momento les conocí.

B) *En el siguiente texto se han cambiado algunos pronombres átonos de la terce-ra persona. Señale los que son incorrectos, indique qué tipo de error se trata y sus-titúyalos por los correctos.*

"Y entonces me preguntó que había aprendido ese día en el colegio. Y yo había aprendido una fábula, esa de la rana que al cambiar de charca le atropella un carro. Él me pidió que la contara y yo se la recité porque la tenía copiada en el cuaderno, y hasta lo enseñé el dibujo que había hecho de la rana al salir de la charca. Me acuerdo que me temblaba la voz porque a mí mi padre me daba mucho miedo. Pero lo recité la fábula y lo enseñé el dibujo, y él al final se quedó muy serio, con aquella seriedad suya, que parecía que lo habían ofendido, y me dijo: Sigue. Ya se acabó, le dije yo. ¿Cómo que se acabó?, dijo él, y arrugó la cara muy extrañado y se me quedó mirando de perfil. ¿Quieres decir que ese es todo el cuento? Entonces yo lo expliqué la mora-leja, le dije que si estás bien en un sitio no merece la pena ir a otra parte. Pero él no entendía. Y entonces va y dice: Ese cuento está cojo, porque si la rana muere al cru-zar el camino, entonces no se sabe si la hubiera ido mejor o peor en otro sitio. ¿Cómo va a saberse si no la dan la oportunidad? Mi madre, que se sabía también la fábula, se metió entonces por medio diciendo que esa era precisamente la gracia de la historia, pero no pudo seguir porque mi padre la dijo sin mirarle ni subir la voz: Chisss; tú, mutis."

Luis Landero, *El mágico aprendiz*

NOTAS

Los escritores y el laísmo

A) Dice Manuel Seco (ob. cit.) que de 24 escritores españoles del siglo XX exami-nados por Salvador Fernández –Gramática & 108–, sólo tres (Francisco de Cossío, Ramón de la Serna y Emilia Pardo Bazán) emplean casi exclusivamente *la*, es decir, que son "laístas". A estos nombres añadiríamos nosotros los de dos periodistas muy leídos actualmente en España: Josefina Carabias y Evaristo Acevedo. En Blasco Ibáñez y en Carlos Arniches se iguala el número de casos de *la* y *le*. Y en todos los restantes (Cela, Benavente, Pemán, Azorín, Concha Espina, Galdós, Miró, Baroja, Unamuno, Valle-Inclán, Juan Ramón Jiménez, etc.) hay un importante predominio o un uso exclu-sivo de *le*. "El laísmo, pues –escribe Manuel Seco–, tiene hoy muy poca aceptación entre los escritores. Tampoco está admitido por la Academia... No obstante... no faltan escritores cultos, y aun académicos, que cometen laísmo: "y yo *las* digo adiós con la mano" (Gerardo Diego, *Primera antología,* 89)".

Los clásicos y el leísmo

B) Cervantes, "leísta", "Mirában*le* las mozas" (cap. II del Quijote), en vez de "mirában*lo*". "... Me encuentro por ahí con algún gigante..., y *le* derribo en un encuentro, o *le* parto por la mitad del cuerpo" (ídem. Cap. I).

Lope, "leísta": "Caminad a Egipto –con Niño, Madre–, que ha mandado Herodes buscar*le* y matar*le*".

(Ejemplos citados por K'Hito en artículo publicado en "Dígame", 20-III-62).

El "losísmo"

C) En los telefilmes que nos llegan a España y que nos muestra la pequeña pantalla de la TV, brota –con más frecuencia de la deseable– un extraño empleo del pronombre átono *los*, en un plural totalmente inadmisible. Es frecuente escuchar, en dichos telefilmes, frases como las siguientes: "ya se *los* dije" o "se *los* advierto", en lugar de "ya se *lo* dije" o "se *lo* advierto". (Construcción ésta que también se escucha en España, en algunas zonas de alto Aragón.)

¿Por qué este extraño plural de *lo*?

Sencillamente porque se hace concordar al pronombre indicado *(lo-los)* con el dativo de persona a quien se dice o se advierte *lo* que sea, cuando tal dativo es plural: en el primer caso *se lo dije A ELLOS*; en el segundo ejemplo, *se lo advierto A USTEDES*. Los que traducen tales telefilmes parecen ignorar que, en castellano, en estas frases concretas, el pronombre átono *lo* se refiere a lo que se dice o advierte –por tanto debe ir en singular. *Ellos* o *ustedes*, en los ejemplos propuestos, está representado por el pronombre *se*.

Los especialistas en Gramática nos dicen que el pronombre *se*, en estos casos, no es un reflexivo, sino un dativo del pronombre personal cuya evolución, a grandes rasgos, es la siguiente:

La forma latina *illis*, debió de dar *les*. Más, para evitar la cacofonía de la expresión "les lo dije", o "di-les-los", se produjo una primitiva forma en *ge: da-ge-lo*, en vez de *"da-les-lo"*. Y esta forma *ge* –usual en nuestros clásicos– evolucionó al *se* actual.

Lección 9

Uso y abuso del relativo

> El *relativo* funciona a la vez como pronombre y como nexo de subordinación formando parte de una proposición subordinada. Es decir, sustituye a un antecedente y se une a él con una frase de la que forma parte.
>
> Las formas del *relativo* son: *que (el que, la que, lo que, los que, las que); cual, (el cual, la cual, lo cual), cuales (los cuales, las cuales); quien, quienes; cuanto, cuanta, cuantos, cuantas; cuyo, cuya, cuyos y cuyas.*

EL *pronombre relativo* es otro de los escollos que es preciso tener en cuenta, para evitar esas frases sobrecargadas de "ques", tormento del escritor y martirio para el lector.

EJEMPLO:

> He visto a tu hermano *que* me dio noticias de tu tía *que* está mala desde el día del accidente *que* tuvo cuando iba a la procesión *que* se celebró el viernes pasado.

La frase transcrita es "horrible", pero no tan infrecuente como pudiera suponerse.

Conviene, sin embargo, que hagamos una ligera recapitulación gramatical antes de exponer las reglas fundamentales que nos servirán para evitar el abuso del relativo.

El *relativo* se llama así porque relaciona algo en la frase: sustituye a un antecedente y se une a él con una frase de la que el propio relativo forma parte.

- QUE, CUAL y CUALES se refieren a personas y cosas.

EJEMPLOS:

> La casa *que* compraste.
> El hombre *que* asaltó la casa.

Vi a un hombre, el *cual* hablaba por teléfono.

Había varios árboles, junto a los *cuales* pasaba un arroyo.

- QUIEN y QUIENES se refieren sólo a personas y pueden ir sin antecedente.

EJEMPLOS:

Quien da pan a perro ajeno...

Las personas con *quienes* trabajo son muy competentes.

- CUANTO, CUANTA, CUANTOS y CUANTAS son determinantes o pronombres, según acompañen o no a sustantivos.

EJEMPLOS:

Puedes comer *cuanta* fruta quieras.

Aquí tienes fruta. Puedes comer *cuanta* quieras.

- CUYO, CUYA, CUYOS y CUYAS son determinantes y concuerdan con los sustantivos a los que preceden.

EJEMPLOS:

Eligió un libro en *cuya* portada había un paisaje.

Conviene distinguir "que" partícula de "que" relativo. Como relativo, QUE se usa para reproducir un concepto anterior –antecedente– relacionado éste con otra oración de la que el pronombre forma parte. A veces puede sustituirse por "el cual", "los cuales", etc. Ejemplo: *El hombre* que *(el cual) te atacó.*

En la mayoría de los casos equivale a un demostrativo. Así, *Las estrellas son otros tantos soles; éstos brillan con luz propia...,* se convierte en *Las estrellas son otros tantos soles* que *brillan con luz propia...*

QUE, como partícula, es invariable e insustituible. Su única misión es la de servir de enlace entre palabras o frases. Ejemplos: *Quiero* que *vengas. Estaba tan maltrecho* que *no lo conocí.*

ADVERTENCIA. Hay que tener mucho cuidado con el uso de "que" a lo francés. Es incorrecto. Así, no debe decirse: *Allí fue* que *por vez primera vi el mar.* Debe escribirse: *Allí fue* donde *por vez primera vi el mar.*

Otra expresión frecuente: *De este modo fue* que *se hizo rico.* Lo correcto es: *De este modo fue* como *se hizo rico.* Véase lo que decimos, al hablar del "queísmo", en la última lección de este capítulo.

El relativo "cuyo" y su valor posesivo

> El relativo *cuyo*, en cualquiera de sus formas *(cuyo, cuya, cuyos, cuyas)* tiene valor posesivo.

Para su debido empleo, téngase en cuenta que "cuyo" procede del latín "cuius" y conserva su doble valor de *relativo* y *posesivo* (de quien, del cual, de quienes, etc.).

Así, no puede decirse: **Vimos una casa,* cuya *puerta...,* es decir, la puerta de la cual casa.

Correcto es, pues, decir: *El avión,* cuyas *alas...;* pero es incorrecto: *Había allí un avión, en* cuyo *avión...;* "en el cual" sería lo correcto.

La Academia permite el uso de "cuyo" cuando concierta con los vocablos "causa", "ocasión", "razón", "fin", "motivo" y otros semejantes.

EJEMPLOS:

> *Decidió apoderarse del trono, a* cuyo *efecto comenzó las operaciones.*
> Puede también escribirse: *... del trono, y a este efecto...*
> *A veces los labradores trabajan a varios kilómetros de su hogar, en* cuyo *caso tienen que comer en pleno campo.*
> Pero también podría escribirse: *... de su hogar; en este caso...*
> *Sus libros eran fuertes, tremendistas, por* cuyo *motivo tenían éxito.*
> O también: *... tremendistas, y por este motivo...*

Es preferible, en suma, que el vocablo "cuyo" se reserve para su función genuina: relacionar dos nombres, el segundo de los cuales es persona o cosa poseída o propia del primero.

El uso incorrecto de *cuyo* no es problema sólo de ignorantes. También los escritores consagrados suelen emplearlo mal a veces. Ejemplo (citado por M. Seco): *"la fe en la inmortalidad del alma, cuya condición tal vez no se precisaba mucho"* (Unamuno, *Del sentimiento trágico de la vida*).

En su *Gramática de la Lengua Española*[18], dice Emilio Alarcos: "Es vulgar la sustitución de *cuyo* por *que* y un posesivo: *Vino el muchacho que su padre es director del banco* (por *cuyo* padre). También es incorrecto el uso de *cuyo* sin valor posesivo: *Varios balcones dejaban entrar en el salón el aroma salobre del mar; cuyos balcones se adornaban con macetas vistosas,* en vez de *los cuales.*"

---

[18] Emilio Alarcos Llorach, *Gramática de la Lengua Española*. Espasa Calpe. Madrid, 1994.

* *"Vimos una casa,* cuya *casa tenía un tejado rojo"*, sino *"Vimos una casa* que *tenía un tejado rojo".* En cambio, es correcto decir: *"Vimos una casa,* cuya *puerta..."*

> El abuso del pronombre relativo es causa de pesadez en la lectura y nos puede hacer caer en el equívoco, en las incorrecciones.

Y entramos ya, tras estas consideraciones previas, en el abuso de los pronombres relativos (especialmente, en su forma "que", la más empleada).

Equívocos

EJEMPLOS:

Le envío a usted una liebre con mi hermano, que tiene las orejas cortadas. (¿Quién tiene las orejas cortadas? ¿La liebre o mi hermano?)
He visto el coche del médico, que está hecho una birria. (¡Pobre médico!)
Conozco mucho a Pablo, el hijo de María, que viene mucho a casa. (¿Quién viene? ¿Pablo o María?)

Incorrecciones

Véase el ejemplo citado más arriba, al principio de esta lección: *He visto a tu hermano* que *me dio...*

Finalmente, el abuso del relativo es causa de pesadez, aunque no ocasione equívocos ni incorrecciones; sobre todo por la cacofonía que supone la repetición de palabras guturales: que, de que, cual, al cual, etc.

Cómo se suprime una frase de relativo

1.° *Por un sustantivo en aposición*[19], *generalmente seguido de un complemento.*

Ejemplo: En vez de escribir "el general *que* conquistó la ciudad", podemos poner "el general, *conquistador* de la ciudad".

2.° *También puede sustituirse la frase de relativo por un adjetivo sin complemento.*

Así, en lugar de decir "dos movimientos *que* se producen al mismo tiempo", se puede escribir: "dos movimientos *simultáneos*".

3.° *Por un adjetivo seguido de un complemento.*

Ejemplo: "Un padre *que* perdona fácilmente a su hijo." Sustitución: "Un padre *indulgente* para su hijo."

---

[19] Se llama aposición a la yuxtaposición de dos sustantivos. Ejemplos: *El pastor poeta, Madrid, capital de España.*

4.º *Finalmente, el empleo juicioso de las preposiciones puede servirnos fácilmente para evitar las oraciones o frases de relativo.* Se pueden dar dos casos:

a) A veces –no es muy frecuente–, la preposición sola puede reemplazar al pronombre relativo y al verbo que le sigue. Ejemplo: en vez de "las hojas secas *que hay* en el bosque", se puede escribir "las hojas secas *del* bosque."

b) El pronombre relativo y el verbo que le sigue pueden ser reemplazados por la preposición seguida de un sustantivo. Ejemplo: En lugar de "una prueba *que confirma* mis sospechas", se puede escribir "una prueba *en apoyo* de mis sospechas."

OBSERVACIÓN FINAL

Todo lo expuesto ha de aplicarse sólo en los casos en que sea preciso suprimir un "que" –o varios– para evitar la superabundancia, el abuso de pronombres relativos en un párrafo o período. Las reglas enunciadas no son para seguirlas al pie de la letra. Se trata de simples modelos que nos ayudarán a salir del atolladero en más de una ocasión. Porque hay veces en que la frase de relativo es más precisa, más natural que la frase escueta sin relativo. Así, resulta más natural decir: *He tenido que despedir al empleado que usted me recomendó,* que *Usted me recomendó al empleado y he tenido que despedirlo.*

Ejercicios

* * * * * * * * * * * * * * * * * * *

A) *En las siguientes frases, sustituya la oración de relativo por un sustantivo en aposición. Las frases de relativo van separadas con comas para facilitar y destacar la sustitución.*

EJEMPLO:

> Morse, que inventó el telégrafo, era norteamericano.
> *Morse, inventor del telégrafo, era norteamericano.*

1. Lope de Vega, que escribió esa comedia.

2. Aquel demagogo, que perturba la paz pública.

3. Este historiador, que compila tantas anécdotas.

4. Un especulador, que tenía una gran fortuna.

5. El África romana, que suministraba trigo a Roma.

6. Esos historiadores, que cantan alabanzas a Napoleón.

7. Estos militares, que han visto tantas batallas.

8. Este filósofo, que seguía la doctrina de Nietzsche.

9. Aquel historiador, que ha escrito la vida de Luis XIV.

B) *Subraye las faltas que observe en las siguientes frases y escriba las formas correctas de los fragmentos mal redactados.*

1. En la plaza se ha descubierto una estatua, cuya estatua es de mármol.

2. He visto un precioso reloj de oro, cuya cadena...

3. Te he prestado dos libros, cuyos libros aún no me has devuelto.

4. Te presto estos libros, cuyas páginas están, como verás, sin abrir.

5. Dos aviones cruzaron la comarca a gran velocidad, cuyos aviones llevaban a los jóvenes paracaidistas.

6. En las excavaciones realizadas en nuestro pueblo se encontraron restos humanos, cuyos restos parecen ser prehistóricos.

7. He visto una estatua cuyos brazos estaban rotos.

8. Con cuyo fin venimos para rogarle que nos atienda.

C) *Subraye las frases de relativo en las siguientes oraciones y sustitúyalas por un adjetivo sin complemento.*

EJEMPLO:

> Un movimiento *que no se para.*
> Un movimiento *continuo.*

1. Una actividad que no se detiene jamás.

2. Una fama que pasa pronto.

3. Una enfermedad que se prolonga mucho tiempo.

4. Un régimen que sólo dura cierto tiempo.

5. Una información que llega demasiado pronto.

6. Un esfuerzo que dura poco.

7. Unas tribus que viven sin residencia fija.

8. Una fruta que tiene buen gusto.

9. Unas plantas que se emplean en Farmacia.

10. Un pueblo que se gobierna por sus propias leyes.

11. Las naciones que están en guerra.

12. Un Tribunal que no tiene derecho a juzgar determinada causa.

13. Un carácter que se ofende por nada.

14. Un programa que abarca todas las ciencias.

15. Un espíritu que no profundiza.

16. Una planta que vive a costa de otras.

17. Una sustancia que se convierte en gas.

18. Un líquido que se puede beber.

19. Una frase que no se entiende.

20. Una fortaleza que no puede tomarse al asalto.

D) *Subraye las frases de relativo en las siguientes oraciones y sustitúyalas por un adjetivo seguido de un complemento.*

EJEMPLO:

> Un militar *que vivió después* de Napoleón.
> Un militar *posterior a* Napoleón.

1. Un hombre que mantiene sus promesas.

2. Un hombre que no escucha las súplicas de usted.

3. Una madre que no ve los defectos de su hijo.

4. Un escritor que vivió antes de Cicerón.

5. Un libro en el cual se ha mentido mucho.

E) *Subraye las frases de relativo en las siguientes oraciones y sustitúyalas por una preposición sola o seguida de un sustantivo.*

EJEMPLO:

> Un hombre *que no tiene miedo.*
> Un hombre *con valor.*

1. Unas personas que no tienen que temer ningún peligro.

2. Un edificio que resiste a los terremotos.

3. Un libro que puede servir para niños.

4. Un ladrón que espía la ocasión favorable.

5. Una multitud que se agita violentamente.

6. Un discurso que combate el proyecto de ley.

7. Un diputado que pertenece a nuestro partido.

8. Unos niños que tienen la misma edad.

9. El cariño que una madre tiene a sus hijos.

10. Un enfermo que no corre peligro.

Lección **10**

Otros escollos gramaticales

Suposición y obligación: "Deber de" y "deber"

> La perífrasis *deber* + *infinitivo* indica obligación.
>
> La perífrasis *deber de* + *infinitivo* indica duda, suposición o probabilidad.

HE aquí otro de nuestros frecuentes tropiezos con el lenguaje: el uso indebido del "deber" y "deber de". Con dos ejemplos quedará todo aclarado.

"El profesor *debe* venir a las 12, porque a esa hora comienza su clase."

"El profesor *debe de* venir a las 12, porque salió de su casa hace ya media hora."

En el primer ejemplo se expresa una idea de obligación; en el segundo de suposición.

Por tanto, *deber* equivale a obligación; *debe de*, a duda, a suposición.

Ejercicios

* * * * * * * * * * * * * * * * * * *

A) *Indíquense las faltas que se observen en los siguientes ejercicios y escríbanse las formas correctas.*

EJEMPLO:

> El alumno *debe* de corregir las faltas que vea en los ejercicios.
> El alumno *debe* corregir...

---

1. Debo de subir en ese avión; son órdenes recibidas.
2. Debió de subir en aquel avión, porque yo lo vi salir del hangar.
3. Ese coche debe ser un "Ford".
4. Debes de tener en cuenta lo que te dice el profesor.
5. Debes de haber pasado muy mala noche; tienes mal aspecto.
6. Los niños deben estar durmiendo ya, porque no se oye ruido alguno.
7. Eso debe ser un castillo o fortaleza medieval.

"Han habido", frecuente dislate

Es incorrecto emplear el plural de las formas de la tercera persona del verbo *haber* en las oraciones impersonales.

Cada día se oye –y se lee– con más frecuencia:

"Han habido dos expulsiones"; *"hubieron* varias tarjetas amarillas"; *"habían* muchas personas", etcétera.

El error expresivo es de Gramática elemental. Incurren frecuentemente en él, por ultracorrección o por influencia de otra lengua, algunos políticos y, muy especialmente, ciertos deportistas y locutores deportivos de radio y televisión.

Se olvida –o se ignora– que, en estos casos, el verbo *haber* es impersonal y no debe concordarse con el sustantivo que lo acompaña. De modo análogo a como se dice *"hay* habitaciones libres", se debe decir *"había habitaciones"; "ha habido* disparos"; *"habrá* disturbios" o *"hubo* varias expulsiones".

El disparate gramatical es cada día más frecuente. Se oye, se lee, pero nadie protesta públicamente. Y así, de nuestra lengua, de nuestra maltratada lengua, podría decirse aquello de "entre todos la mataron y ella sola se murió".

Ejercicios
* *

B) *Subraye las faltas que observe en las siguientes frases y escriba las formas correctas de los fragmentos mal redactados.*

1. En la exposición habían muchas personas extranjeras.

2. Habían ido muchos personajes del arte y la cultura.

3. Ha habido muchas personas que no han podido entrar.

4. Por esa zona han habido varios robos en los últimos días.

5. En el hotel sólo habrán siete u ocho habitaciones libres.

6. Durante el verano hubieron varias tormentas.

"Sino" y "si no"

- Se escribe *sino* cuando es sustantivo o conjunción adversativa.
- Se escribe *si no* cuando es la conjunción condicional *si* seguida del adverbio de negación *no*.

La conjunción (coordinada-adversativa) *sino*, "se ha formado –según Gili y Gaya– añadiendo la negación *no* a la condicional *si: No se veía otra cosa sino* (se veían) *ruinas*. Al suprimir por elipsis el verbo de la segunda oración, se sintió *si no* como una sola palabra coordinante, puesto que ya no enlazaba oraciones; enlazaba sólo elementos análogos de una misma oración. Así adquirió *sino* significado independiente de sus componentes, lo cual hace que no sea lo mismo decir *no vive si no estudia,* que decir *no vive, sino estudia; no trabaja si no descansa,* frente a *no trabaja, sino descansa"*.

Reglas prácticas. Para saber cuándo debemos escribir *sino* (junto) o *si no* (separado) inténtese colocar inmediatamente después de estas partículas la conjunción *que*. Si la frase lo admite, escríbase *sino*; en caso contrario, dígase *si no*.

EJEMPLOS:

> Este libro no es mío, *sino* de mi hermano *(sino que* es de mi hermano).
> No está estudiando, *sino* jugando *(sino que* está jugando)
> Tumbado en la hamaca, intentaba, *si no* dormir, al menos descansar.
> En este ejemplo no puede intercalarse la conjunción *que (si no que* dormir); la frase resultaría absurda.

Sino es una palabra, una conjunción que opone un término a otro: "No lo has pagado tú, *sino* yo".

Si no son dos palabras; *si* es la partícula condicional; *no* es la negación. Entre ambas pueden colocarse otras palabras: *si no quieres,* o *si tú no quieres*; *si no quieres venir hoy,* o *si* hoy *no quieres venir*.

Ejercicios
* * * * * * * * * * * * * * * * * * *

C) *Corríjanse las siguientes frases en caso de estar mal empleadas las partículas* sino *o* si no:

1. Este caballo no es alazán, *si no* castaño.

2. Nadie ha podido hacerlo, *sino* tú.

3. No creo que haya hecho *si no* lo que debía.

4. No era cosa de reír, *sino* de llorar.

5. Nunca llegó tarde, *si no* al contrario.

6. No te traigo la pluma estilográfica, *si no* algo mucho mejor.

7. "No surca el mar, *si no* vuela un velero bergantín.

8. El sino de las personas no es fatal, *si no* condicionado; *sino* nos empeñamos en dominarlo, nos dominará.

"Porque", "por que", "por qué" y "porqué"

- Se escribe *porque* cuando es una conjunción causal o final.
- Se escribe *por que* cuando son la preposición *por* y el relativo *que*.
- Se escribe *por qué* cuando son la preposición *por* y el interrogativo o exclamativo *qué*.
- Se escribe *porqué* cuando es sustantivo.

Nuevos escollos gramaticales con los que tropieza más de un "escribiente".

En primer lugar nos encontramos con cuatro posibilidades ortográficas: *porque, por que, por qué* y *porqué*.

● *Porque* cuando es conjunción causal, equivalente a *como, ya que, pues* o *puesto que,* y sirve de eslabón explicativo o causal entre dos oraciones integrantes de un breve período subordinativo. Ejemplos: *No fue* porque *no quiso.* (Es decir, *ya que no quiso.*) *No voy* porque *no tengo tiempo.* (Esto es, *puesto que no tengo tiempo.*)

O cuando es conjunción final, que puede sustituirse por *para que* o *a fin de que.* Ejemplo: *Trabaja* porque *sus hijos no carezcan de nada.* (O sea, *para que sus hijos no carezcan de nada.*)

• **Por que** es un compuesto de la preposición *por* y del relativo *que* (= el cual, la cual). Luego, si hay un relativo, ha de haber un antecedente de ese pronombre al cual se refiere *que*. Ejemplo: *Esa es la razón **por que** fue suspendido.* (Es decir, *la razón por la cual...*)

• **Por qué** es interrogativo, lleve o no lleve el signo de interrogación (interrogación directa o indirecta). Ejemplos: ¿Por qué *no estudias?* – *No me explico* por qué *no estudias.*

• **Porqué** es el anterior *por qué* sustantivado. Como tal sustantivo irá siempre precedido de un determinante (artículo o adjetivo). Puede sustituirse por un sinónimo: motivo, causa, razón... Ejemplo: *No me ha dicho el* porqué *de su negativa.*

Admite el plural y puede ir precedido de un determinante y seguido de un modificador introducido por la preposición *de*. Ejemplo: *Me gusta saber los* porqués *de las cosas.*

Ejercicios

* * * * * * * * * * * * * * * * * * *

D) *Sustituya los puntos suspensivos de las siguientes frases por los correspondientes "porque", "por que", "por qué" o "porqué".*

1. Lo hizo así ... quiso.

2. No sabemos ... tomó esa decisión.

3. Sus ... no convencieron a nadie.

4. Está preocupado ... todos entiendan sus razones.

5. Me gustaría saber ... no ha venido Elena.

6. El suelo estaba resbaladizo ... había llovido.

7. No quiero saber el ... de su actitud.

8. Me inclino ... vayamos a pedírselo.

9. Esa es la ventana ... entraron los bomberos.

10. Sus padres se esforzaron ... terminara la carrera.

"Conque", "con que" y "con qué"

• Se escribe *conque* cuando es conjunción consecutiva.

• Se escribe *con que* cuando son la preposición *con* y el relativo o la conjunción *que*.

• Se escribe *con qué* cuando son la preposición *con* y el interrogativo o exclamativo *qué*.

El escollo ortográfico de *conque, con que* y *con qué* es análogo al de *porque y por qué.*

Consideremos los ejemplos siguientes:

– *O estudias, o no hay excursión:* conque *ya lo sabes.*
– *Este es el problema* con que *se tropieza.*
– *¿*Con qué *has hecho esto?*

El primer caso, **conque,** es el de una conjunción consecutiva, que puede sustituirse por las locuciones *de modo que, luego, así que* o *por consiguiente.* "Conque ya lo sabes", en el ejemplo propuesto, nos dice o explica la consecuencia de la acción de estudiar o de no estudiar.

En el segundo ejemplo, **con que** es la preposición *con* más el relativo: *que* (el cual, la cual), que puede ir precedido por un artículo, como en el siguiente ejemplo: *Esta es la pistola* con *(la)* que *disparó).* También puede ser esta preposición con la conjunción *que,* la cual no puede llevar delante un artículo, como sucede en el ejemplo: *Estamos de acuerdo* con que *vengas).*

Finalmente, **con qué** es la preposición más el interrogativo o exclamativo *que.* Ejemplos: *¿*Con qué *escribes? No sé con qué lo haré. ¡Con qué desparpajo contesta!*

"Asimismo", "así mismo" y "a sí mismo"

- Se escribe *asimismo* cuando es adverbio.
- Se escribe *así mismo* cuando es la locución adverbial equivalente a *asimismo.*
- Se escribe *a sí mismo* cuando son la preposición *a,* el reflexivo *si* y el adjetivo *mismo.*

Se escribe **asimismo** cuando es adverbio y **así mismo** cuando es la locución adverbial equivalente. Aunque ambas formas son sinónimas, la Real Academia de la Lengua recomienda el uso de la segunda. Por ejemplo: *Los dirigentes resolvieron* así mismo (asimismo) *otros asuntos importantes.*

Se escribe **a sí mismo** cuando son la preposición *a,* el reflexivo *si* y el adjetivo *mismo,* que admite variaciones de género y número. Ejemplos: *Martín se corrigió* a sí mismo. *Ana y María se corrigieron* a sí mismas.

"Haber" y "a ver"

- Se escribe *haber* cuando es el infinitivo.
- Se escribe *a ver* cuando son la preposición *a* y el infinitivo *ver.*

Se escribe **haber** cuando se trata del infinitivo de este verbo auxiliar. Ejemplo: *Debías* haber *venido antes.* En cambio, se escribe **a ver** cuando son la preposición *a* y el infinitivo *ver.* Por ejemplo: A ver *lo que dicen ahora.*

"Quehacer", "que hacer" y "qué hacer"

- Se escribe *quehacer* cuando es sustantivo.
- Se escribe *que hacer* cuando son la conjunción o el relativo *que* y el infinitivo *hacer.*
- Se escribe *qué hacer* cuando son el interrogativo o exclamativo *qué* y el infinitivo *hacer.*

Se escribe **quehacer** cuando es sustantivo, que admite el plural. Ejemplo: *Este es nuestro* quehacer *de cada día. Estos son nuestros* quehaceres *de cada día.*

Se escribe **que hacer** cuando son la conjunción o el relativo *que* y el infinitivo *hacer.* Ejemplos: *Ahora tienes* que hacer *lo que te digo. Ahora no tienes* que hacer *nada.*

Se escribe **qué hacer** cuando son el interrogativo o exclamativo *qué* y el infinitivo *hacer.* Ejemplos: *¿No sabemos* qué hacer *en esta situación? ¡Hombre*, qué hacer!

"También" y "tan bien"

- Se escribe *también* cuando es adverbio de modo.
- Se escribe *tan bien* cuando es el adverbio de modo *bien* en grado comparativo.

Se escribe **también** cuando es adverbio de modo. Se usa para afirmar la igualdad, semejanza, conformidad o relación de una cosa con otra ya nombrada *(Federico quiere ir también).*

Se escribe **tan bien** cuando es el adverbio de modo *bien* precedido por el adverbio de cantidad *tan* (apócope de *tanto*) y seguido del adverbio *como* para formar el grado comparativo. Ejemplo: *Dibuja* tan bien *como tú.*

"Tampoco" y "tan poco"

- Se escribe *tampoco* cuando es adverbio de negación.
- Se escribe *tan poco* cuando son el adverbio de cantidad *tan* y el determinante, pronombre o adverbio de cantidad *poco.*

Se escribe **tampoco** cuando es el adverbio de negación con que se niega una cosa después de haber negado otra. Ejemplo: *No tenía dinero ni* tampoco *trabajo.*

Se escribe **tan poco** cuando es el adverbio de cantidad *tan* y el determinante, pronombre o adverbio de cantidad *poco.* Ejemplos: *Gana* tan poco *dinero que no puede vivir. Gana* tan poco *que no puede vivir. No gana* tan poco *como dice.*

"Atrás" y "detrás"

- Se escribe *atrás* para indicar hacia la parte posterior, tiempo pasado o mandar retroceder.
- Se escribe *detrás* para indicar en la parte posterior.

Se escribe **atrás** cuando indica hacia la parte que está o queda a las espaldas de uno, en la zona posterior a aquella en que está situado algo, etc.; para expresar tiempo pasado, y para mandar retroceder a alguien. Ejemplos: *La oficina está en el edificio de* atrás. *Estuve allí días* atrás. ¡Alto! ¡Atrás!

Se escribe **detrás** cuando indica en la parte posterior o con posterioridad de lugar y puede combinarse con preposiciones. Ejemplos: *Fueron* detrás *de él. Salió de* detrás *de la casa. Pasó por* detrás *de mí.*

"Adelante" y "delante"

- Se escribe *adelante* para indicar más allá o hacia delante; para ordenar o permitir entrar a alguien o que siga andando, hablando, etc. Precedido de una preposición se escribe para indicar tiempo futuro.
- Se escribe *delante* para indicar prioridad de lugar, en la parte anterior o en sitio detrás del cual está alguien o algo.

Se escribe **adelante** para indicar más allá o hacia delante; para ordenar o permitir que alguien entre en alguna parte o siga andando, hablando, etc., y, acompañado de una preposición, para indicar tiempo futuro. Ejemplos: *No podemos seguir* adelante. *Diga lo que quiera,* ¡adelante! *En* adelante, *haz lo que te ordenen. Lo dejaremos para más* adelante *(de hoy en* adelante; *de aquí en* adelante, *o de aquí* adelante).

Se escribe **delante** cuando indica prioridad de lugar, en la parte anterior o en sitio detrás del cual está una persona o cosa. Ejemplo: *Va* delante *de todos. Se puso* delante *con el conductor. Lo tienes* delante *de ti.*

"Adonde", "a donde", "dónde", "adónde" y "donde"

- Se escribe *adonde* cuando indica dirección y lleva antecedente explícito.
- Se escribe *a donde* cuando no lleva antecedente explícito.
- Se escribe *dónde* cuando es interrogativo o exclamativo, pero precedido de la preposición *a* se escribe *adónde*.
- Se escribe *donde* cuando se refiere a un lugar ya nombrado.

Se escribe **adonde** cuando es adverbio que indica dirección y lleva antecedente explícito. Ejemplo: *El sitio* adonde *vamos está cerca.*

Se escribe **a donde** cuando el adverbio no lleva antecedente explícito. Ejemplo: *Vamos* a donde *quieras.*

Se escribe **dónde** cuando es adverbio interrogativo o exclamativo. Pero, cuando le antecede la preposición *a,* se escribe *adónde*. Ejemplos: *¿Dónde se habrá metido? ¡No sabe* dónde *se ha metido! ¿Adónde vas? ¡Adónde voy a ir!*

Se escribe **donde** cuando se refiere a un lugar ya nombrado. Ejemplo: *Esa es la casa* donde *nació el pintor.*

Ejercicios

* * * * * * * * * * * * * * * * * * *

E) *Complete las frases poniendo en los lugares correspondientes las siguientes partículas:* conque, con que, con qué, asimismo, así mismo, a sí mismo, haber, a ver, quehacer, que hacer, qué hacer, también, tan bien, tampoco, tan poco, atrás, detrás, adelante, delante, adonde, a donde, dónde, adónde, donde

1. No sabe .... con el dinero.
2. Tiene que .... más cosas por ahí.
3. Dijo, ..., que quería comprar una casa en la costa.
4. Iremos .... vayáis vosotros.
5. Esta novela está .... escrita como la anterior.
6. Luis no va y creo que yo .... voy a ir.
7. Dime .... has hecho esto.
8. La casa no tiene ventanas en la parte de ....
9. No le gusta el .... diario.

10. Tenemos que seguir ....

11. Ese hombre no se quiere bien ....

12. No sabemos .... se va por aquí.

13. Ana y Alberto .... fueron al teatro. ¿No los viste?

14. .... ibas a venir, ¿eh? ¡Cualquiera se fía de ti!

15. No sabía que faltaba .... para terminar.

16. La casa .... vas está cerca de aquí.

17. ¿No tiene nada .... ahora?

18. Me lo tomaré ...., no hace falta calentarlo.

19. Tú ponte .... conmigo, así no molestaremos al conductor.

20. ¿Sabes .... está Carmen?

21. No estoy de acuerdo .... lo hagáis así.

22. Mira aquella muchacha que está .... de la puerta.

23. Andrea fue .... lo que pasaba.

24. Lo encontraré .... quiera que esté.

Lección **11**

El abuso de las siglas y acrónimos

> Las *siglas* son abreviaturas de las palabras formadas por signos especiales o por las letras iniciales de las palabras representadas, escritas con mayúsculas.
>
> Los *acrónimos* son palabras formadas por la unión de letras o sílabas, iniciales o finales, de las diferentes palabras que constituyen un término compuesto.

La proliferación de máquinas, inventos, descubrimientos, organismos, etc.; diversos motivos sociales, económicos o políticos, y las prisas de la vida moderna han sido las principales causas del extraordinario desarrollo de las *siglas* y los *acrónimos* desde hace algunas décadas.

Entiéndese por *sigla,* según el diccionario, la letra inicial de una palabra empleada como abreviatura y también el rótulo o denominación, conocido como *acrónimo,* que se forma con las letras o sílabas, iniciales o finales, de las palabras que constituyen un término compuesto Así, *N* es la sigla de Norte, y *ONU,* la sigla o el acrónimo de la Organización de las Naciones Unidas.

Desde el punto de vista de la redacción, traemos aquí el problema que nos plantean las siglas, no por el uso, sino por el abuso de las mismas. Vivimos bajo el imperio de las siglas, y raro es el escrito periodístico o científico en que no aparecen una o varias siglas con la pretensión de constituirse en vocablos independientes. Por economía de tiempo y de espacio se prefieren las iniciales a las palabras que con ellas se indican.

Abrir hoy un periódico es enfrentarse con todo un panorama de siglas: la *FIFA* (Federación Internacional de Foot-Ball Association), el *FBI* (Federal Bureau Investigación), la *UGT* (Unión General de Trabajadores), la *RENFE* (Red Nacional de Ferrocarriles Españoles), etcétera.

Los ejemplos citados demuestran el auge actual de las siglas y los acrónimos, fenómeno lingüístico éste propio de nuestra época y cada día más extendido. "Simultáneamente se propaga en todos los estratos sociales y tiende a constituirse en un léxico de clave, complementario del lenguaje corriente", dijo don Enrique Blanchs, de la Academia Argentina de Letras, en su ponencia al II Congreso de Academias de la Lengua Española, congreso éste celebrado en Madrid en 1956.

Y es el propio señor Blanchs quien nos advierte del peligro que las siglas encierran: "Ocurre –dice– que no pocos de los que las emplean ignoran o llegan a olvidar las palabras madres de las siglas."

Sigamos al señor Blanchs en las principales afirmaciones de su antedicha ponencia:

- "De la cuenta que he llevado durante menos de un mes de las siglas contenidas en noticias y anuncios de un periódico, creo permitido calcular que corren cerca de dos millares de ellas en los países de habla hispana."[20]
- "... La mayoría de las siglas se emplean sólo dentro de un país y carecen de significado fuera de él. De tal suerte que, así ininteligibles, estas siglas nacionales o regionales, cada vez más numerosas, son un elemento de separación y de incomprensión entre pueblos de una misma lengua que se comunican por la prensa y el libro."
- "Repárese en la peculiarísima condición de estos vocablos. Ante todo, han dejado de ser siglas. Son, en su uso, idénticos a los hombres propios. Están comprendidas en las normas de la clasificación gramatical, más no pocas las eluden, resistiéndose, por ejemplo, a la castellanización del accidente de número. Son neologismos y no lo son, porque un neologismo no salta de la nada: tiene alguna raíz etimológica siquiera en lengua extraña. No corresponden a la índole de ningún idioma, y no obstante conviven con las de todos, al punto de que no pueden ser tachados de barbarismos, y lo son, brutalmente, en su aspecto. No son términos técnicos... Los crea un día, repentinamente, la inventiva individual, y al día siguiente comienzan a ser indispensables."
- "Las siglas convertidas en vocablos, con su seca impersonalidad, no son más que un artificio mecánico de expresión. Pero es innegable su utilidad. Y como son ya, al parecer, inextirpables, debe el idioma soportarlas, como un mal necesario, sin asimilárselas."

La pretensión de las siglas de convertirse en acrónimos da como resultado el que del nombre propio que la sigla quiere ser lleguen a derivarse nombres comunes o genéricos. Así, de ONU, *onunista*; de UGT (Confederación General de Trabajadores), *ugetista;* a los afiliados a la CNT (Confederación Nacional del Trabajo) se les llama *cenetistas.* Con lo cual la sigla, que en la mayoría de los casos no es más que una denominación circunstancialmente histórica, no sólo se yergue con la pretensión de vocablo, sino que genera otros vocablos de vida y significación circunscrita a un período histórico más o menos largo.

---

[20] Es una realidad que, de 1956 al momento actual, el número de siglas utilizadas ha aumentado notoriamente.

Reglas prácticas de redacción para las siglas

Por una parte, conviene señalar que las siglas y los acrónimos son siempre abreviaturas de nombres propios colectivos diferenciándose, por tanto, de las *iniciales* de los nombres propios de personas *(A.G. = Ángel García);* de los *símbolos* que representan nombres científicos y técnicos *(Ag = plata; km = kilómetro),* y de las *abreviaturas* que representan palabras sueltas *(Sra. = señora)* o *frases hechas (d. de C. = después de Cristo);* se leen independientemente, deletreando o silabeando, mientras que las *abreviaturas* se leen diciendo íntegramente las palabras representadas; se escriben siempre con mayúsculas, sin puntos ni espacios de separación en blanco *(ONU, OTAN),* excepto cuando se trata de nombres comerciales u organismos conocidos que pueden leerse sin deletrear *(Fiat, Unesco),* y, cuando se duplican letras para indicar el plural de dos palabras, se separan con un espacio en blanco *(EE UU = Estados Unidos);* en cambio, cuando son tres o más palabras, se escriben sólo las iniciales *(OEA = Organización de Estados Americanos).*

Por otra parte, dado que las siglas y acrónimos son cada día más numerosos, conviene, a la hora de escribir, valorar su popularidad. Es decir, pensar si la tal sigla o acrónimo necesita o no de su traducción para que sea comprendido. Algunos no necesitan ser traducidos porque son de dominio público. Así, todos sabemos hoy lo que significa la ONU. Cualquier persona de mediana cultura sabe que con esta sigla nos referimos a la Organización de las Naciones Unidas. En España, concretamente, casi nadie ignora lo que significa la RENFE (Red Nacional de Ferrocarriles Españoles). En cambio, no todo el mundo sabe lo que quiere indicarse con las siglas OCDE y OMS. Obligatorio es, pues, decir entre paréntesis –siquiera una vez en el texto– lo que indican cada una de tales iniciales. Así, para la OCDE escribiremos: "Organización de Cooperación y Desarrollo Económico", y para la OMS explicaremos: "Organización Mundial de la Salud".

Claro está que su valor significativo depende del círculo de lectores a quienes nos dirigimos al escribir. Cuanto más amplio sea dicho círculo o sector de lectores, tanto más obligados estamos a traducir las siglas y acrónimos. En cambio, si nos dirigimos a un sector reducido o especializado, la obligación de traducirlos es menor, porque se supone conocida por los lectores. Así, en un periódico deportivo consagrado a la información futbolística no es preciso aclarar lo que sea la FIFA. Los aficionados al fútbol saben casi todos que con tales letras se designa al organismo internacional regulador y normativo del fútbol.

NOTAS

- Recordemos que en la Resolución XV del Congreso de Academias de la Lengua Española, celebrado en Madrid en 1956, se acordó: "Recomendar a la Real Academia Española considere la posibilidad y conveniencia de publicar, como apéndice del Diccionario de la Lengua, en sus futuras ediciones, una lista de las siglas nacionales y extranjeras que estime útil o necesario conocer, ya por la importancia de las entidades que representan dichas siglas, ya por el carácter universal que ellas tengan."

- Recomendamos, como obra de utilidad práctica, el *APÉNDICE 1. LISTA DE ABREVIATURAS, SIGLAS Y SÍMBOLOS,* de la *Ortografía de la Lengua Española*, de la Real Academia Española. Espasa Calpe. Madrid, 1999.

Ejercicios

* * * * * * * * * * * * * * * * * * *

A) *Escriba el significado de las siglas y acrónimos siguientes:*

1. ADENA	12. DNA	23. INTERPOL	34. OTAN
2. AIDS	13. DRAE	24. IRPF	35. OVNI
3. ATS	14. EURO	25. ISBN	36. PIB
4. BASIC	15. EUROVISION	26. IVA	37. SIDA
5. BOE	16. FAO	27. LSD	38. TALGO
6. CBS	17. FITUR	28. NASA	39. TIR
7. CEA	18. FMI	29. NIF	40. UEFA
8. CGPJ	19. G-8	30. OCDE	41. UNESCO
9. COI	20. HT	31. OIT	42. UNICEF
10. CNN	21. IBM	32. ONCE	43. VHF
11. DIU	22. INRI	33. OPEP	44. VHS

Lección *12*

Otros abusos lingüísticos

Abuso de los pronombres

El abuso de los pronombres es causa de muchas confusiones.

EL abuso de pronombres suele ser defecto muy corriente, al que hay que prestar atención, ya que tal abuso es, a veces, no sólo incorrecto, sino también poco elegante y hasta confuso. Unos cuantos bastarán para comprender lo que decimos:

"Tú *lo* que sin duda eres es un buen piloto". Más correcto: "Tú eres sin duda un buen piloto".

"Por eso es por *lo* que yo prefiero volar". Defectuosa traducción de la expresión francesa: *"C'est pour cela que..."* Lo correcto, en castellano, es decir: "Por eso yo prefiero volar".

"A ese muchacho hay que mandar*lo* a la escuela". Mejor: "Hay que mandar a ese muchacho a la escuela".

"Sus ocios *los* entretiene en hacer crucigramas", en vez de: "Entretiene sus ocios en hacer crucigramas".

"La cabeza debemos cubrírnos*la* para preservarla del frío". Mejor expresado: "Debemos cubrirnos la cabeza para preservarla del frío".

El posesivo "su"

Para evitar anfibologías en el empleo del posesivo *su*, conviene:

- Que se refiera al nombre anterior más cercano.
- Hacer construcciones indirectas pronominales.

Otro escollo, y de los difíciles de salvar, es el que se refiere al *su* posesivo, apocopado. Un ejemplo: "El Valencia ganó al Español en *su* campo". ¿En qué campo? "En su" no nos lo dice. Por tanto, si se jugó en el campo del "Valencia", habría que decir: "El Valencia, en su campo, ganó al Español": Y si fue en el campo del "Español", convendría escribir: "El Español, en su campo, pierde frente al Valencia".

En realidad, en lo que se refiere al *su*, la culpa de las posibles anfibologías resultantes hay que achacárselas a la pobreza del idioma. Los franceses tienen "son", "sa", "ses", "leur" y "leurs"[21]. En nuestro idioma todo se reduce a *su* y *sus*. Para evitar confusiones, pues, conviene –según recomiendan los especialistas del lenguaje–:

1.º Evitar la oscuridad. Es preciso colocar el *su* de tal suerte que se refiera al nombre anterior más cercano.

2.º Hacer construcciones indirectas pronominales. Así, en vez de "Se le llenaron *sus* ojos de lágrimas", conviene escribir: "Se le llenaron *los* ojos de lágrimas".

Gili y Gaya dice que para remediar la vaguedad que resulta del empleo de este pronombre posesivo, el idioma se vale del recurso de añadir a *su* el nombre del poseedor, o el pronombre que le representa, acompañado de la preposición *de*, siempre que pueda haber duda: *Su casa de Luis* (mejor: "La casa de Luis"); *su casa de ellos; su casa de usted.*

Esta tendencia de la época clásica se mantiene en el habla moderna, pero con visible tendencia a limitarla a *su de usted y su de ustedes:* "Su padre de usted"; "Su padre de ustedes".

En vez de escribir "su casa", a secas, cuando pueda haber confusión, puede decirse "La casa de Luis" o "Su casa de usted", según a quien se refiera.

EJEMPLOS:

"Han comido en mi casa el señor Pérez y su esposa, y ayer estuvo en mi casa *su* madre". Cabe preguntar: ¿La madre de quién? Si se refiere a la madre de la señora, podría escribirse: "Han comido en mi casa el señor Pérez y su esposa, y ayer estuvo en mi casa la madre de ella".

"El médico encontró al mecánico en *su* casa". Si fue en casa del médico, conviene escribir: "El médico, en su casa, encontró al mecánico". Y si fue en casa del mecánico, debe decirse: "El médico encontró al mecánico en la casa de éste".

---

[21] El idioma alemán es aún más rico. La terminología pronominal es completa. En alemán "su" varía no sólo en género y número, sino también según sean uno o varios los poseedores.

NOTA.– Respecto a la naturaleza de los posesivos, véase Gili y Gaya, *Curso Superior de Sintaxis Española*, 3.ª edición, págs. 179-180-181. Véase también A. Alonso y H. Ureña. *Gramática Castellana*, 11.ª edición, I, páginas 222 y siguientes.

Ejercicios

* * * * * * * * * * * * * * * * * * *

A) *En las siguientes frases hay algunos casos de abuso de pronombres. Escriba correctamente las frases que considere incorrectas.*

EJEMPLOS:

> Tú lo que quieres es que yo lo haga.
> *Tú quieres que yo lo haga.*

1. Por eso es por lo que tú estás preocupado.
2. A ese automóvil hay que enviarlo al taller de reparaciones.
3. Las manos debemos no moverlas demasiado al hablar.
4. Sus caballos no los tiene bien entrenados.
5. Mi trabajo lo estoy haciendo por etapas.
6. Estuvieron en Cádiz el señor Pérez y su hijo, y su madre se quedó con nosotros.
7. Se le mancharon las manos de barro.
8. Luis arremete furioso contra su adversario, al cual le divierte esta furia impotente.
9. Su familia de usted se excedió en atenciones.
10. Luis fue a casa de Pedro en su coche.
11. Manuel estuvo en casa de Antonio, y allí encontró a su hermano.
12. Cuando Juan se casó con Luisa, sus hijos lo llevaron muy mal.

El "queismo"

En su obra *Puntos flacos de la Gramática española* –obra en la que, burla burlando, se dicen grandes verdades–, escribe "K-Hito":

"Aparte del laísmo y del leísmo, sin redención posible, es el *que* la piedra angular donde se rompen los puntos de las plumas mejor templadas. Al *que* mal empleado, a su abuso, a su sensibilidad excesiva y dolorosa, podemos llamarle *queísmo*."

"Pronombre, conjunción, sustantivo –continúa "K-Hito"–, todo en una pieza, se une a la preposición *por* o se aparta de ella y lleva un ápice sobre la "e" o no lo lleva, para embrollo y tormento del pendolista."

"Con frecuencia, mediante la intromisión del *que*, adjudicamos a alguien lo que no le corresponde, y nos quedamos tan frescos. O, cuando menos, sembramos la duda en la sufrida mente del lector. Tal ocurre cuando escribimos: 'Está en Madrid Fernández, el sobrino de don Antonio, que se ha casado hace unos días'. ¿Quién se ha casado?: ¿Fernández?, o ¿don Antonio?"

"Por lo visto –sigue nuestro autor– nadie se explica una fotografía sin un pie con el *que* hiperestésico. Y así leemos constantemente: 'Fulano de Tal que ha pronunciado un discurso en el Centro Gallego'. Pero si prescindimos del 'que', diremos exactamente lo mismo: 'Fulano de Tal ha pronunciado un discurso...'"

Normalmente esos "ques" implican oraciones de relativo, y las oraciones de relativo "son, a fin de cuentas, incisivas o secundarias". En el caso anterior, el "que" estaría justificado si dijésemos, por ejemplo: "Fulano de Tal, que ha pronunciado un discurso en el Centro Gallego, acaba de ser nombrado hijo predilecto de Lugo".

Verdad es que este *que* "hiperestésico" –como dice "K-Hito"– abunda en nuestros clásicos y Cervantes es un buen ejemplo de ello. Cosa que los especialistas censuran en Cervantes y no sin razón... El hecho de ser artífice del lenguaje no quiere decir que se esté dotado de la infalibilidad y perfección suma.

Este peligro "queísta" resulta patente sobre todo en la mala traducción que suele hacerse –especialmente en libros técnicos, científicos y en algunos órganos de Prensa– de la construcción francesa "c'est... que".

Veamos algunos ejemplos:

"Ce sont ces fleur qu'on voit". Traducción defectuosa: "Son estas flores *que* se ven". Traducción correcta: "Son estas flores *las que* se ven".

"C'est à mon frère que j'ai dis". Traducción defectuosa: "Es a mi hermano *a quien* digo".

"C'est avec mon ami que j'irai au cinéma". Traducción defectuosa: "Es con mi amigo *que* iré al cine". Traducción correcta: "Es con mi amigo *con quien* iré al cine".

"C'est de ce principe qu'on part". Traducción defectuosa: Es de este principio *que* se parte". Traducción correcta: "Es de este principio *de donde* de parte".

"Ce n'est pas là que sont nos parents". Traducción defectuosa: "No es allí *que* están nuestros padres". Traducción correcta: "No es allí *donde* están nuestros padres".

"C'est par ce chemin qu'on va au cimetière". Traducción defectuosa: "Es por este camino *que* se va al cementerio". Traducción correcta: "Es por este camino *por donde* se va al cementerio".

"Ce fut alors que je courus". Traducción defectuosa: "Fue entonces *que* yo corrí". Traducción correcta: "Fue entonces *cuando* corrí".

"C'est en parlant beaucoup qu'on se trompe souvent". Traducción defectuosa: "Es hablando mucho *que* se equivoca a menudo". Traducción correcta: "Es hablando mucho *como* se equivoca uno a menudo".

"C'est pour cette raison qu'il a écrit son livre". Traducción defectuosa: "Es por esta razón *que* él ha escrito su libro". Traducción correcta: "Es por esta razón *por la que* ha escrito su libro".

En realidad, en la mayoría de los ejemplos propuestos, la traducción verdaderamente correcta consiste en suprimir la construcción francesa "es... que". Prescindiendo de tal modo expresivo, resulta la frase más propiamente castellana. Así, en vez de escribir: "es de este principio de donde se parte", escríbase: "se parte de este principio". Y, en lugar de: "es hablando mucho como se equivoca uno a menudo", dígase: "hablando mucho se equivoca uno a menudo". Y, refiriéndonos al último ejemplo propuesto, quedaría mejor diciendo: "por esta razón ha escrito su libro". Siempre es bueno, al escribir o al hablar, prescindir de "muletillas", de puntos de apoyo innecesarios o superfluos.

NOTA: Los galicismos "c'est... qui", "c'est... que"

La construcción francesa "c'est... qui", "c'est... que" es un típico galicismo que se utiliza como *fórmula de insistencia* o como procedimiento enfático para hacer hincapié o para dar más fuerza o precisión a una idea. Así, por ejemplo, no indica lo mismo decir "mon cousin parle" (mi primo habla) que "c'est mon cousin qui parle" (es mi primo quien habla); no es idéntico el sentido de "allí vivo" (j'habite là-bas) que el de "es allí donde vivo" (c'est là que j'habite). Estos galicismos –a los que nos hemos referido en la página anterior– no presentan problema de traducción cuando *se insiste* sobre el sujeto: "c'est mon père qui vient" (es mi padre quien viene). El problema surge cuando la fórmula "c'est... que", mediante la cual *se insiste* sobre el complemento (directo, indirecto o circunstancial de tiempo, lugar o modo).

Ejemplos:

Complemento directo:	C'est *ton jardin* que je vois
Complemento indirecto:	C'est *à ton frère* que je parle.
Complemento circunstancial de tiempo:	C'est *demain* que j'irai chez toi.
Complemento circunstancial de lugar:	C'est *à Málaga* que nous irons en été.
Complemento circunstancial de modo:	C'es *lentement* qu'on doit manger.

Traducción correcta de los galicismos citados: Es tu jardín lo que veo. Es a tu hermano a quien hablo. Es mañana cuando iré a tu casa. Es a Málaga a donde iremos en verano. Es lentamente como se debe comer.

> - El *queísmo* consiste en suprimir la preposición que precede a la conjunción *que* en las oraciones que realizan la función de complemento de régimen o en las oraciones subordinadas sustantivas del sustantivo o del adjetivo.
> - El *dequeísmo* consiste en el empleo indebido de la locución *de que* cuando el régimen verbal no lo admite.
> - El *adequeísmo* consiste en suprimir la preposición *de* cuando debe ir precediendo a la conjunción *que*.

Resumiendo lo expuesto más arriba, los tipos de incorrecciones más frecuentes en el uso de la conjunción *que* son:

- El *queísmo* o supresión de la preposición que debe preceder a esa conjunción:

  - En las oraciones que desempeñan la función de complemento de régimen. Ejemplo: "Confiaron *que* tendrían tiempo suficiente" en lugar de "Confiaron *en que* tendrían tiempo suficiente".

  - En las oraciones subordinadas sustantivas de modificador del sustantivo. Ejemplo: "Tengo el convencimiento *que* aprobará" en vez de "Tengo el convencimiento *de que* aprobará".

  - En las oraciones subordinadas sustantivas de modificador del adjetivo. Ejemplo: "Estoy convencido *que* aprobará" por "Estoy convencido *de que* aprobará".

- El *dequeísmo* o empleo de la locución *de que* cuando el régimen verbal no lo admite:

  - Porque no es necesaria la preposición *de*. Ejemplo: "Le dijo *de que* no viniera" en lugar de "Le dijo *que* no viniera".

  - Porque se utiliza la preposición de en lugar de otra. Ejemplo: "Confío *de que* tenga dinero suficiente" en vez de "Confío *en que* tenga dinero suficiente".

Ejercicios

* *

B) *Subraye las faltas que observe en las siguientes frases y escriba las formas correctas.*

1. ¡Qué bella que es esta ciudad!

2. "El gran escritor que fue Lope, nació..."

3. Apenas había salido, que la casa se vino abajo.

4. Venga usted mañana que le presente al director.

5. Fue entonces que Luis decidió salir de paseo.

6. Es haciendo gimnasia que se desarrollan los músculos.

7. Fue en 1957 que los rusos lanzaron el primer satélite artificial.

8. Es con flexibilidad que se deben templar los rigores de la justicia.

9. Insistimos que viniera con nosotros.

10. Parece de que había más gente de la autorizada.

11. Me alegro mucho que vengas.

12. Todos creyeron de que lo había hecho solo.

13. Confío de que tengas razón.

14. Acuérdate que no puedes ir mañana.

15. Hace mucho frío. Es fácil de que nieve.

Capítulo 2

Claridad y orden

Introducción

I. Orden, disciplina y variedad

Estudiadas en el capítulo 1 las cuestiones gramaticales más importantes –desde el punto de vista práctico–, abordamos en este capítulo los problemas fundamentales de construcción de la frase, partiendo del orden lógico y sintáctico.

Con el título de este capítulo queremos indicar la importancia que el orden tiene para la claridad de un escrito cualquiera.

En la Redacción también es necesaria la disciplina. Hay que acostumbrarse a ordenar las ideas. No se puede (no se debe) escribir atropelladamente. Es preciso sujetar la imaginación, poner bridas al pensamiento para que no se desboque.

Como es natural, no pretendemos agotar el tema. Sólo tocamos aquí los puntos esenciales, aquellos escollos de construcción en los que solemos tropezar con más frecuencia.

En esencia, todos los temas de este capítulo son variantes de uno fundamental: el orden lógico.

La última lección, "Variedad y armonía" aborda ya, propiamente, problemas estilísticos, pero enfocados como soluciones finales del tema fundamental, y como engarce con las cuestiones que van a estudiarse en los capítulos siguientes.

LAS GRAMÁTICAS DEL TEXTO Y LA LINGÜÍSTICA TEXTUAL

> La Gramática estudia los *monemas*, las *palabras*, los *sintagmas* y las *oraciones*, pero no se ocupa de las *unidades lingüísticas* mayores que ellas, como el *texto* y el *párrafo* o *parágrafo*, llamadas *unidades supraoracionales*, que son estudiadas por la *Lingüística textual* o *Gramática del texto*.

"Hasta hace pocos años, la Lingüística no se ocupaba de unidades superiores a la oración", escriben Fernando Lázaro y Vicente Tusón en su *Curso de Lengua Española* (Manuales de orientación universitaria. Ed. Anaya).

Añaden los autores citados que, además de la *oración* como unidad lingüística, están el parágrafo o párrafo, el conjunto de párrafos que constituyen un capítulo y el conjunto de capítulos que integran una obra.

Para diferenciarse de las *Gramáticas oracionales,* han surgido las *Gramáticas del Texto,* las cuales se ocupan de unidades mayores que la oración: del *texto* "como acto total de comunicación".

Generalmente, el término *texto* se refiere a cualquier *escrito* o parte del mismo. Sin embargo, este término abarca un concepto mucho más amplio. El conjunto de los *enunciados* que componen todo lo expresado en cada acto de comunicación oral o escrito constituye un texto.

> Cualquier acto de comunicación lingüística está determinado por el *contexto* y por la *situación*.

De acuerdo con estas nuevas corrientes gramaticales y lingüísticas, hay que considerar a todo *texto* como inserto en un *contexto*, y a éste como integrado en una *situación*. Se entiende por *contexto* el conjunto de *texto* estrictamente lingüístico que rodea o engloba a una palabra, proposición, oración o párrafo. La *situación* es el contexto lingüístico, la circunstancia extralingüística que justifica, explica o aclara el texto. Así la oración *Está saliendo*, para una Gramática tradicional es, simplemente, un presente o un gerundio durativo; para una Gramática textual, dicha oración se analiza o estudia según sus diversos significados: *Está saliendo..*, por ejemplo, *el sol, un hombre del agua, el profesor del aula, el periódico de la rotativa, el agua del grifo,* etcétera. El significado de la frase transcrita no depende, pues, sólo de su contexto literario, sino de la *situación* extralingüística en que está inserta. Y así habrá que analizarla y valorarla.

Desde el punto de vista de la Redacción o arte de escribir, este nuevo enfoque de la Lingüística textual o de las Gramáticas del texto es de un gran valor pedagógico y científico, sobre todo para enjuiciar o analizar un escrito cualquiera.

Es un modo de terminar, felizmente, con el estéril gramaticalismo tradicional para entender lo literario –cualquier texto escrito– como debe entenderse: como proyección humana, como un producto espíritu, del pensamiento y sentimiento del hombre; como un hecho integrado en un momento histórico y en una circunstancia geográfica.

Elementos de la oración o frase

Oración y sintagma

> El *sintagma* es una palabra o grupo de palabras que desempeñan una función en la oración.
>
> La *oración gramatical* es el enunciado que expresa un mensaje completo y consta de dos elementos formados por una o más palabras cada uno:
>
> • El *sujeto,* que experimenta, realiza o padece la acción expresada en la oración.
>
> • El *predicado,* que es la acción que el sujeto experimenta, realiza o padece.

JUNTO al concepto clásico de *oración*, se utiliza el concepto de *sintagma*. La oración gramatical se define como "toda forma lingüística que no está incluida en otra forma lingüística más amplia" (Bloomfield). Así en "Juan comió en el restaurante", *Juan* y *en el restaurante* son elementos constituyentes de "Juan comió" y de "comió en el restaurante". La verdadera oración, no incluida en otra forma más amplia, es "Juan comió en el restaurante". Naturalmente, esta oración puede ampliarse, a su vez, con el aditamento de otras formas lingüísticas. Así: "Juan comió en el restaurante porque su mujer estaba en casa de sus padres".

El sintagma es definido por Lázaro Carreter *("Lengua española",* II, pág. 169. Ed. Anaya) como *"forma lingüística* (o secuencia dotada de significado) *constituida por más de una palabra".* Así, en el ejemplo de Lázaro Carreter: *El avión aterrizó en una pista auxiliar,* son sintagmas "el avión", "aterrizó en una pista", "aterrizó en una pista auxiliar", "en una pista", "en una pista auxiliar". No son sintagmas "el avión aterrizó" –que es una oración–, ni "aterrizó en" o "aterrizó en una" porque son secuencias sin significado.

Se distinguen diversas clases de sintagmas. En la oración: "El niño mastica chicle muy contento en el parque", tenemos los siguientes: *sintagma nominal* (el niño); *sintagma adjetivo* (muy contento); *sintagma verbal* (mastica chicle); *sintagma preposicional* (en el parque).

Estos nuevos conceptos pueden resultar muy útiles para el análisis estilístico. Dudamos de su utilidad para el arte de redactar, y menor aún para la creación literaria.

Modernamente se define la oración gramatical[22] como la palabra o conjunto de palabras con sentido completo y con unidad de entonación: "¡Oye!"; "Nieva."; "¿Comemos ya?"; "La casa es alta".

La oración, por su forma o estructura básica, consta de dos miembros: sujeto y predicado.

El "predicado" es lo que se dice (predica) en la oración, y el "sujeto", aquello de que se dice algo.

EJEMPLO:

Don Luis está siempre un poco cansado.

El sujeto es "Don Luis" y el "predicado" lo que se afirma de don Luis: que "siempre está un poco cansado".

El predicado: sus clases

El *predicado* de una oración puede ser *nominal* o *verbal* e ir acompañado o no de distintos *complementos*.

- Una oración tiene *predicado nominal* o *atributo* cuando el núcleo del predicado es un nombre o un adjetivo unido al sujeto por un verbo copulativo: *ser* o *estar*.
- Una oración tiene *predicado verbal* cuando el núcleo del predicado es un verbo o una perífrasis verbal.

El predicado puede ser verbal y nominal. El primero consta de un verbo en forma temporal y personal, con o sin complementos.

EJEMPLOS:

El enemigo *no llevaba* la mejor parte. (Predicado verbal con complemento.)
España *produce* mucho aceite. (Predicado verbal con complemento.)
El tiempo *corre*. (Predicado verbal sin complemento.)

---

[22] Aunque se trata de un tema estrictamente gramatical lo traemos a este Capítulo II como simple recordatorio de conceptos que se han de manejar en las lecciones siguientes.

Se llama *predicado verbal* porque lo que se dice del sujeto está expresado esencialmente por un verbo.

El *predicado nominal* consta de un nombre (sustantivo o adjetivo) con o sin complementos. Generalmente, el predicado nominal va ligado al sujeto por los verbos *ser* o *estar.*

Es decir que, mientras el predicado verbal nos dice lo que hace el sujeto *(Juan come),* el predicado nominal no expresa acción sino una manera de ser o de estar.

EJEMPLOS:

> Los aviones de reacción son muy *veloces.*
> El Amazonas es el *río* más caudaloso del mundo.
> Mi primo es *capitán.*
> Mi padre está *enfermo.*

Los verbos "ser" y "estar", en estas oraciones, se llaman verbos copulativos o cópula. Y aunque tengan verbo copulativo, estas oraciones se llaman nominales y no verbales, porque *ser* y *estar* no tienen aquí un contenido de significación; el contenido lo expresa el nombre, con o sin complementos *(muy veloces, capitán, enfermo).* No obstante, el verbo copulativo se le considera como si formara un todo con el predicado nominal. Así, tomando el tercer ejemplo, lo que yo afirmo de mi primo es que *es capitán.*

Para comprender la función copulativa del verbo *ser* en estas últimas frases, basta con suprimirlo. El resultado, según los ejemplos expuestos, será:

> El Amazonas, el río más caudaloso del mundo.
> Mi primo, capitán.
> Mi padre, enfermo.

El sentido de la frase no se ha perdido al suprimir el verbo *ser.* La idea se entiende. Y ello porque el verbo sólo servía aquí de lazo, unión o cópula, entre el sujeto y el nombre que nos dice lo que afirmamos del sujeto[23].

En cambio, si suprimimos los predicados verbales de los ejemplos anteriores ("El enemigo *no llevaba* la mejor parte"; "España *produce* mucho aceite", etc.), las frases quedan incompletas, sin sentido, sin vida:

> El enemigo, la mejor parte.
> España, mucho aceite.

---

[23] Ver lo que decimos en la lección 19 de este capítulo al referirnos a las *construcciones nominales.*

Ejercicios

* * * * * * * * * * * * * * * * * * *

A) *En las frases que van a continuación, diga cuál es el sujeto y cuál el predicado. Especifique cuándo el predicado es nominal o verbal, con o sin complemento.*

EJEMPLO:

> La luna *salió a la fragua.*
> Predicado verbal con complemento.

1. La luna brilla.
2. La luna brilla sobre el mar.
3. El pájaro canta.
4. El pájaro canta maravillosamente.
5. Nosotros hablamos.
6. Nosotros hablamos en secreto.
7. Luis es bueno.
8. Luis y Antonio son amigos.
9. Estás equivocado.
10. El trabajo es una virtud.
11. La luna llena alumbraba el campo.
12. La civilización del mundo peligra.

El enunciado: frase, oración, periodo y cláusula

> El *enunciado* es la manifestación del habla con capacidad comunicativa comprendida entre dos pausas.

Se llama *enunciado* a cualquier manifestación del habla con capacidad comunicativa comprendida entre dos pausas, marcadas por un cambio de entonación al hablar o por signos de puntuación al escribir. Un enunciado puede estar formado por una sola palabra, una frase o una oración, y su significado se comprende muchas veces por la entonación.

Según su estructura, el enunciado puede ser:

- *Oracional,* si está formado por una o más oraciones, aunque carezcan de verbo expreso. Ejemplos: La pregunta *¿Cuándo llega Isabel?* y la respuesta *Mañana.*

- *No oracionales,* si está formado por una o más palabras que no forman una oración. Ejemplos: *¡Hola!* o *Hasta luego.*

Según la actitud del que habla o escribe, el enunciado puede ser:

- *Enunciativo o aseverativo,* si expresa un hecho afirmándolo o negándolo. Ejemplos: *Mañana viene Isabel* o *Mañana no viene Isabel.*

- *Interrogativo,* si pregunta algo. Ejemplo: *¿Viene Isabel mañana?*

- *Exclamativo,* cuando expresa alegría, tristeza, dolor, sorpresa o cualquier otra emoción. Ejemplo: *¡Mañana viene Isabel!*

- *Exhortativo* o *imperativo,* si pide, manda o prohíbe algo. Ejemplos: *Por favor, Isabel, ven mañana. Isabel, ven mañana. Isabel, no vengas mañana.*

- *Dubitativos,* si expresan duda. Ejemplo: *Quizás venga mañana Isabel.*

- *Desiderativos,* si expresan deseo. Ejemplo: *Ojalá venga mañana Isabel.*

Las *interjecciones* y las *locuciones* o *frases interjectivas* son enunciados que equivalen a oraciones.

- La *frase* es un enunciado, aunque no exprese un mensaje completo.
- La *oración* es el enunciado que siempre expresa un mensaje completo.

Las *frases* son enunciados formados por una o varias palabras relacionadas entre sí, aunque no expresen siempre un mensaje completo. Ejemplos: *"¡Allí!", "¡Qué bien!", "En casa", "La casa está nueva"* o *"José vive en una casa antigua".*

En cambio, las *oraciones gramaticales* son enunciados formados por una o más palabras, relacionadas entre sí, que expresan un mensaje completo. Por tanto, las oraciones son frases, pero no todas las frases son oraciones.

El *período* está formado por una serie de oraciones yuxtapuestas o unidas por medio de partículas (oraciones coordinadas), mientras que en la *cláusula* se combinan una o varias frases de sentido indeterminado (proposiciones subordinadas) con otra principal de valor independiente (proposición principal), para cerrar o determinar más su significado.

"Tener sentido completo" quiere decir declarar, desear, preguntar o mandar algo. Así, "ven" tiene sentido completo; es una frase con la que mando a alguien que venga. En cambio, si digo "entre bastidores" o "la Torre de Pisa", estas frases no tienen sentido completo, son frases inanimadas a las que faltan elementos fundamentales o expresivos. Ejemplo: "Luisa estaba entre bastidores" o "La Torre de Pisa es famosa".

Ejemplo de período o frases coordinadas y yuxtapuestas: "Guarda ese arma –dijo el galán–, y cuélgala en tu cuarto como trofeo". Lo característico del período es que las frases que lo forman son separables y simples.

Ejemplo de cláusula: "Si hace buen tiempo, volaremos." Aquí, "si hace buen tiempo" es una frase simple subordinada, con sentido indeterminado; "volaremos" es la principal, con valor independiente.

La frase inarticulada y la frase nominal

Según Marouzeau, una *frase*, definida como un enunciado que se basta a sí mismo, puede consistir en un mínimo de elementos que ni siquiera es preciso sean gramaticales. Ejemplos: *¡Pss!* (¡oiga!), *¡chss!* (¡cállese!), *¿eh?* (¿qué le parece?).

Se afirma también que un grupo de palabras –o una sola– puede ser significativo sin necesidad de estar *construido*. Así sucede en los títulos, anuncios y órdenes. Ejemplos: *Lavabo, al final del pasillo. Prohibido fumar. ¡Silencio!*

Dice luego el autor citado que el verbo no es indispensable, incluso en las frases complejas. Ejemplo: *Perro ladrador, poco mordedor.*

En estas frases –precisa Marouzeau– mal llamadas *elípticas*, más correctamente *nominales*, la entonación suple a los artificios gramaticales. El procedimiento es característico de la lengua hablada. Se emplea literariamente para producir un efecto de rapidez:

La calle hierve de gente. Hombres, mujeres, niños. Gritos, empujones. Un vendedor de globos. Un ciego con lotería...

Y se citan a continuación unos versos de Victor Hugo que, traducidos, dicen así:

Oigo voces. Resplandores a través de mis párpados...
Gritos de bañistas... Cantos de gallos.
El rechinamiento de una hoz que corta la hierba.
Choques, rumores. Unos trasteadores andan sobre la casa.
Ruido del puerto. Silbido de las máquinas.
Música militar que llega a oleadas.
Escándalo en el muelle. Voces francesas...
El agua chapotea...

"Tales enunciados –dice Marouzeau– dan la impresión de desarticulación, que, según los casos, puede agradar o irritar. Una frase debe estar en cierta manera organizada en torno de su verbo, del que parten y hacia el que convergen los hilos conductores."

La frase larga y el período

A juicio de Dauzat, "el período es cosa diferente de la frase larga. Una frase –afirma– puede ser interminable: si sólo consiste en miembros hilvanados entre sí, si está como desconyuntada, sin una armadura central, no tiene ninguno de los rasgos del período. El período es un conjunto, un todo, una unidad, una arquitectura: representa el desarrollo de un pensamiento con una idea central como eje y expresada dicha idea por medio de una agrupación de miembros, armonizados en torno a un verbo, y tras un sujeto como guía".

Wolfgang Kayser considera al *período* y al *párrafo* como "formas superiores de la frase": "están por encima de la oración y de la frase", dice.

El período –según Dauzat– requiere un esfuerzo paciente; supone el gusto por el estilo bello, el amor del trabajo bien hecho. En nuestros días se busca más bien el efecto fácil, conseguido sin gran esfuerzo. Es decir, se escribe con frasecitas cortas, unidas o hilvanadas por puntos.

"Por su estructura gramatical –afirma el autor citado– el período, en el fondo, no es diferente a la frase corta: sólo es más amplio, más lleno de complementos y de frases subordinadas, cuyo número y variedad exigen una especial búsqueda del equilibrio."

Ejercicios
* * * * * * * * * * * * * * * * * * * *

B) *Indique dos períodos y dos cláusulas del siguiente texto:*

"Los tres viejos, en mangas de camisa, pero con chaleco de pana, bebía, por turno, del mismo porrón. La sombra del portal era agradable y el vino, fresquísimo. Estaban sentados en esas sillas enanas que las mujeres emplean para coser al sol por las tardes. El porrón pasaba de mano en mano en una vuelta sin fin, descansando cada vez en la rodilla del correspondiente bebedor. Los tres viejos eran enjutos, arrugados, monótonos y lentos en el decir. Uno, algo jaro, con pecas en la cara, de mirada vivaz, y el más joven de los tres, decía:

–El Negro está muy teórico y práctico en rutinas. Yo le he tanteado muchas veces, pero siempre me ha dado la vuelta o se me ha ido por la vereda... –y bebió un trago. El chorro de vino parecía una irisada varilla de rubí.

–Según –dijo otro, alargando la mano para coger el porrón.

Se lo entregó el de ojillos inquietos y él lo apoyó en la rodilla mientras se limpiaba la boca con el dorso de la mano."

Ángel María de Lera, *La boda*

Lección *14*

Elementos modificadores y frases modificadoras

(Su importancia en la puntuación de la frase)

Elementos modificadores

> Los *elementos modificadores* precisan la significación del sujeto y del predicado de la oración.

LLAMAMOS *elemento modificador* a la palabra (o conjunto de palabras) que se unen a una parte de la frase para calificar o determinar su significación[24].

Si tenemos en cuenta los elementos esenciales de la oración –sujeto, verbo y complemento–, en la frase *"Los niños compran caramelos",* pueden hacerse las siguientes modificaciones:

"Los niños *rubios* compran caramelos" ("rubios", elemento modificador del sujeto).
"Los niños compran *aquí* caramelos"("aquí", modificador de compran).
"Los niños compran caramelos de *menta*" ("de menta", modificador de caramelos).

Veamos ahora la estructura de una frase completa con algunos de sus posibles elementos modificadores:

"Las mujeres de nuestro pueblo cogen leña para sus casas en el campo."

Sujeto .... Las mujeres

Elementos modificadores:

      Complemento del sujeto .... de nuestro pueblo

Verbo .... cogen

---

[24] Hoy se habla de *términos primarios y secundarios.* En este caso el sujeto y el predicado serían términos primarios.

Elementos modificadores:

Complementos del predicado:

Directo .... leña
Indirecto .... para sus casas
Circunstancial (de lugar) .... en el campo

Es importante reconocer todos los elementos, porque ello ayuda a puntuar correctamente un escrito y, por tanto, a escribir con claridad.

Ejercicios

* * * * * * * * * * * * * * * * * * * *

A) *En las frases siguientes hay elementos modificadores. Subráyelos.*

EJEMPLO:

El Alcalde de mi pueblo *ha comprado* en Madrid *un reloj* grande.

1. Las abejas de nuestras colmenas liban néctar de la jara y del romero para la fabricación de la miel.

2. Unos hombres fornidos levantaron las viguetas de hierro con sus poderosos brazos.

3. El canciller Adenauer, enérgico, activo y de clara visión política, triunfó plenamente en las elecciones alemanas de septiembre de 1957.

4. El caballo alazán corrió maravillosamente y llegó jadeante a la meta.

5. Los jóvenes de ahora tienen muchas dificultades para conseguir un trabajo estable.

6. Los colores claros de esta clase ejercen una influencia beneficiosa en el ánimo del estudiante.

7. Nubes algodonosas cubrían aquí y allá los picachos altivos de la serranía abrupta y escarpada.

8. El coche del doctor se estrelló contra unas rocas.

9. Los caballos arrastran el carro con andar acompasado y lento.

10. Los poetas de nuestro tiempo tejen artesanalmente sus versos con morosa delectación.

Frases modificadoras

Las *frases modificadoras* de un sustantivo o de una oración pueden ser:

- *Especificativas,* sin comas de separación.
- *Explicativas,* separadas por comas.

Un sustantivo, y también una oración o frase pueden ser modificados por otra frase. En este sentido, *la frase modificadora* puede ser especificativa o explicativa.

Si es especificativa, no debe separarse por una coma de la principal; si es explicativa, debe ir separada por una coma. Esta frase modificadora explicativa, en realidad, es una frase, incidental o inciso. Las comas que la separan de la principal indican que puede suprimirse dicho inciso sin que se altere el sentido completo de lo que decimos o escribimos.

Consideremos las siguientes frases:

"Llegaron las mujeres que estaban cansadas."
"Llegaron las mujeres, que estaban cansadas."

En el primer caso, sin coma, la frase modificadora "que estaban cansadas", *especifica* qué mujeres eran las que llegaron: las que estaban cansadas; determina y no lleva coma.

En la segunda forma *se explica* que las mujeres que llegaron "estaban cansadas"; aquí la frase modificadora es explicativa, añade una circunstancia más, que no es precisa para el sentido completo de la frase "llegaron las mujeres"; por eso se separa con una coma.

Tanto la frase especificativa como la explicativa son oraciones de relativo.

Ejercicios
* *

B) *A continuación damos una serie de frases modificadoras, unas explicativas y otras especificativas. Subráyelas y diga si son explicativas o especificativas.*

EJEMPLOS:

El hombre que estaba sentado se asustó. (Especificativa.)
El hombre, que estaba sentado, se asustó. (Explicativa.)

1. Los hombres que han partido la leña reclaman su jornal.
2. Los alumnos, que vivían lejos, llegaron tarde a la escuela.
3. Comimos la fruta que estaba madura.
4. La señora que te presenté ayer ha estado en casa.
5. La señora que escribe versos ha estado aquí.
6. Juan, que había quedado vencedor en la prueba anterior, llegó el tercero.
7. Las ventanas que tenían rejas estaban orientadas al Norte.
8. El libro que me prestaste es muy interesante.
9. Los alumnos que vivían lejos llegaron tarde a la escuela.
10. Los hombres, que han partido la leña, quieren lavarse.

---

11. La señora, que escribe versos, dice que ella no soportaría a los niños.

12. El corredor que tiene la camiseta amarilla llegó el cuarto.

13. Las ventanas, que tenían rejas, carecían de persianas.

14. Vendimos la fruta, que estaba madura, en media hora.

C) *En el siguiente texto, en el que se han suprimido varias comas, hay abundantes frases modificadoras explicativas y especificativas. Ponga las comas necesarias.*

"Carmelo visiblemente complacido se ajustó las gafas, dio media vuelta y entreabrió las puertas correderas que comunicaban con la pieza inmediata una habitación espaciosa con una potente lámpara sin pantalla en lo alto pendiente de una moldura circular de escayola, y una gigantesca mesa ovalada debajo, alrededor de la cual se sentaban en sillas desiguales una veintena de muchachos y muchachas cuyos rostros se difuminaban entre el humo del tabaco. Hablaban todos al tiempo y sus voces se confundían con la voz del televisor sobre una banqueta minúscula en el rincón que formaba la pared con la puerta de acceso al vestíbulo. Olía a posos de café, a alcohol y a tabaco revenido mal apagado en los ceniceros. En los espacios libres que dejaban las tazas vacías, las botellas, los paquetes de cigarros y los ceniceros se apilaban los impresos rectangulares de las candidaturas y montones de sobres blancos y amarillos. Como en otras habitaciones de la casa también aquí detonaba el chafarrinón de los posters y banderas y la sonrisa triunfal del líder sujetos con chinchetas a las paredes."

Miguel Delibes, *El disputado voto del señor Cayo*

Lección **15**

Orden de las palabras
y construcción de la frase

Fisonomía de la construcción española

Reproducimos a continuación algunas de las interesantes ideas que, sobre el tema de la construcción española, expone Criado del Val en su obra –muy digna de consulta– *Fisonomía del Idioma Español*. Como es natural, reproducimos sólo algunos conceptos aislados, con la única aspiración de respaldar con doctrina científica los apuntes que se exponen a continuación.

* * *

ORDEN DE LAS PALABRAS. "... El idioma románico que con más rigor se acomoda al orden lógico es, sin duda, el francés, mientras que el español se caracteriza por su tendencia a anteponer la palabra más expresiva y, en general, por la facilidad con que invierte los elementos de la frase."

"La anteposición más frecuente y característica en el español es la del verbo, que tiende a ocupar el primer lugar de la oración. Con ello se consigue un efecto estadístico de mayor viveza, destacándose el valor de la acción que el verbo representa: LLEGÓ *Pedro el primero* (se destaca al acción de llegar)."

"La negación precede al verbo en español, ya aparezca éste en forma simple o compuesta: NO PENSÉ *en ello*. NO HE PENSADO *en ello.*"

En nuestro idioma –a diferencia del francés– "es posible la inversión del pronombre sujeto respecto al verbo: CREO YO *que es así*".

Perfil estilístico del idioma español

• **Poca gramaticalización.** La escasa "gramaticalización" de nuestro idioma "se manifiesta en los siguientes rasgos fundamentales":

– Gran libertad en el orden de las palabras.
– Posibilidad de usar el sustantivo sin ayuda de artículos que lo determinen.
– Posibilidad de usar el verbo sin ayuda del pronombre sujeto.
– Escasa contracción de los artículos y preposiciones.
– Poco uso de preposiciones vacías.
– Poca frecuencia de palabras de refuerzo.

• **La influencia popular.** "En la evolución y en el carácter del español, el factor más activo no es el ejemplo literario de una minoría (como sucede en el italiano), ni el habla particular de la aristocracia, ni siquiera, como en el francés, el *buen sentido* idiomático de una burguesía culta, sino el habla popular, más o menos localizada en Castilla, y acatada sin apenas resistencia por los propios escritores y por la aristocracia cortesana".

• **La afectividad.** Predomina en la psicología española "una fuerza afectiva", cuyo reflejo en el idioma –según Criado del Val– se resume en los siguientes rasgos:

"... Abundancia de apreciativos (diminutivos, aumentativos y despectivos); la variedad y frecuencia de formas exclamativas (maldiciones, interjecciones, etcétera); la inversión, por causas afectivas, del orden lógico de las palabras; la reduplicación de adverbios y pronombres; la pérdida y el desinterés hacia los determinantes gramaticales y, sobre todo, una multitud de variantes en la entonación y en el gesto, todavía poco investigadas en nuestro idioma, que hacen pensar que el estudio únicamente gramatical olvida o desconoce varios de los recursos expresivos fundamentales."

• **Predominio de la acción.** El idioma español –según Criado de Val– se caracteriza por su dinamismo, demostrado, entre otros, por los siguientes datos:

Predominio del verbo sobre las formas nominales; decadencia de la voz pasiva y predominio del gerundio sobre el participio.

Tal tendencia dinámica se refleja en nuestra literatura y en el lenguaje.

"El lenguaje ha recogido con impresionante precisión este carácter vitalista del español, que aparece reflejado en el significado de muchas palabras y refranes españoles, y muy principalmente en el de algunos verbos, como *vivir, andar, estar*, etc., que difieren profundamente de sus equivalentes en otras lenguas románicas. Frases como *andar enamorado, vivir de juerga, estar rondando,* expresan matices perfectamente diferenciados y que caracterizan circunstancialmente un mismo proceso vital."

"Las diferencias tan precisas entre el significado de verbos como *estar, ser, haber* y *tener* se relaciona asimismo con la clara distinción española entre la *existencia* considerada como hecho trascendental o como episodio o aventura pasajera."

El orden sintáctico

Elementos de las *oraciones simples:*

- Las *oraciones copulativas* constan siempre de *sujeto* y de *predicado nominal* formado por un *verbo copulativo* y un *atributo,* acompañados o no de *complementos.*
- Las *oraciones predicativas* constan de *sujeto* y *predicado verbal* formado por un *verbo predicativo,* acompañado o no de *complementos directo, indirecto* y *circunstanciales.*

Orden sintáctico de los elementos de la oración: sujeto, predicado y complementos.

Para construir una frase hay que tener en cuenta los principios sintácticos, el orden lógico y la construcción armoniosa.

Adviértase, no obstante –y la advertencia requiere especial atención–, que, en castellano, la construcción de la frase no está sometida a reglas fijas, sino que goza de libertad, de holgura. Libertad no quiere decir libertinaje, ni la holgura indica una desconexión arbitraria entre los elementos de la frase. Quiere decirse que, en realidad, al escribir, manda el interés psicológico. Nadie escribe pensando en las reglas sintácticas, como nadie, al pensar, tiene en cuenta las reglas de los silogismos.

"El escritor –dice Martín Alonso– que produce sus ideas de un modo íntimo y vital y redacta por instinto o por reflexión, fabrica las frases a tenor de sus fenómenos mentales, cambiando, a veces, la distribución directa de los vocablos, para dar más valor expresivo o ritmo a determinadas formas del lenguaje."

A pesar de todo, conviene insistir –detenerse– en la construcción sintáctica, para facilitar la labor del alumno en los momentos de duda al redactar.

La construcción sintáctica es la que ordena los elementos de la frase, según su función gramatical: 1.º, el sujeto; 2.º, el verbo; 3.º, los complementos.

EJEMPLOS:

Oración copulativa: *El agua de la piscina está muy fría esta mañana.*

Sujeto	*El agua de la piscina*
Predicado	*está muy fría esta mañana.*
Verbo copulativo	*está*
Atributo	*muy fría*
Complemento circunstancial	*esta mañana.*

Oración predicativa: *Mónica, la hermana de Pilar, escribió una carta a Javier en el parque.*

Sujeto .... *Mónica, la hermana de Pilar,*
Predicado .... *escribió una carta a Javier en el parque.*

Verbo .... *escribió*
Complemento directo .... *una carta*
Complemento indirecto .... *a Javier*
Complemento circunstancial .... *en el parque.*

Ejercicios

* * * * * * * * * * * * * * * * * * *

A) *Ordene sintácticamente las siguientes frases, cuyos elementos fundamentales van separados con guiones para facilitar su labor.* (Las frases de estos ejercicios se ordenarán sintácticamente, sólo para ejercitar al alumno; y ello a conciencia de que este tipo de construcción chocará a veces con la lógica o con la belleza de la frase.)

EJEMPLO:

- *Con sus padres.-los hermanos de Ana-mañana-a casa-vendrán*
- Los hermanos de Ana vendrán mañana a casa con sus padres.

1. Para los damnificados - Luis, el hijo del conserje - ha entregado - todos sus ahorros.

2. Contra un árbol de la carretera - chocó - el coche de mi hermano - violentamente.

3. En un escenario giratorio - las bailarinas de la Compañía X - "El amor brujo", de Falla - interpretaron.

4. El vampiro de Francfort - con un estilete puntiagudo - asesinaba - a las mujeres.

5. Ha ganado - el caballo "Loto" - la última carrera - en el Hipódromo de Madrid.

6. Los niños del Colegio - en el salón de actos del Ayuntamiento - representaron - un juguete cómico.

7. Destrozaron - la cosecha de la aceituna - de Jaén y Córdoba - las grandes tormentas del mes pasado.

8. No ha encontrado - a los raptores - la policía - del industrial Juan Alonso.

9. La comprometida situación - la resolvió - el jefe - con gran serenidad.

10. Al estudio de todo lo relacionado con el átomo - se dedicó - el profesor - desde su niñez.

11. Doce metros de envergadura por siete de longitud - tenía- el avión.

12. En la acogedora capital de España - está situada - la Casa de Campo.

Lugar del verbo en la frase

No obstante lo dicho acerca del orden sintáctico, nos parece oportuno recordar que, en la frase unitaria, el verbo se coloca normalmente intercalado entre el sujeto y el complemento. En cuanto a estos dos elementos, debe preceder el de mayor interés, y el otro colocarse al final de la frase. Lo que no es correcto en castellano es colocar el verbo al final de la frase. Esta construcción es un "latinismo" o un "germanismo".

Veamos algunas posibles combinaciones entre los elementos de una frase unitaria:

Luis compró una bicicleta.

Luis una bicicleta compró.

Compró una bicicleta Luis.

Compró Luis una bicicleta.

Una bicicleta compró Luis.

Una bicicleta Luis compró.

La primera combinación obedece al orden sintáctico estudiado anteriormente. Sin embargo, en la prosa moderna, son posibles todas menos las que van en letra cursiva.

La anteposición más característica y frecuente en el español es la del verbo, que tiende a ocupar el primer lugar de la oración.

"Con ello se consigue un efecto estilístico de mayor viveza, destacándose el valor de la acción que el verbo representa: *LLEGÓ Pedro el primero* (se destaca la acción de llegar). Este tipo de anteposición es muy frecuente y casi obligado en las frases interrogativas: "¿VENDRÁ usted mañana?" (Criado de Val, *Fisonomía del Idioma Español*). En realidad, la colocación al principio de la frase depende de lo que se quiera destacar, aquello sobre lo que deseamos fijar la atención que, en los ejemplos propuestos, podrá ser *Luis,* o el hecho de *comprar*, o la *bicicleta*. (Véase la lección siguiente.)

Ejercicios

* * * * * * * * * * * * * * * * * * * *

B) *Escriba las combinaciones posibles de las siguientes frases. Subraye las incorrectas.*

1. Tu hermano llegará tarde.

2. Traigo una pluma para tu padre.

3. La película era estupenda.

C) *Escriba las combinaciones posibles de las frases del siguiente texto de forma que todas sean correctas y no se altere su significado.*

"Nacía la mañana, espléndida, y una suave humedad se derramaba sobre los árboles y los campos. Los pájaros cantaban. Así empezó otra época de la vida de Torreno: la ruta a lo largo de la orilla derecha del Danubio, en la casi siempre silenciosa compañía de Casto, el aragonés, que, aun cuando había afirmado que tenía ganas de hablar, había olvidado la costumbre de hacerlo. No perdían nunca de vista el río, dormían en playas, campos o bosques. Muchas veces miraban hacia la otra orilla. Una mañana dijo Casto:

–¿Sabes en lo que estoy pensando?

Torreno asintió.

–Estoy pensando en atravesar el río –siguió diciendo el aragonés, sin volverse hacia Torreno.

Nadie dijo nada durante un rato.

–¿Qué harás tú? –preguntó Casto al fin.

–Yo me quedo –dijo Torreno–. Un río como éste sólo puede atravesarse una vez.

Soledad Puértolas, *Una enfermedad moral*

Lección **16**

Construcción lógica I

El orden de las palabras y el orden de las ideas

> Principios fundamentales de la construcción lógica:
> * Las ideas pueden expresarse de diferentes modos, según su importancia.
> * El orden de las palabras de la frase debe someterse al orden de las ideas.

RECORDEMOS lo expuesto en el tema anterior:

El orden sintáctico (sujeto, verbo, complemento) sólo nos interesa para los casos de duda. Insistimos en que la frase española no está sometida a reglas inflexibles: goza de holgura y libertad. El orden de las palabras se gobierna más por el interés psicológico (orden lógico) que por la estructura gramatical. Dicho de otro modo: al escribir, conviene seguir el oden de nuestro pensamiento porque el escritor, según dice Martín Alonso, "fabrica las frases a tenor de sus fenómenos mentales, cambiando, a veces, la distribución directa de los vocablos, para dar más valor expresivo o ritmo a determinadas formas del lenguaje".

Todo ello, en la práctica, se resume en unas cuantas reglas, cuyos principios esenciales podrían ser los siguientes[25]:

a) *Conviene ligar las ideas entre dos o más frases.*

b) *Deben presentarse tales ideas según su importancia.*

c) *Es necesario evitar las faltas de sentido que resultan de no respetar el orden "lógico-psicológico" de nuestro pensamiento.*

---

[25] *Vide* Hanlet, "La technique du style", pág. 43 y sigs.

Lo anterior puede quedar resumido en el siguiente principio lógico:

Una idea puede expresar de diferentes modos, según la importancia de dicha idea.

Este principio se completa con la siguiente regla general de construcción lógica:

Para la debida claridad de la frase, conviene que el orden de las palabras se someta al orden de las ideas.

EJEMPLO:

Mi primo Juan, ingeniero de Caminos, regaló todos sus libros a mi padre poco antes de morir.

De acuerdo con las reglas indicadas, si en una frase precedente a la del ejemplo se habló ya de "la biblioteca de mi primo", se puede continuar así:

Todos estos libros los regaló mi primo, poco antes de morir, a mi padre.

Si se quiere destacar la idea de tiempo, escribiremos:

Poco antes de morir, mi primo, el ingeniero de Caminos, regaló todos sus libros a mi padre.

Consideremos ahora otro ejemplo:

Debemos contraer el hábito de trabajar desde la juventud.

Esta frase está ordenada sintácticamente:

1.º, sujeto: *nosotros* (implícito en el verbo "debemos");

2.º, verbo (perífrasis): *debemos contraer;*

3.º, complemento directo: *el hábito de trabajar;*

4.º, complemento circunstancial de tiempo: *desde la juventud.*

Sin embargo, si lo que nosotros queríamos resaltar al escribir –el interés psicológico o idea dominante– radica en la idea de tiempo "desde la juventud", entonces el orden sintáctico de las palabras se somete al orden "lógico-psicológico" y escribimos:

Debemos contraer, desde la juventud, el hábito de trabajar.

O mejor aún:

Desde la juventud, debemos contraer el hábito de trabajar.

Lo dicho hasta aquí acerca del orden de las palabras, choca con la tesis de Marouzeau (*Précis de stylistique française*). Según este autor, la regla de que el orden de las palabras haya de responder al orden o sucesión de las ideas ni es necesaria ni es de un gran interés el seguirla.

Así, el siguiente enunciado:

Llega, se le aborda y, nada más cruzadas las primeras palabras, se le despide.

puede redactarse así:

Se le aborda a su llegada y se le despide nada más cruzadas las primeras palabras.

En cuanto a la regla o principio de que el orden de las palabras responda a la importancia de las ideas, dice Marouzeau que "sería muy extraño la lengua que obedeciera a tal jerarquía, y el sujeto hablante condenado a realizarla se vería muy embarazado".

Finalmente, respecto de la regla según la cual el orden de las palabras haya de responder al orden de percepción de las ideas en el espíritu del que escribe, sostiene Marouzeau que tal concepción puede valer para justificar ciertos procedimientos puestos recientemente de moda por el surrealismo, pero no explica de modo válido el proceso normal de exposición del pensamiento escrito o hablado.

"El enunciado puesto en forma –escribe el autor citado– no reproduce ni la cronología de los acontecimientos, ni el desarrollo del pensamiento. Representa un complejo arreglo de los elementos del lenguaje, una resultante de hábitos adquiridos, de movimientos psicológicos, de disposiciones afectivas, de necesidades sintácticas y de tendencias rítmicas."

Ejercicios

* * * * * * * * * * * * * * * * * * *

A) "Los alumnos aprenden fácilmente la pronunciación francesa con este método."

Redactemos ahora –según los principios expuestos– cuatro frases distintas, llevando al principio de cada una de ellas el concepto que se quiera destacar, y que será, en cada caso: el aprender, la facilidad, la pronunciación y el método. (Como es natural, en algunos casos las frases han de sufrir ligeras variaciones.)

1.ª El aprendizaje de la pronunciación francesa resulta fácil para los alumnos con este método.

2.ª Con gran facilidad aprenden los alumnos la pronunciación francesa con este método.

3.ª La pronunciación francesa la aprenden fácilmente los alumnos con este método.

4.ª Con este método, aprenden los alumnos fácilmente la pronunciación francesa.

B) "El automóvil pequeño, de tipo popular, fue la gran preocupación de los fabricantes de coches de todos los países europeos en los años sesenta."

Redáctense dos frases –siguiendo las normas expuestas– destacando, en una, la "preocupación", y, en otra, el "lugar" donde se produce dicha preocupación.

C) "Los sistemas audiovisuales ocupan en la actualidad un lugar preponderante en la enseñanza de las lenguas vivas."

Redáctense otras dos frases destacando: la idea de tiempo, en una, y la materia de la enseñanza, en otra.

D) En las siguientes frases hay cierto desorden desde el punto de vista lógico. Escríbanse de nuevo, sometiendo el orden de las frases al de las ideas:

1. El hombre sincero confiesa las faltas que ha cometido con franqueza.

2. El crítico de arte hacía una serie de apreciaciones acerca de los cuadros expuestos, con un criterio completamente arbitrario.

3. Leal y valiente, el pastor no cuenta con mejor defensor que su perro.

4. Providencia de los pobres, todo el pueblo amaba a la señora de Martínez.

5. Los grandes hombres también tienen defectos censurables en su carácter.

6. El delantero hizo una serie de fintas sobre el césped con gran habilidad.

Lección *17*

Construcción lógica II

La cohesión en el párrafo y las frases desordenadas

> La *cohesión del párrafo* se consigue cuando todas sus oraciones están relacionadas entre sí y forman un mensaje completo que engloba el significado de todas.

LA COHESIÓN. Donde verdaderamente tiene importancia el orden lógico (interés psicológico), no es en la frase unitaria, sino en el párrafo o período. Todo lo expuesto en la lección anterior sirve de precedente a la siguiente regla de construcción lógica:

Para conseguir la debida cohesión en un párrafo o período, debe procurarse ligar la idea inicial de una frase a la idea final de la frase precedente o a la idea general –dominante– de dicho párrafo[26].

EJEMPLO:

El edificio incendiado era un chalet de lujo. El fuerte viento reinante avivaba las llamas y les daba una espantosa intensidad.

¿Cuál de las dos frases siguientes liga mejor con la expuesta?:

a) ...El salvamento de los habitantes del chalet tuvo que hacerse en medio de este brasero ardiente.

b) ...En medio de este brasero ardiente, tuvo que hacerse el salvamento de los habitantes del chalet.

Sin duda alguna, la segunda frase "en medio de este brasero ardiente" liga mejor, más lógicamente, con la "espantosa intensidad de las llamas".

---

[26] *Vide* Hanlet, "La technique du style", págs. 43 y sigs.

Ejercicios

* * * * * * * * * * * * * * * * * * * *

A) *De acuerdo con lo expuesto, ordene lógicamente los siguientes párrafos. Fíjese en la idea fundamental del período, o bien en la idea expresada en la frase inicial. Es decir, téngase en cuenta el orden lógico y el interés psicológico.*

1. Cuando reventaron las tuberías de la casa se produjo una gran confusión entre los vecinos. El agua corría por todas partes; las habitaciones estaban convertidas en pequeñas lagunas. Todos gritaban y daban órdenes; pero nadie se entendía.

2. El ladrón corría por las calles, blandiendo una enorme navaja y sembrando el pánico entre los transeúntes. La policía corría tras él y, varias veces, estuvo a punto de darle alcance. La gente se apartaba al paso del enfurecido y peligroso delincuente. Hubo algunas personas que se sumaron a la policía en esta accidentada persecución.

3. Pasamos una alegre mañana de campo: comimos, reímos y cantamos. De pronto, nos llegó una mala noticia que turbó nuestra alegría. Nuestro sano holgorio no iba a durar mucho.

4. Era un paisaje de una desolación profunda. Fernando se detuvo allí y quedó pensativo, absorto, la respiración contenida. No se veía un árbol, ni una persona, ni siquiera un perro.

5. Fue anocheciendo. Se levantó un vientecillo agradable y fresco. Parpadearon las primeras estrellas. Las luces del crepúsculo se fueron extinguiendo, apagándose.

6. A la mañana siguiente, se comentaba el asesinato en toda la ciudad. La Policía no descansaba en la búsqueda del asesino. La Guardia Civil ayudaba a las pesquisas. La gente se asombraba de que alguien hubiera sido capaz de matar a un niño inocente. No se hablaba de otra cosa.

FRASES DESORDENADAS. Estudiemos ahora el problema que nos plantean las frases desordenadas porque no se tuvo en cuenta la importancia de los elementos que entran en su composición, es decir, porque el orden de las palabras no se sometió al orden de las ideas.

EJEMPLO:

El maestro obligó a todos los alumnos a someterse al examen médico, por orden de la superioridad.

En realidad, debió escribirse:

Por orden de la superioridad, el maestro obligó a todos los alumnos a someterse al examen médico.

Otro ejemplo:

> Martínez tuvo que quedarse al frente del negocio familiar cuando murió su padre.

Mejor escrito:

> Cuando murió su padre, Martínez tuvo que quedarse al frente del negocio familiar.

Ejercicios

* * * * * * * * * * * * * * * * * * * *

B) *En realidad, y téngase ello muy en cuenta, estas reglas son un tanto elásticas. No es preciso seguirlas siempre. A veces, la construcción lógica debe ceder ante la sintáctica o la armoniosa. Por consiguiente, en los ejercicios que van a continuación, ordene sólo aquellas frases cuya corrección le parezca imprescindible. Y lo será siempre que el orden expuesto no exprese con claridad lo que se quiere decir. Si es así, escriba la frase lo más lógicamente posible.*

1. El número de cuartillas que tenía que escribir eran unas cincuenta, según calculé después.

2. Las ciudades antiguas estaban situadas en las proximidades de los ríos o en lo alto de las montañas, dicen los historiadores, por necesidades de tipo comercial o para su mejor defensa.

3. Luis estuvo en Granada a la vuelta de un largo viaje por todo el Sur de España.

4. La choza empezó a caerse a pedazos a causa del temporal reinante.

5. El equipo puede ganar el campeonato de Liga si no tiene bajas importantes en su plantilla.

6. Hubo muchos heridos; algunas mujeres quedaron magulladas y dos niños fueron pisoteados cuando se incendió el autobús.

7. El guarda vigilaba los alrededores de la casa incendiada, acompañado de su perro, mientras se esperaba la llegada de los bomberos.

8. Las aguas potables fluorizadas disminuyen la caries dental, dicen los expertos de la OMS, según recientes datos estadísticos.

9. Luis hizo muy bien en presentar la disminución de su cargo, tal es mi opinión, si lo que se cuenta es verdad.

10. Un lobo entró en el gallinero, se comió dos pollitos y mató tres gallinas, mientras nosotros dormíamos a pierna suelta.

Lección *18*

Construcción lógica III

El relativo "que" y su antecedente

> El relativo *que* sirve de nexo de subordinación y, al mismo tiempo, se refiere al antecedente en las oraciones subordinadas adjetivas.

EL relativo *que,* según el antecedente al que se refiere, puede desempeñar en la oración subordinada adjetiva diferentes funciones. Casi siempre, lleva como antecedente un sustantivo, pero también puede llevar un adjetivo o, incluso, un adverbio.

Cuando el antecedente es un sustantivo, el relativo *que* puede realizar, entre otras, las siguientes funciones nominales:

- **Sujeto.** Ejemplo: *El vecino* que me llamó *era Pedro.*
- **Complemento directo.** Ejemplo: *La casa* que vimos *es de Andrés.*
- **Complemento indirecto.** Ejemplo: *Ésa es la mujer* a la que estamos buscando.
- **Complemento circunstancial.** Ejemplo: *La fábrica* en (la) que trabaja *es moderna.*
- **Complemento preposicional de un nombre.** Ejemplo: *Hay muchas cosas* en (las) que no creemos.
- **Modificador del sustantivo.** Ejemplo: *La novela* de (la) que es autor *ha tenido gran éxito.*

Cuando el antecedente es un adjetivo, el relativo *que* funciona como **atributo.** Ejemplo: *Daba gusto ver lo* contentos que estaban.

Y cuando el antecedente es un adverbio, funciona como **adyacente circunstancial.** Ejemplo: *Nos han hablado mucho de lo* bien que escribe.

> El *relativo* debe ir siempre cerca de su antecedente.

Como complemento de lo estudiado en los temas anteriores acerca de la construcción lógica, debe tenerse en cuenta la siguiente regla:

El pronombre relativo debe colocarse cerca de su antecedente.

EJEMPLO:

Señalaré un *capítulo* en este libro *que* me parece muy interesante.

Escríbase, mejor:

Señalaré en este libro un *capítulo que* me parece muy interesante.

Observaciones

A veces no resulta fácil colocar el relativo inmediatamente después de su antecedente. En tal caso, si el empleo de "que", "cual", "cuyo", etc., fuese causa de equívoco, se recomienda sustituirlo por "el cual", "del cual", etcétera, o bien se repite el antecedente o, simplemente, se da otro giro a la frase.

Al decir, "Hay una *edición* de este libro *que* resulta muy agradable por su impresión", si queremos colocar el relativo "que" inmediatamente después del antecedente "edición", tendríamos que escribir:

Hay una *edición que* resulta muy agradable por su impresión de este libro.

En este caso, el remedio ha sido peor que la enfermedad –como suele decirse–. Por tanto, podríamos escribir:

Hay una edición de este *libro, la cual* resulta muy agradable por su impresión.

Dado que ninguna de las variantes nos agrada (la última rima en "ón"), lo mejor, en este caso, sería dar otro giro a la frase. Por ejemplo: "Hay una edición de este libro, muy gratamente impresa". Hemos suprimido el relativo "que" y así hemos salido del atolladero más fácilmente.

Ejercicios

* * * * * * * * * * * * * * * * * * * *

A) *De acuerdo con lo expuesto, redacte de nuevo frases, colocando el relativo "que" en el lugar que debe ocupar; o bien sustitúyalo por "el cual", "del cual", "la cual", etc.; repita el antecedente o dé otro giro a la frase:*

1. El árbitro sale en este momento al campo que da la señal de empezar el partido.
2. Tengo un trabajo que entregar al director, que me tiene muy preocupado.
3. Estoy haciendo un proyecto de libro para la academia en que trabajo, que me ocupa todo el día.

---

4. Se vio aparecer entonces al líder a la cabeza de los dirigentes del partido, cuya presencia animó a los asistentes al mitin.

5. Compré hace un año una casa, con un hermoso jardín, que pienso vender ahora.

6. Hay una escena en esta película que emociona a los espectadores.

7. Traigo unos caramelos a los niños, cuyo sabor es agradabilísimo.

8. Surgió un hombre entre la multitud que empezó a dar gritos estentóreos.

9. Se trata de un estudio acerca de Cervantes, cuya lectura os recomiendo.

10. Estoy hablando de Pablo, el hijo de nuestro vecino, que usted conoce muy bien.

B) *Escriba frases en cada una de las cuales el relativo "que" desempeñe una de las siguientes funciones:*

1. Sujeto.
2. Complemento directo.
3. Complemento indirecto.
4. Complemento circunstancial.
5. Complemento preposicional de un nombre.
6. Modificador de un sustantivo.
7. Atributo.
8. Adyacente circunstancial.

Lección **19**

La colocación de modificativos
y la claridad de la frase

> Los *modificativos* suelen ser adverbios o frases adverbiales y deben ir lo más cerca posible de las palabras o frases modificadas para evitar confusiones.

SON "modificativos" aquellos vocablos o frases breves que alteran –modifican– de algún modo el sentido del pensamiento. La mayoría de ellos son adverbios o frases adverbiales[27].

El problema práctico que se nos plantea con los modificativos es el de su exacta colocación. Lo cual quiere decir que dichos modificativos deben colocarse lo más cerca posible de la palabra o frase que modifican.

Entre las palabras modificativas, requieren especial atención: *apenas, entonces, luego, casi, solamente, en seguida, después,* etc. Considérese el siguiente ejemplo:

"*Apenas* unas cincuenta personas del tendido 7, de pie, pudieron ver bien la faena."

En esta frase quiero decir que, entre los espectadores del tendido 7, sólo unos cincuenta, los que se pusieron de pie, pudieron ver bien la faena.

En cambio, si escribo: "Unas cincuenta personas del tendido 7, de pie, *apenas* si pudieron ver la faena", digo casi lo contrario: que, entre los espectadores del tendido 7, hubo unos cincuenta que casi no vieron la faena. Se supone que el resto de los espectadores del tendido 7, la vieron bien.

---

[27] Ver lección 14 en este Capítulo.

Ejercicios

* * * * * * * * * * * * * * * * * * *

A) *A continuación damos una serie de frases en las que hay "modificativos" mal colocados. Subráyelos y escriba las frases correctas.*

EJEMPLO:

> El jefe dijo que él había dado la orden para salir *a su debido tiempo.*
>
> *El jefe dijo que, a su debido tiempo, él había dado la orden para salir.*

1. En este establecimiento se venden camas para niños de hierro.

2. Cuando el profesor explicó la lección, entonces el alumno la comprendió.

3. El buen comerciante solamente quiere saber lo que el público desea, no decirle lo que debe comprar.

4. Luis casi se quedó sin habla, al recibir la carta de su abogado, en un acceso de ira.

5. Luis, después de comer, tenía que dormir la siesta.

Insistimos en lo dicho anteriormente: que el modificativo debe colocarse de tal forma que no oscurezca el sentido del pensamiento.

EJEMPLO:

> "El doctor dijo a mi hermana *frecuentemente* que humedeciese la venda."

Modificativo mal colocado, si la idea es la de mantener la venda húmeda. La frase correcta es: "El doctor dijo a mi hermana que humedeciese *frecuentemente* la venda."

Ejercicios

* * * * * * * * * * * * * * * * * * *

B) *A continuación damos una serie de frases, precedidas de un modificativo. Escríbalas poniendo el modificativo en el lugar correspondiente.*

EJEMPLO:

> Agregue el modificativo SIN DECIR UNA PALABRA, a la frase:
> "Luis observó cómo el ratón se escapaba por el comedor."
> "Sin decir una palabra, Luis observó..., etc."

1. *Añada el modificativo adverbial APENAS:*
"Pedro despertaba en aquellos momentos de los efectos de la droga; parecía poder comprender las preguntas del médico."

---

2. Agregue la expresión modificativa EN SU MANIFESTACIÓN AL TRIBUNAL:
"El acusado afirmó que él nunca había prestado ayuda al doctor M."

3. Añada el adverbio de modo –modificativo– *SOLAMENTE:*
"Luis compró el libro de texto de matemáticas; tuvo que pedir prestados los otros."

4. Coloque la expresión adverbial modificativa CON FRECUENCIA:
"Cuando el capitán nos envió el 'jeep', nos previno que comprobásemos el aceite."

5. Coloque en su sitio la expresión modificativa CON CIERTA FRIALDAD:
"Los señores de Gálvez llegaron un poco tarde a la comida y fueron recibidos por la señora de la casa, que yo no esperaba que viniesen."

C) En las frases que damos a continuación, los modificativos están mal colocados; por eso las oraciones resultan desordenadas y, por tanto, un poco oscuras. Escríbalas de nuevo colocando bien los modificativos.

EJEMPLO:

El señor director dijo a su nuevo secretario que contestase al teléfono en cuanto sonara rápidamente.
El señor director dijo a su nuevo secretario que contestase rápidamente al teléfono en cuanto sonara.

1. Martínez al fin consiguió permiso para volar en avión.
2. El marinero pudo arreglar por fin la avería con una herramienta que le prestó un amigo, bastante útil.
3. El niño miraba al enorme perro danés que iba detrás de su dueño con la boca abierta.
4. La noticia de que se había hundido una casa, dada por la radio, alarmó a los vecinos.
5. López tiene un permiso por enfermedad de dos semanas.

Lección *20*

Unidad de propósito, o la coherencia entre la idea principal y las ideas secundarias

> La *unidad de propósito* requiere coherencia entre la idea principal y las complementarias.

En algunos tratados de redacción se estudia un capítulo especial dedicado a la "singularidad de propósito", y que nosotros llamaremos "unidad de propósito."

Tal unidad de propósito significa que en todo párrafo o período –formado por una serie de frases encadenadas– tiene que haber cierta coherencia entre la idea principal expresada (la idea matriz) y las ideas complementarias o secundarias[28].

Ejercicios
* * * * * * * * * * * * * * * * * * * *

A continuación damos varios párrafos en los que la idea principal va al principio, en la primera frase. Seguidamente se insertan otras frases, de las cuales unas tienen relación directa con la idea principal, y otras no. Todas ellas van numeradas. Diga o escriba los números de aquellas frases que, a su juicio, no tienen nada que ver o que apenas si tienen relación con la idea principal:

EJEMPLO:

    1. Cada día resulta más difícil en Madrid el problema de la circulación rodada.
    2. Las páginas de sucesos de los diarios son fiel reflejo de la triste realidad.

---

[28] Tema éste esencialmente práctico, cuyo complemento teórico sería "el arte de tachar", expuesto en la lección 33, Capítulo III.

3. Por cierto que estas páginas de sucesos son las que suelen contar con un mayor contingente de lectores.

4. Una prueba de ello es el éxito de periódicos tales como *El Caso*, por ejemplo.

5. Cada día hay más coches por Madrid y cada día también más conflictos circulatorios.

6. Los peatones se lanzan alegremente a cruzar las calles sin precaución.

7. Los conductores nuevos son otra de las principales causas de accidentes.

8. Y no olvidemos las motocicletas, lanzadas a todo gas por las calles, sorteando coches, ejecutando verdaderos ejercicios de circo.

9. Pero, en realidad, la causa principal de tanto "suceso" es que no se obedecen los preceptos del Código de Circulación.

Sobran las frases números 3 y 4.

A)

1. El 11 de agosto de 1999, en torno a las doce de la mañana, tuvo lugar el último eclipse total del Sol del siglo XX.

2. Durante unos minutos, la zona de la Tierra en que el día se convirtió en noche oscura recorrió el centro de Europa y parte de Asia.

3. Quienes contemplan un eclipse en directo deben evitar mirar al Sol directamente, pues aunque la luz disminuye no lo hacen las radiaciones infrarrojas y ultravioletas que pueden dañar la retina y provocar, incluso, la ceguera.

4. Los eclipses de Sol se producen por la interposición de la Luna entre este astro y la Tierra.

5. La observación de los eclipses ha servido para conocer mejor el espacio exterior y saber que la Tierra gira más despacio cada vez.

B)

1. Uno de los problemas del urbanismo moderno es el de los "espacios verdes" o "pulmones" de la ciudad.

2. Estos "pulmones" palían en parte el peligro que para nuestra salud representa el aire enrarecido de las grandes capitales.

3. Madrid cuenta con cuatro "espacios verdes" principales: el Retiro, el Parque del Oeste, la Casa de Campo y el Monte del Pardo.

4. Gracias a estos parques, los niños pueden respirar un aire menos nocivo que el de las calles de gran circulación.

5. En la Casa de Campo está el Parque Zoológico, en donde hay gran variedad de animales.

6. En el Parque del Oeste apenas si hay bancos para que descanse el paseante.

7. En las grandes urbes modernas se procura que, cada barrio o sector nuevo, tenga su "pulmón" propio, su pequeño "espacio verde".

C)

1. El jefe más afectuoso que he tenido fue don José García.
2. Todo el mundo lo estimaba.
3. Siempre estaba dispuesto a escuchar nuestros problemas y a ayudarnos.
4. Era madrileño pero, por el afecto que tenía a todo lo nuestro, parecía como si hubiera nacido en nuestra provincia.
5. Antes de ocupar la jefatura de nuestra empresa, había sido maestro de escuela en un pueblo próximo a Madrid, en San Lorenzo del El Escorial
6. El Escorial es uno de los más famosos monumentos de España.
7. Lo mandó construir Felipe II, en memoria de la batalla de San Quintín.
8. Nuestro jefe era un entusiasta de Felipe II, y hablaba del monarca viniera o no a cuento.

D)

1. La pantera es uno de los animales más peligrosos de la selva.
2. A su lado, el león es casi inofensivo.
3. El león, normalmente, ruge antes de atacar.
4. La pantera ataca sin avisar.
5. Los domadores saben perfectamente que la pantera es uno de los animales más difíciles de domar.
6. Yo conocí una vez a un domador al que, en cierta ocasión, atacaron los tigres con que se exhibía en el circo.

E)

1. Juan eligió la carrera de Derecho, sin saber lo que hacía.
2. En realidad, no todos los jóvenes saben exactamente cuál es su vocación.
3. A Juan le dijeron que era "una carrera de muchas salidas".
4. Empezó sus estudios jurídicos sin gusto alguno.
5. Siempre había sido muy buen estudiante, pero entonces empezaron sus tropiezos.
6. Los textos de Derecho Romano y Economía Política se le resistían.
7. Conoció a un compañero que le pasaba lo mismo.
8. Luego supo que su compañero se había dedicado a la escultura.
9. Si a Juan le hubieran dejado elegir a su gusto, hubiera estudiado Medicina o Astronomía.
10. "Nunca me arrepentiré bastante –solía decir– de haber estudiado una carrera que me repugnaba."

Lección 21
Problemas de redacción
en las frases ligadas.
La elipsis y la construcción nominal

I. Frases ligadas

> Las *reglas de construcción lógica y sintáctica* permiten ligar los elementos de las frases para evitar confusiones.

COMO complemento de lo estudiado en temas anteriores, insistimos en un problema interesante de construcción: el que se refiere a la conveniencia de *ligar bien los elementos de las frases entre sí* (sobre todo cuando se trata de una proposición principal y otra subordinada) *para evitar confusiones*. Para ello hay que tener presentes las reglas estudiadas de construcción lógica y sintáctica. Unas veces el secreto de la trabazón estará en el sujeto: si lo identificamos fácilmente, el sentido de la frase o frases resultará claro; otras veces la solución está, no en la sintaxis –sujeto identificable–, sino en el sentido lógico.

EJEMPLOS:

> Para escribir con corrección, muchos detalles y reglas han de ser tenidos en cuenta por el alumno.
> Para escribir con corrección, el alumno ha de tener en cuenta muchos detalles y reglas.

Sin duda alguna, la segunda frase es mejor que la primera. En aquélla, el sujeto "el alumno" queda ligado al verbo "ha de tener" y perfectamente relacionado con la frase complementaria "para escribir con corrección". La primera frase resulta desordenada y, por tanto, ilógica; sobre todo por la indebida trabazón entre "escribir" y "muchos detalles".

Ejercicios

* * * * * * * * * * * * * * * * * * *

A) *A continuación damos una serie de ejercicios con frases ligadas. Cada una de estas frases puede tener varias soluciones. Señale la que crea más lógica.*

EJEMPLO:

Para conseguir una buena digestión ....
a) diversos medicamentos ingieren los enfermos de estómago.
b) los enfermos de estómago ingieren diversos medicamentos.
c) ingieren diversos medicamentos los enfermos de estómago.

1. Como Pedro estaba muy contento...

a) los niños de la vecindad le alegraban con sus travesuras.
b) las travesuras de los niños de la vecindad le alegraban.
c) le alegraban las travesuras de los niños de la vecindad.

2. Para conseguir que las cartas lleguen pronto a su destino....................................

a) se recomienda emplear sellos de urgencia.
b) el empleo de los sellos de urgencia es recomendable.
c) el sello de urgencia se recomienda.

3. Si pintamos las paredes con pintura de aceite...

a) dichas paredes no tendrán que ser pintadas de nuevo durante mucho tiempo.
b) no tendremos que volverlas a pintar durante mucho tiempo.
c) durante mucho tiempo no tendremos que volverlas a pintar.

4. Después de haber escrito su primera novela *Nada*..

a) *La isla y los demonios* fue la segunda obra de Carmen Laforet.
b) la segunda obra de Carmen Laforet fue *La isla y los demonios*.
c) Carmen Laforet escribió su segunda novela *La isla y los demonios*.

5. Al acabar su trabajo...

a) el carpintero nos puso una cuenta de más de 30.000 pesetas.
b) la cuenta que nos puso el carpintero era de más de 30.000 pesetas.
c) nos puso el carpintero una cuenta de más de 30.000 pesetas.

NOTA. En realidad, en alguno de estos ejercicios caben dos soluciones, ambas correctas. No obstante, si nos fijamos en el sujeto de la oración –implícito o explícito–, nos resultará fácil dar con la solución más lógica. El sujeto nos servirá de punto de referencia.

II. La elipsis y la construcción nominal

> La *elipsis* es la omisión de algún elemento fundamental de la oración (sujeto o verbo) que se sobreentiende.

Una figura de construcción interesante es *la elipsis*. Se dice que una frase es elíptica o incompleta cuando le falta alguno de sus elementos fundamentales sin que por ello sea incomprensible, ya que el elemento omitido se sobreentiende.

EJEMPLOS:

> *Mañana iremos al cine.*
> *Primero salió el equipo visitante y después, el equipo local.*
> *El próximo verano yo iré a Canarias y tú a Baleares.*

En la primera oración se ha omitido el sujeto *nosotros* por ser evidente; en la segunda, se ha sustituido el verbo *salió* por una coma para evitar su repetición; y en la última, se ha omitido el verbo *irás* por estar presente en la situación.

Pero los filósofos del lenguaje –dice Wolfgang Kayser– "han hecho ver que no hay elipsis en el verdadero sentido de la palabra, pues no es preciso completar nada, ya que, en el fondo, nada se ha omitido. Las cosas se presentan más bien de tal forma que otras partes de la frase desempeñan la función de la parte que, en apariencia, falta". Es decir, que la elipsis lo sería sólo aparentemente. Así, por ejemplo, si escribo:

> *Los hombres llegaron cansados; las mujeres, contentas.*

En esta última frase, la coma, después de mujeres, nos dice que falta gráficamente, pero no en el sentido, el verbo declarativo *llegaron*.

> En la *construcción nominal* se omite el elemento verbal en favor del nominal.

Al referirnos a la frase como tal (ver lección 11 en este capítulo), ya hemos dicho que algunos tratadistas estiman que, mejor que hablar de *elipsis*, debe hablarse de *construcción nominal*, es decir, de aquella construcción en que el elemento verbal se suprime a favor del nominal (sustantivos, adjetivos, y determinantes: artículos, demostrativos y posesivos).

Modernamente, por mayor brevedad, se tiende a la *construcción nominal*, aunque según Criado del Val "son el francés y el inglés los idiomas occidentales, que más intensamente acusan esta preferencia, mientras el español y el alemán son los más resistentes a ella".

Dos razones da este autor para explicar la actual preferencia por la construcción nominal:

- La mayor brevedad y concisión de los giros nominales.
- Su carácter más objetivo e impersonal.

De ahí la preferencia por este tipo de construcción en el lenguaje periodístico, técnico y científico: se gana espacio y el autor puede quedar oculto.

Este predominio nominal se observa fundamentalmente en los títulos y sumarios de los trabajos periodísticos.

EJEMPLOS:

> *Raísa Gorbachova, la primera dama de la URSS.*
> *Demanda judicial en Miami contra la repatriación a Cuba de balseros.*
> *Hoy, entrenamiento de los preseleccionados.*

En este afán de condensar telegráficamente, se llega a romper, según Criado del Val, la propia estructura del idioma: *cupón PRO ciegos; venta POST balance.* "El esquema a que va siendo reducido el idioma..., puede degenerar en una pobreza irreparable –escribe el autor citado–. El español se defiende mejor que otras lenguas, gracias a su indudable fuerza conservadora y a la estrecha fusión que en él existe entre el lenguaje hablado y popular y el escrito y literario, que se influyen y corrigen mutuamente."

No obstante, la construcción nominal llega ya hasta el estilo literario (Azorín es buena muestra de ello) y no es infrecuente leer trozos de prosa como el que sigue:

> *Pleno campo. Árboles, pajarillos y brisa. Aire sano, sonar de esquilas. Arroyos entre las peñas. Ovejas en un prado verde. El pastor: cayada al hombro, un cigarrillo entre los labios y la boina calada. Albarcas de goma...*

Construcción ésta sin un verbo. Toques de color aislados, sueltos. Procedimiento parecido al de los pintores "puntillistas" que pintaban a base de pinceladas yuxtapuestas. Es un modo de hacer característico de nuestro tiempo, pero que, si se exagera, resulta terriblemente monótono.

El sistema nominal "puntillista" llega hasta la propia poesía. Y así, Antonio Machado escribe:

> *¡Chopos del camino blanco,*
> *álamos de la ribera;*
> *espuma de la montaña*
> *ante la azul lejanía;*
> *sol del día, claro día!*
> *¡Hermosa tierra de España!*

"En el fondo –comenta Wolfgang Kayser–, no se trata aquí de elipsis en el sentido de omisiones: si añadiésemos un verbo, falsificaríamos el sentido y la esencia de estos mundos poéticos. Aquí no hay, como base, hechos terminados que puedan reproducirse lingüísticamente por medio de sujetos, verbos, complementos; estos mundos son menos precisos."

En realidad, a nuestro juicio, en los ejemplos citados se trata de un *plasticismo pictórico.* La palabra –las frases nominales– actúan aquí como pinceladas sobre el lienzo del pintor. La sintaxis desaparece, por así decirlo, del papel –en frase de Thibaudet– para pasar al espíritu del lector. Se escribe sin verbos –alma de la frase– y se deja al lector la tarea de concebir –sentir– lo escrito como si tales verbos existieran gráficamente.

Ejercicios
* * * * * * * * * * * * * * * * * * *

B) *En el siguiente texto hay varias elipsis. Cópielo añadiendo entre paréntesis los elementos omitidos.*

"Los tres vagos, desconsolados, caminaron rodeando la ciudad hasta perderse por los campos de occidente. Iban encorvados bajo el peso de los sacos, llenos de hierros herrumbrosos. Ya era de noche.

Los tres vagos se adentraron en un bosquecillo bajo, húmedo. Encendieron una hoguera y comenzaron a meditar.

–Ya está. Esto no lo podemos devolver, nos cogerían. Hay que enterrarlo para borrar las huellas.

–Sí. Hay que enterrarlo como si fuera un tesoro. Esto es mucho mejor que devolverlo, porque igual nos verían y entonces sí que no nos escapábamos de una buena.

Lino se puso serio.

–¿A ti que te parece, Andrajos?

–A mí, bien.

–Pues manos a la obra. La tierra está blanda y no es necesaria mucha profundidad.

Comenzaron a trabajar cercanos a la hoguera. Las llamas les derretían las sombras. Había algo ridículo y espantable en aquellos seres enterrando hierros enroñecidos."

Ignacio Aldecoa, *Pedro Lloros*

Lección 22

Los marcadores textuales y su importancia como elementos de enlace

> Los *marcadores textuales* son palabras, partículas y locuciones que señalan las relaciones entre los elementos del discurso.

Los *marcadores textuales,* también llamados *conectores supraoracionales* o *conectores discursivos,* son palabras, partículas (preposiciones, conjunciones y adverbios) y locuciones que señalan los distintos tipos de relaciones lógicas existentes entre los distintos elementos de una frase, entre las frases de un párrafo o entre los párrafos de un texto. Su falta, en ocasiones, da lugar a un estilo incoherente, inacabado.

EJEMPLO:

El conductor pisó a fondo el acelerador; no consiguió pasar al otro coche.

Entre estas frases, falta la partícula (conjunción adversativa) "pero", elemento de transición que aclara el sentido de nuestro pensamiento.

El conductor pisó a fondo el acelerador; *pero* no consiguió pasar al otro coche.

Las funciones que realizan los conectores supraoracionales más frecuentes son:

- **Adición:** *además, además de, incluso, encima, así mismo (asimismo), por otra parte, sino también...*
- **Afirmación:** *sí, seguro, evidentemente, por supuesto, sin duda, claro, claro que sí, en efecto...*
- **Aprobación:** *bueno, bien, de acuerdo, naturalmente, efectivamente...*
- **Comienzo de discurso:** *bien, bueno, hombre, fíjate, mira...*
- **Conclusión:** *total, en conclusión, en consecuencia, por tanto...*

- **Continuación:** *así pues, así que, entonces, conque, de modo que...*

- **Duda:** *quizás, acaso, a lo mejor, tal vez, posiblemente, es posible que...*

- **Énfasis:** *claro que sí, no faltaría más, pues si que...*

- **Enumeración:** *primero, en primer lugar, luego, después, a continuación, por fin, finalmente...*

- **Explicación:** *o sea, esto es, dicho de otra forma, en otras palabras, es decir, por ejemplo, puesto que...*

- **Fin de discurso:** *en conclusión, en fin, por tanto, en consecuencia, por consiguiente, he dicho, es todo...*

- **Llamada:** *oiga, escucha, ea, hala, mira, vamos...*

- **Negación:** *no, en absoluto, ni hablar, qué va, de ninguna manera...*

- **Oposición:** *aunque, pero, en cambio, al contrario, sin embargo, con todo y con eso, no obstante...*

- **Restricción:** *salvo que, excepto, hasta cierto punto, en todo caso...*

- **Resumen:** *en resumen, en suma, en una palabra, o sea, es decir...*

El uso de estos marcadores textuales suele presentar frecuentemente problemas de redacción. Conviene advertir que no resulta elegante el abuso de tales partículas; hay que emplearlas con precaución para que no degeneren en "muletillas", en puntos de apoyo muy repetidos, con el consiguiente peligro de monotonía. Actualmente, nuestro idioma padece, en boca de los hispanoparlantes, de una muletilla que inicia todas las frases, a modo de bastón intelectual que ayuda a dar el primer paso al que conversa. Nos referimos al adjetivo "bueno" que nos llega por influjo del adverbio inglés "well". Haced una pregunta cualquiera y la respuesta irá precedida del casi inevitable "¡bueno!" o también "¡vale!".

Ejercicios

* * * * * * * * * * * * * * * * * * * *

A) *A continuación van una serie de frases en las que falta el elemento de transición. Escríbanse las partículas que faltan en su lugar preciso. (No las escriba si juzga que no son necesarias.)*

EJEMPLO:

Estuvimos ahorrando todo el mes para irnos de viaje; a última hora no pudimos hacerlo.

En este ejemplo falta la conjunción "pero", que deberá colocarse después de la palabra "viaje".

1. Se pasaron media hora "al sereno", sin poder entrar en la casa; Juan pudo abrir la puerta.
2. El portero estaba bien colocado; la pelota dio un bote extraño y se coló por el ángulo izquierdo.
3. El profesor explicaba la lección mirando al techo; los alumnos no atendían.
4. Era un sitio estupendo para pernoctar; había teléfono.
5. La criada, al limpiar, me revolvió los papeles; no pude encontrar mi carta.
6. No me gustan los temas cargados de erotismo; no voy a la película que hoy anuncian.
7. Póngale la inyección; es usted médico.
8. Era un hombre desordenado; no le importaba lo que dijesen de él.
9. El padre y la madre eran dos grandes aficionados a la música; su hijo Juan resultó un hábil pianista.
10. Hace falta poner las cosas en orden; lo primero que tienes que hacer es arreglar tus libros.

B) *Subraye los marcadores textuales que hay en el siguiente texto:*

"La abuela de Alfanhuí incubaba pollos en su regazo. Le solía venir una fiebre que le duraba veintiún días. Se sentaba en la mecedora y cubría los huevos con sus manos. De vez en cuando les daba la vuelta y no se movía de la mecedora, ni de día ni de noche, hasta que los empollaba y salían. Entonces se le acababa la fiebre y le entraba un frío terrible y se metía en la cama. Poco a poco, el frío se le iba pasando y volvía a levantarse otra vez y se sentaba al brasero. Aquella fiebre le entraba diez veces al año. Cuando venía la primavera, todos los niños le llevaban los huevos que encontraban por el campo. La abuela solía enfadarse porque le parecía poco serio aquello de incubar pájaros entre los huevos de gallina. Pero niños y niñas venían con huevos pintos y huevos azules y huevos tostados y huevos verdes y huevos rosa. "Éste, para ver de qué pájaro es"; "éstos, porque quiero criar dos tórtolas"; "éste, porque la madre lo ha aborrecido"; "éstos, porque estaban en mi tejado"; "éstos, porque quiero ver qué bicho sale"; "éste, porque quiero tener un pajarito"; el caso es que sobre los quince huevos que solía incubar la abuela, se le juntaban a veces hasta cincuenta de aquellos huevos primaverales y multicolores sobre su negro regazo."

Rafael Sánchez Ferlosio, *Industrias y andanzas de Alfanhuí*

Lección **23**

Coherencia y claridad
en los párrafos

Los párrafos pierden *coherencia y claridad* con los cambios incorrectos del sujeto o del verbo.

AL escribir, conviene dar cierta coherencia a las frases que forman un párrafo o período. Dicha coherencia se altera, y la expresión pierde claridad, cuando se producen cambios poco correctos en el sujeto, o en la persona, voz o tiempo del verbo.

A) Alteraciones en torno al sujeto

Si decimos, por ejemplo, "Martínez era un hábil delantero, pero la defensa contraria era agilísima para poder ser desbordada", la expresión es incorrecta porque pasamos de una frase que gira en torno a "Martínez" a otra, ligada a ella por "pero", en la que el sujeto es la defensa contraria.

Dado que la conjunción adversaria "pero" es al mismo tiempo "copulativa", resulta ilógico ligar dos frases con dos sujetos distintos. En realidad, si queremos seguir refiriéndonos a "Martínez" como sujeto principal (centro psicológico de la atención) de estas frases, lo correcto es escribir: "Martínez era un hábil delantero, pero no lo bastante como para pasar a la agilísima defensa contraria". (Aquí, el fragmento de oración "pero no lo bastante" es una elipsis que equivale a decir: "Pero Martínez no era lo bastante ágil".)

Otro ejemplo:

"El carpintero examinó la madera y, después, el cepillado fue hecho con sumo cuidado."

En este ejemplo ligamos el verbo "examinar", "la madera" y "el cepillado", de tal modo que éste parece ser otro complemento del verbo "examinar". Pero no es así: "el cepillado" es el sujeto de la segunda frase y, para evitar la confusión, para que las frases sean coherentes y, por tanto, claras, debemos escribir: "El carpintero examinó la madera y la cepilló después cuidadosamente".

De este modo, el sujeto principal (como en el caso anterior) es decir, "el carpintero", está presente como tal sujeto en las dos frases.

B) *Alteraciones en el verbo*

Se producen por falta de uniformidad en el empleo de la persona, voz o tiempo del verbo.

EJEMPLO:

Cuando *nos toca* la lotería, *se pone* uno muy contento.

En este caso no hay coherencia entre la voz ni las personas de los verbos de estas frases.

En la primera frase, *nos toca,* está en voz activa y en primera persona del plural (sujeto, nosotros).

En la segunda, *se pone,* está en pasiva refleja con sentido indeterminado y en tercera persona del singular (sujeto: uno).

Lo correcto sería escribir:

Cuando *nos toca* la lotería, *nos ponemos* muy contentos.

O bien:

Uno se pone muy contento, cuando *le toca* la lotería.

Ejercicios

* * * * * * * * * * * * * * * * * * *

A) *A continuación damos unas frases incoherentes. Vuelva a escribir, corrigiéndolas, aquellas frases que considere poco correctas. No altere lo que le parezca bien escrito:*

1. Cuando se ha trabajado intelectualmente toda la vida, la gente no se adapta fácilmente al trabajo corporal.
2. Los policías consiguieron acorralar al bandido en lo alto de una peña, y entonces se produce una "ensalada" de tiros.

---

3. El profesor cree que Luis es el autor del ruido y que todas las faltas las había cometido él.

4. Nuestro crítico ha elogiado el drama estrenado ayer que fue considerado como inmoral por la crítica de otras revistas.

5. Algunas gentes ignorantes acuden a los curanderos, porque se creen que saben más que los médicos.

6. Si uno procura leer a los clásicos, conseguiremos un buen estilo literario.

7. La directiva del equipo local tropezó con muchas dificultades para el fichaje del nuevo jugador, y se están haciendo gestiones en la Federación Nacional para conseguir lo que nos proponemos.

8. Los dos amigos se miraron; luego Luis abre la puerta y entran silenciosos en la sala.

9. Sofía Loren brilló primero en Italia, pero, luego, en toda Europa y América la aplaudieron como gran artista.

10. El toro, enfurecido, embistió al caballo, que fue puesto patas arriba por la tremenda embestida.

11. Luisa no está bien en traje de baño; no le convienen esas prendas para lucir sus formas.

12. Al atravesar la selva, siempre llevábamos el fusil cargado, porque uno no sabe nunca lo que puede pasar en tales parajes inexplorados.

B) *Sustituya las palabras en cursiva por las formas apropiadas para que las frases del siguiente texto sean coherentes.*

"Un día yo *pensar* que podíamos jugar con Nin a las damas. El abuelo *tener* un tablero muy bonito, de marfil y ébano, pero *ésos* no se *poder* tocar. Además, a Nin no le *haber* servido de nada. Entonces yo *coger* mis lápices y *dibujar* uno en un cartón. *Recortar* las fichas ya las negras les *dar* tres pinchazos en el centro, con un alfiler. El abuelo me *ver* hacerlo.

–¿Qué *ser* esto? –me *preguntar*.

–*Ser* un juego de damas, para Nin y para mí –*decir*–. Y para que Nin *conocer cuál es* las negras, les *hacer* estos pinchazos. A los cuadros negros del tablero también les *marcar* formando un aspa, del mismo modo.

El abuelo se *quedar* pensativo. Me *acariciar* la barbilla y *decir:*

–Me *gustar* mucho que *haber* hecho eso."

Ana María Matute, Paulina

Lección 24

Variedad y armonía

La elección entre el período corto y el amplio

> La diversidad de oraciones, tanto por su modalidad como por su amplitud, proporciona variedad y armonía al texto.

La elección del período corto o largo plantea interesantes problemas de redacción. Los antiguos retóricos defendían la idea de variar la longitud y la modalidad de las oraciones para evitar la monotonía. Sin embargo, esta idea no significa que el texto sea en un revoltijo de afirmaciones, negaciones, preguntas, exclamaciones, etc. en enunciados de distinta extensión. Cada escrito tiene unas características propias en cuanto a la modalidad de las oraciones y cada época un estilo peculiar en cuanto a la longitud de las mismas. Así, en un texto expositivo deben predominar las oraciones enunciativas, mientras que en un texto dialogado pueden ser más abundantes las interrogativas y las exclamativas; en los texto del siglo XIX abundan las oraciones largas y de redacción compleja, mientras que en los actuales son más frecuentes las oraciones medianas de estructura más sencilla.

Un texto compuesto exclusivamente a base de frases largas suele resultar oscuro, embrollado; por el contrario, una serie ininterrumpida de frases cortas, enlazadas por puntos, es causa de monotonía. Por consiguiente: conviene alternar las frases cortas con las largas para que lo escrito resulte variado, armonioso.

"Una frase larga –dice Marouzeau– agota el aliento y fatiga la atención; una frase breve y, sobre todo, una serie de frases breves da la impresión de cosa descosida, de precipitación, de andar a saltitos."

EJEMPLOS:

> El conductor se caló la gorra. Encendió las luces de carretera. Dio la llave de contacto. Metió la primera. Desembragó suavemente. Pisó a fondo el acelerador. El coche salió disparado.

Mejor ligado:

> El conductor se caló la gorra y encendió las luces de carretera. Dio a la llave de contacto; metió la primera. Desembragó suavemente. Pisó a fondo el acelerador. El coche salió disparado.

Hemos transformado la monotonía, engendrada por el abuso de la frase corta, en un párrafo más armonioso, en el que se combinan la frase corta y la larga.

Veamos ahora un ejemplo de período excesivamente amplio, y su corrección:

> Por el camino avanza un carromato viejo, arrastrado por un caballo escuálido, de color gris ceniciento, acompañado por un perro mastín y seguido, más atrás, por un hombre de aspecto sórdido que empuja al carromato para ayudar al animal que no puede ya con su cuerpo.

Mejor:

> Por el camino avanza un carromato viejo, arrastrado por un caballo escuálido, de color gris ceniciento, acompañado por un perro mastín. Detrás del carro, un hombre de aspecto sórdido, empuja al carromato para ayudar al animal que no puede ya con su cuerpo.

Se comprobará, en estos ejemplos, que el problema de la variedad y armonía es, en realidad, un problema de puntuación y "partículas".

Lo amplio y lo ampuloso

Lo dicho respecto al período amplio vale sólo como consideración de orden práctico, es decir, para evitar al escritor –y al lector– el perderse en un laberinto de frases no siempre perfectamente encadenadas entre sí. Cuando el período amplio lo maneja un maestro del estilo, nada tenemos que decir contra tal modo de hacer. Pero, dada la dificultad de tal procedimiento y porque no todos podemos ser artistas en el manejo del lenguaje, es por lo que recomendamos cautela y mesura, y al alternar la frase larga con la frase corta.

Ante un trozo cualquiera de Cervantes, sólo podemos reconocer su maestría indiscutible como prosista excelso, para el que las dificultades de la construcción son meros ejercicios en los que nos demuestra su talento de "compositor".

EJEMPLOS:

> *"Si mis heridas no resplandecen en los ojos de quien las mira, son estimadas, a lo menos, en la estimación de los que saben dónde se cobraron; que el*

soldado más bien parece muerto en la batalla que libre en la fuga; y es esto en mí de manera, que si ahora me propusieran y facilitaran un imposible, quisiera antes haberme hallado en aquella facción prodigiosa que sano ahora de mis heridas sin haberme hallado en ella."

Don Quijote de la Mancha. (Parte II. Prólogo).

"En efecto, rematado ya su juicio, vino a dar en el más extraño pensamiento que jamás dio loco en el mundo, y fue que le pareció convenible y necesario, así para el aumento de su honra como para el servicio de su república, hacerse caballero andante, y irse por todo el mundo con sus armas y caballo a buscar las aventuras y a ejercitarse en todo aquello que él había leído que los caballeros andantes se ejercitaban, deshaciendo todo género de agravios, y poniéndose en ocasiones y peligros, donde, acabándolos, cobrase eterno nombre y fama."

Don Quijote de la Mancha. (Parte I. Capítulo I).

Veamos ahora un ejemplo de estilo *ampuloso:*

La tarde era ya caída, vencida, y el Sol, antes fulgente esfera, ahora sólo agonía de resplandores, cuando Juan, llevado de un repentino movimiento del alma –uno de esos movimientos en los que se ve el temple del héroe–, mandó obedecer a su cuerpo, hizo un esfuerzo ímprobo, apoyó las manos sobre el suelo, irguió la cabeza, dobló las rodillas y, mirando al juego multicolor de luces, esplendoroso cuadro del horizonte, alzóse cuanto pudo, a pesar del dolor de la pierna herida y, lentamente, los dientes apretados, la boca dura como maldición petrificada, emprendió el camino hacia la granja que, allá lejos, se recortaba entre un boscaje umbroso, perdida casi entre el abundoso ramaje, como único refugio seguro...[29].

La ampulosidad en ocasiones es "verborrea", exceso de palabras, sonoridad excesiva, retórica en suma, en el sentido peyorativo de la palabra.

Véase ahora otro ejemplo, éste del tribuno Castelar:

"Caerá la segur sobre mi garganta; rodará la cabeza, separada del tronco, por las tablas de mi cadalso; faltará la luz a mis ojos y el aire a mi pecho; pero no se extinguirá, no, la esperanza de continuar la vida al través de la muerte en otros cielos más esplendorosos y en otro mundo mejor que este nuestro bajo mundo, porque imposible a mi fe creer un retroceso de la vida, tan llena de esperanza, a la nada."

He aquí, finalmente, la opinión de Baroja sobre el tema que nos ocupa:

"El párrafo largo, el período de origen latino, formado por varias oraciones unidas, tiende, naturalmente, a la elocuencia. El párrafo largo es, pretende ser, una síntesis. Nuestro tiempo tiende al análisis."

---

[29] No quiere decirse que este ampuloso párrafo esté mal escrito, sino que abunda excesivamente en incisos que dificultan la marcha del pensamiento, de la lectura. (El párrafo no es de ningún autor extraño o conocido; lo hemos *preparado* especialmente para esta lección como *se prepara* un guiso complicado).

"El párrafo largo parece todavía natural al idioma castellano. Ha dominado y domina aún. Castelar, Valera, Galdós, lo han empleado."

"A principios de siglo, Azorín, algún que otro escritor y yo, intentamos el párrafo corto. Para mí era la fórmula más natural de expresión, por ser partidario de la visión directa, analítica, impresionista."

En realidad –anotamos– este párrafo corto, impresionista y analítico, parece haberse impuesto por completo entre los escritores contemporáneos. Es verdad –no importa repetirlo– que el período amplio se presta más a la belleza; pero también es verdad que resulta más difícil de manejar, exige condiciones especiales de dominio del idioma que no se aprenden fácilmente. Para escribir como Cervantes, no hay reglas. En cambio, el período breve, a base de frases cortas, puede dominarse con más facilidad, es más asimilable.

En nuestra disciplina, en nuestro empeño por alcanzar la redacción correcta y limpia, hemos de dar cierta preferencia al párrafo corto, incisivo y rápido. Exige menos esfuerzo creador en quien escribe, resulta más adecuado para una información escueta, y su empleo nos resulta más fácil cuando dominamos sus resortes. Siempre que no caigamos, claro está, en el "puntillismo" literario.

Ejercicios
* * * * * * * * * * * * * * * * * * *

Los párrafos que siguen adolecen del grave defecto de la monotonía o de la pesadez u oscuridad. Escríbanse de nuevo, procurando la variedad y armonía. En ocasiones habrá que alterar, ligeramente, el giro de las frases. No obstante, procúrese que dicha alteración sea mínima:

1. Me había retrasado mucho. El tren iba a salir de un momento a otro. Tenía miedo de perderlo. Corrí hacia la ventanilla. Pedí un billete de primera. No encontraba la cartera para pagar. Estaba tan nervioso, que no daba una. Me dejé la maleta olvidada junto a la ventanilla de los billetes. Tuve que volver por ella. Al fin, pude coger el tren. En ese momento la máquina silbaba y se ponía en marcha.

2. Se oía el canto de los pajarillos en el bosque, que, en aquellas horas de la mañana, a causa del rocío nocturno, daba al ánimo una sensación especial de frescura, lo cual, unido a la luz clara y al cielo azul y a la brisa fresca, hacía deleitoso el paseo entre los árboles, que lucían el verde nuevo de sus hojas, moviendo su ramaje suavemente...

3. El mar estaba sereno, tranquilo. Tenía ganas de nadar. Me puse el bañador. Me acerqué a la orilla. Toqué el agua. Estaba fría. Me lancé de cabeza. Estuve nadando casi una hora.

4. Llegada la hora, y al sonar la campana para el "rancho", no faltó nadie aquel día al refectorio, porque, siendo la fiesta del regimiento, se había anunciado un menú extraordinario que había sido confeccionado especialmente por el cocinero del mejor hotel de la ciudad, que aquel día lució sus dotes culinarias para servir a los que, en aquellos, instantes, eran la defensa de la plaza.

5. Guillermo tenía que elegir carrera. No sabía qué camino tomar. No le gustaban las ciencias. Para las letras se consideraba perezoso. Deseaba estudiar lo que fuese más fácil. A última hora se decidió por la carrera de veterinario. Sus padres pusieron el grito en el cielo. Pero Guillermo afirmó que era su vocación. Siempre le habían gustado mucho los animales. Ahora tendría ocasión de cuidarlos.

Capítulo 3

Precisión en el empleo del lenguaje

Introducción

Dicen Brunot y Bruneau, en su Gramática Histórica[30], que la lengua francesa está amenazada en su estabilidad y pureza porque las fuerzas conservadoras no están ya en equilibrio con las fuerzas perturbadoras y porque la autoridad, en lo que al idioma se refiere, prácticamente, ha muerto.

En Francia, según los autores citados, la enseñanza primaria termina muy pronto, y los niños no aprenden más que el aspecto externo de la lengua. En los liceos y colegios franceses –dicen los autores citados– no se estudia a fondo el idioma. En todo caso se estudia un francés muerto –clásico–, olvidando lo que decía M. Bréal: que una lengua es tanto más perfecta cuanto más se ha alejado de sus orígenes.

Algo análogo podríamos afirmar refiriéndonos a nuestro país. Más aún: podríamos decir –siguiendo a Brunot y Bruneau– que los libros, las obras de teatro, etc., han dejado de ser modelos de lenguaje; que los periódicos están llenos de barbarismos "incontrolados"; que nos invade la jerga de grupo, es decir, que la palabra del especialista tiende a extenderse torrencialmente por todos sitios, y que se abusa, por influencias de la técnica publicitaria, de los adjetivos exagerados.

Dice Álex Grijelmo[31]: "En nuestros días, el tesoro del idioma español está siendo socavado por un virus infinitamente más peligroso que el mal de Moctezuma: la desidia de muchos hablantes y, principalmente, de quienes lo utilizan para dirigirse a millones de personas a través de los medios de comunicación. No se trata, insistimos, en una

---

[30] F. Brunot y Ch. Bruneau, *Précis de Grammaire historique de la langue française*. Masson. París, 1949.

[31] Álex Grijelmo, *Defensa apasionada del idioma español*. Taurus. Madrid, 1998.

evolución lingüística de los pueblos, que con todo nos parecería legítima, sino de una peligrosa ruptura."

Todo esto quiere decir que el idioma está perdiendo elegancia y pureza, por falta de precisión, y que cada día se habla y se escribe peor. Se escribe –signo de los tiempos– apresuradamente, sin esforzarse, sin preocuparse del léxico o de la sintaxis.

> Estructura del léxico:
>
> - *El vocabulario frecuente* se utiliza en todos los textos.
> - *El vocabulario disponible* y *el vocabulario técnico* de cada campo semántico sólo se usan en función del tema.

Al agrupar por su clase o categoría gramatical las palabras de cualquier texto oral o escrito, se observa que los sustantivos, los adjetivos, los verbos y los adverbios son más abundantes que los pronombres, los determinantes, las preposiciones y las conjunciones. Por otra parte, se observa también que las preposiciones y las conjunciones aparecen en cualquier texto; que las diferentes formas de la mayor parte de los pronombres y determinantes se repiten a lo largo de un texto determinado, y que, en cambio, la mayoría de los nombres, adjetivos, verbos y adverbios son distintos en cada texto, donde casi nunca se repiten o lo hacen en escasas ocasiones.

Según lo expuesto, se puede agrupar las palabras, ordenadas de mayor a menor por el número de veces en que aparecen en los textos, en los siguientes conjuntos:

a) Vocabulario frecuente: Formado por nexos (preposiciones y conjunciones) y palabras que carecen de significado propio (pronombres y determinantes) o que aparecen en cualquier tema, como algunos nombres *(cosa, día, vez, gente, tiempo, señor...)*, adjetivos *(ancho, poco, largo, blanco, oscuro...)* y verbos *(ser, estar, decir, hablar, tener...)*.

b) Vocabulario disponible: Nombres, adjetivos, verbos, adverbios y algunos pronombres que aparecen en función de los temas. Son palabras que aparecen con poca frecuencia y están mal repartidas, pero que son necesarias dentro de un campo semántico determinado, donde se utilizan alguna vez y luego se sustituyen en el texto por pronombres, determinantes y otros deícticos.

c) Vocabulario técnico: Son palabras de uso aún más restringido que las anteriores pero, como ellas, necesarias dentro de los campos semánticos especializados de las ciencias, las artes, las profesiones, etc.

> Las *palabras llenas* tienen significado y las *palabras vacías* carecen de él.
> El *vocabulario frecuente* está constituido por *palabras vacías* mientras que el *disponible* y el *técnico* están constituidos por *palabras llenas*.

Si observamos un texto determinado, podremos comprobar que en él predominan ciertas clases de palabras de las cuales, unas (nombres, adjetivos, verbos, adverbios y algunos pronombres) tienen un significado propio y determinado dentro del contexto, mientras que otras (determinantes, preposiciones, conjunciones y otros pronombres) carecen de significado, precisan de las primeras o sirven como enlaces de las mismas. Las primeras son *palabras llenas,* mientras que las segundas son *palabras vacías.*

Está comprobado que las *palabras llenas* desaparecen de la memoria antes que las *palabras vacías* y que lo hacen siguiendo un orden: primero se olvidan los nombres propios; luego, los nombres comunes concretos; después, los nombres comunes abstractos; más tarde, los adjetivos, los adverbios y los verbos, y finalmente, las palabras del *vocabulario frecuente* (determinantes, preposiciones, conjunciones...), que no tienen significado propio pero sí gran frecuencia y repartición en todo tipo de textos.

> Las *palabras llenas* predominantes determinan la función comunicativa del texto.

Unas y otras, junto a las interjecciones utilizadas en algunos textos como elementos expresivos, permiten detectar las ideas fundamentales de un escrito, al tiempo que aclaran su significado y proporcionan información valiosa sobre su estructura y función comunicativa, esta última definida fundamentalmente por el predominio de determinadas *palabras llenas.* En los textos de carácter *informativo,* predominan los nombres; en los *descriptivos,* predominan los adjetivos; cuando *expresan acciones,* predominan los verbos, etc.

Para evitar la falta de precisión y elegancia en el lenguaje, uno de los procedimientos que recomiendan los especialistas en la materia consiste en emplear con cierta "reserva" las *palabras fáciles.*

Por *palabras fáciles* entendemos aquí los vocablos de muy amplia significación, aquellas voces vagas, imprecisas, incoloras que, a fuerza de servir para todo, terminan por no servir apenas para nada. Es decir, el *vocabulario frecuente* formado por palabras que carecen de significado propio o que aparecen en cualquier tema. En el idioma también se cumple la ley física, según la cual "lo que se gana en extensión, se pierde en intensidad".

Estre tales "palabras fáciles" citemos aquí los pronombres, los adverbios, las conjunciones y los verbos "ser", "estar", "haber" y "tener", "decir", etc., y otros vocablos que, con gran facilidad, acuden a la pluma del escritor, como para dispensar al novel plumífero del esfuerzo que significa la búsqueda del vocablo exacto o del giro elegante. Lo cual no quiere decir que haya que evitar a toda costa las palabras "fáciles" mencionadas. Lo que recomendamos es que no se abuse de ellas.

En los temas que forman este capítulo, y en los ejercicios correspondientes a dichos temas, el alumno encontrará ejemplos de los ejercicios de exponer. Le servirán, al escribir, para no lanzarse alocadamente por el camino de la facilidad, de la irresponsabilidad. Son, pues, ejercicios de "precisión", de justeza en el uso del lenguaje. Lo cual no quiere decir que el alumno tenga que recurrir constantemente al Diccionario para buscar la palabra exacta. Lo que se pretende es un poco de *entrenamiento* para evitar la palabra *incolora* y para sustituirla por aquella que nos dé una imagen viva, más plástica, más precisa y, también, más elegante.

EL LENGUAJE DE LOS JÓVENES

> La *jerga* o *argot* es un lenguaje especial y familiar creado por un grupo social para comunicarse entre sí los individuos que lo forman. Hay *jergas* profesionales, estudiantiles, juveniles, de las gentes del hampa, etc. y cada una está constituida por un vocabulario especial que suele tener particularidades fonéticas y procedimientos de derivación inusuales en la lengua común.

Algunos lo llaman, a la francesa, "argot juvenil". Denominación impropia: *argot* –en castellano *jerga*– es un lenguaje especializado propio de un oficio o profesión. Médicos, juristas, policías, banqueros, etcétera, tienen su propia jerga.

El argot –la jerga–, según François Caradec[32], es "un idioma artificial que surge para evitar ser comprendido por los no iniciados". El lenguaje de la juventud es una jerga que varía continuamente; una jerga propia de cada época e, incluso, de cada lugar. En España, en la década de los 80, se decía "hablar –o escribir– en cheli". ¿Y qué es "el cheli"?... Para Francisco Umbral, escritor español que maneja con gran soltura este modo expresivo y que lo inserta, con gran habilidad, en su punzante prosa periodística "el cheli", más que un fenómeno costumbrista, es un fenómeno generacional"[33]. Y añade: "Los jóvenes hablan cheli porque viven en cheli. El cheli no es sino un sistema de defensas verbales..., una estructura dialectal ofensivo/defensiva que la juventud de hoy erige frente a una sociedad adulta". Y apostilla Umbral: "El cheli no es un idioma, sino un contraidioma"[34].

Como fenómeno lingüístico generacional, el *cheli* no es exclusivo de la actual juventud española. Todas las generaciones juveniles han tenido un sistema idiomático, su código expresivo independiente y aislacionista. Si hace cuarenta o cincuenta años se decía de una mujer bella o hermosa que "estaba jamón" o "imponente", hoy se dice que "está como un tren". Cuando un joven de nuestros días exclama: "¡esa chorba me mola cantidad (o "cantidubi")!", quiere decir que esa chica le gusta mucho. Los ejemplos podrían llenar una página, un capítulo entero. Bastaría, como simple modelo, transfor-

---

[32] *Dictionnaire du français argotique et populaire.* Larousse. París.

[33] *EL PAÍS,* viernes 30 de enero de 1981.

[34] Llamado también lenguaje "pasota".

mar la "carta" que, con lenguaje juvenil de los años 60, insertamos al final de la lección 34, pasándola al cheli, de modo que tal carta comenzaría así, poco más o menos:

"Tía:

dirás que no me enrollo con la pluma, pero, ante tí, tan librote, me siento como amuermada, o sá que me comes el coco..." Etcétera, etc.

Este lenguaje generacional, insistimos, no es exclusivo de los jóvenes españoles. La juventud francesa, por ejemplo, también tiene hoy día su código expresivo particular: "mon pater" o "mon vieux" vale por "mon père" (mi padre), y el nombre común "vache" (vaca) se convierte en adjetivo, "un vache article" por "un buen artículo", o en adverbio de modo, "vachement", equivalente a "beaucoup" (mucho) o a "très" (muy). Para más ejemplos, véase cualquier texto de lengua francesa para estudios de Bachillerato.

¿Porvenir del cheli? El de todos los modos y modas generacionales: parte de él, posiblemente, se incorporará al acervo idiomático común y gran parte, probablemente, se olvidará, dejará de usarse. Y vendrán otras generaciones con nuevos giros expresivos. Es ley de vida a la que el habla popular no puede sustraerse.

Lección 25

Uso y abuso de las palabras "cosa", "algo", "esto" y "eso"

> Las *palabras fáciles* o *palabras baúl* son palabras del *vocabulario frecuente* que, por su significado muy amplio y poco preciso, pueden formar parte de cualquier acto de comunicación.

COMO se ha dicho en la *Introducción* de este capítulo, las *palabras fáciles* son palabras del *vocabulario frecuente* que, por tener un significado muy amplio y poco preciso, pueden formar parte de cualquier texto oral o escrito. Muchas de ellas –casi todas las que tienen significado gramatical– son imprescindibles; pero otras –las de significado léxico, que algunos lingüistas llaman *palabras baúl*– pueden ser sustituidas por sinónimos más precisos para dar mayor riqueza a la expresión.

Aunque existen pocos sinónimos equivalentes, casi siempre es posible encontrar alguno que expresa el matiz deseado con mayor precisión o que es más conveniente dentro del registro de lengua que se utiliza. Así, es posible elegir entre *asustar, atemorizar, espantar, amedrentar, aterrorizar, impresionar, intimidar, sobrecoger, sobresaltar* o *preocupar* para expresar con precisión el matiz de la acción, o utilizar *corto* o *encogido* en un registro de lengua coloquial, mientras que se emplearía *tímido, asustadizo* o *apocado* en otro más formal.

Entre las *palabras fáciles* o *palabras baúl* más utilizadas figuran *cosa, algo, esto* y *eso.*

La palabra "cosa"

> COSA es probablemente la palabra de sentido más vago, más impreciso, el vocablo más vulgar y trivial de la lengua.

La palabra COSA se emplea cada día más. Vivimos en pleno "cosismo". Precisamente porque se tiende a lo fácil, está dicho vocablo en todo su apogeo. En efecto, todo es COSA en este mundo, tomada la palabra en el sentido más amplio posible. COSA es un armario, es un lápiz, es... todo. Así, no es extraño hablar con frecuencia de "la cosa del ambiente", etc.

Contra el abuso actual de COSA, conviene esforzarse un poco para sustituir tan insustancial palabra por otra más precisa.

Todo lo dicho vale salvo que, por razones particulares, se tenga interés en la vaguedad del vocablo COSA.

Ejercicios
* * * * * * * * * * * * * * * * * * * *

A) *Sustituya en las frases siguientes la palabra COSA por otra más precisa.*

EJEMPLO:

La humildad es una *cosa* muy rara.
La humildad es una virtud muy rara.

1. La envidia es una *cosa* despreciable.
2. La falta de inteligencia es una *cosa* irremediable.
3. La gula es una *cosa* vergonzosa.
4. Esta estatua es una *cosa* notable.
5. La educación de los niños es una *cosa* difícil.
6. El amianto es una *cosa* incombustible.
7. La *cosa* se someterá al Consejo.
8. Una sola *cosa* ocupa su mente.
9. Nunca contemplé una *cosa* tan magnífica.
10. La burla es la única *cosa* que le queda a usted.
11. El microscopio es una *cosa* indispensable para el biólogo.
12. Exponga usted las *cosas* como han pasado.
13. Para un niño el juego es una *cosa* necesaria.
14. El viejo marino se vanagloriaba de *cosas* inverosímiles.

La palabra "algo"

La palabra *ALGO* sólo debe emplearse para dar a la frase un sentido indeterminado.

La palabra ALGO, de que tanto se abusa en la conversación corriente, nos da la medida de su correcto empleo en su propia definición: *algo* es un *pronombre indefinido* y, por tanto, sólo debe usarse cuando queramos dar a la frase un sentido indeterminado; cuando queramos mencionar *algo* (aquí está bien empleado) sin precisar lo que ese *algo* sea.

Mas, precisamente por su carácter indefinido, impreciso, es por lo que este "algo" se nos mete entre los puntos de la pluma, resbala entre la teclas de la máquina o del ordenador, con una facilidad y profusión dignas de mejor empeño. Fácil resulta poner "algo"..., donde debiéramos escribir *algo* (aquí está bien empleado) más definido que el impreciso "algo".

(Observará el lector que hemos redactado los párrafos anteriores jugando con la palabra "algo". Lo hacemos a conciencia para que resalte cuándo debe emplearse y cuándo no.)

Veamos ahora, en unos ejemplos, unos cuantos casos en que resulta correcto el empleo de "algo" y otros en que conviene sustituirlo por otra palabra de sentido más preciso:

"Leeré ALGO mientras vienes" (correcto).

"Aquí hay ALGO que no entiendo" (puede ser correcto o incorrecto).

"Esta historia tiene ALGO trágico". Aquí conviene precisar más. Y podría ser: "Esta historia tiene *un sentido* trágico"; o bien: "Esta historia tiene *un argumento* trágico".

"En este párrafo hay ALGO que no entiendo". Puede ser correcto si nos referimos al sentido del párrafo; pero si nos referimos a una frase concreta, mejor sería decir: "En este párrafo hay *una frase* que no entiendo".

Ejercicios

* * * * * * * * * * * * * * * * * * *

B) *En las siguientes frases, unas veces conviene sustituir la palabra "algo" por otra más precisa; en cambio, otras son correctas y debe dejarlas así; por último, hay algunas en las que debe suprimir la palabra "algo", lo que sucede casi siempre que se emplea seguida de un adjetivo. En este último caso, basta con suprimir el pronombre indefinido y sustituir o no el adjetivo por un sustantivo, según convenga.*

1. Esta música tiene *algo* melancólico.
2. Sus palabras tienen *algo* de malicia.
3. Esto es *algo* prodigioso.
4. He visto en sus ojos *algo* de odio.
5. Este libro es *algo* estupendo.

6. Todos los genios tienen *algo* de locos.

7. Esto es *algo* inafame.

8. En estas ruinas hay *algo* de estilo románico.

9. En su cara había *algo* de ferocidad.

10. Esta mujer es *algo* imponente.

11. El hombre más fuerte tiene *algo* débil.

12. Aquí huele a *algo* raro.

13. Esta señora tiene *algo* distinguido.

14. El nuevo modelo es *algo* formidable.

15. En este asunto hay *algo* poco claro.

Los pronombres demostrativos "esto" y "eso"

ESTO y *ESO* pueden sustituirse por el relativo o por el determinante demostrativo seguido de un sustantivo.

Los pronombres demostrativos ESTO y ESO, por influencia francesa, se nos introducen cada vez más en nuestro idioma. Pero la frase queda más elegante, más española, si sustituimos dichos pronombres por el relativo o por el adjetivo demostrativo seguido de un sustantivo.

EJEMPLOS:

> Tú amas a tus padres. Esto te honra.
> *Tú amas a tus padres. Este sentimiento te honra.*

O bien:

> *Tú amas a tus padres, lo cual te honra.*

Ejercicios

* * * * * * * * * * * * * * * * * * *

C) *En las frases siguientes sustitúyanse los pronombres* ESTO, ESO, *por el relativo o por el adjetivo demostrativo, según los casos. Si es preciso, dése otro giro a la frase.*

1. Está entregado a la bebida. Eso lo arruinará.

2. Practica mucho el deporte. Esto te servirá para fortalecerte.

3. Luis acaba de ganar otro primer premio. Esto ya no asombra a nadie.

4. El abogado estudia un pleito muy difícil. Esto le rentendrá en el bufete toda la tarde.

5. Tú te confías a cualquiera. Esto puede acarrearte disgustos.

6. Pedro se ha caído de la bicicleta. Eso se lo había advertido yo.

7. Se expresa con afectación. Esto hace difícil su lectura.

8. Juan perdió todo su dinero en Montecarlo. Eso no le hundió ni mucho menos.

9. Es un hombre inteligente y trabajador. Esto le hará triunfar.

10. Se le olvidó preparar los últimos temas. Esto fue causa de que lo suspendieran.

Lección **26**

Sustitución de verbos frecuentes I

Sustitución de los verbos "ser", "estar", "encontrarse" y "haber" (impersonal)

> Los verbos *ser, estar, encontrarse* y *haber* (impersonal) pueden sustituirse por verbos intransitivos o pronominales.

Los verbos *ser, estar, encontrarse, haber* (empleado como impersonal) *y tener* son "verbos frecuente", es decir, "verbos fáciles", de amplia significación, y a los que se recurre fácilmente cuando se escribe a vuela pluma.

Dichos verbos pueden ser reemplazados por un verbo intransitivo o pronominal que sea más expresivo. Así, en vez de escribir: *En el tejado de la casa* hay (se encuentra) *una bandera,* conviene decir: *En el tejado de la casa* ondea *una bandera.*

Ejercicios
* * * * * * * * * * * * * * * * * * * *

A) *En las frases siguientes escriba el verbo que debe reemplazar a "está", "se encuentra" o "hay". No haga la sustitución si no la cree precisa.*

EJEMPLO:

> En el cielo azul *hay (está)* el sol de España.
> En el cielo azul *brilla (o resplandece)* el sol de España.

1. Bajo esta losa hay (está) un hombre enterrado.
2. En la lista de candidatos está (se encuentra) usted.

3. En la torre almenada hay (se encuentra) un soldado de guardia.
4. En este pueblo hay cuatro escuelas.
5. En las arrugas de su frente hay honda preocupación.
6. En las imágenes está la fuerza del estilo.
7. En sus palabras hay gran indignación.
8. En el fondo de mi corazón está la esperanza.
9. En el alma de este poeta hay una música divina.
10. Sobre el césped se encuentran los rayos de la luna.
11. En el fondo de su alma hay una tempestad de odio.
12. En estos balcones hay unas colgaduras.
13. En la chimenea hay unos troncos de encina.
14. Al frente del desfile está una banda de música.

Sustitución del verbo "tener"

El verbo *tener* puede sustituirse por verbos transitivos más precisos.

El verbo *tener* es otro de los verbos fáciles, incoloros, que dan a la frase un sentido vago, impreciso. Conviene, pues, sustituir dicho verbo por otro transitivo más preciso, siempre que la sustitución no resulte pedante, ni rebuscada.

Ejercicios
* * * * * * * * * * * * * * * * * * * *

B) *En las frases que siguen sustituya* TENER *por otro verbo para que la expresión sea más precisa. No haga la sustitución si no la cree necesaria.*

EJEMPLO:

Tener el último puesto.
Ocupar el último puesto.

1. Tener un ideal muy elevado.

2. Tener una esperanza.

3. Tener un oficio lucrativo.

4. Tener un lenguaje correcto.

5. Tener una mala conducta.

6. Tener muchos dolores.

7. Tener una buena reputación.

8. Tener una actitud prudente.

9. Luis quiere tener a su alrededor a sus amigos.

10. Procura tener el respeto de sus alumnos.

11. Esta flor tiene un perfume delicioso.

12. Este faro tiene una luz muy brillante.

13. Este negocio tiene grandes ventajas.

14. Esta sala tiene diez metros de largo.

15. Aquel alumno tuvo muchos premios.

Lección **27**

Sustitución de verbos frecuentes II

> Los verbos frecuentes deben sustituirse por otros de significación más precisa.

Sustitución del verbo "hacer"

El verbo *hacer*, tan amplio y tan "incoloro", se ha introducido en el habla popular y en la escritura con profusión peligrosa para la pureza del idioma. *Hoy se HACE todo*. Así, se dice corrientemente: "hacer música", por "escribir o componer música"; "hacer un viaje", por "viajar"; "hacer un proyecto", por "formar un proyecto", etc. Su empleo, en muchas ocasiones, es de influencia francesa o inglesa. Los anglosajones abusan mucho de los verbos "to make" y "to do" (hacer). Ejemplo: *To make a law* (hacer una ley).

En el *Diccionario de Incorrecciones de lenguaje*, de A. Santamaría, se recoge una larga lista de locuciones con el verbo *hacer*, entre las cuales citamos: *hacer honor*, por *honrar; hacer maravillas*, por *obrar maravillas; hacer una mala pasada*, por *jugar una..., etc.; hacer blanco*, por *dar en el blanco; hacer abstracción*, por *prescindir; hacer milagros*, por *obrar milagros; hacerse ilusiones*, por *forjarse ilusiones*.

Como regla general –pero no absoluta– que pudiera servirnos de guía en lo que se refiere al empleo correcto del verbo *hacer*, se nos ocurre lo siguiente:

Emplearemos correctamente el verbo *hacer* siempre que nos refiramos a una acción manual, de manipulación o artesanía. Así, podremos decir: *hacer una mesa, hacer bolas de miga de pan, hacer un bizcocho, hacer el café, hacer pompas de jabón*, etc. En la jerga periodística es corriente escuchar: *Ese artículo* (o ese reportaje, o esa crónica), *está muy bien hecho.* Al hablar así se quiere reconocer la parte de oficio, de artesanía, de los mencionados géneros periodísticos.

El artesano *hace* figuras de barro para un Nacimiento; pero el escultor no hace, sino que esculpe o modela una estatua. Reconociendo siempre que, en la escultura, por lo que tiene de manual, el verbo *hacer* no es totalmente rechazable.

Ejercicios

* * * * * * * * * * * * * * * * * * *

A) *Sustituya en las frases siguientes, el verbo* HACER *por otro verbo que precise más el sentido. No haga la sustitución cuando no la crea precisa.*

EJEMPLO:

> *Hacer* un largo trayecto.
> *Recorrer* un largo trayecto.

1. Hacer una fosa.
2. Hacer una vía férrea.
3. Hacer una campana.
4. Hacer una corona de flores.
5. Hacer un artículo.
6. Hacer una estatua de mármol.
7. Hacer prodigios.
8. Hacer un discurso.
9. Hacer mucho dinero.
10. Hacer una conspiración.
11. Las abejas hacen la miel.
12. La ciencia ha hecho grandes progresos.
13. Me han encargado que haga el informe.
14. No ha podido hacerse a la disciplina.

Sustitución del verbo "poner"

El verbo *poner* se puede reemplazar por otros, siempre que estos verbos den más precisión a la frase. Ejemplo: *Luis puso varias palabras.* Podemos decir, con más precisión: *Luis escribió varias palabras.*

Ciertos grupos formados por el verbo *poner*, más una preposición y un sustantivo, pueden ser reemplazados ventajosamente por una sola palabra, un verbo sustantivo.

Ejemplo: *Juan* puso en orden *sus libros*. Puede decirse con más precisión: *Juan* ordenó *sus libros*. Sin embargo, no conviene abusar de este procedimiento de sustitución, ya que muchas veces no son sinónimos la perífrasis y el verbo correspondiente.

Ejercicios

* * * * * * * * * * * * * * * * * * *

B) *En las frases que siguen escriba las sustituciones posibles del verbo* PONER, *sólo cuando lo considere preciso.*

EJEMPLO:

> *Poner* la sonda en una herida.
> *Introducir* la sonda en una herida.

1. Poner una escalera contra el muro.
2. Poner colores en el lienzo.
3. Poner en segundo lugar.
4. Poner una carta en inglés.
5. Poner una palabra en la frase.
6. Usted no debería poner aquí el subjuntivo.
7. Poner en orden *sus ideas*.
8. Poner en práctica *un sistema*.
9. Poner en peligro *los intereses de una nación*.
10. Poner *moneda* en circulación.
11. Poner *unos papeles* bajo llave.
12. Poner en desacuerdo *una familia*.
13. *El comandante* puso en movimiento *todas las fuerzas*.
14. *El policía* puso *al ladrón* en manos *de la justicia*.
15. *Yo* me pongo en el equipo en lugar de *Juan*.

Sustitución de los verbos "decir" y "ver"

Los verbos *decir* y *ver* son otros dos verbos *fáciles* de los que se abusa y que, con un poco de atención por parte del que escribe, pueden (deben) ser sustituidos por otros verbos más precisos. Así, por ejemplo, en lugar de escribir: *Decir un soneto,* estará mejor: *Recitar un soneto;* y en vez de: *Vea usted por sí mismo,* queda mejor: *Juzgue usted por sí mismo.*

Ejercicios

* * * * * * * * * * * * * * * * * * *

C) *En los ejemplos siguientes, escriba los verbos que deben sustituir a* DECIR *y a* VER *cuando considere necesaria la sustitución.*

EJEMPLO:

> *Decir* blasfemias.
> *Proferir* blasfemias.

1. Luis ha dicho un buen discurso.
2. Juan nos fue diciendo sus aventuras.
3. Le voy a decir a usted un ejemplo.
4. Le voy a decir a usted una cosa que le va a sorprender.
5. Le digo que aquí no está usted seguro.
6. Este alumno dice muy bien los versos.
7. Juan no dice sus penas más que a mí.
8. A usted le toca decir el precio.
9. Diré muy alto lo que le debo a usted.
10. Digo que usted está mitiendo.
11. El abogado tiene que ver cinco expedientes esta mañana.
12. El científico auténtico sabe ver un fenómeno sin prejuicios.
13. Un policía experimentado sabe ver hasta los más pequeños indicios.
14. Luis es incapaz de ver la belleza de este cuadro surrealista.
15. Vea usted las consecuencias de no observar las reglas de cortesía.
16. Vea usted por sí mismo lo que ha sucedido aquí.

Abuso del verbo "producir" y el sustantivo "tema"

Muy esquemáticamente, señalemos el actual abuso del verbo *producir* y del sustantivo *tema*.

Tal abuso expresivo se lee y se escucha casi a diario en prensa, radio y televisión.

Producir se ha convertido en muletilla verbal que invade nuestro cada día más monótono y empobrecido lenguaje. Hoy todo es *producir*: se producen declaraciones, se producen actitudes, se producen gestos, se producen...:

Ayer se produjeron dieciseis muertos...

Oído en un telediario o noticiario de TVE el día 8 de abril de 1981, refiriéndose al Líbano. Por lo visto o lo escuchado, en dicho país, y como consecuencia de sus conflictos bélicos con Israel, tienen preparada –y a pleno rendimiento– una fábrica productora de cadáveres.

Y lo que se decía con cierta frecuencia hace veinte años, ha pasado a ser habitual en los medios de comunicación actuales con el consiguiente deterioro y empobrecimiento del lenguaje.

¿Pues qué decir del *tema*? Al igual que padecemos la invasión de "la cosa", hoy vivimos literalmente aplastados por la avalancha de los *temas*. Y todo por no esforzarse en buscar la palabra exacta, el vocablo propio. Y así el *asunto*, la *materia*, el *problema*, el *objeto*, el *hecho*, el *programa*, el *negocio*, el *expediente*, la *discusión*, el *debate*, el *propósito*, el *proyecto*, el *argumento*, el *contenido*, el *orden del día*, la *cuestión*, el *caballo de batalla*, etcétera, etc., etc., todas y cada una de estas palabras se resumen en una sola: el TEMA.

Lo que nos sugiere o hace pensar que la voz *tema* podría ser *tema* apropiado para un estudio sociolingüístico más amplio que esta breve y denunciatoria nota.

Ejercicios

* * * * * * * * * * * * * * * * * * *

D) *Sustituya* PRODUCIR *y* TEMA *en las siguientes frases por otras palabras más precisas cuando lo considere necesario:*

1. Los dos presidentes trataron en la reunión diversos temas internacionales.
2. La inundación produjo grandes pérdidas en las cosechas.
3. El alza de los productos energéticos es un tema económico preocupante.
4. En el examen salió un tema del Renacimiento que no había estudiado.
5. Las declaraciones del Presidente del Gobierno produjeron gran disgusto.
6. En esta fábrica se producen muchos accidentes por falta de seguridad.
7. Los temas del programa de esta asignatura son muy amplios.
8. Los ecologistas discutieron con el Alcalde el tema de los vertidos tóxicos.
9. Las especulaciones en Bolsa le produjeron grandes ganancias.
10. Su único tema es terminar la carrera el próximo año.

Lección *28*

Conexión entre las frases que forman un párrafo

> Cualquier *texto* debe transmitir un mensaje completo y cerrado en el que los *párrafos* estén articulados y se den sentido entre sí, y en el que las *oraciones* que los constituyen estén relacionadas y ordenadas.

Nos surge ahora un nuevo problema: el que algunos tratados de redacción extranjeros denominan con un vocablo un tanto *mecánico:* "la conexión". Decimos vocablo "mecánico" porque *conectar* parece un verbo más propio de un electricista que de un escritor. Sin embargo, de ello se trata en nuestro caso: de conectar o enlazar debidamente las distintas frases que forman un párrafo, para evitar las alteraciones innecesarias de persona, número o tiempo verbal entre dichas frases.

En realidad, el problema que estudiamos aquí es de concordancia sintáctica de una parte, y de buen gusto y sentido literario de otra[35].

Un ejemplo nos aclarará suficientemente lo que acabamos de exponer. En el siguiente párrafo han de tacharse las palabras que resulten un tanto incoherentes. Al margen del ejemplo, se escriben las palabras que han de sustituir a las tachadas y que van marcadas entre dos barras (/) oblicuas.

"La gente no suele darse cuenta de lo ocupado que está siempre un periodista activo. /Hay/ que seguir y perseguir a la noticia doquiera se produzca y sea la hora que sea. Además, cuando llega un día festivo y las demás gentes descansan, /usted/ tiene que encerrarse en la redacción a preparar sus informaciones para el día

EL CUAL TIENE

EL PERIODISTA

---

[35] Téngase en cuenta lo que decimos en la lección siguiente, bajo el título de "yo", "nosotros" y "uno".

siguiente. Escribir una buena información /nos/ /suele/ /llevar/ varias horas de preparación y meditación sobre el tema. Si /usted/ además trabaja en alguna oficina esto le tendrá prácticamente ocupado todo el día."

REQUIERE

EL PERIODISTA

Corregido así el párrafo, queda mejor. Las frases están mejor *conectadas* unas con otras. No obstante, el gran escritor puede permitirse los juegos de composición que quiera. Todo depende de su habilidad y buen gusto para hacerlo. Sin embargo, al principiante no le estará de más tener en cuenta esta lección. Antes de lanzarse a las filigranas estilísticas le conviene dominar la redacción normal. Después, cuando ya domine el *oficio*, podrá permitirse ciertas licencias.

> Los *procedimientos de cohesión textual* pueden ser *léxicos, semánticos* y *gramaticales.*

La *coherencia del texto* se consigue utilizando distintos *procedimientos* que dan cohesión a sus componentes. Entre ellos, son muy usuales los siguientes:

- La *recurrencia* o *repetición,* que consiste en unir las oraciones repitiendo alguno de los elementos de una oración en la siguiente. Estos elementos pueden ser:
  - Palabras: *Me llama* TODOS LOS DÍAS, *y* TODOS LOS DÍAS *me dice lo mismo.*
  - Sinónimos: *La casa donde* MORABA *era herencia de sus padres. Por eso* VIVÍA *en una casa tan grande.*
  - Otras palabras con significación semejante: *El próximo año iré a* CUBA Y PUERTO RICO. *Tengo ganas de conocer* ESOS PAÍSES.

- La *deixis* o señalamiento de algo mediante ciertos elementos lingüísticos, llamados deícticos, que muestran, como *este* o *esa,* o que indican una persona, como *yo* o *vosotros;* un lugar, como *allí* o *arriba,* o un tiempo, como *ayer* o *ahora.* Son deícticos los pronombres personales, los pronombres relativos, los posesivos, los demostrativos y los adverbios de lugar y de tiempo.

Cuando los deícticos señalan algo que no está presente pero que ya se ha enunciado antes, la deixis se llama *anáfora:*

- *Busco mi cuaderno, pero no* LO *veo. Estaba* ENCIMA *de esta mesa.*
- LO *habrán guardado* DENTRO *del cajón Elsa o* TU *madre.*

Cuando sucede lo contrario, es decir, cuando los deícticos anticipan algo que se dice después, la deisis se llama *catáfora:*

Lo que dijo fue ESTO: LE *daré a Pablo todo el dinero.*

- Los *enlaces fraseológicos* constituidos por frases como *Es decir, Esto es, O sea, Mejor dicho, Como te estaba diciendo,* etc.

- Los *enlaces tonales* entre oraciones sucesivas de un párrafo, por ejemplo, entre una pregunta con línea de entonación ascendente y su respuesta con línea descendente:

    – *¿Cuándo vas a venir?*
    – *Dentro de dos o tres días.*

- Los *enlaces semánticos* establecidos por las palabras que aparecen en oraciones sucesivas pertenecientes al mismo campo semántico:

    Los ESTUDIANTES *protestaron cuando el* PROFESOR *dijo que el* EXAMEN *final abarcaría toda la* ASIGNATURA.

- La *elipsis,* que consiste en omitir ciertos elementos en una unidad lingüística sin que por ello dicha unidad deje de ser comprendida. Hay muchos ejemplos de *elipsis,* uno de los más comunes es la *elipsis telegráfica* propia de los telegramas, las noticias de prensa, los anuncios publicitarios, los indicadores de tráfico, etc. Y en su estudio suelen distinguirse:

    – La *elipsis nominal,* que se da dentro del sintagma nominal: *Primero vienen los alumnos mayores y después los* (ALUMNOS) *pequeños.*
    – La *elipsis comparativa,* cuando se produce en estructuras sintácticas comparativas: *Tu traje es más bonito* (QUE EL MÍO).
    – La *elipsis verbal,* que se produce al omitir la forma verbal porque va incluida en el contexto verbal: *María compró un vestido y Ángel* (COMPRÓ) *una camiseta.*

- Los *marcadores textuales, conectores discursivos* o *conectores supraoracionales,* son palabras, partículas o locuciones que señalan los distintos tipos de relaciones lógicas existentes entre las *oraciones* de un párrafo o entre los párrafos de un texto[36].

Ejercicios
* * * * * * * * * * * * * * * * * * * *

A) *Tache en los párrafos siguientes las palabras que no resulten coherentes y, en su caso, escriba las palabras correctas que mejor "conecten" las distintas frases.*

1. Nuestra biblioteca debe ser un reflejo de nuestra personalidad. Uno debe seleccionar los libros y no comprarlos al buen tuntún. Los jóvenes suelen comprar libros poco instructivos. Solemos preferir las novelas policíacas a las obras de los grandes escritores. Y hay quien centra toda su atención literaria en los relatos del F.B.I. Si comprásemos los libros pensando en nuestra educación espiritual, nuestra biblioteca sería un buen ejemplo de gusto depurado.

---

[36] Ver la lección 22.

2. Una de las mejores novelas cortas de la literatura americana actual es *El viejo y el mar*, de Hemingway. En ella se narraba la lucha de un viejo pescador en medio del mar para capturar un pez de enormes dimensiones. El pescador consigue atrapar el pez y, como no pudo izarlo a la barca, decide arrastrarlo a remolque hasta la playa. Pero la sangre del pez muerto atrajo a los tiburones, que devoran ferozmente a la preciada presa del viejo pescador. Este sólo consiguió llevar a la playa un descarnado esqueleto como símbolo de su pesca.

3. Se dice que, en Norteamérica, cada día abusan más las gentes de las drogas sedantes o "tranquilizantes". Los médicos advierten constantemente al público que no debe abusarse de tales drogas. Pero no solemos hacer caso de los médicos hasta que no vemos las orejas al lobo. Uno vive en nuestros días en constante agitación, por eso abusamos de las drogas tranquilizantes. Se duerme mal porque no llevamos una vida sana. Y el hombre busca en las drogas el remedio para su espíritu, un tanto desiquilibrado.

4. Si está usted aprendiendo a pintar, es preciso que conozca previamente el dibujo y la perspectiva. No debemos lanzarnos sobre los colores sin haber estudiado antes los problemas de la composición. Después, cuando ya domine el dibujo, aprenda a manejar los colores. Pero no empecemos por el retrato. Elija usted paisajes sencillos o, mejor, comience por reproducir objetos simples, sin grandes complicaciones. El bodegón es una buena escuela para aprender a pintar, a condición de no quedarnos en simples bodegonistas.

5. Shaskespeare ha pintado un retrato monstruoso de Ricardo III de Inglaterra; un jorobado cruel, valeroso y brillante. Aunque algunos historiadores tratan de rehabilitar a Ricardo III, debe usted creer a Shaskespeare. Ricardo, Duque de Gloucester, cometió los más execrables crímenes por alcanzar la corona. Manda asesinar a su hermano para que no le estorbe en sus planes. Después hizo asesinar a sus dos sobrinos, hijos de Enrique IV, y posibles herederos de la corona tras el fallecimiento de Enrique IV. En suma, la figura de Ricardo III es un baldón sangriento en la historia inglesa. Con este tema, los ingleses han hecho una buena película. El protagonista, en el papel de Ricardo III, ha sido el gran actor inglés Lawrence Olivier. En este "film", este gran actor interpretó uno de sus grandes papeles, dignos de su fama como intérprete.

"Yo", "nosotros" y "uno"

Uso del "yo"

> Conviene eliminar el *yo* enfático al principio del escrito, pero puede utilizarse
> *yo* en medio del escrito.

CONVIENE eliminar, siempre que se pueda, al principio de un escrito al enfático *yo*. ¿Por razones de falsa modestia? No; simplemente por motivos de sencillez, de familiaridad con el lector. Arrancar con el presuntuoso "yo" suele ser contraproducente. Empezar una frase diciendo, por ejemplo, *"Yo* creo que la actual situación del mundo...", por su empaque petulante, recuerda la fórmula de antaño reservada a los monarcas absolutos, cuando, al final de una "cédula", decían: *"Yo el rey"*. Si se suprime el pronombre y escribimos: "Creo que la actual situación...", el tono resulta más agradable para el lector. Además, haciéndolo así, somos más fieles al espíritu y fisonomía de nuestro idioma, que en esto sigue al latín clásico, cuyo verbos nos dicen la persona por la desinencia, sin poner delante de la flexión verbal la erguida figura del pronombre a modo de hierático portaestandarte: *credo, amo, dico, lego,* etc. A veces basta posponer el pronombre: "creo yo" resulta menos enfático que "yo creo".

Lo dicho vale principalmente para el principio de un artículo. Luego, en medio del trabajo, puede utilizarse el "yo". Su presencia queda como atenuada por el contorno o muchedumbre de vocablos que lo rodean.

Los franceses emplean siempre el pronombre verbal *(je* crois, *je* pense, *nous* lisons); pero cuando quieren dar énfasis a la expresión duplican el pronombre, uniendo a las formas débiles, *je, tu, il,* las fuertes, *moi, toi, lui,* Ejemplos: "Moi, je pense que...", "Toi, tu ne dois pas courir", "Luis, il nous a dit"[37].

---

[37] En realidad, *je, tu, il,* etc., en francés, son, no pronombres personales, sino simples *indicativos de persona.*

En español, cuando se quiere evitar la petulancia del "yo", se cae a veces en el formulismo del "nosotros" –o "nos"–, fórmula ésta no siempre apropiada. En las crónicas y reportajes publicados en la prensa es frecuente leer: "Ayer *visitábamos* al Dr. X. en su clínica de...". Lo que no resulta exacto si realmente el que visita es uno solo. Más apropiado sería: "Ayer visité al doctor X...". O: "Estuve en casa del Dr. X.".

Tampoco es correcto, en la entrevista o reportaje, escribir: *"Preguntamos* al Profesor X". Debe decirse *pregunto,* si soy yo sólo el interrogador. En cambio, es aceptable escribir: "El Profesor X *nos* dice". Y ello porque, en este caso, hago partícipe al lector de la respuesta, es decir, porque el *Profesor X,* en realidad, al responder a mis preguntas, me contesta a mí, que le pregunto, y al lector que lee. Su respuesta, en el caso de ser para un periódico, es una declaración pública.

Uso del "nosotros"

> *Nosotros* representa a un sujeto singular en el *plural de modestia.* Se emplea en artículos, ensayos y libros didácticos.

En los artículos y ensayos, el problema es diferente. Si se escribe en nombre de una institución o empresa –caso de los artículos de fondo o editoriales de un periódico–, entonces debe emplearse siempre la primera persona del plural. Aquí es preceptivo decir "creemos", "opinamos", "nos parece", porque quien escribe no lo hace en nombre propio, sino como portavoz de un equipo de pensamiento.

También se suele emplear dicha fórmula en los artículos firmados o en los libros didácticos. Es lo que los gramáticos llaman el "plural de modestia". *"Nosotros* –escribe Gili y Gaya– representa a un sujeto singular en el *plural de modestia,* como el que emplea, por ejemplo, un escritor al hablar de sí mismo, diluyendo en cierto modo la responsabilidad de sus palabras en una pluralidad ficticia: *nosotros creemos,* en vez de *yo creo.* Hoy parece ganar terreno el uso del *yo,* pero muchas personas lo estiman insolente y pedantesco..." "Paralelamente al *nosotros* de modestia –dice más adelante Gili y Gaya–, ha tenido y tiene todavía mucho uso el posesivo *nuestro* con el mismo sentido. Al decir *en nuestra opinión*, un escritor se incluye en una pluralidad ficticia, en la cual no aparece tan en primer término como si dijese *en mi opinión."*

En verdad, la modestia nunca está de más, pero la falsa modestia suele a veces despertar la suspicacia del lector. Por ello lo recomendable es que se medite mucho antes de decidirse por el "nos" o el "yo". Será aceptable la primera persona del plural siempre que se trata de emitir una opinión o juicio que, en primera persona, pudieran resultar presuntuosos. Lo que no es admisible es utilizar el "nosotros" en un relato cuando el sujeto es singular.

EJEMPLO:

"No *habíamos* hecho más que llegar al campo de fútbol, cuando *divisamos* a *nuestro* amigo Martínez; el cual estaba muy entretenido comiendo almendras.

Nos ofreció un buen puñado y, aunque la verdad sea dicha, *nuestras* muelas no son dignas de una exposición odontológica, *nos dedicamos* al placer de masticar tan sabroso fruto seco mientras llegaba el momento de empezar el partido."

"Poco después, un vendedor ambulante de refrescos *nos* ofreció insistentemente una naranjada. Como no *sabemos* decir que no a nada, le *pagamos* una y, aunque el médico *nos* tiene prohibida la naranjada por causa del hígado, *ingurgitamos* el refresco, pensando que, posiblemente, aquello tenía de todo menos de naranja."

"Momentos después *oímos* que, a *nuestra* derecha, alguien pronunciaba *nuestro* nombre a voz en grito. ¡Vaya! ¡Pero si era *nuestro* buen Ramírez!..."

No se trata de un ejemplo totalmente inventado. Algo análogo a lo expuesto se ha publicado en cierto periódico. Y a la vista salta que, en este caso, el empleo de la primera persona del plural no sólo es incorrecto, sino hasta equívoco en ciertos momentos.

En los artículos firmados, lo elegante, lo hábil, es alternar la fórmula. Cabe utilizar la primera persona (a ser posible sin el pronombre verbal "yo"), la primera del plural (no abusando del "nosotros") y, finalmente, cabe también emplear la forma impersonal "uno".

Uso del "uno"

> El uso de *uno* es necesario cuando no puede utilizarse el *se* impersonal ni el pasivo.

Este "uno" impersonal recuerda al "on" francés y al "man" germano y se utiliza cada día más cuando el que habla o escribe, para evitar la supuesta presunción del "yo", alude a sí mismo con esta fórmula indirecta.

EJEMPLO:

"Sin meterse a redentor, *uno* cree que lo pertinente en este caso..."

El empleo del "uno" es también un modo indirecto de hacer copartícipe al lector de nuestra opinión, sin obligarle a consentir con la fórmula plural, "sentimos", "pensamos", etc., siendo así que el que *piensa y siente* de tal modo es el que escribe.

"En las lenguas modernas –escribe Criado del Val– hay una fuerte tendencia a oponer a los pronombres personales otros pronombres indefinidos o indeterminados, cuya finalidad es desembarazar al sujeto de toda noción de personalidad, ocultándolo bajo una fórmula genérica y prácticamente anónima. Representante característico de esta clase de pronombres es el francés "on". Ej.: "On a été au cine".

Hay un caso en que es preceptivo usar el "uno": cuando –según Gili y Gaya– no puede utilizarse el *se* impersonal ni el pasivo. Caso de los verbos reflexivos. Con estos verbos no puede repetirse el *se*. No podemos escribir: *"Se se* arrepiente de sus errores". En este caso, la impersonalidad se expresa con el indefinido "uno". Ej.: *"Uno* se arrepiente de sus errores".

El énfasis y la modestia: recomendación práctica

Recomendación de orden práctico: el arte de escribir –la habilidad– consiste, a menudo, en saber *jugar* con varias fórmulas posibles sin abusar de ninguna. Así, si el abuso del "yo" resulta pedante, y el excesivo empleo de "nosotros" puede prestarse a equívocos, el impersonal "uno" muy repetido –vicio en que caen algunos prosistas actuales– puede resultar inelegante, de mal gusto, casi diríamos de tono plebeyo. Sólo cuando se quiera dar, intencionadamente, esta sensación de estilo digamos "desgarrado" puede –y debe– el escritor emplear el "uno" sin tasa para entonar fondo y forma: lo que se dice con el espíritu o aliento que lo informa. Pero cuidando siempre no caer en la repetición malsonante.

Cabe utilizar también un sistema narrativo en *tercera persona* personificada, tras la cual se esconde, hábilmente, el propio narrador. Es el procedimiento típico de Camilo José Cela, cuando, en su *Primer viaje a Andalucía,* escribe:

"En Córdoba no hay judíos o moros o cristianos, como pueden encontrarse, sin excesiva fatiga, en otras ciudades de España. En Córdoba –el *vagabundo* ruega que se le sepa entender– no hay, probablemente, ni españoles..."

O cuando dice:

"Es ya tarde y el *vagabundo* siente ganas de comer. Comer, en Córdoba, es fácil; basta con arrimarse. El vagabundo, en una taberna de olorosa cocina, se arrimó y comió."

Y más adelante:

"Al *vagabundo* no le dan buen espina estas letras con moraleja, porque piensa que siempre desmerecen. Al pueblo, que es quien las hace, le va mejor la lírica que la filosofía."

En realidad, este *vagabundo* es el propio Camilo José Cela quien, así disimulado, puede relatar y, sobre todo, opinar sin caer en la petulancia del que, en primera persona, sienta doctrina.

Una mezcla de todos estos procedimientos citados fue el sistema utilizado por el autor de esta obra en un artículo publicado en el diario madrileño *Ya* (y perdóneseme la inmodestia de la "autocita"), el día 29 de enero de 1960, bajo el título de "Sinfonía incompleta del invierno malagueño". Dicho artículo comenzaba así:

"De pronto –como suele acontecer en las novelas de misterio en las que todo acontece "de pronto"–, de repente, digo, *uno,* por razones que no importa relatar, *se encuentra* en Málaga en pleno invierno. *Salió el viajero* de Madrid con escolta de niebla y frío y, nada más bajar del tren, *se tropieza, se da,* de cara, con el inesperado regalo del sol, la templanza y la brisa marina. *Salió uno* de la meseta castellana con el ceño adusto, con ese gesto avinagrado que *nos pone* el mal tiempo, y he aquí que, casi sin *darnos* cuenta, *notamos* que la sonrisa revive en *nuestro* rostro. Nada más pisar el suelo malagueño –primera y vaga sensación– *se nota* como si una droga u hormona mágica (un "filtro" que decían los clásicos) *nos* hubiera rejuvenecido. Llegar a esta ciudad en invierno y *sentirse* contento, eufórico, es casi instantáneo."

Subrayo en este ejemplo los diversos modos que adoptó el periodista para huir del "yo" egocentrista, alternando el empleo del *se* impersonal, con el *nos* plural, el *viajero* que disimulaba al autor y el *uno* intedeterminado.

Todo esto –se dirá– no es más que habilidad. Reconocido. Pero ¿qué es, en esencia, el arte de escribir sino una habilidad más o menos inspirada y siempre disciplinada por el trabajo, para conseguir el bien hacer?

Ejercicios

* * * * * * * * * * * * * * * * * * *

A) *Elimine* YO, NOSOTROS y UNO *en los siguientes párrafos cuando crea que son enfáticos o innecesarios.*

1. "Aún hay más, y es que durante el verano y en las siempre breves vacaciones que durante el curso yo puedo tener, salgo a hacer repuesto de paisajes, a almacenar en mi magín y en mi corazón visiones de llanura, de sierra o de marina para irme luego de ellas nutriendo en mi retiro. Así como también llevo yo al campo el recuerdo de las espléndidas visiones de esta dorada ciudad de Salamanca cantada por mí hace algunos años."

Miguel de Unamuno, *Andanzas y visiones españolas*

2. –Yo también creo que la electricidad es una fuente de energía indiscutible.
–Yo también lo creo, pero para algunas cosas tiene muchos problemas.

3. –Nosotros inauguraremos la fábrica a principios de año, cuando hayan terminado las vaciones de Navidad.

4. "Engreído y satisfecho estaba yo con mi cañón, que encomiaron extraordinariamente los amigos; todos nosotros ardíamos en deseos de ensayarlo. Fue mi intención añadirle ruedas antes de la prueba oficial, pero mis camaradas no lo consintieron: tan viva era la impaciencia que sentían por cargarlo y admirar sus admirables efectos."

Santiago Ramón y Cajal, *Mi infancia y juventud*

5. "El mío se despeñaba cuesta abajo por una pendiente pronunciada:
–¡No corra tanto!
–No soy yo."

Wenceslao Fernández Flórez, *El hombre que compró un automóvil*

6. "Eso no quita para que Antonio Merino le haga a uno la tara bien a menudo con sus catarros:
–Catarro, catarro. Esto es una traqueítis y yo tengo fiebre.

–Pero, oye ¿te das cuenta de que quedan cuatro días?
–¿Y qué le voy a hacer yo?"

Miguel Delibes, *El libro de la caza menor*

7. –Yo, si fuera a Roma, lo primero que haría es ir a la Fuente de Trevi a tirar unas monedas. Dicen que así volverás a ir.

–Eso lo vi yo en una película. Pero eso es una tontería: uno nunca sabe lo que pasará. Nosotros no fuimos allí primero. Nosotros preferimos ir al Vaticano.

8. "Ya bien de mañana yo me he encaminado por las calles anchas, de casas bajas, con las puertas, a esa hora, entornadas, con los zaguanes silenciosos; el sol va bañando lentamente las blancas fachadas; de cuando en cuando se oyen las campanadas rítmicas y cristalinas de la iglesia, y las herrerías negras, las herrerías calladas durante la noche, comienzan a cantar. Yo os diré que éstos son los instantes supremos en que despiertan todos esos oficios seculares, venerables, de los pueblos."

Azorín, *Los pueblos*

B) *Modifique los siguientes textos utilizando en el primero, siempre que sea posible,* YO, NOSOTROS y UNO, *y eliminándolos en el segundo.*

1. "A Roa se pasa por un puente de piedra de cinco ojos tirado a cordel sobre el río Duero. Al vagabundo, al entrar en Roa, quizás agobiado por el peso de la historia que llevaba encima, se le antojaron los dedos huéspedes y el tabardo, dorada chupa de noble. El vagabundo, al entrar en Roa, enderezó las espaldas, hinchó la tabla del pecho y levantó el mirar con altanería. Después buscó la posada, se zampó dos arenques y un vasillo de aloque y se tumbó a dormir en el zaguán, con unas mantas de caballería por cabezal. Su sueño de aquella noche fue un sueño poblado de brillantes marchas de caballeros y de lucidos cortejos de paladines.

A la mañana siguiente, bien temprano, el vagabundo empezó a subir y bajar las calles de Roa, las mismas calles que vieron tanto rey y tanta infanta, y tanto obispo juntos."

Camilo José Cela, *Judíos, moros y cristianos*

2. "–Ahora quiero yo usar contigo de una liberalidad, y es que ambos comamos este racimo de uvas y que hayas del tanta parte como yo; partillo hemos desta manera: Tú picarás una vez y yo otra, con tal que me prometas no tomar cada vez más de una uva; yo haré lo mismo hasta que lo acabemos y desta suerte no habrá engaño. Hecho así el concierto, comenzamos; mas luego al segundo lance el traidor mudó de propósito y comenzó a tomar de dos en dos, considerando que yo debería hacer lo mismo. Como vi que él quebraba la postura, no me contenté con ir a la par con él; más aún pasaba adelante dos a dos y tres a tres y como podía las comía. Acabado el racimo, estuvo un poco con el escobajo en la mano, y meneando la cabeza, dijo:

–Lázaro, engañado me has: juraré yo que has tú comido las uvas de tres a tres.

–No comí –dije yo– mas, ¿por qué sospecháis eso?

Respondió el sagacísimo ciego:

–¿Sabes en qué veo que las comiste tres a tres? En que comía yo dos a dos y callabas.

Reíme entre mí, y (aunque muchacho) noté mucho la discreta consideración del ciego."

Anónimo, *Lazarillo de Tormes*

Lección *30*

Frases largas y frases cortas

Períodos amplios y períodos cortos: la trabazón

> El *período corto* es más fácil de construir que el *período largo* pero su abuso es causa de monotonía.

EL problema de la conexión –estudiado en las lecciones anteriores– nos lleva a estudiar otro tema con él relacionado. Nos referimos al problema de las frases largas y cortas (período amplio y período cortado) y al de la correcta trabazón dentro de un mismo párrafo, colocando entre las distintas frases que formen dicho período las partículas unitivas (conectores supraoracionales) que sean necesarias[38].

El tema que estudiamos se presenta cuando se abusa del período corto a base de "punto y seguido", y de la monotonía consiguiente a este modo de escribir.

La frase breve es más fácil de construir que la frase larga; pero el período amplio, si no se maneja muy bien, degenera en el período ampuloso, oratorio.

Verdad es que las oraciones independientes pueden separarse unas de otras con un punto; pero no conviene abusar del procedimiento, porque se pierde la necesaria trabazón entre unas frases y otras. A veces, un párrafo en el que abundan los "puntos" pierde unidad y hasta sentido; y, sobre todo, resulta cacofónico, desagradable al oído.

Azorín y Baroja son los escritores españoles que imponen en nuestras letras –a principios de siglo– el período corto, rompiendo con la ampulosidad retórica decimonónica. Pero todo modo de hacer literario engendra pronto el abuso ("Desgraciados de

---

[38] Véase lección 24, Capítulo II: "Variedad y armonía".

nuestros imitadores porque de ellos serán nuestros defectos", dijo Benavente). Y los imitadores de Azorín y Baroja han abusado del período corto hasta el punto de que ha surgido un estilo genérico, en el que la prosa adquiere a veces el sonsonete monótono del morse. Tanto es así, que este modo de hacer se presta a la parodia.

Veamos, como ejemplo, una posible parodia de esta manera de escribir:

En la habitación hay una cómoda poltrona. Sobre ella, sentado, el escritor. El escritor fuma en silencio. Observa las volutas de humo del cigarrillo. El humo asciende primero espeso, unido. Después se va desflecando, haciéndose más tenue, más gris, hasta perderse en el techo. Un rayo de sol penetra por la rendija de la ventana. El rayo de sol da sobre un libro. El libro está abierto sobre la mesa. Su autor es Dostoieswski...

He aquí, a continuación, otra parodia "azorinesca":

"Una butaca. Sobre la butaca, un labriego. ¿En qué piensa el labriego? Piensa en las remolachas. Este fruto es agreste y montaraz. Rezuma golosinas por su corola, y crece en el secano junto al berro. ¿Berro o puerro? El "lapsus" gramatical es agudo: el puerro es menos agridulce en la cochura, pero más amable..."

Alvaro de Laiglesia, El baúl de los cadáveres (Estampa manchega)

¿Advierte el lector el sonsonete monótono en estos ejemplos?

Para remediar este defecto, a veces basta con un poco de ingenio y un tanto de habilidad. Basta con unir este letanía de frases cortas, sucesivas y monótonas, para que se conviertan en un período más amplio, más ligado y trabado. Basta, en suma, con utilizar –a su debido tiempo y en su lugar preciso– las partículas de transición que sirven para unir unas frases con otras: *pero, así, además, también, finalmente, después,* etc.

También pueden utilizarse las conjunciones copulativas; pero no conviene abusar de "y" ni de "que" porque entonces el estilo resulta pueril. Es el modo de escribir propio de los niños: "... y estábamos en el jardín y entonces mi hermano dio un grito y las gallinas se asustaron y mi hermano se rio mucho...".

El período amplio y la belleza

> El *período amplio* permite mayor belleza literaria que el *período corto.*

El período construido a base de frases cortas separadas por puntos, lo que algunos dicen el periodo "azoriniano", es útil y hasta recomendable en el periodismo informativo. Pero quien aspire a la belleza literaria (e incluso periodística) no puede conformarse con este estilo entrecortado: debe procurar –cuando el tema o asunto lo requiera– el período amplio o cervantino. Y para conseguirlo –para su estudio y aprendizaje– nada mejor que la lectura asidua del "Quijote".

Y es el propio Miguel de Cervantes –en el prólogo a la primera parte de su inmortal obra– quien nos da la fórmula de lo que pudiera ser el secreto del buen hacer literario:

"... procurar que a la llana, con palabras significantes, honestas y bien colocadas, salga vuestra oración y periodo sonoro y festivo, pintando, en todo lo que alcanzareis y fuera posible, vuestra intención; dando a entender vuestros conceptos sin intrincarlos y oscurecerlos...".

Ejercicios

* *

A) *A continuación damos una serie de ejercicios en los que se abusa de la construcción a base de puntos. Escríbalos de nuevo, suprimiendo los puntos innecesarios y procurando convertir el período corto en un período más amplio y mejor trabado. También damos unos ejercicios en los que se abusa de las conjunciones copulativas. Vuelva a escribir tales ejercicios dándoles mayor cohesión, redactándolos mejor.*

EJEMPLO:

He aquí la corrección posible del párrafo "azoriano" expuesto más arriba:
"En la habitación hay una cómoda poltrona y, sobre ella, sentado, el escritor fuma en silencio. Observa las volutas de humo del cigarrillo que asciende, primero, espeso, unido, y después se va desflecando, haciéndose más tenue, más gris, hasta perderse en el techo. Un rayo de sol penetra por la rendija de la ventana y viene a dar sobre un libro que está abierto sobre la mesa. El autor del libro en cuestión es Dostoiewski."

OTRO EJEMPLO:

"Estábamos de pie sobre una roca. Era bastante alta. Desde allí podíamos ver el mar. En la lejanía divisamos un barco pesquero. Estaba deteriorado. No iba muy de prisa."

CORRECCIÓN:

"Desde la elevada roca en que estábamos se dominaba el mar perfectamente. Allá lejos navegaba lentamente un viejo barco pesquero."

Las seis frases del ejemplo anterior han quedado fundidas en dos más amplias.

1. El jugador de fútbol Di Stéfano está considerado como el mejor delantero centro de todos los tiempos. Se dice que no hay quien mejore su juego. Sus goles de tacón son inimitables. Es quizá uno de los futbolistas que más partidos ha jugado sin sufrir lesiones. Ha sido siempre un espléndido creador de juego, y no sólo un hábil goleador. Juega en todos los terrenos, en la defensa, en la media y en el área de castigo. Di Stéfano, en ocasiones, es algo más que un jugador. Es un malabarista del balón. Es el inspirador de las principales jugadas de su equipo.

2. El partido Madrid-Barcelona fue muy emocionante. Tan pronto dominaban unos como otros. Finalmente ganó el Madrid. Sus delanteros marcaron tres goles en los quince últimos minutos. Todos obra de Di Stéfano y de Puskas. Los delanteros del Barcelona reaccionaron en los últimos instantes. Querían marcar un gol a toda costa. No lo consiguieron.

3. María Elena estaba muy bella el día de su puesta de largo. Era su primer baile de sociedad. Llevaba un vestido azul. Era un vestido sencillo. Tenía algunos adornos estampados. Llevaba en la mano un bolso pequeño. Su melena le caía graciosamente sobre los hombros. En el cuello, un collar de perlas.

4. Pedro tenía mucha prisa. Disponía sólo de cinco minutos para tomar el autobús. Tuvo que guardar cola para sacar el billete. El taquillero era muy lento. Pedro refunfuñaba en voz baja. Miraba el reloj con impaciencia. No quería perder este coche por nada del mundo.

5. Los Martínez Cámara están construyendo una casa nueva. Está en la Avenida de las Acacias. Será casi un palacio. Tendrá amplio jardín y una piscina. La casa tendrá veinte habitaciones.

6. Mi hermana estaba arreglando el equipaje para irse al internado, y mi padre andaba de un lado para otro, y mi madre iba y venía de la cocina al comedor preparando la merienda para el viaje, y mi hermano pequeño lloraba en un rincón porque nadie le hacía caso.

7. El nuevo chófer se quedó parado junto a la portezuela del coche, y era hombre muy alto y llevaba un uniforme azul de paño grueso.

8. Si usted piensa dedicarse a la ciencia, debe tener en cuenta que se lanza a una vida de sacrificio. La ciencia exige mucho y da poco. Tendrá que entregarse por completo al trabajo sin esperar grandes compensaciones económicas. En la ciencia, como en el amor, lo principal es la entrega. No piense nunca en la fama ni en la gloria, porque entonces no trabajará eficazmente. Piense en que va a descubrir algo importante para el progreso de la Humanidad.

9. Hoy se habla mucho de la relación de causa a efecto entre nuestra vida agitada y el aumento de las enfermedades mentales. Durante los veinte años últimos ha aumentado mucho este tipo de enfermedades. Vivimos en continua agitación y sobresalto. Nuestro psiquismo está sometido a un zarandeo constante. La vida de las grandes ciudades es insana. El habitante de estas inmensas urbes no descansa lo necesario. Vive, como los monos, en constante alteración. Trabaja mucho. Va de acá para allá continuamente. No reposa lo suficiente.

10. Los viajes interplanetarios son ya una posibilidad más o menos inmediata. Los satélites artificiales rusos y americanos abren al hombre el camino de los espacios siderales. Los sueños fantásticos de Julio Verne se están realizando. Llegará un día en que los viajes espaciales serán tan corrientes como lo son hoy los vuelos transoceánicos. Y no se tardará mucho en realizar estos fantásticos proyectos. El siglo XXI parece que va a ser el siglo del hombre interplanetario.

Lección *31*

Repetición de ideas y de palabras

La *repetición de ideas y palabras* indica casi siempre pobreza de léxico e inexperiencia.

CUANDO, al escribir, se repite mucho una palabra o una idea, se da la impresión de pobreza de vocabulario, de inexperiencia. Lo cual no quiere decir que sea preciso evitar la repetición a todo trance. Lo que recomendamos es *repetir bien*, con mesura, evitando la cacofonía o la machaconería.

Para evitar la repetición no siempre es recomendable acudir al Diccionario en busca de sinónimos. Generalmente, el escritor que acude constantemente al Diccionario obliga al lector a una labor análoga. Y lo que debemos procurar, al escribir, es que se nos comprenda rápidamente, sin necesidad de "investigar" lo que decimos. Porque si la repetición excesiva, malsonante, produce un pésimo efecto, el rebuscamiento puede resultar pedante, entendiéndose como tal el empleo de palabras extrañas, inusitadas, poco adecuadas al estilo y tono del escritor en cuestión.

En una obra científica, por ejemplo, el tecnicismo es algo natural y obligado. En cambio, en una simple carta o en un informe o escrito corriente, resulta pedante emplear vocablos técnicos raros y rebuscados.

Así, es natural que un psicólogo, al referirse a un hombre determinado, nos hable de "introversión", o nos diga, refiriéndose al "biotipo", que se trata de un "asténico". Pero si un profano en la materia, para describir a un hombre rechoncho, dice que es un "pícnico", la expresión es pedante. Más valía, en este caso, repetir las voces "grueso" o "rechoncho" que obligar al lector a abrir un Tratado de Tipología, si quiere enterarse de lo que estamos diciendo.

Hecha esta aclaración previa, y refiriéndonos concretamente a la repetición de ideas y palabras, hemos de distinguir entre las repeticiones VICIOSAS Y LEGÍTIMAS.

La repetición de ideas

La *repetición de ideas* debilita el estilo.

Hay que evitar la *repetición de ideas* porque debilita el estilo. Sólo se justifica cuando la segunda expresión sirve para modificar la primera, alterándola o corrigiéndola.

Hay que evitar, por consiguiente, los *pleonasmos vulgares*[39], tan frecuentes entre los aprendices de escritor. Ejemplos: "vuelva usted a empezar *de nuevo*", "acérquese más *cerca*"; "porque *en efecto*".

La repetición de ideas es legítima cuando, en un discurso o peroración, nos sirve para describir el estado de ánimo del personaje. Ejemplo: Si se quiere pintar la desolación del avaro que ha sido robado, puede escribirse como lo hace Molière en *El Avaro*: "¡Me han robado! ¡Me han dejado en la ruina! ¡Estoy perdido!... ¿Dónde está mi dinero? ¿Dónde se oculta? ¿Qué haré para encontrarlo? ¿Dónde acudir? ¿Qué haré?... ¡Mi dinero, mi soporte, mi consuelo!... ¡Todo se acabó ya para mí! ¡Ya no tengo nada que hacer en este mundo!"[40].

La repetición de palabras

La *repetición de palabras* resulta malsonante casi siempre.

Conviene evitar la *repetición de palabras,* sobre todo, cuando dichas palabras están demasiado próximas la una de la otra, salvo en el caso de que tales repeticiones sirvan para dar más fuerza o emoción a la frase. Se admite cuando se quiere llamar la atención sobre una idea. Ejemplo: "Hoy no se habla de otra cosa que de *divertirse*. Todos queremos *divertirnos*. Yo me *divierto*, tú te *diviertes,* él se *divierte*, es el verbo que todos conjugamos hoy... La *diversión* es la diosa falsa a la que todos rendimos pagana adoración...".

También puede ser necesaria la repetición cuando lo exige el empleo inevitable de la palabra adecuada. Pascal dijo: "Cuando en un discurso encontramos palabras repeti-

---

[39] Pleonasmo significa "superabundancia". Figura de construcción que consiste en emplear ponderativamente más palabras de las necesarias.

[40] La cita no es totalmente exacta, sino sólo parecida a las frases empleadas por Molière. Se trata de una adaptación, no de una reproducción, ni traducción.

das y, al intentar la corrección, nos damos cuenta de que, al corregir, estropearíamos el discurso, hay que dejar tales palabras".

Ejemplo de repetición viciosa: "Al mirar por la ventanilla del vagón los escarpados *pasos* por donde habíamos *pasado,* quedé espantado y me preguntaba cómo habrían podido los ingenieros hacer *pasar* el ferrocarril por unos *pasos* tan difíciles".

La corrección de este párrafo es relativamente fácil: "Al mirar por la ventanilla del vagón los escarpados lugares por donde *marchábamos,* quedé espantado y me preguntaba cómo habrían podido los ingenieros *trazar* la vía del ferrocarril por entre unos *pasos* tan difíciles".

"En la tarea diaria de escribir –dice González Ruiz en sus *Apuntes de redacción*– nos acecha el terrible vicio de la monotonía en todos sus aspectos. Se puede incurrir en monotonía de varias maneras, bien empleando la misma palabra con distintos significados, bien escribiendo frases uno de cuyos miembros iba implícito en el otro, como cuando se dice: "Se puso la gorra en la cabeza", siendo así que la cabeza es el sitio donde siempre se han solido llevar las gorras y el detalle no agrega nada sino que debilita la frase".

Otro ejemplo de la monotonía es el de la frase: "Entierro del cadáver de don Fulano de Tal". Precisión absurda, ya que, entre personas civilizadas, siempre que se entierra a alguien se hace porque es ya "cadáver".

La repetición resulta inevitable, según Marouzeau, con las palabras de uso frecuente, es decir, con lo que este autor llama "palabras accesorias", preposiciones, conjunciones, pronombres y artículos: *de, por, pero y, el, lo,* o para las palabras de uso frecuente: *hacer, decir.*

Estas repeticiones no se notan apenas, salvo que sean excesivas, como en el siguiente ejemplo: "Es un *hecho* que lo *que* yo he *hecho* bien *hecho,* no hará más *que* demostrar a ustedes lo que yo soy capaz de *hacer*".

En cambio, sí se notan mucho las repeticiones cuando se trata de palabras raras, poco usadas, infrecuentes.

EJEMPLO:

> Si la *facultad* anímica del *querer* es la *voluntad,* la del no *querer* podría llamarse la *noluntad.* Si *voluntad* viene del verbo latino *volo, noluntad,* procedería de *nolo. Noluntad* que no sería otra cosa que una especie de *facultad anímica* de signo negativo, la *facultad* del *no querer,* la sede de signo opuesto a la del *querer.* Y si la *voluntad* es motor de la acción, la *noluntad* lo sería del más puro quietismo...

En el dominio del verso –en la poesía– se dan muchos casos de *repeticiones voluntarias,* y por tanto, *legítimas.* El escritor se sirve de esta repetición para poner en relieve, para destacar lo que quiere decir.

EJEMPLOS:

> "La luna vino a la fragua
> con su polisón de nardos.
> *El niño la mira mira.*
> *El niño la está mirando."*

García Lorca

> *"Llovía, llovía, llovía,* como si nunca hubiera *llovido* sobre la tierra."
> *"Millones, millones y millones de estrellas."*

Pero la repetición, aun querida, puede resultar malsonante. Como por ejemplo, en aquellos versos de Corneille:

> "Pompeyo tiene el corazón *grande*, el espíritu *grande,* el alma *grande*– y todas las *grandezas* propias de un *gran* rey."

Por ello, dice Albalat, "si la repetición es de las que el lector percibe, hay que buscar otra palabra, incluso procurar otro giro si fuese necesario. Cuesta mucho sacrificar ciertas palabras; pero la ausencia de repeticiones es una belleza superior a las expresiones de detalles".

Ejercicios

* * * * * * * * * * * * * * * * * * * *

A) *En las siguientes frases hay repeticiones de ideas y de palabras. Subráyelas. No lo haga si cree que las repeticiones son normales. Si lo cree preciso, redacte la frase de nuevo.*

EJEMPLO:

> El avión volaba *por los aires* a gran velocidad.
> *El avión volaba a gran velocidad.*

1. Estas son sus obras póstumas, para publicar después de su muerte.

2. La cuestión del desarme no se arreglará antes de un lustro completo de cinco años.

3. Con los antibióticos se cree haber descubierto la panacea universal que cura todos los males.

4. Pero, sin embargo, el autor de la obra fue aplaudido.

5. Luis, con su nuevo uniforme, se pavonea orgullosamente.

6. La herida le hacía sufrir unos dolores espantosos.

7. Se defendió bravamente contra los ataques publicados contra él en la prensa.

8. Había allí un caballo, que había sido atado para evitar que se escapase fuera del recinto.

---

9. Ya hemos trabajado bastante por hoy; mañana seguiremos trabajando.

10. El enfermo padecía una cefalalgia crónica, y el doctor dijo que el dolor de cabeza podría curársele con reposo.

11. Estoy cansado, agotado, deshecho... Me gustaría tumbarme en una hamaca, estirarme a placer y dormir ocho horas a pierna suelta.

12. Era un hombre delgaducho, escuálido; diríase una momia resucitada.

13. ¡Lo he visto! ¡Sí, lo he visto con estos ojos que se tiene que comer la tierra!

14. Sube arriba y di a Juan que baje abajo.

15. ¿Vendrás hoy o vendrás mañana?

16. Yo calculo que tu cálculo está mal; Juan calculó bien.

17. Mónica subió arriba para buscar el libro solicitado por el cliente.

18. No era necesario volver a reiterar que aquello era una sugerencia.

19. Julio pidió a su jefe que le adelantara un anticipo.

20. Lo que me dices no puede ser posible.

Lección *32*

Modos de evitar las repeticiones

El arte de repetir

BAJO el título que antecede, y en el diario *ABC* de Madrid (24-VIII-79), el escritor y académico Camilo José Cela, entre otras cosas, escribe:

"... Los escritores nunca nos repetimos lo bastante. Recuerde usted lo que decía André Gide: "todo está dicho pero, como nadie atiende, hay que repetir todo cada mañana"..."

Y añade Cela:

"La repetición es un arte necesario y una de las claves de la eficacia..."

De acuerdo con la tesis de Cela, siempre que *se repita bien*, sin que la repetición se note demasiado.

"Azorín –añade Cela– fue un maestro de la repetición, de la reiteración". Lo cual –anotamos– convierte a veces su prosa en monótona, en soporífera letanía.

Cómo evitar las repeticiones

Para evitar las repeticiones conviene:
- Ordenar las ideas.
- Evitar los detalles insignificantes.
- Matizar los significados.
- Eliminar las palabras repetidas, sustituirlas por sinónimos o variar la frase.

Aparte de los casos de repetición legítima, estudiados en la lección anterior, veamos ahora algunas reglas prácticas para evitar las repeticiones innecesarias y malsonantes.

1.ª *Póngase en orden las ideas antes de escribir.* Muchas repeticiones se deben a incoherencia en la ordenación, en la disposición previa.

2.ª *Evítense los detalles insignificantes, causa del estilo difuso, poco preciso.* La prolijidad en la forma se debe, en más de una ocasión, a la pobreza de fondo. Cuando no se tiene nada que decir, se habla –o se escribe– más de lo necesario.

3.ª *Obsérvese el matiz.* Cuando no se conoce bien un idioma, no se sabe matizar, es decir, distinguir, apreciar, valorar: dar, en suma, con la palabra adecuada.

4.ª Para evitar la repetición de una palabra, pueden seguirse los procedimientos siguientes:

> a) *Suprimir el vocablo.*
> b) *Reemplazarlo, sin dar otro giro a la frase.*
> c) *Variar lo escrito, dando otro giro a la frase.*

De estos tres procedimientos señalados en la regla 4.ª, merece especial atención el que se refiere a la sustitución de un vocablo por otro.

El sistema seguido en estos casos es el de acudir a los *sinónimos.* Sistema muy "socorrido", sobre todo si se tiene a mano un *Diccionario ideológico,* como el de Casares. Pero el problema no es tan fácil como parece a primera vista. En verdad, como dice Albalat en su *Art d'écrire,* "se puede afirmar de un modo absoluto que no hay sinónimos. *Pereza, ociosidad, indolencia* y *holgazanería* tienen un sentido diferente; *inquietud, alarma, perturbación* y *agitación,* no expresan las mismas ideas".

Hay quien cree que un buen Diccionario de sinónimos es como la tabla de logaritmos del escritor. Creencia errónea, porque ni el más completo diccionario de este tipo puede darnos siempre el sinónimos exacto. Escribir es algo más que resolver ecuaciones. Las palabras, a diferencia de los números, cambian el valor, según el contexto, la frase en que están insertas. 45 siempre valdrá 45. En cambio, la *tristeza* o el *amor,* o la *ternura;* o *correr, salir disparado* o *resbalar* son palabras cuyo contenido depende de los otros vocablos que las rodeen, lo que el escritor quiera decir en un momento dado. Por ello hay escritores que, en la duda ante el posible sinónimo, escriben y tachan decenas de palabras de valor análogo a la buscada, o dejan en suspenso el trabajo en espera de que, tras la meditación –más o menos inspirada–, acuda a su mente el vocablo preciso. Sobre todo cuando hay que *matizar* una expresión, por su contenido espiritual, no debe el escritor dejarse llevar por la fácil pendiente de la sinonimia.

Téngase presente siempre que el lenguaje es pobre, limitado, en proporción con la riqueza infinita de los pensamientos, los sentimientos y las vivencias. "La lengua –escribe Marouzeau–, incluso la mejor hecha, es un instrumento imperfecto, un sistema insuficiente y a veces incoherente de signos de procedimientos, incapaz de traducir exactamente el pensamiento". De donde resulta, habida cuenta de que el pensamiento es también una "cosa mal definida", que la expresión lingüística no es más que una traducción aproximada de lo que, en un momento dado, pensamos, sentimos o imaginamos.

Ejercicios
* * * * * * * * * * * * * * * * * * *

A) *A continuación damos una serie de párrafos en los que abundan las repeticiones. Escríbalos de nuevo, evitando tales vicios de redacción. No modifique los párrafos cuando crea que las repeticiones son necesarias.*

EJEMPLO:

"Le envío a usted un perro por ferrocarril. El perro tiene tres años. Espero que el animal llegará bien a su destino. Es un perro de raza danesa. Espero que le agradará este perro que hoy le envío; está bien educado."

CORRECCIÓN:

"Le envío a usted un perro por ferrocarril. El animal tiene tres años, y espero que llegará bien a su destino. Es un perro de raza danesa, que le agradará porque está bien educado."

1. Parece que el director no está satisfecho contigo porque no trabajas lo suficiente para prepararte para los exámenes. Si fracasas en estos exámenes, el director no quedará satisfecho contigo, y posiblemente serás expulsado de la Academia.

2. Es un hombre digno de su familia, digno de su país y digno de su rey.

3. El Mississipí es un río inmenso, al que afluyen grandes ríos.

4. Juan tenía una colección de sellos que tenían un gran valor.

5. El médico no responde de este enfermo; teme que el enfermo tenga un cáncer.

6. Nuestro trabajo será destruido por la riada; en este instante la violencia de las aguas de la riada nos impide mantener las alcantarillas en buen estado.

7. Es una mujer que no sabe callar. Sólo usted sabe hacerla callar.

8. Es un hombre que critica a todo el mundo; todo el mundo acabará por odiarle.

9. El año pasado estaba usted contento con su trabajo. Creo que este año estará usted tan contento de su trabajo como el año pasado.

10. En esta batalla se ha vertido la sangre de los mejores hombres: es la sangre de los héroes defensores de su patria; la sangre de la juventud valerosa; la sangre de los mártires...

11. Prometió pagarme a primeros de octubre; pero cuando llegó el día primero de octubre me pidió un nuevo plazo.

12. Normalmente, tomaba el autobús de las doce; pero si el autobús llegaba con retraso, se encaraba con el conductor del autobús.

13. Creo que ya domino lo esencial de la redacción: me avergonzaría de no dominarla, después de haber estudiado tanto temas de redacción.

B) *Suprima en el siguiente texto las repeticiones que le parezcan innecesarias:*

1. "Miraba al mar desde los ventanales de su casa, abiertos de par en par, porque sabía reconocerlos hasta el horizonte, y también sabía verse ella misma mirando desde el fondo de la Isla hasta dibujarse en sus ojos el color plata que iba tiñendo la cara del agua con la luminosidad del alba. Como si tarareara un bolero antiguo cuya letra sabía llevaba tatuada en su aliento el calor y la luz de la esperanza, sabía sentir el aire fresco de la mañana barriendo con murmullo suave las calles envejecidas del santuario en ruinas. Sabía traducir sin mayor esfuerzo las señales que le llegaban en la amenecida desde todos los lados, sabía las tramas cromáticas que anunciaban con sus guiños crecientes las luces del día, sabía el olor a recuerdo de la noche fundiéndose con la fragancia de las flores que ascendía de los jardines para perderse en el cielo, sabía las gotas del rocío humedeciendo las paredes de los edificios y sombreando el asfalto cuarteado de las calles de La Habana. Sabía sobre todo inventar la vida de ese día que comenzaba sin alterar su energía de intérprete privilegiada."

J.J. Armas Marcelo, Así en La Habana como en el cielo

2. "Había allí, en efecto, un desorden de leonera, con bastidores a medio armar desperdigados por el suelo, había lienzos secándose en las paredes (pero el grado de humedad dificultaba la labor), había trapos para limpiar los pinceles que parecían cuadros de Pollok y había tubos de pintura exprimidos y hechos un gurruño. Había un caballete muy sucio de churretones, como un esqueleto condecorado de medallas, y había un fogón donde Chiara guisaría sus platos ascéticos mientras durasen los ejercicios espirituales. Había una puerta desenganchada de los goznes que comunicaba con un cuarto de baño más bien angosto, y había un camastro que tampoco invitaba a la compañía o el conocimiento bíblico, apenas un jergón con las sábanas revueltas."

Juan Manuel de Prada, La tempestad

Lección *33*

Los incisos y el arte de tachar

A) *Los incisos y la unidad de la frase*

> Los *incisos* o expresiones modificativas no deben romper la unidad ni dificultar la comprensión de las frases donde van intercalados.

LLAMAMOS *incisos* a todas aquellas expresiones modificativas –a veces frases completas– que se introducen o intercalan en una oración. Al hablar del paréntesis hicimos hincapié en que no se debe abusar del inciso y, sobre todo, afirmamos la conveniencia de que no sea excesivamente largo.

Ahora, en realidad, nos interesa el inciso como modificativo que se intercala en una frase, cláusula o período.

La regla que conviene seguir es la siguiente: no romper la unidad de la frase o período y colocar el inciso modificativo donde menos estorbe a la claridad del pensamiento: es decir, procurar que *sea lo menos inciso posible,* para que el *pensamiento fluya* sin interrupciones embarazosas.

EJEMPLOS:

a) "Juan, cuando se dio cuenta del peligro, frenó inmediatamente". Más correcto: "Cuando se dio cuenta del peligro, Juan frenó inmediatamente".

b) "Luis abrió con furia, pero con golpes bien dirigidos, un agujero en el tejado". Mejor: "Con furia, pero con golpes bien dirigidos, Luis abrió un agujero en el tejado".

Esta nuestra tesis choca con el "hipérbaton gongorino", dislocación caprichosa del orden "usual" de las palabras, cuyo valor tiene interés en el dominio del verso, pero del que debe huirse al redactar en prosa, si lo que pretendemos es la claridad de expresión[40].

He aquí unos ejemplos tomados del propio Góngora:

"Y a *la* de tus arneses fiera *lumbre.*"
"*Estas,* que me dictó, *rimas* sonoras."
"De rayos más que flores *frente* digna."

Mecánica del paréntesis

El abuso del *paréntesis* y del *guión mayor* o *raya* obliga al lector a un esfuerzo mental innecesario.

Como complemento de lo dicho acerca del paréntesis (lección 2.ª Capítulo 1) y de lo expuesto acerca del inciso en esta lección, valga la siguiente nota acerca de lo que podríamos llamar "mecánica" del paréntesis, aplicable al guión mayor o raya:

El paréntesis es un signo acomodaticio. Con este signo el escritor introduce entre las frases que está redactando una idea aclaratoria que se le acaba de ocurrir, y evita así el ordenamiento nuevo del período. De este modo se deja al lector el trabajo de ordenar nuevamente las frases.

Podría resumirse en cinco puntos la susodicha mecánica del paréntesis: 1) En el proceso mental del que escribe se interpone, de pronto, una idea. 2) El escritor coloca la idea interpuesta en el mismo orden que surgió en su mente. 3) La escribe entre paréntesis para el lector siga el mismo proceso mental. 4) El lector pierde así el hilo del discurso, con esta anárquica introducción de un pensamiento inesperado. 5) Consecuencia: el relato o escrito pierde coherencia, precisión y hasta belleza.

De donde: escritor que abunda en el empleo del paréntesis, escritor que obliga al lector a un esfuerzo mental no siempre recomendable.

Maroureau afirma que el paréntesis rompe la construcción. "Procedimiento sabio –dice–, ya que supone, suspendida la construcción, se domina suficientemente el conjunto del enunciado como para encontrar el hilo en el momento querido, y procedimiento también familiar, ya que lleva consigo la fluidez de la improvisación y la despreocupación por la construcción lógica". Pero si se exagera este modo descuidado de hacer, el estilo puede resultar "insoportable", porque obliga al lector a dar vueltas y "saltos" en su lectura y a esforzarse en ligar lo desligado.

---

[40] Sobre el tema indicado vide "Interpretación y análisis de la obra literaria", por W. Kayser: "el orden 'usual' de las palabras", págs. 207 y sigs. Ed. Gredos.

Veamos, a continuación, una muestra de este estilo laberíntico, por exceso de incisos:

"Mi amigo Pedro, que no era un pobretón, a pesar de su apariencia (su atuendo fue siempre descuidado), sino que era el más rico hacendado de la provincia (tenía una propiedad de doscientas hectáreas), era también padre feliz de tres hijas casaderas (Pedro contaba cincuenta años) y estaba casado con una mujer encantadora y hacendosa (como suelen serlo las mujeres andaluzas), pero, a pesar de todo, siempre estaba renegando de la vida (sus rabietas eran famosas entre sus amigos) y había decidido marcharse a la capital (decisión que luego no cumpliría) porque, según afirmaba, estaba harto de la familia..."

Procuremos remediar en lo posible este desdichado párrafo, sustituyendo o evitando sus expresiones o frases entre paréntesis:

"Mi amigo Pedro, que no era un probretón, a pesar de su apariencia (su atuendo fue siempre descuidado), sino que era el más rico hacendado de la provincia (tenía una propiedad de doscientas hectáreas), era también padre feliz de tres hijas casaderas. Estaba casado con una mujer encantadora y hacendosa. Mas, a pesar de todo, siempre estaba renegando de la vida y sus rabietas eran famosas entre sus amigos. Llegaba a decir que estaba harto de su familia y que había decidido marcharse a la capital. Decisión ésta que no cumpliría nunca..."

Ejercicios

* * * * * * * * * * * * * * * * * * * *

A) *Las frases que siguen están mal odenadas a causa de los incisos. Cambie el orden y vuélvalas a escribir lo más correctamente posible.*

1. Luis, como llevaba veinticuatro horas de ayuno, encontraba apetitosa la bazofia que nos sirvieron.

2. Pedro llegará, salvo que se lo impida el tráfico, a la estación a buena hora.

3. El criado tropezó con una arruga de la alfombra, al sentir la llamada del señor, y derramó el café por el suelo.

4. El director llamó a su ayudante, con quien había, varias veces, discutido el problema.

5. "Al Coronel X se le han impuesto las insignias de la Gran Cruz de Sanidad, por las beneméritas gestiones que el antiguo colaborador del General P. de R., a cuya inmediatas órdenes actuó en la Secretaría de la Presidencia del Consejo hasta que cayó aquel Gobierno, desarrolló año tras año."

6. El gerente ha prometido, al darse cuenta de su culpa, presentar la domisión.

7. "La reacción contra el envolvimiento de Alemania en una guerra nuclear, cuando aun no han salido de la escuela los niños nacidos bajo los bombardeos en masa de la otra, estaba latente en la opinión pública alemana..."

---

8. "Si se piensa en lo necesitada que está de organización la Alianza Atlántica –en la que, por cierto, ha pedido entrar Brasil y se quería incorporar a algún otro país europeo, ya aliado de los Estados Unidos y en una excelente posición estratégica–, es de desear que von Bretano acierte en sus gestiones."

9. La exposición (actualmente abierta en el Museo Municipal) –titulada "Sorolla y su tiempo"– que reúne un importante número de cuadros del pintor (junto con algunas obras de sus discípulos), así como el catálogo (que contiene artículos de importantes expertos), aportan estimables novedades para los amantes de la pintura de esta época (impresionismo español).

10. La palabra "autorretrato" no aparece en Holanda hasta el siglo XIX. Este tipo de pinturas (al igual que en España) aparecía descrito en los inventarios –por ejemplo– como "retrato de X, que se pintó a sí mismo".

B) *El arte de tachar y el estilo conciso*

El *estilo conciso y denso* se consigue tachando lo innecesario.

Casi siempre que se escribe "a vuela pluma", se escribe más de lo necesario. Para conseguir un estilo conciso y denso, *hay que saber tachar.* El principiante en el arte de escribir suele caracterizarse por el exceso de modificativos en sus escritos; redacta con cierta confusión porque carga los párrafos con multitud de frases modificativas (subordinadas), que muchas veces no son necesarias para la comprensión del pensamiento principal.

EJEMPLO:

"Al comprender que necesitaba una mayor especialización en el campo de las ciencias fisicoquímicas, que él consideraba muy importante para su formación, Pedro se matriculó en la Facultad de Ciencias de Madrid, que está situada en la Ciudad Universitaria, en la zona noroeste de la capital y que es una de las zonas más sanas de esta villa."

Obsérvese que las frases relativas a la situación y salubridad de la Ciudad Universitaria, son meros añadidos innecesarios para la expresión del pensamiento principal: la razón por la cual se matriculó Pedro en la Facultad de Ciencias.

Eliminando los detalles modificativos accesorios, la frase gana en precisión y fuerza expresiva. Poco más o menos, debería redactarse así:

"Al comprender que necesitaba una mayor especialización en el campo de las ciencias fisicoquímicas, Pedro se matriculó en la Facultad de Ciencias de Madrid."

Se comprobará que no se ha modificado la redacción del párrafo original; simplemente, se ha tachado lo innecesario.

Ejercicios

* * * * * * * * * * * * * * * * * * *

B) *En las siguientes frases elimine lo que crea superfluo, para la mayor concisión y fuerza expresiva del pensamiento.*

EJEMPLO:

Cuando llegó *la nueva lavadora eléctrica,* que era *marca "Lavator",* y que había costado más que nuestra bicicleta, *le fue entregada a mamá* por el comerciante de la tienda de aparatos eléctricos, *ella no se dio cuenta al principio de que se trataba de un regalo que papá le hacía, por su cumpleaños,* en el día de su cuarenta y cinco aniversario.

SOLUCIÓN:

Las palabras y frases en letra rendoda son las que deben tacharse en el ejemplo citado, que queda así:

Cuando la nueva lavadora eléctrica, marca "Lavator", le fue entregada a mamá, ella no se dio cuenta al principio de que se trataba de un regalo que papá le hacía, por su cumpleaños.

1. Desenvainando la navaja, que tenía mango labrado de hueso y tres muelles, y que le había sido regalada por su tío en Albacete el año anterior, Pedro se preparó para desollar la pieza cazada.

2. El viejo coche de Luis, que era un Fiat tipo 1930, que todavía conservaba los bollos del accidente del año anterior, y que él había comprado por 15.000 pesetas hacía dos años, apenas si podía subir la Cuesta de las Perdices, que es una de las pendientes más conocidas por los automovilistas y que está en la carretera de Madrid a La Coruña.

3. Dado que se preocupaba mucho por la confección de su libro, que versaba sobre las plantas medicinales de la Sierra Nevada, que él recorrió el año pasado, y que está muy cerca de Granada, don Manuel Gómez escribía constantemente a su editor, el señor Martínez, de la "Editorial Genil", una antigua casa editorial dedicada preferentemente a la publicación de libros científicos, y le insistía constantemente sobre la ordenación de las páginas, el tipo de letra y la encuadernación.

4. La señora de Gálvez, una maniática de los animales, y que había sido siempre muy aficionada a los "periquitos", se disgustó con Pedro Alberca, nuestro agente de seguros, que fue quien nos aseguró la casa de campo que se había incendiado el año anterior, cuando ella le pidió que le suscribiese una póliza de 25.000 pesetas, que ella estimaba correcta, como seguro de vida de su loro "Pedrín".

---

5. Los tomates, reconocidos hoy como un alimento muy rico en vitaminas, especialmente vitamina C, que previene contra el escorbuto, enfermedad que en otros tiempos fue el terror de los marineros, fueron considerados por nuestros antepasados, allá por el siglo XVIII, como venenosos.

6. El doctor, antes de tomar una determinación, quiso consultar con la familia del enfermo a las diez de aquella mañana, y Luis tomó el autobús para ir a la casa del doctor, que estaba situada en las afueras de la ciudad, en un barrio pobre, junto al edificio de las Hermanitas de los Pobres, en donde están recogidos los ancianos que no tienen familia ni pueden valerse por sí mismos.

7. Durante los calurosos meses estivales de julio y agosto, Luisa se encontraba con su marido en Bergondo, pequeño pueblecito cercano a La Coruña, que es una ciudad muy bella y alegre, sobre la río de Betanzos, y donde el marido estaba destinado como empleado de Correos.

Lección 34

Neologismos, barbarismos, extranjerismos, solecismos y "telecismos" [41]

Neologismos, barbarismos, extranjerismos y solecismos

- *Neologismo,* en general, es toda palabra nueva y también una acepción o un giro nuevo que se introducen en una lengua.

- *Barbarismo* es un vicio contra la propiedad del lenguaje que consiste en usar palabras mal formadas o alteradas por la influencia de una lengua extranjera.

- *Los extranjerismos* son barbarismos que consisten en emplear palabras, frases y giros extranjeros con la ortografía original y una pronunciación que imita a la lengua de origen. Según su procedencia, los extranjerismos se clasifican en *galicismos, anglicismos, italianismos, germanismos, americanismos,* etcétera.

- *El solecismo* es un error cometido contra la exactitud o pureza del idioma; es un vicio de construcción, un error sintáctico, sobre todo, de concordancia y de régimen.

Los *neologismos* son palabras que se han incorporado recientemente a la lengua, que han sido aceptadas por la Real Academia Española y que figuran en su diccionario. Por ejemplo: *antibiótico, radar* o *prospección.*

Algunos neologismos son palabras ya existentes que adquieren significados nuevos *(ordenador, impresora)*; otros, se inventan *(gasóleo, televisión),* se crean por derivación *(esclavitud, negritud)* o por composición *(cinemateca, discoteca),* se toman de

---

[41] *Observación importante.* Extrañará al lector la desmesurada extensión de esta lección. Podríamos haberla dividido en varias, pero no lo hemos hecho para no romper la unidad de la exposición. Además, es tal la actualidad de las cuestiones que aquí se estudian, tantas las innovaciones y tan revolucionaria la actual postura de la Academia Española de la Lengua, que el problema exige ser tratado con detenimiento.

otras lenguas y se adaptan ortográficamente para que tengan una pronunciación pareci-da al idioma original *(fútbol, del inglés football; garaje, del francés garage)* o se tradu-cen formando *calcos (fin de semana, luna de miel, del inglés week-end* y *honeymoon,* respectivamente).

Los *barbarismos* ("bárbaros", en griego, significa extranjero; en latín, "barbarus") son palabras mal formadas o que se han alterado por la influencia de una lengua extran-jera y, por tanto, no siguen las reglas de la lengua en que se usan. Son barbarismos en español usar *remarcable* por *notable, influenciar* por *influir, desapercibido* por *inadver-tido, evento* por *acontecimiento, ignorar* por *desdeñar, serio* por *grave, jugar un papel* o *jugar un rol* por *desempeñar un papel,* etc. También son barbarismos las alteraciones de las palabras de una lengua en contra de la norma: *cabo* por *quepo, andé* por *anduve, haiga* por *haya,* etcétera.

Los *extranjerismos* son una forma de barbarismo que consiste en emplear palabras, frases y giros extranjeros que conservan la ortografía original y se pronuncian imitando a la lengua de procedencia: *stop (estop), souvenir (suvenir), best-seller (beseler), el number one (el namberguan),* etcétera. Los extranjerismos reciben distintos nombres, según la lengua de donde proceden: *anglicismos,* del inglés; *galicismos,* del francés; *germanismos,* del alemán; *italianismos,* del italiano; *americanismos,* de las lenguas indígenas hispanoamericanas, etcétera. Debe evitarse su uso cuando no están aceptados por la Real Academia Española.

Los *solecismos* son errores sintácticos, sobre todo, de concordancia y de régimen. Son solecismos el empleo de *cuyo* y sus variantes por *el cual, la cual, los cuales* y *las cuales (Vi dos cuadros, cuyos cuadros son de Goya,* en vez de *Vi dos cuadros, los cua-les son de Goya);* el uso incorrecto de las preposiciones *(Monté en un avión a reacción* por *avión de reacción. Vi la mujer* por *a la mujer. Ganó de dos canastas* en vez de *por dos canastas);* el mal uso de los pronombres *(Volviste en sí* por *en ti. Lo tenemos consi-go* por *con nosotros);* el cambio del orden de los pronombres *(Me se cayó* por *se me cayó. Se sienten* por *siéntense),* etcétera.

A estos tipos clásicos de vicios contra la propiedad y la exactitud o pureza del len-guaje, añadimos –según consta en el título de esta lección– los *telecismos,* de los que nos ocupamos más adelante[42], y que son una subespecie de solecismos muy abundantes en los diálogos de los "telefilmes" transmitidos por televisión. De ahí el nombre con que nos atrevemos a designarlos.

Ejemplos de tales *telecismos:* "qué tanto que tardaste", por "cuánto tardaste"; "¿qué tan grave es?", en vez de "¿es muy grave?"; "se *los voy* a decir", por "se *lo voy* a decir a ellos".

En este problema –tan discutido– de los neologismos, los barbarismos y los extran-jerismos, suelen darse dos posturas opuestas: la de los *puristas* y la de los *innovadores* a ultranza.

---

[42] Véase lección 35, apartado V.

El purista –o casticista– estima que sólo deben emplearse aquellos vocablos y giros que cuenten con el beneplácito de la Real Academia. Todo lo que no haya recibido la aprobación oficial –lo que no figure en el Diccionario de la Real Academia de la Lengua–, debe rechazarse como inaceptable.

Los que tal dicen suelen olvidar que el Diccionario no es un ente creador de palabras, sino recolector de las que tienen vigencia en un momento dado. Es más: el Diccionario va detrás de la lengua; es un espejo donde se refleja "el decir de la gente". No crea, ni inventa: recolecta y define. El Diccionario suele recoger lo que estima aceptable y le da el espaldarazo de su reconocimiento oficial. Pero la vida sigue y surgen palabras y voces nuevas, tan legítimas como las aprobadas por la "docta corporación". La prueba está en que, pasado un cierto tiempo, el Diccionario de la Academia se remoza y recoge todas aquellas voces vivas y vigentes que no estaban incluidas en la edición anterior.

Los innovadores a ultranza no hacen distingos. Para ellos todo lo nuevo es bueno y válido. Lo cual tampoco es verdad siempre. Si así fuera, habría que considerar como parte integrante de un idioma toda una serie de vocablos y locuciones propios de un reducido círculo social, en un corto momento histórico.

Ejemplo de lo que decimos, pudieran ser los modismos o idiotismos que suelen surgir en ciertos sectores de ciertas clases sociales, posiblemente por un afán esnob de distinguirse de la masa, del común de las gentes. Tales círculos sociales adoptan modos expresivos de muy restringida vigencia y de muy reducido alcance. Por tanto, apenas, sin validez lingüística. Sea, por ejemplo, la utilización del verbo *prometer,* por ejemplo, en *"Te prometo que este vestido te sienta de maravilla",* en lugar de *"Te aseguro"* o *"Te digo",* simplemente. O también cuando a la frase *"No te vi ayer en el teatro",* se contesta diciendo: *"Pues te prometo que estuve".*

Otros ejemplos actuales, provinentes del habla específica de los jóvenes españoles: *"píllalo"* por *"tómalo", "tomar algo"* por *"tomar unas copas", "yo alucino"* por *"yo estoy alucinado", "qué alucine"* por *"qué alucinación",* y un largo etcétera.

Queremos suponer que estos idiotismos (en el sentido gramatical de la palabra) no figurarán en futuras ediciones del Diccionario, como "enmiendas o adiciones". Carecen, a nuestro juicio, de vigencia lingüística. A lo sumo, pueden servir al novelista o comediógrafo que quieran reflejar en sus obras el modo de ser o de "estar" en un determinado momento y una determinada clase social.

En esencia, creemos que debe aceptarse el neologismo –e incluso en ocasiones el barbarismo–, cuando no tengamos en nuestra lengua una palabra propia para indicar aquéllo, aquel fenómeno recién nacido que no tenemos más remedio que nombrar, llamándole de algún modo. Tal cosa ha sucedido con las voces *antibiótico, radar, termonuclear,* etc.

El idioma es un organismo vivo y, como tal, se remoza continuamente. Defender el purismo conservador equivaldría a aceptar la concepción estática del idioma: equivaldría a defender –en última o en primera instancia– el latín vulgar, base de nuestra lengua.

Pero tampoco conviene aceptar todo lo nuevo por el solo hecho de serlo. Conviene antes de comprobar su legitimidad y su necesidad. Es preciso que lo nuevo sea bueno y conveniente.

"El trueque de palabras castellanas en pleno uso –escribe González Ruiz– por palabras exóticas no se puede admitir. El rebuscamiento purista, tampoco. El lenguaje debe mantener una corrección fundamental en las construcciones y giros. El cuanto al vocabulario, tenderá siempre a sustituir la palabra espuria por la castellana *en pleno uso*, si existiera; pero no se esforzará por aclimatar de nuevo expresiones *en desuso* aunque las hubieran usado mil veces Quevedo o Gracián."

"La aceptación del neologismo –sigue diciendo González Ruiz– debe seguir este proceso: carencia de una palabra castellana propia para significar lo mismo; adaptación morfológica de la palabra nueva, con plena conciencia de que se atiende a su aclimatación."

"Escribir atendiendo sólo al código inflexible de las voces académicas –dice Martín Alonso– es no sentir la vibración del idioma y su empuje hacia el porvenir."

Quevedo afirmaba: "Remudar vocablos es limpieza".

"Para introducir una voz nueva –escribía el padre Feijoo–, a falta absoluta de otra que signifique lo mismo, basta que la nueva tenga o más propiedad, o más hermosura, o más energía."

Y Mariano José de Larra, en un artículo escrito en 1885, decía:

"En ninguna parte hemos encontrado todavía el pacto que ha hecho el hombre con la Divinidad ni con la Naturaleza de usar tal o cual combinación de sílabas para explicarse; desde el punto en que una lengua es buena para hacerse entender en ella, cumple con su objeto; mejor será, indudablemente, aquélla cuya elasticidad le permite dar entrada a mayor número de palabras exóticas, porque estará segura de no carecer jamás de las voces que necesite. Cuando no las tenga por sí, las traerá de fuera."

Neologismos de construcción

"La moda que compromete seriamente al lenguaje –dice Martín Alonso– no es precisamente la palabra o acepción nueva, sino el neologismo de construcción porque enturbia el habla corriente y altera la estructura del estilo literario."

Este fenómeno se observa hoy –con demasiada frecuencia– a causa de la influencia que en el habla ejercen las malas traducciones –tan extendidas– del francés y del inglés. Así, es frecuente leer: *"Es por esto que Juan se hizo médico"* (traducción literal del giro francés *"C'est pour cela que Jean..."*). En español se debe decir: *"Por eso se hizo Juan médico"*. Nos contaba un día un alumno que, en un parque público de *cierto* país de Hispanoamérica –muy influido por la cultura francesa– había visto un letrero que decía: *"Defendido marchar sobre la pelusa"*. Quien tal letrerito pergeñó había traducido literalmente la frase francesa: *"Défendu de marcher sur la pélouse"*. La frase castellana correcta es: *"Prohibido pisar el césped"*.

Expresiones muy corrientes son: *"trabajos a realizar"*, *"problemas a estudiar"*, *"consignas a seguir"*. En español debe decirse: *"problemas de estudio"*, o *"que es preciso estudiar"*, *"trabajos que deben realizarse"*, etc.

La adaptación analógica

Un modo de renovar el idioma es el de formar palabras nuevas por adaptación analógica. Unamuno fue un gran defensor de este sistema renovador. Y decía que si de *"evidencia"* se dice *"evidenciar"* y *"agenciarse"* de *"agencia"* y *"facilitar"* de *"fácil"*, igualmente se podrá emplear *"docilitar"* (de dócil), *"solucionar"* (de solución), *"influenciar"* (de influencia), etc.

Estamos de acuerdo con la tesis de Unamuno; pero recomendamos prudencia: antes de inventar palabras, conviene estar seguro de que el invento es necesario.

Un purista, en cambio, discutiría y rechazaría el verbo *"influenciar"*. "Si tenemos *influir"* –diría–, ¿qué falta nos hace *influenciar* que significa lo mismo?".

Pero sucede que, cuando el pueblo acepta un vocablo, casi siempre le presta un matiz de acusada personalidad lingüística, que lo diferencia de otras voces sinónimas. *"Influir"* hoy, tiene un marcado acento cultural: *"Fulano está muy influido por las obras de Mengano"*. En cambio si digo que está *"influenciado"*, me refiero a una influencia moral, personal, de ejemplo vivo, de humano contacto.

Además, tengamos muy en cuenta que el idioma no le hace daño alguno disponer de varias voces sinónimas: tal disposición o posesión es un "signo exterior de riqueza".

Del galicismo al anglicismo

El Renacimiento fue la época de los italianismos en nuestra lengua. Luego –en los siglos XVIII y XIX– fue el predominio de los galicismos. Actualmente estamos en la era de los anglicismos. El idioma inglés está en alza –sobre todo por y a través de Norteamérica–. Su influjo creciente se advierte en algunos países suramericanos.

Como principales razones o causas de este fenómeno lingüístico, citaremos las siguientes:

1.ª Las principales Agencias de noticas del mundo están en manos británicas o estadounidenses. ("The Associated Press"; "United press Association", "International News Service", –las tres norteamericanas–, y la agencia "Reuter", –británica–). Gran parte del mundo está, pues, "cubierto" por noticias redactadas en inglés, productoras de anglicismos por rápida y defectuosa traducción.

2.ª El poderío económico y comercial de los países anglosajones. De donde nos llega la gran influencia de los anuncios, de la propaganda, de los eslóganes. (He aquí una palabra importada –*slogan*–, a la que añadiríamos las voces *"marketing"* y *"facto-ring"* muy extendidas en el mundo comercial, pero de impreciso significado.)

3.ª Los deportes han sido también causa generadora de numerosos anglicismos (*"ring"*, *"raid"*, *"récord"*, *"penalty"*).

4.ª El cine, en su inmenso y avasallador vocabulario *"hollywoodense"* (*"trailer"*, *"suspense"*).

5.ª Los *"telefilmes"* norteamericanos, traducidos en Méjico y Puerto Rico para los países de habla hispana, cargados de... "telecismos".

Adaptación del vocablo extraño

En el tira y afloja entre el genio propio idiomático y el vocablo extraño, algunas veces triunfa la voz foránea y otras se produce la adaptación castellana. Es lo que se llama *adaptación morfológica*.

Para comprender lo que significa esta adaptación morfológica, consideraremos unos ejemplos:

Sea la palabra, tan extendida en el habla popular, *"carnet"*, con esta *"t"* francesa final que nos plantea dos plurales inadmisibles: *"carnets"* (plural irregular) o *"carne-tes"* (plural castellano... cacofónico y que nadie utiliza). ¿Solución del problema? La aceptada recientemente por la Academia: adaptación morfológica de la palabra, convir-tiéndola en "carné" –según la pronunciación española corriente–, con su plural castella-no perfectamente normal: "carnés". No obstante esta reciente adaptación –y acaso por-que la decisión académica ha llegado un poco tarde–, el hecho es que, en los periódicos españoles, se sigue escribiendo *"carnet"* y *"carnéts"*, posiblemente para no chocar con el uso popular que nada sabe de las soluciones académicas.

Algo análogo ha sucedido con *"corset"*, adaptado como "corsé", *"couplet"* como "couplé" y *"chalet"* como "chalé".

Otro ejemplo aleccionador: el fútbol, juego de procedencia inglesa que, como dice González Ruiz, nos llegó con toda su terminología propia en inglés. Con tal deporte, al principio, sucedió... lo de siempre: primero, la aceptación de todo el vocabulario fut-bolístico británico; luego, poco a poco, se fue imponiendo la adaptación morfológica castellana. Hace unos cuarenta años, en España se decía y se leía: *"foot–ball"*, *"fault"*, *"goal"*, *"shoot"*, *"dribling"*, *"referee"*, *"corner"*, etc. Poco a poco, tales voces fueron castellanizándose las unas, o sustituyéndolas por palabras castellanas. Quedaron: fút-bol, córner, chutar. *"Fault"* se tradujo por falta y *"referee"* por árbitro. Un purista diría que son inadmisibles el *córner* (que significa "ángulo" o "esquina"), *chutar* que, en inglés –*"shoot"*–, significa tirar o disparar o *driblar* –del inglés *"drible"*–, bloquear el balón.

Con referencia al anglicismo "fútbol", don Dámaso Alonso, en su ponencia al II Congreso de Academias de la Lengua Española, celebrado en Madrid en 1956, dijo lo que sigue: "No tiene importancia ninguna para el idioma la introducción de un extranjerismo, con tal que se den dos condiciones: 1.ª) Que la fonética y la morfología sean normales en castellano: (ha sido una verdadera pena la introducción y propagación de *fútbol* con su *tb* impronunciable para las gargantas hispánicas, de donde resulta que cada uno le dice a su modo –nuevo elemento de fragmentación– *fútbol, fúrbol, fúbol, furból,* etc. (los italianos lo resolvieron muy bien resucitando su antiguo *calcio*); es grave asimismo el peligro de los plurales en -*s, dancings,* etc. 2.ª) Que ese extranjerismo sea aceptado por todos los hispanohablantes".

¿Por qué –cabe preguntarse– tan económico criterio lingüístico? ¿Qué pierde el idioma con disponer de unos cuantos vocablos específicos de un juego? Con ellos se enriquece el idioma y, posiblemente, se puedan hasta evitar confusiones.

Ejemplo de lo que decimos:

Supongamos a un señor de mentalidad no precisamente futbolística, un hombre que no suele ocuparse de estos problemas deportivos, que no asistió nunca a un partido de fútbol ni leyó jamás una reseña informativa balompédica. Tal señor puede oír –o leer– que "Fulano *disparó* con gran fuerza a la puerta" y suponer... que se trata de un suceso periodístico, de un crimen frustrado. En cambio, si oye –o lee– que "Fulano *chutó* con gran fuerza a la puerta", el verbo "chutar" le indicará que se trata de algo relacionado con ese juego al que él no presta demasiada atención. Más aún –y aquí de la riza idiomática–, el cronista deportivo contará con tres verbos sinónimos que le facilitarán la redacción evitándole repeticiones: *disparar, tirar* y *chutar.*

Nuevos artículos en el Diccionario de la RAE

> La Real Academia Española incorpora enmiendas, acepciones y voces nuevas en cada una de las ediciones de su *Diccionario.*

En las últimas ediciones del Diccionario de la Real Academia Española han entrado más de *treinta mil voces nuevas*. Contando, claro está, los neologismos, los tecnicismos, y, sobre todo, una gran cantidad de enmiendas y adiciones.

Tan masiva inserción de nuevas voces responde a una nueva actitud "de apertura" de la Academia. Tal actitud fue anunciada ya en el año 1959 por el entonces secretario perpetuo de la Corporación, don Julio Casares, en artículos publicados en el diario madrileño *ABC*, con el título de "La Academia Española trabaja".

Naturalmente, en tal recopilación de artículos, no están todas las novedades a que nos referimos. Se trata sólo de una muestra y de un criterio. (Casares estudia unas mil novedades, es decir, la décima parte de lo que se incorporó a la nueva edición del Diccionario.)

"Lo que al lector medio le ha de importar, si no estoy equivocado –escribe Julio Casares–, es ver que muchas palabras corrientes que él ha empleado con algún recelo porque no están en el Diccionario –si es persona que lo consulta– o porque suelen escribirse con bastardilla o entrecomilladas para indicar que no pertenecen a nuestra lengua, han dejado de ser pecaminosas."

Quiere decirse, conforme a este nuevo criterio, que la Real Academia Española –según palabras de Julio Casares–: no es ya "un hermético laboratorio de alquimistas. Sus ventanas están de par en par, y el fuego de su simbólico crisol se aviva con los aires de fuera".

Como una muestra de lo que significará la nueva edición del Diccionario, prevista para principios del segundo milenio, el Boletín de la Real Academia ha publicado casi tres mil enmiendas y adiciones correspondientes sólo a las letras A a L, ambas inclusive. De ellas, unas quinientas corresponden a los nuevos artículos que se reflejan a continuación. Es curioso observar que, junto a palabras desconocidas para el hablante medio, figuran otras muchas de uso generalizado desde hace varias décadas.

achatarramiento. m. Acción y efecto de achatarrar.

achatarrar. tr. Convertir en chatarra.

achuchado, da. adj. coloq. Que padece dificultades, especialmente por motivo económico.

aerodeslizante. adj. Dicho de un vehículo, que se desliza sobre una superficie, sustentado por una capa de aire a presión que él mismo produce.

aeroespacial. adj. Se aplica al ámbito formado por la atmósfera terrestre y el espacio exterior próximo.

afebril. adj. Med. Sin fiebre.

affaire. (Voz fr.) PRONUNC. afer. m. Negocio, asunto o caso ilícito o escandaloso.

afrutado, da. adj. Que tiene un sabor o un aroma que recuerda al de la fruta. Vino, café, perfume afrutado.

airbag. (Voz ingl.) PRONUNC. airbag o érbag. m. Dispositivo de seguridad para los ocupantes de un automóvil consistente en una bolsa que se infla automáticamente en caso de colisión violenta.

aldohexosa. f. Bioquím. Monosacárido de seis átomos de carbono con un grupo funcional aldehído; p. ej., la glucosa, la galactosa.

aldopentosa. f. Bioquím. Monosacárido de cinco átomos de carbono con un grupo funcional aldehído; p. ej., la ribosa, la desoxirribosa.

alélico, ca. adj. Biol. Perteneciente o relativo al alelo.

altoaragonés, sa. adj. Natural del Alto Aragón. Ú. t. c. s. ‖ 2. Perteneciente o relativo a esta región española. ‖ 3. m. Habla o hablas del Alto Aragón.

altoperuano, na. adj. Perteneciente o relativo al Alto Perú, nombre dado al territorio de la Audiencia de Charcas, hoy Bolivia.

alucine. m. coloq. Alucinación, asombro. ‖ de alucine. loc. adj. y adv. coloq. Impresionante, asombroso.

anádromo, ma. adj. Zool. Se dice de especies de peces que viven en el mar, pero remontan los ríos para reproducirse, como el salmón. Ú. t. c. s.

angiogénesis. f. Formación de los vasos sanguíneos.

antiabortista. adj. Contrario a la legalización o a la práctica del aborto. Apl. a pers., ú. t. c. s.

antiadherente. adj. Que impide la adherencia. Sartén antiadherente. Apl. a una sustancia o un producto, ú. t. c. s. m.

antiatómico, ca. adj. Contrario al uso de armas atómicas. ‖ 2. Destinado a proteger de las armas atómicas o sus radiaciones.

antibalas. adj. Que protege de las balas.

anticarro. adj. Mil. antitanque. Ú. t. c. s. m.

anticolonialista. adj. Opuesto al colonialismo. Apl. a pers., ú. t. c. s.

anticultura. f. Conjunto de actitudes o comportamientos contrarios a la cultura.

antidemocrático, ca. adj. Contrario a la democracia. Apl. a pers., ú. t. c. s.

antidisturbios. adj. Destinado a combatir los disturbios callejeros. ‖ 2. m. Miembro de las fuerzas antidisturbios.

antidopaje. adj. Dep. Que trata de evitar el uso de la droga en el deporte. Ú. t. c. s. m.

antidoping. PRONUNC. antidopin. adj. Dep. antidopaje. Ú. t. c. s. m.

antidroga. adj. Que trata de evitar el consumo o el tráfico de drogas.

antihiático, ca. adj. Ling. Que evita o deshace el hiato vocálico.

antimisil. adj. Destinado a interceptar o destruir misiles. Ú. t. c. s. m.

antiniebla. adj. Se dice de los dispositivos luminosos destinados a combatir la falta de visibilidad causada por la niebla. Ú. t. c. s. m. MORF. pl. invar.

antinuclear. adj. Contrario al uso de la energía nuclear. ‖ 2. Destinado a proteger frente a los efectos de la energía nuclear.

antitumoral. adj. Med. Eficaz contra los tumores.

antitusígeno, na. adj. Med. Eficaz contra la tos. Ú. t. c. s. m.

apartheid. (Voz afrikaans.) PRONUNC. aparteid o aparjaid. m. Segregación racial, especialmente la establecida en la República de Sudáfrica por la minoría blanca. Ú. t. en sent. fig.

apartotel. (Del ingl. apartotel.) m. Hotel de apartamentos.

arrastracuero. (De arrastrar, y cuero.) m. Cuba y Ven. Individuo que afecta elegancia o fortuna. ‖ 2. Advenedizo, despreciable.

arrevistado, da. adj. Se dice de la representación teatral a la que se le da carácter de revista.

arribismo. m. Comportamiento habitual del arribista.

asintomático. adj. Med. Que no presenta síntomas de enfermedad.

autoadhesivo, va. adj. Que tiene una sustancia que le permite adherirse con facilidad. Ú. t. c. s. m.

autoedición. f. Inform. Acción y efecto de autoeditar.

autoeditar. tr. Inform. Diseñar, componer e imprimir textos y gráficos mediante computador, con resultado similar al de la edición tradicional, para uso privado o público.

autogol. m. Dep. En el fútbol, gol que marca un jugador en su propia puerta.

auxina. (Del gr. -, e -ina.) f. Biol. Hormona vegetal que ocasiona el crecimiento de las plantas por elongación celular.

axiología. f. Fil. Teoría de los valores.

bacón. (Del ingl. bacon, y este del lat. mediev. baco, o bacco.) m. Panceta ahumada.

bailaor, ra. m. y f. Bailador de música flamenca.

bajines, bajini o **bajinis.** Por lo bajines, bajini o bajinis. loc. adv. coloq. En voz baja. ‖ 2. coloq. Con disimulo.

bajoaragonés, sa. adj. Natural del Bajo Aragón. Ú. t. c. s. ‖ 2. Perteneciente o relativo a esta región española.

balcanorromance. adj. Ling. balcanorrománico. Ú. t. c. s. m.

balcanorrománico, ca. adj. Ling. Perteneciente o relativo al conjunto de modalidades lingüísticas originadas del latín hablado en los Balcanes. ‖ 2. m. Ling. Grupo formado por dichas modalidades lingüísticas.

beninés, sa. adj. Natural de Benín. Ú. t. c. s. ‖ 2. Perteneciente o relativo a este país de África Occidental, antiguo Dahomey.

berkelio. (De Berkeley, universidad norteamericana donde fue descubierto.) m. Elemento químico radiactivo de núm. atóm. 97. Metal de la serie de los actínidos, se obtiene artificialmente por bombardeo de americio con partículas alfa, y todos sus isótopos son radiactivos. (Símb. Bk.)

bípode. (Forma analógica de trípode.) m. Armazón de dos pies para apoyar ciertos instrumentos.

blocar. (Del fr. bloquer.) tr. En diversos deportes, sujetar el balón con ambas manos protegiéndolo con el cuerpo.

bofia. (De or. desc.) f. vulg. Cuerpo policial.

bostoniano, na. adj. Natural de Boston. Ú. t. c. s. ‖ 2. Perteneciente o relativo a esta ciudad estadounidense.

bromación. f. Quím. Acción y efecto de bromar.

bronquítico, ca. adj. Perteneciente o relativo a la bronquitis. ‖ 2. Que padece bronquitis. Ú. t. c. s.

brotación. f. Agr. brotadura.

buldóser. (Del ingl. amer. bulldozer.) m. Ur. Máquina automóvil de gran potencia, provista de una pieza delantera móvil, de acero, que le permite abrirse camino removiendo obstáculos.

bum. onomat. Ú. para imitar el ruido de un golpe o de una explosión.

burundés, sa. adj. Natural de Burundi. Ú. t. c. s. ‖ 2. Perteneciente o relativo a este Estado africano.

cabaret. (Voz fr.) m. Lugar de esparcimiento donde se bebe y se baila y en el que se ofrecen espectáculos de variedades, habitualmente de noche.

cacharrazo. m. coloq. Golpe dado con un cacharro. ‖ 2. coloq. Golpe fuerte.

caché. (Del fr. cachet.) m. Distinción, elegancia. ‖ 2. Cotización de un artista del espectáculo o de ciertos profesionales que actúan en público.

cachet.(Voz fr.) m. caché.

cafelito. m. coloq. d. de café.

calentorro, rra. adj. fig. calentón.

calvados. (De Calvados, departamento francés.) m. Aguardiente de sidra originario de Francia.

cámbium. (Del b. lat. cambium.) m. Bot. Estrato celular de las plantas leñosas, responsable del engrosamiento de tallos y raíces.

camerunés, sa. adj. Natural de Camerún. Ú. t. c. s. ‖ 2. Perteneciente o relativo a este país africano.

camping. (Voz ingl.) PRONUNC. campin. m. campamento, lugar al aire libre. ‖ 2. Actividad que consiste en ir de acampada a este tipo de lugares.

canguis. m. coloq. canguelo.

caniche. m. perro caniche.

cantaor, ra. m. y f. Cantante de flamenco.

capuano, na. adj. Natural de Capua. Ú. t. c. s. ‖ 2. Perteneciente o relativo a esta ciudad italiana.

cariotipo. m. Biol. Juego completo de los pares de cromosomas de una célula, de forma, tamaño y número característicos de cada especie. ‖ 2. Biol. Composición fotográfica de estos cromosomas, ordenados según un patrón estándar.

carnet. (Voz fr.) m. carné.

carota. com. coloq. fig. caradura.

catádromo, ma. adj. Zool. Se dice de especies de peces que, como la anguila, viven en aguas dulces, pero van al mar para reproducirse. Ú. t. c. s.

catatonia. (Del al. Katatonie, y este del gr.) f. Psicol. Síndrome esquizofrénico, con rigidez muscular y estupor mental, algunas veces acompañado de una gran excitación.

catering. (Voz ingl.) PRONUNC. cáterin. m. Servicio de suministro de comidas y bebidas a aviones, trenes, colegios, etc.

CD-ROM. (Sigla ingl. de Compact Disc Read-Only Memory.) PRONUNC. cederrón. m. Inform. Disco compacto que contiene información no modificable y está fabricado en serie mediante matrices.

cederrón. m. CD-ROM.

ceranda. f. Le., Sal., Vall. y Zam. zaranda.

cachet. (Voz fr.) m. caché.

cetme. (Sigla de Centro de Estudios Técnicos de Materiales Especiales.) m. Fusil ligero que puede disparar igualmente balas aisladas o ráfagas.

chanchiro. m. Col. andrajo, ropa vieja.

chapata. (Del it. ciabatta, de etim. disc.) f. Tipo de pan crujiente, de forma aplastada y alargada.

chapero. m. jerg. Homosexual masculino que ejerce la prostitución.

charquense. adj. altoperuano.

charquino, na. adj. altoperuano.

chatarrería. f. Almacén en el que se vende o compra chatarra.

chicuelina. (De Chicuelo, apodo del diestro M. Jiménez Moreno, 1902-1967, que la inventó.) f. Taurom. Lance que se realiza con el capote por delante y los brazos a la altura del pecho, en el que el torero da media vuelta al tiempo que el toro pasa por el engaño.

chistorra. (Del vasco txistor, longaniza.) f. Embutido de origen navarro semejante al chorizo, pero más delgado.

chorizada. f. vulg. Dicho o hecho propio de un chorizo, ratero.

christma. PRONUNC. crisma. m. christmas.

christmas. (Voz ingl.) PRONUNC. crismas. m. Tarjeta con la que se felicitan las fiestas navideñas.

chulángano, na. adj. despect. De marcada chulería. Apl. a pers., ú. t. c. s.

chuncha. (Del quechua chunchulli, tripas.) f. coloq. Col. Conjunto o parte del intestino. Ú. m. en pl.

chunchosa, o. adj. Barrigudo, tripudo.

cinefilia. (De cine, y -filia.) f. Afición al cine.

cista. (Del lat. cista, y este del gr. , cesta.) f. Arqueol. Enterramiento que consiste en cuatro losas laterales y una quinta que hace de cubierta. ǁ 2. Arqueol. Recipiente metálico usado en la antigüedad para guardar objetos preciosos.

clasismo. m. Actitud de quienes defienden la discriminación por motivos de pertenencia a otra clase social.

cloroplasto. m. Biol. Orgánulo de las células vegetales en el que tiene lugar la fotosíntesis.

codirector, ra. (De co-, y director.) adj. Que dirige junto con otra u otras personas. Ú. t. c. s.

comecocos. (De comer2, y coco, cabeza humana.) m. coloq. Persona o cosa que absorbe los pensamientos o la atención de alguien. ǁ 2. com. coloq. Persona que enajena o convence a alguien. Es una comecocos; sus teorías no tienen pies ni cabeza.

competencial. adj. Perteneciente al conjunto de competencias de una organización política.

compincharse. prnl. Ponerse de acuerdo dos o más personas con malicia o picardía para actuar como compinches.

confort. (Del fr. confort, y este del ingl. comfort.) m. Lo que produce bienestar y comodidades.

connacional. adj. Que pertenece a la misma nación que otro. Ú. t. c. s.

conservacionista. (Del ingl. conservationist, y este del lat. conservationem, y el ingl. -ist.) adj. Que tiende a conservar una cosa o una situación. Ú. t. c. s.

constelado, da. (Del lat. constelltus.) adj. Estrellado, lleno de estrellas. ǁ 2. fig. Lleno, cubierto.

constitucionalista. com. Jurista especializado en constituciones políticas.

consumista. adj. Que practica el consumismo.

contextualizar. tr. Situar en un determinado contexto.

contraejemplo. m. Ejemplo que niega la validez, en algún caso, de una aserción general.

contrafagot. m. Instrumento musical, análogo al fagot, cuya tesitura es una octava más grave que la del fagot.

copulador, ra. adj. Que copula o sirve para copular.

cotidianeidad. f. cotidianidad.

cretinez. f. Tontería, estupidez.

críquet. (Del ingl. cricket.) m. Juego de pelota que se practica con paletas de madera.

culturalismo. m. Utilización, a veces ostentosa, de referencias cultas en obras de creación artística o intelectual.

cumpleañero, ra. m. y f. Col., Guat. y Ur. Persona que celebra su cumpleaños.

cupletista. com. Cantante de cuplés.

curita. (De la marca comerc. reg. Curitas.) f. Tira adhesiva por una cara, en cuyo centro tiene un apósito esterilizado que se coloca sobre heridas pequeñas para protegerlas.

daguestano, na. adj. Natural de Daguestán. Ú. t. c. s. || 2. Perteneciente o relativo a esta república rusa.

damerograma. m. damero, pasatiempo.

dáncing. (Del ingl. dancing.) m. Sala pública de baile. Ú. m. en América.

darwiniano, na. adj. Perteneciente o relativo al darwinismo.

darwinista. adj. darwiniano. || 2. Partidario del darwinismo. Ú. t. c. s.

dazibao. (Voz china.) m. En la República Popular China, periódico mural a veces manuscrito, generalmente de contenido político, expuesto en lugares públicos.

DDT. (Sigla de dicloro-difenil-tricloroetano, marca comerc. reg.) m. dedeté.

decapante. adj. Dicho de un producto, que se usa para decapar. Ú. t. c. s. m.

decatleta. com. Atleta de decatlón.

decatloniano, na. adj. Perteneciente o relativo al decatlón. || 2. m. y f. decatleta.

decelerar.(Del fr. décélérer o del ingl. decelerate.) tr. desacelerar. Ú. t. c. intr.

decepcionante. adj. Que decepciona, que no responde a lo que se esperaba.

decorativismo. m. Tendencia al predominio o al exceso de ornamento en un estilo artístico.

decorativista. adj. Perteneciente o relativo al decorativismo.

dedeté. (De DDT, sigla de dicloro-difenil-tricloroetano, marca comerc. reg.) m. Sustancia tóxica usada como insecticida.

deducibilidad. f. Cualidad de deducible, especialmente hablando de cantidades de dinero.

deductibilidad. f. deducibilidad.

deductible. adj. deducible.

delicatessen. (Voz al., a través del ingl.) f. p. Alimentos selectos. || 2. amb. Tienda donde se venden *delicatessen*.

deontológico, ca. adj. Perteneciente o relativo a la deontología. Código deontológico.

descacharse. prnl. Col. Caerse la cacha o mango de un instrumento. || 2. Col. descornarse, perder los cuernos. || 3. Col. Romperse los ejes que sostienen las ruedas de un vehículo.

descaste. m. Acción y efecto de descastar.

diplomatura. f. Grado universitario que se obtiene tras realizar determinados estudios de menor duración que la licenciatura. || 2. Estudios necesarios para obtener este grado.

disacárido. m. Biol. Hidrato de carbono formado por dos monosacáridos; p. ej., la sacarosa y la lactosa.

disilábico, ca. adj. bisilábico. Ú. t. c. s.

distanasia. f. Med. Tratamiento terapéutico desproporcionado, que prolonga la agonía de enfermos desahuciados.

doping. (Voz ingl.) PRONUNC. dóping. m. Dep. dopaje. MORF. pl. invar.

dublinés, sa. adj. Natural de Dublín. Ú. t. c. s. || 2. Perteneciente o relativo a esta ciudad de Irlanda.

ecdótica. f. Ling. Teoría y práctica de la edición de textos.

ecdótico, ca. adj. Ling. Perteneciente o relativo a la ecdótica.

ecógrafo. m. Aparato para hacer ecografías.

economicista. adj. Que analiza los fenómenos sociales haciendo primar los factores económicos.

ecuatoguineano, na. adj. Natural de Guinea Ecuatorial. Ú. t. c. s. || 2. Perteneciente o relativo a este país de África.

edificabilidad. f. Cualidad de edificable. || 2. Cuantía total de la edificación permitida administrativamente en un terreno.

edificante. adj. Que edifica, inspira sentimientos de piedad y virtud.

efusividad. f. Manera afectuosa y cordial de mostrar los buenos sentimientos a los demás.

elepé. (De LP, sigla ingl. de long play.) m. Disco musical de larga duración.

elevalunas. m. Mecanismo para subir y bajar los cristales de las ventanillas de los automóviles.

emental. (De Emmental, valle de Suiza.) m. Queso de origen suizo, semejante al gruyer, hecho de leche de vaca, y con agujeros característicos.

endurecedor, ra. adj. Que endurece. Sustancia endurecedora. Ú. t. c. s. m. Un endurecedor para las uñas. Ú. t. en sent. fig.

escanear. tr. Pasar por el escáner.

escaparatismo. m. Técnica del arreglo y adorno de los escaparates.

escapismo. m. Actitud del que se evade o huye mentalmente de la realidad.

escapista. adj. Propenso al escapismo. Ú. t. c. s. || 2. Perteneciente al escapismo.

escaqueo. m. Acción de escaquearse.

escarar. tr. Med. Producir escaras. Ú. t. c. prnl.

estabilizante. adj. Que estabiliza. || 2. m. Sustancia que añadida a ciertos preparados sirve para evitar su degradación.

estadillo. m. Estado o relación, generalmente tabulada, de cifras o nombres.

estatalismo. m. Tendencia a que el Estado intervenga en las actividades privadas.

estatalización. f. Conversión de una empresa privada en empresa estatal.

estatalizar. tr. Convertir una empresa privada en una empresa estatal.

estatificación. m. estatalización.

estenotipista. com. Persona que escribe en estenotipia.

esterificación. f. Quím. Acción y efecto de esterificar.

esterificar. tr. Quím. Formar un éster mediante la unión de un ácido y un alcohol o un fenol.

esteroideo, a. adj. Quím. esteroídico.

esticomitia. f. Diálogo dramático en el que los interlocutores se responden verso a verso. ‖ 2. Por ext. Verso en el que la unidad sintáctica coincide con la unidad métrica.

esticomítico. adj. m. Se dice del verso en el que se produce esticomitia.

estilismo. m. Tendencia a cuidar del estilo, atendiendo más a la forma que al fondo de la obra literaria. ‖ 2. Actividad del profesional que se dedica a cuidar del estilo y la imagen, especialmente en el mundo de la moda y la decoración.

estresar. tr. Causar estrés. Ú. t. c. prnl.

estriptís. (Del ingl. striptease.) m. Espectáculo en el que una persona se va desnudando poco a poco, y de una manera insinuante. ‖ 2. Local en que se realizan este tipo de espectáculos.

eurodólar. m. Dólar invertido en un banco o empresa instalados fuera de los Estados Unidos, especialmente en Europa, y negociado en el mercado monetario internacional.

eutanásico, ca. adj. Perteneciente o relativo a la eutanasia.

évasé. (Voz fr.) adj. Dicho de una prenda de vestir, que se va haciendo más ancha hacia abajo. Falda, pantalón évasé.

excedentario, ria. adj. Que excede o sobrepasa la cantidad necesaria o establecida.

excurso. (Del lat. excursus.) m. digresión.

exfoliante. adj. Dicho de un producto cosmético, que elimina las células muertas de la piel. Crema exfoliante. Ú. t. c. s.

exfoliativo, va. adj. Que divide algo en láminas o escamas.

exhaustividad. f. Cualidad de exhaustivo.

expansionismo. m. Tendencia de un país a extender sobre otros su dominio económico y político. ‖ 2. por ext. Tendencia de una empresa o entidad a extender su dominio o influencia sobre otras.

expansionista. adj. Perteneciente o relativo al expansionismo. ‖ 2. Partidario del expansionismo. Apl. a pers., ú. t. c. s.

experiencial. adj. Psicol. Relacionado con la experiencia.

experimentalismo. m. empirismo, sistema fundado en la experiencia. ‖ 2. En el arte contemporáneo, tendencia a la búsqueda de nuevas formas estéticas y de técnicas expresivas renovadoras.

experimentalista. adj. Perteneciente o relativo al experimentalismo. ‖ 2. Que sigue el experimentalismo. Apl. a pers., ú. t. c. s.

extorsionador, ra. adj. extorsionista. Ú. t. c. s.

extorsionista. adj. Que extorsiona. Actitud extorsionista. ‖ 2. com. Persona que causa una extorsión.

extraescolar. adj. Dicho de una actividad educativa, que se realiza fuera del centro de enseñanza o en horario distinto al lectivo.

extrafino, na. adj. Muy fino o delgado. Fideos extrafinos. ‖ 2. De muy buena calidad. Chocolate extrafino. ‖ 3. irón. fig. Dicho de una persona, refinada en exceso.

extraparlamentario, ria. adj. Dicho de una coalición, un partido político, etc., que no tiene representación en el parlamento. ‖ 2. Dicho de una actividad, un trabajo, etc., ajenos a la labor parlamentaria.

exudativo, va. adj. Que produce exudación. Ú. t. c. s. m.

exultante. adj. Que muestra gran alegría o satisfacción.

facilón, na. adj. coloq. Excesivamente fácil o sencillo.

falcata. (Del lat. spatha falcta.) f. Espada de hoja curva y con estrías longitudinales usada por los antiguos iberos.

falocracia. f. Predominio del hombre sobre la mujer, especialmente en la vida pública.

falócrata. adj. Partidario de la falocracia. Ú. t. c. s.

falocrático, ca.adj. Perteneciente o relativo a la falocracia.

fan. (Del ingl. fan, abrev. de fanatic.) com. Admirador o seguidor de alguien. ‖ 2. Entusiasta de algo. Es un fan de la ópera. ¶ MORF. pl. fans.

fantasmada. f. coloq. Dicho o hecho propio de un fantasma, persona presuntuosa.

fatamorgana o **fata morgana.** (De Fata Morgana, personaje de las leyendas artúricas.) f. Fenómeno de espejismo que la gente de mar atribuía al hada Morgana. ‖ 2. fig. espejismo, ilusión de la imaginación.

ferrovanadio. (Del lat. ferrum, hierro, y vanadio.) m. Aleación de hierro y vanadio.

fibrosis. f. Med. Formación patológica de tejido fibroso.

ficcional. adj. Perteneciente o relativo a la ficción.

fideuá. (Del valenciano fideuá.) f. Plato semejante a la paella hecho con fideos en lugar de arroz.

filmología. (De filme y -logía.) f. Estudio de las obras cinematográficas desde el punto de vista técnico, artístico o social.

fiscalidad. f. Conjunto de los impuestos y otros gravámenes que han de pagarse a la administración pública.

fletán. (Del fr. flétan.) m. Pez marino del orden de los pleuronectiformes, semejante al gallo y a la platija, que puede alcanzar tres metros de longitud y 250 kg de peso. Es de color oscuro, vive en aguas profundas del Atlántico Norte, Groenlandia y Terranova. Es apreciado por su carne y el aceite de su hígado. (Hippoglossus hippoglossus.) ‖ negro. Pez marino semejante al fletán, de hasta un metro de longitud y 45 kg de peso. Es de color negruzco, vive en aguas profundas de los mares árticos y es apreciado por su carne. (Reinhardtius hippoglossoides.)

fletanero. m. Barco equipado para la pesca y preparación comercial del fletán.

floema. m. Bot. Tejido vivo de las plantas vasculares que transporta sustancias orgánicas e inorgánicas de una parte a otra de estos organismos.

fluoración. f. Quím. Acción y efecto de fluorar.

fluorar. tr. Quím. Introducir átomos de flúor en la molécula de un compuesto químico. ‖ 2. Quím. Añadir pequeñas cantidades de fluoruros al agua potable o a productos dentífricos como protección contra la caries dental.

fluoruro. m. Quím. Sal del ácido fluorhídrico.

fóbico, ca. adj. Que padece fobia. Ú. t. c. s. ‖ 2. Perteneciente a la fobia o propio de ella. ‖ 3. Que produce fobia.

focio, cia. adj. Natural de la Fócide. Ú. t. c. s. ‖ 2. Perteneciente o relativo a esta región de Grecia central.

foie-gras o *foie gras.* (Voz fr.) m. fuagrás.

follonero, ra. adj. coloq. Que organiza follones o participa en ellos. Ú. t. c. s.

formante. m. Ling. Cada uno de los elementos de las palabras derivadas o compuestas que modifican el significado del lexema. ‖ 2. Ling. Cada uno de los rasgos identificables de un sonido o de un fonema.

formateo. m. Inform. Acción y efecto de formatear.

formenterano, na. adj. Natural de Formentera. Ú. t. c. s. ‖ 2. Perteneciente o relativo a esta isla del archipiélago balear.

fosfatina. f. p. us. Mezcla de fosfato de cal, azúcar, fécula y otros ingredientes. ‖ convertir en fosfatina. fr. coloq. fig. hacer fosfatina. ‖ hacer fosfatina. fr. coloq. fig. Causar un daño físico o moral. ‖ hecho fosfatina. loc. adj. coloq. fig. Dicho de una cosa, destrozada o muy dañada. ‖ 2. coloq. fig. Dicho de una persona, agotada o muy cansada.

fosforilar. (De fósforo.) tr. Quím. Introducir un resto de ácido fosfórico en una molécula.

fotoconductibilidad. m. Fís. Conductibilidad eléctrica debida a la luz.

fotogenia. f. Cualidad de fotogénico.

francófono, na. (Del fr. francophone.) adj. Dicho de una persona o comunidad, que tiene el francés como lengua usual de expresión. Ú. t. c. s.

frenopático, ca. adj. Perteneciente o relativo a la frenopatía.

friegaplatos. m. lavaplatos, máquina para lavar la vajilla. ‖ 2. com. lavaplatos, persona que lava platos.

frontenis. (De frontón y tenis.) m. Deporte que se juega en un frontón y en el que se emplean pelotas y raquetas similares a las de tenis.

frustrante. adj. Que frustra.

fuagrás. (Del fr. foie gras.) m. Paté de hígado, generalmente de ave o cerdo.

fuet. (Del cat. fuet.) m. Embutido estrecho y delgado, parecido al salchichón, típico de Cataluña. MORF. pl. fuets.

funambulismo. m. Arte del funámbulo, acróbata que realiza ejercicios. ‖ 2. fig. Habilidad para desenvolverse ventajosamente entre diversas tendencias u opiniones opuestas, especialmente en política.

fundamentalismo. m. Creencia religiosa basada en una interpretación literal de la Biblia, surgida en Norteamérica en coincidencia con la primera guerra mundial. ‖ 2. Movimiento religioso y político de masas que pretende restaurar la pureza islámica mediante la aplicación estricta de la ley coránica a la vida social. ‖ 3. por ext. Exigencia intransigente de sometimiento a una doctrina o prácticas establecidas.

gabonés, sa. adj. Natural de Gabón. Ú. t. c. s. ‖ 2. Perteneciente o relativo a este país de África Ecuatorial.

gag. (Voz ingl.) m. Efecto cómico rápido e inesperado en un filme o, por ext., en otro tipo de espectáculo. MORF. pl. gags.

gagá. (Del fr. gaga.) adj. Se dice de la persona de edad que ya ha perdido parte de sus facultades mentales, lelo. Ú. t. c. s.

galaicoportugués, sa o **galaico-portugués, sa.** adj. gallegoportugués.

galantina. (Del fr. galantine.) f. Fiambre de carne blanca rellena con otro tipo de carne y recubierta de gelatina.

galerista. com. Dueño o gestor de una galería de arte.

galleguista. adj. Perteneciente o relativo al galleguismo. ‖ 2. com. Persona de actitud favorable al galleguismo.

gamberrear. intr. coloq. Hacer el gamberro.

gang. (Voz ingl.) m. Banda organizada de malhechores. MORF. pl. gangs.

gansterismo. m. Conducta propia del gánster.

gap. (Voz ingl.) m. Vacío o distancia excesiva entre dos términos que se contrastan. Un gap entre la oferta y la demanda; el gap generacional. MORF. pl. gaps.

garcilla. (Dim. de garza.) f. Zool. Nombre común a varias aves semejantes a la garza, pero de tamaño menor. ‖ bueyera. La de plumaje blanco, con plumas ocráceas en la nuca y el dorso. (Bubulcus ibis.) ‖ cangrejera. La de color pardo terroso, con las partes inferiores blancas. (Ardeola ralloides.)

gaseoducto. m. gasoducto.

gasfitero. (Del ingl. gasfitter.) m. Perú. Fontanero, gasista.

gasoil. (Del ingl. gas oil.) m. gasóleo. Morf. pl. invar.

geisha. (Voz jap.) PRONUNC. gueisa. f. En el Japón, muchacha instruida para la danza, la música y la ceremonia del té que se contrata para animar ciertas reuniones masculinas.

geocentrismo. m. Teoría astronómica representada fundamentalmente por Tolomeo, que consideraba la Tierra como centro del Universo.

geoestrategia. f. Estudio de la influencia de la geografía en la estrategia.

gerbera. (De T. Gerber, botánico alemán del siglo XVIII.) f. Planta de la familia de las compuestas, con flores muy vistosas, como grandes margaritas, muy utilizadas en floristería. Procede de África del Sur. (Gerbera jamesoni.)

geriátrico, ca. adj. Perteneciente o relativo a la geriatría. ‖ 2. m. Hospital o clínica donde se trata a ancianos enfermos.

gerontológico, ca. adj. Perteneciente o relativo a la gerontología.

gilipuertas. adj. coloq. eufem. gilipollas. Ú. t. c. s.

gobernabilidad. f. Cualidad de gobernable.

gofre. (Del fr. gaufre, y este de or. germ.) m. Pastel de masa ligera, cocido en un molde especial que le imprime un dibujo en forma de rejilla.

gomaespuma. f. Producto industrial de látex o sintético, esponjoso y blando. Colchón, almohada de gomaespuma.

gramaticalización. f. Ling. Proceso mediante el cual una palabra se vacía de contenido significativo para desempeñar solo una función gramatical.

gramaticalizarse. prnl. Ling. Experimentar gramaticalización.

grancanario, ria. adj. Natural de Gran Canaria. Ú. t. c. s. ‖ 2. Perteneciente o relativo a esta isla del archipiélago canario.

guadalupense. adj. Natural de Guadalupe. Ú. t. c. s. ‖ 2. Perteneciente o relativo a esta localidad cacereña.

guadalupeño, ña. adj. Natural de alguno de los diversos lugares, de España y América, que tienen por nombre Guadalupe. Ú. t. c. s. ‖ 2. Perteneciente o relativo a alguno de estos lugares.

guipur. (Del fr. guipure.) m. Tejido de encaje de malla gruesa.

guipure. (Voz fr.) m. guipur.

gurú. (Del sánscr. gurús, maestro.) m. Maestro espiritual o jefe religioso en el hinduismo. ‖ 2. fig. Persona a quien se considera maestro o guía espiritual. ¶ MORF. pl. gurús.

hagiónimo. (Del gr. , santo, y -ónimo.) m. Nombre de santo.

hahnio. (De Otto Hahn, 1879-1968, químico alemán.) PRONUNC. Se aspira la primera h. m. Elemento químico transuránico de núm. atóm. 105. Se obtiene artificialmente por bombardeo de californio con iones de nitrógeno. (Símb. Ha.)

hámster. (Del al. Hamster.) PRONUNC. Se aspira la h-. m. Roedor de pequeño tamaño, semejante al ratón, que se emplea como animal de laboratorio y de compañía. (Cricetus cricetus.) MORF. pl. invar.

hassio. (De Hassia, noble latino del Estado de Hesse, en Alemania.) PRONUNC. Se aspira la h-. m. Elemento químico transuránico de núm. atóm. 108. Se obtiene artificialmente por bombardeo de plomo con iones de hierro, y su vida media es tan corta que se mide en milisegundos. (Símb. Hs.)

helaje. (De helar.) m. Col. Frío intenso.

helenizante. adj. Que heleniza o se heleniza.

heliocentrismo. m. Teoría astronómica que, como la de Copérnico, considera que el Sol es el centro del Universo.

hematocrito. (De hemato- y el gr. , separado.) m. Med. Aparato centrifugador que separa las células sanguíneas del plasma para averiguar su proporción relativa y para realizar otros análisis. ‖ 2. Med. Dicha proporción.

hemoptoico, ca. (De hemo- y un adj. der. del gr.) adj. Med. Perteneciente o relativo a la hemoptisis.

hemotórax. m. Med. Entrada de sangre en la cavidad pleural.

herreño, ña. adj. Natural de El Hierro. Ú. t. c. s. ‖ 2. Perteneciente o relativo a esta isla del archipiélago canario.

hidrante. (Del ingl. hydrant.) m. Pan. Boca de riego o tubo de descarga de líquidos con válvula y boca.

hidratante. adj. Que hidrata. Crema hidratante. Ú. t. c. s. f.

hidrocefálico, ca. adj. Med. Relativo a la hidrocefalia.

hidrolizado, da. adj. Quím. Que ha experimentado un proceso de hidrólisis.

hidrolizar. tr. Quím. Producir una hidrólisis.

hidromasaje. m. Masaje mediante corrientes o chorros de agua a presión, a veces con burbujeo.

hiperactividad. f. Conducta caracterizada por un exceso de actividad.

hiperactivo, va. adj. Dicho de una persona, que presenta hiperactividad. Ú. t. c. s.

hiperglucemia. f. Med. Exceso de glucosa en la sangre respecto de la proporción considerada normal.

hiperrealismo. m. Realismo exacerbado.

hipervitaminosis. f. Med. Exceso de vitaminas en el organismo.

hipoalergénico, ca. (De hipo-, alergeno e ico.) adj. hipoalérgico.

hipoalérgico, ca. adj. Que produce una reacción alérgica muy reducida o nula.

hipovitaminosis. f. Med. Falta de vitaminas en el organismo.

hispanización. f. Acción y efecto de hispanizar.

hispanojudío, a. adj. Perteneciente o relativo a la España judía.

histerectomía. f. Med. Extirpación total o parcial del útero.

humanización. f. Acción y efecto de humanizar o humanizarse.

humectante. adj. Que humedece. || 2. m. Sustancia que estabiliza el contenido de agua de un material.

húmico, ca. adj. Agr. Perteneciente o relativo al humus.

icnología. f. Estudio de las huellas fósiles.

ilegalizar. tr. Decretar la autoridad competente que pase a la condición de ilegal lo que antes no lo era.

imbatido, da. adj. No vencido. || 2. Dep. Que no ha recibido ningún gol.

implante. m. Med. Acción y efecto de implantar. || 2. Med. Aparato, prótesis o sustancia que se coloca en el cuerpo para mejorar alguna de sus funciones, o con fines estéticos.

imputado, da. adj. Der. Se dice de la persona a quien se le atribuye la posible responsabilidad de una acción u omisión constitutivas de delito o falta. Ú. t. c. s.

inapropiado, da. adj. Que no es apropiado. Este fertilizante es inapropiado para ciertas plantas.

inervar. (Formado sobre el lat. innervis.) tr. Anat. Alcanzar los nervios un órgano o parte del cuerpo.

infértil. adj. estéril.

infertilidad. f. esterilidad.

infrautilizar. tr. No aprovechar suficientemente las capacidades o posibilidades de alguien o de algo.

ingenieril. adj. Perteneciente o relativo a la ingeniería.

ingesta. (Del lat. ingesta, n. pl. de ingestus, p. p. de ingerre, ingerir.) f. Biol. dieta, conjunto de sustancias que se ingieren.

inicializar. (De inicial e -izar, por infl. del ingl.) tr. Inform. Marcar el comienzo de un programa. || 2. Inform. formatear.

inmunoglobulina. f. Bioquím. Globulina plasmática que actúa como anticuerpo.

inmunoterapia. (De inmuno- y -terapia.) f. Med. Tratamiento de enfermedades mediante la potenciación o debilitamiento de los mecanismos inmunitarios.

interfono. m. Aparato para comunicarse telefónicamente dentro de un edificio.

interiorismo. m. Arte de acondicionar y decorar los espacios interiores de la arquitectura.

interiorista. com. Persona que se dedica al interiorismo.

interiorización. f. Acción y efecto de interiorizar.

interiorizar. tr. Incorporar algo a la propia subjetividad.

invasivo, va. adj. Biol. y Med. Que invade o tiene capacidad para invadir.

irreconocible. adj. Que no se puede reconocer.

isquémico, ca. adj. Med. Perteneciente o relativo a la isquemia.

jaimitada. f. Dicho o hecho propio de un jaimito.

jaimito. (De Jaimito, personaje cómico cinematográfico.) m. Niño caracterizado por un descaro, una malicia y una suficiencia que extraña en sus años.

jazz. (Voz ingl.) PRONUNC. yas. m. Género de música derivado de ritmos y melodías afronorteamericanos. MORF. pl. invar.

jesuitina. adj. f. Que profesa en el instituto católico de las Hijas de Jesús. Ú. t. c. s.

jitanjáfora. (Palabra inventada por el humanista mexicano Alfonso Reyes, 1889-1959.) f. Enunciado carente de sentido que pretende conseguir resultados eufónicos.

jobar. (Eufem. por joder.) interj. coloq. eufem. Expresa irritación, enfado, asombro, etc.

jopé o **jope.** (Eufem. por joder.) interj. coloq. eufem. Expresa irritación, enfado, asombro, etc.

jordano, na. adj. Natural de Jordania. Ú. t. c. s. ‖ 2. Perteneciente o relativo a este país de Asia.

judeoconverso, sa. adj. Se dice del converso procedente del judaísmo. Ú. t. c. s.

karateca. com. Persona que practica el kárate.

karma. (Del sánscr. karma, hecho, acción.) m. En algunas religiones de la India, energía derivada de los actos que condiciona cada una de las sucesivas reencarnaciones, hasta que se alcanza la perfección.

kilometraje. m. Acción de kilometrar. ‖ 2. Distancia en kilómetros.

kilometrar. tr. Señalar las distancias medidas en kilómetros con postes, mojones, etc.

kiosquero, ra. m. y f. quiosquero.

kriptón. m. Elemento químico de núm. atóm. 36. Gas noble raro en la atmósfera terrestre; se encuentra en los gases volcánicos y en algunas aguas termales. Se emplea en la fabricación de lámparas de fluorescencia. (Símb. Kr.)

kurchatovio. (De I. V. Kurchatov, 1903-1960, físico ruso.) m. rutherfordio.

lacado, da. adj. Cubierto o barnizado con laca. ‖ 2. m. Acción y efecto de lacar.

lacar. tr. Cubrir o barnizar con laca.

ladeamiento. m. Acción de ladear o ladearse.

lamasería. f. Monasterio de lamas.

lanzaroteño, ña. adj. Natural de Lanzarote. Ú. t. c. s. ‖ 2. Perteneciente o relativo a esta isla del archipiélago canario.

lehendakari. (Voz vasc.) m. lendakari.

lematización. f. Ling. Acción y efecto de lematizar.

lematizar. tr. Ling. En un diccionario o repertorio léxico, remitir las formas de una palabra variable a una sola elegida como lema.

lendakari. (Del vasc. lehendakari, jefe de gobierno.) m. Jefe del Gobierno vasco.

letalidad. f. Cualidad de letal. ‖ 2. mortalidad, tasa de muertes.

leucémico, ca. adj. Perteneciente o relativo a la leucemia. ‖ 2. Que padece leucemia. Ú. t. c. s.

leucopenia. f. Med. Número de leucocitos en la sangre inferior al normal.

linfopenia. f. Med. Número de linfocitos en la sangre inferior al normal.

lipídico, ca. adj. Bioquím. Perteneciente o relativo a los lípidos.

lipograma. m. Texto en el que se omiten deliberadamente todas las voces que contienen determinada letra o grupo de letras.

liposucción. f. Técnica de extracción localizada de la grasa subcutánea mediante una cánula conectada a un aparato aspirador.

litrona. f. coloq. Botella de cerveza de un litro.

lobotomía. (De lobo2 y -tomía.) f. Med. Ablación total o parcial de los lóbulos frontales del cerebro.

lobular. adj. Anat. Perteneciente o relativo a un lóbulo.

lucentino, na. adj. Natural de Lucena. Ú. t. c. s. || 2. Perteneciente o relativo a esta localidad cordobesa.

ludópata. adj. Que padece ludopatía. Ú. t. c. s.

ludopatía. (Del lat. ludus y -patía.) f. Adicción patológica a los juegos electrónicos o de azar.

Algunos barbarismos innecesarios, con su equivalencia española

A pesar del amplio criterio actual de la RAE, nos parece oportuno dar una lista de barbarismos cuyo empleo consideramos innecesario. Para sustituirlos, disponemos de vocablos de análoga significación.

Affaire	asunto, negocio, suceso, etc.	*All right*	de acuerdo
Affiche	cartel	*Amateur*	aficionado
A forfait	turismo gratis	*And company*	y compañía
Arrivederchi	hasta la vista	*Melée*	montón
Atrezzo	útiles de teatro	*Miss*	señorita
Au revoire	hasta la vista	*Nurse*	niñera
A votre santé	A tu (vuestra, su) salud	*Off-side*	fuera de juego
		Parking	aparcamiento
Baby	niño	*Partenaire*	compañero
Barman	camarero	*Party*	fiesta
Best-seller	éxito de venta	*Picnic*	comida campestre
Biscuit	bizcocho	*Playboy*	conquistador
Boite	discoteca	*Plumcake*	pastel
Broadcasting	radiodifusión	*Prêt à porter*	listo para poner
Bureau	escritorio	*Printed in*	editado en
Cameraman	camarógrafo	*Pub*	bar
Chateau	castillo	*Pullman*	autobús
Chef	jefe de cocina	*Pull-over*	jersey
Copyright	derechos reservados	*Rapport*	informe
Crack	quiebra	*Rendez-vous*	cita
Croissant	bollo	*Role*	papel
Croupier	empleado de casino	*Round*	asalto
		Sandwich	emparedado

Demodé	pasado de moda	*Savoir faire*	saber hacer
Deshabillé	traje de casa	*Secretaire*	escritorio
Dribling	botar el balón, regate	*Sex-appeal*	atractivo sexual
Fair play	juego limpio	*Shock*	traumatismo
Footing	correr	*Short*	pantalón corto
Forever	para siempre	*Show*	exhibición
Full-time	tiempo completo	*Sepaeker*	locutor
Gentlman	caballero	*Spray*	pulverizador
Girl	chica	*Sprint*	acelerón
Goal average	ventaja de gole	*Staff*	equipo directivo
Good-bye	adiós	*Stand*	exposición
Gourmet	gastrónomo	*Star*	estrella de cine, teatro, etc.
Grosso modo	poco preciso		
Gymkhana	carrera de obstáculos	*Status*	situación
Hall	vestíbulo	*Stock*	mercancías disponibles
Handicap	ostáculo		
Hobby	afición	*Stop*	pare
Junior	joven	*Surmenage*	agotamiento
Leitmotiv	estribillo	*Tête-à-tête*	cara a cara
Living-room	cuarto de estar	*Toilette*	arreglo personal
Made in	fabricado en	*Tournée*	gira
Manager	representante	*Trade mark*	marca registrada
Match	partido		
Troupe	grupo		
Trust	monopolio		
Variétés	variedades		
Vedette	estrella de revista		
Vendetta	venganza		
Vis-à-vis	frente a frente		
Week-end	fin de semana		

Con las listas de extranjerismos estudiadas, no hemos agotado el tema. La enumeración, en realidad, podría ser mucho más larga. Pero lo expuesto nos servirá de criterio, siempre que nos enfrentemos con cualquier vocablo extraño y dudemos acerca de su aceptación o su repulsa.

Cada día es mayor el número de voces foráneas que nos invaden. Las causas, como dijimos antes, son múltiples: el cine, la radio, la prensa, el turismo, los deportes, la televisión, etc. En caso de duda, recomendamos, al escribir la palabra extraña, hacerlo "entrecomillándola".

Barbarismo sintáctico: el condicional de suposición

Nos invade un barbarismo sintáctico –o solecismo–, cada día más extendido en los llamados "medios de comunicación" o "mass media". Nos referimos al empleo –al mal empleo– del potencial o condicional *(hablaría o habría hablado)* con el sentido de tiempo de suposición.

Ejemplos:

- "En la huelga *habrían participado* más de cien mil trabajadores", en vez de *"se dice o se calcula* que, en la huelga, han participado...".
- "Uno de los detenidos *sería* miembro de la WXA", en lugar de *"se cree o se supone* que uno de los detenidos *sería* miembro de la WXA", en lugar de *"se cree o se supone* que uno de los detenidos es miembro de la WXA".
- "El gobierno *estaría dispuesto* a pactar...", por *"se afirma o se dice* que el gobierno *parece estar dispuesto* a pactar".

Los ejemplos –malos ejemplos– transcritos son en realidad oraciones condicionales incompletas, cuya sintaxis correcta es la siguiente: "En la huelga *habrían participado* más de cien mil trabajadores, si los sindicatos se hubieran puesto de acuerdo"; "uno de los detenidos *sería* miembro de la WXA, si no fuera ya miembro del ZRA"; "el gobierno *estaría dispuesto* a pactar si tal pacto fuese útil y políticamente rentable".

El solecismo denunciado –el condicional con sentido de suposición– nos viene de Francia. En francés, tal condicional hipotético o de suposición, según W. Grevisse, sirve "para señalar un hecho dudoso, eventual; en particular cuando se presenta este hecho como rumor, como aserción que no se puede garantizar". Así, en francés se dice o escribe: "Un grave accident *aurait eu* lieu au stade; *il y aurait* dix morts et beaucoup de blessés", cuya exacta traducción al castallano suena así: *"Se dice* –parece– que ha habido un grave accidente en el estadio: *se habla* de diez muertos y muchos heridos".

Ejercicios

* * * * * * * * * * * * * * * * * * * *

A) *Subraye las palabras y frases extranjeras insertas en las siguientes oraciones y escriba su equivalencia española. Cuando considere aceptables el neologismo o el barbarismo, dígalo así.*

1. Con motivo de las elecciones, las calles estaban llenas de affiches.
2. Hice todo el viaje en el baquet del coche.
3. Este manjar es un bocato di cardinale.
4. He comprado un block para mis apuntes.
5. Los ciudadanos han boicoteado a la empresa X.
6. El traje de esta señorita tiene un cachet de distinción.

7. Este circo tiene unos magníficos clowns.
8. Acaba de entrar en el puerto un destroyer inglés.
9. Este joven tiene mucho esprit.
10. Nuestro amigo es un verdadero gentleman.
11. Ayer estuve en el teatro Goya para ver la actuación del ballet de Pilar López.
12. Me gustan todos los deportes espectaculares; pero el base-ball no lo entiendo.
13. Marchábamos por la jungla en un coche-oruga perfectamente camuflado.
14. Aún no he sacado mi carnet de identidad.
15. Nos hace falta un técnico que sea capaz de controlar toda esta serie de complicadas operaciones.
16. A mí me gusta mucho, cuando llega el verano, hacer camping.
17. Es un detective excepcional.

EJERCICIO DE RECAPITULACIÓN

B) *El texto que damos a continuación vale sólo como recapitulación de lo estudiado en este tema. Se destacan aquí, en tipo de letra distinto, los neologismos y extranjerismos. El lector, como ejercicio útil, procurará sustituir los extranjerismos por los vocablos españoles quivalentes y en pleno uso, españolizando, en su caso, la palabra o la expresión extraña, o simplemente entrecomillando las voces sin traducción posible. Algunas palabras destacadas ya han sido admitidas por la RAE.*

La carta supuesta que transcribimos es sólo una muestra de lo que suele ser ya lenguaje corriente entre ciertas personas que quieren presumir de "modernas". En este caso, diríamos que la firmante de la epístola que sigue es una "culta latiniparla", en versión 1962, es decir, "francoangliparla".

"Querida amiga Marisol:
Dirás que soy una fresca y que no te escribo nunca. Dirás... lo que quieras de mí. Llevas razón. Pero, hija, ante ti, tan culta, me siento *acomplejada* al tomar la pluma. No sé por dónde empezar.
¡Bueno! Te contaré algo de mi vida reciente...
Hace unos días estuve en casa de los Martínez-Rey... ¡Un *week-end* un tanto aburrido! Es verdad que tienen un *bungalow* precioso, pero no es muy grande. Consta de un *living-room*, un dormitorio, la *garçonnière* y el *office*. Además, claro está, el pequeño jardín con un *parterre* muy bien cuidado y el *garaje*.
Vista la casa, veamos a los que la habitan:
Los Martínez-Rey son gente simpática, pero un tanto extraña. El padre, como sabes, se ha lanzado a escribir. ¡A la vejez..., novelas! Yo no entiendo mucho de literatura, pero dicen que su última obra es un *best-seller*. Es un hombre de auténtico *charme*. Un otoñal..., ya me entiendes. Ella, en cambio, Olga, aunque reconozco que tiene mucho *sex-appel,* me resulta un tanto antipática. Una señora grandona, pelirroja, en continua *pose* y como si quiera *epatar* a todo el mundo con su rotunda presencia física. A mí me ha dado la impresión de que el marido es un poco celoso y un tanto *demodé*. Ella, diríase que mira a todo el mundo por encima del hombro. Tiene un auténtico *complejo de superioridad*.

En cuanto al "niño", Jorgito, es un sol... nublado. Su ocupación preferida es el *dolce far niente* y, de vez en cuando, ir a la peluquería para que le arreglen sus sedosos cabellos *a la navaja*. Ya te puedes figurar el tipo. Un *dandy* que habla mucho y no dice nada. Si calla, malo, y si habla..., *¡shocking!* Juega al *tennis* para conservar la línea esbelta y *flirtea*... para evitar que una piense... lo que piensa al verlo.

Nada más llegar, Jorgito, se consideró obligado a invitarme a un *garden-party* en casa de unos amigos. Ya puedes figurarte en qué consistió la *soirée*. El consabido *tocadiscos*, el *whisky*, los "espirituales negros", un poco de cha-cha-chá y, para comer, *sandwichs* de pepino con mantequilla. ¡Con lo que me gusta a mí el chorizo de Cantimpalos!

Se habló, cómo no, de arte y de literatura. Naturalmente, los platos fuertes fueron Picasso y Kafka... Todos los chicos llevaban amplios *sueters* de espuma y el pelo, supongo, artificialmente ondulado. Las chicas, casi todas, con pantalones y ese peinado *gonflé* que tan mal nos sienta. Yo, para estar a tono, procuré despeinarme a conciencia, que, por lo visto, es hoy el más selecto de los peinados.

En fin, hija, otro día te seguiré contando. Pero ten la seguridad de que, aunque muy moderna, en cuanto me reúno con estos jovencitos de la *nouvelle vague*, me encuentro en *off-side*.

Un abrazo de tu amiga.

SILVIA.

Otro día te contaré más cosas de esta familia... Hay materia para una novela."

Lección **35**

El idioma y la responsabilidad

La responsabilidad de conservar el idioma

> El abuso de barbarismos, neologismos y solecismos rompe la unidad del idioma.

A PESAR de lo expuesto en torno al problema de los barbarismos, neologismos y solecismos, no obstante el amplio criterio actual de la Academia de la Lengua, creemos que no se debe abrir la mano demasiado. La excesiva condescencia puede traer consigo la desfiguración del idioma.

A este respecto queremos traer aquí algunas de las ideas que, ante el II Congreso de Academias de la Lengua, celebrado en Madrid en 1956, expuso don José Antonio León Rey, ponente de Colombia. A continuación citamos los párrafos fundamentales de dicha ponencia:

• "Las lenguas –dice el señor León Rey– se hallan sometidas al desgaste y a la transformación por el uso de los hablantes. Y así como los organismos vivos han reemplanzado sus células seniles por otras nuevas, los idiomas no se hallan exentos de sufrir esas modificaciones, pues deben soportar la mudanza de algunos elementos ya envejecidos para suplirlos por otros que muestren vitalidad y esplendor."

• "...La comparación, formulada desde Horacio, de asimilar la vida del idioma a la de los árboles, resulta verdadera y muy expresiva: las hojas caducas se van amarilleando hasta morir, y en reemplazo llegan los retoños... Pero a veces los vientos llevan hacia las ramas gérmenes extraños que, al encontrar condiciones propicias, prosperan y se desarrollan: son los parásitos y musgos, que crecidos y multiplicados en demasía, invaden el ramaje, impiden el nacimiento de los brotes del árbol, le chuplan los jugos nutricios y le determinan la muerte al imposibilitarle el ejercicio de las funciones vitales."

"Los barbarismos y solecismos, así como los vicios de construcción, ejercen sobre las lenguas, cuando se multiplican incontenidamente, el mismo papel exhaustivo que las criptógama adheridas a los árboles."

• "Los idiomas se aprenden por la imitación. La influencia del hogar en esta función tan esencial para la vida colectiva es irremplazable... Hoy el niño, aun antes de aprender a leer y escribir, experimenta otra nueva influencia, ayer inexistente, cual es la de la radio, cuyo poder de adoctrinamiento es incalculable, y en materia de lenguaje desempeña un papel trascendental. Después, el cine, la televisión, el cartel, el periódico, el folleto, el libro, reclaman un puesto en la vida individual, impresionan los sentidos..."

"La propaganda moderna cifra su éxito en imponer al público los objetos de su interés con frases que penetran en la memoria de manera imborrable. Y así los barbarismos, los solecismos y los vicios de construcción suelen llegar al individuo por el cauce de todos estos medios modernos, en los cuales actúan gentes que no conocen bien el idioma, ignoran sus formas y jamás penetraron en su genio."

El criterio expuesto –y el que se expone en el apartado que sigue a éste– puede servir de guía, de orientación, a todo el que se enfrente con la tarea de escribir.

Las razones aducidas –y las que damos al tratar de las voces técnicas– valen para todos: para el escritor profesional y para el ocasional. Pero, fundamentalmente, han de ser tenidas en cuenta por los escritores que se sirven de esas tres poderosas palancas de difusión del mundo moderno: prensa, radio y televisión.

A este respecto nos atreveríamos a decir que el idioma, hoy, no se forja ni en el gabinete del estudioso, ni en la mesa de trabajo del gran escritor, ni en las reuniones de los académicos de la Lengua, ni tampoco es el pueblo –la "vox populi"– el principal motor de nuevos vocablos[43]. El pueblo, hoy, se limita a aceptar o rechazar lo que se le ofrece. Y son el periódico diario, la revista de gran tirada, la radiodifusión y la televisión, las principales forjas del idioma en nuestro tiempo. Ellos son los que dan vida al "robot", al "suspense" o a las "cocinas a gas".

Ante la continua presión del neologismo, el barbarismo y, sobre todo, del solecismo, este último ácido corrosivo de la sintaxis –como si dijéramos de la fisiología de la lengua– y que es donde reside el verdadero peligro de deformación de nuestro idioma, "maestros, locutores, periodistas, escritores, oradores y todos los que por su oposición poseen ascendiente sobre el público, deberían estudiar a conciencia la lengua porque su puesto social les impone la responsabilidad de su ejemplo", apostilla don José Antonio León Rey en la ponencia que reseñamos.

---

[43] "En algún tiempo se creyó (dice Jespersen –citado por Castagnino–) que las grandes lenguas nacionales habrían sido creadas por algún gran escritor... Investigaciones posteriores han demostrado que estos hombres no ejercieron la influencia que se les ha atribuido. Todos ellos usaron una lengua que, en sus rasgos esenciales, ya estaba formada cuando la tomaron... La importancia real de los escritores consiste en que imprimen cierto ímpetu a lo que ya estaba en movimiento." (Otto Jespersen: *Humanidad, nación, individuo, desde el punto de vista lingüístico*. Buenos Aires, 1947. Págs. 68-69).

Álex Grijelmo, en su ya citada *Defensa apasionada del idioma español,* dice: "El mayor problema de los neologismos radica en que desplacen a una palabra española, con lo que se produce una pequeña fractura en la unidad del idioma respecto del pasado (nos interesa, insistimos, seguir entendiendo a quienes han usado nuestra lengua hasta hoy; y que las generaciones futuras les entiendan a ellos y también a nosotros) y se corre el peligro de que su aceptación siga un camino desigual en todo el mundo hispanoahablante.

Y he aquí la otra gran dificultad: que la asunción de la nueva palabra se produzca de forma homogénea en los 21 países que tienen el español como lengua oficial. Ésos son los miedos que quienes aman esta lengua sienten ante la invasión de vocablos extraños. Hemos visto que se producen diferencias de léxico hoy en día entre unos y otros países, pero todavía nos parecen insignificantes. Lo malo es que ahora el ingente caudal neológico que se aproxima puede derivar en inundación. Y hasta tal punto se observa con preocupación ese fenómeno desde hace algún tiempo que la propia Academia decidió hace años sacrificar la "pureza" del idioma cuando estuviera en juego su 'unidad'."

Vocablos técnicos y científicos de uso corriente. Criterio para su admisión

> Los *vocablos técnicos y científicos* son las palabras que se emplean en el lenguaje de un arte, oficio, profesión, industria o ciencia, en el que tienen un significado concreto. Muchos de ellos son, a la vez, *cultismos*.

Vivimos una era eminentemente técnica. A través de la prensa –según hemos dicho–, la radiodifusión o la televisión, cada día son más numerosos los vocablos técnicos que pasan al acervo popular. Pero –y aquí la cuestión fundamental–, ¿debe dar entrada el Diccionario a todos los tecnicismos? Caso de hacerlo, ¿cuál debe ser el criterio para tal admisión? ¿Cómo saber, por ejemplo, si la voz "cosmonauta" –recién nacida– será o no aceptada por la Academia?

Para contestar a estas preguntas nada mejor que seguir la tesis expuesta por don Gregorio Marañón, en su ponencia al II Congreso de Academias de la Lengua, celebrado en Madrid en 1956. El título de dicha ponencia ya es, de por sí, suficientemente significativo: "Utilidad de aumentar en el Diccionario los vocablos técnicos y científicos de uso corriente". Es decir, que ya en el enunciado de la ponencia se pone una condición esencial: la de que los vocablos admitidos sean de *uso corriente*.

Plantea el Dr. Marañón tres cuestiones fundamentales, de las que, aquí, nos interesan dos especialmente:

1.ª Si los Diccionarios deben seguir conservando su carácter principalmente literario, o deben abrirse también a los tecnicismos.

2.ª Si se admite la incorporación de los tecnicismos, fijar la cuantía de esa incorporación.

En cuanto a la primera cuestión, la postura ha de ser afirmativa. Hay que admitir tales vocablos.

"La vida –dice Marañón– no se divide ya en literaria y en técnica. Quiérase o no, somos ya todos técnicos. El poeta puro o el filósofo que vive en pura abstracción están necesariamente contaminados, cada una de las horas del día, con las técnicas y con su lenguaje, por la sencilla razón de que todos las necesitan. La técnica tiene la vitalidad y la razón de ser supremas de su necesidad y de que, inexorablemente, lo será más cada día. Y su lenguaje es igualmente inseparable de la vida y, en consecuencia, tiene derecho también al cuidado oficial, es decir, a la misma fijeza y al mismo esplendor de sus vocablos literarios."

Lo malo no es la resistencia al tecnicismo, sino la indiferencia. Como dice Marañón, "el hombre crea la palabra al par que el viento y, por lo común, no se cuida de que su parto filológico se atenga o no a las reglas del arte. Y por eso, con mucha frecuencia, nacen palabras que son abortos o monstruos; pero que, sin embargo, corren y se afianzan de boca en boca, y en cuanto ese contagio se ha realizado, ya nadie las puede variar. Porque es más fácil desarraigar una idea de la mente de los hombres que modificar una palabras incorrecta".

Pensemos, por ejemplo, en el vocablo *suspense* que nos trajo el tecnicismo cinematográfico de Hollywood. Palabra que repugnaba al buen sentido del idioma, vocablo no eufónico, pero que se metió el habla popular y acabó por ser incluido en el Diccionario de la RAE.: *Suspense. De or. ing. 1. m. En el cine y otros espectáculos, situación emocional, generalmente angustiosa, producida por una escena dramática de desenlace diferido o indeciso.* Pensemos también en cualquiera de las voces que nos ha traído la moderna técnica guerrera, la aeronáutica o la astronáutica: los "misiles", los vuelos "orbitales", los aviones "supersónicos", los diversos tipos de aparatos de reacción, las cabinas "presurizadas", etc., etc.

En lo que se refiere a la cuantía de la incorporación de vocablos técnicos al acervo tradicional, recomienda el Dr. Marañón la máxima prudencia. "Porque el lenguaje técnico y el tradicional –dice– se diferencian fundamentalmente en su fugacidad. Y lo fugaz no debe caber en el Diccionario."

"Surge el invento –sigue Marañón–, y con él su nombre; y muchas veces desaparecen a poco como fuegos de artificio, porque ya no sirven o porque se superan sin cesar."

El lexicógrafo, por tanto, "debe recoger todas las palabras que representen una realidad científica con visos de permanencia y no las que nazcan teñidas ya de la fugacidad del ensayo."

Claro está que el Diccionario oficial no puede seguir la marcha rápida, casi vertiginosa, del actual tecnicismo científico. Para llenar esta laguna, para impedir que surjan abortos o monstruos, Marañón recomienda que, "al margen de al elaboración del Diccionario, se confeccione un Boletín periódico, bi o trimestral, en el que los técnicos se adelanten con versiones exactas de las palabras a la interpretación empírica que el pueblo hará inevitablemente de las mismas".

Cabría también otra solución: la de duplicar anualmente un Diccionario de voces técnicas, dejando así para el Diccionario, digamos, tradicional lo que sea verdadero léxico del pueblo –entendida la palabra "pueblo" en su más amplio sentido–, no jerga o tecnicismo propios de una minoría profesional. Después se podrían incorporar al Diccionario común aquellas voces técnicas generalizadas o de uso popular.

Algo hay que hacer. Todo antes que dejar que el idioma se nos deforme. Y se deformará –se está deformando a ojos vistas– porque la marcha vertiginosa del creciente alud de voces técnicas no puede ser seguida por el paso, necesariamente lento y pausado, de la Academia.

"El porvenir nos va a arrollar" –termina diciendo Marañón en la ponencia que reseñamos–. "Si no nos decidimos a hacer un lenguaje vivo, repleto de los tecnicismos que hagan falta, sin miedo a extranjerismos, sin oposición puritana a ellos, nuestra lengua se escindirá en dos: una, pura y culta, pero muerta, que manejará sólo una minoría; y otra, que correrá por el arroyo –al margen del influjo académico– anárquico y corrompido."

Para dar a conocer los avances del pensamiento, las ciencias, las artes, los descubrimientos, los inventos, la tecnología, etc. es necesario crear tecnicismos. El origen de los mismos está en la cultura clásica griega y, desde entonces hasta hoy, surgen de forma casi paralela a los nuevos descubrimientos científicos, a los inventos tecnológicos, a las ideas, a los procesos industriales, a los trabajos; en resumen, al desarrollo permanente de la Humanidad. Cada rama del saber, del arte, de la industria, de las profesiones, etc. desarrolla una terminología específica, muchas veces fuera del uso general o con diferente significado que el usual, constituida por tecnicismos.

Hasta el siglo XIX, los tecnicismos se formaban, generalmente, con elementos del griego, del latín o de ambas lenguas, pero los avances, cada vez más frecuentes de las ciencias y la técnica obligan a la continua creación de otros nuevos en las lenguas donde se producen esos avances —casi siempre en los países de mayor desarrollo e investigación— viéndose obligados los demás a adaptarlos a sus propias lenguas de manera que en casi todas tienen formas iguales o parecidas por utilizarse como en las de origen *(gasoil* o *flash,* del inglés); por adaptarse fónicamente *(automatización,* del inglés *automation),* o por ser *calcos (rascacielos,* del inglés *sky-scraper),* traducciones *(corriente del Golfo,* del inglés *Gulf-Stream)* o sustituciones *(cinta* por el inglés *tape).* Estas formas de adaptar los tecnicismos a cualquier lengua facilitan su comprensión inequívoca entre los científicos y técnicos de todo el mundo, pero fomenta el abuso de extranjerismos, especialmente de los anglicismos.

APLICACIONES PRÁCTICAS

Apliquemos ahora la teoría expuesta a unos cuantos ejemplos, para sacar las consecuencias prácticas, precisas y necesarias. No olvidemos el carácter eminentemente práctico de esta obra. La tesis estudiada no va dirigida, naturalmente, a los académicos, sino a todos los que se enfrenten con el problema de un vocablo técnico, en esta hora mundial de signo científico.

Sea, por ejemplo, la voz "antibiótico". Hay que reconocerla como legítima y admisible. Con "antibiótico" nos referimos a un género de drogas o medicamentos, cuya acción específica es la de atacar a la vida, "bios", de las bacterias o gérmenes. Reconocida, pues, como válida, porque todos –o casi todos– sabemos lo que significa o indica. No habrá, por tanto, que entrecomillarla. En cambio, las marcas de los diferentes antibióticos que van surgiendo, desde que fue descubierta la penicilina, no deben ser incorporadas al Diccionario, porque tales marcas no responden a la exigencia de durabilidad del vocablo. Tales, por ejemplo: la "cloromicetina", la "chemicetina", la "estreptomicina", la "aureomicina", etc. Salvo, claro está, la penicilina, por ser el primer antibiótico de la serie y significar un hito muy importante en la historia de los medicamentos.

Veamos ahora algunos de los vocablos técnicos y científicos a los que la Academia de la Lengua ha dado su beneplácito, y cuya admisión pudiera considerarse discutible. Dicho sea esto con todo el respeto que nos merece la docta corporación.

Lo vocablos a que nos referimos, entre otros, son:

AGAR-AGAR   Medicamento laxante obtenido de ciertas variedades de algas.
ADIPOSIS   Sinónimo de obesidad.
ARTERITIS   Inflamación de las arterias.
CORTISONA   Droga obtenida a base de una sustancia extraída de la corteza
de las glándulas suprarrenales; droga que también se obtiene por procedimientos sintéticos y que se utiliza con éxito en el tratamiento de la artritis reumática.

Baste con estos ejemplos. He aquí ahora nuestras observaciones críticas: Si damos entrada al *agar-agar*, parecería lógico abrir las puertas del Diccionario a otros medicamentos laxantes tan conocidos en Farmacopea como el citado mucílago.

Si admitimos *adiposis*, el mismo derecho tiene, por ejemplo, la *espondilo-artrosis* o cualquier otro de los procesos degenerativos que la Medicina distingue con el sufijo "osis".

Si ya está en el Diccionario la *arteritis*, debiera estar también la *ileítis,* o inflamación del íleo.

En cuanto a la *cortisona,* nos parece que su admisión nos llega cuando tal medicamente o droga va siendo desplazado por otras variantes del mismo grupo: la "prednisona", la "prednisolona" o... cualquier otro "córticoesteroide". Sólo cabe una razón a favor de la "cortisona": la misma que alegamos en pro de la "penicilina": la de ser el primer medicamento, el más popular, de la serie.

En suma, creemos que una cosa es el Diccionario de la Lengua y otra el vocabulario científico. Ya advertía Marañón –en la ponencia reseñada en este Apéndice– que el "Diccionario histórico de la ciencia, si se hiciera, estaría formado por voces que tuvieron una vida de mariposa; y además sería interminable".

Terminología aeronáutica y astronáutica

La Aeronáutica y la Astronáutica, en avasallador desarrollo, están trayendo continuamente al idioma toda una serie de neologismos –tecnicismos– que, por el predominante auge de aquellas ciencias y técnicas en los Estados Unidos de Norteamérica, se traducen en anglicismos. La mayoría de ellos inaceptables, morfológicamente hablando.

Aquí también urge una actitud clara de los "expertos". Para no quedarnos atrasados idiomáticamente en cuanto a la marcha de los acontecimientos, para que el idioma –lo que debe ser el idioma– no se vea desbordado por esta avalancha incesante de tecnicismos aeronáuticos y astronáuticos, nosotros recomendaríamos la presencia o el consejo de especialistas (lingüísticos, gramáticos y lexicógrafos) en aquellos Estados Mayores a donde afluye todo este novísimo vocabulario.

Aquí también conviene recordar que el idioma, a falta del oportuno consejo o dictamen de los especialistas, se va haciendo solo, la mayoría de las veces sin demasiadas preocupaciones de "pureza". Y si los franceses se han quejado repetidas veces de ese idioma híbrido que se les viene encima por causa de la presión anglosajona; si ellos se quejan de lo que llaman el "franglaos", nosotros también podríamos hablar de un balcuciente "españinglés", aborto idiomático que nace al aire libre de la anarquía expresiva y el contubernio idiomático.

Verdad es que el extranjerismo –son palabras de Menéndez Pidal– "no es ningún crimen". Decía Unamuno que la libertad lingüística sólo tiene un límite: "la inteligibilidad de lo que se dice".

Lo malo de todo este liberalismo lingüístico son... los resultados. Y ahí está por, ejemplo, el llamar "astronauta" a un señor que da una vueltecita en torno a la Tierra en una cápsula espacial. Lo cual, etimológicamente, parece que suena a disparate. Pues si "argonautas" se llamó a los héroes griegos que, en la nave "Argos", marcharon a la conquista del vellocino de oro, en este sentido astronautas" somos... todos los que navegamos por el espacio... a bordo de un astro que, en nuestro caso, se llama Tierra. Más aceptable, aunque no completamente correcto, es lo de "cosmonautas", como "nevegantes en el Cosmos", si bien, apurando el sentido de la palabra, todos, "navegantes en el Cosmos", si bien, apurando el sentido de la palabra, todos, según dicen los astronáutas, navegamos por el Cosmos. El Diccionario de la RAE ha incorporado las voces de *astronauta y cosmonauta.* No podía hacer otra cosa; no podría detesterrar lo que ya ha impuesto el uso, el habla popular.

Importa, pues, el máximo cuidado en este terreno idiomático de lo aeronáutico y lo astronáutico. La precisión de vocabulario equivale, en más de una ocasión, a facilidad de comprensión, de entendimiento mutuo.

Marcel Aymé, en su obra *Le confort intellectuel*, dice:

"¿Cómo razonar bien cuando no se está seguro del sentido de las palabras que se utilizan?"... "... El verdadero peligro está en la confusión del lenguaje... No se enriquece uno ni se enriquece la sensibilidad, dislocando y destruyendo unos medios de expresión laboriosamente construidos a través de los tiempos y que son las verdaderas riquezas de la humanidad."

Diríamos que, en la historia de las lenguas, hay períodos de relativa calma y épocas de gran agitación lingüística. Acaso estemos viviendo en estos tiempo un característico período de alteración idiomática, consecutiva a la continua agitación del mundo técnico, de la humana inventiva.

Las palabras, en cierto sentido, son testigos de la Historia. La Gramática histórica descubre muchos aspectos de la historia de un pueblo. Procuremos, pues, que nuestro lenguaje, al par que moderno, sea inteligible, razonable, "confortable". Evitemos una lengua hecha como a retazos, sin orden ni concierto, especie de "collage" lingüístico.

Modernos, actuales, sí; pero con mesura, con sentido de la forma.

Así pues, en este mundo en constante renovación de la Astronáutica y Aeronáutica procuremos, entre todos, que el parto filológico sea normal.

En este sentido parece que van reaccionando los técnicos y así, según nuestras noticias, se va procurando castellanizar toda una serie de palabras anglosajonas, usadas en un principio en el mundo de la Aeronáutica en su original forma inglesa, y para las que ya se dan aceptables versiones en español.

En el ejército español está muy extendida la voz "briefing", en la cual entran las ideas de *reunión, conferencia previa, exposición,* con el sentido de dar aclaraciones sobre dudas y preguntas, así como el de dar órdenes que es preciso cumplir. Dado que el "briefing", como tal, parece poco aceptable por su morfología inglesa, la Academia recomienda se traduzca por *"reunión preparatoria"*.

He aquí, a continuación, algunos términos aeronáuticos ingleses con su correspondiente traducción al castellano (según artículo publicado en la revista *Español actual* y firmado por Oscar Echeverri Mejía):

"Beacon" = *Radiofaro.* - "Marker" = *Radiobaliza.*- "Debriefing" = *Informe.*- "Canopy" = *Cúpula.* - "Clear" = *Libre.*- "Computer" = *Calculador.*- "Coring" = *Congelación.*- "Dichting" = *Amaraje forzoso.*- "Flutter" = *Flaneo.*- "Emergency" = *Emergencia.*- "Mae West" = *Chaleco salvavidas.*- "Homing" = *Arribada.*- "Looping" = *Rizo.*- "Plot" = *Punteo o trazado.*- "Touch and go" = *Toque y despegue.*

A las palabras citadas, añadiríamos por nuestra cuenta las siguientes, muy utilizadas por los aviadores españoles:

"Chequeo": operación de inspección, revisión, comprobación y examen –de material o personal–. (Voz aceptada y aceptable).

"Scramble": maniobra de despegue urgente de aviones para cumplir una misión inmediata. (Creemos que "scramble" podría ser traducido por "zafarrancho aéreo").

"Cabinas presurizadas": cabinas con presión interior graduable a voluntad del piloto, o que automáticamente mantienen una determinada presión interior distinta de la atmosférica exterior.

Lenguaje publicitario

> Los *mensajes publicitarios* pueden utilizar los recursos idiomáticos, pero deben respetar la lengua castellana, sin caer en deformaciones.

Porque vivimos tiempos eminentemente "publicísticos" y porque los más diversos anuncios invaden los órganos de comunicación y difusión de la palabra hablada y escrita (radio, prensa, televisión), pediríamos un poco de atención hacia el lenguaje por parte de las grandes empresas publicitarias.

Los *mensajes publicitarios* suelen utilizar frases cortas o *eslóganes,* fáciles de recordar y con algún tipo de connotación, en las que se dan definiciones o instrucciones mediante rimas, oraciones con el verbo en primera persona, en imperativo o, incluso, sin verbo, que muchas veces son interrogativas o dubitativas y en las que abundan las metáforas, onomatopeyas, aliteraciones, comparaciones, ponderaciones, juegos de palabras, hipérboles, antífrasis, dilogías y otras figuras.

Bien está que, para llamar la atención del público, se utilicen todos los recursos idiomáticos para "supervalorar" un producto determinado. Pero respétese al menos la lengua castellana, sin caer en deformaciones, una veces francamente detestables y otras ridículas.

De responsabilidad publicitaria es el mal uso de la preposición "a" que, a la francesa, se utiliza en sustitución de otras preposiciones más correctas. Nos referimos aquí a las tristemente famosas "cocinas *a* gas" y "radios *a* pilas", "barcos *a* vapor" y "motores *a* aceite pesado". Está claro que en todos estos casos lo correcto es el empleo de la preposición "de". (Ver lección 5.ª, en el cap. I de esta obra).

Es muy frecuente un anuncio televisado en virtud del cual –y al anunciar un determinado detergente– se dice: "Cambie usted *a*..." Lo correcto sería: "Cambie usted *por*..."

Porque las copas de vino al chocar entre sí en un brindis hacen "chin", se inventa el verbo "chinchinear" ... para decirnos que se está bebiendo una determinada marca de licor.

Es frecuente también el invento de innecesarios verbos, ligados al nombre de un producto comercial: "fagorizar".

Pero acaso el anuncio que a nuestro juicio "ha batido el récord" de la audacia expresiva fue aquel aparecido en un periódico madrileño en febrero de 1964. Se trata de una empresa que vende automóviles a plazos. Y el anunciante, en lugar de recomendar al lector del anuncio que se compre un coche pagándolo en cómodos plazos, no bastándole acaso el verbo "motorizarse", de gran uso y cuya significación no es preciso aclarar, inventó un verbo nuevo, tan llamativo como absurdo. A dos columnas, y en letras gruesas, el tal anunciante escribió:

"¡¡DESPEATONÍCENSEN!!"

En donde, se parte del disparate gramatical, de pluralizar el pronombre reflexivo *se* con una "n" inadmisible y vulgar, se inventó el verbo "despeatonizar" que, a más de su mal gusto y cacofonía sonoridad, supondría la existencia de otro verbo... aún inexistente: el verbo "peatonizar" y su correspondiente, reflexivo o reflejo, "peatonizarse", indicadores de adquisición o posesión de la cualidad de peatón. Análogamente podría decírsele al ciudadano habitante de la gran urbe, para recomendarle que viva en el campo, que *"se desciudadanice"*.

Un hecho lingüístico ligado en cierto modo al mundo publicitario, y que suponemos habrán estudiado nuestros "doctos", con vistas a su posible aceptación o repulsa, es el curioso fenómeno de la palabra *hotel* y sus más recientes derivados. Derivaciones en verdad un poco caprichosas pues que están construidas sobre la sílaba *tel*, como si esta terminación tuviera significación por sí misma. (No se olvide que "hotel" es voz de origen francés, derivada del "hospitale" –albergue– latino). Pues bien, he aquí que a base del no significante "tel" han surgido ya los siguientes vocablos: *motel, botel, aportotel* y *rotel*. Parece ser que el *motel* (vocablo admitido por la RAE en el Diccionario de 1984) es un hotel especialmente concebido para viajeros "motorizados"; el *botel* para huéspedes con bote o barca; el *apartotel* es una vivienda de apartamentos que pueden utilizarse sin preocupaciones por el servicio ni el mantenimiento, que van a cargo de la empresa constructora. Finalmente, el último neologismo de la serie "tel": el *rotel* u hotel rodante: un ómnibus o autocar, con cabinas-dormitorios, es decir, lo que, en términos ferroviarios, se llama un *coche-cama*.

Creemos que los ejemplos expuestos –y comentados– son más que suficientes para pedir un mayor cuidado en el "estilo" publicitario. No se olvide la gran influencia –el "impacto" se dice hoy– de los anuncios en "el decir de la gente". Creemos, en suma, que la eficacia publicitaria no debe estar reñida con la Gramática ni con el buen sentido idiomático.

Los "telecismos" y la política del idioma

Llamamos *telecismos* a esa novísima especie de solecismos surgidos como consecuencia de los telefilmes que, desde hace años, la televisión ofrece al amplísimo campo de los telespectadores españoles. Nos referimos aquí a una serie, prácticamente inagotable, de películas hechas en Norteamérica y traducidas para el mercado televisivo hispanohablante en un desdichado "castellano neutro".

Esto del "castellano neutro" no es expresión inventada por el autor de este libro. Precisamente en el año 1965, TVE nos ofreció un reportaje en el que se contaba cómo se trabaja en Puerto Rico para verter al castellano los citados telefilmes estadounidenses. El "responsable" de este trabajo lingüístico afirmaba –citamos de memoria– que, en los casos de duda, se utilizaba un "castellano neutro", es decir, que se procuraban palabras y expresiones que pudieran ser comprendidas en todo el mundo hispanoamericano.

En confirmación de nuestra tesis, reproducimos lo que dijo el director de Programación de las televisoras educativas del Gobierno de Puerto Rico, en declaraciones hechas al diario *Madrid* (10 de noviembre de 1964):

"...Me gustaría expresar mi opinión –dijo entonces el señor don Manuel Méndez Saavedra–, que no es sólo mía, sobre el propuesto *idioma neutral* para los doblajes de películas de televisión que se produzcan en España. Se ha dicho que se utilizaría este *idioma neutral* con el fin de acomodarse a las exigencias del vasto mercado hispanoamericano. Es una pena que así se haga, pues dicho idioma neutral resulta aun para nosotros, en América, sumamente pesado y disonante. Este idioma híbrido, creado en Méjico y *perfeccionado* en Puerto Rico..., tiene como finalidad buscar un punto medio entre las múltiples formas de acentos que hay en Norteamérica. Pero la consecuencia es que, en lugar de enriquecer el castellano lo degenera. Estimo que se podría facilitar un castellano correcto a toda América en las películas televisadas, sin necesidad de llegar al extremo de someterlo a un régimen de neutralización total. Podemos enriquecer nuestro idioma, no neutralizándolo, sino más bien castellanizándolo."

No vamos a discutir aquí el procedimiento, sino los resultados. Y dichos resultados, en cuanto a "telecismos" se refieren, son toda una serie de expresiones que no sabemos si son castellano neutro..., ambiguo, o simplemente, disparatado e inadmisible.

He aquí, a continuación, algunos ejemplos de "telecismos", tomados al oído y procedentes de paciente y sufrida contemplación y audición ante la "pequeña pantalla":

"TELECISMOS" FRECUENTES		VERSIÓN CORRECTA
"¡Qué bueno que viniste!"	por:	Me alegro que hayas venido.
"¡Qué tanto que tardaste!"	por:	¡Cuánto tardaste!
"¡Qué tan cerca que estás!"	por:	¡Qué cerca estás! o ¡Cuán cerca estás!
"¿Qué tan bajo tiene la intención de llegar?"	por:	¿Qué profundidad intenta alcanzar?
"Hay que saber que tan sugestionable es usted".	por:	Hay que saber cómo es usted de sugestionable.
"¿Qué tan grave es?"	por:	¿Es muy grave?

"En lo absoluto".	por:	En absoluto.
"Mejor se los digo de una vez".	por:	Mejor es que se lo diga a ustedes de una vez, o Mejor se lo digo de una vez a ellos.
"¿Quiere interrogarlos uno a la vez?"	por:	¿Quiere interrogarlos uno a uno?
"¿Qué pasó de repente contigo?"	por:	¿Qué te pasó de pronto –o de repente–?
"Deben estar felices".	por:	Deben sentirse felices.
"Se miraban hambrientos".	por:	Se veía (o se advertía) que estaban hambrientos.
"Entrar al bote".	por:	Entrar en el bote.
"Viajaron en la noche".	por:	Viajaron por la noche.
"Introducir al país".- "Ingresar a la Universidad".	por:	Introducir en el país.- Ingresar en la Universidad.
"Yo me regreso a casa".	por:	Yo regreso a casa.
"Si usted se rehúsa".	por:	Si usted rehúsa.
"Haré lo que más pueda".	por:	Haré cuanto pueda.
"Se le ve muy bien.- Se le ve cansado".	por:	Está muy bien.- Parece cansado.
"Te ves preciosa".	por:	Estás preciosa.
"Ya cállate la boca".	por:	Cállate ya la boca.
"Repórtese al coronel".	por:	Preséntese al coronel.
"Sería muy tardado".	por:	Resultaría muy lento.
"El piensa venir hasta el viernes".	por:	No piensa venir hasta el viernes.
"Jugar damas"; "Jugar póker".	por:	Jugar a las damas; ... al póker.
"Se rumora".	por:	Se rumorea.
"Apuñaleado".	por:	Apuñalado.
"No tiene caso volver".	por:	No tiene objeto volver.
"Tal parece que usted no me cree".	por:	Parece que usted no me cree.
"Nos tomó cuatro días alcanzar la cima".	por:	Nos costó (llevó) cuatro días alcanzar la cima.
"¿Tenía mucho tiempo de conocerlo?"	por:	¿Hace mucho tiempo que lo conocía?
"¿Tal mal así?"	por:	¿Tan mal estamos? ¿Tan mal va la cosa?
"Todo pasó sorpresivamente".	por:	Todo pasó inesperadamente.
"Una villa para vacacionar".	por:	Una villa (quinta o chalé) para pasar las vacaciones.
"El conteo".	por:	La cuenta (o "cuenta-atrás" cuando se cuentan los segundos de más a menos: "nueve, ocho, siete... y cero").
"Tiene seis meses de nacida".	por:	Tiene seis meses.

"Estaba en la reservación".	por	Estaba en la reserva.
"Caminos polvorosos".	por	Caminos polvorientos.

Observará el lector que, en esta lista de "telecismos", hay de todo: solecismos propiamente dichos, algún neologismo no totalmente necesario ("el conteo") y, sobre todo, un desdichado empleo de las preposiciones y del régimen de ciertos verbos ("entrar a", por "entrar en"). Obsérvese también la utilización del adjetivo *bueno* en funciones de adverbio, en lugar de *bien*. No significan lo mismo: "que *bueno* está" y "qué *bien* está". En el primer caso, "bueno" califica a un sustantivo (por ejemplo: "qué bueno está este vino"); en el segundo, modifica la acción expresada por el verbo "estar". Fíjese asimismo el lector en los primeros *telecismos* de la lista anterior: hay en dichas frases un abuso o mal uso de "que". Hay, en fin, verdaderos disparates sintácticos: "... interrogarlos uno a la vez", en lugar de "... interrogarlos uno a uno". Si se trata de modismos o idiotismos –cosa que ignoramos– los respetamos, pero, no podemos compartirlos ni menos defenderlos.

Disparate sintáctico es la frase: "él piensa venir hasta el viernes", en vez de "... no piensa...". Suprimida en la frase la negación *no,* decimos que "él" piensa estar viniendo toda la semana "hasta el viernes"; con la negociación, indicamos que "hasta el viernes" no vendrá; es decir, que estará ausente hasta el viernes.

Si se admite "jugar damas" o "jugar póker", con la misma razón podremos decir "jugar fútbol", "jugar baloncesto" y "jugar muñecas". Con lo cual alteramos, anárquicamente y sin fundamento, el régimen tradicional del verbo "jugar".

Absurdo es decir que una niña, por ejemplo, "tiene seis meses de nacida". Innecesario pleonasmo, ya que, lo normal y usual, en las niñas de corta edad es que tenga seis, siete u ocho meses "de nacidas", no "de muertas". Con la misma razón, podríamos declarar nuestra edad diciendo: "tengo treinta y cinco años de nacido".

Respetamos la expresión "tal parece que". Es un casticismo vivo en Hispanoamérica, aunque desusado hoy en España. "Tal", en calidad de pronombre, lo utiliza Cervantes.

Respetamos también los verbos "malenseñar" o "malentender" –muy utilizados en los "telefilmes"–. Son perfectamente castellanos. Responden a toda una familia de verbos construidos con "mal": maldecir, malcriar, maltraer, malparar, maltratar...

Dudamos muy mucho, en cambio, que sean admisibles los "caminos polvorosos", teniendo "polvorientos". Por analogía podríamos llegar al disparate *jocoso* de escribir "hombres sedosos", por "sedientos"; o "hambrosos", por "hambrientos"; o "calenturosos", por "calenturientos". Es éste un pequeño problema en el que se altera innecesariamente el habitual sistema de derivación por sufijos.

En 1971, Televisión Española adoptó una encomiable actitud en lo que al lenguaje de los telefilmes americanos se refiere. A partir de entonces, cada día fueron más los filmes televisados, que antes se ofrecían al telespectador en un desdichado "castellano neutro", que empezaron a ofrecerse doblados en correcto castellano. No obstante, lo expuesto en esta lección sigue teniendo valor para España y todos aquellos países de la América de habla hispana que actualmente continúan televisando telefilmes y telenovelas en ese castellano híbrido al que, mejor que *neutro* o *neutral,* tildaríamos de *amorfo* y *deletéreo.*

Momento de crisis en el idioma

> Muchos políticos, banqueros, docentes y, sobre todo, profesionales de los medios de comunicación son los más directos responsables del deterioro del idioma.

En artículo publicado por el autor de esta obra en el diario *Ya* de Madrid y otros periódicos españoles, y bajo el título "Mantenga limpio el idioma" (19 de diciembre de 1965), se comentaba este imperante fenómeno gramatical y lingüístico de los "telecismos" y, entre otras cosas, se decía:

"...Conviene precaverse contra tan perniciosa actitud, porque con ella se atenta, no a la anatomía, sino a la fisiología del lenguaje. Una cosa es la prótesis lingüística que nos aporta la voz nueva y necesaria, y otra cosa muy distinta alterar el metabolismo del idioma con expresiones y giros innecesarios, casi siempre producto de viciosas traducciones de otras lenguas."

"Verdad que el uso es ley imperante –fehaciente– en el habla; pero tampoco es mentira que es preciso distinguir entre uso y abuso. Somos usufructuarios del patrimonio lingüístico. Como tales usufructuarios se entiende que tenemos los derechos de usar y disfrutar *(utendi et fruendi),* pero no el de abusar *(abutendi)* de dicho patrimonio."

"Decía Bréal que una lengua es tanto más perfecta cuanto más se ha alejado de sus orígenes. Lo cual es sólo una verdad a medias. Caso diríamos que tal afirmación es un sofisma, que los lógicos llaman de *petición de principio* o de "circulus in probando", en el que se toma la conclusión por premisa o en el que se da por demostrado lo que era preciso demostrar."

"Y lo que hace falta demostrar es, si en verdad, nuestro actual lenguaje –nuestro maltratado idioma– es más o menos perfecto que el de Lope, Cervantes o Quevedo. No quiero negar con esto que el idioma sea perfectible. Sí afirmo que, con las lenguas, sucede como con todas las humanas manifestaciones culturales: hay períodos progresivos y regresivos; momentos de tesis y de antítesis; épocas en que se avanza y otras en que se retrocede."

"Y de aquí la pregunta:

¿No estaremos amenazados por una ola lingüística de tipo regresivo? El actual desconcierto idiomático, ¿no es un claro signo de crisis? ¿No correremos el peligro de que nuestra sintaxis, nuestro habitual modo de hablar y escribir, se desintegre y diluya en modos expresivos informes y sin personalidad?"

"... Vuelvo a preguntar –y mi pregunta va dirigida a los técnicos del lenguaje–: Con tales expresiones, ¿estamos enriqueciendo el idioma o lo estamos "neutralizando" que vale tanto como anonadando?"

"Mi respuesta –si de algo vale– es clara, rotunda y sincera: Urge poner coto a ese 'castellano neutro' de los telefilmes, si no queremos que la lengua de Cervantes se desintegre y pulverice. Nos hace falta –y a los señores de la Academia me remito– lo que Pedro Salinas llamó una 'política del lenguaje', es decir –con palabras del propio Salinas–, 'la actitud resuelta de alzarse contra esa falsa idea de que el lenguaje se mueve por una fatalidad, ante la cual es impotente el querer humano; contra esa política del *dejar hacer* a unas supuestas fuerzas inconscientes, hay que proclamar una política del *hagamos...*"

POLÍTICA DEL LENGUAJE

En *La responsabilidad del escritor*, dice Pedro Salinas:

"...¿Es lícito adoptar en ningún país, en ningún instante de su historia, una posición de indiferencia o de inhibición, ante su habla? ¿Quedarnos, como quien dice, a la orilla del vivir del idioma, mirándolo correr, claro o turbio, como si nos fuese ajeno? O, por el contrario, ¿se nos impone, por una razón de moral, una atención, una voluntad interventora del hombre hacia el habla? Tremenda frivolidad es no hacerse esa pregunta. Pueblo que no se la haga vive en el olvido de su propia dignidad espiritual, en estado de deficiencia humana. Porque la contestación entraña consecuencias incalculables. Para mí, la respuesta es muy clara: no es permisible a una comunidad civilizada dejar su lengua, desarbolada, flotar a la deriva, al garete, sin velas, sin capitanes, sin rumbos..."

"...Me parece una incongruencia mental, cuando la humanidad ha lanzado la facultad crítica a todos los rincones de la vida humana, aspirando a su mejoría, que renuncie a aplicar la inteligencia a la marcha y destinos de la lengua. La lengua, como el hombre, de la que es preciosa parte, se puede y se debe gobernar; gobernar que no es violentar ni desnaturalizar sino, muy al contrario, dar ocasión a las actividades de lo gobernado para su desarrollo armónico y pleno..."

"...Los países, o tienen ya una política del lenguaje, llámenla como la llamen, o necesitan con suma urgencia adoptar una."

Y, al referirse al lenguaje como patrimonio espiritual de un pueblo, Pedro Salinas hace el siguiente "llamamiento":

"...que cuando nosotros se lo pasemos a nuestros hijos, a las generaciones venideras, no sintamos la vergüenza de que nuestras almas entreguen a las suyas un lenguaje empobrecido, afeado o arruinado..."

LA LENGUA, EN PELIGRO

En el mismo sentido, Dámaso Alonso, en su ponencia al II Congreso de Academias de la Lengua Española –celebrada en Madrid en 1956–, ponencia titulada "Unidad y defensa del idioma", dijo entre otras cosas:

"...la lengua está en peligro...; nuestro idioma común está en un peligro pavorosamente próximo..."

"...en cualquier región de la gran *koiné* hispánica existen ya latentes, ya más o menos desarrolladas, las fuerzas fonéticas idiomática está cuarteado."

"...Se puede hacer mucho. Naturalmente, que a la larga, la profecía de Cuervo es valedera: no hay lengua en el mundo que no haya de fragmentarse o extinguirse un día... No nos importa esto, sino nuestro porvenir inmediato... Sobre ese futuro histórico humano podemos obrar. La rotura última de la comunidad idiomática castellana, puede ser retrasada bastantes siglos si actuamos con decisión y con sensata energía..."

Y, concretando "como debe ser la dirección de nuestro idioma común", afirma Dámaso Alonso:

"...mantenimiento del *statu quo* idiomático, con las variedades nacionales usuales entre gentes cultas; lucha dentro de cada nación contra el vulgarismo y contra el dialectalismo".

"...es necesario que las Academias se preparen..."

"...Lo primero que hace falta es que cada académico de la lengua sea un ser entusiasta, bien persuadido de la nobleza (y también del interés material) de nuestra causa: la defensa de la unidad del lenguaje. Ocurre que, por muchas razones evidentes, las Academias –todas las del mundo– tienden a ser poco activas y entusiastas; al fin y al cabo son entidades formadas por personas de edad, y que lo que prefieren es, sobre todo, evitar las incomodidades. Es necesario, creo, abrir las puertas a gente más joven, que disponga de más tiempo y esté especializada en lingüística. Y, claro está, es necesario que las Academias retribuyan generosamente el trabajo del académico que, con preparación técnica, quiera trabajar. Nada más absurdo y más contrario al sentido de nuestra época que el creer que el académico es el auténtico sastre del Campillo, que cosía de balde y ponía el hilo. Para esto habrá que convencer a los Estados de que el velar por el futuro de la lengua es trabajo difícil y debe ser bien retribuido."

"Es necesario, además, que subordinado a cada Academia trabaje un Instituto de especialistas –retribuido también, claro está– que estudie los fenómenos actualísimos del lenguaje, para dirigir o encauzar el desarrollo futuro. Y no hay que asustarse del nombre Instituto. El número de colaboradores puede ser muy variable: en un Estado de pequeña extensión territorial podría hacer el trabajo una sola persona, quizá un académico mismo. Otros Estados necesitarían un desarrollo algo mayor."

LA ACADEMIA Y LO URGENTE

Todo lo que dicen Dámaso Alonso y Pedro Salinas –en los párrafos inmediatamente anteriores– no puede ser más oportuno ni más juicioso. Sólo falta pedir, para la remozada Academia y para los Institutos que se proponen, la necesaria celeridad en los trabajos y en las decisiones. Dicho de un modo más vulgar: conviene estar más al día. Lo exige y requiere –permítasenos la redundancia– *la urgencia de lo urgente.*

Viene sucediendo –y todos somos testigos de ello– que las decisiones de la Real Academia suelen ser demasiado lentas, en relación al actual ritmo vertiginoso de la vida. Sucede que los neologismos están brotando a cada instante porque lo impone el ritmo vital de nuestra era "supersónica". Dichos neologismos a veces desaparecen casi tan pronto como surgen: son a modo de estrellas fugaces en el firmamento idiomático. Otras veces, quedan... Desgraciadamente, y en la mayoría de los casos, tales neologismos (barbarismos) se afincan tal como llegaron, sin demasiadas preocupaciones de adaptación morfológica. Ocurre también que los académicos –a ritmo lento de estudioso– se ocupan de tales "neovocablos" cuando ya la cosa no tiene remedio. Y su dictamen –doloroso es decirlo– resulta prácticamente inservible.

¿De qué nos ha servido, por ejemplo, que la Academia recomiende la voz "suspensión" para sustituir el anglicismo "suspense"?... ¿De qué va a servir el remedio que se proponga frente a los anglicismos "camping" o "marketing"?[44] Cuando nos llegue el dictamen de los doctos, ya no habrá quien sea capaz de borrar del habla popular unas voces que arraigaron, a falta de otras mejores, para designar un fenómeno que estaba pidiendo su nombre. Por aquello de la ley del mínimo esfuerzo, el pueblo aceptó lo que vino de fuera y... todo el mundo se lanzó a "hacer camping", sin demasiadas preocupaciones lingüísticas...

De ahí la necesidad de lo que pudiéramos llamar una "Comisión de académicos de emergencia", comisión ésta más o menos permanente y en la que deberían figurar representantes de los grandes medios de difusión de la palabra hablada y escrita (Radio, T.V. y Prensa) que son quienes, profesionalmente, están en contacto diario con el idioma en constante renovación, como medio de "comunicación de masas", y que, dicho sea de paso, están acostumbrados a trabajar a ritmo rapidísimo.

Tal Comisión imaginada podría resolver, con la debida rapidez, el grave problema de desintegración idomática que nos amenaza.

De lo contrario, de seguirse el ritmo lento tradicional, si no se actúa pronto y con decisión, cuando se quiera poner remedio pudiera ser demasiado tarde. Por referirnos solamente al caso concreto de los "telecismos", muy bien –o muy mal– pudiera acontecer que nuestros nietos hablen... como hablan ya algunos jóvenes "teleinfluidos" en la actualidad. Se dirá por ejemplo, "haré lo que más pueda" o "que tan cerca que estás" o

---

[44] El vocablo "marketing" figura en la edición del Diccionario de la RAE de 1992 y "camping" se incorporará en la próxima, según queda reglejado en la lección 34.

"ingresar a la Universidad". Se "jugará póker" o... lo que sea y se "rumorará" que alguien fue "apuñaleado"... Y conste que nadie podrá alegar que la cosa sucedió... "sorpresivamente".

¿POR QUÉ HABLAMOS TAN MAL?

Álex Grijelmo, en la obra varias veces citada en este libro, afirma:

"Los que fragmentaron el latín no fueron conscientes probablemente de que aquella lengua se estaba rompiendo en mil pedazos; y muriendo a la vez. Quienes atenten ahora contra la unidad del español, en cambio, sí saben ya que los idiomas pueden resquebrajarse y, por tanto, tienen capacidad de evitarlo. Aquellos habitantes de lo que hoy llamamos península Ibérica no escribían, no leían, no podían comunicarse a cientos de quilómetros de distancia en cuestión de milésimas de segundo.

La situación ha cambiado mucho desde entonces. En nuestros días, el tesoro del idioma español está siendo socavado por un virus infinitamente más peligroso que el mal de Moctezuma: la desidia de muchos de sus hablantes y, principalmente, de quienes lo utilizan para dirigirse a millones de personas a través de los medios de comunicación. No se trata, insistimos, de una evolución lingüística de los pueblos, que con todo nos parecería legítima, sino de un peligro de ruptura.

Porque si la decisión reside en el pueblo no hay motivos para preocuparse: ya hemos visto que todas las transformaciones que ha registrado el castellano que se habla en el territorio español se han producido también en los países del Nuevo Mundo, con reducidas excepciones. Y se supone que lo mismo ha ocurrido al revés, puesto que los filólogos creen incluso que gran número de esas modificaciones han surgido en América."

Y añade más adelante, citando testimonios tomados de la revista *Qué leer* (mayo de 1998) en el reportaje titulado "¿Por qué hablamos tan mal?", firmado por Antonio Lozano:

"El escritor Francisco Umbral opinaba en una entrevista sobre estos dos niveles –el popular y el poderoso– en la creación y destrucción de la lengua: 'La gente a la que oigo por la calle habla bien, resulta muy creativa y hace gala de grandes dotes coloquiales. Los profesionales de los medios de comunicación sí que hablan mal, en especial los de televisión y radio, quienes empobrecen y adulteran el idioma; aunque también hay algunos diarios que están mal escritos, y el cine tampoco está libre de culpa'.

Y el dramaturgo Antonio Gala: 'En la televisión, que es donde aprende la innumerable mayoría su idioma vivo, se habla muy mal y con un escasísimo y decreciente vocabulario. Además, atrofia la capacidad imaginativa y engendra remedios idiomáticos horrendos'.

El académico Francisco Rico, historiador de la literatura, coincide también en la influencia que ejercen los poderes sobre los hablantes, la cúpula sobre la base, y se muestra muy pesimista: 'No hay absolutamente nada que hacer. Vivimos en pleno *1984* de George Orwell, en el que el capitalismo es un fascismo hecho por otros medios. Todo intento de cambiar las cosas no sería más que paños calientes contra el actual sistema impuesto por el poder económico y político'.

Hoy en día el lenguaje ya no se construye tanto por la inventiva y el intercambio natural de las mujeres y los hombres como por el poder: los políticos, los banqueros, los periodistas, todos aquellos que tienen la posibilidad de subir a la torre y difundir su mensaje a millones de hablantes que lo toman como prestigioso y lo siguen aunque no proceda de personas con prestigio."

ANEXO TERMINOLÓGICO
ALGUNAS NOVEDADES COMENTADAS

Con fecha 18 de agosto de 1976, en el diario Ya de Madrid y bajo el título de "Novedades en el Diccionario", Gonzalo Martín Vivaldi publicó un artículo en el que se recogían y comentaban algunas de las "enmiendas y adiciones" a los diccionarios de la Academia, aprobadas por la docta Corporación. Entre otras cosas, decía:

"YA tenemos palabra oficialmente reconocida para referirse al "conocimiento del sí mismo" o a la "reflexión sobre sí mismo" (el famoso "nosce te ipsum"). Tal conocimiento o reflexión dícese **autognosis**; palabra ésta que probablemente engendrará sus inevitables derivados cuando empiece a utilizarse y a ser difundida por los medios de comunicación. Posiblemente conjuguemos pronto el verbo "autognosticar" o "autognosticarse": "yo me autognostico, tú te autognosticas, él se autognostica..."; si bien no consieramos tal conjugación muy recomendable en los programas de la educación general básica.

"No nos parece lo que se dice un acierto el remozar ahora la voz **adoquinado** como "conjunto de adoquines que forman el suelo de un lugar". La enmienda llega un poco a destiempo, cuando ya prácticamente el adoquinado no se utiliza. Y aunque aún quede alguna que otra calle adoquinada por pueblos y ciudades de España, a mí, concretamente, si me hablan de un "adoquín", más pienso en un hombre torpe, ignorante y algo bruto que en una piedra granítica apta para empedrar calles.

"EL "afeitador", según el diccionario, es el barbero, pero la **afeitadora...** no es la barbera, sino la máquina de afeitar eléctrica. Ha hecho bien nuestra docta corporación en precisar el concepto. A pesar de la creciente irrupción de la mujer en el mundo laboral, no abundan aún las damas afeitadoras. Ni sabemos de ninguna moderna opereta titulada. "La barbera de Sevilla" o... "La afeitadora de Burgos".

"OPORTUNA la admisión –pues que está en el habla corriente– de la voz francesa "cassette", pero en versión española: **casete.** Se la define como "cajita de material plástico que contiene una cinta magnética para el registro y reproducción del sonido". Advertencia a los aficionados a la música en conserva: la "casete" es la cajita, no el magnetófono. No digamos –como suele oírse– "me he comprado un casete", sino "un magnetófono de casetes".

"Bienvenida sea la enmienda al **devenir** francés, filosóficamente definido por el diccionario como "la realidad entendida como proceso o cambio" y también "el proceso mediante el cual algo se hace o llega a ser". Podemos hablar ya, sin miedo al galicismo, del "devenir de la historia", pero dejemos prudentemente al nuevo verbo en infinitivo sustantivado. No lo conjuguemos a la francesa, ni se nos ocurra decir que "Fulano devino pálido", ni que el tiempo "deviene tormentoso".

"Los franceses, posiblemente por ser un país muy vinatero, al atasco de vehículos en vía urbana o interurbana le llaman "embouteillage"; los hispanoamericanos, más contundentes y precisos, suelen decir "tapón". Y los españoles, que en la voz **atasco** teníamos la palabra adecuada, hemos caído en el gálico **embotellamiento**, hasta el punto de que el propio diccionario oficial, al referirse a la voz "tapón", entre otras acepciones, la define como "embotellamiento de vehículos". Con lo cual, lo señores académicos embotellan doctoralmente a los automovilistas cual si de vinos generosos se tratara.

"Ya tenemos legitimado al **tráfico**, entendido ("por extensión") como "movimiento o tránsito de personas, mercancías, etc.", por cualquier procedimiento de transporte. Nuestra Dirección General de Tráfico recibe así el espaldarazo académico y puede seguir o continuar su "traficante" gestión, dirección o supervisión del humano tránsito, sin que ello signifique que comercia o negocia con el movimiento automovilístico.

"En su día defendimos el uso de la voz **peatón** por considerarla más rica en significado que la palabra "transeúnte". Lo que ya no parece tan estética, acústica o musicalmente admisible es que, junto al peatón, el diccionario incluya a la **peatona**. Dice así nuestro repertorio oficial de voces: "**PEATÓN, NA.** Persona que camina o anda a pie; se emplea este término para contrastarla con quien va en vehículo". Sin necesidad de recurrir a la estética de Benedetto Croce, no resulta muy elegante llamar "peatonas" a las señoras o señoritas que transitan por nuestras calles. A uno, particularmente, no se le ocurrirá nunca decir que en la calle de Preciados "abundan las peatonas", ni que por la Gran Vía hemos visto a una "peatona imponente". Esto, en vez de una lisonja o piropo, es... casi un insulto.

"Curiosa es, finalmente, la enmienda que la docta corporación nos ofrece de la palabra **braga**, minuciosamente definida como sigue: "Prenda interior, generalmente ceñida, usada por las mujeres y los niños de corta edad, que cubre desde la cintura hasta el arranque de los muslos, con aberturas para el paso de éstos". La definición académica se nos antoja o parece un tanto "demodée". No es preciso ser un especialista en ropa interior para saber que, hoy por hoy, esa íntima prenda femenina no suele cubrir "desde la cintura hasta el arranque de los muslos". Cubre... lo justo, y pare usted de contar. Resulta, además, incompleta la doctoral descripción porque actualmente los caballeros también usan bragas (algunos dicen "slip" para disimular); diminutas y gráciles bragas masculinas que van camino de desterrar al clásico calzoncillo. En cuanto a la precisión definitoria de las "aberturas" en la braga para el paso de los músculos, parécenos un detalle descriptivo sutilmente plástico, por no decir innecesario o superfluo: a ver, si no, quién es el malabarista capaz de ponerse unas bragas sin las susodichas aberturas. Como no se las ponga en la cabeza...".

POSDATA

DICCIONARIOS: RESPETO, PERO NO OBEDIENCIA CIEGA

Si reproducimos aquí el precedente artículo, de ligera y suave crítica "académica", lo hacemos con la sana intención de advertir al lector, de recordarle que, para escribir bien, con propiedad y exactitud, no es indispensable ni preceptivo considerar al Diccionario como la Biblia del "ars scribendi". Usemos en buena hora, utilicemos el diccionario "con el debido respeto", pero... sin demasiada obediencia servil; quiere decirse, con saludable postura crítica. El escritor auténtico, al escribir, utiliza –debe utilizar– su propio vocabulario. Naturalmente, cuanto más rico sea éste mejor. Pero ha de preferir siempre *la palabra viva*, las voces que él use o las que se empleen y utilicen en su "medio" social: en su pueblo, provincia o país. Si alguno de tales términos no está recogido en el diccionario, tanto peor para éste. Si yo, por ejemplo, en un artículo costumbrista o en un relato realista o naturalista, para adjetivar la tontura o imbecilidad de un tipo, digo de él que es un *gilipuertas* (o un *gilipollas*), o si, para "ensalzar" la "malasombra" de alguien, afirmo -con palabra eminentemente granadina- que "era un **malafoyá**", yo me entiendo, y los lectores de mi entorno saben lo que digo. Poco ha de importarme que tales voces estén o no estén reconocidas por la autoridad académica: si las uso al hablar, si las oigo y entiendo, las escribo y santas pascuas...

****

En declaraciones al diario *Ya* de Madrid, con fecha 9 de agosto de 1981, el secretario de la Real Academia Española, don Alfonso Zamora Vicente, afirma que "la Academia no dice que las cosas tengan que ser así, no manda. Lo que hace es recoger los usos. Y solamente recoge los usos cuando están realmente arraigados, cuando tienen una valía en la lengua... Hace falta que todo el mundo conozca el significado de una palabra para incluirla. No nos sirve que solamente una persona los utilice".

Ejercicios
****

A) *Elija algunos de los nuevos vocablos que se incorporarán en la próxima edición del Diccionario de la RAE (ver lección 34) y escriba un artículo de ligera y suave crítica "académica" como el precedente. No olvide que debe hacerlo con humor.*

Capítulo 4

La elegancia en el lenguaje y el arte de escribir

Introducción

I. Arte, elegancia y composición

Nueva "etapa" de este nuestro empeño para conseguir la mejor expresión escrita de lo que pensamos o sentimos. Pasamos ahora, de las reglas para escribir con precisión, orden y claridad, a un campo más amplio, más abierto y también, ¿por qué no decirlo?, más sujeto a discusión: La elegancia en el lenguaje y el arte de escribir.

Materia es ésta en la que resulta difícil dar reglas o sentar principios indiscutibles. El arte de escribir, como tal arte, es terreno resbaladizo donde la opinión personal representa un papel muy importante. Por ello recurrimos constantemente a opiniones de escritores y estilistas autorizados. Acaso piense el lector que en la segunda parte de este capítulo hay exceso de citas. Lo hemos hecho ex profeso. Y hemos procurado que tales citas, engarzadas con nuestro propio pensamiento, sean claras y asequibles.

Se observará también que, en esta segunda parte del capítulo, no damos ejercicios prácticos, como hicimos en los capítulos anteriores. La materia no se presta a ello. El ejercicio aquí consiste en pensar y reflexionar sobre lo estudiado.

En la primera parte de este capítulo –LA ELEGANCIA EN LENGUAJE– sí damos ejercicios. Y ello porque esta parte primera es complemento de lo estudiado anteriormente. La elegancia expresiva corona el edificio de la precisión y claridad. Presentar un escrito con cierta elegancia –con arte– contribuye a ganarse la atención del lector.

Finalmente, en el apéndice, damos una serie de principios y consejos prácticos, para que el alumno disponga de un prontuario, que le ayudará a repasar rápidamente todo lo que estudió con anterioridad.

* * *

Nos gustaría conseguir lo que Albalat decía en el prólogo de su *Arte de escribir*, en 1899: "Demostrar *en qué consiste el arte de escribir*; descomponer los *procedimientos del estilo;* exponer *técnicamente* el arte de la composición; proporcionar medios para aumentar y extender nuestras propias disposiciones, es decir, duplicar o triplicar nuestro propio talento..."

"Las tres cuartas partes de las personas –sigue Albalat en la primera lección de su obra– escriben mal porque no se les ha *demostrado* el mecanismo del estilo, la anatomía de la escritura; cómo se encuentra una imagen o cómo se construye una frase."

Si conseguimos estos fines en las lecciones que siguen, sin olvidar lo estudiado hasta aquí, habremos dado un paso decisivo en esta lenta tarea de aprender a escribir. Oficio éste que nunca se aprende definitivamente porque siempre –atractivo acicate– se puede escribir mejor.

II. ESCRIBIR Y COMPONER

En este mismo capítulo –lección 41– estudiamos la COMPOSICIÓN LITERARIA, definida como "arte de desarrollar un tema". Al identificar el *arte de escribir* con una *composición* no exageramos ni inventamos nada. Como muy bien dicen Correa Calderón y Lázaro Carreter[45], "un texto literario no es un caos. *El autor, al escribir, va componiendo*". Sí, en efecto –añadimos por nuestra cuenta–, escribir es componer porque escribir bien consiste, entre otras cosas, en *colocar la palabra exacta en el sitio preciso*. Como el pintor, al realizar su cuadro, compone masas, colores y figuras, así el escritor compone al construir su artículo, su ensayo, su cuento o su novela. Todos hemos oído hablar alguna vez de la "carpintería" para referirse a la composición de una obra de teatro.

Escribir, en suma, y en lo que al idioma se refiere, significa trabajar la palabra, la frase, la oración y el párrafo, de tal modo que lo dicho así por escrito no pueda decirse de otra manera; que las palabras empleadas sean las insustituibles, si no las únicas, y que el conjunto (párrafo, página, capítulo o... libro) resulte tan acabado, tan perfecto, tan armónico como una sinfonía... Sí, como una sinfonía de pensamientos, de imágenes, de sensaciones...

---

[45] *Como se comenta un texto literario*. Ed. Anaya. 1967. Pág. 30. Ed. Cátedra. 16ª ed. 1978.

Lección *36*

La construcción de la frase y la armonía

La armonía, cualidad esencial del arte de escribir

> La *armonía,* en literatura, es el arte de producir una sensación agradable por la sonoridad de las palabras y el ritmo de las frases.

Para Albalat *la armonía* radica "en el sentido musical de las palabras y de las frases y en el arte de combinarlas de un modo agradable para el oído".

Habida cuenta de lo que decimos más adelante al referirnos al *estilo y la musicalidad* (lección 42 de este capítulo), es indudable que, frente a los que sostienen que cada cual escribe como quiere (romanticismo impresionista), sigue siendo verdad que la armonía es el gran secreto de los grandes escritores, una cualidad esencial del arte de escribir. Nuestro Cervantes es un buen ejemplo de ello. Y como demostración, basta releer del discurso de Don Quijote a los cabreros (Cap. XI de la I parte de la inmortal obra), donde la profundidad de pensamiento va expresada en frases de limpia y musical armonía:

"...En las quiebras de las peñas y en los huecos de los árboles formaban su república las solícitas y discretas abejas, ofreciendo a cualquiera mano, sin interés alguno, la fértil cosecha y de su dulcísimo trabajo..."

"Todo era paz entonces, todo amistad, todo concordia; aún no se había atrevido la pesada reja del corvo arado a abrir ni visitar las entrañas piadosas de nuestra primera madre; que ella, sin ser forzada, ofrecía por todas las partes de su fértil y espacioso seno lo que pudiese hartar, sustentar y deleitar a los hijos que entonces la poseían."

La armonía –según Albalat– se funda en el genio de la lengua, en las exigencias del oído, que también tiene su gusto como la imaginación tiene el suyo.

Y de este autor es la regla que a continuación damos:

"Hay que abstenerse de toda rudeza en el sonido, de todo tropiezo, de toda disonancia marcada, salvo que, para mantener estos sonidos o palabras, haya razones de relieve, de originalidad u otros motivos de belleza literaria."

EJEMPLOS:

"... Y *extático* an*te ti* me a*trevo* a hablar*te*." (Espronceda.)

En este verso, ya clásico, el poeta ha repetido conscientemente los sonidos en "t". Es un efecto voluntario, querido; lo que en Preceptiva Literaria se llama "aliteración".

En cambio, resulta antiestética la siguiente expresión:

"No; no hay *nada* que *Narbona no nie*gue cuando *nos*otros *nos ne*gamos."

Vicios: *cacofonía, monotonía, repeticiones, asonancias y consonancias*

Para lograr la *armonía de la frase:*

a) Dar prioridad al complemento más corto.

b) No terminar la frase con la expresión más corta.

c) Evitar la cacofonía, la monotonía, las repeticiones, asonancias y consonancias.

Hemos dicho (Cap. II, lección 13) que, en castellano, la construcción de la frase no está sometida a reglas fijas, sino que goza de libertad y holgura, y que el orden de las palabras se gobierna más por el interés psicológico que por la estructura gramatical sintáctica; por ello, aparte de las normas estudiadas de construcción sintáctica y lógica, conviene ahora tener en cuenta las siguientes reglas concernientes a la armonía de la frase:

a) Dar prioridad al complemento más corto

EJEMPLO:

"Corregid vuestros escritos con la máxima atención", en vez de "Corregid, con la máxima atención, vuestros escritos".

Se observará que, en este caso, la regla de armonía ha coincidido con el orden sintáctico de la frase, ya que hemos colocado inmediatamente después del verbo, "corregid", el complemento directo, "vuestros escritos".

b) No se debe terminar una frase con la expresión corta

Esta segunda regla es complemento de la anterior.

EJEMPLO:

> "He clasificado *por países* todos los sellos que me regalaste", en vez de: "He clasificado todos los sellos que me regalaste *por países*"[46].

c) Evitar la cacofonía, la monotonía, las repeticiones inútiles, las asonancias y consonancias

> *Cacofonía:* Repetición desagradable de sonidos iguales o parecidos.
>
> *Monotonía:* Falta de variedad en el empleo de las palabras.
>
> *Repetición:* Figura que consiste en repetir a propósito palabras o conceptos. Cuando es innecesaria indica pobreza de ideas y de léxico.
>
> *Asonancia:* Uso inmotivado, o no requerido por la rima, de los sonidos vocálicos en las terminaciones de las palabras a contar desde la última sílaba acentuada, cualesquiera que sean las consonantes intermedias o las vocales no acentuadas de los diptongos.
>
> *Consonancia:* Uso inmotivado, o no requerido por la rima, de voces que terminan en sílaba o sílabas iguales.

a) *Cacofonía:* Repetición desagradable de sonidos iguales o semejantes. Ejemplo: *El rigOR abrasadOR del calOR me causaba un gran dolOR.*

b) *Monotonía*: Empleo frecuente de muy pocos vocablos; pobreza de vocabulario. Ejemplo: *Me OCUPO DE mis hijos, DE las bellezas del Quijote, DE cazar, DE política...* Lo procedente y correcto –para evitar todas estas preposiciones DE, tan repetidas–, es decir: *Me OCUPO de mis hijos, ESTUDIO las bellezas del Quijote. CAZO. Me DEDICO a la política...*

c) *Repeticiones* (véanse las lecciones 31 y 32, Cap. III).

d) *Asonancias y consonancias:* La prosa tiene su ritmo; pero han de evitarse en ella las asonancias y consonancias, es decir, lo que en verso se llama "rima". Han de evitarse también en la prosa los períodos rítmicos cortos, casi simétricos, "que suenan a verso".

Ejemplo de consonancia: *Llegó a mi OÍDO un armonioso SONIDO.*

Ejemplo de ritmo de reverso: *Gorjeaban los pájaros ocultos –en las copas oscuras de los árboles.* (Valle Inclán.)

---

[46] Véase Hanlet. ob. cit. págs. 49 y 50. Edición de 1955.

Otro ejemplo de Valle Inclán cuando, en *Sonata de Otoño,* escribe, en prosa, la siguiente estrofa rítmica, con asonancias: *La voz de un viejo –que entonaba un CANTAR– y la rueda de un molino –resonaba DETRÁS*[47].

Ejercicios
* * * * * * * * * * * * * * * * * * * *

A) *De acuerdo con la primera regla, corrija las frases siguientes, escribiéndolas de nuevo. No altere las frases que crea correctas:*

1. Corregid las faltas que hayáis tenido en vuestros escritos con la máxima atención.
2. Aquella mujer dio ejemplos de gran entereza de ánimo a sus hijos.
3. Este libro tiene una serie de ejemplos interesantísimos en sus páginas.
4. Mi padre ha comprado un coche deportivo muy lujoso a Luis.
5. El leñador cortó un enorme y voluminoso tronco de encina en quince minutos.

B) *De acuerdo con la segunda regla, corrija las siguientes frases, escribiéndolas de nuevo:*

1. Le dijo que en casa del alcalde no entrase.
2. Se ha hecho rico: es una de las grandes fortunas de la ciudad, hoy.
3. Tengo mucha prisa: a las siete mi mujer me espera para ir al teatro.
4. A lo lejos, el mar, y, sobre la azul superficie de las aguas, los "snipes" se divisaban.
5. He estudiado toda la orografía del país por regiones.

C) *En las siguientes frases subraye las cacofonías, los elementos que producen monotonía y las asonancias. Separe con barras (/) los períodos con ritmo de verso.*
1. La carretilla de Carmen no cabía en la cabina.
2. Es penoso pensar que en el Pentágono no perciba el peligro de la penetración de espías entre su personal.
3. Según tú, no debo secundar a Luis, porque seguramente que se ha equivocado al seleccionar sus pruebas de semilla.
4. Cualquiera puede llegar a ser un gran hombre, sin estar dotado de un gran talento ni de un ingenio superior, con tal que tenga un juicio sano y una cabeza bien organizada.
5. Hay el talento natural y el talento adquirido; el talento para las ciencias y el talento para las artes. Y también el talento para vivir sin dar golpe.
6. Para aliviar al contribuyente, es preciso hacer grandes rebajas y grandes reducciones en los presupuestos; y también conviene dar grandes facilidades para el comercio y para que se funden grandes industrias.
7. "Al verla discutiendo las condiciones de un caballo de carreras no se sabía si era una dama rastacuera, o una aventurera". (Valle Inclán, *La Guerra Carlista*).
9. "¡Con cuánto dolor ahora, cosas piadosas, os dejo para tornar viejo y triste al lugar donde nací!" (Ricardo León).
10. "Antes de irme, he sentido pasar por mi frente un soplo de terror". (Ricardo León, *Comedia sentimental*).

---

[47] Ejemplos citados por Julio Casares en su obra *Crítica profana*.

Lección *37*

El estilo pintoresco

> La viveza descriptiva se consigue mediante:
>
> – La *descripción de detalles característicos*.
> – Las *comparaciones* acertadas y expresivas.
> – Las *antítesis* que ponen de relieve los pensamientos.

PARA escribir bien no basta con presentar las ideas con orden (sintáctico o lógico), ni tampoco basta con que la construcción sea armoniosa. *El buen estilo ha de ser, además, vivo, pintoresco.* MOSTRAR *lo que se quiere decir es más efectivo que* EXPLICARLO.

Para conseguir esta viveza descriptiva, conviene *destacar lo fundamental* para que se grabe con fuerza en la imaginación del lector. Para ello, se pueden seguir los siguientes procedimientos:

1.º El detalle descriptivo

Mostrar una cosa plásticamente es ponerla ante los ojos del lector como algo vivo. Es dar color al cuadro que antes fuera gris. Para ello, nada mejor que concretar por medio de algunos rasgos, no excesivos, sino bien elegidos, *característicos*. (Una cosa es el toque exacto de color y otra muy distinta el color chillón del "cromo".)

EJEMPLOS:

> Frase poco pintoresca, gris: "El chófer del taxi siguió con la mirada a la bella señorita que pasaba por la acera".

Corrección pintoresca: "El chófer del taxi, *las manos sobre el volante, el cuello torcido y la boca abierta,* miraba, *como alelado,* a la bella señorita que pasaba por la acera".

Frase poco pintoresca: "Cantó un gallo. Era el mismo de todos los días: un gallo arrogante".

Corrección pintoresca: "Cantó un gallo. Era el mismo de todos los días: *un gallo arrogante, de plumaje dorado, cuello erguido, grandes espolones y con una gran cresta roja".*

2.º La comparación

> La *comparación* o *símil* es la expresión de la semejanza que existe entre el plano real y el plano evocado.

La *comparación* o *símil* es un procedimiento literario que sirve para hacer comprender mejor una noción abstracta o un objeto poco conocido; para pintar con fuerza una situación o, simplemente, para poner de relieve una idea o darle cierta gracia.

La comparación ha de ser clara, natural, justa y sugestiva[48].

a) *Clara*, porque la comparación que no aclare algo es mala, no cumple su fin fundamental.

EJEMPLO:

Decir de alguien, en España, que "tenía la piel verdosa como la iguana" no es, en nuestro país, una imagen clara, porque, entre nosotros, la iguana es un animal prácticamente desconocido. En cambio, si decimos: "tenía la piel verdosa como un lagarto", la comparación es admisible.

b) *Natural,* es decir, ni rebuscada ni artificial. La comparación debe brotar espontáneamente, *como brota el agua del manantial,* sin esfuerzo aparente.

EJEMPLO:

No resulta natural decir: "Era uno de esos hombres que saben sacar partido de todo, *como se saca partido de los residuos de una fábrica".*

Pero sí resultará natural escribir: "Ante él se extendía la vega granadina *como un verde tapiz de variados tonos."*

c) *Justa,* para que la relación entre nuestro pensamiento y la imagen quede bien establecida, para que la comparación no resulte incoherente. Porque la imagen debe acercarnos a la idea principal, no alejarnos de ella.

---

[48] Véase Hanlet, ob. cit., págs. 62-63.

EJEMPLO:

> Así resultará incoherente decir: "Al marcharse los barcos del puerto, parecía éste *un verdadero Sahara*". La imagen del desierto no describe bien la soledad de un puerto sin barcos porque las ideas de *agua* y *arena* no son coherentes. Más justo resultaría escribir: "Al marcharse los barcos del puerto, quedó éste *como un inmenso espejo muerto*".

d) *Sugestiva,* para que llame la atención con gracia y espontaneidad.

> "Los ríos son como caminos que marchan..."
> "Los mechones de sus cabellos, al pasar las tijeras, iban cayendo *como las espigas bajo la hoz del segador.*"

En suma –y como dice Albalat–, hay que evitar las imágenes *forzadas,* y cuya relación con lo que se quiere decir no es lo bastante natural ni sensible.

Imagen forzada sería decir:

> El trigo dorado *como los cabellos de Ceres.*

Aquí se obliga al lector, poco versado en Mitología griega, a investigar quién era la diosa Ceres y cómo tenía el cabello: si rubio o castaño. Escribir así es caer en el "crucigrama".

También –según el autor citado– deben evitarse las comparaciones de mal gusto.

Si digo, por ejemplo, que "la selva virgen es como la inmensa vomitera de un vegetariano", la imagen, siendo sugestiva, no es elegante. Bien está para emplearla en la conversación corriente, pero debe ser rechazada en un escrito.

En nuestros días, por miedo al tópico, a la frase hecha (véase lección siguiente), se suelen emplean imágenes cuyo buen gusto es muy discutible. A Albalat no le parece aceptable aquella comparación que Tertuliano hace del diluvio universal diciendo que "fue como la colada general de la Naturaleza". Imagen ésta que no repugna a nuestro sentido actual del humor.

En resumen, las imágenes –en definición comparativa del autor citado– han de ser "como esos meteoros que embellecen las noches de estío y rayan los cielos puros: deben ser muchas, brillar y apagarse en seguida".

3.º *La antítesis*

> La *antítesis* es la contraposición de dos ideas para destacar la principal.

La *antítesis* es una figura literaria por la que se contraponen una palabra o una frase a otra de significado contrario. Es el contraste para dar más relieve a la idea. Es como la combinación de luces y sombras en la pintura.

La antítesis ha sido siempre empleada por los grandes escritores, sobre todo cuando se trata del estilo abstracto, de ideas.

EJEMPLO:

Lo superfluo para unos es lo necesario para otros.

La antítesis es el estilo abstracto, lo que la comparación es el estilo descriptivo:. le presta fuerza.

EJEMPLO:

El hombre sólo es grande de rodillas.

Pero, al utilizar esta figura literaria, conviene evitar los siguientes peligros:

a) No abusar de la antítesis, para evitar la monotonía consiguiente; el abuso de esta figura engendra el estilo alambicado, insoportable.

b) No forzarla; conviene que la antítesis –como la imagen– sea natural, no rebuscada.

c) El contraste ha de estar en las ideas, no en los vocablos; de lo contrario surge el jeroglífico, el juego de palabras.

Ejercicios

* * * * * * * * * * * * * * * * * * *

A) *En las siguientes frases subraye los detalles pintorescos. Cuando crea que la frase es "gris" dígalo:*

1. El niño tomó un atlas de su padre y se puso a mirarlo, arrodillado en una silla, los codos sobre la mesa y la cabeza entre las manos.
2. El anciano, con la cabeza agachada y los hombros hundidos, se alejó sin decir una palabra, arrastrando suavemente los pies.
3. El mono, con gestos nerviosos, haciendo guiños con sus ojos brillantes, pelaba rápidamente un plátano.
4. Una cigüeña, con las alas abiertas, como si remara en el aire, y con las patas extendidas hacia atrás, volaba por encima de nosotros.
5. El perro, con las orejas tiesas y el pelo del lomo erizado, tiraba de la cadena sujeta a su collar.
6. La vieja criada iba de la cocina al comedor cada vez que mi madre hacía sonar el timbre.

B) *En las siguientes frases subraye los símiles e indique si la comparación le parece "buena", "regular" o "mala". Caso de parecerle "regular" o "mala", razone el porqué, y diga cómo la sustituiría por otra imagen mejor:*

1. Al hablar, desgranaba las frases como las cuentas de un rosario.
2. Luisito es tan vivo como una ardilla.

---

3. Desde mi balcón, contemplaba a las personas que entraban y salían por la boca del Metro, como hormigas atareadas.

4. La entrada en los autobuses, a las "horas punta", es como una "melée" en un partido de rugby.

5. Sus labios, como claveles encendidos, eran el necesario contrapunto de sus ojos verdes como la esmeralda.

6. El cisne, sobre el agua tersa del estanque, era como una interrogación blanca.

7. Era un hombre dócil y blando como la cera, que, ante el peligro, temblaba como la hoja de un árbol.

8. Juan, voluble como una veleta, no era capaz de una decisión firme.

9. La noche, oscura como boca de lobo, nos envolvía.

10. Destacaba en aquella mujer su pelo rubio como el trigo y su garganta blanca como el mármol.

C) *En las siguientes frases se emplea la antítesis. Diga si la antítesis le parece "correcta" o "incorrecta". Razone su afirmación:*

1. Jesucristo murió en la Cruz para darnos vida.

2. Aquel gobernante fue un hombre funesto: cuando quería el bien de sus súbditos, lo hacía bastante mal; pero, cuando quería el mal, lo conseguía bastante bien.

3. Se es rico por todo lo que no se desea; se es pobre por todo lo que no se tiene.

4. Tu alegría es causa de mi tristeza; tu risa es causa de mi llanto; y tu ruidosa vitalidad engendra en mí un silencioso apagamiento.

5. Cientos de hombres murieron aquel día en el circo romano. Las fieras estaban ahítas de sangre; pero el populacho aún tenía sed.

Lección *38*

Metáforas y frases hechas

Cualidades de la metáfora

> La *metáfora* es el tropo por excelencia. Consiste en el empleo de la expresión de una idea por medio de otra que tenga con ella cierta semejanza.
>
> La metáfora debe ser clara, natural, coherente y sugestiva.

EL problema que plantea la *metáfora* es, en realidad, el mismo de la imagen o comparación estudiado en el tema anterior. La metáfora –se ha dicho– *no es más que una comparación abreviada.* Si yo escribo: "tenía la piel verdosa y arrugada como un lagarto", he hecho una comparación; si digo: "su piel de lagarto", he utilizado una metáfora. Escribiré en sentido comparativo si digo que "el galope de los caballos sobre la llanura era como el sonido de un tambor"; en cambio, si escribo "los caballos van tocando el tambor del llano", lo he hecho metafóricamente[49].

"La metáfora es siempre imagen. No obstante, conviene diferenciar estas dos figuras.

"La metáfora –escribe Albalat– consiste en transportar una palabra de su significación propia a otra significación, y ello en virtud de una comparación que se realiza en el espíritu y que no se indica. Es una transposición por comparación instantánea."

---

[49] "Metáfora" quiere decir traslación: el significado de una palabra se emplea en un sentido que no le corresponde inicialmente... Se ha admitido que la metáfora es el resultado de una comparación anterior que se presenta, por decirlo así, en resumen... En cambio, investigaciones más recientes han planteado el problema de si realmente la metáfora es una comparación abreviada. Sigue siendo válido que la metáfora tiene por base una dualidad y que significa algo diferente de lo que expresa lingüísticamente. (Pertenece a las "figuras de pensamiento", no a las "figuras de dicción".). [Wolfgang Kayser: *Interpretación y análisis de la obra literaria*. Editorial Gredos. Madrid. Págs. 195 y siguientes.]

Es decir que, según esta tesis, la comparación es más lenta, más *racional;* la metáfora, más rápida, mas *intuitiva.* Con la imagen *se comprende* mejor una cosa; con la metáfora se *ve* de otro modo, acaso con más claridad: es un rayo de luz que ilumina repentinamente el cuadro, es un toque de color preciso, un soplo de vida en lo que, de otro modo, sería sólo descripción incolora y vulgar.

EJEMPLOS:

"El día se va despacio,
la tarde colgada a un hombro,
dando una larga torera
sobre el mar y los arroyos."

García Lorca, Romancero gitano

"Lo que me está pasando...
Va conmigo.
¿Lo que me está pasando?
Son recuerdos.
Tinieblas sin paisajes, hondas
cuevas dentro del pensamiento."

Elena Martín Vivaldi, El alma desvelada

"La metáfora –insiste Albalat– es una imagen que resulta de una comparación sobreentendida. Pero la imagen no es siempre metáfora. La imagen es un modo fuerte de escribir, una manera de hacer más sensible un objeto."

En la lenguas modernas, dice Albert Dauzat, "la comparación pierde terreno y tiende a desaparecer casi en beneficio de la metáfora". Y afirma después, como característico de nuestro tiempo, una inversión de factores: "Mientras que antes –dice– se comparaba lo abstracto a lo concreto, lo contrario –hoy posible– permite nuevos efectos".

EJEMPLO:

La sombra de una nube que se pasea lentamente *como un pensamiento amargo.*

En la *comparación* se enfrentan un término real con otro irreal.

En la *metáfora* se identifican las cualidades del objeto real con las de un objeto irreal.

En la *imagen* desaparece el término real y sólo se enuncia el irreal.

Modernamente se distingue entre *comparación, metáfora* e *imagen,* según un tecnicismo lingüístico que consideramos aceptable por su precisión.

Hay *comparación* –se dice– cuando se enfrentan dos términos: uno *real* y otro *irreal.*

EJEMPLO:

Esa señora es tan gorda como un hipopótamo.

En este ejemplo, el término real, lo que estoy viendo con los ojos de la cara, es la gordura de la señora en cuestión; el término irreal, lo que veo con los ojos de la imaginación, es la gordura del hipopótamo. Ambos términos no están identificados, simplemente comparados, puestos frente a frente como fenómenos semejantes.

Hay *metáfora* –según Blecua– cuando las cualidades del objeto real no se comparan, sino que se *identifican* con las de un objeto irreal.

EJEMPLO:

> *Esa señora es un hipopótamo.*

En este caso *afirmamos* la identidad entre los términos real (señora) e irreal (hipopótamo). Desaparece la palabra gordura porque está implícita en la imagen del hipopótamo. "Señora" e "hipopótamo" no son aquí, como en la comparación, algo *semejante*, sino *idéntico*.

Finalmente, en la *imagen* desaparece el término real y sólo se enuncia el irreal.

EJEMPLO:

> *Ese hipopótamo me ha caído encima.*

Es decir, "esa señora que es tan gorda como un hipopótamo me ha caído encima".

En este caso *señalamos* al objeto real, designándolo con el nombre del objeto imaginario.

El poeta granadino Federico García Lorca es el escritor español contemporáneo que se ha distinguido, ante todo, por su gracia y novedad en el empleo de la metáfora. Toda su obra está plagada de imágenes originales, expresivas, nuevas y relucientes, como monedas recién salidas del troquel.

Para la metáfora rigen las mismas condiciones o requisitos estudiados en el tema anterior al referirnos a la comparación. Es decir, que la *metáfora* debe ser *clara, natural, coherente* y *sugestiva*.

He aquí algunos ejemplos de metáforas "lorquianas" (van señaladas en letra cursiva):

> "El camino que conduce a la Cartuja se desliza suave entre los saúcos y las retamas, perdiéndose *en el corazón gris de la tarde otoñal.*"
> "Yo no quisiera que entrase en la sala *ese terrible moscardón del aburrimiento...*"

No se crea, por lo dicho hasta aquí, que la metáfora es cosa exclusiva de poetas. En realidad, todos hablamos metafóricamente –unos más y otros menos, según temperamento y circunstancias– sin apenas darnos cuenta. Todo el habla popular está plagada de metáforas. Así decimos "sudar tinta", "cara de cemento", "memoria de elefante", "el cielo de la boca", "al romper el día", etc.

Pero con la metáfora, sucede como con todo en este mundo: el peligro está en el abuso.

"En realidad –escribía Guyau en *El arte desde el punto de vista sociológico*–, una metáfora que ejercitase demasiado la inteligencia podría agradar a un sofista antiguo, pero erraría absolutamente su fin y debilitaría nuestras representaciones de los objetos en lugar de aumentar su fuerza". Porque la metáfora –anotamos nosotros–, debe ayudar a la rápida comprensión intuitiva del pensamiento, no obligar al lector a una gimnasia mental para desentrañar el íntimo sentido metafórico de una frase o período.

Podría escribirse, por ejemplo:

> *Nieva...*
> *Del cielo caen, lentas,*
> *blancas mariposas muertas.*

Sin embargo, la metáfora resulta algo forzada. En los versos citados se obliga al lector a imaginar lo que nunca vio: millones de mariposas muertas cayendo del cielo. Y, por añadidura, todas blancas. Lo raro del espectáculo convierte a esta metáfora en inútil ejercicio mental. Sin embargo, los versos transcritos no son totalmente malos. Pueden admitirse, con un poco de buena voluntad.

El propio García Lorca, en su afán por la renovación de las imágenes, nos da a veces metáforas que resultan incomprensibles a la primera lectura y que obligan a un esfuerzo para *ver* (comprender) su sentido.

EJEMPLO:

> Un cielo de mulos blancos
> cierra sus ojos de azogue
> dando a la quieta penumbra
> un final de corazones.

En cambio, acierta plenamente, cuando dice: *"Un pleno de cigarras tiene el campo"*, o también: *"y un horizonte de perros – ladra muy lejos del río"*.

En resumen, y como dice Albalat, en este difícil escollo de las metáforas es preciso evitar "la anarquía de la imaginación".

"Oled mucho una flor –decía Guyau– y acabaréis por ser insensibles a su perfume; después de cierto número de vasos de ginebra, se embota el gusto. Todo ejercicio de una unción o de un sentido, lo agota: la postración que sigue es **proporcional** a la violencia de la acción. Por esto es necesario introducir en la obra de arte, gradación y variedad. Nuestros poetas y novelistas contemporáneos olvidan demasiado esta ley: su estilo es perpetuamente tenso, sus imágenes perpetuamente brillantes y hasta violentas. Resultado: a las dos páginas ya estamos extenuados."

El peligro, pues, no está en la metáfora, sino en su patológica deformación, en ese cáncer del estilo que, humorísticamente, podría ser también llamado "metaforitis", y del que resulta jocosa muestra el siguiente trozo descriptivo, citado por Albalat:

"Ella tenía la frente de marfil, los ojos de zafiro, cejas y cabellos de ébano, mejillas de rosa, una boca de coral, dientes de perla y cuello de cisne."

De donde resulta que la "Ella" así descrita era un muestrario de las más diversas cosas. Uno no sabe si lo descrito es una mujer, el escaparate de una joyería o un monstruo.

Génesis de la frase hecha

Las *frases hechas* son grupos de palabras, con forma inalterable, que se emplean en cualquier discurso en sentido figurado.

Las frases hechas no contienen ninguna sentencia (*¡Allí ardió Troya!*), o la expresan a modo de proverbio (*Hizo de su capa un sayo*) o de comparación (*Es más feo que Picio*).

La metáfora, como el papel moneda, se gasta con el uso, se deprecia y llega un momento en que es preciso "retirarla de la circulación". El papel moneda desgastado se convierte en un papelucho despreciable; la metáfora archiusada se transforma en tópico, en lugar común, en *frase hecha*.

Puede ser que un día, ya lejano en el tiempo, fueran expresiones acertadas, felices, los "talles de palmera", los "dientes de perla", la "nave del Estado", etc. Hoy, estas metáforas se han convertido en lugares comunes, en tópicos, en frases hechas.

El propio García Lorca habló un día de un gitano, llamándolo "moreno de verde luna". Fue aquella una imagen feliz. Pero, desde entonces, surgieron tantas "moreneces de verde luna", entre los aprendices de la poesía, que ya resultaría un tópico insistir en esta metáfora lorquiana.

Hay, pues, que luchar contra las frases hechas, como se lucha en la vida contra todo lo inútil; y, ante el tópico, sólo caben dos posturas: o darle nueva vida o burlarnos de él. A este propósito recomendamos la lectura del semanario humorístico *La Codorniz*, hoy desaparecido, pero del que se han publicado varias *Antologías*[50], sobre todo en su primera época. Encontramos en él múltiples ejemplos de esta burla creadora del idioma, con una chanza constante del tópico.

Alonso Schoekel, en su obra *La formación del estilo,* escribe:

"Lanza un buen escritor un enlace feliz de palabras, reluciente, nuevecito; la frase es aceptada y repetida, precisamente porque vale, y al poco tiempo la frase equivale a una palabra sin fuerza de imagen."

"Se decía 'montón' sin producir imagen; uno añadió un epíteto: 'confuso montón', y se produjo la imagen; se gastó la frase y ahora nos da lo mismo *montón* que *confuso*

---

[50] Ed. Arnao. Madrid, 1988. Ed. EDAF. Madrid, 1998.

montón; tan estéril es uno como el otro. Se decía: 'hacer que el público aplauda' sin producir imagen; ahora ni *hacerse aplaudir* ni *arrancar aplausos* producen imagen."

Y hubo cronista o revistero taurino que para exaltar la ovación del público escribió: "las palmas echaban humo"; metáfora hiperbólica que, en su día, tuvo fuerza expresiva, creadora, hasta que la repetición lo convirtió en frase hecha, en tópico gastado.

He aquí, a continuación, una serie de frases hechas, de expresiones gastadas, sin fuerza ni colorido:

Provocar una discusión; reinaba la serenidad en su rostro; abrir el corazón (salvo en el caso de que un cirujano lo abra de verdad); *lágrimas amargas; un sordo rumor; la febril impaciencia; la cólera implacable; en el seno de la academia; en los medios políticos.*

Cómo se renuevan las metáforas

Si no somos capaces de crear metáforas nuevas, originales y sugestivas, podemos al menos "renovar" las usadas. Claro está que el procedimiento más fácil para la renovación de las imágenes gastadas es el humorístico. "En serio" resulta muy difícil, por no decir casi imposible.

Así, en vez de la ya gastada expresión "los económicamente *débiles*", podemos escribir "los económicamente *enclenques* o *avitaminósicos*"; en lugar de "sumido *en un mar de confusiones*", podemos decir *"... en una galaxia de confusiones";* en vez de "sometido *a la tiranía de las pasiones",* cabe escribir *"... al totalitarismo de las pasiones";* etc., etc.

Si no se renuevan las imágenes, el estilo, se ha dicho, "no es más que el vestuario de una retórica hecha jirones a fuerza de haber servido a todo el mundo".

Veamos, ahora, cómo pueden renovarse algunas imágenes, sin tener que recurrir a la hipérbole humorística. Para ello basta, según recomienda Albalat, con exagerar un poco la idea. Así, Bossuet, para expresar los gritos y lamentos de los ermitaños en el desierto, ha dicho: "Ellos rugían su penitencia".

En vez de escribir: "¿Quién puede *conocer* el fondo de las cosas?", podemos decir: "¿Quién es capaz de llegar hasta los más profundos abismos de las cosas?".

Victor Hugo escribió:

La luna abre en las ondas
su abanico de plata.

Y García Lorca dice:

La luna vino a la fragua
con su polisón de nardos.

"El arte del escritor –dice Dauzat– consiste en partir de una metáfora corriente, aceptada, medio usada, para sacar de ella las posibilidades que encierra, para traer imágenes más nuevas, que si se lanzan bruscamente, sin transición, podrían desconcertar: la casa *se despierta..., respira..., se estira y se da importancia."*

El ejemplo citado es el de la *metáfora animista,* por la que se atribuyen a las cosas inanimadas, las sensaciones y propiedades de los seres vivos.

EJEMPLO:

El mar *enfurecido lucha* contra las rocas.

La metáfora animista vuelve a gozar hoy del favor de los escritores. Así, Roland Dorgelés habla de un camino que "serpentea, y se fatiga" al ascender por una montaña y, luego, esa misma ruta "sigue un momento su camino llanamente, justo el tiempo de tomar aliento"[51].

El poeta, la metáfora, el pueblo y los sentidos

A continuación, y como complemento de todo lo dicho hasta ahora, reproducimos algunas de las ideas que sobre la metáfora expuso un día García Lorca en su conferencia titulada: "La imagen poética en don Luis de Góngora".

• "El lenguaje está hecho a base de imágenes, y nuestro pueblo tiene una riqueza magnífica de ellas. Llamar *alero* a la parte saliente del tejado, es una imagen magnífica; o llamar a un dulce *tocino de cielo* o *suspiros de monja,* otras muy graciosas..."

"A un cauce profundo que discurre lento por el campo lo llaman (en Andalucía) un *buey de agua,* para indicar su volumen, su acometividad y su fuerza; y yo he oído decir a un labrador de Granada: "a los mimbres les gusta estar siempre en la lengua del río."

• "Un poeta tiene que ser profesor en los cinco sentidos corporales. Los cinco sentidos corporales, en este orden: vista, tacto, oído, olfato y gusto. Para poder ser dueño de las más bellas imágenes, tiene que abrir puertas de comunicación en todos ellos."

• "Ningún ciego de nacimiento puede ser un poeta plástico de imágenes objetivas, porque no tiene idea de las proporciones de la Naturaleza...

Todas las imágenes se abren, pues, en el campo visual. El tacto enseña la calidad de sus materias líricas. Y las imágenes que construyen los demás sentidos están supeditadas a los dos primeros."

"La imagen es, pues, un cambio de trajes, fines u oficios entre objetos o ideas de la Naturaleza. Tiene sus planos y sus órbitas. La metáfora une dos mundos antagónicos

---

[51] Perelman, Olbrechts y Tyteca hablan de metáforas "adormecidas" y del "despertar" de la metáfora para referirse –metafóricamente– a la imagen gastada y a su renovación. *(Traité de l'Argumentation.* Logos, Presses Universitaires de France, págs. 542 y ss.)

por medio de un salto ecuestre que da la imaginación. El cinematográfico Jean Epstein dice que 'es un teorema en el que se salta sin intermediario desde la hipótesis a la conclusión'. Exactamente".

Ejercicios

* * * * * * * * * * * * * * * * * * *

A) *En las siguientes frases y párrafos subraye las metáforas; diga si la imagen es* "buena", "regular" o "mala", *y razone el juicio:*

1. A lo lejos se divisaba el aterciopelado oleaje de los naranjales.

2. Al dirigirle la palabra, a Elisa se le encendían las rosas rojas de sus mejillas.

3. "Jugaba con su voz de sombra, con su voz de estaño fundido, con su voz cubierta de musgo, y se la enredaba en la cabellera o la mojaba en la manzanilla o la perdía por unos jarales oscuros y lejanísimos" (García Lorca, *Teoría y juego del duende*).

4. "La niña de los Peines tuvo que desgarrar su voz porque sabía que la estaba oyendo gente exquisita... ¡Y cómo cantó! Su voz ya no jugaba, su voz era un chorro de sangre digna por su dolor y su sinceridad" (García Lorca, *Teoría y juego del duende*).

5. Se le enroscaba al cuerpo la serpiente del deseo...

6. Los acordes finales de la sinfonía, columna polícroma de sonidos, se clavaban en el cielo de la noche.

7. Y yo me fui perdiendo en la oscura noche de sus ojos.

8. Se le clavaron en el alma los cuchillos helados del desaliento.

9. "Allá abajo, a lo lejos, veíamos avanzar al rebaño en una gloria de polvo."

10. "Un río de vehículos y de gente corría entre nosotros; ..." (José Luis Borges, *El hacedor*).

B) *Subraye, en los siguientes párrafos, las frases hechas, las expresiones gastadas:*

EJEMPLO:

La presencia de los bailarines en el escenario *fue acogida con gran simpatía* por el público, que ya, en otras actuaciones anteriores, pudo conocer la *magistral ejecución, cuidadísima* en todos sus detalles, que dan a la danza estos *vigorosos muchachos.*

1. Los bailarines interpretaron primorosamente la inspirada composición del novel autor.

2. La ceremonia fue grandiosa y la ejecución acabadísima.

3. Merece los más sinceros plácemes la Comisión organizadora del atinado certamen.

4. El culto profesor de Psicología ofreció al público una documentada conferencia.

5. El bizarro militar defendió la fortaleza con su reconocido valor.

6. El joven estaba inmerso en el cieno del pecado.

7. Sus padres estaban sumergidos en hondo pesar.

8. El negocio que hemos montado va viento en popa.

9. La muchacha prorrumpió en amargo llanto.

10. La luna derramaba su luz plateada sobre el paisaje.

11. Permanecía sumido en las tinieblas de la ignorancia.
12. No podía librarse de la tiranía de las pasiones.
13. Cayó sobre él, implacable, la espada de la ley.
14. Del país se apoderó la hidra de la anarquía.
15. Los expedicionarios pasaron las de Caín.
16. Esto es todo lo que hay: son habas contadas.
17. Lo conseguimos de bóbilis, bóbilis.
18. Cuando vio la situación se le cayeron los palos del sombrajo.
19. Por fas o por nefas siempre dejas las cosas sin terminar.
20. El alboroto le hizo perder el hilo del discurso.

C) *Busque y copie un texto en el que abunden las metáforas y las frases hechas. Después, subraye en rojo las primeras y en azul las segundas.*

Lección *39*

Las figuras retóricas

Planteamiento y justificación

> El *lenguaje en sentido recto* emplea el significado literal de las palabras.
> El *lenguaje en sentido figurado* emplea el significado metafórico de las palabras.

UTILIZAMOS el lenguaje en *sentido recto* cuando queremos expresarnos, de una forma lógica, con claridad y exactitud. Entonces empleamos cada palabra con su sentido exacto, en construcciones fijas y modulaciones poco intensas.

En cambio, lo utilizamos en *sentido figurado* cuando sustituimos las palabras exactas y las construcciones convenientes, desde el punto de vista lógico, por otras cargadas de afectividad, estrechamente relacionadas con la emoción y las circunstancias que vivimos en un momento determinado.

Aunque ambos tipos de lenguaje no se dan por separados en la realidad, el escritor busca en su obra el predominio del segundo para así conseguir la atención de los lectores. Para ello se vale de múltiples recursos, que los retóricos llamaron *figuras.*

Hemos estudiado los problemas que plantea la metáfora; nos hemos detenido en la comparación y en la antítesis y, más adelante –en el Capítulo V–, dedicamos tres lecciones a la descripción.

Consideramos oportuno estudiar ahora algunas de las demás figuras retóricas. Para no caer en inútil casuismo, nos referimos a las más importantes y sólo desde nuestro especial punto de vista, es decir, de la problemática de la redacción.

Se justifica este estudio porque al escribir –y al hablar– es frecuente el estilo figurado. Decir –"llueve" o "nieva" o "hace calor"– es enunciar simplemente lo que sucede.

Pero lo corriente es que hablemos por medio de giros indirectos. Si hace mucho calor, recurrimos a la hipérbole y decimos: "hoy se derrite uno"; si sentimos mucho frío, decimos: "estoy hecho un carámbano". Si escribimos "se le subió el pavo", estamos indicando de alguien que su piel había enrojecido por estar avergonzado de algo.

"La preocupación del sujeto hablante –escribe Marouzeau– no es tanto decir las cosas como son, lo que apenas tendría interés, como el decirlas según se las siente o, mejor, como uno querría que se las sintiera."

Los escritores neorrealistas tienden a la expresión directa pura. "Desde hace tiempo –decía Pierre Louys– sueño con escribir en prosa o en verso: *el cielo es azul,* porque no hay nada más difícil." Y Anton Chejov expresaba en cierta ocasión su entusiasmo ante la descripción del mar hecha por un escolar que, en su ejercicio de redacción, había escrito: *el mar es grande.*

Pese a esta aspiraciones, el habla –realización concreta de la lengua, parte individual del lenguaje, modo personal de expresión– está plagada de figuras indirectas: "No digo que no", por "lo acepto"; "¡qué limpio está este niño!", por "está sucísimo".

Preocupación renovadora

El habla natural también se sirve de figuras, pero mientras en ella caen en el vulgarismo, debido a su utilización continua, la literatura busca necesariamente formas de renovar tradiciones.

Según dijimos al hablar de la metáfora, las principales figuras retóricas a causa de su empleo constante, se desgastan con el uso. Es preciso renovarlas, injertarles nueva savia, si no queremos caer en la frase hecha, en el tópico manido.

"Las figuras retóricas –escribe Dauzat– han caído en un legítimo descrédito: enseñadas mecánicamente, eran aplicadas como reglas escolares por escritores poco hábiles. Lo cual no impide que correspondan a ciertos aspectos de la expresión y que se las vuelva a encontrar, más o menos rejuvenecidas, entre nuestros contemporáneos. Todo el arte consiste, en primer lugar, en recrearlas, pero más aún en que broten naturalmente, sin que se note el esfuerzo, la búsqueda, el sistema."

En realidad –añadimos–, nadie al escribir piensa si, en un momento dado, está utilizando la *prosopopeya,* la *metonimia,* el *escarnio* o la *ironía,* como nadie al hablar, al razonar en una discusión, está pensando en las reglas de los silogismos.

El escritor imaginativo, al escribir "figuradamente", lo hace en virtud de un instinto especial que le impulsa a una constante recreación del lenguaje, a una continua búsqueda de la expresión original, viva. Si yo digo, por ejemplo, "¡Vaya una señora! *Es un cuadro abstracto",* la expresión tiene fuerza por su novedad, por su sentido hiperbólico; pero la frase no ha surgido como consecuencia de mi estudio del *estilo figurado.* Ha brotado, espontáneamente, por causa de esa "señora" y por mi capacidad natural para el lenguaje figurado.

Preocupémonos, pues, al escribir, no de la figura retórica en sí, sino de su novedad. Si quiero expresar, figuradamente, la lentitud de una persona en cumplir su cometido, procuraré estar a tono con mi tiempo. Y diré: "Desde luego, este muchacho *es un avión de reacción*", sin necesidad de saber que estoy empleando la "antífrasis".

Principales figuras retóricas

> Las *figuras retóricas* se clasifican en *figuras de pensamiento, figuras de dicción* o *lenguaje y tropos.*

En los tratados de Preceptiva Literaria se habla de tres clases de figuras retóricas: *de pensamiento,* que afectan a la idea; *de dicción,* referentes al lenguaje, y *los tropos,* que afectan a la idea y al lenguaje.

Tales figuras pasan de sesenta. Sólo enumerarlas bastaría para cansar inútilmente al lector. Nos limitaremos, pues –según hemos dicho al principio de este apartado– a estudiar las que, a nuestro juicio, merecen especial atención.

La sinestesia

> La *sinestesia* es un tropo que consiste en unir dos imágenes o sensaciones procedentes de diferentes dominios sensoriales.

Estudiadas ya la comparación y la metáfora, nos referimos brevemente a la *sinestesia*, definida por Kayser como "fusión de diversas impresiones sensoriales en la expresión lingüística". Ejemplo, los siguientes versos de Brentano, citados por Kayser:

A través de la noche que me envuelve,
la luz de los sonidos me contempla.

He aquí, mezcladas, las sensaciones de tacto (*me envuelve*), el oído (*sonidos*) y de visión (*contempla, luz*). Pero la verdadera sinestesia está en esa "luz de los sonidos", cuyo empleo permite pensar en posibles audaces figuras, tal como "el débil tintineo de los rayos del sol".

La sinestesia la utilizaron mucho los poetas románticos y simbolistas.

Y muy utilizada ha sido la expresión "el verde tierno de los árboles", que funde las sensaciones táctil y visual.

En *El libro de Sigüenza* ("Los almendros y el acanto") escribe Gabriel Miró:

"Los almendros ya verdeaban; tenían el follaje nuevo, *tan tierno,* que sólo tocándolo se deshacía en jugos."

El peligro de la sinestesia –como de toda figura retórica– es la excesiva complicación. La obligada transparencia del estilo se convierte entonces en confuso labertinto, en jeroglífico.

Cuando García Lorca, en el romance de *San Miguel,* dice:

> ... *Las orillas de la luna*
> *pierden juncos, ganan voces,*

el lector se detiene, forzosamente, en su lectura. No puede seguir leyendo porque, antes, tiene que *descifrar* esta extraña mezcla de sensaciones, cuyo significado y sentido se le escapan.

En los versos titulados *Las rosas del gallinero del vecino*[52] escribe Camilo José Cela: "La brisa del mar. ¡*La roja brisa del mar!*" Lo que, admitido, nos permitiría hablar del *"viento morado de la tarde"* o del *"blanco sonido* de las esquilas".

Lo esencial es no perder el sentido de la medida; no permitir el desenfreno; no soltar las bridas de la autocrítica para evitar que la imaginación se desboque.

Evitemos, en suma, la embriaguez de la forma –la borrachera metafórica– porque, de lo contrario, el estilo se torna turbio y corremos el peligro de que el lector, mareado, abandone la lectura.

La paradoja

La *paradoja* es una figura de pensamiento que consiste en emplear expresiones o frases que envuelven contradicción. Puede confundirse con la *antítesis.*

Cuando Oscar Wilde dice que *"la Naturaleza imita al Arte",* aparentemente ha dicho un absurdo. Si reflexiono, intuiré el sentido de la frase. No quiere decir Oscar Wilde que, realmente, el paisaje natural imite a los paisajes pintados por un pintor, sino que el Arte es superior a lo puramente natural, que el hombre –el gran pintor en este caso– al reflejar aquel paisaje sobre el lienzo, le da un aspecto nuevo, lo recrea, acentuando las notas bellas y prescindiendo de lo feo o simplemente anodino. La figura de un héroe literario (Ulises, Don Quijote) es superior a la del héroe real. Y cuando yo, hombre, pienso en una figura que resuma la caballerosidad y el idealismo puros, no puedo por menos de pensar en Don Quijote; no en un ser de carne y hueso. Y ello porque en el personaje de Cervantes está el modelo supremo. Por aquí anda el sentido de la citada paradoja de Wilde. Lo que quiere decir que, a la larga, el arte impone al hombre su modo de ver la vida, y que los grandes artistas encauzan nuestra facultad estimativa, nos hacen ver a la Naturaleza con sus ojos.

---

[52] Publicados en la revista *Humboldt*, núm. 3, pág. 69.

La paradoja, por consiguiente, *no es más que un absurdo aparente* formado por ideas que parecen contradictorias, pero que, en realidad no lo son. La paradoja, bajo la apariencia de un desatino, suele esconder una verdad nueva o un modo nuevo de ver esa verdad.

Expresiones ya tópicas como "doctora ignorancia" o "alegría amarga" son paradójicas. La doctora ignorancia es la conciencia de los límites del conocimiento. O como decía Sócrates: "Sólo sé que no sé nada". Con el adjetivo "amarga" prestamos un nuevo matiz a la "alegría" y expresamos así un estado anímico perfectamente posible: el de la alegría teñida de amargura.

Estudiemos ahora unas frases paradójicas de escritores famosos. Todas ellas encierran una enseñanza, sutilmente escondida en lo que, a veces, pudiera parecer un simple juego de palabras:

Del *poeta* ha dicho Jean Cocteau[53]: *"Es escribir sin ser escritor"*. Lo cual no significa que los poetas no sepan escribir, sino que la Poesía está más allá (o más acá) del puro y simple oficio de escribir.

En *El crítico artista* escribe Oscar Wilde: *"Todo cuanto es moderno en nuestra vida se lo debemos a los griegos"*. La frase es, al par irónica y paradójica. Oscar Wilde nos da aquí un nuevo concepto de lo moderno, desligado del tiempo. Su afirmación nos permitiría escribir, por ejemplo:

"El hombre del siglo XX, con sus totalitarismos, es más antiguo que el griego clásico, con su amplio sentido de la libertad de expresión. Sócrates es más moderno que Hitler."

Cuando el propio Oscar Wilde afirma que "es más difícil destruir que crear", nosotros entendemos que es más difícil deshacerse de un hábito arraigado que crear una costumbre nueva: quitarse de fumar cuesta más trabajo que acostumbrar el paladar al whisky o al vodka.

La vida es una cosa demasiado importante para hablar de ella en serio. (O. Wilde, *El abanico de Lady Windermere).* Esta afirmación paradójica puede explicarse con otra paradoja inversa: la de que sólo hablamos en serio de las cosas fútiles. También puede explicarse este aforismo en el sentido de que sólo el humor sirve para hablar seriamente de la vida, porque en el humor hay siempre –o casi siempre– un fondo de seriedad, de filosofía.

Y cuando en *El crítico artista* dice Wilde que *"no hacer nada es la cosa más difícil del mundo"*, está expresando su admiración por el ocio creador: el de los pensadores y los poetas.

Desear la acción es desear una limitación, dice Gilbert K. Chesterton en paradoja que parece completar la anterior de Wilde y que el propio Chesterton explica así: "En este sentido, todo acto es un sacrificio. Al escoger una cosa rechazáis necesariamente otra".

---

[53] Citado por Perelman: *Traité de l'argumentation,* pág. 589.

He aquí otro párrafo paradójico de Chesterton:

"La caricatura es una cosa seria que consigue hacer que un cerdo se parezca más a un cerdo que como Dios mismo lo hizo."

De donde resulta que la caricatura, comúnmente considerada como *deformación* de las cosas, es el verdadero retrato, el más parecido a la realidad.

A la vista de los ejemplos citados y porque la paradoja exige un esfuerzo de comprensión por parte del lector, sólo se nos ocurre recomendar al escritor novel que no sea *paradójico* por sistema. La paradoja sólo debe utilizarse en pequeñas dosis, como las especias en el arte culinario. El estilo cargado de paradojas –como el guiso excesivamente condimentado– resulta indigesto.

La ironía

> La *ironía* es la figura de pensamiento que consiste en indicar una idea expresando la contraria, para burlarse o poner una pincelada de humorismo.

Los tratados de Preceptiva Literaria suelen definir la ironía como figura retórica de pensamiento por la que *se pretende sugerir lo contrario de lo que dicen las palabras*. Esto en cuanto a la forma. En cuanto al fondo, se la ha definido como "el valor de los débiles".

Resumiendo, podríamos decir que la ironía es una forma literaria esencialmente defensiva; es la humildad fingida; es el arma del que no puede –o no quiere– atacar de frente a un enemigo más poderoso.

Como en la lucha japonesa, en la ironía contra el adversario la propia fuerza de éste, de tal modo que los golpes dirigidos contra nosotros se vuelven contra el atacante.

La fuerza de la ironía reside en el fingimiento o simulación. La verdad que no se puede –o no se quiere– expresar de un modo directo se disfraza de aceptación, pero de tal modo que el "buen entendedor" comprende la verdadera intención de nuestras palabras. Es el león disfrazado de manso cordero.

No quiere decir lo expuesto que la ironía sea cosa propia de cobardes; es, más bien, prueba de inteligencia y el único modo de atacar y defenderse –según hemos dicho– sin exponernos inútilmente ante los que, de otro modo, podrían hacernos callar por la fuerza.

Aunque el fondo sea necesario, la forma de la ironía es la propia del humor. "El estilo irónico –escribe Martín Alonso– consiste en burlarse, fina y disimuladamente, de una cosa que en apariencia se alaba". Y Wenceslao Fernández Flórez dice de esta figura "que tiene un ojo serio y el otro en guiños, mientras espolea el enjambre de sus avispas de oro".

Ante las injusticias de la vida, la ironía reacciona con cierto sentido comprensivo, con humor. El ironista no se entrega a la desesperación: comprende y sonríe..., pero tampoco se entrega a la adversidad. En este sentido se la ha definido como "el optimismo del pesimismo"[54].

EJEMPLOS DE ESTILO IRÓNICO:

El primero que citamos es de Cervantes. Pertenece al principio del prólogo de la segunda parte del *Quijote*, y dice así:

"¡Válgame Dios, y con cuánta gana debes de estar esperando ahora, lector ilustre, o quier plebeyo, este prólogo, creyendo hallar en él venganzas, riñas y vituperios del autor del segundo Don Quijote, *digo, de aquel que dicen que se engendró en Tordesillas y nació en Tarragona! Pues en verdad que no te he de dar este contento; que puesto que los agravios despiertan la cólera en los más humildes pechos, en el mío ha de padecer excepción esta regla. Quisieras tú que lo diera del asno, del mentecato y del atrevido; pero no me pasa por el pensamiento: castíguelo su pecado, con su pan se lo coma y allá se lo haya."*

Veamos ahora otro ejemplo de ironía. Esta, más dura que la cervantina, pero dentro del mismo tono: el humor que envuelve una dura crítica. Citamos unos párrafos del artículo *Lo que no se puede decir, no se debe decir*, de Mariano José de Larra:

"... Una cosa aborrezco, pero de ganas, a saber, esos hombres naturalmente turbulentos que se alimentan de oposición, a quienes ningún Gobierno les gusta ni aun el que tenemos en el día; hombres que no dan tiempo al tiempo, para quienes no hay ministro bueno...; esos hombres que quieren que las guerras no duren, que se acaben pronto las facciones, que haya libertad de imprenta. Vaya usted a saber lo que quieren esos hombres. ¿No es un horror?

Yo, no. Dios me libre. El hombre ha de ser dócil y sumiso, y cuando está sobre todo en la clase de los súbditos, ¿qué quiere decir esa petulancia de juzgar a los que le gobiernan? ¿No es esto la débil y mezquina criatura pidiendo cuentas a su Criador?

La ley, señor, la ley. Clara está y terminante: impresa y todo; no es decir que se la dan a uno de tapadillo. Ese es mi norte... Cójame Zumalacárregui, si me ve jamás separarme un ápice de la ley.

Quiero hacer un artículo, por ejemplo; no quiero que me lo prohíban, aunque no sea más que por no hacer dos en vez de uno. ¿Y qué hace usted? —me dirán esos perturbadores que tienen siempre la anarquía entre dedos para soltársela encima al primer ministro que trasluzcan–, ¿qué hace usted para que no se lo prohíban?

¡Qué he de hacer, hombres exigentes! Nada: lo que debe hacer un escritor independiente en tiempos como éstos de independencia. Empiezo por poner al frente de mi artículo, para que me sirva de eterno recuerdo: "Lo que no se puede decir, no se debe

---

[54] Wladimir Jankélévitch, *L'ironie ou la bonne conscience*. Presses Universitaires de France.

decir". Sentada en el papel esta provechosa verdad, que es la verdadera, abro el reglamento de censura; no me pongo a criticarlo, ¡nada de eso!; no me compete. Sea reglamento o no sea reglamento, cierro los ojos y venero la ley, y la bendigo, que es más..."

Citemos, finalmente, otro ejemplo de ironía, más punzante aún –con más veneno en su aparente inocencia–. Se trata de la carta que Voltaire escribió a Rousseau, en agosto de 1755, con motivo de haber publicado éste su *Discurso sobre el origen de la desigualdad entre los hombres,* obra ésta en la que Rousseau acusa a la civilización de haber depravado al género humano, y en la que se defiende el "estado de naturaleza" como propio del hombre. He aquí el principio de la mencionada carga del "incisivo" Voltaire:

"He recibido, señor, su nuevo libro contra el género humano y le doy las gracias por ello. Será usted grato a los hombres, a quienes dice sus verdades, pero no los corregirá usted. No se pueden pintar con más vivos colores los horrores de la humana sociedad, de la que nuestra ignorancia y debilidad esperan tantos consuelos. Nunca se empleó tanto ingenio en querer que nos convirtamos en animales. Cuando se lee su libro dan ganas de ponerse a andar a cuatro patas. Sin embargo, como ya hace más de sesenta años que perdí la costumbre de andar así, siento, desgraciadamente, no poder volver a adquirirla, y dejo esta marcha natural a quienes son más dignos de ella que usted y que yo. Tampoco puedo embarcarme para ir al encuentro de los salvajes del Canadá. Primero, porque las enfermedades que padezco me retienen junto al mejor médico de Europa y porque esa ayuda no la encontraría entre los Missuris. Además, porque la guerra ha llegado ya a aquel país y el ejemplo de nuestras naciones ha convertido a los salvajes en seres casi tan malos como nosotros. Me limito, pues, a ser un pacífico salvaje en la soledad que he elegido, junto a su patria, donde usted debería estar." Etc., etc.

Por los ejemplos citados, vemos que la ironía es, fundamentalmente, un arma literaria dialéctica, defensiva y ofensiva al par. Por ello, es también un modo de hacer limitado: para comprender bien el sentido irónico (caso del anterior ejemplo volteriano) hay que conocer previamente la posición del que escribe, contra quién escribe y qué es lo que se ataca.

Pío Baroja decía de la ironía que tiene un carácter más social que el humor. Por ello, por su fondo social y dialéctico, recomendamos al escritor de temperamento ironista que no alambique demasiado sus "sugerencias" o sutilezas. El peligro de la ironía demasiado sutil es que no consiga su propósito y que el lector tome en serio, al pie de la letra, lo que se dice irónicamente.

La hipérbole

La *hipérbole* es la figura que consiste en aumentar o disminuir excesivamente aquello de que se habla. Es una ponderación exagerada que, a menudo, va acompañada de comparaciones.

Es ésta una de las figuras más corrientes en el habla familiar y popular; es lo que vulgarmente se llama "exageración". Ejemplos: *Te lo he dicho mil veces. Vamos a paso de tortuga. En el salón de actos no cabía un alfiler.*

Son muchas las expresiones nuevas, formadas por combinación de varias palabras –dice Kayser– que se aceptan por su impresionante hiperbolismo: *guerra relámpago, supermercado, rascacielos,* etc.

La hipérbole –según Perelman– se caracteriza porque no es una argumentación justificada ni preparada, sino "brutalmente lanzada". Su papel es el de lanzar al pensamiento en una dirección determinada, de modo que siguiendo esa dirección nos orientamos gracias al "choque" que la exageración produce en nuestro espíritu.

Si yo digo, por ejemplo, que *"Pérez es un hombre capaz de derribar una montaña de un puñetazo"*, he expresado la enorme fuerza física de Pérez, sin necesidad de minuciosas descripciones.

Lo cual quiere decir que con esta figura retórica se define algo exageradamente, siempre que el lector –o el oyente– comprendan el sentido hiperbólico; es decir, que den marcha atrás al pensamiento, quedándose en el límite *humano, posible y verídico* de lo hiperbólicamente expuesto.

La *hipérbole* "juega" un papel decisivo en el chiste. No hace muchos años, corrieron por España unos chistes, conocidos por "tan-tan", cuyo resorte chistoso residía en la exageración llevada al límite y en el juego de palabras. Se decía, por ejemplo:

"Era un hombre tan alto, tan alto, que tenía una nube en un ojo."

"Era un hombre tan delgado, tan delgado, que dormía sobre un alambre y se tapaba con una cuerda."

Estos chistes tuvieron una vida efímera, porque la exageración, por sí misma, es incapaz de mantenerse mucho tiempo. Creer que la gracia reside sólo en la hipérbole es ignorar la esencia del buen humor.

En este peligro está cayendo el habla moderna: en el desprestigio por causa de la exageración repetida. Hoy, por influencia de la técnica publicitaria, se tiende al lenguaje hiperbólico; no se valoran las cosas, se *"supervaloran"*; el café, para que sea tal, ha de llamarse *"supercafé"*; y el chocolate, para atraer a los golosos, se tilda de *"extrasuperfino"*. Los anuncios en los periódicos ocupan planas enteras. Todo lo que se anuncia es "grande", "excepcional", "extraordinario"...

Pero el efecto de esta, digamos, elefantíasis publicitaria no es duradero. La *exageración exagerada* –valga la expresión– acaba por despertar la suspicacia del público. El hombre de la calle llega a dudar de que sea verdad tanta belleza, y acaba por comprar lo que le gusta y conviene sin necesidad de que se le atraiga con "precios de locura".

Apliquese lo dicho al estilo literario y se comprenderá el riesgo que corre el escritor hiperbólico: que no se le crea.

El abuso del adjetivo, la tendencia a exagerar, la epidemia de "formidabilismo" (hoy todo es "¡formidable!"), nos dicen que es preciso devolver al sustantivo su poder evocador sin necesidad de cargarlo con "superadjetivos".

Claro está que la hipérbole, *bien manejada*, o sea, con medida, es elemento esencial del estilo jocoso. Y quien quiera una muestra de estilo hiperbólico imperecedero lea al genial humorista norteamericano Mark Twain, sin duda alguna el escritor que con más gracia ha manejado la exageración, uniendo a lo hiperbólico un tono de continua chanza de la mejor ley.

A continuación damos unos trozos de cuentos humorísticos de Mark Twain. En todos ellos hay frases hiperbólicas de sentido humorístico. Quien desee una muestra completa de relato centrado en la hipérbole, lea el cuento *De cómo dirigí un periódico agrícola*, de este autor.

"Este individuo fue una de aquellas personas a quienes se les llama filósofos. Habiendo nacido simultáneamente en dos casas de Boston, era, por tanto, gemelo..." (El finado Benjamín Franklin.)

"La parte realmente emocionante de la vida de este célebre hombre de color comenzó con su muerte, mejor dicho, las peculiaridades notables de su biografía se iniciaron con su primera muerte..." (Cuento de Eduardo Mills y Jorge Benton.)

"La pasada noche, en la recepción del General G, la señora mejor vestida era Mrs. G. C. Llevaba un traje de satén encarnado, liso por delante, pero con profusión de tela por detrás; me refiero a la cola. Se rumoreó que medía dos o tres yardas. Algún tiempo después de haber pasado dicha señora, podía verse todavía la cola arrastrando por el suelo...

...Al llegar, tenía un cutis bellísimo, que se fue ajando por momentos de una manera insólita. Sin embargo, no se perdió irremisiblemente y para siempre. La mayor parte de él lo encontré luego en mi hombro. (Estaba cerca de la puerta cuando salió apretujada por la multitud)..." (Un suelto mundano.)

La hipérbole en Quevedo

Ejemplo clásico de hipérbole literaria lo tenemos en el famoso soneto *"A una nariz"*, de Quevedo. Aunque de sobra conocido, damos aquí tal soneto para los que lo hayan olvidado. Dice así:

Érase un hombre a una nariz pegado,
érase una nariz superlativa,
érase una nariz sayón y escriba,
érase un peje espada muy barbado;
era un reloj de sol mal encarado,
érase una alquitara pensativa,

érase un elefante boca arriba,
era Ovidio Nasón más narigado;
    érase el espolón de una galera,
érase una pirámide de Egipto,
las doce tribus de narices era;
    érase un naricísimo infinito,
muchísimo nariz, nariz tan fiera,
que en la cara de Anás fuera delito.

Sin negar la maestría de Quevedo en la elaboración barroca del discurso, para nosotros, las mejores metáforas hiperbólicas de este soneto están en los versos 1, 2, 7, 10 y 12. Los demás versos nos parecen un tanto alambicados: la fluidez y naturalidad ceden el paso al rebuscamiento, a la imagen demasiado construida. La gracia espontánea de "érase un hombre a una nariz pegado" se transforma en gracia elaborada –y por tanto, sin efecto– en "érase una nariz sayón y escriba".

Y es que en el arte literario –como en cualquier otro arte– no debe verse nunca el esfuerzo del artista.

Ejercicios
* * * * * * * * * * * * * * * * * *

A) *Indique las figuras retóricas que predominan en cada uno de los siguientes textos:*

1.   ...por túmulo todo el mundo,
    por luto el cielo, por bellas
    antorchas pon las estrellas,
    y por llanto el mar profundo.

                                 Pedro Salinas

2. PEDRO CRESPO: Está muy puesto en razón.
                        Con respeto le llevad
                        a las casas, en efeto
                        del Concejo; y con respeto
                        un par de grillos le echad
                        y una cadena; y tened,
                        con respeto, gran cuidado,
                        de que no hable a ningún soldado...
                        Calderón de la Barca, *El alcalde de Zalamea*

3.   Vivo sin vivir en mí,
    y tan alta vida espero,
    que muero porque no muero.

                                  Santa Teresa de Jesús

4.   En mi alma, hermana de la tarde, no hay contornos...
y la rosa simbólica de mi única pasión
es una flor que nace en tierras ignoradas
y que no tiene aroma, ni forma, ni color.

Manuel Machado, Adelfos

5.   Pues se conforma nuestra compañía,
no dejes, soledad, de acompañarme,
pues en tu ausencia y con desampararme
muy mayor soledad padecería.

Hernando de Acuña

6.   Gocemos, sí; la cristalina esfera
gira bañada en luz: ¡bella es la vida!
¿Quién a parar alcanza la carrera
del mundo hermoso que al placer convida?
Brilla radiante el sol, la primavera
los campos pinta en la estación florida:
truéquese en risa mi dolor profundo...
Que haya un cadáver más, ¿qué importa al mundo?

José Espronceda, Canto a Teresa

7. "Yo velo cuando tú duermes, yo lloro cuando tú cantas, yo me desmayo de ayuno cuando tú estás perezoso y desalentado de puro harto."

Cervantes

8. "Era de cuerpo pequeño y no bien conformado, tan endeble que parecía que se lo iba a llevar el viento, la cabeza chata, el pelo lacio y ralo."

Benito Pérez Galdós, Fortunata y Jacinta

9.   "¿Ves el furor del animoso viento
Embravecido en la fragosa sierra
Que los antiguos robles ciento a ciento
Y los pinos altísimos a tierra
Y de tanto destrozo aún no contento
Al espantoso mar mueve la guerra?
Pequeña es su furia comparada
A la de Filis con Alcino airada."

Garcilaso de la Vega, Égloga Tercera

10. "Las primeras lluvias de la estación, que ya habían caído, amontonaban en el horizonte celajes espesos y pesados, que, adelgazados a veces por el viento y esparcidos entre las grietas de los peñascos y por la cresta de las montañas, figuraban otros tantos cendales y plumas abandonados por los genios del aire en medio de su rápida carrera."

Enrique Gil y Carrasco, El señor de Bembibre

B) *Busque y copie cuatro textos, en cada uno de los cuales predomine una de las figuras siguientes:*

1. Sinestesia.
2. Paradoja.
3. Ironía.
4. Hipérbole.

Lección *40*

Estilos directo, indirecto
y semidirecto

El estilo

> El *estilo* es el conjunto de rasgos que caracterizan un escrito y puede ser
> *directo, indirecto* y *semidirecto* o *directo libre.*

Los griegos y los romanos utilizaban un punzón llamado *estilo* (del latín *stilus,* y este
del griego *stãloj*) para escribir sobre tabletas enceradas. Hoy, la palabra *estilo* tiene un significado más amplio, ya que, según el *Diccionario de la RAE,* también es la "manera de
escribir o de hablar peculiar de un escritor o de un orador; carácter especial que, en cuanto
al modo de expresar los conceptos, da un autor a sus obras." Y, por extensión, se refiere así
mismo al conjunto de rasgos característicos que presenta un escrito y que son, esencialmente, fruto del dominio de la lengua que tiene su autor, de la actitud que adopta al redac-
tarlo y de su propia personalidad. Por tanto, así como la personalidad se educa y se desarrolla, el estilo se puede despertar y perfeccionar mediante la *lectura* atenta, el estudio de
la *gramática* y la *redacción* cuidadosa, que debe realizarse siguiendo ciertas normas.

Tipos de estilo

Escribir es mostrar. Quiere decirse que *hacer ver* lo que se quiere decir es más efectivo que *hacerlo comprender. Mostrar* es más plástico; *explicar* puede ser –no siempre–
más didáctico. (Véase lección 37, cap. IV.)

> En el *estilo directo* hay dos o más emisores; las proposiciones principales y
> las subordinadas van yuxtapuestas, sin nexo intermedio; conserva las formas ver-
> bales de las citas, sin modificar en el modo, el tiempo ni la persona, e inserta dos
> puntos en el escrito entre el verbo principal y la cita, que se destaca entre comi-
> llas o con la raya cuando se trata de un diálogo.

Procedimiento para conseguir esta plasticidad literaria es el *estilo directo,* que podríamos resumir en la siguiente afirmación:

Cuando se escribe "directamente" el autor desaparece; no se le ve. Lo que se ve es lo que se quiere narrar, describir o fijar en la imaginación del lector. Este procedimiento o estilo tiene más fuerza, se graba con más facilidad, nos da la impresión de algo que está sucediendo ante nuestra vida.

Veamos, como ejemplo, unos párrafos de estilo descriptivo directo de *El perro canelo,* de Georges Simenon:

"Es el viernes, siete de noviembre. Concarneau está desierto. Por encima de la muralla que rodea la ciudad, en su parte vieja, se distingue el reloj luminoso que marca las once menos cinco.

Hay pleamar. En el puerto, un huracán del suroeste hace que los barcos choquen entre sí. El viento penetra en las calles arrastrando velozmente por el suelo pedazos de papel.

En el muelle del Aiguillón no se percibe luz alguna. Todo aparece cerrado. La población reposa. Sólo está iluminadas tres ventanas del "Hotel del Almirante", situadas en el ángulo que forman la plaza y el muelle. No hay persianas, pero a través de los cristales verdosos se distinguen algunas siluetas de clientes rezagados. Cien metros más allá, el carabinero que está de guardia en el muelle, los mira con envidia acurrucado en su garita..."

En estos párrafos todo es estilo directo. No se ve al autor, sino que vemos lo que él está viendo, como si fuésemos nosotros espectadores de lo que narra.

Pero el estilo directo no sólo se emplea al describir el mundo externo, sino también el interno, el psíquico. Y ello es así cuando el autor nos hace sentir lo que él está sintiendo, pensar lo que está pensando, directamente, sin explicaciones. Consideremos una muestra de estilo directo "interior":

Estoy escribiendo acerca del estilo directo. Quiero dar una definición lo más exacta posible. No la encuentro. Busco y rebusco en diversos tratados de Estilística. ¿Es que nadie sabe lo que es estilo directo? Me detengo, ceso de escribir; me pongo a pensar. Por fin me decido a dar una definición... ¿Habré acertado? ¿No habré dicho algún disparate? ¿Para qué me habré metido en este lío? Debería romper las cuartillas escritas; pero ¿por qué romperlas? Lo mejor es dejarlas reposar un poco. Sí; dentro de unos días volveré a leer lo escrito y, si entonces me parece bien, es que está bien. Suspendo, pues, la escritura. Enciendo un pitillo; abandono la mesa de trabajo; tomo asiento en una cómoda poltrona... ¡Qué agradable es esto de no hacer nada! ¡Qué hermoso no pensar en nada!

En este párrafo, como verá el lector, las sensaciones del que escribe, su mundo interior, *no se explican, se muestran.*

Otro ejemplo de estilo directo descriptivo. Copiamos algunos párrafos de *La casa de los muertos*, de Dostoiewski. El autor nos describe los baños turcos a donde solían llevar a los condenados a Siberia:

"... Cuando abrieron la puerta de la estufa se me antojó que entrábamos en el infierno. Imaginaos un aposento de diez pasos de largo por otros tantos de ancho, en el que se amontonaban cien hombres a la vez, o por lo menos ochenta, pues éramos entre todos unos doscientos, divididos en dos grupos."

"El vapor nos cegaba; el humo, la suciedad y la falta de espacio eran tales que no sabíamos dónde poner los pies. Confieso que me asusté y quise salir de allí, pero Petrof me tranquilizó..."

"... Se gritaba y se reía con el acompañamiento de cien cadenas que se arrastraban por el suelo. Los que querían pasar de un sitio a otro, enredaban sus cadenas con las de los demás, chocaban en las cabezas de los que estaban más bajos que ellos, caían, juraban y arrastraban en su caída a los demás..."

"...El vapor seguía en aumento, y la sala de baño estaba llena de una nube espesa y abrasadora en el seno de la cual había una masa que gritaba y se movía. A través de esta nube se veían espaldas margulladas, cabezas afeitadas, escorzos de brazos y piernas, y, para completar el cuadro, Isaías Fomitch vociferando con todas sus fuerzas, encaramado en el banco más elevado, saturándose de vapor..."

Pero el campo de aplicación más amplio del estilo directo es aquel en que hay diálogo o cuando, sencillamente, conviene reproducir lo que ha dicho alguien (caso de las palabras pronunciadas por un conferenciante).

En el estilo directo, se hace hablar a los personajes; el escritor les cede la palabra. En el estilo indirecto, es el escritor quien, en nombre propio, nos informa de lo que dicen sus personajes.

La Gramática de la Real Academia Española dice así: "Llámase *directo* el estilo cuando el que habla o escribe cita textualmente las palabras con que se ha expresado el propio autor de ellas; e *indirecto,* cuando refiere o cuenta por sí mismo lo dicho por otro".

En el estilo directo alguna conjunción liga la cita al verbo declarativo; se ponen dos puntos y "guión de conversación" o, simplemente, se entrecomilla la cita.

Este procedimiento directo es más vivo, da más impresión de verdad, es, en suma, mas *comunicativo.*

Otro ejemplo tomado de un artículo de Julio Camba:

"Días atrás, necesitando remozar un poco mi ropero con algún traje de primavera, me fui a un almacén de ropas. Allí me tomaron las medidas y me dieron a elegir tres o cuatro modelos de diferentes colores.

—Este —dije yo.

–Muy bien –exclamó el vendedor–. ¿Quiere usted ponérselo?
Yo lo intenté con la mejor voluntad del mundo, pero me fue imposible conseguirlo.
–No quepo –le dije al vendedor.
–Pues esta es su medida –me repuso.
–¿Mi medida? –exclamé, asombrado...”

Transformemos ahora este diálogo en un párrafo de estilo indirecto:

“... y me dieron a elegir tres o cuatro modelos de diferentes colores. Elegí uno y el vendedor me preguntó si quería ponérmelo. Yo lo intenté con la mejor voluntad del mundo, pero me fue imposible conseguirlo. Dije al vendedor que no cabía y él me respondió que era mi medida...”

En este ejemplo se comprueba fácilmente cómo, al transformar el diálogo directo en un párrafo indirecto, el estilo ha perdido fuerza, viveza.

> En el *estilo indirecto* hay un solo emisor; la proposición principal y la subordinada se unen mediante un nexo; se modifican las formas verbales, y la proposición subordinada no se destaca de la principal.

El estilo *indirecto* debe emplearse siempre que parezca superfluo citar las palabras textuales. Así, este procedimiento es preferible cuando se quiere dar una idea sucinta y general de una opinión o de un diálogo, es decir, cuando no es absolutamente necesario reproducir textualmente lo que alguien haya dicho.

> El *estilo indirecto libre* o *semidirecto* consiste en mezclar el estilo directo, con el que comparte muchas veces la pausa representada por los dos puntos, y el estilo indirecto, con la utilización de cambios gramaticales, pero diferenciándose de ambos porque no utiliza verbos introductores.

Hay también una tercera clase de estilo llamado *semidirecto* o *indirecto libre* cuya nota característica es la supresión del verbo declarativo, porque se sobreentiende fácilmente. Se insinúa que se van a citar las palabras de alguien y no se emplea la conjunción “que”.

Utilización de los diferentes estilos

El *estilo directo* da mayor plasticidad al lenguaje escrito, tiene más viveza y, por tanto, resulta más comunicativo que el *estilo indirecto,* que debe utilizarse para expresar de modo sucinto una opinión o un diálogo cuando no es necesaria la reproducción de una cita textual. El *estilo indirecto libre* o *semidirecto* se utiliza para suprimir los verbos introductores, cuando se sobreentienden fácilmente, para dar mayor fluidez al texto. Observemos y comparemos los siguientes ejemplos:

Estilo indirecto: "El profesor dijo que convenía hacer todos los ejercicios porque la práctica es el complemento necesario de la teoría."

Estilo directo: "Conviene hacer todos los ejercicios –dijo el profesor–. La práctica es el complemento de la teoría."

Estilo semidirecto: "El profesor explicó lo que convenía hacer: los ejercicios eran necesarios porque la práctica es el complemento de la teoría."

Como se ve, el tiempo del verbo, y a veces hasta la persona, varían al pasar la oración del estilo directo al indirecto.

Hay ocasiones en que no conviene emplear el estilo directo porque sólo se quiere dar una idea sumaria de algo, sin reproducir el texto íntegro. Así:

"Los señores de la firma X y Cía. escribieron a sus clientes manifestándoles que los productos subirían de precio, debido a los elevados costes de los materiales."

Aquí, en realidad, no hace falta citar la carta entera en cuestión. El estilo indirecto basta.

En cambio, debe emplearse el estilo directo cuando el indirecto pueda prestarse a confusión.

EJEMPLO:

El maestro dijo a Luis que iba a escribir a *su* padre.
Confusión: ¿Al padre de quién? ¿Al de Luis o al del maestro?

Manera de resolverlo: recurrir al estilo directo y, así, podremos escribir:

El maestro dijo a Luis:
"Voy a escribir a *mi* padre."
"Voy a escribir a *su* padre de usted."

Finalmente, el estilo directo debe emplearse siempre que se haga la reseña informativa de una conferencia o de un acto en el que hayan hablado uno o varios oradores.

Lo corriente en estos casos es decir, por ejemplo:

"El conferenciante habló de lo que significa el militar en el mundo moderno. Dijo que hoy, un militar, tiene que tener mucho de técnico y bastante de diplomático. Destacó que la 'guerra fría' ha sacudido la modorra tradicional de la vida cuartelera de antaño y que, en nuestros días, el oficial o jefe del Ejército debe vivir en alerta constante, preparándose continuamente y estudiando sin cesar, porque hoy, más que nunca, si queremos la paz, debemos estar continua y urgentemente preparados para la guerra."

Esta referencia, aunque traslada al lector el pensamiento del conferenciante, tendría más fuerza en estilo directo puro:

"Un militar, actualmente, debe tener mucho de técnico y bastante de diplomático. La 'guerra fría' ha sacudido la modorra tradicional de la vida cuartelera de antaño." Esto dijo el general X en su conferencia titulada *El militar en el mundo moderno.*

"En nuestros días –afirmó a continuación–, el oficial o el jefe del Ejército tienen que vivir en alerta constante. Hay que estudiar sin cesar y prepararse continuamente para cualquier eventualidad. Hoy, más que nunca, si queremos la paz, debemos estar, continua y urgentemente, preparados para la guerra."

En realidad, en ambos casos se ha dicho lo mismo; pero con el estilo *directo* damos al lector una impresión más viva, más real; lo trasladamos *directamente* al escenario de la conferencia y lo convertimos en espectador, en oyente *directo* de lo que se dijo.

"El estilo *indirecto libre* (dice W. Kayser refiriéndose al que nosotros hemos llamado "semidirecto") se encuentra entre el estilo directo y el indirecto, precisamente en medio. *¿Debo ir esta noche al teatro?* –así podría reproducir directamente un narrador el pensamiento de uno de sus personajes, poniendo al personaje y al lector en estrecho contacto–. En la reproducción indirecta conservaría las riendas en su mano y serviría de mediador entre el lector y el personaje: *Pensaba si debía ir por la noche al teatro.* El estilo indirecto libre ocupa un lugar intermedio: *¿Debía ir por la noche al teatro?* El narrador, en este caso, es menor visible que en el estilo indirecto; el foco de la perspectiva casi pasa por el alma del propio personaje, como si el lector se asomase directamente a su vida interior... Esta forma sintáctica se adapta a la expresión de pensamientos no formulados claramente, a jirones de pensamientos, pequeñas emociones de la vida interior. Se comprenderá la gran importancia que logrado si se tiene en cuenta el interés por los procesos *psicológicos* que caracteriza al arte narrativo de los últimos decenios".

Veamos ahora unos párrafos en los que hay estilos indirecto y directo. Son de un artículo de Pemán, publicado en *El Debate,* en el año 1930:

"Hora: las siete de la tarde. *La hora frágil e indecisa, rebelde a toda disciplina de horario metódico.* Ni es de día ni es de noche; ni hora de trabajar ni hora de dormir..."

Y más adelante dice:

"Lugar: un bar; *ningún símbolo mejor de la inquietud de la vida moderna. El bar es el bebedero de los pájaros alocados de esta gran jaula de oro que es la ciudad moderna...*"

Subrayamos en estos párrafos, con letra cursiva, las frases escritas en estilo "indirecto", es decir, aquellas frases que nos obligan a pasar por la mente del escritor antes de llegar a las cosas. No se describe directamente, sino que se juzga, se explica lo que el autor piensa acerca de un suceso, un objeto o una cosa.

Y entiéndase esto bien. Por humana y natural vanidad, todo el que coge la pluma tiende a hacer piruetas ante el lector. Quiere que se le vea, se le escuche y se le atienda. Su "yo" aparece continuamente. ¡Tremendo peligro! Nada hay que empache tanto como el exhibicionismo. El lector, por regla general, quiere saber "cosas" (en el más amplio sentido de la palabra), pero no le importa mucho lo que el escritor opina sobre esas "cosas". Es en el comentario o en el artículo firmado en donde tiene que forjar opinión. Más aún: diríamos que, en ocasiones, el mejor modo de convencer es a base de hechos. Yo, lector, quedo más convencido ante una demostración de *lo que ha pasa-do,* que ante una versión personal a base de apreciaciones y juicios *sobre lo que ha pasado.*

En resumen, el buen estilo *informativo* exige objetividad e impersonalidad. Los hechos son los que mandan y el que los describe sólo tiene que obedecer a esos hechos, contarnos lo que ha sucedido y nada más. Su opinión personal deberá darla... si se le pide.

Ejercicios

* * * * * * * * * * * * * * * * * * * *

A) *En el siguiente texto se mezclan diferentes tipos de estilo. Indíquelos.*

Los Joseses, los dos hijos de *La Perra,* fueron los primeros en levantar la cabeza, luego el cuerpo. Por fin caminaron de un lado a otro esperando que Pedro Zamora les dijera algo. Y dijo:

–Otro agarre como éste y nos acaban.

En seguida, atragantándose como si se tragara un buche de coraje, les gritó a los Joseses: "¡Ya sé que falta su padre, pero aguántense, aguántense tantito! ¡Iremos por él!"

Una bala disparada de allá hizo volar una parvada de tildíos en la ladera de enfrente. Los pájaros cayeron sobre la barranca y revolotearon hasta cerca de noso-tros; luego, al vernos, se asustaron, dieron media vuelta relumbrando contra el sol y volvieron a llenar de gritos los árboles de las laderas de enfrente.

Los Joseses volvieron al lugar de antes y se acuclillaron en silencio.

Así estuvimos toda la tarde. Cuando empezó a bajar la noche llegó *El Chihuila* acompañado de uno de "los cuatro". Nos dijeron que venían de allá abajo, de la Piedra Lisa, pero no supieron decirnos si ya se habían retirado los federales. Lo cierto es que todo parecía estar en calma. De vez en cuando se oían los aullidos de los coyotes.

–¡Epa tú, Pichón! —me dijo Pedro Zamora— Te voy a dar la encomienda de que vayas con los Joseses hasta Piedra Lisa y vean a ver qué le pasó a *La Perra.* Si está muerto, pos entiérrenlo. Y hagan lo mismo con los otros. A los heridos déjenlos enci-ma de algo para que los vean los guachos; pero no se traigan a nadie.

–Eso haremos.

Y nos fuimos.

Juan Rulfo, *El llano en llamas*

B) *Los siguientes párrafos, frases y trozos literarios están escritos en estilo indi-recto. Escríbalos en estilo directo:*

1. El primer día de clase, el profesor dijo a los alumnos que, ante todo, exigía orden y disciplina. Añadió que prefería las faltas a clase, a los alborotos dentro de ella, y acabó recomendando a los buenos alumnos que no se dejaran contaminar por los malos.

2. El piloto, mientras volaba, sintió lo que no había sentido nunca; notó que sus nervios estaban tensos y que sus manos no obedecían a su voluntad. Pensó que los "reflejos" no funcionaban, y atribuyó la causa a unas copas de más que se había tomado la noche anterior.

3. Desde el aire, paisaje de la ciudad le pareció totalmente nuevo. Pensó entonces que merecía la pena volar, aunque sólo fuese por descubrir nuevas facetas de cosas conocidas.

4. El médico dijo al padre del enfermo que su hijo tenía un tumor maligno, que la amputación se imponía y que era preciso tener valor.

5. Mi padre me dijo que no estaba contento conmigo, que tenía que estudiar más y que, si no estudiaba, no tendría más remedio que ponerme a trabajar y aprender un oficio.

6. María, la criada, dejó su cesta sobre un banco. El soldado, su novio, le preguntó que por qué no había venido el día anterior. A lo que ella contestó que había venido, pero que él ya se había marchado. El soldado reconoció que podía ser verdad, y le explicó que él había tenido que marcharse porque habían tocado retreta y no pudo esperar más.

7. El profesor de Filosofía nos explicó la teoría de la relatividad, y nos dijo que actualmente los postulados de Einstein estaban siendo discutidos y puestos en tela de juicio.

8. Los dos amigos recordaron entonces sus tiempos de guerra. Juan preguntó a Luis a qué se había dedicado cuando lo licenciaron. Y Luis le respondió que, en el primer momento, se encontró como "despistado" y que no sabía qué camino tomar, hasta que por fin se decidió por emprender de nuevo los estudios.

C) *El diálogo del siguiente texto está escrito en estilo directo. Escríbalo en estilo indirecto:*

"El tabernero, que es un viejo marino al que la mar desmanteló, los mira fijamente, acodado sobre la húmeda tabla del mostrador y, como quien no quiere la cosa y dando bordadas a favor del viento, los sometió a un examen prudente y concienzudo.
–¿Son ustedes asturianos?
–No, señor.
–¡Ah! ¿Entonces, son ustedes vascos?
–No, tampoco somos vascos.
–¡Ah!
–Dupont y el vagabundo no tenían por qué ocultar de dónde eran.
–¿Quiere usted saber de dónde somos?
–Hombre, ¡si lo quieren decir!
–Sí, señor, ¿por qué no lo vamos a decir? Un servidor es de Galicia, de un pueblo muy antiguo y muy pequeño que no se encuentra con facilidad si no se le busca muy bien.
–Ya. ¿Y aquí, su compañero?
–Pues aquí, mi compañero, es aún de más lejos todavía. Mi compañero es francés, ¿sabe usted?, francés de la Francia.
–¡Ah, ya!"

Camilo José CELA, *Del Miño al Bidasoa*

Lección *41*

El arte de escribir

I. *EL LENGUAJE, MEDIO DE COMUNICACIÓN*

> El *lenguaje* es la facultad que posee el hombre de utilizar sonidos articulados (signos orales) y sus representaciones gráficas (signos escritos) para comunicarse con sus semejantes.

Sɪ se nos pidiera una definición, lo más breve posible, de lo que es el arte de escribir, diríamos: *Escribir es pensar.*

Se nos podría argüir –y no sin razón– que escribir es algo más que pensar; que escribir es también *sentir, imaginar, vivir,* etc. Porque escribir es tan complejo que no cabe fácilmente en un concepto definitorio. No obstante, la definición expresada *es válida* en el sentido práctico que aquí le damos, es decir, que mal puede escribirse si no pensamos previamente, si no ordenamos mentalmente lo que vamos a escribir, es decir, si no nos trazamos un plan adecuado de trabajo.

Quiere decirse, en esencia, que sólo puede escribirse bien cuando se domina el tema y cuando se ha meditado suficientemente sobre el mismo. Dicho de otro modo: *pensar primero y escribir después.*

"Es por falta de plan –ha dicho Buffon– y por no haber reflexionado bastante acerca de un tema por lo que el escritor se siente confuso y no sabe por dónde empezar a escribir. Mas, una vez hecho un plan, una vez que se han puesto en orden todos los pensamientos esenciales a su tema, comprenderá fácilmente cuál es el momento de tomar la pluma..."

Así propuesta la cuestión, nos llevaría al estudio de una premisa fundamental: *el pensamiento*. Si el arte de escribir se basa en el arte de pensar, lógicamente deberíamos detenernos en ese mundo de la reflexión, que también tiene sus reglas y principios[55].

Afirma Marouzeau que "si el lenguaje fuese la transcripción perfecta, el calco de la idea, como la fórmula de álgebra lo es del razonamiento matemático, el estudio del estilo no tendría apenas razón de ser".

Pero en primer lugar, *la lengua*, incluso la mejor hecha, *es un instrumento imperfecto* –dice Marouzeau–, incapaz de darnos una traducción adecuada incluso del pensamiento más claro. De ahí el esfuerzo incesante, en el que habla o escribe, para sacar partido de "un instrumento defectuoso".

Además, el pensamiento "es cosa mal definida". Resultado: "que la expresión lingüística no es siempre más que una traducción aproximada del pensamiento" –afirma el autor citado–. "Dicha expresión supone, por parte del que la acoge, una interpretación y un comentario, y por parte del que la emplea una especie de consentimiento tácito a no ser comprendido más que imperfectamente. Entre lo que se dice y lo se quiere decir, hay siempre como un desacuerdo."

Pero no es misión nuestra ahora el hacer filosofía profunda sobre los misterios de la escritura en su conexión con los misterios de la mente humana. Nuestro propósito es dar unas normas generales, unos consejos prácticos de redacción y estilo. Normas y consejos que sólo van a ser tratados muy esquemáticamente. Tocaremos, pues, solamente los puntos más esenciales, lo más indispensable y preciso.

A quien posea una formación cultural de tipo medio, le molesta que le digan que "no sabe redactar". Hay quien duda del arte y de las reglas para escribir. Y sin embargo, existe ese arte y hay que aprender las reglas elementales de la composición literaria; de análogo modo a como el futuro pintor aprende perspectiva, dibujo y el modo de combinar los colores. Otra cosa muy distinta sería el querer dar normas para hacer belleza o gracia. Para esto, en el mejor de los casos, sólo hay principios. *Se es* artista o *se es* humorista, pero *no se puede aprender* a ser una cosa o la otra.

En cambio, escribir correctamente, sí que puede aprenderse. Porque se trata sola y exclusivamente del arte de expresarnos con claridad, concisión, sencillez y naturalidad.

> *Redactar bien* consiste en expresarse por escrito con exactitud, claridad, concisión y originalidad.

Con lo expuesto hemos tocado la médula del problema, hemos anunciado cuál ha de ser la meta del mejor estilo literario. Pero, antes de entrar en el estudio detallado del tema, conviene recordar que el lenguaje, escrito o hablado, no es más que un medio de

---

[55] Véase: A. Maurois: *Un arte de vivir*. Ensayo titulado *"El arte de pensar"*.

comunicación entre los hombres. Hablamos y escribimos para entendernos. Por tanto, el mejor lenguaje será el que con más facilidad lleve a otros lo que queremos decir, el que mejor descubra nuestro pensamiento o nuestros sentimientos.

II. LA COMPOSICIÓN LITERARIA

La *composición literaria* es el arte de desarrollar un tema. Sus fases son: *invención*, *disposición* y *elocución*.

En casi todos los tratados de Redacción se dedica un capítulo a la "composición literaria". Y está justificado. La razón de ello es que un escrito cualquiera (informativo, descriptivo o narrativo), análogamente a un cuadro, tiene que someterse a ciertas reglas y principios de composición para evitar la anarquía, es decir, para que el cuadro o escrito sea un todo armónico. Ningún pintor se lanza sobre el lienzo, sin bosquejar previamente la composición del futuro cuadro. Y es curioso anotar que la mayoría de los cuadros *abstractos* –mejor, *no figurativos*– tienen un título común: "composiciones".

La composición literaria es, pues, *el arte de desarrollar un tema*. Dicho arte se descompone, artificialmente, en tres fases: la *invención* o investigación y búsqueda de la idea o ideas, la *disposición* o procedimiento por el que se ordenan tales ideas y la *elocución* o modo de expresión de nuestro pensamiento.

Estas tres fases, aunque las estudiemos por separado, suelen producirse en nuestra mente de un modo casi simultáneo: mientras se escribe, se va elaborando la idea y su propio desarrollo.

"Estas tres operaciones –dice Albalat– no son rigurosamente distintas; al contrario, no puede separárselas. Encontrar un asunto, es ya disponerlo y ponerlo en orden, desde el momento en que se le examina y se madura. A menudo, en el mismo momento en que se descubre una situación o una escena, acude a nosotros la expresión y la anotamos para no perderla."

A) La invención

Proceso de *invención:*

- Elegir el *tema de redacción.*
- Anotar el *tema* y todo lo que se conoce del mismo.
- Buscar *información* y tomar *notas* sobre las ideas más confusas o menos conocidas, datos y ejemplos.

Inventar no es sacar algo de la nada: *inventar (invenire,* en latín) *es encontrar,* hallar. Y sólo se encuentra lo que se busca. Los hallazgos fortuitos son muy raros en literatura. La invención, pues, supone un esfuerzo para encontrar un tema y todos los detalles con él relacionados. Es una búsqueda de las ideas necesarias para producir una impresión determinada; es la elección, entre el cúmulo de impresiones primeras, de aquellos conceptos o hechos base de nuestro pensamiento en un momento determinado.

Hay autores que recomiendan la lectura y el estudio de modelos literarios como preparación para la composición; es lo que suele decirse "la asimilación por la imitación". Un escritor francés, F. Brenetière, decía que "la imitación es el noviciado de la originalidad". Y puesto que, según decimos en más de una ocasión, la redacción correcta y hasta elegante puede aprenderse, habremos de concluir con aquella frase de Teófilo Gautier: "Quien no ha imitado nunca, no ha sido nunca original".

Claro está que la imitación sola no es recomendable. Se puede recurrir a ella en nuestro primeros pasos por el largo camino del arte de escribir; después... hay que saber soltarse y caminar por nuestra propia cuenta.

Lo difícil, según Albalat, no es escribir sobre un asunto, sino sentirlo: "No se escribe bien más que lo que se siente bien".

Lo importante, según el autor citado, es que poseamos el asunto por completo, que nos saturemos con él y de él. "Si no acuden las ideas –dice– es porque el asunto no está suficientemente maduro. Hay pues que pensar y repensar en el tema mucho más tiempo hasta que estemos en tal estado de efervescencia que experimentemos la necesidad de desembarazarnos de dicho asunto. Entonces es cuando llega el verbo, la verdadera inspiración."

Verdad es –según anota Albalat– que no todo el mundo sigue el mismo procedimiento. Hay quien no puede escribir sin antes haber pensado mucho; otros, en cambio, sólo entran "en ebullición" sentados a la mesa de trabajo, "pluma en ristre", ante las cuartillas.

En cuanto al tema o asunto, se afirma que la elección del mismo es muy importante. Y se recomienda que *sea proporcionado a nuestras fuerzas.* No depende, pues, el éxito de que un tema nos guste o deje de gustarnos, sino de que seamos capaces de desarrollarlo.

Albalat recomienda que elijamos "cosas *verdaderas, vividas u observables".* La *verdad,* la *vida* y la *observación* –dice– son las condiciones fundamentales de toda obra literaria... Lo verdadero tiene como una fuerza contagiosa, la vida comunica vida, la observación sostiene el "verbo", es decir a la inspiración.

Lo dicho vale incluso para los más fantásticos temas. Que el asunto sea verdadero, vivido y observable no quiere decir que la literatura, el arte de escribir, se acabe en el *reportaje.* Significa que la fantasía no se desboque, que hagamos posible lo imaginado. Lo que se recomienda es la *verdad artística.* Las narraciones de Edgar Allan Poe, por ejemplo, son fantásticas y, al mismo tiempo, dan la impresión de realidad, porque para su autor, la verdad, la vida y la observación estaban precisamente en sus delirios imaginativos.

B) La disposición

> – Elaborar un *esquema* organizando el material.
> – Aclarar y aumentar las ideas.
> – Suprimir los detalles superfluos que no tengan relación con el asunto fundamental.

Tras la invención, viene la *disposición*, es decir, poner en orden los materiales. Es el arte de ordenar lo que va a escribirse; lo que ha de ir al principio y lo que hay que situar después. Es, en suma, la visión de conjunto (visión arquitectónica), de la que dependen el plan, el interés y la acción.

Sin un buen plan o planteamiento no hay trabajo posible.

Un trozo literario –según Albalat–, sea el que sea, discurso, descripción, carta o narración, debe tener *unidad*; ha de tender a un efecto general. Pero también son necesarios los detalles; los incidentes agradan. Es preciso que haya muchas ideas, muchas imágenes, en una palabra, *variedad*. "Conciliar la *variedad* con la *unidad* es un asunto de tacto y de gusto."

El *interés* de un escrito, según el autor citado, depende de la relación entre las partes, de su gradación y agrupación, del arte con que cada cosa se sitúa en el sitio que le conviene.

"Todo depende del plan", decía Goethe. Y, efectivamente, la historia literaria no demuestra que las obras maestras de los mejores escritores están bien compuestas.

En resumen, *la disposición es el equilibrio entre la inspiración y el orden*. Lo cual quiere decir que no conviene dejarse arrastrar por la imaginación "embalada", ni tampoco cerrar el camino a la creación por un ordenancismo excesivamente detallista.

En esta fase de la composición, cuando el edificio está aún en construcción, es cuando se puede "recortar". Es el momento de amputar todo lo que no sea necesario, según la idea preconcebida. No hay que dejarse dominar por aquellos detalles, incluso excelentes, que no tengan inmediata relación con el asunto fundamental, objeto de nuestro trabajo. Como decía Pascal, "no basta con que una cosa sea bella, es preciso que se adapte el asunto".

C) La elocución

> – Escribir un primer *borrador* del texto y corregir su organización y cómo se expresa cuantas veces sean necesarias.

Tercera y fundamental fase del trabajo literario: *la elocución* o expresión por escrito de las ideas surgidas con la invención y dispuestas según el planteamiento previo. Si los dos momentos anteriores tocan al *fondo* del problema, la elocución se refiere a la *forma.*

Ya tenemos el tema de nuestro trabajo; hemos dispuesto y ordenado los materiales; sabemos, sobre poco más o menos, cuáles han de ser el principio, la médula y el final de nuestra obra: sólo falta realizarla, ponerse a escribir.

Recomendación de urgencia: Llegado este momento, hay que comenzar a trabajar. No esperemos demasiado a la *inspiración*, porque pudiera suceder que una larga espera debilitase demasiado el nervio creador de las ideas. La inspiración, decía Gautier, "consiste en sentarse a la mesa de trabajo y coger la pluma".

Ahora, puestos ya escribir, procuraremos trasladar al papel todo lo que juzguemos propio y adecuado. Y escribamos sin miedo. Más vale pecar por exceso que por defecto. Ya vendrá después el retocar y el tachar. No nos preocupemos mucho por dar con la palabra exacta por el momento. Dejemos correr la pluma a placer. Lo esencial es no apartarse del camino trazado y andar a buen paso, rectos hacia la meta, sin perdernos por senderos secundarios.

Ante el papel en blanco

Pretender dar normas de cómo ha de escribirse, una vez situados ante las cuartillas, nos parece arriesgado. Cada escritor tiene un sistema propio, su modo personalísimo de hacer. No obstante, y por si pudieran servir como simples sugerencias, reproducimos aquí algunas de las ideas que exponía Albalat, al estudiar este proceso de la "elocución":

"Una vez trazado el plan, no se trata sólo de expresar pensamientos, sino de inventarlos a medida que se va forjando este trabajo de elocución."

"Desde que se pone uno a escribir, todas las operaciones que constituyen este arte, entran en juego simultáneamente. Se crea, se ordena, se da color..."

"Hay que decidirse a no escribir más que lo que nos parezca *nuevo*. En esto consiste el relieve y el talento. Desde el principio nos esforzaremos, pues, en escribir sólo pensamientos llamativos."

"Hay que buscar rasgos nuevos. Nuevos y verdaderos. Es precisa la observación inédita, evocar cosas en las que no se suelen pensar, hacer llamativas las que ya se han dicho, renovar la descripción antigua por medio de una visión personal e imprevista."

D) El retoque

> – *Redactar el texto definitivo* empleando el vocabulario preciso en estructuras lingüísticas correctas y cuidando el *estilo,* la *ortografía* y la *presentación* del escrito.
> – Escribir varios *títulos* y seleccionar el que mejor resuma la idea general.

Terminado el trabajo, aún falta mucho para la obra definitiva. Salvo rarísimas excepciones, todo escrito ha de considerarse como un bosquejo que ha de ser revisado, corregido y... abreviado. Casi siempre se escribe un poco más de lo preciso. Rara es la página literaria en la que, a la hora de la revisión, no sobre algo.

Este es el momento de procurar la palabra exacta, de recortar el estilo para darle concisión, de consultar el Diccionario en un caso de duda, de dar armonía al período...

¿Termina aquí todo? Pregunta ésta de difícil respuesta. Escritores hay que dan a la imprenta sus escritos tal como surgieron "de primera mano", sin apenas retoque alguno; otros en cambio, vuelven una y otra vez sobre lo escrito en interminable trabajo de corrección[56].

Pero si mala es la excesiva confianza en sí mismo, no menos mala es la excesiva autocrítica. Las correcciones indefinidas, los retoques continuos pueden convertir una página inspirada en una obra seca, sin gracia. De estos escritos archicorregidos decía Quitiliano que estaban como llenos de cicatrices. Es preciso, afirmaba, "que la limpia *pula*, pero que no *gaste* la obra".

En esta fase de la corrección y el retoque es recomendable leer en voz alta lo escrito. Buen procedimiento éste para sorprender, sobre todo, los defectos de armonía. Flaubert decía que una frase era buena cuando podía leerse en voz alta, por corresponder a "las necesidades de la respiración".

Finalmente, una última recomendación: déjese *reposar* lo escrito antes de proceder a su corrección y retoque. ¿Cuánto tiempo durará este proceso? Imposible dar reglas al respecto. Sólo podemos afirmar que *lo suficiente y preciso* para que, al releer el trabajo, exista ya una cierta *distancia* entre la obra y el autor: para que podamos releer lo nuestro como si lo hubiera escrito otro.

E) El oficio y la inspiración

> El *oficio* y la *inspiración* son complementarios e inseparables.

---

[56] Párrafo de una carta escrita por Dostoiewski, y dirigida a su hermano Mijail, en mayo de 1858:

"...Para todo se requiere trabajo, una labor gigantesca. Ten la seguridad de que cualquier poemilla gracioso y ligero de Puschkin, nos parece a nosotros tan gracioso y ligero, precisamente por lo mucho que lo trabajó y corrigió el poeta. Esa es la verdad. Gogol tardó ocho años en escribir sus *Almas muertas*. Todo lo que sale de un tirón está todavía verde. Dicen que en los manuscritos de Shakespeare no se advierten tachaduras. Pues por eso, precisamente, adolece de tales monstruosidades y pruebas de mal gusto; si hubiera trabajado más, le habría salido mejor. Tú, sin duda, confundes la inspiración, la primera momentánea aparición de una imagen o un impulso en el alma del artista (cosa que siempre ocurre) con el trabajo. Yo empiezo a escribir cada escena, según se me ocurre en el primer momento, y me recreo mucho en ella; pero luego me estoy trabajándola por espacio de meses y hasta de un año. Me dejo entusiasmar por ella varias veces (pues me gusta la escena), y tacho aquí, y pongo allá; y, créeme, siempre sale ganando la escena. Sólo que hay que tener inspiración. Sin inspiración, naturalmente, no se puede hacer nada."

Contra el esquematismo didáctico de las reglas de composición expuestas, es posible que el joven escritor enarbole la bandera de la INSPIRACIÓN. Respondamos a esta supuesta réplica con la palabra autorizada de dos escritores.

En un artículo firmado por *César González Ruano* (publicado en el diario *Informaciones* de Madrid, el 21 de marzo de 1961), se dice lo siguiente:

"La inspiración y el oficio en el verdadero escritor viene a ser la misma cosa, o estados tan complementarios que, desunidos, valen de poco. Por inspiración nos sentamos a escribir algo, que no será nada si no se sostiene en el oficio. Por oficio nos sentamos a escribir algo, que sin inspiración no será, igualmente, nada."

"A mí personalmente no me disgusta escribir con tema, pero tampoco me desagrada ni complica empezar, por ejemplo, un artículo sin saber lo que va a salir. Todo sale, por oficio y por inspiración, por una especie de automatismo de las palabras, que engendran unas a otras; de las ideas, que acuden por sugerencia mágica."

"...He repetido mil veces que la nostalgia, la voluptuosidad o el sufrimiento del recuerdo es el clima literario perfecto. Y he repetido también que el escritor es un animal rumiante: recoge un día inspiraciones que encontrarán su forma en otro. En el escritor no cuenta demasiado ni el presente ni el futuro, tal vez porque, metafísicamente, sean dos tiempos absolutamente inexistentes. Sólo cuenta el pasado. El escritor opera con espectros. La literatura es el arte natural de acercar lo distante."

"¿Cómo y cuándo escriben los demás? Me fío cada vez más del escritor que sinonimiza inspiración con costumbre. Aquello de que la inspiración es el trabajo diario, no es una frase, sino el tuétano de una verdad que explica todo o, por lo menos, mucho."

"El talento es un oficio largo."

Y Federico García Lorca, en su conferencia titulada "La imagen poética en don Luis de Góngora", escribe:

"Dice el gran poeta francés Paul Valéry que el estado de inspiración no es el estado conveniente para escribir un poema. Como creo en la inspiración que Dios envía, creo que Valéry va bien encaminado. El estado de inspiración es un estado de recogimiento, pero no de dinamismo creador. Hay que reposar la visión del concepto para que se clarifique. No creo que ningún gran artista trabaje en estado de fiebre... Se vuelve de la inspiración como se vuelve de un país extranjero. El poema es la narración del viaje. La inspiración da la imagen, pero no el vestido. Y para vestirla hay que observar ecuánimemente y sin apasionamiento peligroso la calidad y sonoridad de la palabra."

F) La improvisación y la técnica

> La *improvisación* es consecuencia de la *técnica* del escritor.

No hay discurso mejor improvisado que el preparado paciente, detallada y constantemente. La rápida improvisación propia de un escritor avezado, de un periodista ducho en el oficio, no es otra cosa que la consecuencia de una preparación continua, de un oficio largo, de un ejercicio constante de la mente para el acto-arte de escribir.

En la segunda cadena de Televisión Española, en el espacio *Rito y geografía del cante* –21 de mayo de 1973–, uno de los realizadores del programa dialoga con el guitarrista andaluz Paco de Lucía, el cual confiesa en este espacio televisado que no sabe música y que toca "por percepción, por oído". Y, al referirse al tema de la técnica y la improvisación, Paco de Lucía (concertista de guitarra flamenca), dice textualmente:

"Yo pienso que la improvisación viene a través de mucha técnica. La improvisación, para mí, es la expresión del artista según su estado de ánimo; pero si tiene problemas con los dedos, entonces, ya no puede existir la improvisación. El artista debe tener una superación de la técnica muy elevada para que, cuando sienta algo, lo pueda expresar sin que los dedos le molesten para ello."

A nuestro juicio, este guitarrista gaditano, con la casi innata y heredada sabiduría del viejo pueblo andaluz, ha dicho breve y certeramente, lo que algunos doctos expresan en páginas y páginas de doctrina estética, más o menos enrevesada.

Lección 42
Estilo y estilística. Cualidades primordiales del buen estilo

Estilo y estilística

> La *estilística* o ciencia del estilo se ocupa de la investigación crítica y analítica de las principales cualidades que debe reunir el *estilo*.

PARA escribir correctamente, acaso lo que nos importe al estudiante sea la definición del estilo. No obstante, dado que toda definición es una delimitación condensada de un concepto –o de una cosa–, recogemos aquí algunas ideas fundamentales sobre el tema.

"Estilo –dice Albalat– es la manera propia que cada uno tiene que expresar su pensamiento por medio de la escritura o la palabra".

La definición no es completamente exacta, ya que se confunden dos conceptos distintos: *estilo* y *manera*.

A este respecto, Gil Tovar, en su opúsculo titulado *El arte: temas y precisiones,* define el estilo como "el sello del espíritu del artista sobre las formas que origina" e insiste en que el estilo es algo personalísimo que no puede ser traspasado. "Lo que sí se traspasa –dice– es la manera, mero sistema de hacer formas. Queremos decir que sería absurdo de todo punto el que un pintor se dijera: "Voy a pintar ahora en el estilo de Picasso". Otra cosa sería: "Voy a pintar a la manera de Picasso". Porque si estilo es la expresión de un carácter, mal puede producirse faltando ese carácter".

Afirma luego Albalat que casi todos pensamos las mismas cosas: "la diferencia está en la expresión y el estilo". Y define a éste como "arte de captar el valor de las palabras y de las relaciones entre las mismas".

Y siguen las definiciones:

"El estilo es una creación perpetua."

"...Es la manera que cada uno tenemos de crear expresiones para comunicar nuestro pensamiento."

"...Es el reflejo del corazón, del cerebro y del carácter."

"...Es independiente de la erudición."

"...Es el orden y el movimiento a que se somete lo que pensamos."

Y resume así el propio Albalat todas las ideas expuestas:

"El estilo es el esfuerzo por medio del cual la inteligencia y la imaginación encuentran los matices, las relaciones de las expresiones y de las imágenes, en las ideas y en las palabras o en la relaciones entre unas y otras."

"El estilo es el ropaje del pensamiento", escribió Chesterfield, en sus *Cartas*, y Flaubert dijo que "el estilo es la vida, la sangre misma del pensamiento".

Cabe también considerar al estilo subjetiva y objetivamente. Desde un punto de vista subjetivo, el estilo, según hemos visto, es el modo característico de hacer –de escribir en nuestro caso–, de una persona. Así se habla del estilo de Cervantes, de Galdós o de Azorín. Objetivamente, el estilo refiérese a la calificación del mismo. Y así se habla del estilo bueno o malo, claro o confuso, denso o fluido, sencillo o enrevesado, etc., etc. (Una persona puede tener su línea propia, su estilo, y sin embargo, tal persona puede ser un adefesio.)

Finalmente, en literatura no puede hablarse de un *estilo* normativo, inflexible y fijo para siempre y para todas las cosas. Los estilos literarios varían con la época y, además, han de ser flexibles, adaptables al tema. El estilo clásico se diferencia del romántico. Y un mismo autor ha de procurar que su estilo varíe según sea el asunto: narrativo, descriptivo, humorístico, dramático, etcétera.

No obstante lo dicho, el buen estilo literario –tal como aquí lo entendemos– ha de reunir una serie de cualidades que a continuación estudiamos en este tema y el siguiente. Dichas cualidades son: la claridad, la concisión, la sencillez, la naturalidad, la objetividad y la originalidad.

$* * *$

Vamos, pues, a tratar en las páginas que siguen de problemas de ESTILÍSTICA, que, en nuestra perspectiva, definiríamos –con Dámaso Alonso– como "ciencia del estilo".

"Estilo –dice el autor citado– es lo peculiar, lo diferencial de un habla. Estilística es, pues, la ciencia del hablar, es decir, de la movilización momentánea y creativa de los depósitos idiomáticos. En dos aspectos: del habla corriente (estilística lingüística); del habla literaria (estilística literaria o ciencia de la literatura)".

Y precisa Dámaso Alonso: "La estilística es, hoy por hoy, el único avance hacia la constitución de una verdadera ciencia de la literatura".

Para nuestro especial propósito, en este libro entendemos por estilística:

La ciencia del estilo, es decir, la investigación crítica y analítica de las principales cualidades que ha de reunir el buen estilo.

Lo que supone, complementariamente, *el análisis científico de los principales defectos que han de evitarse o vicios del mal estilo.*

Cualidades primordiales del buen estilo

> Las cualidades primordiales del buen estilo son: *claridad, concisión, sencillez y naturalidad.*

CLARIDAD. Significa expresión al alcance de un hombre de cultura media. Claridad, que quiere decir también pensamiento diáfano, conceptos bien digeridos, exposición limpia, es decir, con sintaxis correcta y vocabulario o léxico al alcance de la mayoría: ni preciosista ni excesivamente técnico.

> *Un estilo es claro cuando el pensamiento del que escribe penetra sin esfuerzo en la mente del lector.*

Porque se puede ser profundo y claro, y superficial y oscuro. Una cosa es la hondura de pensamiento y otra cosa muy distinta... el jeroglífico, el crucigrama.

Pero el secreto de la claridad no consiste sólo en que las ideas sean claras. Es preciso que la construcción de la frase responda al orden lógico–psicológico estudiado y que las palabras no sean rebuscadas[57].

A diferencia de la poesía, donde las palabras son *protagonistas* del verso, en la prosa, los vocablos han de ser simple vehículo del pensamiento, al servicio del mismo; vocablos que, siendo significativos, no sean excesivamente relevantes; palabras, en suma, *transparentes.*

¿Cuál es, entonces, la diferencia entre verso y prosa?, se preguntará. He aquí, como respuesta, lo que dice en *Situations* (II, págs. 70 y ss.) J.P. Sartre:

"El prosista escribe, es verdad, y el poeta también escribe. Pero entre estos dos actos de escribir sólo hay de común el movimiento de la mano que traza las letras. Por lo demás, sus universos permanecen incomunicables y lo que vale para uno no vale para el otro. *La prosa es por esencia, utilitaria; y yo definiría gustosamente al prosista como un hombre que se sirve* de las palabras".

---

[57] Véanse lecciones 15, 16 y 17; capítulo II.

"El arte de la prosa –sigue Sartre– se ejerce sobre el discurso, su materia es, naturalmente, significante: es decir, que las palabras no son, ante todo, objetos, sino designaciones de objetos... La prosa es una actitud del espíritu: hay prosa cuando... la palabra pasa a través de nuestra mirada como el sol a través del vidrio."

Volviendo al problema de la *claridad* y porque en literatura también hay modas, más o menos pasajeras, recordemos unas cuantas frases que pudiéramos considerar como simbólicas del *oscurantismo literario*, de ese proponerse no ser claros a conciencia:

Se cuenta que, cierto día, el poeta francés Mallarmé –simbolista– decía al poeta José María de Heredia –parnasiano–:

–*Acabo de escribir una obra magnífica; pero no la entiendo bien y vengo a que usted me la explique.*

En una película, estrenada en España hace más de treinta años, y titulada *Las vírgenes de Wimpole,* uno de los personajes decía (citamos de memoria):

–*Mis poemas, en un principio, los entendíamos Dios y yo. Ahora... sólo los entiendo yo.*

De nuestro Eugenio D'Ors se cuenta que, cuando terminaba de dictar a su secretaria, le decía irónicamente:

–*Vamos a leer esto a ver si ha salido lo suficientemente confuso.*

Contra todo este confusionismo expresivo, cortina de humo de palabras con que el seudoescritor quiere ocultar a veces la vaciedad de su espíritu, nada mejor que escuchar lo que dijo el inmortal La Bruyère en *Les caracteres: De la société et de la conversation:*

"¿Cómo, qué dice usted? No lo entiendo. ¿Querría repetirlo? Aún lo entiendo menos. ¡Ah! Ya me doy cuenta: usted, Acis, quiere decir que hace frío. ¿Y por qué no dice usted: "Hace frío"? Si quiere decirme que llueve o nieva, diga: llueve, nieva. Que me ve con buena cara y desea felicitarme por ello, pues diga: lo encuentro a usted buena cara. Pero –responde usted–, eso es muy sencillo y, además, cualquiera podría decirlo. ¿Qué importa, Acis? ¿Tan malo es que lo entiendan a uno cuando habla y hablar como todo el mundo? Una cosa le falta Acis, a usted, y a sus semejantes: ingenio... Esa es la causa de sus pomposos galimatías, de sus frases embrolladas y de todas esas palabras altisonantes que no significan nada."

Lo dicho –téngase esto muy en cuenta– no quiere decir que la prosa no pueda ser poética. Significa que la belleza o la profundidad, en prosa, no dependen de las palabras, sino de los sentimientos o pensamientos que con ellas expresamos.

CONCISIÓN. Cualidad en virtud de la cual sólo emplearemos aquellas palabras que sean absolutamente precisas para expresar lo que queremos. Conciso no quiere decir lacónico, sino denso. *Estilo denso es aquel en que cada línea, cada palabra o cada frase están preñadas de sentido.* Lo contrario es la vaguedad, la imprecisión, el exceso de palabras; lo que vulgarmente se dice *retórica.*

"La pesadez, la morosidad, el *tempo lento* –ha dicho Baroja–, no puede ser una virtud. La morosidad es antibiológica y antivital."

"Cuando se estudia fisiología –sigue Baroja– se ve que en el cuerpo hay nervios con dos y tres y más funciones; no sé si por eso al organismo se le llama economía. Lo que no se ve jamás en lo vivo es que lo que se puede hacer rápidamente se haga con lentitud, ni que lo pueda hacer un nervio lo hagan dos."

"Con el tiempo, cuando los escritores tengan una idea psicológica del estilo y no un concepto burdo y gramatical, comprenderán que el escritor, que con menos palabras pueda dar una sensación más exacta, es el mejor." (Pío Baroja, *La intuición y el estilo. Memorias.*)

"La falta de concisión –según Albalat– es el defecto general de los que empiezan a escribir... La concisión es cuestión de trabajo. Es preciso limpiar el estilo, cribarlo, pasarlo por el tamiz, quitarle la paja, clarificarlo, petrificarlo y endurecerlo hasta que desaparezcan las virutas, hasta que la función carezca de rebabas y se hayan tirado todas las escorias... En una palabra, que no se pueda decir más concisamente lo que hayamos dicho."

"Lo que es preciso evitar –dice más adelante el autor citado– es lo superfluo, la verborrea, el añadido de ideas secundarias que no añaden nada a la idea matriz, sino que más bien la debilitan."

No se crea, por lo dicho hasta aquí, que escribir conciso equivale a "escribir corto" –según expresión tópica en el periodismo.

> *Literariamente, no hay trabajos cortos ni largos, sino bien o mal escritos.*

Lo bien escrito nunca resulta largo, no cansa; lo mal escrito cansa pronto, aun siendo breve resulta largo.

Ni tampoco significa la concisión que sea preciso cortar las alas a la fantasía ni a la imaginación, renunciando al color o a la magia de las palabras. No; cuando la fantasía pide vuelo hay que dejarla elevarse. Pero no se confunda el vuelo sereno y majestuoso del águila con el revoloteo del murciélago.

"No se olvide" –escribe Albalat– que las frases están hechas las unas para las otras y que es su encadenamiento apretado el que origina una de las bellezas generales del estilo. Que las frases no parezcan injertadas, sino engendradas; no ficticiamente yuxtapuestas, sino lógicamente deducidas."

SENCILLEZ Y NATURALIDAD. Son otras dos condiciones o cualidades necesarias del buen estilo. Y se refieren tanto a la construcción, a la composición de lo que escribimos, como a las palabras que empleamos.

> *Sencillez: Huir de lo enrevesado, de lo artificioso, de lo complicado, de lo "barroco", en suma.*
> *Naturalidad: No escribir de un modo conceptuoso, sino decir naturalmente lo natural.*

Sencillo, será el escritor que utiliza palabras y frases de fácil comprensión; *natural*, quien, al escribir, se sirve de su propio vocabulario, de su habitual modo expresivo. (También podría decirse que la *sencillez* afecta al *estilo;* y la *naturalidad* al *tono.*)

La *sencillez* del estilo podríamos definirla acudiendo a su contrario lo *enrevesado.* Ser sencillo no es tan fácil como pudiera creerse. Por vanidad tendemos a distinguirnos de los demás. El escritor vanidoso casi nunca es sencillo en su expresión. La sencillez –se ha dicho– es el sello de la verdad.

Armando Palacio Valdés dijo en su *Testamento literario:* "Me agradan las mujeres hermosas que se lavan con agua pura, los chistosos que no preparan sus chistes y los literarios que escriben sin pensar en la imprenta".

El hombre sencillo se expresa con *naturalidad,* de la cual hemos dicho –metiendo a conciencia lo definido en la definición– que consiste en decir *naturalmente lo natural.* Lo que significa que hay que procurar adaptar el estilo –la forma– al fondo. Escribir *naturalmente* es procurar que las palabras y las frases sean las *propias*, las que el tema exige. Es, en suma, huir de la afectación, del rebuscamiento.

Lo contrario de lo *sencillo* es lo *artificioso*; lo contrario de lo natural es lo afectado (el tono afectado).

Albalat sostiene que la naturalidad consiste en escribir con la palabra propia, simple y exacta. Y afirma: "El don de escribir con naturalidad no es una aptitud inconsciente. Lo natural se adquiere. Es un resultado del esfuerzo". Condillac decía que "la naturalidad es el arte convertido en hábito".

Contra lo expuesto podría argüirse que hay personas que son *naturalmente afectadas.* Afirmación ésta muy discutible psicológicamente y que, además, no nos sirve aquí. Llaneza, pedía Cervantes, porque toda afectación es mala. Y si fuera verdad que hay personas naturalmente afectadas, no por ello vamos a considerar tal afectación como virtud. También hay quien es naturalmente cojo, o tuerto, y no por ello dejaremos de reconocer que es mejor tener dos piernas y dos ojos.

Escribir y hablar

La *lengua oral* y la *lengua escrita* son dos parcelas distintas de una misma realidad, que resultan de la naturaleza distinta de los procesos y signos que emplean (fónicos o gráficos).

La *lengua escrita* tiene su origen en la *lengua oral* pero, aunque ambas utilizan la palabra como instrumento, no lo hacen de la misma forma y las interferencias entre ellas impiden el paso fiel de la una a la otra.

El problema de la naturalidad se entronca con el de las relaciones –diferencias o semejanzas– entre el hecho de hablar y el de escribir.

La naturalidad, mal interpretada, podría inducirnos a creer que se debe escribir como se habla, afirmación ésta incorrecta a nuestro juicio, porque, en realidad, se trata de dos actitudes distintas.

"¿Y cómo podríamos escribir como hablamos? –ha dicho Azorín–. No puede escribirse como conversamos; no lo permiten las repeticiones, las anfibologías, los prosaísmos, las redundancias, los mil vicios, en fin, que malean el idioma. Nadie escribe como habla; nadie habla como escribe."

Se cuenta que, en cierta ocasión, alguien dijo refiriéndose a Oscar Wilde: "Escribe como habla". Pero el interlocutor respondió atinadamente: "Sí; ¡pero hay que ver cómo habla!".

"La frase escrita no es la frase hablada", afirma Albert Dauzat en *Le génie de la langue française.* Y precisa: "El teatro, que se escribe para ser representado, es decir, hablado, debe dar en las comedias modernas la ilusión del diálogo vivo y espontáneo. Y, sin embargo, al examinarla, ¡qué trabajada resulta la lengua de nuestros actuales dramaturgos!".

La naturalidad, según nuestra opinión, no exime de la elegancia, antes bien, la requiere para no caer en plebeyez. El hombre que sabe vestir bien, irá elegante aunque vista un traje sencillo. Y el conjugar lo natural con lo preciso, procurando aunar sencillez y exactitud.

Verdad es –según Dauzat– que la lengua literaria debe mantener siempre el contacto con la lengua hablada, revigorizarse al contacto con la vida, pero sin romper con la tradición, con el orden.

Nadie expresó mejor lo que intentamos decir que el poeta Víctor Hugo cuando exclamó:

"¡Guerra a la retórica y paz a la sintaxis!"

Procuremos, pues, escribir naturalmente, sin afectación, pero sin caer tampoco en la imprecisión y desorden del lenguaje hablado. Quien habla –se ha dicho– ha de contar con la distracción del oyente; quien escribe, ha de tener en cuenta la atención del lector. Y ello tan naturalmente trabado que quien nos lea no advierta el ímprobo trabajo que nos costó escribir eso... que tan sencillo resulta en apariencia.

La difícil facilidad

Contra las cuatro virtudes estudiadas del buen estilo, se dan cuatro vicios en los que puede caerse, si se entiende mal lo expuesto.

> *Claridad no es superficialidad; ni concisión, laconismo; ni sencillez y naturalidad significan vulgaridad, plebeyez, ordinariez, en una palabra.*

Resumiendo lo dicho, podríamos afirmar: el buen estilo es... carecer de estilo. Que no se vea el modo de hacer. Sólo así conseguiremos aquella "difícil facilidad", suprema aspiración de todo artista. O, como decía Cicerón: "Hay un arte en parecer sin arte".

Cuatro reglas de estilística

> – *Poner una cosa después de otra y no mirar a los lados.*
> – *No entretenerse.*
> – *Si un sustantivo necesita de un adjetivo, no le carguemos con dos.*
> – *El mayor enemigo del estilo es la lentitud.*

Y ahora, como complemento de lo expuesto, veamos lo que sobre el tema que nos ocupa, dice un reconocido maestro:

En su trabajo titulado *Estilística,* enumera Azorín una serie de aforismos que, según él, han sido escritos "pensando en un escritor novel". "No son inconcusos –afirma–. No son siquiera aforismos; son observaciones refutables... La Estilística es contingente y aleatoria. Cada autor tiene su norma. Las normas que expresamos, con reservas, son las siguientes:

"Primera. *Poner una cosa después de otra y no mirar a los lados.* Escolio: Hay que escribir directamente; es superfluo todo lo que dificulte la marcha del pensamiento escrito." Por tanto: huir de los incisos, porque, según Azorín, la atención del lector se cansa.

"Segunda. *No entretenerse.* Escolio: no amplificar; es propio de oradores el desenvolver con prolijidad un tema. Lo que en la oratoria es preciso, huelga en la escritura."

"Tercera. *Si un sustantivo necesita de un adjetivo, no le carguemos con dos.* En emparejamiento de adjetivos indica esterilidad de pensamiento. Y mucho más la acumulación inmoderada."

"Cuarta. *El mayor enemigo del estilo es la lentitud...* Leemos a un escritor lento y nos desesperamos; quisiéramos poder empujarle para que prosiga más rápidamente en su camino."

En otro de su aleccionadores artículos, el propio Azorín nos da la receta contra el peligro de la lentitud. Y afirma:

"Entre todo este laberinto del estilo se levanta, a nuestro entender, el vocablo *eliminación*. Porque de la eliminación depende el tiempo propio de la prosa. Y un estilo es bueno o malo, según discurra la prosa con arreglo a un tiempo o a otro. Según sea más o menos lenta o más o menos rápida. Fluidez y rapidez: estas dos son las condiciones esenciales del estilo, por encima de las condiciones que preceptúan las aulas y las academias: pureza y propiedad."

De lo escrito y de lo hablado

> *Se debe hablar como se habla y escribir como se escribe.*

En las gramáticas tradicionales –anteriores al estructuralismo– se otorgaba una clara prioridad al lenguaje escrito sobre el hablado. El precepto retórico derivado de esta concepción venía a ser el siguiente: había que escribir según unas normas y unos moldes estilísticos, cuyos mejores ejemplos había que buscar en los grandes escritores clásicos.

Posteriormente, y como consecuencia del estructuralismo "saussuriano", se invierten los términos: la lengua escrita –se dice– no es sino una variedad de la hablada. Ferdinand de Saussure había dicho: "la palabra hablada constituye por sí sola el objeto de la Lingüística".

Desde nuestro específico punto de vista –desde el ancho campo del arte de escribir–, consideramos que no hay razón para ninguna prioridad: ni para el lenguaje escrito para la lengua hablada. *Se debe hablar como se habla y escribir como se escribe.* Pretender hablar como se escribe es exponerse a la pedantería; escribir como se habla –sin mayores preocupaciones estilísticas– puede resultar pedestre. Y cuando, por un loable prurito de autenticidad y de fidelidad a lo externo, se escriba con la sana intención de seguir a la lengua hablada, debe procurarse siempre una depuración de tales modos de decir, de manera que en nuestro estilo –intencionadamente realista o naturalista– no se adviertan las disonancias, las imprecisiones, las impropiedades e incorrecciones propias del lenguaje hablado.

NOTA

Como complemento de lo expuesto en esta lección acerca de las "cualidades del buen estilo", véase lo que decimos en la obra *Géneros periodísticos* (Paraninfo, Madrid), páginas 29 a 37. Se estudian las siguientes *cualidades: claridad, concisión, densidad, exactitud, precisión, sencillez, naturalidad, originalidad, brevedad, variedad, atracción, ritmo, color, sonoridad, detallismo, corrección* y *propiedad.* Se habla también, como condiciones complementarias, de la *elegancia*, la *discreción*, el *tacto* y, como síntesis, de la *fuerza.*

Lección 43

Originalidad y estilística

La originalidad del estilo

> *La originalidad del estilo radica, de modo casi exclusivo, en la sinceridad.*

EN nuestra disciplina, no hay reglas absolutas. Todo lo expuesto hasta el momento es... *relativamente relativo:* hay que tenerlo en cuenta, pero sin someter nuestra personalidad, nuestro modo de ser y hacer a unas normas que pudieran resultar extrañas a nuestra naturaleza.

Lo contrario significaría perder *originalidad.* Porque, si escribir es pensar y sentir –según decíamos en la lección 41–, cada cual escribe según piensa y siente. No podemos, pues, constreñir el pensamiento, imponerle una especie de "suero de la verdad" literario.

Y puesto que hemos mencionado a *la originalidad,* digamos en qué consiste: *La originalidad del estilo radica, de modo casi exclusivo, en la sinceridad.* "Todos somos originales cuando somos nosotros mismos –ha dicho un especialista en estas cuestiones–. Empezar por ser sincero es ya ser original. Es decir, huir de las expresiones banales, de las frases hechas, de los tópicos consagrados por el uso, es el mejor de los ejercicios para conseguir un estilo original."

Etimológicamente, el vocablo "original" revela ya su significación y sentido. Original viene de origen. Y "origen" es el núcleo, el germen vital de algo.

> *Lo original, pues, hace referencia a lo esencial. Así, es más original quien, al tratar un tema, se acerca más al núcleo del asunto y después... sabe expresarlo más sinceramente.*

Por ello, según decíamos antes, todo lo que hemos expuesto hasta ahora hay que aceptarlo con reservas: nada de absolutismos. Escribir es algo tan personal que no puede someterse al "imperativo categórico" de unas reglas inflexibles.

Las normas expuestas han de ser, por tanto, flexibles, maleables, adaptables, en suma, a la psicología –temperamento, carácter y aptitudes– del que escribe.

"Existe un estilo hecho –dice Albalat–, un estilo trivial, para uso de todo el mundo, un estilo 'cliché', cuyas expresiones neutras y usadas le sirven a cualquiera; un estilo incoloro construido sólo con las palabras del diccionario; un estilo muerto, sin fuego, sin imagen, sin color, sin relieve, sin imprevistos; un estilo pegado a la tierra e inelegante, gramatical e inexpresivo; el estilo de los escritores que no son artistas, un estilo burgués y correcto, irreprochable y sin vida."

"Así, con este estilo, es como no debe escribirse."

"Si usted escribe como todo el mundo, es inútil que coja la pluma."

Contra este estilo trivial e incoloro. Albalat recomienda el estilo original, "el que sorprende, el que seduce y que tiene su sello personal. La originalidad reside, sobre todo, en el modo de decir las cosas, de expresar las ideas, de hacer ver el fondo".

Y es el propio Albalat quien nos da un trozo de Jules Sandau, en el que subrayamos en cursivas las frases triviales, las frases hechas, sin originalidad:

"Mirad a ese joven: tiene *a lo sumo* veinte años. Entra en la vida, *que no ha hecho más que entrever, hasta ahora,* a través de *los sueños encantados* de la soledad en que ha vivido. Su infancia *ha transcurrido a la sombra del techo paterno, en la profundidad de los valles.* La naturaleza *lo meció en su seno:* Dios puso en su torno sólo *nobles y piadosos ejemplos...* La gracia *reside en su frente, la ilusión habita en su seno,* como *una flor abierta,* bajo el *cristal de las ondas,* se ve *en el fondo de su mirada la belleza de su alma..."*

He aquí una serie de expresiones sin vida. Todo esto no es más que fraseología rancia. La frase hecha alterna con la pedantería ramplona. Para corregir este pobre trozo literario habría que cambiar las expresiones subrayadas y sustituirlas por otras más exactas. "El sello del verdadero escritor –comenta Albalat– es la palabra propia, la creación de la expresión." Y son palabras propias, según hemos dicho al referirnos a la naturalidad, las que no pueden ser reemplazadas por otras. Un estilo es poco original cuando abunda en frases que pueden ser reemplazadas por otras más exactas, por la expresión justa.

> La originalidad, en suma, no depende de la novedad del tema, como del modo nuevo y sincero de tratarlo.

Pero hay una originalidad auténtica y otra falsa. Por eso el que busca la originalidad sin ser original; cae en el amaneramiento. Ser amanerado significa ser falsamente original; es, no mirar las cosas con los propios ojos y decir, sinceramente, lo que vemos, sino mirar las como *de prestado,* y expresarlas con frases hechas, que parecen extraídas de una preceptiva de la pedantería hueca.

Finalmente, y cuanto a lo dicho sobre la originalidad de fondo o tema, téngase en cuenta –según refiere Kayser– que, en las ruinas de Babilonia, se encontró una obra que es ¡una lamentación de que todos los temas poéticos estaban entonces realmente gastados! Lamentación ésta que surge ya en los principios de la literatura humana.

Por ello, y ante la escasez de asuntos nuevos, comenta W. Kayser que "si toda adaptación de un asunto hubiera de considerarse plagio, no habría un solo poeta limpio de este crimen".

> La originalidad, por consiguiente, no consiste tanto en la novedad del asunto, como en el modo nuevo, personal y sincero, de enfocarlo y de realizarlo.

Estilo y musicalidad

Escribe Middleton Murry:

"Estilo es una cualidad del lenguaje que comunica con precisión emociones o pensamientos. El estilo es perfecto cuando la comunicación del pensamiento o la emoción se alcanza exactamente."

"La sugestión emotiva de una palabra no reside primariamente en su sonido, sino más bien en las imágenes y en las asociaciones literarias que evoca."

Esto quiere decir –añadimos nosotros– que hay que huir de las palabras que suenan bien, empleadas sólo por su sonoridad, porque, por este camino se va hacia el vacuo y retumbante reino de la retórica, en el sentido peyorativo de la palabra.

"Cuando se permite el predominio de la sugestión musical –apostilla M. Murry– ha empezado la decadencia del estilo."

"La cualidad esencial de lo bien escrito es la precisión. Esta debe mantenerse al máximo, y el escritor que sacrifica el uno por ciento de precisión para ganar el cien por cien de música, va ya cuesta abajo."[58]

---

[58] *El estilo literario* (Breviarios del fondo de cultura económica).

El estilo "no es nada" y es "todo"

> Los aspectos fundamentales del texto son:
> - el *fondo* o contenido fundamental de lo que se comunica.
> - el *estilo* o forma de expresar las ideas.
> - la *estructura* o distribución y relación de las ideas.

"¿Que cómo ha de ser el estilo? –nos dice Azorín–. Pues el estilo..., mirad la blancura de esa nieve en las montañas, tan suave, tan nítida; mirad la transparencia del agua de ese regato de la montaña, tan limpia, tan diáfana. El estilo es eso; el estilo *no es nada*. El estilo es escribir de tal modo que quien lea piense: *esto no es nada*. Que piense, *esto lo hago yo*. Y que, sin embargo, no pueda hacer eso tan sencillo quien así lo crea; y que eso que no es nada, sea lo más difícil, lo más trabajoso, lo más complicado."

Efectivamente, como dice Azorín, el estilo no es nada y, al propio tiempo, lo es todo. Conseguir ese modo de hacer sencillo y natural, profundo y claro, es la aspiración de los grandes escritores.

Resumen y compendio de esa suprema aspiración estilística, fórmula que condensa todo lo que hasta aquí hemos dicho respecto de las cualidades esenciales del buen estilo literario, es la expresada por un intelectual granadino, Jacinto Rega, en el siguiente párrafo:

"...Y todo con las palabras más simples, que en su cadencia, en la exactitud y belleza de las imágenes, vayan fundiéndose la sencillez y la elevación, la profundidad y la transparencia, con un sello tan inconfundible que basten unas líneas para conocer instantáneamente al autor. Y a la vez que no tenga estilo, pues cada historia, cada capítulo, sean diferentes, como diferente es cada episodio; y cuando pretendamos analizar y sorprender su construcción, se nos deshaga entre las manos, de modo que sea imposible imitarlo o seguirlo, y, al mismo tiempo y de cierta manera, se pueda imitar y seguir..."[59]

Estilo y exactitud

En su obra *La intuición y el estilo,* escribe Baroja:

"En español, todavía no hay más que dos estilos: uno, el arcaico y castizo, y el otro, el modernista, un poco de confitería. Ninguno de los dos tiene exactitud y precisión; los dos tienden al adorno y la jerigonza."

"En eso creo yo que está la perfección del estilo –continúa–: en no decir ni más ni menos que lo que se debe decir, y en decirlo con exactitud. En el castellano actual, todas las fórmulas que se han aceptado en estos cincuenta años no han dado precisión al idioma; no han hecho más que sustituir la jerigonza arcaica por la modernista."

---

[59] Citado por Fernández Castro en artículo publicado en *Ideal,* de Granada –20 de enero de 1956–, con el título de "Inquietud creadora bajo el cielo de Granada".

"Para la mayoría de los latinos, el estilo es la retórica elocuente. Algunos han creído que yo no sabía escribir, como la mayoría de los autores de mi tiempo, con lugares comunes, elocuentes. Lo que sucede es que no me hace gracia esa manera de escribir. Una prosa recargada y con pretensiones, siempre con el mismo ritmo, me aburre. Me gusta, en cambio, la forma directa, escueta y sencilla."

"Los elementos principales de la prosa son, evidentemente, la sintaxis, unas veces regular, lógica, y otras irregular, con transposiciones; el léxico o vocabulario y la elección del período con párrafo largo o párrafo corto. La sintaxis tiene gran importancia."

En cuanto al léxico, cuando su riqueza "es forzada, aprendida –sigue Baroja–, vale poco, da una impresión de artificio; ahora, cuando es natural, espontánea, es otra cosa. El escritor que emplea las palabras que ha oído sobre todo de niño, les da un sabor especial de verdad, de autenticidad, que no tienen casi nunca cuando las toma del diccionario. Yo no escribiré nunca "por ende", "a mayor abundamiento", "enterizo", "señero", "reciedumbre", "mañero", "madruguero", no hablaré de la "besana" o de los "albaranes" de las casas, porque éstas y otras palabras las leo pero no las oigo. Sobre todo no las he oído. Esto me basta para no usarlas. Son para mí voces inusitadas, que no añaden un matiz nuevo a una idea. Todo ello constituye un léxico que a mí me parece una moda modernista muy próxima a la trivialidad y a la cursilería. Tampoco me gusta emplear esas palabras de hace pocos años, como "propugnar", "posibilitar", "estructurar", que tienen un sabor de pedantería de academia jurídica y que no sé si añaden algo a las ideas viejas".

Esta opinión de Baroja tiene un valor circunstancial, personal e histórico. Porque puede haber otro escritor, de otro lugar y tiempo, para el que las palabras citadas sean de uso corriente.

El estilo científico o demostrativo

> El buen estilo –literario, descriptivo o simplemente informativo– ha de ser *científico,* es decir, *demostrativo,* para procurar convencer.

Hasta ahora, al estudiar las cualidades del buen estilo literario, nos hemos referido a las de categoría estética. Para completar este estudio (y con las naturales reservas por tratarse de una opinión muy personal), nos atreveríamos a decir que, además de todo lo dicho, el buen estilo –literario, descriptivo o simplemente informativo– ha de ser *científico.*

Lo que no significa que el ideal sea la aridez de un tratado de Álgebra o de Termodinámica. Con la tesis expuesta, quiero indica que el buen estilo ha de ser *demostrativo.*

Dicho de otro modo: que el escritor ha de procurar convencer, ganarse al lector. Lo que no se consigue sólo con el razonamiento, sino con hechos.

Al escribir, hay que plantearse una exigencia primordial: es preciso hacer ver lo que nosotros vemos; hacer sentir, lo que sentimos, y hacer pensar, lo que pensamos. Para ello, la demostración es esencial.

Decir, por ejemplo, que "el desfile fue deslumbrante" o que "el paisaje era maravilloso", sin añadir nada más, equivale, prácticamente a no decir nada. Lo que hace falta es que el lector se deslumbre o maraville con lo que digamos del espectáculo que se describe.

El hombre actual no quiere ya "literatura" –en el sentido peyorativo de la palabra–; el lector moderno necesita –pide– *auténtica literatura*. Es decir, la que se resume en la conocida frase de "tener algo que decir" y en decirlo –añadimos– de un modo *comunicativo*.

Cuenta Middleton Murry que Anton Chejov recibió un día un cuento de un amigo para que le diera su opinión. Y Chejov le escribió: "Suprima usted todas esas páginas sobre la luz de la luna y denos en lugar de eso lo que usted siente sobre ella... el reflejo de la luna en un pedazo de botella rota". Y Dostoiewski, a otro escritor que describía cómo arrojaban monedas a un organillo desde una ventana, le dijo: "Quiero oír el rebote y el tintineo de esas monedas".

Lo dicho significa que el lector de nuestro tiempo rehúye la lectura de los que escriben para recreo propio, de los narcisistas de la palabra, de los que, al escribir, "se escuchan"... sin pensar en quién ha de leerlos. Son –en frase de Ortega y Gasset– los que "ensalivan la seda de un poemita", lo que, al adormecerse con su propia creación literaria, contribuyen, de paso, al sueño del lector, a su adormecimiento.

Hoy es imperativo escribir con clara conciencia de que *los demás* son los destinatarios de nuestros escritos. (Por aquí anda el tan traído y llevado "mensaje" del escritor). Si sentimos, por ejemplo, el "impacto" de la belleza, sentiremos al mismo tiempo la necesidad de comunicar a los demás esa emoción. Si la impresión y el deseo son sinceros, la expresión ha de serlo también. "Sólo la significación –dice Sartre– presta a las palabras su unidad verbal; sin ella, se disiparían en sonidos o rasgos de pluma."

"El prosista –sigue Sartre– es un hombre que ha elegido un modo de acción por revelación. Es, pues, legítimo plantearle esta cuestión: ¿Qué aspecto del mundo quieres revelar?, ¿qué cambio quieres aportar al mundo con tu revelación? El escritor "engagé" (comprometido) sabe que la palabra es acción; sabe que revelar es cambiar."

* * *

Desde el punto de vista formal, el estilo científico ha de pasar inadvertido.

En cuanto al fondo, el estilo científico obliga a no escribir sino de aquello que se conoce por propia experiencia, interna o externa, excepto en los casos en que, por analogía, se puedan imaginar fácilmente por conocimiento experimental de situaciones análogas.

El *estilo científico* puede ser considerado en su aspecto formal y en cuanto al fondo.

Ser científico en la forma equivale a no hacer afirmaciones gratuitas: y lo serán todas aquellas que no convengan al lector demostrativamente. No decir, por tanto –según apuntábamos al principio–, que "la tarde era hermosa", sino hacer ver al lector esa hermosura; ni afirmar que tal señor "era un hombre bondadoso", sino contar hechos que demuestren su bondad.

El estilo científico, desde el punto de vista formal, ha de pasar inadvertido; que no se note la factura. "Puesto que las palabras –dice Sartre– son transparentes y puesto que la mirada las atraviesa, sería absurdo poner entre ellas vidrios sin pulimentar."

En lo que afecta al fondo, el estilo científico nos obliga a no hablar de memoria –según expresión vulgar–, a no escribir sino de aquello que conozcamos por propia experiencia, interna o externa, salvo en aquellos casos en que, por analogía, podamos describir o narrar algo de lo que no hemos sido testigos, pero cuyas circunstancias y detalles podemos imaginar fácilmente por conocimiento experimental de situaciones análogas. Sin este requisito (los filósofos lo llaman "vivencia"), no hay posibilidad de auténtica comunicación. Nuestro relato, por mucha fantasía y fuego que en él pongamos, sería frío: estará muerto ya antes de nacer.

Lo expuesto no quiere decir que estemos en contra del vuelo audaz de la imaginación creadora. El poeta, en situación de "trances", es decir, auténticamente inspirado, puede hacer verosímil la más fantástica lucubración. Lo que no puede hacer es descubrir un objeto físico que no conozca. La auténtica fantasía puede ser también *científica*, demostrativa. Y un verso, tan convincente, tan verdadero como un axioma matemático.

El estilo, el tono y los "baches". Ejemplos comentados

Tan importante como el estilo es, en la obra literaria, el tono, la entonación.

Dado que es difícil dar reglas prácticas, nos limitaremos a encuadrar el concepto, sin mayores pretensiones estéticas.

Para mejor comprender el problema de la entonación, recurramos a un ejemplo plástico, pictórico:

Un cuadro al óleo puede estar bien dibujado, bien compuesto, incluso ser rico de color y de luz y, sin embargo, tal cuadro puede estar mal entonado, por falta de concordancia, de ritmo colorista.

De una señora, por ejemplo, podemos decir que lleva un traje magnífico, un modelo muy elegante, pero que los zapatos o el sombrero *desentonan*.

> La entonación, pues, hace referencia al conjunto de la obra. Mas, para que dicha entonación sea adecuada, es preciso saber dar el tono justo a cada una de las partes de dicha obra; es necesario saber encajar el detalle en el conjunto.

Volviendo al ejemplo pictórico: si pintamos, por ejemplo, un caballo carmín o granate pastando en un prado verde, el choque de colores es tan brusco que –según expresión popular– "se ve a mil leguas". En cambio, si en la pradera verde utilizamos los diversos matices de este mismo color para dar sombras y luces a un caballo alazán, esos toques de pincel pasarán inadvertidos (a pesar de que no existan caballos con manchas verdes), porque tales detalles estarán bien entonados.

En la Naturaleza, la luz (de la mañana, del mediodía o de la tarde) es como un cendal que envuelve el paisaje, dando a todos los objetos que lo componen un tono uniforme, aun dentro de la más rica gama de colores. La Naturaleza nunca produce cuadros chillones, cromos. Hasta en ese cuadro abstracto que es una puesta de sol con nubes multicolores en el horizonte, los más diversos tonos están ensamblados entre sí de tal modo, tan entonados están, con tal ritmo, que el espectáculo jamás "choca"; siempre resulta bello.

> Es preciso respetar el tono adecuado al pensamiento o sentimiento que se expresa.

Aplicado lo dicho a la obra literaria, significa que es preciso respetar el tono adecuado al pensamiento o sentimiento que expresamos. Lo cual vuelve a recordarnos lo expuesto anteriormente: el valor de la palabra justa y la necesidad de adecuar cada frase a cada situación. Seamos líricos para lo lírico, emotivos para lo emocionante y humoristas para lo gracioso.

Pero la entonación no se refiere solamente al empleo de las palabras o frases en relación con lo que estamos escribiendo.

> Se puede desentonar por defecto de forma o de fondo.

Se puede desentonar por defecto de forma o de fondo. En la forma, por falta de adaptación expresiva, de "encuadre". En el fondo, porque no se ha sabido mantener el nivel –nuestro nivel– al escribir.

Si yo, por ejemplo, quiero describir una impresión brumosa de mi infancia, el estilo, el relato o descripción, ha de ser *brumoso*, no lúcido. No debo dar excesivos detalles porque entonces pecaría de falta de tono. Así, escribiré por ejemplo:

"Sólo recuerdo que aquel día había estrenado yo un traje nuevo de marinero y que me llevaron a casa de la abuelita, enferma, para que me viera. Me sentía yo orgulloso

con mi gorra marinera... Mi abuela estaba en la cama, y sólo recuerdo que, junto al lecho, había un recipiente blanco, alto y hondo, como un pozo. Me asomé a ver lo que era aquello y, al inclinarme, mi flamante gorra nueva cayó dentro de un líquido amarillo... Empecé a llorar y unas manos –¿las de mi padre?– se posaron suavemente sobre mis hombros y me sacaron de la habitación..."

Si quiero contar un tema festivo, mi estilo habrá de ser ligero; si trágico procuraré que el tono lo sea, etc. Así, no puedo describir una puesta de sol en el mismo tono que emplearía para describir un entierro o las contorsiones de un señor grueso para no caerse dentro del bamboleante autobús.

En cambio, puede sucederme algo jocoso en torno a un tema serio. Por ejemplo:

En una gran ciudad. Yo voy en auto, siguiendo a un coche fúnebre, en un entierro; pero, dados los embotellamientos circulatorios, el conductor de mi taxi se equivoca, pierde a nuestro coche fúnebre, se pone a seguir otro creyendo que es que perdió de vista, y acabamos en el cementerio acompañando a un muerto que no era "el nuestro"...

El tema es muy difícil. Por tratarse de un entierro, no puedo caer en un humorismo pedestre; pero la equivocación es jocosa y, por tanto, habré de narrar el tema volcando el humor en el suceso sin caer en irrespetuoso mal gusto. Así, por ejemplo, podría empezar mi relato como sigue:

"Yo soy un hombre muy serio. Me gusta que haya un sitio para cada cosa y que cada cosa esté en su sitio. Soy, además, muy cumplidor con los amigos: asisto a todas las bodas, bautizos y entierros a los que la convivencia social me obliga. Para los entierros, suelo ponerme corbata negra. Y procuro siempre acompañar al difunto hasta el cementerio. Imagínense ustedes mi situación, mis tribulaciones, mi bochorno, si les digo que, días pasados, me equivoqué de muerto... ¡Bueno! Puntualicemos: no fui yo el que me equivoqué sino el atolondrado taxista que me llevaba tras el coche fúnebre. Verán, la cosa fue así...", etc. etc.

Expliquemos ahora el problema de la entonación, en lo que toca al fondo de la obra:

El conocido aforismo griego "conócete a ti mismo"[60], resulta aplicable a este campo de la estilística. Al escribir, es preciso saber hasta dónde podemos llegar en nuestro "vuelo" –conocer nuestras propias posibilidades–, para evitar los "baches". Para ello, conviene que, al escribir, procuremos mantener cada cual nuestro nivel, sin elevarnos demasiado. Más vale un tono medio correcto que repentinas subidas, seguidas de súbitas depresiones.

Pero los baches se producen no sólo con referencia a la altura de la obra, sino también con referencia al tema y al tono. Si estamos escribiendo en serio y, súbitamente, sin transición, pasamos a lo jocoso, se produce un cambio brusco que rompe la armonía necesaria en toda obra de arte. Lo mismo puede decirse, si, en unas páginas de humor, introducimos, inesperadamente, unas reflexiones filosóficas de tono doctoral.

---

[60] La inscripción "Gnothi seauton" figuraba en el frontón del templo griego de Delfos. Es más conocida la traducción latina "nosce te ipsum".

Claro está que tales transiciones son legítimas y aceptables cuando el lector no las nota, es decir, cuando se pasa de un tono a otro, con suficiente maestría en la gradación y en el matiz. Un ejemplo de lo que decimos lo tenemos en el *Viaje al Harz,* del poeta Heine (primera parte de sus *Reisebilder* o *Cuadros de viaje*). En este libro, el poeta escribe normalmente en serio, para hacer, de vez en cuando, reflexiones humorísticas, cuyo valor, por contraste, hace sonreír al lector. Pero tal contraste está tan magistralmente realizado que el lector no advierte bache alguno. Se pasa de lo poético a lo humorístico armoniosamente, con gran dominio del matiz. No hay falta de entonación a pesar de los cambios de tono. Y todo ello porque las ideas van fundiéndose con tal habilidad que el lector no se da cuenta de las transiciones.

He aquí cómo el poeta Heine, en sutilísimos cambios de tono, engarza el pensamiento filosófico con la frase humorística, sin que tales cambios choquen; al contrario, contribuyen a mantener el tono querido por el escritor, para dar más fuerza a sus pensamientos. Dice así en las primeras páginas de *El viaje al Harz:*

"Los habitantes de Gottinga se clasifican generalmente en estudiantes, profesores, filisteos y ganado; cada una de estas clases está muy rígidamente separada de las demás. La del ganado es la clase más importante."

Obsérvese cómo se mantiene el tono serio expositivo. Si hay humor no es porque el autor haya procurado una forma graciosa en el decir: el humor está en lo que dice y en el modo de ensamblar las frases... para llegar a una conclusión –muy seria–, pero que, por contraste, nos hace sonreír.

Como resumen de todo lo expuesto, el propio Heine nos descubre de pronto, en uno de los párrafos de este *Viaje al Harz*, un brevísimo y aleccionador capítulo de Estética –con su nota humorística al final, no exenta de cierta amargura–:

"...La montaña se hacía abrupta. Los bosques de abetos se agitaban allá abajo, como un mar de verdes olas, y por el cielo azul se deslizan las blancas nubes. Lo bravío del paisaje queda atenuado por la unidad y la sencillez de sus elementos. Como los buenos poetas no gusta la Naturaleza de los fuertes contrastes. Las nubes, aunque a veces aparezcan muy bizarramente contorneadas, tienen, sin embargo, un color blanco, o, al menos, suave, que armoniza muy bien con el del cielo y el verde de la tierra, de modo que todos los colores del paisaje se funden en una suave música, y así la contemplación de la Naturaleza es siempre sedante y tranquilizadora. El difunto Hoffman hubiera pintado las nubes con colores chillones. Al modo como un gran poeta sabe producir con pocos medios grandes efectos, así obra la Naturaleza. Un sol, árboles, flores, agua y amor. Es verdad que si éste falta en el corazón del espectador adquiere todo un aspecto deleznable: el sol entonces tiene tantas y cuantas millas de diámetro; los árboles son buena materia para calentarse; las flores se clasifican según sus estambres, y el agua es elemento húmedo..."

En resumen: en literatura (en estilística más propiamente), la *entonación,* fundamentalmente, es adecuación de la forma al fondo; de las palabras y frases, a los pensamientos y sentimientos que se expresan. Cuando una obra literaria está bien *entonada*, las palabras obedecen al escritor, se funden con su pensamiento. En un trabajo desentonado parece como si se produjera una pequeña revolución: las palabras (la forma) van por un lado y el pensamiento por otro. Resultado: desequilibrio, falta de armonía y, por tanto, de belleza.

¿Hacia una estilista generativa?

Del estructuralismo "saussuriano" hemos pasado al *estructuralismo genético*. Los estudios del lingüista norteamericano Noam Chomsky constituyen actualmente el "dernier cri" gramatical. Hoy todo el mundo habla de "Gramática generativa y transformacional".

Destaquemos algunas de las ideas que, de tales investigaciones, nos interesan aquí:

En primer lugar, la distinción entre *competencia* y *actuación* del hablante-oyente.

> *Competencia:* Conocimiento que se posee de una lengua y que permite entender y construir oraciones o mensajes.
>
> *Actuación:* Empleo concreto de tal competencia.

En este sentido –y según afirma Lázaro Carreter– *"la Gramática debe ser una teoría de la competencia de los hablantes"*. Y, a nuestro juicio, *la Estilística podría llegar a ser una teoría de la actuación de los hablantes–escribientes para expresarse lo más correctamente posible.* Tal podría ser la idea matriz (y motriz) para una "estilística generativa".

Con todo, lo más importante al parecer de estos nuevos estudios, consiste en haber pasado del estructuralismo meramente descriptivo al estructuralismo genético. Según resume Lázaro Carreter en su tratado de *Lengua española* (II, pág. 109), la gramática generativa y transformacional "no intenta reproducir exactamente los mecanismos que se producen en nuestro cerebro cuando hablamos o escribimos". Se trata de una hipótesis científica con la que "se pretende representar, mediante signos y operaciones, un fenómeno natural".

"Una de esas hipótesis –apostilla Lázaro Carreter– admite que las oraciones constan de estructuras profundas, donde se combinan los elementos que componen la significación, estructuras que son las mismas en todas las lenguas. Y que hablar o escribir consiste en *transformar* las estructuras profundas en estructuras superficiales (que pueden ser muy diversas en cada lengua, y aun dentro de una misma lengua). La Gramática generativa y transformacional, acorde con esta hipótesis, trata de explicar, mediante artificios científicos, cómo se pasa de una estructura a otra."

Concepción ésta que, a nuestro juicio, puede resultar enormemente fecunda para la estilística y, como lógica consecuencia, para un estudio científico del arte de escribir.

Lección 44

La palabra como utensilio

Hemos estudiado hasta aquí múltiples problemas de redacción y estilo. Sin embargo, no nos hemos detenido en el estudio de la palabra como "materia prima" o utensilio del escritor.

Naturalmente no pretendemos agotar el tema, sino dar nuestro personal parecer, seguido de una serie de opiniones autorizadas que refrendan en parte nuestra tesis.

La precisión en el uso de la palabra

> La precisión en el empleo del vocabulario es una exigencia fundamental en el arte de escribir.

No es buen pintor, no puede serlo –afirman los técnicos en la materia–, quien no sepa manejar los colores, quien se atreva a ignorar las calidades de los pigmentos que utiliza: verde esmeralda, carmín alizarina, azul ultramar, negro de humo...

No es buen arquitecto, no puede serlo –calcula uno–, quien desconozca la calidad de los diversos materiales de construcción, quien ignore cuándo, cómo y dónde ha de utilizar la piedra, el ladrillo o la madera.

Y así el escritor con su materia prima: la palabra. La precisión en el empleo del vocabulario es –debe ser– una de las exigencias fundamentales en el difícil y nunca bien aprendido arte de escribir.

Pero con ser la palabra utensilio indispensable, no se crea por ello, ingenuamente, que se escribe sólo con vocablos, ni que a mayor dominio, a más riqueza de vocabulario, mejor será el escritor. Si así fuera, bastaría con aprenderse de memoria un

Diccionario manual para convertirse en artista de la pluma. Pero si hacemos la prueba de contar las voces que integran el Diccionario de la Academia y las que conocemos y utilizamos habitualmente, nos asombrará nuestra indigencia, nuestro mísero léxico.

De ahí la servidumbre y la grandeza del escritor: de serlo a pesar de la escasez de sus medios de expresión. Porque aún en el caso imposible de un hombre que manejara todos o casi todos los vocablos de su idioma, tal hombre-monstruo se encontraría en ocasiones –eterno problema del matiz– en la embarazosa situación de no dar con la palabra exacta que tal o cual frase necesita o exige.

Tampoco el pintor utiliza en su paleta los miles y miles de tonos que la Naturaleza ofrece: los inagotables matices del verde, del rojo o del amarillo. El buen pintor sabe que basta con unos pocos colores bien manejados, con una sabia combinación de los primarios, secundarios, intermedios y complementarios. A base de ellos –doce en total– se puede obtener una infinita gama colorista. No es por ello mejor pintor el de paleta mejor surtida, sino quien más hábilmente combina, mezcla y contrasta a base de unos cuantos tonos fundamentales.

Y como el pigmento no es el cuadro, ni el ladrillo la casa, tampoco el vocablo es el libro. Quiere decirse que no se escribe sólo con palabras, escogiéndolas, una a una, como se escogen las manzanas en el mercado de frutas.

La palabra lo es en la frase

> Cualquier *acto de habla,* oral o escrito, está determinado por la *lengua* y por la *situación.*

Cualquier mensaje oral o escrito constituye un todo formado por las palabras y por la situación, de tal modo que fuera de la referencia a la situación no existe significado. Es decir, la situación aclara el significado del mensaje y, por tanto, el habla o discurso es inseparable de la situación de comunicación en la que aparecen elementos pertinentes (palabras, frases, oraciones), que son imprescindibles, y elementos paralingüísticos o extralingüísticos (gestos, mímica, tono de voz, etc., tácitos o expresos), que no son imprescindibles.

"La palabra –escribe García de Diego, en sus *Lecciones de Lingüística*– no es nada más que en la frase, y en la frase la palabra no tiene su cúmulo de acepciones, sino una sola, y esta sola acepción no es puro valor de la palabra, sino acepción recibida del contexto o polarizada por él."

Tampoco el verde de las hojas del olivo o del álamo es siempre el mismo, sino que depende de su *contexto,* esto es, del aire, de la luz, de la hora –del minuto acaso–, en que esa hoja brilla al sol o no brilla a la sombra. Color huidizo, siempre cambiante, martirio del pintor impresionista que quiera plasmar ese fugaz momento luminoso del paisaje.

"La palabra sigue García de Diego– elemento de frase, tiene en ella una significación momentánea, determinada por la situación o contexto. La palabra, estrictamente hablando, no tiene significación, sino aptitud de significación. Tal palabra puede recibir las veinte significaciones que el Diccionario le asigna, pero también otras que no le asigna."

Es el problema, por ejemplo, que a todo escritor consciente le plantean los sinónimos. Alguien ha dicho: "los sinónimos están en el Diccionario". La verdad sería más bien lo contrario. "De modo absoluto –escribía Albalat– puede afirmarse que no hay sinónimos. *Pereza, ociosidad, indolencia* y *holgazanería* tienen sentido diferente."

Sentido aproximativo de las palabras

> La palabra sólo significa lo que en cada caso representa para el que la pronuncia y para el que la escucha dentro de una situación.

"El sentido de la palabra –según Marouzeau– no puede ser más que aproximativo, como nuestro propio pensamiento. La lengua es, además, una construcción imperfecta, muy insuficiente para nuestras necesidades; el material de las palabras resulta impotente para expresar todos los aspectos del pensamiento, del sentimiento, de la imaginación. Sin cesar, nuestro vocabulario nos traiciona por defecto. Y también por exceso."

Una poetisa granadina, ha dicho:

> *"Indiferentes, palabras*
> *perdidas. Nadie el acento*
> *de su realidad descubre,*
> *íntimo. Mudo el secreto*
> *de su esencia, como un río,*
> *calladas, van hacia el centro*
> *de un mar que creará las nubes*
> *de su sentir verdadero"* [61].

"La palabra –precisa Marouzeau– no significa más que lo que en cada caso representa para el que la pronuncia y el que la escucha. ¿Qué significa "lago"? Para un geógrafo, un elemento de la topografía; para un turista, será la evocación de un alto a la orilla del agua; para un pescador, el recuerdo de un buen día de pesca; para un poeta, acaso no sea más que una reminiscencia de Lamartine."

Y es que la palabra –como dijera Ortega– implica siempre una transposición, una metáfora.

De ahí que el Diccionario, con toda su riqueza de léxico no sea, a fin de cuentas, más que un cementerio donde yacen las palabras muertas. Y el escritor, un taumaturgo

---

[61] Elena Martín Vivaldi, *Cumplida soledad.* Colección "Veleta al Sur". Granada.

dotado del mágico poder de revivir a esos vocablos inertes, de decirles, como a Lázaro, "levántate y anda". Y de transformar, transfigurar así, a la momia, en ser vivo que alienta; de convertir a la palabra-cadáver en un ser lleno de vida, de significación y de sentido.

Belleza y magia de las palabras

Dicen los lingüistas que hablar es hacer frases, aunque sean de una palabra. La oración –se afirma– fue antes que la palabra, "en el sentido de que las primeras palabras eran oraciones". Así, cuando el hombre primitivo dice "ciervo" o "búfalo", no lo hace para designar a estos animales, sino para emitir un juicio, como "el ciervo viene" o "el búfalo ataca".

Análogamente, el balbuceo del niño que empieza a hablar. Cuando el pequeño mal pronuncia "guagua" o "tate", en realidad está diciéndonos que "viene el perro" o que "quiere chocolate".

Admitida, pues, la tesis de que no se escribe sólo con palabras, sino con frases, forzoso será reconocer que la belleza de un texto escrito no reside en los vocablos aislados, sino en su artística trabazón; depende del modo y sabiduría en utilizarlos; de su empleo más o menos correcto; de su mejor o peor engarce en un trozo literario.

> La belleza o la profundidad de un texto resultan de lo que, sirviéndonos de las palabras como mero vehículo, hagamos sentir o pensar al lector.

La descripción de un paisaje –valga el ejemplo– no es más bella porque utilicemos vocablos más o menos sonoros o "distinguidos", sino porque, al escribir, llevemos al ánimo del lector esa belleza que intentamos plasmar, haciéndole partícipe de la misma. De análogo modo, la calidad estética de un cuadro no depende de los colores empleados por el pintor. Los pigmentos están a disposición de todos los artistas en el comercio, como las palabras están, para uso de todos, en el diccionario.

Se cuenta –y el ejemplo viene a cuento– que el gran Van Gogh pintó un día uno de sus inimitables lienzos con sólo dos pigmentos, los que en aquel momento tenía a mano: polvo de añil y hollín de chimenea. Con tan pobre material hizo una obra de arte.

No hay palabras bellas ni feas

A pesar de lo expuesto (y uno respeta las ajenas opiniones porque no es misión del que esto escribe "sentar cátedra") hay quien cree en la belleza de las palabras por sí mismas.

La voz "cristal", por ejemplo, obtuvo el primer premio en cierto concurso organizado por un periódico literario, para decidir por votación cuál era la palabra más bella. Y a "cristal", podríamos añadir por nuestra cuenta otras no menos bellas: "azul", "plata", "nube" y "viento".

Bien está el dato como simple curiosidad literaria, pero desengañémonos a tiempo: no seremos nunca grandes escritores por muchos "cristales" que intercalemos en nuestra prosa.

> No hay palabras bellas ni feas. Lo que importa no es el sonido del vocablo aislado, sino su cadencia dentro de la frase. Incluso palabras que, aisladamente pudieran sonar mal, pierden su disonancia si sabemos rodearlas, enguatarlas, con otros vocablos apropiados, que atenúen el posible mal sonido.

Escribir pendiente sólo de las palabras "bellas" es caer en narcisismo literario; es caer, y ahogarse, en las aguas en que el propio Narciso se contempla.

Ese vocablo que se yergue en la frase por su sola y simple sonoridad, por su rareza de piedra preciosa, es como pincelada color naranja caprichosamente puesta entre el verde sobrio de unas ramas de olivo.

Lo que interesa –al menos en la sana prosa–, lo que creemos debe interesar al lector, que es para quien se escribe a fin de cuentas, no es la voz más o menos bella por sí misma, sino la palabra propia. No es "azul", ni "cristal", ni "brisa", "fuente" o "luna", sino color, transparencia, rumor, luz..., es decir, lo que no puede expresarse con una sola palabra, aunque un vocablo baste a veces.

Poder mágico de las palabras

Lo dicho no significa que desconozcamos voluntariamente el poder mágico de las palabras en poesía –en el dominio del verso–, en el arte dramático o en ciertos momentos de la oratoria.

Poetas, dramaturgos y oradores saben que la palabra es a veces algo más que simple vehículo del pensamiento; que es objeto, no medio; protagonista del contexto, creadora de vivencias. Que es lo que viene a decir Ortega cuando, en su estudio sobre Mirabeau, define a la palabra hablada como "un poco de aire estremecido que, desde la madrugada confusa del Génesis, tiene poder de creación".

Una sola voz, "Sésamo", hacía que se abriera la misteriosa puerta de la cueva de Alí-Babá. Y los indios de Kipling –refiere André Maurois– iban en busca de la "palabra maestra" que les daría autoridad sobre los hombres y las cosas.

Tan mágico es el poder de la palabra que, sin ella, parece como si el hombre fuera incapaz de comprender la Creación del Universo. Así, en el Génesis, no se nos dice que Dios, al pensar el mundo, le diera vida, sino que Dios, al crear, habló: "Y *dijo* Dios: hágase la luz. Y la luz fue hecha".

La pluma del poeta, según Shakespeare, da contorno a las cosas:

> *"... y a lo etéreo y vacío*
> *lo dota de habitáculo y de nombre."*

Nombrar las cosas es un modo de infundirles vida. Es lo que expresa aquella copla de Antonio Machado:

> *"Dicen que el hombre no es hombre*
> *mientras que no oye su nombre*
> *de labios de una mujer.*
> *Puede ser."*

"Sólo la poesía –escribió Keats– puede decir sus sueños; sólo con el hechizo de las palabras puede salvar la imaginación de la oscura cadena y el mudo encantamiento."

Y comenta Middleton Murry:

"Cada obra eterna de la literatura no es tanto una victoria del lenguaje, como una victoria sobre el lenguaje: una súbita inyección de percepciones vivificantes en un vocabulario que, de no ser por la energía del literato creador, se hallaría perpetuamente al borde del agotamiento."

Pero el hechizo de las palabras, su magia –no importa repetir el concepto–, no está en ellas mismas, aisladas, desgajadas de la frase o del período. La palabra iluminada es como estrella que, a su luz propia, une la luz recibida de otras estrellas vecinas.

> Pretender escribir a base de palabras "bonitas", escogidas, sería tanto como querer un paisaje en donde sólo hubiera flores de invernadero.
>
> Y transformar así la obra poética en escaparate de bisutería.

Lo expuesto hasta aquí, acerca de las palabras, fue publicado en mayo de 1962 como artículo periodístico, distribuido por la Agencia "LOGOS" entre los periódicos españoles de su "cadena".

La palabra y los autores

Escribe Ortega y Gasset en su obra *El hombre y la gente* (cap. XI, *El decir de la gente*).

"...En el diccionario las palabras son posibles significaciones, pero no dicen nada... Las palabras no son palabras, sino cuando son dichas por alguien... La significación que el diccionario atribuye a cada vocablo es sólo el esqueleto de sus efectivas significaciones, siempre más distintas o nuevas, que en el fluir nunca quieto, siempre variante del hablar ponen a ese esqueleto la carne de un correcto sentido."

Y, más adelante, afirma Ortega:

"El individuo que quiere decir algo muy suyo y, por lo mismo, nuevo, no encuentra en el decir de la gente, en la lengua, un uso verbal adecuado para enunciarlo. Entonces el individuo inventa una nueva expresión. Si ésta tiene la fortuna de ser repetida por suficiente número de otras personas, es posible que acabe por consolidarse como uso verbal."

"El habla no consiste sólo en palabras, en sonoridades o fonemas. La producción de sonidos inarticulados es sólo un lado del hablar. El otro lado es la gesticulación total del cuerpo humano mientras se expresa... Hablar es gesticular."

"...La palabra no es palabra dentro de la boca del que la pronuncia, sino en el oído del que escucha... la lengua, es ante todo, un hecho acústico."

* * *

Noel Clarasó, en artículo sobre el tema que nos ocupa, ha escrito:

"...La capacidad de las palabras para adquirir significados y su incapacidad en asumir un solo significado limpio y mantenerlo, han encendido infinitas polémicas entre escritores, gramáticos y filósofos. ¡Y lo que discutirán! Pues, según se ve, en cosas de lenguaje no tiene razón el que critica, sino el que habla, siempre que con las palabras que usa consiga hacerse entender. Que, a la hora de la verdad, es de lo único que se trata."

"El escritor tiene que conocer las palabras, es claro, puesto que ellas son sus instrumentos de trabajo. Pero esto sólo es una parte de la ciencia del lenguaje. Escribir es también un arte, y el gran arte de escribir consiste, probablemente, en dar a entender muchas, muchísimas cosas, a mucha, muchísima gente, con las menos palabras posibles. Y entonces, según el giro y el 'tono' que se les dé a esas pocas palabras, ¡cuánto significado se expresa con ellas!..."

* * *

García de Diego, en su obra *Lecciones de Lingüística,* escribe:

"La palabra no expresa una idea, sino una realidad mediante una idea. Si digo *un toro,* no quiero expresar la idea, sino la realidad *toro.* La palabra no es, pues, un díptico fónico-ideal, sino un tríptico fónico-ideal-objetivo; esto es el elemento sonoro *toro,* mi idea y el animal toro."

* * *

En su obra *Précis de Stylistique française,* y al estudiar la estructura morfológica de la palabra, distingue Marouzeau entre palabras *significativas* y palabras *gramaticales.* Y escribe:

"En: *el libro de mi amigo,* las palabras *libro* y *amigo* representan seres u objetos: *el, de, mi,* sólo expresan determinaciones o relaciones."

"Los términos de relación –afirma Marouzeau– sólo interesan a nuestro entendimiento; los términos significativos hablan al propio tiempo a nuestra imaginación y a nuestra sensibilidad."

Según Marouzeau las *palabras gramaticales* ocupan poco espacio y pasan inadvertidas en el texto *(el, de, por, si, mas, como...)*. Ahora bien, tales palabras cuando abundan excesivamente "parece como si ocuparan un espacio indebido", sobre todo en el verbo donde, "por definición el espacio está medido y es pues precioso".

EJEMPLO:

Si tú no nos dices todo, no nos dices nada.

Frases éstas *vacías*, según Marouzeau, y hasta podría decirse "llenas de nada".

"Con más razón –sigue este autor–, las palabras accesorias resultan embarazosas si son muy largas. Así, las palabras y locuciones como: *consecuentemente, no obstante, de manera que, dado que, a medida que, en consideración a, independientemente de lo que...*"

Palabras vacías y palabras llenas

Para Marouzeau hay palabras vacías de significado hasta el punto de que sólo son instrumentos gramaticales. Un enunciado –dice– en el que predominan las palabras vacías produce una impresión de vulgaridad, de indigencia.

EJEMPLO:

Sea *lo que* sea y *lo que se* diga *de lo que se* piensa.

Por el contrario, la abundancia de palabras llenas de significado, de "palabras de valor presta a la frase una densidad considerada como uno de los elementos del buen estilo". Sin embargo tal densidad "puede ser también fatigosa y difícil de sostener mucho tiempo", ya que exige por parte del lector una verdadera tensión espiritual.

Y se cita, como ejemplo, el siguiente enunciado de Pascal:

"Una *nada* respecto del *infinito*, un *todo* respecto de la *nada*, un *término medio*, entre *nada* y *todo.*"

Dicho de otro modo: que la excesiva densidad puede resultar indigesta, como lo sería una comida a base de platos fuertes.

El lector puede encontrar ejemplos de este estilo indigesto, por demasiado denso, en algunos filósofos para los que escribir es *apretar* de tal modo el pensamiento, en palabras y frases tan densamente significativas, que la lectura se transforma en ejercicio análogo al que se realiza para desentrañar el sentido de una fórmula matemática.

Palabras "alfileres"

Albert Dauzat, en *Le génie de la langue française*, acepta la denominación de "alfileres" para aquellas partes de la oración que Marouzeau llama términos gramaticales. "Es *alfiler* –escribe Dauzat– todo lo que se une a una palabra –verbo, sustantivo y hasta adjetivo– para determinarla o calificarla. *Alfiler* el adverbio, cuando deja de ser independiente, para modificar el sentido del verbo o del adjetivo (*muy* grande, comer *bien*); *alfiler* el adjetivo desde el momento en que se une al nombre cualificado *(hermosos* niños); *alfiler* la partícula, artículo demostrativo, pronombre introductivo... que ofrece el mínimo de autonomía y el máximo de dependencia" (ob. cit., página 263).

Ambigüedad de las palabras

Finalmente, y desde el punto de vista lógico, hay que llamar la atención sobre el problema de la ambigüedad de las palabras. Como dice Jevons[62] "son pocos los términos que tienen un sentido claro y un solo significado... Cuanto más se estudian las sutiles diferencias y matices en el significado de las palabras, más se convence uno de la peligrosa cualidad de los instrumentos de que nos valemos para razonar y comunicarnos con los demás".

Se recuerda la división de los términos en *unívocos* y *equívocos* o *ambiguos*. *Unívocos* "cuando sólo sugieren a la mente un solo y definido significado". Así, la palabra *catedral* no es término ambiguo puesto que se aplica a todas las iglesias *catedrales* con un solo sentido lógico.

En cambio *iglesia* es palabra *equívoca* "porque unas veces significa el edificio en que se celebra el culto religioso, y otras, el conjunto de personas que pertenecen a una misma religión o secta, y se reúnen en iglesias".

"Por numerosos que sean los términos unívocos que podamos mencionar –dice Jevons–, es incomparablemente mayor el número de términos equívocos. Estos comprenden la mayor parte de los nombres y adjetivos que empleamos en los usos corrientes de la vida."

"El grupo más extenso de los términos equívocos lo constituyen aquellas palabras que han *transferido el significado,* de la cosa que originariamente expresaban a otra cosa relacionada con aquélla, de tal manera que aparecen ligadas estrechamente en el pensamiento."

Ejemplo de palabra que ha transferido su significado lo tenemos en el vocablo *pie*. Originalmente significó el pie de un hombre o de un animal (derivada del latín *pes, pedis*). Luego, por analogía, se extendió al *pie de la montaña,* a los *pies de las fotografías* –en la jerga periodística–. Y la misma palabra sirve para diferenciar las tropas

---

[62] W.S. Jevons, *Lógica.* Pegaso. Madrid.

de a pie, como la infantería, de las tropas motorizadas. Y también para designar la medida de un verso (versos *de pie quebrado*).

En resumen, la ambigüedad de los términos ha de ser tenida en cuenta al escribir para evitar posibles confusiones de sentido; para procurar siempre que cada palabra sea utilizada según la significación precisa dentro del contexto.

La palabra y las nuevas unidades lingüísticas

Las modernas gramáticas estructuralistas someten la palabra a una original disección, de donde resultan nuevas unidades lingüísticas, cuales son: el *monema*, el *morfema* y el *semantema* o *lexema*.

El *monema* es la unidad mínima del análisis morfológico.

El *morfema* es el elemento lingüístico o parte de la palabra desprovista de significación y que sirve para relacionar a los elementos significativos de la palabra (semantemas).

El *semantema* o *lexema* es el elemento de la palabra portador de significación:

En la siguiente oración:

> *Juan estudia normalmente en su casa.*

Los *monemas* son: *Juan, estudi, -a, normal, -mente, en su, casa;* los *morfemas: -a, -mente, en* y *su;* y los *semantemas o lexemas* serían: *Juan, estudi, normal, casa.*

Estas nuevas unidades lingüísticas, de indudable valor para la investigación gramatical, carecen, a nuestro juicio, de valor práctico a la hora de redactar. El escritor se enfrenta con ideas, con sensaciones, con vivencias, con fenómenos o cosas externos que traslada al papel mediante palabras, frases, oraciones, periódicos o cláusulas.

No se escribe con morfemas ni semantemas: se escribe con palabras, frases y oraciones. La verdadera unidad real del lenguaje para el escritor es la palabra en la frase. Y la frase en el contexto expresivo.

APÉNDICE

RESUMEN DE REGLAS PRÁCTICAS DE REDACCIÓN Y ESTILO

Damos en este Apéndice una serie de principios y consejos prácticos de redacción y estilo. Se trata de una recopilación esquemática de las ideas expuestas en este Curso de Redacción; *una especie de "resumen de urgencia" que nos servirá para recordar, en poco tiempo, lo fundamental de la doctrina estudiada.*

Exponemos a continuación el armazón, el esqueleto ideológico-práctico de lo estudiado hasta aquí.

"La regla del buen estilo científico es la claridad, la perfecta adaptación al asunto, el completo olvido de sí mismo, la abnegación absoluta. Es también la regla para escribir bien sobre cualquier material" (RENAN).

"Una palabra mal colocada estropea el más bello pensamiento" (VOLTAIRE).

"A menos de ser un genio, lo mejor es procurar hacerse inteligible (ANTHONY HOPE).

"No sacar de la luz humo, sino del humo luz" (HORACIO).

"El estilo, como las uñas, es más fácil tenerlo brillante que limpio" (EUGENIO D'ORS).

"El hombre poco claro no puede hacerse ilusiones: o se engaña a sí mismo, o trata de engañar a los demás" (STENDHALL).

"El que habla con claridad, tiene el espíritu claro" (SAN BERNARDINO DE SIENA)

* * *

1. Las palabras son los utensilios, la herramienta del escritor. Y como en todo oficio o profesión es imprescindible el conocimiento –el manejo– de los utensilios de trabajo, así en el arte de escribir. Nuestra base, pues, es el conocimiento del vocabulario. El empleo de la palabra exacta, propia, y adecuada, es una de las reglas fundamentales del estilo. Como el pintor, por ejemplo, debe conocer los colores, así el escritor ha de conocer los vocablos.

2. Un buen Diccionario no debe faltar nunca en la mesa de trabajo del escritor. Se recomienda el uso de un Diccionario etimológico y de sinónimos.

3. Siempre que sea posible, antes de escribir, hágase un esquema previo, un borrador.

4. Conviene leer asiduamente a los buenos escritores. Es estilo, como la música, también "se pega". Los grandes maestros de la literatura nos ayudarán eficazmente en la tarea de escribir.

5. "Es preciso escribir con la convicción de que sólo hay dos palabras en el idioma: EL VERBO Y EL SUSTANTIVO. Pongámonos en guardia contra las otras palabras" (Veuillot). Quiere decir esto que no abusemos de las restantes partes de la oración.

6. Conviene evitar los verbos "fáciles" *(hacer, poner, decir,* etc.), y los "vocablos muletillas" *(cosa, especie, algo,* etc.).

7. Procúrese que el empleo de los adjetivos sea lo más exacto posible. Sobre todo no abusemos de ellos: "si un sustantivo necesita de un adjetivo, no lo carguemos con dos" (Azorín). Evítese, pues, la duplicidad de adjetivos cuando sea innecesaria.

8. No pondere demasiado. Los hechos narrados limpiamente convencen más que los elogios y ponderaciones.

9. Lo que el adjetivo es al sustantivo, es el adverbio al verbo. Por tanto: no abuse tampoco de los adverbios, sobre todo de los terminados en "mente", ni de las locuciones adverbiales *(en efecto, por otra parte, además, en realidad, en definitiva).*

10. Coloque los adverbios cerca del verbo a que se refieren. Resultará así más clara la exposición.

11. Evítense las preposiciones "en cascada". La acumulación de preposiciones produce mal sonido (asonancias duras) y compromete la elegancia del estilo.

12. No abuse de las conjunciones "parasitarias": "que", "pero", "aunque", "sin embargo", y otras por el estilo que alargan o entorpecen el ritmo de la frase.

13. No abuse de los pronombres. Y, sobre todo, tenga sumo cuidado con el empleo del posesivo "su" –pesadilla de la frase– que es causa de anfibología (doble sentido).

14. No tergiverse los oficios del gerundio. Recuerde siempre su carácter de oración adverbial subordinada (de modo). Y, en la duda... sustitúyalo por otra forma verbal.

15. Recuerde siempre el peligro "laísta" y "loísta" y evite el contagio de este vicio "tan madrileño".

16. Tenga muy en cuenta que "la puntuación es la respiración de la frase". No hay reglas absolutas de puntuación; pero no olvide que una frase mal puntuada no queda nunca clara.

17. No emplee vocablos rebuscados. Entre el vocablo de origen popular y el culto, prefiera siempre aquél. Evítese también el excesivo tecnicismo y aclárese el significado de las voces técnicas cuando no sean de uso común.

18. Cuidado con los barbarismos y solecismos. En cuanto al neologismo, conviene tener criterio abierto, amplio. No se olvide que el idioma está en continua formación y que el purismo a ultranza –conservadurismo lingüístico– va en contra del normal desarrollo del idioma. "Remudar vocablos es limpieza" (Quevedo).

19. No olvide que el idioma español tiene preferencia por la voz activa. La pasiva se impone: por ser desconocido el agente activo, porque hay cierto interés en ocultarlo o porque nos es indiferente.

20. No abuse de los incisos y paréntesis. Ajústelos y procure que no sean excesivamente amplios.

21. No abuse de las oraciones de relativo, y procure no alejar el pronombre relativo "que" de su antecedente.

22. Evite las ideas y palabras superfluas. Tache todo lo que no esté relacionado con la idea fundamental de la frase o período.

23. Evite las repeticiones excesivas y malsonantes; pero tenga en cuenta que, a veces, es preferible la repetición al sinónimo rebuscado. Repetir es legítimo cuando se quiere fijar la atención sobre una idea y siempre que no suene mal al oído.

24. Si, para evitar la repetición, emplea sinónimos, procure que no sean muy raros. Ahorre al lector el trabajo de recurrir al Diccionario.

25. La construcción de la frase española no está sometida a reglas fijas. No obstante, conviene tener en cuenta el orden sintáctico (sujeto, verbo, complemento) y el orden lógico.

26. Como norma general, no envíe nunca el verbo al final de la frase (construcción alemana).

27. El orden lógico exige que las ideas se coloquen según el orden del pensamiento. Destáquese siempre la idea principal.

28. Para la debida cohesión entre las oraciones, procure ligar la idea inicial de una frase a la idea final de la frase anterior.

29. La construcción armoniosa exige evitar las repeticiones malsonantes, la cacofonía (mal sonido), la monotonía (efecto de la pobreza de vocabulario) y las asonancias y consonancias.

30. Ni la monótona sucesión de frases cortas ininterrumpidas (el abuso del "punto y seguido"), ni la vaguedad del período ampuloso. Conjúguense las frases cortas y largas según lo exija el sentido del párrafo y la musicalidad del período.

31. Evítense las transiciones bruscas entre distintos párrafos. Procure "fundir" con habilidad para que no se noten dichas transiciones.

32. Procure mantener un nivel (*su* nivel). No se eleve demasiado para después caer vertiginosamente. Evite, pues, los "baches".

33. Recuerde siempre que el estilo *directo* tiene más fuerza –es más gráfico– que el *indirecto.*

34. No se olvide que el lenguaje es un medio de comunicación y que las cualidades fundamentales del estilo son: la claridad, la concisión, la sencillez, la naturalidad y la originalidad.

35. La originalidad del estilo radica, de modo casi exclusivo, en la sinceridad.

36. Pero no sea superficial, ni excesivamente lacónico, ni plebeyo, ni "tremendista", vicios éstos que se oponen a las virtudes antes enunciadas.

37. Además del estilo, hay que tener en cuenta *el tono*, que es el estilo adaptado al tema.

38. Huya de las frases hechas y lugares comunes (tópicos). Y no olvide que la metáfora sólo vale cuando añade fuerza expresiva y precisión a lo que se escribe.

39. Huya de la sugestión sonora de las palabras. "Cuando se permite el predominio de la sugestión musical empieza la decadencia del estilo" (Niddleton Murry). La cualidad esencial de lo bien escrito es la precisión.

40. Piense despacio y podrá escribir deprisa. No tome la pluma hasta que no *vea* el tema con toda claridad.

41. Relea siempre lo escrito como si fuera de otro. Y no dude nunca en tachar lo que considere superfluo. Si puede, relea en voz alta: descubrirá así defectos de estilo y tono que escaparon a la lectura exclusivamente visual.

42. Finalmente, que la excesiva autocrítica no esterilice la jugosidad, la espontaneidad, la personalidad, en suma, del propio estilo. Olvide, en lo posible, todas las reglas estudiadas, al escribir. Acuda a ellas sólo en los momentos de duda. Recuerde siempre que escribir es pensar y que no debe constreñirse al pensamiento, encerrándolo en la cárcel del leguleyismo gramatical o lingüístico.

Capítulo **5**

El arte de escribir
y las técnicas

Introducción

> *"... Eso es lo que me parece indecente, escandaloso e inmoral: escribir sin saber escribir".*
> (Francisco Umbral, en declaraciones
> a *El País*: 28 de junio de 1981).

El título de este capítulo –"El arte de escribir y las técnicas"– requiere unas explicaciones previas. Pudiera creerse que basta con dominar tales técnicas para ser un escritor. Nada más lejos de nuestro pensamiento. El escritor –según expresión ya tópica– nace y se hace. Lo que quiere decir que la técnica no basta para escribir perfectamente.

Pero si la técnica no lo resuelve todo, ayuda mucho. Una vez más, repetimos que, con este *Curso de Redacción,* no pretendemos forjar novelistas ni artistas consumados. Por ello, en este último capítulo, no se estudian todas las técnicas, sino las que consideramos más necesarias para todo aquel que sólo pretenda redactar correctamente sin grandes aspiraciones literarias.

Tratamos aquí, por ejemplo, de la técnica de la descripción, de la biografía, del comentario, y tocamos muy ligeramente el amplísimo campo de la narración. Quedan, pues, fuera del propósito de este curso: el cuento, la novela, el drama, el ensayo, el artículo literario, etc. Y, lógicamente, nada tenemos que decir, por el momento, del reino de la poesía y el humor, donde moran la belleza y la gracia.

Nos consta que este capítulo no es completo. Incluso en los temas que estudiamos –y en los estudiados hasta aquí– sólo se toca lo más esencial. Porque no aspiramos al libro de investigación, sino al manual práctico, didáctico, que sirva de ayuda al alumno, marcándole simplemente el camino que luego, en sus deseos de perfección, habrá de recorrer solo. En todo gran escritor hay siempre un autodidacta.

Se observará que en este capítulo los ejercicios son más personales. Con lo expuesto hasta aquí, suponemos que el alumno tiene ya cierto criterio propio; no creemos necesario llevarlo de la mano. Por eso dejamos un amplio margen a su juicio personal; le dejamos libertad de acción para que se lance a escribir por su cuenta.

Los "ejercicios de recapitulación" le servirán para meditar sobre lo estudiado. Y los "ejercicios que se recomiendan" servirán como modelos, que pueden ser sustituidos por otros análogos, si se juzga oportuno.

Lección 45

La descripción y su técnica I

Principios generales

> *Describir* es representar algo (personas, animales, objetos, lugares, sensaciones, sentimientos, procesos, etc.) por medio del lenguaje y sus recursos expresivos, explicando cómo es o las impresiones que causa.

TODO el que escribe se enfrenta alguna vez con el problema descriptivo. Incluso un simple informe, a veces, lleva implícita una somera descripción. Describir bien lo que vemos es fundamental; pero la tarea no es tan fácil como pudiera creerse. Tan importante es esta materia que se ha dicho, con razón, que la descripción "es la piedra de toque de los buenos escritores". Y ello porque el que describe debe provocar en la imaginación del lector una impresión "de algún modo equivalente a la impresión sensible".

Describir es conseguir que se vea algo –un objeto material o un proceso espiritual–: ES PINTAR. Una descripción es UN CUADRO, dice Hanlet.

"El arte para describir –dice Albalat– constituye, en cierto modo, el propio fondo de la literatura. La descripción –añade– es la pintura animada de los objetos. Es *un cuadro que hace visibles las cosas materiales.* La descripción ha de ser viva. Dar la ilusión *de la vida* por medio de la imagen *sensible* y del detalle *material,* he aquí el fin de la descripción. Una descripción es *buena* cuando está *viva,* y está viva si es *real,* visible, material, ilusionante."

Lo dicho en el Capítulo IV (lección 37) respecto al estilo pintoresco y lo que aquí decimos de la plasticidad de la descripción pudiera producir una confusión entre literatura y pintura. Como dice W. Kayser, los poetas (los escritores) no utilizan las palabras exclusivamente para pintar los objetos, sino que, al mismo tiempo, su objeto es *despertar emociones.* "Ni siquiera en los textos más descriptivos el que lee o escucha ve surgir verdaderas imágenes... Sería desconocer por completo la esencia del lenguaje poético, pensar que es posible ponerlo de algún modo en competencia con la pintura."

Las artes plásticas –escultura y pintura– están más cerca de lo sensible porque los medios materiales que emplean son ya como un remedo de la realidad: la materia se acerca a la naturaleza sirviéndose de los colores o las formas. En literatura sólo disponemos de un material: LAS PALABRAS, compuestas de unos signos, digamos "cabalísticos", las letras. Y con esa "materia prima", con las palabras, hemos de hacer ver al lector lo que nosotros estamos viendo con nuestros ojos.

En contra de esta tesis, dice Oscar Wilde en *El crítico artista:* "Porque la materia que emplea el pintor o el escultor es pobre en comparación con la de las palabras. Las palabras no sólo tienen una música tan dulce como la de la vida y el laúd, un color tan rico y vital como lo que nos hacen adorar los lienzos de los venecianos o de los españoles, y una forma plástica tan cierta y segura como la que se revela en el mármol o en el bronce, sino que además poseen realmente ellas solas el pensamiento, la pasión y la espiritualidad".

Hemos dicho que no sólo se describe lo material, el mundo físico, externo; sino que también puede ser objeto de una descripción lo espiritual, el mundo psíquico, interno. Pero describir un proceso anímico exige dotes especiales. El tema exigiría, de por sí, todo un capítulo si hubiéramos de estudiarlo a fondo.

Dentro, pues, de nuestro campo de estudio, podemos considerar dos tipos de descripción:

a) *La descripción técnica o instructiva,* cuyo fin es dar a conocer un objeto: sus partes y finalidad.

b) *La descripción literaria,* cuyo fin es provocar una impresión (agradable o desagradable) o un sentimiento (dolor, alegría, admiración...), mostrando lo que describimos de manera que cause la impresión o sentimiento que nos hayamos propuesto.

Mecanismo de la descripción

Los *elementos del proceso descriptivo* son: el *punto de vista* personal, la *observación* previa, la *reflexión* y el *plan de trabajo.*

Es verdad que no resulta muy académico hablar de "mecanismo de la descripción". Pero la palabra *mecanismo* es más gráfica, indica más claramente lo que intentamos explicar: el proceso descriptivo, desde que surge la idea hasta que se realiza. Verdad es que este mecanismo es una operación compleja, cuyas partes no pueden separarse como algo independiente las unas de las otras. En realidad, lo que vamos a hacer a continuación es una especie de disección artificial de un proceso espiritual complejo, cuyas operaciones casi siempre son simultáneas, o al menos sucesivas[63].

Hecha esta salvedad, veamos, separadamente, "al ralenti", el proceso descriptivo:

1.º *El punto de vista.* Describir algo no es agotar todas las facetas del objeto en cuestión. Nadie es omnisciente: ni lo sabemos todo, ni lo vemos todo. Cada cual ve un trozo de realidad. Cinco pintores, puestos ante un mismo paisaje, nos darán cinco cuadros diferentes, según su personal "estimativa": el uno acentuará el color, el otro destacará los primeros términos; este fijará su atención en la neblinosa lejanía, aquél hará un paisaje realista y el de más allá realzará el juego de luces y sombras. En cambio, cinco máquinas fotográficas, ante el mismo objeto, nos darán una imagen repetida del objeto, salvo casos de verdaderos artistas de la cámara.

Dice Albalat que la imaginación es una lente involuntaria, "a través de la cual la cosa vista no puede pasar sin transformarse, sin ser *interpretada*, sintetizada, agrandada o reducida, embellecida o afeada, comentada y presentada. El cerebro humano no es un aparato fotográfico y, aunque quisiera, no haría nunca fotografía".

Corolario. Cuando describamos algo, hemos de prestar especial atención a nuestro personalísimo punto de vista. Nuestro modo de ver las cosas, siempre que seamos sinceros con nosotros mismos, nos dirá lo que debemos destacar y lo que es preciso abandonar.

2.º *La observación previa.* Para conseguir que alguien *vea* lo que estamos describiendo, es preciso que, con anterioridad, nosotros lo *hayamos visto* bien. Dicho de otro modo: la observación es la condición previa de la descripción.

"Cuando una descripción no resucita materialmente las cosas, es que no se han visto o que el artista no supo verlas." (A. Albalat, ob. cit.)

Pero observar es algo más que *mirar*. Observar es mirar *fijándose* en lo que se ve; es concentrar la atención.

Y la observación tiene también su pequeña técnica, su "intríngulis". Para aprender a observar, recomendamos al alumno que intente describir algo: una calle, una casa, un paisaje cualquiera. Después, coteje lo *escrito* con lo *descrito*. Compruebe nuevamente la realidad que tiene ante sus ojos y la que trasladó al papel. Se dará cuenta entonces de los detalles –algunos fundamentales– que se le escaparon; o también percibirá otros detalles "sobrantes", no necesarios ni esenciales.

No se olvide tampoco que *observar* comprende el ejercicio de los cinco sentidos corporales: la vista, el oído, el olfato, el gusto y el tacto. Así, describiré mejor una manzana o una naranja, frutos que conozco *totalmente,* que otra cualquier fruta exótica, puesta ante mi vista, pero de la que me faltan las sensaciones gustativas, olfatorias o táctiles.

Lo expuesto significa que nuestras dotes naturales de observación pueden mejorar, ejercitándolas. Lo que no quiere decir de ningún modo que el ejercicio pueda crear de

---

[63] Ver lección 41: "La composición literaria".

la nada. Siempre existirán hombres dotados naturalmente de una especial capacidad estimativa, grandes observadores natos, que *verán* más que otros, por mucho que estos últimos ejerciten su capacidad. Pero entre los genios y los "infradotados" está la gran masa de los hombres normales, a los cuales va especialmente dirigida esta enseñanza.

Distingue Albalat dos clases de observación: la *directa* y la *indirecta*. La primera es la copia hecha sobre el terreno; la *indirecta* consistiría en describir "lo que no existe" o lo que no se tiene ante la vista.

Reconoce el autor citado que los detalles descriptivos dependen de nuestro estado de ánimo y de la sensación que se quiera dar. "La mejor descripción –afirma– no es la que pone más cosas, sino la que da una sensación más fuerte. No se trata de acumular detalles, sino de expresar los que sean llamativos, enérgicos y definitivos."

En cuanto a la descripción *indirecta* (imaginativa), se reconoce que es preciso buscar la ayuda de lo que se ha visto. Por *analogía* se puede describir lo que no conozcamos. Todo se reduce a transponer y adaptar lo observado a lo no observado. Se puede inventar un incendio, si hemos visto alguna vez arder una casa. No podemos –ni debemos– describir la sensación del que está a punto de morir en el incendio, si no la conocemos por experiencia propia o por la exacta narración del que viviera estos momentos angustiosos.

Respecto a la descripción indirecta, por recuerdo o memoria, dice Albalat que "no debe parecer nunca imaginada", y que es preciso evitar la *trivialidad* y la *fantasía*. Se es trivial ("banal") cuando no se *muestra* nada, cuando se dice lo que se ha dicho mil veces. "Son las descripciones de pasaporte... Ser absolutamente trivial es decir que una mujer bella, blanca y rubia, que su belleza causa respeto, que sus cabellos son magníficos, su frente recta, su mirada altiva, etc."

Hay que evitar también el *exceso de fantasía*. A la imaginación, como a los caballos, hay que saberla sujetar para que no se desboque. El arte no es fuego de artificio: uno de sus múltiples secretos está en "la sobriedad y en la energía". Como decía Voltaire, "el secreto de aburrir está en decirlo todo".

3.º *La reflexión.* Para que una descripción sea completa, no basta la observación, digamos, *física*: es preciso profundizar, calar hasta el fondo de las cosas; analizar y valorar. Así, el retrato de un hombre no es sólo esta nariz prominente o aquellos ojos negros; esta boca sumida o esa espalda cargada. Es... la valoración de esos rasgos físicos, análisis del movimiento de una mano, sentido de su modo de hablar...

4.º *El plan.* Con los materiales anteriores –punto de vista, detalles observados y valoración de los mismos por la reflexión– ya tenemos lo esencial para una descripción. Ahora hace falta realizarla, ejecutarla. Y, para ello, es preciso trazarse un plan de trabajo, es decir, ordenar los materiales de tal manera que se *distingan* las ideas esenciales de las secundarias y también que dichas ideas fundamentales sigan un orden lógico de acuerdo con el punto de vista.

Tiempos de la descripción

> Los *tiempos de la descripción* son: la *observación* de los detalles, la *selección* de los más significativos y su *presentación* precisa y expresiva.

Al estudiar el tema que nos ocupa, A. Schöckel afirma que son tres los tiempos del arte descriptivo: *observación* del mayor número de detalles; *selección* de los más típicos, y *presentación* con relieve.

Explicado ya lo referente a la *observación*, estudiemos ahora, someramente, los otros dos tiempos:

La *selección de datos* viene tras la observación. Describir bien no consiste en acumular el mayor número posible de datos, con criterio "exhaustivo". Obsérvese, como ejemplo, la diferencia entre un buen retrato al óleo y una fotografía. No hay duda de que la fotografía recoge más detalles que el cuadro. Por ello, precisamente, la "foto" es inferior al retrato hecho por un buen artista. El buen pintor observa atentamente el modelo y, después, selecciona, escoge lo más característico y allí acentúa el trazo de su lápiz o pincel. La máquina, en cambio, capta todos nuestros rasgos, los característicos y los accidentales –por ejemplo, esa arruga del rostro que surgió en el momento de disparar el "flash" o la mirada triste momentánea–. El pintor –el buen pintor– sólo traslada al lienzo lo que considera esencial para describirnos tal como somos (tal como él nos ve). Por ello, una fotografía instantánea de una persona, pasado cierto tiempo, acusa el paso de ese tiempo; se nota que aquella persona ya no es como era en el momento de la foto. En cambio, el retrato hecho por un buen artista perdura: lo que allí se pintó queda para siempre porque tiene vida, porque es realismo esencial, científico y artístico.

Lo mismo puede decirse si el tema de la descripción es una habitación, una calle, un museo, la academia en que estudiamos, etc.: no es cuestión de acumular datos y detalles hasta el agotamiento. Describe mejor quien, con menos rasgos, nos dice lo más característico de algo, lo más esencial. Una cosa es la descripción viva y otra muy distinta el frío catálogo; como distinta es la ficha antropométrica de un individuo y su retrato, hecho por un buen escritor.

Anotemos de paso que, según el temperamento del escritor, puede hablarse de descripción *impresionista* o *expresionista*.

La primera busca transmitir impresiones y sugerencias más que describir con detalle la realidad o los acontecimientos. La segunda, por el contrario, propugna la intensidad de la expresión sincera aun a costa del equilibrio formal.

El impresionista nos dice lo que ve en el momento; su trabajo podría compararse con una "instantánea" espiritual que representa la expresión externa de las cosas. El expresionista, en cambio, refleja las sensaciones internas, subjetivas y bruscas que producen las cosas y los seres.

"El *impresionista* de la existencia va de impresión en impresión y de todo sólo aspira el aroma. Otros, sin embargo, viven tan vigorosamente su intensidad y el mundo de sus sentimientos, que salen al encuentro de toda impresión y le prestan un matiz subjetivo de su propio caudal. Son las naturalezas acusadamente subjetivas: los *expresionistas* de la existencia. Está ausente en ellos la entrega objetiva a lo intuido, a la objetividad de la vida. Sólo cuando ambos momentos de la existencia, impresión y, propio mundo íntimo, logran un equilibrio concreto, tenemos el tipo humano de *forma interior*, las naturalezas cabalmente plásticas, que pueden designarse también como tipos clásicos."

Spranger, *Formas de vida*

Finalmente, tras la observación y selección de datos, surge el problema de la *presentación*: es decir, la búsqueda de la expresión exacta; la que con más precisión describe lo que hemos visto.

La expresión exacta –que nos da la forma descriptiva– unas veces surge sin esfuerzo aparente, por feliz inspiración; otras veces, en cambio, es precisa la búsqueda, el trabajo. Ocasiones hay en que la forma se nos da como regalada por los dioses y otras en que es necesario escribir, corregir, tachar, volver a escribir...

Pero, surja o no surja la expresión exacta con facilidad, recomendamos al escritor novel que no se olvide de hacer un borrador, que guarde lo escrito por lo menos cuarenta y ocho horas –siempre que pueda hacerlo–, que lo lea como *si no fuera suyo* y que corrija entonces definitivamente.

Ejercicios
* * * * * * * * * * * * * * * * * * * *

A) *Los ejercicios que se proponen a continuación, lógicamente, no son imperativos. Los temas propuestos pueden variarse a voluntad.*

1. Describa la cafetería del centro en que estudia, o el comedor de su casa, a la hora del desayuno.

2. Describa las impresiones recibidas el primer día de clase, al iniciarse el curso académico.

3. Cuente, descriptivamente, alguna de las "novatadas" que le hicieron padecer sus compañeros.

4. Describa un pueblo cualquiera de España.

5. Cuente, descriptivamente, un día cualquiera de su vida.

B) *En el siguiente párrafo diga cuál es el* punto de vista, *la idea matriz que nos comunica la impresión fundamental querida por el autor:*

"Al entrar en casa de los Martínez me pareció que entraba en una prisión. Era una casa enorme, emplazada en las afueras de la ciudad. Tenía un pequeño jardín encerrado entre unos altos muros y las paredes húmedas del convento vecino. Las habitaciones eran amplias, silenciosas, con ventanas casi siempre medio cerradas, por donde se filtraban tenues rayos de luz.

En este caserón sólo vivía el anciano matrimonio y una vieja criada. Se sentía aquí una rara impresión de soledad, de vacío, de tedio..."

C) *En el siguiente trozo descriptivo estudie los detalles que demuestran la capacidad de observación del autor y sus dotes para seleccionar lo más característico. Tache los detalles que considere accesorios:*

"El chalé de mi tío situado en un altozano, en las afueras del pueblo. Es una casa alegre, pequeña, de una sola planta, y desde la que se divisa un espléndido paisaje.

Está rodeada de un huerto-jardín, en el que crecen las más variadas flores: rosas, tulipanes, lirios y múltiples flores silvestres... Un arroyo cantarín serpentea, entre los arriates, y se pierde luego entre los bancales sembrados de trigo. Viejos olivos, de retorcido tronco, dan al huerto un aspecto agreste.

A espaldas de la casa hay un estanque lleno de verdosas aguas, en el que, de noche, croan las ranas. El agua llega al estanque conducida por una tubería desde un lejano manantial. No es agua potable, sino de riego.

Dentro de la casa, las habitaciones se abren en torno a un patio moruno con claraboyas de cristales. Hay un dormitorio, con cuarto de baño; un comedor con chimenea, la cocina y un cuarto trastero..."

D) *Estudie los siguientes trozos descriptivos: júzguelos y diga, en pocas palabras, si le parecen bien y por qué (señalando, por ejemplo, cuáles son los detalles de valor, los aciertos de expresión, etc.).*

1. "La barbería es pequeña, angosta, miserable. El papel que recubre las paredes recuerda la blusa descolorida de un arriero. Entre las ventanas, de empañados y lagrimeantes cristales, una puerta desvencijada, rechinante; sobre ella, una campanilla que la humedad ha tornado verdosa, y que se estremece y suena enfermizamente, por sí sola, sin que nadie la agite. Si se contempla usted en el espejo que cuelga en una de las paredes, verá cómo su fisonomía se tuerce implacablemente hacia todos lados. Ante tal espejo se corta uno el pelo y se afeita..."

A. Chejov

2. "Caía la tarde. De la tierra seca, caldeada por el sol, se exhalaban los aromas de romero, de tomillo y de la hierba seca. En los cabezos redondos de la sierra se destacaban los árboles, las matas, las hiedras, todo con los más pequeños detalles, en el aire diáfano.

El sol iba poniéndose. Las peñas desnudas, los matorrales de brezo y de retama enrojecían como si fueran a incendiarse. Entre el follaje, amarillo de los árboles aparecían, de trecho en trecho, blancas y sonrientes, las fachadas de algunos cortijos...

Luego comenzó a anochecer; franjas de violetas oscuros corrieron por las laderas; se oía a lo lejos el cacareo de los gallos y el tintineo de las esquilas, que resonaban más fuerte en el crepúsculo, lleno de reposo. El aire quedó tranquilo, el cielo azul..."

Pío Baroja, *La feria de los discretos*

La descripción y su técnica II

Cualidades de la descripción

> Una buena descripción requiere:
> – Distanciamiento entre el autor y lo descrito.
> – Evitar las generalizaciones vagas, imprecisas.
> – Evitar las imágenes estáticas, muertas.
> – No debe ser exacta ni excesivamente imaginativa.

PARA describir bien se precisa cierta lejanía entre el objeto y el autor. Dicho de otro modo: se describe mejor, no lo que estamos presenciando en este preciso instante, sino lo que presenciamos antes. Y ello por una razón muy sencilla; porque es preciso que las impresiones momentáneas sedimenten en nuestra retina. Pasado un cierto tiempo, los detalles accesorios se borran; en cambio, los datos esenciales, lo que tiene valor permanente, queda.

Evítense también las generalizaciones vagas, imprecisas. "Si no imagináis una cosa concreta, es que tenéis solamente el concepto general, o sea, que no podéis describir", dice A. Schöckel.

Húyase asimismo de las imágenes estáticas, muertas. A la literatura no le toca describir lo quieto; busquemos siempre el aspecto dinámico de cualquier objeto, aunque sea una manzana. Finalmente, tengamos muy en cuenta que la descripción no debe ser "matemática", ni excesivamente imaginativa.

"Si decimos: *'una roca cortada a pico, de 472 metros de altura',* habremos facilitado al lector honradamente un dato, pero sólo personas habituadas, por trabajos o aficiones, a habérselas con riscos o cimas se formarán idea de lo que son 472 metros uno sobre otro. Pero si decimos: *'aquella roca gigante cuya cima parecía perderse en las nubes',* correremos el riesgo evidente de que el lector se imagine muchos más de los 472 metros"[64].

Descripciones diversas según su sujeto individual

> El sujeto individual de una descripción puede ser un objeto, un animal o una persona.

I. *Descripción de un objeto.* Para describir bien un objeto cualquiera no basta con la observación, digamos, sensible. Lo importante es averiguar la finalidad de dicho objeto. Conviene, pues, responder a las siguientes preguntas: ¿Para qué sirve? ¿Es bueno o malo? Descríbanse, por consiguiente, las partes esenciales del objeto con criterio finalista.

II. *Descripción de un animal.* También aquí conviene tener en cuenta el criterio finalista; pero sin perder de vista el aspecto dinámico: diversas partes del cuerpo, modo de vivir, etc. Según nuestro especial "punto de vista", destacaremos este movimiento o aquel modo de vivir del animal.

III. *Descripción de una persona.* La cuestión se complica un poco. (Téngase en cuenta lo expuesto en el tema anterior al referirnos a los tiempos de la descripción. Véase también lo que decimos más adelante al estudiar la técnica de la biografía –lección 48–.)

No basta el retrato puramente físico. Los rasgos de una persona, sus vestidos y su modo de moverse, deben ser significativos, es decir, expresión del carácter o temperamento de dicha persona.

Evítese la vulgaridad. Lo que sirve para todos no caracteriza a nadie. El verdadero retrato está formado por una serie de detalles, rasgos, que sólo sirven para el "modelo" que se intenta pintar. No halague al modelo, ni exagere los defectos con criterio caricaturesco. Conviene ser objetivo y honrado. Elimínense los rasgos no significativos y destáquense los que definen al personaje.

El retrato, a su vez, recibe distintos nombres:

- *Prosopografía,* cuando describe el aspecto exterior de una persona.
- *Etopeya,* cuando sólo describe el carácter, las acciones y las costumbres del personaje.
- *Caricatura,* cuando exagera los rasgos más destacados del personaje, a veces con crueldad.
- *Autorretrato,* cuando el autor se describe a sí mismo.

---

[64] González Ruiz: *Redacción periodística.*

Diferentes tipos de descripción de un conjunto

La descripción de un conjunto puede ser pictórica, topográfica o cinematográfica.

Refiriéndonos ahora a la descripción de un conjunto (cuadro, escena, panorama, paisaje, etc.), estudiaremos tres tipos fundamentales[65].

a) El objeto descrito y el sujeto que describe están ambos inmóviles. Es la descripción "pictórica".

b) El objeto descrito está inmóvil y el sujeto que describe, en movimiento. Es la descripción "topográfica".

c) El sujeto que describe permanece inmóvil, mientras el objeto descrito está en movimiento. Es la descripción "cinematográfica".

Cada uno de estos tres tipos de descripción tiene su técnica y hasta su estilo propio.

a) *Descripción pictórica.* Situación análoga a la del pintor ante un paisaje cualquiera (campestre o urbano). Para describir necesitamos fijarnos en la *luz* y en el *color;* en la distribución proporcionada de las masas y también en la delimitación de la escena.

En cuanto al estilo, conviene advertir: que deben designarse los objetos o sus partes mediante las palabras precisas; y que la descripción pictórica puede ser asimilada a un cuadro más o menos "impresionista". (Téngase en cuenta lo dicho en la lección anterior, al referirnos a la selección de datos.)

En lo que se refiere al vocabulario, la descripción requiere que sea abundante y preciso. Es inadmisible la vaguedad. Nada de descripciones subjetivas, líricas, sino algo que convenza e ilustre, que informe al lector acerca de lo que tenemos ante nuestros ojos.

b) *Descripción topográfica.* Suele presentarse este tipo descriptivo al cronista que viaja y observa el paisaje desde un tren, un coche o un avión. En este caso el relieve es elemento fundamental.

No es preciso decir todo lo que se ve, sino aquellos detalles característicos que definen a una región determinada. Así, por ejemplo: en Castilla destacaremos la planicie ondulada, la impresión de inmensa soledad, los kilómetros y kilómetros de tierras sembradas de trigo; tierras amarillentas, áridas, en donde apenas si se ve a un ser humano; pueblos callados, polvorientos, secos, de color que se confunde con el de la tierra, pueblos que parecen camuflados para un ataque aéreo, etc. En Galicia, destacaríamos el color verde uniforme, las "corredoiras" que serpentean, estrechas, entre los campos sembrados de frutales, de legumbres y de maíz; las carretas "célticas" de madera, chirriantes, tiradas por vacas color canela, pacientes, lentas...

c) *Descripción cinematográfica.* Es el caso que se nos presenta, por ejemplo, ante un desfile militar. Aquí importa ante todo dar la impresión de movimiento, destacar la

---

[65] González Ruiz, *Redacción periodística.*

variedad y traer a "primer plano" lo más saliente del desfile. Pero también conviene tener en cuenta el sonido, por ejemplo: el ensordecedor ruido de los tanques que van *arando* el asfalto de la calle, orugas de ruedas dentadas con sus cañones apuntando a los aires. Destacaremos, por ejemplo, el paso marcial de una Compañía, el acompasado ritmo de su marcha, la elegancia o precisión del gesto; o recogeremos también el agudo toque de corneta que irrumpe, de pronto, en los aires, o del redoble de los tambores, fondo sonoro, rítmico, del desfile.

En suma, en la descripción "cinematográfica", el lector, gracias a nuestro trabajo, *asiste* al espectáculo como si lo viese y oyese con sus propios ojos y oídos. Es ésta acaso la más completa de las descripciones porque requiere luz, color, movimiento, relieve y sonido.

Reglas del estilo descriptivo

El que describe debe procurar que su estilo sea:

1.º *Vivo, rápido, plástico y claro.* El párrafo corto. Nada de períodos largos, amplios, de complicada construcción.

2.º *El estilo ha de responder a la época en que vivimos.* Las descripciones lentas, morosas, nos cansan, nos aburren.

3.º *La impresión ha de ser directa, escueta.* Evítese el estilo oratorio.

4.º *Conviene captar la atención del lector desde la primera línea.* Evítense, pues, las frases débiles, explicativas.

5.º *No emplear varias palabras cuando baste con una.* Nada de rodeos, ni circunloquios.

NOTA. Véase, como complemento de estas reglas, todo lo que explicamos respecto a la *concisión* en la lección 42.

Ejercicios

* * * * * * * * * * * * * * * * * * *

A) *Los temas de los ejercicios que se proponen a continuación, lógicamente, pueden variarse a voluntad.*
1. Describa el proceso de comerse una fruta cualquiera: melocotón, naranja, manzana, etc.
2. Descripción comparada de dos animales: el toro y el caballo; el perro y el gato; el león y la hiena, etc.
3. Haga el retrato de un compañero o un amigo.
4. Descripción del movimiento humano en una gran ciudad: Madrid, Barcelona, Méjico, Nueva York, París, etc.

5. Descripción de un paisaje conocido, visto desde el tren o desde un avión.

6. Describa un monumento arquitectónico conocido: la catedral de Santiago, el acueducto de Segovia, la Alhambra de Granada, etc.

7. Descripción de un gran espectáculo natural: la selva virgen, las cataratas del Niágara, etc.

B) *Juzgue el siguiente retrato literario:*

"Tenía los ojos grandes y brillantes de los Blide, las cejas rectas, la nariz marcada, la barbilla ancha y abultados los labios. Había heredado el pliegue doloroso y sensual de las comisuras de los labios y los movimientos vivos de cabeza.

Tenía las mejillas pálidas y los cabellos, sedosos en extremo, aparecían estirados sobre el cráneo. Los Blide, empero, se caracterizaban por su tez rubicunda y una espesa cabellera rizada, a manera de una crin..."

Jans Peter Jacobsen, *Niels Lyhne*

C) *Juzgue también los siguientes retratos y subraye en ellos los datos abstractos, poco significativos. Pertenecen a trozos de novelas de Ricardo León:*

1) "Era don Pedro de Guzmán... un señor alto, enjuto, moreno, de castiza fisonomía, de maneras graves y mirada profunda. La cabeza, que había sido hermosa y gallarda, conservaba un aire de majestad y orgullo. Los cabellos, grises, recios, indómitos, le daban un aire entre rústico y militar." *(Alcalá de los Zegríes.)*

2) "...el perfil dulce y enérgico al par; las actitudes poco resueltas, pero muy graciosas... y una expresión, en todo el semblante, de hidalguía, de contenido vigor." *(Los Centauros.)*

3) "Ella sonríe y enseña la blanquísima dentadura entre los encendidos labios. Su rostro oval y gracioso, bañado de suavísimo color, es de una expresión delicada y noble; sus cabellos aúreos y copiosos, las facciones correctas, los ojos zarcos." *(Comedia Sentimental.)*

D) *Juzgue el siguiente retrato y subraye los aciertos que, a su juicio, definen al personaje en cuestión:*

"... En la consulta entra Vonmiglasov, el sacristán, viejo, alto y robusto, de sotana color marrón y ancho cinturón de cuero. En su ojo derecho, medio entornado, tiene una catarata, y en la nariz, una verruga que, desde lejos, parece una mosca. Por espacio de un segundo el sacristán busca con los ojos la imagen, y, al no encontrarla, se santigua ante una botella de solución de lejía..."

A. Chejov, *Cirugía*

E) *Juzgue el siguiente trozo descriptivo. Diga si le parece bien o mal y por qué:*

"...La mesa es ancha y fuerte; tiene un pupitre; sobre el pupitre hay un tintero cuadrado de cristal y tres plumas. Reposan en la mesa una gran botella de tinta, un enorme fajo de inmensas cuartillas jaldes, un diccionario general de la lengua, otro latino, otro de términos de arte, otro de agricultura, otro geográfico. Hay también un vocabulario de filosofía y otro de economía política. La mesa es de nogal. Los pies delanteros son ligeras columnillas negras con capiteles clásicos... Sobre esta mesa yacen libros grandes y libros pequeños, un cuadernito de dibujos de Gavarni, cartapacios repletos de papeles, números de la 'Revue Blanche' y de la 'Revue Philosophique', fascículos de un censo electoral, mapas locales y mapas generales..."

Azorín, *Antonio Azorín*

La descripción estática y la descripción animada

La descripción según el punto de vista del autor

> La *descripción estática* refleja el aspecto de algo, su apariencia física, sin movimiento en el espacio y el tiempo.
> La *descripción dinámica* refleja la esencia viva de algo, su ser en movimiento.

CABRÍA hacer una distinción, que consideramos importante, entre descripción *estática* y *dinámica* o *animada*. La descripción estática nos da el aspecto de las cosas, la mera apariencia física como detenida en el tiempo y en el espacio. Es como una fotografía. La descripción dinámica o animada es la que nos da el ser de las cosas, su esencia viva, en movimiento. Es como una escena o "secuencia" cinematográfica. Podría afirmarse que este tipo de descripción no lo es propiamente, sino que se trata de una narración descriptiva. Lo que no es exacto porque en la descripción animada no hay argumento, sino aliento vital. *Lo descriptivo mira al ser de las cosas; lo narrativo, al acontecer.*

Análisis de textos descriptivos: De Homero a nuestro tiempo

DESCRIPCIÓN ESTÁTICA

> *"La plaza del mercado, en Pilares, está formada por un ruedo de casucas corcovadas, caducas, seniles. Vencida ya la edad, buscan una apoyadura sobre las columnas de los porches. La plaza es como una tertulia de viejos tullidos que se apuntalan en sus muletas y muletillas y hacen el corrillo de la maledicencia...*

Una casuca con dos ventanas, tuerta de una de ellas, que se la cubre, como parche de tafetán, con una persiana verde..."

R. Pérez de Ayala, *Tigre Juan*

"Nos encontramos en una diminuta ciudad castellana. En el centro de ella hay una glorieta o jardín. Viejos olmos la rodean, con sus troncos recios, rugosos, con su fronda áspera, oscura. Luego, en el medio, se alinean unas bandas de evónimos polvorientos; a trechos están pajizos, amarillos; las avenidas o paseos del jardín son estrechos, desiguales; atraviesa algunos de ellos una reguera o somera acequia..."

Azorín, *Jardines de Castilla*

DESCRIPCIÓN ANIMADA

"Es la una de la madrugada. Ante la puerta de María Petrovna Koshkina, soltera, vieja y comadrona de profesión, se detiene un caballero de alta estatura, tocado con chistera y cubierto con un 'mac ferlan'. La oscuridad de la noche otoñal no permite distinguir el rostro ni las manos del caballero; pero sólo su manera de toser y de tirar de la campanilla, revelan ya firmeza, seriedad y un algo que impone."

A. Chejov, *Un hombre extraordinario*

"No hay nada tan americano como una peluquería americana. ¡No, nada...! Ni los rascacielos americanos, ni las bebidas americanas, ni el reporterismo americano... Una peluquería americana es algo mucho más enérgico, mucho más complicado, mucho más mecánico, mucho más caro y mucho más americano que todo eso.

Uno entra, e inmediatamente se encuentra atacado por dos o tres boxeadores que le despojan del sombrero, de la chaqueta, del chaleco, del cuello y de la corbata. El procedimiento es eficaz, pero demasiado violento...

Consumado el despojo, uno es conducido a una silla que, en una fracción de segundo, se convierte en cámara de operaciones. Entonces un hombre, con una mano enorme, le coge a uno la cabeza como pudiera coger un melocotón, y poniéndole con la otra mano una navaja cerca del cuello le pregunta:

–¿Qué va a ser? ¿Afeitar? ¿Cortar el pelo? ¿Masaje facial? ¿Arreglar las uñas? ¿Limpiar las botas? ¿Masaje craneano? ¿Champooing? ¿Quina...?

Uno está completamente a la merced de aquel hombre y no puede negarle nada.

–Sí –va diciendo uno–. Lo que usted quiera..."

Julio Camba, *Una peluquería americana*

Claramente se ve, en estos dos últimos ejemplos, cómo la descripción cobra vida, aliento. Lo transcrito no es relato puro, sino que el escritor, al relatar, va describiendo, de modo que parezca estamos viviendo lo descrito.

LA DESCRIPCIÓN EN HOMERO

"Idomeneo dio con la lanza o Erymas en la boca, y la punta de bronce penetró hasta el cerebro, rompiendo los huesos blancos; y todos los dientes fue-

ron quebrantados, y los ojos se le llenaron de sangre, y la sangré brotó por la boa y la nariz y le envolvió la niebla de la muerte" (La Iliada).

"Atravesó con una flecha el pie derecho de Diómenes y, a través del pie, la flecha se hundió en la tierra.

Patroclo, poniéndole el pie sobre el pecho, lo atravesó con su lanza, después retiró la lanza y las entrañas la siguieron.

Entregó el alma mugiendo como un toro" (La Iliada).

"Ulises apuntó con su flecha a Antinoos. Este se disponía a levantar con las dos manos una bella copa de oro, con dos asas, para beber vino. Pero Ulises lo hirió con la flecha en la garganta y la punta atravesó el delicado cuello. Cayó de espaldas y la copa escapó de su mano inerte y un chorro de sangre brotó de su nariz, empujó con los pies la mesa y los platos rodaron por tierra. Y los demás, levantándose en tumulto, miraban a un lado y a otro, hacia los muros, buscando sus escudos y sus lanzas" (La Odisea).

Comentando el arte descriptivo de Homero, dice Albalat que es "la visión por el dolor, la observación brutal de los detalles visibles". Y afirma que uno de los rasgos característicos de Homero es el de ser "un fotógrafo de la naturaleza y de los movimientos humanos". "Su descripción –dice Albalat– es el análisis, la descomposición llevada al extremo de un acto físico, de un hecho observado... dicho de otro modo, Homero es un *realista genial*, un fotógrafo impasible, que destaca y que aumenta, que hace bajo relieve, que modela y esculpe..."

En efecto, esa es la gran cualidad del poeta griego en el arte de describir. A nuestro juicio, Homero, en este aspecto literario, es algo más que un fotógrafo: es un precursor del moderno "cameraman" (hombre de la cámara) cinematográfico. Ve y describe el suceso físico con mentalidad y técnica de "cine".

Ahora bien, ¿se puede afirmar que este procedimiento descriptivo deba ser considerado como modelo y norma? A nuestro juicio, no. Aun siendo *plásticamente* perfecto este modo especial de *describir* lo tiene resuelto el cine. El lector, hoy, necesita –pide– saber algo más que el puro movimiento físico de la acción. Le interesa (nos interesa) lo que sucede como puro signo externo de *lo que pasa por dentro*. No es, por ejemplo, la lanza manejada por el héroe griego (o la pistola manejada por el moderno "cowboy") la que me interesa, sino el movimiento del brazo agresor como reflejo de una decisión anímica.

Ulises, por ejemplo, narra así la muerte de Liodes, en *La Odisea*:

"Diciendo así, tomó con la robusta mano la espalda que Agelao, al morir, arrojaran en el suelo, y le dio tal golpe en medio de la cerviz que la cabeza cayó en el polvo, mientras Liodes hablaba todavía."

Un escritor moderno se hubiera detenido un poco más en esta escena, no para dar más datos físicos, sino para bucear en el proceso mental del protagonista, para matizar sus reacciones, para decir al lector lo que un hombre siente mientras mata, en el momento mismo de matar.

Dinamismo plástico

En la descripción moderna la acción pura se la dejamos al cinematógrafo. A la literatura le corresponde valorar esa acción, proyectando sobre ella la luz que revela los procesos internos del suceso.

Anton Chejov comienza así su relato titulado *Modorra:*

> *"En la sala del tribunal provincial se celebra una vista. Un caballero de mediana edad, con cara de bebedor, causado de malversación de fondos y de falsificación, está sentado en el banquillo de los acusados. El secretario, escuálido y hundido de pecho, lee con queda voz de tenor el acta de acusación. Como no hace caso de puntos ni comas, su lectura recuerda el zumbido de la abeja o el susurro de un pequeño arroyo. Bajo semejante lectura es grato soñar..., recordar..., dormir. Un profundo aburrimiento tiene encogidos a los jueces, a los letrados y al público. Reina el silencio. Solamente de cuando en cuando un sonido de pasos acompasados llega del corredor, o se escucha una tos cautelosa que viene a ahogarse en el puño de un letrado que bosteza.*
>
> *El defensor descansa su rizada cabeza sobre una de sus manos y dormita plácidamente. Bajo el zumbido del secretario, sus pensamientos, perdido el orden, vagan.*
>
> *¡Qué nariz tan larga tiene ese policía...–piensa alzando pesadamente los párpados.– No comprendo lo que puede sacar la Naturaleza con estropear una cara tan inteligente..."* Etc., etc.

Esta es la auténtica descripción, la que nos da el alma de las cosas, la que se asoma al interior del hombre.

> En la descripción moderna, el ambiente y la acción están al servicio del mundo interno; lo material, al servicio de lo espiritual.

En esta misma línea descriptiva –reveladora– se mueven los mejores escritores de nuestro tiempo. He aquí cómo empieza Albert Camus su famosa novela *La peste:*

> *"... A primer vista, Orán no es más que una ciudad corriente: una prefectura francesa de la costa argelina.*
>
> *Hay que confesar que la ciudad, como tal, es fea. De aspecto tranquilo, hace falta algún tiempo para darse cuenta de lo que la diferencia de las demás ciudades comerciales del mundo. ¿Cómo hacer imaginar, por ejemplo, una ciudad sin palomas, sin árboles ni jardines, donde no se escucha ni el batir de las alas, ni el susurro de las hojas?; una ciudad neutra, para decirlo de una vez. El cambio de estaciones sólo se nota en el cielo. La primavera se anuncia sólo por la calidad del aire o por los cestos de flores que pequeños vendedores llevan por los arrabales: es una primavera que se vende en los mercados. Durante el verano, el sol incendia las casas demasiado secas y cubre los muros con gris ceniza.*

Sólo se puede vivir a la sombra de los postigos cerrados. En otoño, al contrario, es un diluvio de barro. Los días buenos sólo se dan en invierno.

Un modo cómodo de entablar conocimiento con una ciudad, consiste en averiguar cómo se trabaja en ella, cómo se ama y cómo se muere. En nuestra pequeña ciudad –¿acaso efecto del clima?– todo se hace a la vez, con el mismo aire frenético y ausente. Es decir, que uno se aburre y que se dedica a adquirir hábitos..."

Aquí, Camus nos describe el alma de una ciudad hábilmente diseñada con unos cuantos rasgos típicos, caracterológicos. El "aire" de Orán está perfectamente visto y expresado.

Veamos ahora un trozo descriptivo de Pereda, autor considerado por algunos como un "maestro" de la descripción:

"Pero lo verdaderamente admirable y maravilloso de aquel inmenso panorama era cuanto abarcaban los ojos por el norte y por el este. En lo más lejano de él, pero muy lejano, y como si fuera el comienzo del infinito, una faja azul recortando el horizonte: aquella faja era el mar Cantábrico; hacia su último tercio, por la derecha y unida a él como una rama al tronco de que se nutre, otra mancha menos azul, algo blanquecina, que se internaba en la tierra y formaba con ella como un lago: la bahía de Santander. Pero es el caso (y aquí estaba la verdadera originalidad del cuadro, lo que más desorientaba en él y sorprendía) que la faja se presentaba a mis ojos mucho más elevada que el perfil de la costa y que con ella se fundían otras mucho más blancas que iban extendiéndose y prolongándose hacia nosotros, quedando entre la mayor parte de ellas islotes de las más extrañas formas, picos y hasta cordilleras que parecían surgir de una repentina inundación."

Lo transcrito es un modelo... de cómo no se debe describir. Es un paisaje que quiere ser impresionista, pero que no impresiona. Lo admirable y "maravilloso" que se anuncia en las primeras líneas no lo ve el lector, que queda, tras la lectura, sin admirarse ni maravillarse. Estamos en presencia de un inventario ocular, producto de una visión superficial que no se adentra en el alma del paisaje, porque el escritor se ha conformado con el dato puramente fotográfico. Sólo se salvan algunas frases que destacamos en el párrafo transcrito con tipo de letra diferente.

Contrapongamos a estos párrafos el principio del primer capítulo de *La casa de los muertos,* del genial novelista ruso Fedor Dostoiewski (citado en los ejercicios de la lección 60).

"Nuestro presidio estaba situado en el extremo de la ciudadela, dentro de las murallas. Si se mira por las rendijas de la empalizada con la esperanza de ver algo, sólo se divisa un jirón de cielo y una elevada muralla de tierra cubierta por las altas hierbas de la estepa. Noche y día, constantemente, pasean por ella los centinelas, y el que mira se dice a sí mismo que transcurrirán así años y

años, mirando siempre por la misma rendija y viendo siempre la misma muralla, los mismos centinelas y el mismo jirón de cielo, no el que está sobre el presidio, sino otro lejano y libre."

Sobran los elogios ante tan perfecta muestra de arte descriptivo. El paisaje aquí está visto a través de un temperamento, de un alma humana, de un presidiario en Siberia. Es un paisaje animado por el espíritu del que lo contempla. Y el lector puede así ver lo que ve el presidiario, al tiempo que se asoma a la desolación del hombre que sufre el tormento del encierro, del encarcelamiento, de la falta de libertad.

Obligado es mencionar, en esta lección, a un maestro contemporáneo en el dificilísimo arte de la descripción dinámica. Nos referimos al premio Nobel de Literatura de 1965, *Mijail Cholojov*. En su grandiosa novela *El Don apacible*, Cholojov nos ofrece abundantes muestras de su indiscutible maestría en el arte descriptivo. Diríase un moderno Homero por la viveza, dinamismo y plasticidad de sus cuadros o escenas animadas.

Veamos un ejemplo, entre los muchos que podríamos citar aquí, de este arte de Cholojov:

"Un enorme austríaco de cejas rubias hincó rodilla en tierra y disparó, casi a boca de jarro, sobre Grigori. La bala pasó rozándole una mejilla. Grigori tiró de la brida con todas sus fuerzas y dirigió la lanza contra el austríaco. El golpe fue tan brusco que el arma le penetró hasta medio mango. Grigori no tuvo tiempo de arrancarla y la dejó caer bajo el peso del cuerpo inerte. Sintió, a través de la vara, las convulsiones del moribundo, y vio al austríaco, echado hacia atrás, clavar sus dedos retorcidos en el asta de la lanza..."

Y, unas líneas más adelante, sigue así el relato descriptivo:

"... Después de dejar caer la lanza, Grigori, sin saber por qué, hizo girar a su caballo. Su mirada cayó sobre el sargento, que pasaba al galope, con los dientes apretados. Grigori golpeó a su caballo, de plano, con el sable. El bayo, enderezando la cabeza, la llevó a lo largo de una calle. Un austríaco, sin armas, apretando el kepis con las manos, corría delante de la verja de un jardín. Grigori vio su ancha nuca y su cuello empapado de sudor. El austríaco corría a lo largo de la verja, a la izquierda de Grigori. Era difícil golpear; pero colgándose sobre la silla, sujetando oblicuamente el sable, Grigori lo abatió sobre la frente del austríaco. Este, sin dar un grito, se llevó las manos a la herida y, volviéndose bruscamente, se apoyó en la verja. Grigori no pudo detener su caballo y pasó al galope, pero un instante después volvió al trote. La cara del austríaco, cuadrada, alargada por el miedo, se tornó negra como el bronce. Un brazo le colgaba a lo largo de la costura del pantalón y los labios grises le temblaban. El sable había arrancado una parte de la frente, que le colgaba sobre la mejilla en un girón rojo. La sangre chorreaba.

Grigori se encontró con la mirada de aquel hombre. Dos ojos vidriosos, inundados por un terror mortal, se clavaron en él. El austríaco doblaba lenta-

mente las rodillas. El estertor gorjeaba en su garganta. Cerrando los ojos, Grigori, de un sablazo, le partió en dos la cabeza. Cayó abriendo los brazos, como si hubiera resbalado, y su cabeza sonó sordamente sobre el pavimento. El caballo dio un salto y, encabritándose, llevó a Grigori al centro de la calle."

Describir y enumerar

Describir es representar a las personas o las cosas, refiriendo o explicando sus distintas partes, cualidades o circunstancias.
Enumerar es enunciar sucesiva y ordenadamente las partes de un conjunto o de un todo.

"Demasiados pormenores –escribe Guyau en *El arte desde el punto de vista sociológico*–, en vez de completarse, se borran unos a otros. Querer *enseñar* todas las cosas a la vez in no *hacer ver* absolutamente nada. El arte de describir es el de mezclar lo particular a lo general, para hacer distinguir un pequeño número de detalles precisos, que son simples puntos de referencia en el aspecto general, que acusan los contornos del cuadro sin suprimir las perspectivas... No debe jamás sentirse hastío leyendo una descripción, como no se siente al salir de casa, al abrir los ojos y mirar lo que se tiene delante. Describir no es enumerar, clasificar, rotular, analizar con esfuerzo; es representar o, aún mejor, presentar, hacer presente... Podría definirse el arte de la descripción, como Michelet definía la historia: una resurrección."

Ejercicios

****

A) *Realice los siguientes ejercicios:*
1. Haga la descripción estática de un paisaje urbano conocido: la Plaza Mayor de Salamanca, la Gran Vía de Madrid, las Ramblas de Barcelona, etc.
2. Haga la descripción dinámica del mismo paisaje urbano que en el ejercicio anterior.

B) *Indique cuál de los siguientes textos es una descripción y cuál una enumeración:*
1. "El sosiego, el lugar apacible, la amenidad de los campos, la serenidad de los cielos, el murmurar de las fuentes, la quietud del espíritu, son grande parte para que las musas más estériles se muestren fecundas."

Cervantes

2.   "Fue Lantaro industrioso, sabio, presto,
de gran consejo, término y cordura,
manso de condición y hermoso gesto,
ni grande ni pequeño de estatura."

Ercilla

C) *Los siguientes textos son diferentes tipos de retratos. Indique en cada uno si se trata de una etopeya, una prosopografía, un autorretrato o una caricatura.*

1. "–Me he quedado helado –dijo don Ramón Villaamil, esposo de doña Pura; el cual era un hombre alto y seco, los ojos grandes y terroríficos, la piel amarilla, toda ella surcada por pliegues enormes en los cuales las rayas de sombra parecían manchas; las orejas transparentes, largas y pegadas al cráneo, la barba corta, rala y cerdosa, con las canas distribuidas caprichosamente, formando ráfagas blancas entre lo negro; el cráneo liso y de color de hueso desenterrado, como si acabara de recogerlo de un osario para taparse con él los sesos. La robustez de la mandíbula, el grandor de la boca, la combinación de los tres colores: negro, blanco y amarillo, dispuestos en rayas, la ferocidad de los ojos negros, inducían a comparar tal cara con la de un tigre viejo y tísico que, después de haberse lucido en las exhibiciones ambulantes de fieras, no conserva ya de su antigua belleza más que la pintorreada piel..."

Benito Pérez Galdós, Miau

2.   "Se nos fue según vivía:
        Sin pedir al mundo nada,
        Quieto en su melancolía.

        ¡Era de tal señorío
        Contemplando desde el puerto
        Cómo pasa y pasa el río!

        Elegante hasta en el modo
        De parecer tan humano
        Mientras renunciaba a todo.

        ¡Cuánta su delicadeza
        Para quedarse detrás
        Cuando la función empieza!

        Así fue don Juan Centeno,
        Una sola pulcritud:
        Exquisito de tan bueno."

Jorge Guillén, Juan Centeno

D) *Indique si cada una de las siguientes descripciones es pictórica, topográfica o cinematográfica:*

1. "El pueblo es un pueblo cualquiera, un pueblo perdido por tierras de Castilla, no por la Castilla del páramo y el cereal, sino por la otra, por la del vino y el monte bajo, los chaparrales y la paloma zurita, el encinar, el canchal, el pollo de perdiz y las vides naciendo en la linde misma en donde muere el pino de la resina.

El pueblo está lejos del ferrocarril, lejos de la carretera general, lejos del río, agazapado a la sombra de la torre parroquial, una torre herreriana de viejo granito que la sequía de cuatro siglos, esa sequía que desnudó a Castilla, no ha permitido que criase el cariñoso, el silencioso, el verdinoso musgo de los años.

El pueblo está reclinado sobre una ladera suave, rodeado de viñedos de verde color de manzana y de olivares grises como la luz del invierno."

Camilo J. Cela, El gallego y su cuadrilla

2. "Ya podéis ver la torre cuadrada, recia, amarillenta de la iglesia y las techumbres negras de las casas. Un silencio profundo reina en el llano; comienzan a aparecer a los lados del camino paredones derruidos. En lo hondo, a la derecha, se distingue una ermita ruinosa, negra, entre los árboles escuálidos, negros, que salen por encima de largos tapiales caídos. Sentís que una intensa sensación de soledad y de abandono os va sobrecogiendo. Hay algo en las proximidades de este pueblo que parece como una condensación, como una síntesis de toda la tristeza de La Mancha. Y el carro va avanzando. El Toboso ya es nuestro. Las ruinas de paredillas, de casas, de corrales han ido aumentando; veis una ancha extensión de campo llano cubierto de piedras grises, de muros rotos, de vestigios de cimientos. El silencio es profundo; no descubrís ni un ser viviente; el reposo parece que se ha solidificado. Y en el fondo, más allá de todas estas ruinas, destacando sobre un fondo ceniciento, lívido, tenebroso, hosco, trágico, se divisa un montón de casuchas pardas, terrosas, negras, con paredes agrietadas, con esquinazos desmoronados, con techos hundidos, con chimeneas desplomadas, con solanas que se bombean y doblan para caer, con tapiales de patios anchamente desportillados..."

Azorín, El Toboso

Lección 48

La biografía y su técnica

A TODOS se nos puede plantear en nuestra vida profesional el problema de tener que escribir la biografía de un compañero. Y ello por diversos motivos: porque el compañero (o el superior jerárquico) ha fallecido, porque se distinguió de algún modo en la vida profesional, o porque ha sido designado para ocupar un puesto de responsabilidad.

Normalmente, el problema se resuelve con una simple *nota biográfica;* pero también puede exigírsenos una *biografía*, lo más completa posible, o una *semblanza biográfica.*

La nota biográfica

> La *nota biográfica* es la relación de los datos de una persona, ordenados cronológicamente.

La NOTA BIOGRÁFICA se reduce a una serie de datos escalonados, cronológicamente ordenados. Es lo que se llama el "currículum vitae" de una persona: lugar y época de nacimiento; estudios y trabajos; méritos profesionales, etc. Es el "esqueleto", el esquema de una biografía, los hechos más destacados de la vida de un individuo.

La técnica es muy simple. Todo se reduce a exponer sucintamente y por orden cronológico la serie mencionada de datos biográficos. Es el procedimiento más sencillo, el menos comprometido. Pero la nota, por su esquematismo, resulta el más flojo de los procedimientos biográficos; es fría, carece de calor humano. Por muy completos que sean los datos, siempre les faltará el eco cordial. La curiosidad del lector queda satisfecha... sólo a medias.

La nota biográfica debe hacerse cuando el personaje en cuestión no es popularmente famoso, o cuando, por premura de tiempo, no podemos hacer una biografía completa.

La biografía

> La *biografía* es la historia de la vida de una persona.

La BIOGRAFÍA es el estudio, lo más completo posible, de un personaje. El esqueleto de la nota biográfica se reviste de músculo, nervios y se le infunde alma, soplo vital. Los datos deben reflejar el temperamento, carácter y modo de ser del biografiado. No basta, por ejemplo, con decir que Fulano de tal "se distinguió" en tal o cual momento de su vida, sino que es preciso reflejar *cómo* actuó, con datos significativos.

La técnica, pues, se complica; es difícil dar reglas. Porque una biografía exige dominar el arte narrativo, la descripción, el diálogo, la técnica informativa, etc.

Para hacer una biografía completa, hace falta estudio, documentación. Tras la documentación viene el estudio caracterológico. Tenemos que *ver* al personaje, figurárnoslo tal como era, *meternos en su piel*, antes de lanzarnos a hacer su retrato. Aquí, como en la descripción, hay que seleccionar previamente los datos necesarios para elegir después los que sean más reveladores.

La documentación puede obtenerse de múltiples modos: si no conocimos al personaje en cuestión, puede preguntarse a quienes le trataron íntimamente; familiares o amigos. Un buen archivo resuelve, en parte, este problema.

Reunido ya todo el material de trabajo, hay que proceder a ordenarlo: conviene decidir lo que irá al principio y al final. La biografía, como la novela, consta de introducción, cuerpo y final.

En la introducción conviene captar la atención del lector desde el primer momento. Una biografía se escribe para ser leída. El principio, el arranque, es de fundamental importancia. Por ello se recomienda *no seguir el orden cronológico*: resulta muy poco atractivo empezar diciendo, por ejemplo: "Fulano de Tal nació el año... en el pueblo de..." Conviene comenzar con algo que atraiga la atención del lector. Ese "algo" puede ser una anécdota expresiva, reveladora del carácter del biografiado, o un dato personal de gran fuerza.

La anécdota es muy útil en la biografía; pero hay que saberla manejar y, sobre todo, estar muy seguro de su autenticidad. Rechacemos la anécdota falsa o insegura y la anodina, vulgar o inexpresiva.

Veamos, a modo de ejemplo, cómo empieza Stefan Zweig, ese trozo biográfico de Dostoiewski titulado *El momento heroico*, y que forma parte de los *Momentos estelares de la humanidad:*

"El ruido de los sables, las voces de mando a lo largo de las casamatas, han turbado su sueño en medio de la noche. Por lo desconocido pasan sombras lúgubres y fantasmales. Estas sombras le empujan por un camino estrecho, largo, inmensamente largo. Se oye el chirrido de un cerrojo. Se abre la puerta. Entonces puede columbrar el cielo, y un viento helado le abofetea el rostro. Aparece un carro, negro como el abismo. Y las sombras le empujan hacia aquel abismo..."

O aquel otro principio de Romain Rolland en su biografía de Leon Tolstoi:

"Hizo sus estudios en Kazán. Estudios mediocres. Se decía de cada uno de los hermanos: 'Sergio quiere y puede. Dimitri quiere y no puede. León ni quiere ni puede..."

Insistimos en que, para la biografía, no pueden recomendarse sistemas fijos, ni puede hablarse de técnica predeterminada. Hay quien empieza a escribir reflejando los últimos días del personaje, quien elige un momento de la adolescencia o quien empieza por darnos los rasgos físicos y espirituales más expresivos del biografiado.

> Una *biografía* debe ser el retrato completo de un personaje según la visión que tengamos de él.

El biógrafo debe actuar como pintor y como periodista.

Como pintor, hay que exigir al que escribe que el retrato se parezca al modelo. Dos requisitos han de cumplirse: objetividad y sinceridad. No debe caerse en el elogio desmesurado (lo que los pintores llaman "halagar al modelo") ni tampoco en la tendencia caricaturesca. Juzgar a un hombre es muy difícil. Por ello recomendamos muy pocos juicios a cargo del que redacta la biografía. La biografía ha de ser exacta, escueta y sin comentarios.

Para llenar estos requisitos el biógrafo ha de actuar como buen periodista (notario de la realidad). *El estilo directo* se impone. Es preciso que los hechos hablen, para que el lector *vea* al biografiado tal como fue en su vida (los comentarios... ya los pondrá el lector por su parte). Técnica informativa pura, por tanto. No adjetivar: no decir simplemente que Fulano de Tal era "bueno", "inteligente", "trabajador" o "animoso", sino *demostrar* con hechos reales que el biografiado era así; que se *vean* esas cualidades de bondad, inteligencia, capacidad de trabajo o buen ánimo. *Hay que contar cosas* reveladoras del temperamento o carácter del personaje en cuestión. Si yo digo, por ejemplo, que "Zulano" era un hombre "de muy buen humor", el lector quedará o no convencido con mi afirmación. Depende de la fe que tenga en mí, en el autor. En cambio, si cuento alguna anécdota reveladora de ese "buen humor", sin necesidad de que yo afirme nada, el lector dirá para sí: "Este hombre tenía muy buen humor". Le han convencido los hechos, no las afirmaciones, más o menos gratuitas, de quien escribe; forma aquélla la más efectiva de convencer.

NOTA. Recomendamos al alumno la lectura de buenas biografías. Por ejemplo: las escritas por Emil Ludwid, Stefan Zweig, André Maurois, Romain Rolland, Ludwig Pfandll, Gregorio Marañón, etc. Especialmente indicada, sobre todo como florilegio de semblanzas, es la obra de André Maurois, titulada *Destinos ejemplares* (Ediciones G. P. Barcelona. "Libros Plaza"). Entre las biografías recientes, destacan *Felipe de España,* de Henry Kamer (Siglo XXI de España); *La Reina,* de Pilar Urbano, o *Don Juan,* de Luis María Anson (Plaza y Janés). La última es, sin duda, la biografía política de mayor interés publicada en España en el último cuarto de siglo.

La semblanza biográfica

La *semblanza* es un bosquejo biográfico, es decir, una biografía incompleta.

Finalmente, LA SEMBLANZA podría definirse como UNA BIOGRAFÍA INCOMPLETA. La semblanza no agota toda la historia de un personaje. En ella se eligen sólo aquellos hechos reveladores del carácter, los más salientes y significativos.

La diferencia que hay entre una semblanza y una biografía es la misma que existe entre un dibujo al carbón (un apunte expresivo) y un retrato al óleo. Lo cual no quiere decir que este procedimiento sea mejor o peor que aquél. Son diferencias de técnica, no de valor.

En realidad, todo buena biografía es también semblanza (debe serlo), como todo retrato al óleo suele ir precedido de unos apuntes al carbón.

NOTA. Recomendamos al lector la obra de Indro Montanelli, *Personajes*, editada por Plaza-Janés. La integran una serie de semblanzas realizadas sobre el entramado previo de una entrevista, muy en la línea de lo que exponemos al respecto en esta lección. Casi todas estas semblanzas se refieren a figuras de nuestro tiempo.

Ejercicios
* * * * * * * * * * * * * * * * * * *

A) *Realice los siguientes ejercicios:*

1. Nota biográfica de un compañero.

2. Semejanza de un compañeros de estudios o de un personaje conocido.

3. Autobiografía.

4. Biografía de algún personaje político, militar o científico, previo estudio y acopio de datos.

B) *A continuación damos los principios de las biografías de El Greco, Corot y Tiziano, del libro* Grandes pintores, *de H. Thomas y D. L. Thomas; y de Rafael Alberti, de Emma Rodríguez, publicada en el diario* El Mundo, *el 28 de octubre de 1999. Júzguelos. Diga si le parecen bien. Si no está de acuerdo con tales comienzos, diga cómo hubiera empezado usted dichas biografías.*

1. "Hay quien dice que El Greco estaba loco. Otros le conceden el beneficio de la duda, y aseguran que su obra no era el resultado de una mente desequilibrada, sino, simplemente, de una vista defectuosa. Mantienen que veía todo deformado porque sufría de astigmatismo. Y hay otros que aseguran que El Greco fue, sin duda alguna, el más grande de los pintores. ¿Era locura, enfermedad o genio? He aquí el tema de un debate constante desde que El Greco se instaló en Toledo hasta nuestros días..."

2. "Son las tres de la mañana; el sol no ha salida todavía; el pintor espera bajo un árbol. Es bajo, rechoncho, vivo, con un rostro fuerte de profundas arrugas, un brillo humorista en los ojos, labio inferior saliente, músculos y muñecas de hierro y el corazón de un niño. Mira las luces grises del alba y canta. Sencillo, modesto, alegre por el solo hecho de vivir, canta como los pájaros al día que llega..."

3. "No es siempre cierto que los amados de los dioses mueran jóvenes. Porque no hay duda de que los dioses amaban al Ticiano, y, sin embargo, le concedieron una larga vida. Llegó a la madura edad de noventa y nueve años, cubriendo así el reinado de tres Reyes, catorce Papas y catorce Duques de Venecia, y, finalmente, sucumbió en 1576 ante una peste que se llevó, con él, a la mitad de la población de la ciudad. Una semana antes de su muerte celebraba todavía banquetes en memoria de sus amigos, y hacía ojos a las hermosas jovencitas venecianas, cuyas madres y abuelas había conocido y deseado..."

4. "Su sueño era superar el siglo, llegar incluso al 2015. No pudo ser, pero sí vio satisfecho su deseo de decir adiós desde su más querido escenario, el del Puerto de Santa María, el de su mítica y recreada Bahía. 'Cuando me muera [...] que me abran los ojos suavemente; esos verán cómo se les alabean los dedos de espuma de la playa y las uñas de fina arena; y en mis pupilas, igual que dos minúsculos esteros de cristales, redonda y perfecta la bahía, llena de velas gaditanas, con mis ciudades primorosas en círculo, balanceadas de mástiles y chimeneas'.

Nació Rafael Alberti en ese lugar, que fue su primera y constante fuente de inspiración, un 16 de diciembre de 1902. Su familia, de origen italiano (los Alberti-Morello) y tradición vinatera, hubo de ver cómo, a pesar de ser educado en el conservadurismo, les crecía un hijo rebelde que fue expulsado de los jesuitas porque prefería correr desnudo por las playas que aburrirse con los libros. Un hijo que se decantó desde muy pronto por la pintura y los versos, que después se aliaría con el pueblo llano y se alistaría en las filas del Partido Comunista, criticando los principios burgueses de su cuna..."

Lección 49

Cartas y traducciones

Las cartas

> La carta es un papel escrito, y ordinariamente cerrado, que una persona envía a otra para comunicarse con ella.

EL hecho de que todos –quien más, quien menos– hayamos escrito múltiples cartas en nuestra vida, no quiere decir que seamos maestros en el arte epistolar, ni que escribir cartas sea una cosa sencilla. Más bien diríamos, que una carta *"bien hecha"* es de los géneros literarios más difíciles. Se la ha definido como una "conversación por escrito". Pero también la conversación tiene su arte. Excepcional conversador fue Sócrates, y su gran lección en este arte del diálogo fue la de adaptarse a su interlocutor. (Sócrates hablaba con el zapatero, "en zapatero" y con el filósofo "en filósofo".)

Pues bien, al escribir una carta, debemos tener en cuenta la lección socrática: lo que quiere decir que debemos adaptar estilo y tono a la especial psicología, carácter y cultura del destinatario.

Dígase lo que se quiera, no ha pasado aún el arte de escribir cartas. Lo prueba el interés del gran público por los epistolarios íntimos de las grandes figuras de la historia. Y ello porque la carta es el cuenco donde se recogen los ecos de la más íntima sinceridad.

Dos requisitos esenciales exige el arte epistolar, uno de fondo y otro de forma: *confianza en sí mismo y espontaneidad en el estilo.* Hay que escribir siguiendo fielmente el propio pensamiento, para no desviarse del objetivo deseado.

Tipos de cartas: Normas prácticas de redacción

> Las cartas se clasifican en *privadas, comerciales y eruditas.*

Las cartas suelen clasificarse en *privadas, comerciales* o *de negocios y eruditas.* De esas tres clases, la que más nos interesa, por el momento, es la correspondencia privada. A las cartas comerciales sólo dedicaremos unas breves líneas. En cuanto a las eruditas, tampoco son de nuestra incumbencia por una sencilla razón: porque, por regla general, sus autores escriben tales epístolas pensando en la posteridad, en la "galería". A estas cartas suele faltarles espontaneidad y sobrarles efectismo.

> Las *cartas comerciales* requieren corrección, brevedad y concisión. Sus elementos formales son:
> - *Encabezamiento:* Se acostumbra a poner en el ángulo superior derecho. *Lugar* y *fecha* de origen en una línea y, alineados con ella, en las siguientes el *nombre* y la *dirección* del destinatario. Encima de ellos, suele figurar la *referencia de comunicación* formada por una abreviatura en letras mayúsculas o minúsculas y un número.
> - *Saludo: Fórmula de tratamiento* seguida de dos puntos.
> - *Cuerpo:* Texto organizado en *introducción, desarrollo* y *conclusión.*
> - *Despedida* o *cierre: Fórmula de despedida,* seguida de punto y aparte; y, en las líneas siguientes, la *firma,* el *nombre* y el *cargo* del remitente.

FÓRMULAS UTILIZADAS EN LAS CARTAS FORMALES		
Saludo	**Cierre**	**Despedida**
Señor. (Señora, Señorita) *Muy señor mío:* *Muy señores nuestros:* *Respetable señor: (señora, señorita)* *Estimado señor:* *Estimado colega:*	*A la espera de sus noticias...* *A la espera de su conformidad...* *Quedo a su entera disposición...* *Agradeciendo su atención...* *Aprovecho la ocasión para saludarle...* *Dándole las gracias por su atención...*	*Afectuosamente.* *Atentamente.* *Muy atentamente.* *Le saluda atentamente.* *Cordialmente.* *Un cordial saludo.* *Un saludo afectuoso.* *Un respetuoso saludo.*

En *las cartas de negocios* es imperativa la corrección, la brevedad y la concisión expositiva. En la correspondencia comercial no se deben derrochar palabras, ya que el objetivo fundamental de esta correspondencia es informar al destinatario. Requisitos fundamentales –a más de los enunciados– son la exactitud y la claridad. No conviene extenderse más de lo necesario ni emplear 40 palabras donde son suficientes 30.

Claro está que una carta de negocios no debe confundirse con un telegrama. El excesivo laconismo puede resultar incorrecto y, por tanto, ineficaz desde el punto de vista comercial. Y es que la eficacia no puede ni debe estar reñida con al elegancia, con la buen forma. Por algo hoy en las grandes empresas se utilizan los servicios de *especialistas*, es decir, de buenos redactores, para la mayor corrección literaria en la correspondencia y circulares de las susodichas empresas.

Los hombres de empresa afirman que una buena carta comercial influye en la marcha del negocio. Se sabe de una importante industria americana que distribuyó una circular en estilo seco y frío y no consiguió más que el 2 por 100 de respuestas. La misma carta, con igual contenido, pero redactada con más amabilidad, consiguió el 28 por 100 de respuestas favorables[66].

> Las *cartas privadas* requieren naturalidad para expresar nuestro estado de ánimo y sentimientos. Sus elementos formales son:
> - *Encabezamiento: Lugar* y *fecha* de origen, en una línea separada del resto por uno o más espacios en blanco.
> - *Saludo:* Frase afectiva en consonancia con el tono general seguida de dos puntos. Normalmente se apela a la forma coloquial.
> - *Cuerpo:* Texto organizado, casi siempre, en tres partes: *introducción, desarrollo* y *conclusión.*
> - *Despedida:* Frase afectiva de forma coloquial, seguida de una coma.
> - *Posdata:* Frase o frases breves para añadir algo olvidado en el *desarrollo,* precedidas de la abreviatura *P.D.*

En *las cartas privadas* es casi obligatoria la sencillez, la naturalidad. Una misiva engolada resulta insoportable. También es imperativa la sinceridad. Esa "conversación por escrito" que es la carta, exige desnudar el alma, abrir nuestros sentimientos al destinatario, decir todo lo que espontáneamente se viene a la pluma, sin miedo ni hipocresías. (El alumno puede encontrar modelos de este tipo de cartas en los epistolarios de Santa Teresa, Quevedo, Lope de Vega, Jovellanos, Ganivet, Menéndez Pelayo, Valera y Alarcón.)

En algunos manuales de Redacción se insertan ciertas normas para escribir cartas a parientes o amigos. Y ello, se dice, porque tales cartas "son las que más llenan las sacas de Correos".

---

[66] *Escriba usted bien,* publicado por Cuadernos Meridiano, pág. 9.

Nos parece excesivo el querer dar normas para este tipo de misivas. Basta consignar lo dicho más arriba al definir la carta como una conversación por escrito. En la epístola a un amigo o pariente conviene escribir *como si se estuviera hablando con el destinatario*. Y, para ello, es imperativo saber expresar –dar forma– a nuestro estado de ánimo y sentimientos.

Muy recomendable en estas cartas es no escribir nada inconveniente. Evítense las excusas falsas, por ejemplo: "...hace mucho tiempo que pensaba escribirte, pero, si te digo la verdad, no he tenido tiempo material para ello". Mentira piadosa que no creerá del destinatario porque todos sabemos que, cuando de verdad se quiere escribir una carta, siempre se encuentran unos momentos libres para hacerlo. Tampoco es muy diplomático justificar nuestra pereza diciendo: "Ya sabes, querido amigo, que, para mí, escribir es un verdadero martirio". Confesión ésta ofensiva, porque escribir a un verdadero amigo debe ser siempre tarea grata y porque equivale a pedir que se nos agradezca nuestro "sacrificio".

Como una especie o subclase de epístola privada, existe un tipo que merece unas ligeras reflexiones. Nos referimos a la carta que nosotros llamaríamos *privada oficial*.

> La *carta privada oficial* debe ser convincente e inductiva.

La carta privada oficial es la que solemos escribir a un compañero o superior jerárquico para pedir un favor o rogar se nos haga justicia en algún asunto determinado. Es, en suma, *la carta diplomática*. En este tipo de misiva no conviene la absoluta sinceridad. Hay que pesar y sopesar lo que se dice, escribir con toda la cautela posible; no ser inoportuno; ni demasiado humilde ni orgulloso; demostrar, ante todo, la necesidad y justicia de nuestra petición y alabar ligeramente al destinatario "de cuyo sentido íntimo de la justicia" esperamos una solución para nuestro asunto, de acuerdo con nuestra petición.

En pocas palabras: la carta privada oficial ha de ser, como el buen comentario, "convincente e inductiva"[67]. Ante todo tenemos que convencer al destinatario (y se convence con razones); pero también hemos de inducirle a que actúe en nuestro favor (a las razones, se añade aquí el toque emotivo).

Verdad es que la diplomacia no se aprende fácilmente. Hay quien es diplomático por naturaleza y quién tiene el don de la inoportunidad. Por todo ello, en este tipo de cartas, es preciso ser prudente; no conviene lanzarlas al correo inmediatamente después de haberlas escrito. Recomendamos el borrador y la lectura reposada, una vez escrita la epístola. A veces, una palabra o una frase pueden ser decisivas.

---

[67] Véase el apartado III de este Capítulo V. Quien desee conocer más detalles sobre la redacción de cartas, consulte el Capítulo XIII de la obra de Martín Alonso: *Dos cursos de Redacción y Ortografía.* Véase también la obra de R. Zeegers, *Vendre par correspondance.* Ed. GAMMA. París.
Muy interesante es también *La psicología en la correspondencia comercial,* por Ana María O'Neill. 5.ª ed. GREGG PUBLISHING DIVISION, Mc Graw-Hill Book Company, Inc. Nueva York.

Supongamos, como ejemplo, una carta de recomendación, dirigida a un compañero, que va a juzgar a un amigo nuestro como examinando. Esta carta debe escribirse con cierta precaución para no herir *el sentido de la rectitud* del destinatario. No se debe pedir (ni mucho menos exigir) el aprobado. Como máximo, se puede hacer constar la importancia decisiva que tal examen tiene para el alumno en cuestión; se destacan sus cualidades, y se termina insistiendo en que se deja el problema en manos de quien, en última instancia, ha de juzgar al alumno con la justicia en él acostumbrada. En cambio, pedir el aprobado a toda costa o recordar la amistad que nos une al examinador, para casi exigirle una actitud determinada, sería contraproducente. Una carta inconveniente iría al cesto de los papeles y empeoraría la situación del desdichado alumno que tuvo la mala suerte de haber sido tan mal recomendado.

Finalmente, hay dos tipos de cartas muy interesantes, pero con las que apenas si puede hacerse otra cosa que mencionarlas. Son las *cartas de amor* y las *de pésame.*

Las *cartas de amor* deben ser sencillas y sinceras, sin afectación ni pedantería.

No conocemos ningún tratado de *cartas de amor.* Y, si existe, preferible es ignorarlo. Si algún consejo puede darse en este tipo de epístola sería el de insistir en la sencillez y sinceridad; recomendar que se huya de la afectación y, sobre todo, de la pedantería.

Dejar que hable el corazón –aunque sea atropelladamente– es la mejor recomendación que se nos ocurre. Y ello porque, como decía el francés, "el corazón tiene razones que la razón ignora". Claro está que la belleza literaria no daña, antes bien, ennoblece el sentimiento. Pero lo fundamental es que *no se note* la preocupación literaria en este tipo de cartas.

Las cartas de pésame deben ser breves, sinceras, sencillas y carentes de penosos formulismos.

En cuanto a las *cartas de pésame,* baste reconocer aquí su espinosa dificultad. Escritores conocemos –y muy muchos en el oficio– que confiesan su incapacidad para escribir tales cartas de condolencia. ¡Es tan difícil consolar al que sufre por la muerte de un ser querido! ¡Qué pobre resulta, en esos momentos, nuestro vocabulario! Por ello, y para no caer en penoso formulismo, lo mejor es, en estos casos, la brevedad: cuatro líneas sinceras y sencillas, que traduzcan lo que sentimos... ¿Para qué agobiar al que sufre con falsa literatura "funeraria"?

Las traducciones

> Tres condiciones esenciales son precisas para traducir bien:
> 1.ª Conocer perfectamente el idioma extranjero que se va a traducir.
> 2.ª Escribir correctamente el castellano, dominar nuestro idioma.
> 3.ª Conocer la materia objeto de la traducción.

Pero traducir exige algo más: requiere cierto temperamento de escritor para *interpretar,* es decir, para captar el espíritu y la forma de lo que se traduce. Lo que quiere decir que no basta con tener "cierta facilidad". Traducir, como cualquier otra tarea humana, exige un esfuerzo disciplinado.

Hoy se traduce mucho y se traduce, con frecuencia, mal. Abundan las malas traducciones de libros científicos y de obras literarias. El peligro es grave; por la puerta falsa de las malas versiones se nos están introduciendo en el idioma muchos barbarismos innecesarios y, sobre todo, múltiples vicios de construcción (solecismos) que están desfigurando el idioma castellano.

Requisitos para traducir

1.º El que traduce ha de tener cierto talento literario.

2.º El traductor ha de estar a la altura, al nivel del original.

3.º El que traduce ha de estar familiarizado con la materia objeto de la traducción. Por tanto:

4.º El novelista debe traducir al novelista y el científico al científico.

5.º El vicio más grave en una traducción no son tanto los barbarismos como los errores o vicios de construcción.

6.º Conviene ser *fiel* al original para captar el sentimiento y pensamiento del autor. Por tanto:

7.º Antes de empezar a traducir conviene *leer* el original para captar el sentido de la obra. Si es muy extensa, léase, antes de empezar a traducir, un capítulo al menos.

8.º Terminada la traducción, déjese pasar un lapso de tiempo prudencial antes de corregirla. Los defectos de versión (barbarismos, solecismos, etc.) resaltarán así con más fuerza.

La traducción libre

> Normalmente se habla de dos tipos de *traducción:* la *literal* y la *libre.* El ideal es la traducción libre, siempre que se respete el sentido del original.

Supongamos el siguiente trozo en alemán:

"Als ich fünf Jahre alt war, hatte ich einen grossen Kummer. Ich weiss kaum, ob ich seitdem einen grösserem gehabt habe."

Traducción literal:

"Cuando yo tenía cinco años, tenía yo un gran pesar. No sé apenas, si desde entonces he tenido uno mayor."

Traducción libre:

"Un gran pesar me dominaba cuando yo tenía cinco años; es posible que, desde entonces, no haya tenido una pena mayor..."

Otro ejemplo (los ponemos ex profeso del idioma alemán, por la dificultad que implica su traducción):

"Vierthundert Kanonen ununterbrochen seit Morgen auf beiden Seiten. An der Front klirren die Kavalkade der Reiterei gegen die feuernden Karrees. Trommelschläge prasseln auf das dröhnende Fell, die ganze Ebene bebt von vielfältigen Schall..."

Traducción literal:

"Cuatrocientos cañones truenan ininterrumpidamente desde la montaña en ambos bandos. En el frente suenan las cabalgadas de la caballería contra los cuadros de tropa que hacen fuego; el golpe de los tambores crepita sobre la retumbante piel; toda la llanura tiembla con múltiples ruidos..."

Traducción libre:

"Cuatrocientos cañones atruenan desde por la mañana ininterrumpidamente, en ambos bandos. En el frente, se oye el choque de la caballería contra las tropas que lanzan torrentes de fuego, al redoble ensordecedor de los tambores. Toda la llanura tiembla con múltiples ruidos..."

Veamos ahora un ejemplo de traducción francesa:

"Ce n'est pas seulement la vie de Louis XIV qu'on prétend écrire; on se propose un plus gran objet. On veut essayer de peindre à la posterité, non les actions d'un seul homme, mais l'esprit des hommes dans le siècle le plus èclairé qui fut jamais..."

Traducción literal:

"No es solamente la vida de Luis XIV lo que se pretende escribir; uno se propone un objeto mayor. Se quiere intentar el pintar para la posteridad, no las acciones de un hombre solo, sino el espíritu de los hombres en el siglo más ilustado que jamás hubo..."

Traducción libre:

"No pretendemos describir solamente la vida de Luis XIV, sino que nos proponemos un objeto de estudio más amplio. Intentamos pintar, para la posteridad, no los actos de

un hombre aislado, sino al espíritu de los hombres dentro del siglo más ilustrado que jamás ha existido."

Esta minuciosa labor de hacer primero la traducción literal, para pasar después a la versión libre, sólo puede llevarse a cabo cuando el trabajo es breve. Si se nos encarga una traducción extensa (un trabajo científico o un libro completo), recomendamos la traducción de viva voz, dictada a un buen mecanógrafo. (Más cómodo aún resulta el dictar a una cinta magnetofónica.) Mientras el mecanógrafo escribe una frase, el traductor puede ir pensando la forma castellana más correcta de la frase siguiente. Además, la consulta del Diccionario es más cómodo cuando no se tiene que ir escribiendo al par que se traduce. Finalmente, para traducir bien conviene un buen Diccionario en el que, a más de la significación de las palabras, se inserten los modismos más frecuentes con su equivalencia en castellano.

En suma, traducir, es un buen ejercicio... para aprender, para perfeccionar, nuestra propia lengua.

Ejercicios

* * * * * * * * * * * * * * * * * * *

A) *Realice los siguientes ejercicios:*

1. Escribir una carta a un compañero contándole las incidencias de un día cualquiera.

2. Escribir una carta a un profesor (por ejemplo, al profesor de Redacción) pidiéndole aclaración de algunos conceptos que no han quedado muy claros al estudiar su asignatura.

3. Escribir una carta de recomendación.

4. Escribir una carta pidiendo a un superior un favor determinado (por ejemplo, un permiso especial).

5. Traducir un trabajo científico de una revista extranjera.

6. Traducir un artículo de política internacional de un periódico extranjero.

7. Traducir un capítulo de una obra científica.

8. Traducir de un diario extranjero una noticia que tenga relación con la guerra o la milicia.

B) *Los autores de las cartas que figuran a continuación son escritores de reconocido prestigio. Sin embargo, es posible que, al menos dos de ellas, le parezcan anticuadas. Redáctelas de nuevo en el lenguaje y la forma que tendrían hoy.*

1. "12 de octubre

Amor mío:

De acuerdo. Me faltan arrestos y voluntad para imponerte otro aplazamiento. Sea, pues, el día 15.

Creo te indiqué ya que paro en el Hotel Imperio, nada del otro jueves pero está limpio, cuidan la temperatura y el conserje, Marcelo, me llama por mi nombres, detalle de agradecer en una urbe donde el anonimato es la norma. Por añadidura, el precio es arreglado. Hasta la hora convenida permaneceré allí, haré que me suban los diarios de la mañana y así entretendré la espera. Si algo necesitas, llámame por teléfono.

Trato de controlarme, de aparentar serenidad, amor mío, pero estoy lejos de sentirla. Este paso es tan definitivo que los nervios del plexo se contraen y a duras penas me dejan respirar. ¡Difíciles vísperas! Confío que no tomes a mal lo que voy a decirte. Desde chiquito dormí en una desproporcionada cama de hierro, la vieja cama de mis padres que nos llevamos del pueblo. Me hice así a la holgura, a los grandes espacios, a la libertad. Aquella libertad es hoy mi esclavitud; la cama es amplia pero fría, excesiva, mi más ferviente deseo es compartirla.

¿Qué sucederá dentro de tres días? ¡Tremenda incertidumbre! Hasta el día 15, querida, a las dos, en el Restaurante Milano, primer tramo de Ferraz subiendo desde la plaza de España.

Te idolatra,

E.S."

Miguel Delibes, *Cartas de amor de un sexagenario voluptuoso*

2. "Señor don Gerardo Diego:

Querido poeta:

Recibí sus dos amables cartas. Mil gracias por sus cariñosas palabras. Tendré mucho gusto en enviar algo a esa revista, a la que deseo próspera vida. El 'Cancionero apócrifo' continuará en 'Occidente'. El verano terminado, las clases comenzadas, tengo muy poco tiempo para más trabajos. Desgraciadamente para mí no he encontrado manera de quedarme en Madrid. Durante las vacaciones he trabajado con Manuel en una comedia, 'Los Adelfos', que se estrenará esta temporada.

Ruégole que me envíe su 'Carmen' y cuanto usted escriba.

Siempre su lector apasionado y buen amigo

Antonio Machado

3.   Veracruz, julio 26 de 1894"

A José M. Pérez Pascual.

Mi amigo y señor:

Por la grandeza en el elogio no se conoce el mérito del elogiado, sino el gallardo corazón de quien se lo aplaude y exagera. Yo no he hecho nada aún, más que sentir en mi rostro la bofetada de la soberbia a la humildad, y vivir para abogado de humildes. Ese es mi patriotismo, y nada menos, ni exclusión ni odio alguno, ni libertad tan injusta y estrecha que comience por negarla, so pretexto del rincón de nacimiento, a los que la aman y respetan. Y hay un hombre más liberal que yo: el que entre la injusticia de su patria y las víctimas de ella, se pone al lado de las víctimas. Así era mi padre, valenciano de cuna, y militar hasta el día en que yo nací; él me dijo un día, volviéndose de súbito a mí: 'Porque, hijo, yo no extrañaría verte un día peleando por la libertad de tu tierra'.

De entre los muy gratos recuerdos que en mis pocas horas de visita me llevo de Veracruz, ejemplo de pueblos y lección de patriotas y timoratos, está entre los más delicados y estimables, el del caballeresco saludo de usted.

Goza en agradecer, y en abrir su patria a todos los mantenedores de la libertad, su amigo conmovido,

José Martí

Lección 50

La técnica del resumen

El resumen

> El *resumen* es la exposición que sintetiza la información esencial de un texto oral o escrito.

RESUMIR no es tan fácil como pudiera parecer a primera vista. En general se corre el peligro de escamotear lo esencial y de caer en lo accesorio.

Los casos más frecuentes que suelen presentarse son: el resumen de una conferencia y el de un libro.

Resumen de una conferencia

> Pasos fundamentales del resumen de una conferencia:
> – Captar las ideas fundamentales del discurso y anotarlas.
> – Localizar la más importante y exponerla de forma que atraiga la atención del lector.
> – Exponer los detalles complementarios que aclaren la idea principal.

Normalmente, una conferencia consta de muy pocas ideas esenciales. A veces, una sola idea fundamental es el núcleo de la disertación.

Primer requisito: *no trabajar de memoria.* Conviene tener a mano un cuaderno para tomar notas.

Pero lo importante es *saber escuchar.* Hay que captar las ideas esenciales del discurso o conferencia, para trasladarlas en esquema al cuaderno.

Terminada la conferencia, ya ante las cuartillas, se leen las notas y se busca lo más importante para resaltarlo en su debido lugar.

NO GENERALICE NUNCA. Vicio corriente en los resúmenes de conferencias, es el de decir, por ejemplo: "Fulano de Tal habló acerca de la influencia del átomo en la vida moderna", sin decirnos en qué consiste esa influencia. Por ello:

NO SE DEBE PLANTEAR UN INTERROGANTE AL LECTOR SIN RESOLVERLO. En vez de escribir: "Fulano disertó acerca de tal o cual cosa", conviene resolver al lector el problema diciéndole lo que el conferenciante afirmó acerca del tema en cuestión. Si no podemos hacerlo porque no entendimos claramente la exposición, más vale callarse. De lo contrario, corremos el peligro de desvirtuar el tema e incluso de equivocar al lector.

NO ADJETIVE NI ENCOMIE. No caiga en las usuales muletillas de "la profunda disertación" o "la inspirada conferencia", etc. Si las palabras del orador fueron profundas, inspiradas, elocuentes o mordaces, esto debe verlo el lector a través de nuestro resumen, sin necesidad de que nosotros se lo digamos.

No empiece diciendo: "Ayer, en el Aula Magna de..., pronunció una conferencia D. ..." Esto es lo que menos interesa al lector.

Procure captar su atención desde las primeras líneas, llevando a ellas la idea principal del discurso. Por ejemplo: "El mundo moderno marcha hacia la destrucción total de nuestra civilización. El peligro de una guerra atómica consiste en que amenaza a vencedores y vencidos. La radiactividad, consecutiva al empleo de los ingenios y armas termonucleares, puede asolar por completo a nuestro continente. Este inmenso peligro de destrucción total es el freno potente que detiene a los actuales adversarios...".

Y a continuación: "Sobre estas ideas disertó ayer en el Aula Magna de ... el profesor de... D. ..., en su conferencia titulada...".

Después, una vez expuesta la idea principal, se pueden ir dando detalles complementarios, para una mejor comprensión del resumen inicial.

Insistimos en que el arte de resumir una conferencia consiste en la habilidad de captar las ideas esenciales, el núcleo del discurso.

En cuanto a la extensión del resumen, sólo podemos decir que *depende* de la importancia de la disertación y del lugar en que haya de publicarse. Dicha extensión será mayor o menor según vaya a insertarse en una revista especializada, en un periódico de temas científicos o en un diario. Depende también de la personalidad del conferenciante, del momento o lugar, de la oportunidad o actualidad del tema, etc.

Son detalles éstos sobre los que no cabe dar reglas absolutas.

Conferencias excepcionales

Lo expuesto en cuanto a la técnica de resumir conferencias, sirve como regla general, pero no de valor absoluto.

Puede suceder que la conferencia, bien por su tema o, sobre todo por la personalidad del conferenciante, sea lo que suele decirse "sensacional". Imaginemos una charla de Picasso titulada *El secreto de mi pintura,* o de Charlie Chaplin sobre *Charlot y yo,* o de un famoso torero acerca de *El dolor en la muerte del toro...* Tales conferencias, por el tema anunciado y por la personalidad de los oradores serían, caso de darse, lo que se dice una "noticia" periodística.

Entonces, al lector que no asistió al "espectáculo", le interesa saber, no sólo lo que dijeron Picasso, Chapin o el famoso torero, sino *lo que pasó* con motivo de sus disertaciones.

Y el encargado de informar de tales actos tendrá en este caso que empezar a escribir al dictado de la importancia que el suceso imponga. Habrá que comenzar por describir el ambiente de espectación "que reina en la sala" (frase tópica que no es preciso tomar al pie de la letra), o *pintar* los tipos curiosos que a la conferencia acudan; o citar nombres de personalidades distinguidas que al acto asistan, etc., etc.

En suma, en estos casos, manda el interés –centrado en el propio suceso– y dicho interés obliga a posponer el texto de la conferencia, a describir primero lo que primero nos llamó la atención.

Se nos dirá –y con razón– que, en los casos previstos, ya no se trata del problema de resumir una conferencia, sino de la información de un acto público. Es verdad y, por ello, remitimos al lector a las lecciones 55 y 56 de este capítulo, en donde se expone lo esencial de la técnica informativa.

Pero la advertencia queda hecha para que no crea el redactor principiante que toda la conferencia habrá de ser expuesta siempre conforme a un formulismo seco y sin vida.

Resumen de un libro

Pasos fundamentales del resumen de un libro:
- *Averiguar cuáles son los capítulos más importantes* y tomar notas sobre los conceptos fundamentales y la página correspondiente o subrayarlos sobre el texto.
- Resumir lo más interesante para *atraer la atención del lector siguiendo* un sistema *descendente que deje* para el final lo de menos interés.
- El orden del resumen debe reflejar lo que significa el libro en cuestión, su valor, su novedad y las ideas originales que aporta, dando respuesta a seis preguntas clave: ¿qué?, ¿quién?, ¿cómo?, ¿cuándo?, ¿dónde? y ¿por qué?

Ante un libro, el problema varía un poco, por dos razones: primera, porque el libro suele ser más denso que la disertación oral, está más lleno de ideas y datos interesantes. En segundo lugar, porque lo tenemos a mano y podemos consultarlo siempre que sea preciso.

No obstante, también en un libro hay capítulos fundamentales, y otros que no lo son tanto.

Se impone, pues, *averiguar los capítulos más importantes.* Para ello, el índice suele ser de un gran valor.

En realidad, el problema de resumir un libro depende del tiempo de que dispongamos para ello. Si tenemos tiempo suficiente para leerlo despacio, conviene tener a mano un cuaderno de notas en el que escribiremos los conceptos fundamentales y la página correspondiente del libro. Otras veces se suele leer subrayando sobre el texto, pero sin olvidar el cuaderno de notas.

No es preciso resumir todos los capítulos. Conviene acentuar el resumen donde esté lo más interesante. También en un libro hay "grano" y "paja".

El orden del resumen debe seguir la pauta expuesta para las conferencias. Lo primero que conviene decir al lector es lo que significa el libro en cuestión, su valor, su novedad, las ideas originales que aporta. No es preciso seguir el orden del autor; más efectivo es seguir el orden del interés: de lo más importante a lo menos interesante.

Lo que hemos de procurar –técnica informativa– es *atraer la atención del lector.* Para ello, nada más útil que seguir el sistema *descendente,* dejando para el final lo de menos interés.

Téngase muy en cuenta que, tanto para el resumen de una conferencia, como para el de un libro, deben seguirse las reglas expuestas en el capítulo referente a la "técnica de la información". También aquí conviene no olvidar las seis preguntas clave: ¿qué?, ¿quién?, ¿cómo?, ?cuándo?, ¿dónde? y ¿por qué?[68]. Naturalmente, en toda conferencia o en cualquier libro, el "¿qué?" es lo fundamental, puesto que es el tema del discurso o tratado. Las demás circunstancias se refieren al autor o conferenciante ("¿quién?"), lugar de la conferencia o título del libro, causa que motiva la preparación o publicación (detalles éstos que suelen explicar autores y conferenciantes), fecha de la disertación o publicación y sistema expositivo ("¿cómo?"). Para todos estos detalles basta con una ligera mención.

Ejercicios

* * * * * * * * * * * * * * * * * * * *

1. Resumir una conferencia a que hayamos asistido. Extensión máxima: cuatro hojas tamaño folio, escritas a mano.
2. Resumen de algún libro, preferentemente de tipo técnico. Extensión: la que se juzgue precisa y necesaria.

---

[68] Véase apartado II de este capítulo.

3. Resumen de un trabajo científico que se haya publicado en alguna revista de conocida solvencia. La extensión depende de la importancia del trabajo en cuestión.

4. Resumen de una amplia información periodística. Procúrese dar en diez o doce líneas de esencia de la información.

5. Resumen del argumento de un filme o de una novela.

6. Resumir o relatar brevemente un hecho o suceso del que se ha sido testigo.

Lección 51

Desarrollo de una idea

Principios y normas para desarrollar una idea

> Para *elegir* y *desarrollar* una idea es preciso tener imaginación, capacidad lógica y cultura.
> Pasos para desarrollar una idea:
> – Anotar el tema y todo lo que se conoce del mismo.
> – Buscar información y tomar notas sobre aspectos más confusos o menos conocidos, datos y ejemplos.
> – Elaborar un esquema organizando todo lo anterior.
> – Escribir un borrador del texto y corregirlo detenidamente, teniendo en cuenta la información que se quiere transmitir, su organización y cómo se expresa.
> – Redactar el texto definitivo empleando el vocabulario preciso en estructuras lingüísticas correctas y cuidando el estilo, la ortografía y la presentación del escrito.
> – Titular el escrito.

DESARROLLAR una idea, generalmente expresada en una frase tópica, no es más que estudiar el tema del modo más completo posible para que el lector no quede con dudas respecto del significado y sentido de la idea propuesta.

Para desarrollar bien una idea son precisas dos condiciones: imaginación y cultura. Pero no se confunda la imaginación con la fantasía, ni la cultura con la erudición. Imaginar –en su auténtico sentido– es *ver* bien un fenómeno o una idea; es sentir esa idea o aquel fenómeno como algo vivo para después plasmarlo, realizarlo, al escribir. Por ello, no convienen las disertaciones eruditas ni los comentarios librescos, sin vida propia[69].

Normalmente, para desarrollar un tema, se aducen razones, ejemplos, definiciones y contrastes, relacionados con la idea principal propuesta.

Se recomienda ser natural en la exposición; ser sincero consigo mismo y decidir lo que realmente se considere preciso para bien desarrollar la idea o tema en cuestión. Húyase de la divagación intrascendente y procúrense la concisión y la densidad; la sencillez y la claridad.

"No inflar el perro demasiado". En esta frase está condensada la técnica del desarrollo de una idea, sus límites.

Todo depende, claro está, de nuestros conocimientos, de nuestro enfoque y concepción del asunto. Pero no se caiga en el error común de creer que expone mejor una materia quien le da mayor extensión. Evítese la "paja" innecesaria y téngase muy en cuenta que cada asunto exige una extensión determinada que depende de dos condiciones: de la importancia del tema en sí y de la cultura de quien lo expone.

La mayor dificultad que puede presentársenos se dará cuando nos encontremos frente a un *problema escueto*, un asunto o idea enunciados en dos o tres palabras. Por ejemplo: *el orgullo, la vanidad, el dolor,* etcétera.

¿Cómo salvar esta dificultad? ¿Cómo encontrar ideas suficientes para desarrollar tales temas?

Respuesta: *todo consiste en saber suscitar las ideas relacionadas con el asunto o tesis propuestos.*

¿Cómo se logra tal solución?

Buscando las *fuentes de ideas* (los *tópicos* clásicos de los antiguos tratados de Retórica, en sentido exacto y no peyorativo). Dichas fuentes de ideas o tópicos, aplicadas al tema propuesto, van suscitando multitud de ideas complementarias.

Tomemos como ejemplo el siguiente tema: LA CRISIS DE AUTORIDAD EN EL MUNDO. Los capítulos que pueden servirnos de fuentes de ideas serán:

1: *naturaleza* (de tal crisis); 2: *antecedentes* (de tipo histórico que expliquen el nacimiento de este tipo de crisis); 3: *causas* (de tipo político, filosófico, económico, etc.); 4: *consecuencias* (es decir, efectos buenos o malos de dicha crisis); 5: *motivos* (o causas remotas y hasta concausas del fenómeno en cuestión); 6: *ejemplos* aleccionadores: *a)* de tipo histórico; *b)* anecdótico; *c)* de la propia experiencia del que escribe, etc.; 7: *medios* (para evitar tales crisis); 8: *alcance* o trascendencia, etc., etc.

A estas *fuentes de ideas* se pueden añadir todos los *recursos literarios* de tipo más o menos imaginativo que completen la visión personal del asunto: opiniones de otros

---

[69] En los temas relativos a la técnica de la información y del comentario (véase más adelante, apartados II y III de este capítulo) se dan una serie de reglas prácticas que pueden servirnos en esta lección. (Véase fundamentalmente lo que decimos acerca de los datos básicos de la noticia y la técnica del comentario.)

comentaristas; sugerencias impresionistas de una visita reciente a un país cualquiera del mundo; *datos vivos* (por ejemplo, en el tema propuesto, todo lo que pueda demostrar la vivencia de tal estado de crisis: prensa, cine, costumbres, etc.).

Finalmente, una vez que estemos en posesión de abundantes ideas para desarrollar el tema propuesto, hay que *seleccionarlas y ordenarlas*, antes de decidirse a escribir[70].

Ejercicios

* * * * * * * * * * * * * * * * * * * *

A) *A continuación damos unas cuantas frases tópicas que expresan una idea. Tome tres cualesquiera de ellas, y desarrolle la idea de modo completo:*

1. Los jóvenes suelen ser revolucionarios.
2. Los matrimonios-relámpago suelen fracasar.
3. Los hombres avanzados son los que acogen con facilidad las ideas nuevas.
4. La vida estudiantil es una de las épocas más hermosas de nuestra existencia.
5. La cambiante moda femenina.
6. El fútbol: ¿deporte o espectáculo?
7. El calor excesivo no es bueno para trabajar.
8. El pueblo levantino tiene un sentido artístico natural.
9. Un buen libro es un buen compañero.
10. Siempre cuesta trabajo empezar una tarea.

B) *Tome tres de las siguientes ideas, y desarróllelas de un modo completo:*

1. La paz.
2. La guerra.
3. El amor propio.
4. La dignidad.
5. La eutanasia.
6. La pereza.
7. El sentido del deber.
8. El descanso y el ocio.
9. El compañerismo.
10. El hombre de empresa.
11. Prisa y dinamismo.
12. La Ecología.
13. Las drogas.
14. El Tercer Mundo en el siglo XXI.
15. El terrorismo.
16. La pena de muerte.
17. Orden y libertad.
18. La televisión.
19. Las corridas de toros.
20. Los "derechos" de los animales.

---

[70] El problema planteado se estudia con más amplitud en el apartado III de este capítulo, donde se trata del Comentario.

Lección *52*

La titulación.
Principios y normas

Titulación periodística y titulación literaria

> El *título* es la palabra o frase llamativa con que se da a conocer el nombre o asunto de una obra o de cada una de las partes o divisiones de un escrito para captar la atención del lector.

TITULAR un escrito requiere cierta experiencia. Hay momentos en que se titula con facilidad; otras veces, en cambio, el título se nos rebela, se hace dificultoso.

Consejo práctico: déjese un lapso prudencial de tiempo entre la escritura y el momento de la titulación (una hora, un día, diez minutos...). Después, vuélvase a leer el trabajo y escríbanse varios títulos posibles hasta elegir el definitivo.

No hay reglas inflexibles para titular; depende del trabajo en cuestión. No se titula igual una información que un comentario o que un artículo.

Si se trata de una *información*, de una *crónica* o de una *biografía*, el título ha de ser informativo. Conviene llevar a él, en pocas líneas –en once o doce palabras como máximo–, la idea o el hecho principal de nuestra información. Los títulos han de ser llamativos –sin caer en el sensacionalismo–, deben captar la atención del lector. Y nada capta mejor la atención que el hecho o pensamiento fundamental, puesto en cabeza de nuestro escrito.

Supongamos que se nos ha encargado un trabajo informativo acerca de un determinado tipo de aviones en relación con vuelos de gran altura; supongamos también que nuestra impresión es negativa, pesimista. El título de tal trabajo podría ser el siguiente: LOS AVIONES X NO SON APTOS PARA VOLAR A MÁS DE SEIS MIL METROS. No está mal, pero resulta un poco largo. Entonces escribimos: LOS AVIO-

NES X, POCO APTOS PARA VUELOS DE GRAN ALTURA. Ya sirve. En diez palabras hemos expresado la idea principal de nuestro trabajo. Pero aún podemos completar
esta "cabeza" (así se llama periódicamente al conjunto de títulos y "sumarios" de una
información) añadiéndole uno o dos sumarios en los que digamos alguna de las causas
o razones de la afirmación expresada. El sumario o subtítulo puede ser más largo que el
título. La razón es tipográfica: lleva un tipo de letra más pequeño, y permite así una
mayor extensión[71].

Pensemos ahora que se nos ha encargado una información acerca de la política rusa
en Chechenia. El título podría ser: RUSIA QUIERE APLASTAR A LOS SECESIO-
NISTAS CHECHENOS. Vale: son siete palabras. Luego, en el sumario, podríamos
escribir: "Y acabará por conseguirlo si el Occidente no se lo impide con energía".

Hoy, en el periodismo americano, por economía de espacio, se tiende a la titulación
estilo telegrama. Sólo se utilizan los sustantivos y verbos declarativos.

Veamos unos ejemplos:
– "Ladrón nocturno roba joyas."
– "Ven pronto fin boicot."
– "Analizan problema."

En realidad, no puede negarse que, con este sistema, se consigue expresar el máximo de ideas con el mínimo de palabras; pero también es un modo de destrozar el lenguaje por obedecer a un criterio de brevedad mal entendido. Pensemos en la enorme
influencia estilística (sintáctica y gramatical) que la prensa ejerce hoy, y nos daremos
cuenta del peligro que acecha a la estructura del idioma por causa de este laconismo
periodístico. De seguir así las cosas, no es aventurado imaginar que, en un futuro más o
menos lejano, se hable o se escriba un idioma en el que la construcción verbal y nominal hayan ganado la partida a la frase bien construida, con sus partículas indispensables. Y podrían muy bien (o muy mal) escucharse (o leerse) frases como las siguientes:
"Dentista sacóme muela. Dolor grande..." "Leída novela. Desagradable impresión"[72].

Sería entonces la era del estilo telegráfico. Muy práctico, es verdad, pero de un
esquematismo inhumano, sin gracia y sin belleza.

Anécdota real, demostrativa de lo que decimos: Nos decía un periodista americano
que, pocos días antes de la muerte de Stalin, en un diario de Méjico apareció el siguiente título: *"Ya mero"* (es decir, "ya casi"). Y el día que murió el dictador soviético cam-
peaba en las páginas del periódico una sola palabra: "¡Ya!". Siguiendo este sistema

---

[71] No es absolutamente indispensable que la "cabeza" de la información conste de título y sumario
Cuestión es ésta discutida y que depende del criterio personal.

[72] Tendencia muy acusada ya en toda la prensa de habla hispana. Este estilo recuerda el de aquel famoso personaje –Alfredo Jingle– que aparece en *Los papeles póstumos del Club Pickwick*, de C. Dickens y
que se expresa en una extraña jerigonza a base de construcciones nominales: "Repentina desaparición...,
comidilla de la ciudad... busca por todas partes", o también, cuando dice: "Hermoso sitio; gloriosa mole...
imponentes muros... vacilantes arcos... oscuros rincones... Escaleras derruidas... antigua catedral... olor de
tierra...", etc. etc.

rotulador, los cajistas de imprenta se ahorrarán trabajo, pero el lector se verá obligado a adivinar lo que se le dice con una sola partícula. Igual que aquel periódico escribió "¡Ya!", otro podría titular "¡Pronto!" y el más allá, "Mañana", con lo que la titulación periodística, concebida hoy para ahorrar esfuerzo al lector, obligaría a éste a leerse todo el artículo, si quería desentrañar el sentido oculto tras una sola palabra, utilizada con técnica más publicitaria que informativa.

Si se trata de un *comentario,* el título no ha de ser necesariamente sobre los mismos temas enunciados antes. Los títulos, respectivamente, podrían ser: LOS NUEVOS AVIONES Y EL VUELO DE ALTURA. O, simplemente, NUEVOS AVIONES. El segundo trabajo podría titularse así: LA EXPANSIÓN RUSA EN CHECHENIA. O, más brevemente, RUSIA EN CHECHENIA; o también: LO QUE SE DEBE HACER EN CHECHENIA, etc.

> El *título del comentario* debe ser más corto que el de una información; pero conviene que sea sugestivo.

Los títulos anodinos, demasiado generales, no invitan a la lectura, sobre todo si se trata de un comentario no firmado. Si lleva firma, y ésta es de garantía, de una autoridad en la materia, entonces se lee el trabajo, aunque no esté muy bien titulado.

> La *titulación del artículo* debe ser sugestiva.

Por el *artículo* hay plena libertad de titulación. El artículo, normalmente, se lee por la firma, por el nombre del autor. No obstante, un artículo exige una titulación sugestiva, bella. Debe respetarse el arte de titular, porque "el nombre de pila" de un artículo (de un libro y hasta de una película), es un reflejo del buen o mal gusto de su autor.

> El *título literario* debe ser breve, sugerente y atractivo.

Hay momentos en la literatura en que impera el barroquismo en el arte de titular. Barroquismo que se traduce en títulos largos, explicativos, más propios de una información que de un artículo o libro. Por ejemplo, *Los cipreses creen en Dios, La sombra del ciprés es alargada* o *Los ancianitos son una lata,* son títulos de novelas descriptivos, barrocos. *Pobre gente, El idiota, Nada* o *La peste,* en cambio, son títulos sugestivos por su expresiva brevedad.

El título literario, en suma, ha de ser airoso, de ritmo breve, sugerente y atractivo. Ha de ser grato al oído. Un buen título es un buen reclamo.

"Los poemas medievales –dice Wolfgang Kayser en su *Interpretación y análisis de la obra literaria*– no llevaban título. Sólo a partir del humanismo se generalizó la costumbre de titular las producciones poéticas. El título tiene diversas funciones. Por un lado, sabe disponer los ánimos convenientemente. Lo que en el teatro se consigue con golpes de gong y apagando las luces –la transformación mágica del espectador, que es trasladado al mundo de la poesía– ha de lograrse en la lírica frecuentemente sólo por el título del poema. Al mismo tiempo, el título debe preparar la entrada en el mundo especial del poema correspondiente...

"... Los títulos funcionan como una especie de introducción al poema."

Normas de titulación periodística

Recordemos primeramente que una noticia, para ser completa, ha de responder a las siguientes cuestiones, constar de los siguientes elementos: *qué, cuándo, dónde, quién, cómo* y *por qué.*

Cada uno de estos elementos tiene una importancia *relativa*, respecto de los demás. Quiere decirse que se procurará destacar siempre –traer a primer plano– aquella circunstancia más relevante.

Tengamos en cuenta también que no se titula igual, con la misma técnica periodística, una noticia o información o crónica noticiosa que un reportaje no noticioso, un comentario o un artículo de colaboración.

Cuanto se refiere a la titulación de la noticia o información noticiosa, podría resumirse como sigue:

1. El conjunto de título y subtítulos o sumarios de una información recibe el nombre de *cabeza* o, en el periodismo americano, *encabezado.*

2. El *título* es –debe ser– una síntesis de la noticia: el esqueleto, lo más esencial de la información noticiosa.

3. El título debe recoger el elemento o elementos más importantes de la noticia, la sustancia de la misma.

4. Un título debe ser lo más breve posible: a lo sumo no debe exceder de diez o doce palabras. (Naturalmente que su extensión depende del espacio de que se disponga para desplegar la noticia: no se titula igual una noticia a una columna que a cinco o a ocho columnas.)

5. Generalmente, el título destaca *lo que ha pasado*, y a veces a *quién* o *dónde* o *cuándo* ha sucedido lo que sea.

6. Los *sumarios* o *subtítulos* despliegan los demás elementos de la noticia. No se limita su extensión, variable según lo que se dice y el tipo y cuerpo de letra que se emplee.

7. Jamás debe decirse en el título o sumarios lo que no se diga en el texto de la información. Condensar no es variar lo esencial.

8. Un verbo, expresado o elíptico, debe aparecer siempre en cada título o subtítulo.

9. Cada sumario debe contener una declaración o afirmación independiente, es decir, no enlazada o ligada gramaticalmente con el sumario anterior o el siguiente.

10. Deben emplearse, siempre que sea posible, palabras exactas, concretas. No debe caerse en la vaguedad, la generalidad, ni deben utilizarse apenas adjetivos. Sólo se adjetiva en los títulos cuando no hay otro modo sustantivo posible de resumir un hecho.

11. El encabezamiento orienta e informa al lector. No puede ser, por tanto ambiguo ni de difícil comprensión. Se titula la noticia, no para despertar la curiosidad del lector, sino para satisfacerla, para atraer el interés del lector por medio de una declaración inteligente e inteligible. Si hay que adivinar lo que se dice o leerlo dos veces, el título es débil.

12. El conjunto de título y sumarios debe ser completo. Quiere decirse que en la cabeza debe estar ya la noticia desplegada, expuesta en su esencia.

13. Nunca debe exagerarse en los títulos, ni poner demasiado énfasis en lo que se dice con el afán *publicitario* de atraer la atención. Hay que ser justo y preciso en la expresión. No intente nunca sorprender la buena fe del lector: es peligroso y, a la larga, desprestigia. Piénsese que, a la gente, no le gusta que le engañen. La verdad es de por sí suficientemente atractiva.

14. En esencia, la cabeza de una información debe de reunir o condensar las mismas condiciones o requisitos que se exigen de la noticia misma: veracidad, exactitud, interés, claridad, brevedad y rapidez de expresión. Y, naturalmente, ser completa.

* * *

En el *reportaje no noticioso,* se permite titular para despertar la curiosidad del lector. No son las noticias, sino las circunstancias o elementos llamativos del reportaje lo que debe ser traído a la cabeza. En la noticia se titula para evitar la lectura de la información subsiguiente; en el reportaje se titula para incitar a la lectura.

Naturalmente, un buen reportaje, bien titulado, consta también normalmente de su cabeza respectiva, con título y sumarios.

* * *

El *artículo periodístico de colaboración,* al igual que el *comentario,* generalmente sólo lleva también un título breve. El titulador (autor o corrector) tiene plena libertad en este caso. Pero se recomienda no utilizar títulos anodinos, sino sugestivos.

El entronque del título con un hecho de la actualidad es muy recomendable, tanto en la titulación del comentario como en el artículo de colaboración[73].

---

[73] Como complementos y desarrollo de cuanto en esta lección se expone, véase nuestra obra *Géneros periodísticos,* Capítulo V: *"La titulación periodística".* Dicho capítulo consta de los siguientes epígrafes: *Ejemplos comentados.- Títulos y rótulos.- Normas generales.- Principios y reglas de titulación.- La titulación en el reportaje; ejemplos comentados.- La titulación de la crónica; ejemplos comentados.- La titulación del artículo; ejemplos comentados.- Análisis de títulos defectuosos.- Titulación telegráfica; ejemplos comentados.- Las secciones.- Casos prácticos de titulación.*

Ejercicios

* * * * * * * * * * * * * * * * * * * *

A) *Elíjase un trabajo cualquiera de un periódico, revista, etc. Procúrese la varie-dad: informaciones, crónicas, artículos de tesis, comentarios de política internacio-nal, etc. El trabajo se dará al alumno sin "cabeza", para que él lo titule. Compárese después la titulación del alumno con la original y estúdiense las diferencias.*

B) *Mejore las siguientes titulaciones aparecidas el mismo día en un periódico de México:*

1. Exigen a Zedillo cumplir promesa.
2. Continúa vigente amparo de Raúl.
3. Capturan a extranjeros; roban líneas telefónicas.
4. Pactan Moctezuma y Gates modernizar municipios.
5. Provoca volcadura 16 muertes.
6. Deciden hoy lores destino de Pinochet.
7. Condena Cuba a muerte al salvadoreño Cruz León.
8. Aplaza OLP hasta abril decisión final.
9. Pretende Europa limitar exportaciones agrarias.
10. Paraliza inversiones el exceso de trámites.

Lección *53*

Teoría y práctica de la crítica

> La *crítica* evalúa actividades culturales (artes, literatura, ciencias o espectácu-los), va firmada y el *crítico* expone en ella juicios de valor, que deben ser justos, ponderados, reflexivos y basados en el conocimiento del tema, evitando las arbi-trariedades.

CRITICAR es valorar algo a la luz de la razón. No es *censurar.* La censura es crítica de la parte negativa de algo. La crítica –del griego "krinein", juzgar, discernir–, debe destacar tanto lo positivo como lo negativo.

En nuestra vida diaria solemos hacer frecuentemente crítica de todo aquello de que somos testigos: de las costumbres, de la vida, de la política, del cine, del fútbol, etc., etc. El hombre critica casi instintivamente, como ser racional que es.

Criticar, pues, es enjuiciar alguna cosa, diciendo si es buena o mala y *por qué.* (Destacamos este "por qué" ...porque, sin él, no hay crítica buena).

Normalmente, en nuestra crítica habitual de la vida y de las cosas, solemos conten-tarnos con afirmaciones generales, vagas, imprecisas. Decimos, por ejemplo: "La pelí-cula X es muy mala; a mí no me ha gustado"; lo cual no es criticar; es, simplemente, dar una opinión personalísima. Para ser crítica le falta valoración y le sobra personalismo.

"Los valores –según Ortega y Gasset– son cualidades irreales residentes en las cosas." Lo cual quiere decir que la belleza de un cuadro, por ejemplo, no depende de que a mí me guste o deje de gustarme. Dicha belleza está en el cuadro, es una cualidad "irreal" que en él reside. Se puede ver o no ver esa belleza, todo depende de nuestra personal *estimativa.* Por ello, porque no somos omniscientes, conviene mucha pruden-cia al criticar. Y, ante todo, conocer la materia objeto de nuestro comentario crítico.

Condiciones de la crítica

> La *crítica* ha de ser ponderada y justa; fielmente informativa; con un tono respetuoso y ecuánime, y un estilo denso, preciso, ágil y claro.
>
> El *crítico* ha de evitar tanto el elogio como la dureza y debe tener madurez, espíritu reflexivo, especialización y serenidad de juicio.

Veamos ahora las condiciones que ha de reunir la crítica para cumplir científicamente su cometido:

1.º *La crítica ha de ser ponderada y justa.* Hace falta, pues, un criterio valorativo. La crítica impresionista, más o menos irreflexiva, no es verdadera crítica, sino interpretación personal que puede caer en el arbitrariedad.

2.º *El crítico ha de evitar la tendencia al elogio y la inclinación a la dureza.* Ni la loa ni la sátira mordaz son auténtica crítica. El crítico blando, fácil para el elogio, no orienta al lector. Tampoco conviene la excesiva dureza. No todos somos genios, ni puede pedirse siempre al hombre la suma perfección en todo lo que hace. La crítica excesivamente dura puede esterilizar la facultad creadora, sobre todo en el autor novel.

3.º *La crítica ha de ser fielmente informativa.* El lector quiere saber si aquello que se critica es bueno o malo y por qué. Los comentarios eruditos sobran en la crítica. La crítica científica ha de ser también demostrativa, sin caer en la pretensión matemática. En el mundo del espíritu hay muy pocos valores absolutos.

4.º *Procúrese siempre un tono respetuoso y ecuánime.* El estilo mordaz, el reírse de las cosas que criticamos, sólo está permitido cuando la ínfima calidad de la obra criticada así lo exijan. La mejora demostración de que algo es rematadamente malo es la caricatura, el remedo humorístico, la parodia, en suma, de lo criticado.

5.º *El estilo en la crítica ha de ser denso, preciso, ágil y claro.* Nada de erudición pedantesca. No se valora con comentarios más o menos librescos, sino con demostraciones.

6.º Al crítico han de exigirse: *madurez, espíritu reflexivo, especialización* (es decir, experiencia y conocimiento de la materia que se critica) *y serenidad de juicio;* el hombre fácilmente impresionable es mal crítico: el humor del momento no es buen consejero.

7.º *La crítica,* en suma, *ha de ser analítica y sintética.* Se analiza aquello que se juzga, valorando sus elementos. Después (o antes) se sintetiza nuestra opinión, del modo más ponderado, justo e impersonal posible.

EL LECTOR Y EL CRÍTICO. Escribe Dámaso Alonso, en su *Antología crítica* (Escelicer. Madrid): "No olvidemos una verdad de Pero Grullo: que las obras literarias no han sido escritas para comentaristas o críticos (aunque a veces críticos y comentaristas se crean otra cosa). Las obras literarias han sido escritas para un ser tierno, inocentísimo y profundamente interesante: *el lector.* Las obras literarias no nacieron para ser estudiadas y analizadas, sino para ser leídas y directamente intuidas".

"A ambos lados de la obra literaria –sigue Dámaso Alonso– hay dos intuiciones: la del autor y la del lector. La obra es registro, misterioso depósito de la primera, y dormido despertador de la segunda..."

"El primer conocimiento de la obra poética es, pues, el del lector, y consiste en una intuición totalizadora que, iluminada por la lectura, viene como a reproducir la intuición totalizadora que dio origen a la obra misma; es decir, la de su autor."

"Pero hay un segundo grado del conocimiento poético –precisa Dámaso Alonso–. Existe un ser en el que las cualidades del lector están como exacerbadas: su capacidad receptora es profundamente intensa, dilatadamente extensa."

Se refiere aquí Dámaso Alonso al crítico, de quien afirma que es, ante todo, "un maravilloso aparato registrador, de delicada precisión y generosa amplitud".

"Pero como otra natural vertiente de su personalidad, el crítico tiene también una actividad expresiva. Dar, comunicar compendiosamente, rápidamente, imágenes de esas intuiciones recibidas: he ahí su misión. Comunicarlas y valorarlas, apreciar su mayor o menor intensidad."

"Si se miran ahora en conjunto las cualidades del crítico, se verá cómo dominan en él las cualidades imitativas: profunda y amplia intuición receptiva, como lector, y poderosa intuición expresiva como transmisor, evocador de la obra, despertador de la sensibilidad de futuros gustadores. La crítica es un arte."

"Es el crítico –apostilla Dámaso Alonso–, precisamente el crítico, como lector ideal, quien, puesto frente a la obra literaria auténtica, formará impresivamente una intuición semejante a la que expresó el poeta; frente a la obra simulada, pronto comprobará la ausencia de intuición, la superchería. La primera misión del crítico consiste en discernir, en discriminar a un lado la verdadera obra literaria; a otro, su pobre simulación."

Apliquemos esta teoría a cualquier clase de crítica sobre cualquier clase de arte o técnica y tendremos una idea clara de cuál ha de ser la misión del crítico como receptor y transmisor de lo que ha de valorar.

La crítica periodística

A continuación reproducimos algunos párrafos de un artículo publicado en noviembre de 1958, en la revista *Realités,* en donde se dicen cosas muy interesantes y juiciosas en torno a la crítica periodística, a la que se considera como un "arte difícil".

"Lo que, en primer lugar, pide el lector al crítico –dice *Realités*– es que lo tenga al corriente de las novedades en espectáculos, literatura o arte, para ayudarle en su elección. Esta función de informador va teniendo más importancia a medida que la producción teatral, literaria o artística va creciendo y también a medida que se crean nuevos medios de expresión o difusión, tales como el cine, la radio o los discos."[74]

"Y también desde que va creciendo, paralelamente, la masa de público. El desarrollo de la instrucción, la elevación del nivel de vida, la reducción de horas de trabajo, los progresos de los medios de comunicación y de difusión, todo ello contribuye a aumentar el número de horas disponibles para el cine, el teatro, el arte, la literatura o la música. El ocio de que se dispone hoy, representa cada día una parte más importante en la vida del individuo, lo que engendra no sólo una sed de distracciones, sino también *una sed de cultura*. El papel del crítico, pues, es –debe ser– inmenso, como ordenador de nuestros placeres y formador de nuestros gustos, ya que el crítico dispone, con la Prensa y la Radio, de las principales palancas de mando de la opinión."

Papel del crítico

"La función primordial del crítico –según *Realités*– es la de ser un informador competente, sagaz y desinteresado, que no sólo tiene a sus lectores al corriente de la vida de los espectáculos, las letras o las artes, sino que, entre el montón confuso de los innumerables productos del mercado, sabe destacar lo que es susceptible de interesar al público."

"El crítico, pues, debe ser ante todo un espectador como nosotros, con las mismas emociones y los mismos gustos, y en el que delegamos para que vea, en lugar nuestro, todas las obras que no podemos ver nosotros por falta material de tiempo. Como tal delegado, el crítico tiene la obligación de elegir. Tiene también que ser un juez, pero sin olvidar que sus veredictos nos tienen valor por sí mismos, sino en relación a nosotros, que es a quien él tiene que rendir cuentas."

La crítica en funciones

En cuanto al modo de llevar o hacer la crítica, dice el artículo citado de *Realités,* que "nada impide el contar las peripecias más cautivadoras de un film, de una obra de teatro o de un libro, igual que se hace con las de un partido de fútbol. Hay que emocionar al público, caracterizar bien el género de la obra, sugerir su atmósfera, situarla lo más claramente posible con relación al sistema de referencia de los lectores; en suma no juzgar sin motivo, ni apelación. Hay que contar las cosas como las contaría un buen aficionado a los toros: comunicar la atmósfera del espectáculo para que el lector la sienta en todas su fases".

---

[74] Lo que no puede admitirse en periodismo –anotamos– es la "crítica egoísta, así llamada porque en el fondo sirve adecuadamente al crítico" (Dovifat, *Periodismo*, páginas 61-68).

"Una adaptación muy estricta del crítico con relación a sus lectores, le permite, además, cuando descubre una obra nueva, de una belleza insólita, el hacer presentir a sus lectores no sólo su rareza, sino su calidad. Porque el crítico no es sólo un espectador, sino un 'superespectador', cuya infatigable curiosidad parte a la búsqueda de la belleza en todas sus formas."

Las tres exigencias fundamentales al crítico

El *crítico* debe tener pasión por el arte que critica, competencia y desinterés.

La adaptación a su público es, pues, la cualidad fundamental del buen crítico. Pero no es la única. Para que el crítico –según *Realités*– esté a la altura de su papel, se le ha de exigir:

1.º *Pasión por el arte que critica.* El gran peligro que amenaza al crítico es que, por saturación, acabe por sentir "malgusto" o "empacho". Obligado a devorar dos libros diarios o a asistir a cinco representaciones semanales –durante diez meses–, acaba por no importarle gran cosa lo que hace.

2.º *Competencia.* El "amateurismo iluminado" no basta para el que es un profesional de la crítica. La competencia técnica es indispensable para fundamentar la intuición y también para suplirla, cuando el crítico tiene que habérselas con obras de factura muy nueva que suelen desconcertar al público habituado a lo tradicional. Pero este "superespectador" tiene también el deber de dirigirse a sus lectores en un lenguaje sensible, comprensible. El excesivo tecnicismo degenera en pedantería conceptista. Peligro éste en el que caen algunos críticos de cine.

3.º *Desinterés.* Es decir probidad, con el sentido corriente de la expresión. Hay que ser incorruptible (o, como se dice en castellano, "no casarse con nadie").

Ejercicios

* * * * * * * * * * * * * * * * * * *

A) Realice los siguientes ejercicios:
1. *Crítica de una institución cualquiera.*
2. *Crítica del funcionamiento de un servicio público.*
3. *Crítica de un trabajo científico.*
4. *Crítica de un libro científico.*
5. *Crítica de un cuadro o de una colección de cuadros de un mismo autor.*
6. *Crítica de una novela.*

B) Muchas y muy buenas críticas se publican hoy en los más diversos periódicos del mundo sobre las más varias producciones del mundo ingenio. Sería excesivo empeño el intentar traer aquí ejemplos de tan diversas y numerosas críticas.

Sólo como posible demostración de lo expuesto en este tema damos a continuación algunos ejemplos de los que podríamos llamar "crítica clásica". Nos referimos a las que, en periódicos españoles, escribió Mariano José de Larra, allá por la tercera década del siglo XIX. Sólo daremos breves líneas de algunas de sus críticas teatrales que, en su tiempo, fueron orientadoras de la opinión, por su sinceridad y valentía, no exenta de gracia irónica y a veces satírica.

Veamos cómo empieza su crítica titulada *La fonda o la prisión de Rochester:*

Era tiempo de peste en Cádiz y daba su parte a la autoridad un sargento que estaba de facción en Puerta de Tierra, diciendo en los términos siguientes:

"Sin novedad. Hoy han salido por esta puerta veinte muertos con sus respectivos cadáveres. Sargento fulano." Eso mismo decimos hoy nosotros al público al darle parte de las dos funciones nuevas que acabamos de ver desaprobadas con tanta razón por el auditorio: "Sin novedad. Se han representado en este teatro dos comedias con sus respectivas silbas", que silbas y comedias son ya tan inseparables como cadáver y muerto...

Y, a continuación, Larra, según costumbre suya, narra el argumento de las susodichas comedias, procurando, al resumirlo, ir haciendo resaltar los absurdos de la pieza.

Veamos ahora –y seguimos en el plano de la crítica de tono satírico– cómo "demolía" Larra una obra, tan sólo con unas cuantas líneas de su comentario. Refiérese la siguiente crítica a la obra titulada *Las fronteras de Saboya o el marido de tres mujeres.* Y dice así:

... Desde luego el traductor de "Las fronteras de Saboya" ha tenido brava elección; si es del ingenioso y fecundo Scribe, tanto peor para Scribe. ¡Qué títulos y qué analogía entre los dos títulos! "Las fronteras de Saboya o el marido de tres mujeres" vale tanto como si dijéramos: "El peñón de Gibraltar o El buey suelto bien se lame". Vamos a ver: ¿qué han hecho "Las fronteras de Saboya"? ¿Qué pasión dramática las acucia o a qué exceso reprensible se han propasado? ¿Qué lección útil de moral van a sacar las demás fronteras de los otros países del chasco que sus vicios o sus ridiculeces han acarreado a las de Saboya?

Nada de eso; la comedia se titula "Las fronteras de Saboya" porque en ella se habla de pasar las susodichas y cada vez más inocentes fronteras; de suerte que a cambiar otra frontera le están sucediendo todos los días multitud de chascos por ese estilo...

Claro está que el humor satírico o irónico de Larra no se limita a demoler "por principio", sino que, tras sus famosas introducciones, procura demostrar su juicio basándose en la obra que critica. También es verdad que no siempre fue demoledor y que, cuando tropezó con una obra buena, lo dijo, incluso en contra de la opinión del público.

Pero sigamos con los famosos "arranques" de Larra. Tócale ahora el turno a la siguiente obra: *Está loca.*

Y el crítico comienza así su comentario:

Vamos a cuentas: ¿quién está loca? Sepamos de quién vamos hablando. Ella: ¿y quién es ella? ¿Es la empresa la que está loca? Pero la empresa no es ella; sino que son ellos. A pesar de las apariencias, no es, pues, la empresa la que está loca; menos puede ser el traductor, porque el traductor es él. ¿Es la gente que había de ir al teatro la que está loca? Está bien podría ser ella, pero no ha ido, conque tampoco es ella. No pudiendo dar con quien ha perdido la cabeza en este asunto, internémonos en el drama y veamos siquiera si podremos dar con quien ha perdido el tiempo...

Y, finalmente, he aquí cómo empieza Larra su crítica de la obra *El furioso nell isola di S. Domingo* (Melodrama de Donizzetti):

El argumento de esta ópera es bastante común. Cardenio amó a una mujer y fue amado por ella; llegó un día, y Leonor le engañó. El pobre hombre no pudo resistir a este golpe, y perdió la razón, prueba evidente de que, antes de volverse loco, ya era tonto. Despechado y furioso, se echó a buscar por el mundo su bien perdido..., etc., etc.

Y Larra sigue narrando el argumento, chanceándose del mismo, al par que lo resume.

Verdad es que, en nuestros días, la crítica suele ser más informativa, más seca y menos literaria que la de Larra. Verdad es también que no siempre se puede exigir al crítico que, al comentar, haga una obra de arte. Pero el ejemplo de Larra quedará para dar la razón a Oscar Wilde cuando escribía que "en una época sin crítica de arte, el arte no existe". O cuando afirma, paradójicamente, "que es mucho más difícil hablar de una cosa que hacerla", afirmación ésta no totalmente exacta, pero sí muy expresiva.

II

LA INFORMACIÓN Y LA NOTICIA

INTRODUCCIÓN: EL PERIODISMO COMO EJEMPLO Y MODELO

Expuestas ya las líneas generales del arte de escribir y estudiadas algunas de las técnicas más necesarias para nuestra disciplina, abrimos un apartado especial acerca de la técnica de la información.

En este campo literario, el arte de escribir, la técnica, se circunscribe más. Las reglas son más fijas, dentro de la natural elasticidad y flexibilidad de nuestra disciplina.

No pretendemos agotar el tema. Lo que vamos a explicar en este capítulo son los principios generales, lo más esencial e imprescindible; una especie de guión, podríamos decir, para que el alumno pueda utilizarlo en un momento determinado.

Se observará, en las páginas que siguen, una constante referencia a la técnica periodística. Nada más lógico. La técnica informativa ha adquirido rango de modelo en el periodismo. El periódico es, ante todo y sobre todo, información: desde el artículo de fondo hasta el más modesto anuncio, todo responde –debe responder– a la más precisa técnica informativa. En los diarios se escribe fundamentalmente para dar las más variadas noticias. Y todo ello dirigido a un gran público, a un tipo medio de lector, al que se pretende decir todo lo que de interés sucede en el mundo del modo más correcto, breve y claro posible[75].

---

[75] El que quiera adentrarse más especialmente en algunos problemas específicos de técnica periodística, puede consultar la obra *Géneros Periodísticos*. Paraninfo. Madrid.

Consúltese también el excelente libro de Manuel Calvo Hernando, *Periodismo Científico*. Paraninfo. Madrid.

Lección 54

La noticia

La noticia y sus elementos

> La *noticia* es el relato de un suceso reciente de interés general.

CONVIENE advertir, desde el principio, que no hay diferencias esenciales entre *parte, noticia* e *información*. En realidad, dar parte de algo equivale a hacer un informe; dar noticia de algo equivale a informar. Sucede, sin embargo, que cuando se habla de "noticia", periodísticamente, suele hacerse referencia a lo más escueto de la información, a lo más esencial e imprescindible de un hecho. Así, cuando se pide la noticia de algún suceso, se entiende que no se quieren detalles complementarios, sino lo sustancial y suficiente para que el lector sepa, en pocas líneas, lo que debe saber del hecho, tema o problema planteado. La información es la misma noticia, un poco más amplia, con detalles aclaratorios o circunstancias accesorias.

Si, pues, informar es –debe ser– dar noticia de algo, hablemos con más detalle de la noticia, punto de partida, núcleo de toda información.

Mas, antes de entrar en definición alguna, convendría recordar que en francés se dice "nouvelle" y en inglés "news". En español, también decimos "nuevas" por noticias. O sea, que la noticia es algo *nuevo* y que, por serlo, excita nuestra atención y nos mueve a comunicarlo a los demás. La prueba de ello está en que, a la vista de algún hecho raro, interesante, algo, en suma, que llama nuestra atención, todos nos convertimos en periodistas espontáneos, ansiosos de comunicar esa "nueva" a alguien.

A título de curiosidad, veamos algunas de las definiciones de noticia que ruedan por el mundo del periodismo:

"Noticia es todo lo que el lector necesita saber."

"Noticia es todo aquello de lo que el público quiere hablar; cuantos más comentarios provoque, más valor tiene."

"La mejor noticia es la que interesa a más lectores."

En realidad, de estas tres definiciones, la que nos interesa –por más amplia y más adaptable a nuestro objeto– es la primera.

Enfrentados, pues, con la noticia entendida como todo aquello que al lector interesa saber, cabe preguntarse: ¿Cómo hemos de redactarla? ¿Cuál es la técnica informativa aplicada a la noticia?

> La *noticia* debe ser breve y completa para dar respuesta a seis preguntas fundamentales: *¿quién?, ¿qué?, ¿cómo?, ¿dónde?, ¿cuándo?* y *¿por qué?*

Brevedad, ya lo dijimos al estudiar el "arte de escribir", no quiere decir laconismo, sino concisión; es decir, emplear sólo aquellas palabras que sean precisas para expresar con claridad nuestro pensamiento. Conciso quiere decir denso. *Estilo denso es aquel en que cada línea, cada frase o cada palabra están preñadas de sentido: son significativas.* Lo contrario es la vaguedad, la imprecisión, lo que vulgarmente se dice "retórica" o "paja".

Brevedad, pues, no significa que el estilo perfecto sea el del telegrama; éste, por excesivamente esquemático, carece de vida, es como el esqueleto, simple armazón ósea del organismo, sin tejido muscular ni nervioso. La prueba está en que, muchas veces, sólo entienden los telegramas las personas a quienes van dirigidos, porque "rellenan" mentalmente lo que falta; ponen en el texto ultralacónico los vocablos suprimidos.

Este sistema telegramático es el que suele emplearse en los títulos de los periódicos suramericanos. En los manuales de periodismo se cita el siguiente ejemplo de "título informativo" tomado de un diario americano: "Asesino mata niño". Aquí se peca por defecto. Tanto laconismo, tanta concisión convierten la frase en algo sin sentido, inexpresivo. Es como la radiografía de un juicio, algo sin vida; tan general que resulta confuso.

Como nota curiosa, recogemos la siguiente anécdota:

Se cuenta de un director de periódico que encargó a un reportero determinada información con el siguiente consejo: "Di lo que tengas que decir y nada más". Y la noticia que se recibió en el periódico decía así: "Chicago, 19.– James Wilson encendió una cerilla mientras se bañaba los pies en gasolina. Puede que viva". ¡Demasiada concisión la del joven periodista! No obstante, la regla que le dio el director era válida: decir lo que se tenga que decir y nada más. Lo difícil está en decirlo todo en poco espacio sin caer en el jeroglífico.

Y, para ello, nada mejor que tener en cuenta las seis preguntas a que debe responder toda información para ser completa. Veámoslas:

¿Quién? – Sujeto de la información.

¿Qué? – El hecho, lo que ha sucedido.

¿Cómo? – Es decir, el método, la manera de producirse el hecho.

¿Dónde? – El sitio, el lugar en que se produjo el acontecimiento.

¿Cuándo? – Factor tiempo (año, día, hora o minuto. La precisión de la fecha depende del hecho).

¿Por qué? – La causa, elemento fundamental que nos da la razón de lo que ha pasado.

Claro está que, si la noticia, para ser completa debe responder a estas seis cuestiones, no obstante, se pueden añadir otras más, según los casos. Por ejemplo: *el instrumento* con que se hizo algo (el arma criminal), la *finalidad,* el "para qué" de una acción, etc.

Orden informativo: la pirámide invertida

> El *orden informativo* comienza por lo más importante, el *desenlace,* y sigue con la *exposición* a un ritmo descendente.

Ahora bien, toda buena información no puede ni debe responder a estas preguntas de un modo caprichoso. También aquí es preciso seguir un orden determinado. Y el orden depende del factor "interés": *se debe empezar siempre por lo más interesante.* Y el lector, lógicamente, se pregunta: ¿Y qué es lo más interesante?

Tratemos de responder a esta pregunta, aunque para esto no haya reglas absolutas, ya que, muchas veces, el interés depende del sujeto que observa.

Supongamos un accidente cualquiera de circulación. Pongamos este ejemplo por ser muy corriente y de fácil comprensión: Un choque en una calle entre un automóvil y una motocicleta. Ha habido dos muertos. La causa fue la falta de vigilancia urbana en un cruce peligroso.

¿Cómo contamos este accidente del que hemos sido testigos al llegar a nuestra casa?... Pues, a buen seguro, que entraremos diciendo:

"... ¡Dos muertos..., ahora mismo, hace un momento!... Una moto chocó contra un automóvil. Han muerto los dos que iban en la moto. Ahí, en el cruce de Cea Bermúdez con Guzmán el Bueno... El taxista está herido... En realidad, la culpa no ha sido de ninguno, había un autobús parado que obstaculizaba la visión. No se vieron, y el de la moto, al tomar la curva, bajando por Guzmán el Bueno, se precipitó contra el taxi, que venía por Cea Bermúdez... Desde luego, es que ahí, en ese cruce, debía haber un guardia constantemente..."

Con la precipitación natural y con un estilo muy vivo, aunque no sea perfecto, quien ha contado así esta noticia lo ha hecho *como debía hacerse:* ha empezado por lo más importante. Y lo más importante aquí son los muertos, es decir, en este caso, el "qué", lo fundamental, lo más trágico del suceso. Inmediatamente después de la noticia más llamativa se ha dicho el tiempo, el "cuándo"; a continuación se ha mencionado a los protagonistas; luego, el lugar del suceso y, finalmente, la causa.

Y así ha de ser el sistema o método informativo: *empezar por lo más importante*; lo cual quiere decir que, en la información correcta, se sigue *un ritmo descendente*. Todo lo contrario de lo que suele hacerse en la narración de tipo literario. En una novela o cuento, por ejemplo, se comienza por la exposición, para terminar con el desenlace. Es el ritmo "ascendente". *En la información se comienza por el desenlace para acabar por la exposición.* Es el sistema de la novela policíaca: se presenta el asesinato y se va ascendiendo hasta tropezar con el criminal. La diferencia entre el estilo informativo y el relato policíaco reside en que en éste, para retener la atención del lector, se oculta al criminal hasta las últimas páginas. En cambio, en la información de un crimen, inmediatamente después del suceso, si se conoce, se dan el hombre o las señas del criminal.

Volviendo al ejemplo puesto más arriba (seguimos hablando en técnica periodística), sería defectuoso describir el suceso mencionado del siguiente modo:

"Ayer, y a causa de la falta de visibilidad, producida por el estacionamiento de un autobús en la esquina de Cea Bermúdez con Guzmán el Bueno, un motorista que bajaba por la calle de Guzmán el Bueno, al tomar la curva, para entrar en Cea Bermúdez, no vio al taxi que venía por esta calle en dirección contraria, y chocó con este vehículo. Del choque resultó herido el taxista y murieron casi instantáneamente el conductor de la moto y el que viajaba con él, sentado en el sillín de atrás".

Esto es narrar las cosas con criterio cronológico, conforme se han ido produciendo en el tiempo, olvidando lo principal: decir al lector en primer lugar lo *más destacado del suceso,* lo que tiene más valor informativo, que en este caso, es la muerte de los motoristas.

Verdad es que no todas las noticias siguen este mismo ritmo. Las hay en que lo primordial es la causa; en otras, el tiempo; en aquélla, el sujeto o protagonista; en ésta, el lugar, etc.

Veamos algunos ejemplos que lleven en el comienzo mismo lo más interesante de la noticia[76]:

EL HECHO (¿Qué?). *"Un terremoto de escasa duración* fue advertido esta mañana en la torre de control..."

EL TIEMPO (¿Cuándo?). *"A las once de la noche,* tras seis horas de deliberaciones, terminó el Consejo de Ministros..."

EL MODO (¿Cómo?). *"Vestido de chino,* pretendió entrar en el palacio de..."

---

[76] Ejemplos parecidos da I. Herráiz en su trabajo titulado, "El reporterismo", publicado en *El Periodismo. Teoría y práctica.*

LA CAUSA (¿Por qué?). *"Un cigarrillo encendido,* arrojado a un cubo de gasolina, originó un incendio en el..."

EL SUJETO (¿Quién?). *"El famoso torero 'Morenito de Huelva'* resultó cogido levemente en una tienta..."

EL LUGAR (¿Dónde?). *"En un taxi,* dio ayer a luz a un niño..."

Valoración

> La técnica informativa debe servir para ahorrar tiempo y espacio: la información tiene que dar la noticia del modo más rápido y completo.

Todo lo anterior no es más que puro estilo periodístico. Pero téngase en cuenta que el periodismo nos ha de servir mucho en todo lo que se refiere a la técnica informativa. No olvidemos que el periódico se escribe pensando en el interés del lector. Para servirlo se procura decir las cosas lo más rápidamente posible. Se lleva al principio siempre lo más interesante, porque la noticia, bien redactada, es el reclamo que atrae la atención de los lectores.

Mal informador será quien no sepa captar esa atención. Máxime en estos tiempos dinámicos y veloces en que vivimos. Cientos, miles de acontecimientos solicitan nuestra atención constantemente en nuestros días. Vivimos en continuo sobresalto ante las más diversas noticias. Por algo se afirma que la inquietud es uno de los signos característicos de nuestra época. Lógicamente, nuestra atención, es *huidiza* y, para captarla, hay que emplear un arte especial.

Esto lo saben perfectamente los novelistas y hasta los guionistas de cine. Mala narración es la que no tiene un buen comienzo; un principio que, por su especial atractivo, nos invite a seguir leyendo. Y mala película es la que no tiene buen "arranque", según se dice en la jerga cinematográfica.

Algo análogo nos ha de suceder en nuestro campo. La información tiene que decirnos su noticia del modo más rápido y completo. La técnica informativa nos servirá para ahorrar tiempo y espacio.

A este respecto citamos lo que nos decía en cierta ocasión un general del Ejército del Aire, con quien comentábamos estos problemas:

"Yo creo –afirmaba el general– que, a veces, hasta se puede perder material de guerra por exceso de papeleo, por lentitud en el informe o porque no está bien redactado."

Más aún, incluso podríamos afirmar que toda la marcha administrativa de un país puede retrasarse y entorpecerse por deficiencias en la simple redacción de un oficio, de una orden y hasta de un decreto o de una ley. Y si preguntamos a un abogado, nos dirá que la causa de múltiples litigios depende, en más de una ocasión, de la defectuosa redacción de un precepto legal: hay leyes que se prestan a múltiples interpretaciones, no por su sentido, sino por su redacción. Como ejemplo demostrativo de lo que decimos, véase el artículo de Mariano José de Larra –*Fígaro*–, escrito hace más de un siglo y titulado: "Carta a don Pedro Pascual Oliver."

Límites del orden descendente. La "encabezaditis"

Lo dicho respecto de la técnica informativa, no significa, en modo alguno, que el orden *descendente* haya de ser obedecido en todo momento. Precisamente en el periodismo moderno se observa una reacción a favor de lo que pudiéramos llamar la técnica personal. Y ello por una razón bien clara: porque la noticia no es ya privativa del periodismo escrito, sino que la radiodifusión e incluso la televisión suelen adelantarse al periódico impreso en esta tarea informativa. Resulta, pues, que el lector que además sea habitual radioescucha, conoce ya de antemano, antes de leer su periódico del día, lo fundamental del mundo de las noticias. Quiere decirse que la noticia escrita fue antes ya noticia radiada. Por tanto, el periodista no ha de preocuparse tanto del orden descendente, como de la presentación original, personal, de su informe o reportaje. Lo cual no significa en modo alguno que el informador o reportero relate los hechos con técnica novelística o cronológica.

Sea, por ejemplo, el suceso de un señor muerto por el desprendimiento de la cornisa de un edificio. Resultaría periodísticamente ridículo dar cuenta de este hecho escribiendo:

Brillaba el sol ayer a mediodía, cuando el señor don Fulano de Tal, ansioso de aprovechar el buen tiempo, tras el largo invierno padecido, decidió dar un paseo para desentumecer el organismo y aprovechar el regalo de los primeros rayos cálidos de Febo. Salió, pues, de su casa, tan contento y tan ufano, sin presentir que la muerte lo esperaba a dos pasos de su casa.

En efecto, a unos cien metros de su domicilio, y cuando don Fulano aspiraba gozosamente el aire primaveral, sintió –debió sentir– un ruido extraño, como el silbido de un "obús"... Y ya no sintió más. Una cornisa –casi cien kilos de peso–, desprendida del edificio junto al que se encontraba, lo aplastó, matándolo en el acto..."

Naturalmente que el periodista que presentase a su director un trabajo como el transcrito se expondría a una muy justificada reprimenda. Aunque el suceso se conozca, aunque hoy se reivindique el estilo, el toque personal, en la redacción periodística, ello no quiere decir que, tras el riguroso ordenancismo informativo de tiempos pasados, caigamos ahora en una libertad ilimitada. No; lo primero, siempre será lo primero dentro del campo de la noticia.

Lo que se critica hoy es la sujeción absoluta a lo noticioso. Entre otras razones porque se puede informar correctamente, sin necesidad de tener siempre presente la circunstancia "equis" o "hache" (el "qué", el "quién" o el "cuándo") para colocarla en la primera línea de nuestro escrito.

El sistema de redactar periodísticamente la noticia siguiendo siempre y en todo caso el procedimiento llamado de "la pirámide invertida", suele ser considerado hoy como algo anacrónico. Hay quien llama a este modo de redactar, con el prurito de llevar lo más interesante siempre a la cabeza del escrito, como enfermedad inflamatoria que se tilda de "encabezaditis". Los que así opinan, afirman que la manía de la "pirámide invertida" da por resultado el relatar la misma noticia tres veces: en el encabezado, en la entrada y en el cuerpo de la nota[77]... Y aunque la misión del buen redactor sea fundamentalmente la de informar, no la de divertir, hoy se deja ya cierto margen al estilo personal, siempre y cuando no se caiga en el orden histórico-cronológico. Barry Bingham –periodista norteamericano– dice (citado por Hohenberg) que "los lectores están mostrando síntomas de desapetencia, provocada por demasiadas noticias objetivas, escuetas. Yo quiero que el plato principal –la noticia– sea más sabrosa". Lo que significa, según Bingham, "el tratamiento de la noticia objetiva como si fuese un suplemento".

La entradilla o "lead"

> La *entradilla* o "lead" es el resumen de lo más importante de la noticia.

Por imperativos de economía de tiempo y para mejor captar la atención del lector, suele decirse en periodismo que toda información extensa, importante, debe ir precedida de lo que los americanos llaman el "lead", es decir, del resumen inicial en donde se da lo esencial de la información, conocido como entradilla. Tras el "lead", vendrá el detalle complementario; pero lo fundamental debe ir ya en dicho resumen previo.

Consideremos un ejemplo. Está tomado del trabajo de Ismael Herráiz antes citado. Lo damos a conciencia de que expresa perfectamente cuanto hemos dicho. El hecho de que sea un ejemplo periodístico no le quita valor, antes bien precisa perfectamente nuestro pensamiento.

El día 6 de febrero de 1952, falleció Jorge VI, Rey de Inglaterra. La información de este acontecimiento ocupó gran espacio en los periódicos que, unánimemente, comenzaban el relato, con arreglo a la técnica del reporterismo, por la breve noticia, el "lead" o entradilla, que contenía ya en sí la respuesta completa a las seis preguntas clave de que hablamos en la lección anterior. Dicha noticia o parte decía así:

"LONDRES, 6.– *El Rey Jorge VI* de Inglaterra *ha muerto en su mansión de campo de Sandrigham*. El comunicado oficial dice que el Rey murió *serenamente, mientras dormía, a primera hora de esta mañana*. Oficialmente se ignoran las causas inmediatas del fallecimiento, si bien la opinión extendida entre los médicos es la de que el monarca puede haber muerto a consecuencia de una *trombosis coronaria*."

---

[77] John Hohenberg, *El periodista profesional*.

En este breve parte informativo se han cumplido escrupulosamente las leyes de la entradilla o "lead". En menos de setenta palabras se ha proporcionado al lector la sustancia de una información importantísima que luego ocuparía columnas enteras en los periódicos de entonces. Los seis elementos esenciales de la noticia (en cursiva) van ordenados, empezando por el más importante (la significación del protagonista). A continuación se hace referencia al hecho en sí, el lugar, el modo, la precisión del tiempo (la fecha de la noticia nos dice ya el cuándo) y la causa. En suma, el lector del 6 de febrero de 1952, con unas pocas líneas, supo entonces *todo* lo que había ocurrido. Con este breve informe estaba enterado de lo esencial.

Otro ejemplo de "lead" o entradilla: Se refiere éste a la coronación de la reina Isabel II de Inglaterra. El texto es de Jacinto Miquelarena y se publicó en *ABC* de Madrid, en junio de 1953.

La crónica de Miquelarena comenzaba así:

A las doce y media en punto del día de hoy –2 de junio–, el arzobispo de Canterbury coronaba a la reina de Inglaterra con estas palabras: "¡Oh, Dios, bendice esta corona y santifica a tu sierva. Elizabeth, sobre cuya cabeza colocas el símbolo de la majestad! Y que ella sea llena de tu gracia y de todas las virtudes de los príncipes, por intercesión del rey eterno, Jesucristo Nuestro Señor."

En las naves de la abadía de Westminster, siete mil invitados a la ceremonia lanzaron su "God save the Queen" en un solo clamor, y los clarines, desde el interior del templo, y las salvas de artillería en los parques, anunciaban al pueblo de las islas que la segunda Isabel había sido exaltada al trono o silla de San Eduardo.

Condiciones de la noticia

> La noticia debe ser veraz, exacta, interesante, completa, clara, breve y rápida.

Veamos ahora, como resumen de lo expuesto hasta aquí, cuáles han de ser las condiciones de toda noticia bien redactada:

VERAZ. Es decir, que quien la redacta nos diga, sinceramente, la verdad del hecho; *su verdad,* tal como él la ve y la concibe.

EXACTA. O que responda a la realidad, lo más fielmente posible. Lo cual no quiere decir que el informador se convierta en una máquina fotográfica combinada con una cinta magnetofónica. Téngase en cuenta que la mente humana selecciona siempre, según las especiales dotes de observador, según su particular estimativa.

INTERESANTE. Que no se pierda en lo accesorio, en lo contingente. Ha de buscarse siempre lo fundamental, lo que constituye la esencia y sustancia de lo que acontece.

COMPLETA. Para que responda a las seis preguntas, precisas e imprescindibles, estudiadas anteriormente.

CLARA. En la exposición y en la concepción. Claridad significa expresión al alcance de un hombre de cultura media. Además: pensamiento diáfano, conceptos bien digeridos y exposición limpia, es decir, con sintaxis correcta y vocabulario no excesivamente técnico. Expresado de otro modo: *un estilo es claro –según hemos dicho– cuando el pensamiento del que escribe penetra sin esfuerzo en la mente del que lee.*

BREVE Y RÁPIDA. Dos condiciones que se complementan. La brevedad lleva a la rapidez (véase lo expuesto en el capítulo "El arte de escribir").

Observaciones prácticas

> Conviene anotar datos que respondan a las seis preguntas-clave de la información y reflexionar sobre ellas antes de escribir.

Y ahora, unas observaciones para terminar estos ligeros apuntes acerca de la técnica informativa:

No se debe confiar mucho en la memoria. Conviene siempre tomar unas notas, ligeras, pero precisas y claras, en las que estarán los datos esenciales de la noticia, los que respondan a las seis *preguntas-clave* de la información.

Después, a base de esas notas, y antes de comenzar a escribir, reflexionar, pensar detenidamente. No lanzarse nunca a escribir "a vuela pluma". Téngase en cuenta que sólo puede escribirse de prisa cuando se ha meditado despacio. Si nos lanzamos sobre el papel "a todo gas", lo más probable es que el trabajo salga desordenado, confuso y extenso. En las redacciones de los periódicos, todo el mundo sabe que se peca contra la brevedad, que se escribe largo..., cuando no se ha tenido tiempo para ser breve.

Ejercicios
* * * * * * * * * * * * * * * * * * * *

A) *Indique las preguntas clave que contesta el siguiente texto incompleto de la noticia aparecida, el 30 de octubre de 1999, en la portada del diario* El Mundo *y si le parecen correctos el titular y la entradilla:*

"SI NO LLEGA A UN ACUERDO CON LOS ANTIGUOS PROPIETARIOS DE LOS TERRENOS DE SUS HOTELES

EEUU da un ultimátum de 45 días a Sol Meliá para que abandone Cuba

Washington anuncia que, en caso contrario, retirará los visados a los directivos y sus familiares - Aznar se alojará en uno de sus hoteles como muestra de apoyo durante la Cumbre Cubana

CARLOS SEGOVIA

MADRID - El Departamento de Estado de Estados Unidos enviará un ultimátum formal a la cadena española Sol Meliá para que abandone los hoteles que gestiona en Cuba, situados en terrenos expropiados por Fidel Castro a la familia Sánchez. Así se lo han comunicado las autoridades de Washington a este grupo de empresarios de origen cubano afincado en Florida, según aseguró ayer a *El Mundo* en conversación telefónica desde Miami, Nicholas Gutiérrez, abogado de los Sánchez.

La carta dará un plazo de 45 días a Sol Meliá para que desinvierta en Cuba o compense a la familia Sánchez. En caso contrario, y en cumplimiento de la ley Helms-Burton, la cúpula de la empresa y sus familiares perderán el derecho a entrar en territorio estadounidense y sufrirán sanciones. La portavoz de Sol Meliá aseguró ayer que la empresa no tiene "la menor intención de abandonar Cuba ni de llegar a ningún arreglo privado con la familia Sánchez".

Sigue en **página 39"**

A) *Redacte una noticia que considere de interés sobre cualquiera de los siguientes temas:*

1. Un acontecimiento local.
2. Un acontecimiento nacional.
3. Un acontecimiento internacional.
4. Un acontecimiento cultural o deportivo.

$$Lección\ 55$$

El reportaje

El reportaje, el gran reportaje y la novela

El *reportaje* informa de un hecho o suceso de interés, aunque no sea reciente. Va firmado, su tema es libre, suele ir acompañado de fotografías y puede escribirse utilizando diferentes tonos con la ayuda de otros géneros periodísticos. Muchas veces se emplea para denunciar algo que debe ser corregido.

En realidad, *reportaje e información* vienen a ser una misma cosa. Como *reportero* significa el periodista habitualmente dedicado a la tarea de informar a su público de lo que pasa en el sector en que tal periodista se mueve. No obstante, dentro de la técnica periodística y comparada con el reportaje, la información resulta más escueta, más ceñida a la noticia, al núcleo vital del informe.

El reportaje –tal como nosotros lo entendemos– es una información de más altos vuelos, con más libertad expositiva. Aquí, el periodista, el escritor, no necesita someterse tanto a la técnica informativa, sobre todo en lo que se refiere al orden de su trabajo. La materia es la misma; las preguntas básicas a que ha de responder la información, han de respetarse. Lo que varía es el procedimiento.

El reportaje es un relato informativo, una narración más o menos noticiosa, en donde la visión personal del periodista, su modo de enfocar el asunto influyen en la concepción del trabajo. Tiene, pues, de la técnica informativa y de la narrativa. (Por consiguiente, a los capítulos respectivos de información y narración nos remitimos).

A pesar de lo dicho, siempre hay que respetar en el reportaje el ritmo descendente. Quiere decirse que no se debe nunca comenzar con estilo histórico o puramente narrativo.

No sería, por ejemplo, buen reportero quien al escribir un relato sobre un vuelo interplanetario o, mejor, sobre el lanzamiento al espacio de un astronauta, comenzara así:

"El día 10 de julio de 1961, a las seis de la mañana, llegábamos a la base X, de Cabo Cañaveral..."

El famoso "érase una vez", principio tópico de los cuentos infantiles, debe quedar proscrito para siempre en el relato periodístico.

El buen reportero, instintivamente, "arranca" con fuerza; sabe, ya desde las primeras líneas, cómo empezar su trabajo. No piensa en las reglas de la técnica periodística –entre otras razones porque "las lleva dentro"–; pero ya en las primeras líneas de su escrito se nota la vibración, el nervio característico del buen periodista.

He aquí el principio de una crónica radiotelegráfica, publicada en *Ya* en 1945 y firmada por Augusto Assia:

"DESDE LONDRES A NUEVA YORK.– *Escribo en el vigésimo primer piso del hotel Waldorf Astoria, desde una de las dos mil habitaciones pululantes de ministros, periodistas, diplomáticos y secretarios, que se mueven como un hormiguero hacia la Puerta de Oro, bajo cuyo arco azul comienza pasado mañana la Conferencia de San Francisco..."*

Consideremos otro modo de empezar un reportaje. La técnica es ahora cinematográfica, pero sugestiva. Se titula "La hipnosis, liberadora del dolor" y fue publicado por la revista francesa *Réalités* en su número de mayo de 1959. Traducido, dice así el comienzo de este trabajo:

"Ahora", dijo el cirujano.

La niña yacía sobre la mesa de operaciones con el corazón al desnudo. El psiquiatra se inclinó hacia la niña y le sugirió que se despertara. La pequeña abrió los ojos.

'Si estás despierta y me oyes, mueve la cabeza', dijo el psiquiatra. '¿Me oyes?'. La niña movió la cabeza. Una bomba aspiraba y repelía artificialmente su sangre y esta pequeña era sin duda el primer ser humano que daba signos de vida sin que su corazón latiese.

Se la volvió a dormir. Una hora después de terminada la operación, el psiquiatra la despertó de nuevo..."

La única objeción que tenemos que hacer a este trozo de relato es el estar escrito en tiempo pasado; en presente, hubiera tenido más fuerza.

Salvada ya la principal dificultad, el principio del reportaje, lo que resta es..., seguir contando o relatando con libertad y soltura pero sin perder nunca de vista al supuesto lector. Lo que obliga a no caer en excesiva morosidad y a respetar los principios fundamentales del buen estilo ya estudiados: concisión, naturalidad, sencillez, originalidad y estilo directo.

Se habla también de "gran reportaje", cuando esta clase de trabajo, esencialmente periodístico, alcanza sus más altos vuelos literarios. El gran reportaje lo cultivan hoy los principales periódicos y revistas del mundo. Y en él demuestran sus cualidades periodísticas y narrativas los grandes escritores.

> La *novela* –según la definición del Diccionario de la RAE– es una obra literaria en prosa en la que se narra una acción fingida en todo o en parte, y cuyo fin es causar placer estético a los lectores con la descripción o pintura de sucesos o lances interesantes, de caracteres, de pasiones y de costumbres.

Un paso más y entramos ya en la novela. A nuestro juicio, la única diferencia entre la novela y el gran reportaje reside en que en aquélla hay más "vida interior". O mejor: que en la novela auténtica lo externo, la acción, está al servicio de lo interno, es decir, de los problemas espirituales. Dicho de otro modo: el reportaje centra su atención preferentemente *"en lo que pasa";* la novela, *"en lo que pasa por dentro de lo que pasa".*

Naturalmente que no es ésta la única diferencia entre novela y reportaje. Obras hay en el mundo literario concebidas como reportaje y que, sin embargo, están llenas de vida interior. Tal, por ejemplo, *La casa de los muertos,* de Fedor Dostoiewski. Pero esta excepción no hace sino confirmar la regla general. Sucede que el genial Dostoiewski convertía en arte cuanto emprendía con su pluma, porque profundizaba siempre y, sobre todo, porque casi todos sus personajes lo son de una pieza, nunca marionetas al servicio de un argumento.

Tan grande es la influencia de este género periodístico en la vida literaria actual que, sin exageración, puede afirmarse que muchas de las obras bautizadas hoy como *novelas,* no son otra cosa que grandes reportajes. (No citamos nombres para no sembrar la polémica en un libro como éste, elemental y de aspiración esencialmente pedagógica.)

La prueba de lo que decimos está al alcance de cualquier buen lector: una novela que se lee con facilidad, pero que se olvida pronto y cuyos personajes se esfuman de nuestra memoria al poco tiempo, tiene seguramente poco de novela. Al autor le faltó calar hondo. Las grandes novelas perduran en nuestro espíritu y sus personajes permanecen vivos para siempre en nuestro recuerdo. Ejemplos: *El lazarillo de Tormes, El Quijote, Los hermanos Karamazov, David Cooperfield, Rojo y negro, Cien años de soledad,* etc., etc.

Otra de las diferencias entre novela y reportaje sería la del asunto o "fábula". En la novela se puede comenzar a escribir sin tener claramente concebido "lo que va a pasar". Es decir, se tiene el tema, pero no la fábula, el desarrollo completo de la historia o asunto. Así se dice que empezó a escribir Thackeray su *Feria de la vanidades;* se puso a escribirla sin saber dónde iría a parar. También se asegura que Dickens, que escribió muchas de sus novelas por entregas en los periódicos, ignoraba con frecuencia "lo que iba a pasar" en la entrega siguiente a la enviada a la imprenta.

En el reportaje, en cambio, no cabe tal incertidumbre. El reportero, antes de escribir, necesita dormir el tema y su desarrollo desde el principio al final. Ha de tener ensamblado (en la mente o en un papel) el andamiaje, el bosquejo o esquema de todo lo que va a escribir[78].

Ejercicios

* * * * * * * * * * * * * * * * * *

A) *Escriba su opinión sobre el comienzo del siguiente reportaje de Emiliano Albertini, publicado en el "Magazine", de* El Mundo, *el 24 de octubre de 1999:*

"HAY PERSONAS QUE CONSUMEN su vida diseñando difusos castillos en el aire. Pero hay otra clase de hombres, más difíciles de encontrar, que dedican sus días a construir sólidas realidades sobre la Tierra. A esta última estirpe está afiliado, desde hace mucho tiempo, Justo Gallego Martínez. A sus 74 años, pertenece a la categoría de quienes son capaces de materializar sus sueños.

La quimera de este ex labrador, que nació y vivió siempre en Mejorada del Campo, un pueblo a 25 kilómetros al este de Madrid, era "levantar una catedral consagrada a la Virgen del Pilar, patrona de España", dice en voz alta, con el tono de la gente convencida de su causa.

Cosa de locos, dijeron hace cuatro décadas los vecinos. Sin recursos, sin ayudas, sin planos ni autorización municipal, la de Justo parecía una aventura destinada a la derrota. Cosa de locos, dicen hoy los turistas que recorren durante los fines de semana la enorme sala rectangular de 20 metros de ancho por 50 de largo, que aprecian las 12 torres laterales, que observan la cripta subterránea y que se admiran ante la magnífica cúpula de once metros de diámetro, aún sin cristales, que se levanta a 35 metros de altura..."

B) *Infórmese y redacte un reportaje sobre uno de estos temas:*
1. Un personaje público: político, actor, deportista, etc.
2. Un suceso de repercusión internacional.
3. El itinerario de un viaje turístico.
4. Una ciudad.
5. Un museo.

---

[78] Sobre reportaje y gran reportaje, ver la obra *Géneros Periodísticos*. Ed. Paraninfo. Madrid.

Lección 56

Apuntes acerca de la entrevista

La entrevista

> La *entrevista,* redactada en estilo directo por el *entrevistador,* refleja la conversación entre éste y el *entrevistado,* que opina sobre algo (su obra, la vida, un suceso, una situación, etcétera), para informar al público.

AUNQUE el tema de la entrevista tenga un matiz marcadamente periodístico, conviene que lo tratemos por razones de oportunidad.

La entrevista, además de sus características propias, es también información y reportaje. Su misión: decir al lector *quién* es y *cómo* es tal o cual personal; lo que dice, piensa o hace con respecto a un problema determinado; o, simplemente, lo que hace en su vida como tal persona. En este caso, una entrevista es un retrato –con algo de narración– de un hombre, pero con el modelo vivo, puesto ante el lector.

A todos puede presentársenos ocasión de vernos obligados a informar por escrito acerca de la entrevista que acabamos de celebrar con éste o con aquel individuo. Nos interesa, pues, conocer algo de la técnica de la "interviú", por si llega el momento de enfrentarnos con ella y, también, porque este género periodístico es siempre una buena escuela literaria.

LA ENTREVISTA-RETRATO O DE PERSONAJE
LO QUE DEBE SER Y LO QUE NO DEBE SER UNA ENTREVISTA

Ambiente, personas y diálogo

> Una *entrevista* debe ser simple reflejo de lo que ha sido.

Condiciones necesarias de la entrevista: saber describir el ambiente, saber ver a la persona con quien nos entrevistamos y dominar el diálogo[79].

Para la entrevista se pueden seguir los métodos: el *impresionista* y el *expresionista*. El impresionismo –para la interviú rápida– nos dará como una visión instantánea en la que se recogen aquellos rasgos y detalles que destacan del conjunto; lo más llamativo. El expresionismo –para la interviú meditada– nos ha de ofrecer una visión reposada, reflejo fiel del alma de las cosas, de su más pura esencia. Es lo que queda de nosotros, por eliminación de lo accesorio, cuando, al paso del tiempo, se va borrando de nuestra memoria todo lo que no interesa verdaderamente. Claro está que, en esta materia, no se puede ser exclusivista ni imponer uno u otro criterio. Se es impresionista o expresionista por temperamento; como también por temperamento se tiende al análisis o a la síntesis.

En el periodismo, conviene la técnica impresionista para la interviú que suele hacerse casi a diario, brevemente y por servir a la actualidad. Se impone, en cambio, el expresionismo para la entrevista de cierta altura, la que se hace periódicamente, de cuando en cuando, a personalidades relevantes que exigen un estudio profundo y meditado.

> La entrevista debe *describir el ambiente* como marco del entrevistado.

Pero, sea cual sea el método que sigamos, es imperativo saber describir el *ambiente* porque es el marco de la persona. En gran parte somos como en nuestra casa. No porque ella nos modele, sino porque, al modelarla nosotros según nuestro gusto, la convertimos en espejo nuestro. Todos nos reflejamos en la disposición de nuestros muebles, en los cuadros que adornan nuestras paredes, en el mayor orden o desorden de nuestra mesa de trabajo. Todos, al poner casa, lo hacemos según nuestras posibilidades económicas y nuestros gustos personales. Pero la casa recién puesta –salvo excepciones muy raras– no tiene aún nuestro sello. Con el tiempo, en cambio, nuestra vivienda, nuestro ambiente, van quedando marcados por nuestro modo de ser.

Al buen observador –para esto sí que no hay reglas–, como al buen catador de vinos, le basta con asomarse a un ambiente, con "olerlo", para ir viendo ya cómo es, o como son, la persona o personas que allí viven.

---

[79] Téngase muy en cuenta lo que exponemos en las lecciones referentes a la "descripción" y la "información", en este capítulo.

En cuanto a la *persona* objeto de la entrevista..., haría falta todo un volumen de psicología aplicada para decir cómo se estudia al prójimo. Aquí también falla mucho la teoría y se imponen las condiciones innatas del observador. No obstante, llegado el momento de escribir, tengamos en cuenta unos cuantos principios esenciales que, a continuación, estudiamos.

No recargar demasiado

La entrevista debe describir *los rasgos que reflejan el carácter* del entrevistado: los ojos, la boca, las manos...

Un hombre no es una simple suma de rasgos, sino un alma, un carácter que se refleja en algunos de esos rasgos. A riesgo de repetir lo dicho (ver tema dedicado a la biografía, en este capítulo), insistiremos aquí en que es preciso dar de lado a la fisonomía estática y preferir la dinámica. Los rasgos de la cara, aisladamente considerados, son poco significativos. Nadie cree ya en las famosas "orejas en asa", de Lombroso, como índice revelador de una naturaleza criminal. Lo que interesa, en realidad, son los rasgos que reflejan el carácter. Y tales rasgos son principalmente los ojos, la boca y las manos. Un hombre amargado, por ejemplo, por mucho que quiera disimularlo, lo refleja en su boca, dibujada en acento circunflejo. El hombre alegre nos lo dirá con su fácil sonrisa y con el brillo chispeante de su pupila.

Pero la faz del hombre, por regla general, antes que cara es careta. Desde que comenzamos a desempeñar conscientemente nuestro papel en la humana comedia, vivimos con una máscara colgada de nuestro rostro. Pronto aprendemos que la sinceridad es peligrosa en este mundo, y así comenzamos a mentir desde pequeños. De ahí que tampoco pueda uno fiarse mucho de los ojos o de la boca de un individuo. Hay que ser un observador muy fino para captar la verdad escondida tras la engañosa apariencia de una mirada amable o de una sonrisa afable.

Nos queda entonces un recurso: *estudiar las manos* del hombre escurridizo que tengamos ante nosotros. Los buenos pintores no olvidan nunca, en el retrato, el poder expresivo de unas manos (*El caballero de la mano en el pecho,* de El Greco). En las manos, si sabemos mirarlas, encontraremos más de una vez el verdadero carácter del hombre que estamos observando: si son huesudas, si alargadas, si cortas y macizas, si lánguidas o enérgicas. Y así, mientras la boca miente o los ojos disimulan, las manos, sin que lo sepa su dueño, nos descubren mucho de su modo de ser más íntimo. Las manos hablan lo mismo si se hallan en serena quietud como si están en pleno y agitado movimiento.

En su novela *Victoria*, escribe Knut Hamsun: "No miréis la mano de una mujer, no puede sufrirlo, capitula".

Claro está que las manos no bastan por sí solas. A más de ellas, habremos de atender a otros múltiples rasgos, aunque siempre –según hemos dicho– con un criterio dinámico, no estático.

Preguntó, en cierta ocasión, un actor a Antón Chejov cómo comprender el carácter de un personaje. Y respondió el escritor: "Es muy fácil: lleva siempre un pantalón a cuadros negros y blancos". Con esta frase, Chejov quería hacer resaltar la importancia del atuendo para estudiar a un tipo humano.

Veamos, ahora, un ejemplo de cuanto venimos diciendo. La novelista Carmen Laforet, en *La isla y los demonios,* describe así las manos de la protagonista Marta:

> *"No es que fueran unas manos bonitas, pero eran, si esto puede decirse, unas manos llenas de inteligencia, franqueza y desamparo. Unas manos capaces de trabajar, sufrir y sentir. No eran inútiles, ni delicadas, ni sensuales. No parecían hechas para acariciar, pero sí para moldear, para recoger en el tacto de sus delgados dedos, un poco ásperos, mil cosas de la vida, del alma de las gentes. Eran espirituales y al mismo tiempo constructivas. Eran capaces de crear algo..."*

$$* * *$$

> El *diálogo* en la entrevista debe reflejar lo que dice el entrevistado y, sobre todo, cómo lo dice.

Finalmente, y como tercer elemento fundamental de la entrevista, nos queda *el diálogo*. Mucho podría escribirse sobre el arte del diálogo periodístico, pero quedémonos con lo esencial, condensado en unos pocos consejos (ver ejemplos en la lección 61, "Elementos de la narración"):

En la entrevista interesa, no sólo lo que dice el personaje de turno, sino *cómo lo dice*. El secreto de este "cómo" reside en el matiz. Sin él, el diálogo carece de vida. Y se matiza de dos maneras: puntuando bien las frases y períodos, de modo que una coma, un punto y coma, un signo de admiración o unos puntos suspensivos reflejen el tono de lo que se nos dijo; o también con una leve pincelada plástica, que dibuje el gesto de quien habla.

Otra imperiosa exigencia en el diálogo de la entrevista es la selección, para quedarnos con lo estrictamente significativo.

El arte de preguntar

> Las *preguntas* del entrevistador deben servir para buscar la personalidad del entrevistado.

En el mundo periodístico se ha impuesto un tipo de interviú a base exclusivamente de preguntas y respuestas; simple diálogo sin matiz alguno; procedimiento facilón, especie de clisé, que lo mismo puede adaptarse a éste que a aquel individuo. El sistema se ha impuesto porque este procedimiento informativo es el de más fácil redacción de todos. No exige demasiada preocupación literaria; ni hay que preocuparse mucho por dar forma a las frases. Todo es cuestión de saber poner los guiones o rayas y los puntos o signos de interrogación en su sitio.

Pero lo bueno es enemigo de lo fácil. Y así resulta que en este tipo de entrevistas estándar, el personaje entrevistado se esfuma. No lo vemos. Lo que él dice lo mismo podría decirlo otra persona cualquiera.

Además, ¿por qué ni para qué preguntar tanto?

Una entrevista no debe hacerse para que el entrevistador luzca su facilidad interrogadora y el entrevistado su habilidad para "devolver la pelota". Lo que se debe intentar es la búsqueda de una personalidad. Y a un hombre no se le descubre a fuerza de interrogarle, sino dejándole hablar, que no es lo mismo. Hay, pues, que saber preguntar en su momento y saber callar cuando la ocasión lo exige.

Podemos decir que si, de repente, se nos somete a un cuestionario verbal inesperado, posiblemente no sabremos qué contestar a la mayoría de las preguntas o saldremos del apuro con unas cuantas vaguedades. Ante la pregunta directa, y más o menos repentina, la respuesta –salvo casos excepcionales– suele ser un tanto evasiva. La entrevista ha de ser reflejo de un diálogo, que nunca es exclusivamente una suma de preguntas y respuestas, sino algo más complejo: afirmaciones, negaciones, titubeos, gestos, reservas...

En las *Memorias de Maigret,* de Georges Simeon, se lee lo siguiente:

> *"Nunca tomaba notas. No formulaba preguntas. Más bien tenía tendencia a hacer afirmaciones... Me explicó más tarde que las reacciones de la gente ante una afirmación son más reveladoras que sus respuestas a una pregunta precisa."*

Vamos a poner un ejemplo que, aunque resulte rebuscado y extraño, no lo es tanto como parece. Preguntas como las que vamos a suponer, las hemos visto impresas y, sobre todo, las hemos escuchado en algunas entrevistas radiofónicas y televisadas, cuando el locutor-reportero parece gozar en poner en un aprieto al caballero que se prestó a enfrentarse con millones de oyentes, a través de un micrófono, frente a la pequeña pantalla.

Supongamos que, de repente, y como para probar nuestro ingenio, se nos pregunta lo que opinamos, dentro del arte culinario español, del huevo frito con patatas. Lo más probable es que no sepamos qué contestar o que salgamos del apuro con unas cuantas vaguedades disfrazadas de agudezas. En cambio, si el interrogador sabe llevar algo "sustancioso" acerca de este sencillo plato, tan socorrido en todos los hogares, y del que se echa mano cuando falla el arte culinario, para llenar un hueco en la preparación del menú. Es posible que se nos ocurra una estampa descriptiva del típico chisporroteo y borboteo del huevo al caer en la sartén; o que sepamos decir algo del arte de mojar pan en la yema; o de las diferencias entre un huevo pasado por agua y un huevo frito, etcétera.

Sólo un tipo "daliniano", un hombre de grandes recursos, agudo ingenio y con "muchas horas de vuelo" sería capaz de contestar a esta pregunta: ¿qué opina usted del huevo frito?", con merecida respuesta. Por ejemplo: "El huevo frito es... el logaritmo proteínico del sol... Es el estallido amarillo de un pollo fracasado". O cualquiera otra "agudeza" por el estilo.

¿Se deben tomar notas?

> Antes de escribir, el entrevistador *debe estudiar las reacciones* del entrevistado.

El tomar o no tomar notas por escrito, mientras se hable con alguien –con vistas a publicar lo que hablamos–, depende del momento, del interlocutor, de nosotros mismos... No se pueden dar reglas con pretensiones de validez absoluta. Un sistema ecléctico quedaría resumido así: ni anotarlo todo, ni confiarlo todo a la memoria. Por muy buena retentiva que se tenga, siempre convendrá tomar alguna rápida nota (más o menos disimulada o, terminada la entrevista, al salir a la calle). Tales notas nos servirán para recordar un gesto, una frase, algo en suma característico; un detalle que pudiera ser de un gran valor descriptivo, y que, de no reproducirlo tal como fue, perdería todo su valor. Otras veces, en cambio, no es preciso recurrir apenas a las notas, porque nuestro interlocutor se presta más al trabajo de síntesis que al de análisis.

Lo que sí es imperativo, antes de coger el lápiz, es estudiar rápidamente a la persona entrevistada para saber cómo reacciona. Hay quien nada más ver ante sí el cuaderno de notas del periodista, advierte la responsabilidad de la palabra escrita y adopta inmediatamente una actitud un tanto doctoral, casi siempre falsa. Otras personas –especialmente los científicos– hablan con más aplomo y seguridad cuando ven funcionar la pluma del periodista; saben que así se evita la posibilidad de error en la interpretación de sus manifestaciones.

De Emil Ludwig se cuenta que, antes de entrevistarse con un personaje célebre, procuraba hablar con el enemigo o contrincante profesional, político o ideológico de aquél. De este modo, el famoso biógrafo conseguía que alguien le hablase mal de aquella persona con quien pensaba entrevistarse; conocía así defectos, a veces reveladores, para su futuro estudio psicológico.

Claro está que el sistema de Ludwig no es fácil de seguir en todo momento. Pero el procedimiento nos dice que no siempre conviene ir completamente "en blanco" a la entrevista. Cuando lo ignoramos todo de una persona, pueden engañarnos las apariencias. Saber un poco ayuda a enjuiciar. Pero tampoco debe uno dejarse influir demasiado por la opinión ajena. En una entrevista es fundamental la visión personal del entrevistador. Incluso es preferible a veces arriesgar un pequeño margen de error en aras de la objetividad y sinceridad.

Entrevistas, encuestas y "ruedas de prensa"

La *entrevista* es una conversación con una o varias personas para informar al público de carácter y sus respuestas.

La *encuesta* es el acopio de datos obtenidos mediante consulta o interrogatorio, sobre cualquier aspecto de la actividad humana.

La *rueda de prensa* es la reunión de periodistas en torno a una figura pública para escuchar sus declaraciones y dirigirle preguntas.

Precisemos un poco y aclaremos conceptos. En el mundo periodístico se suele llamar "entrevista" a lo que, en realidad, es pura y simple encuesta, es decir, a una serie de preguntas y respuestas, mejor o peor hilvanadas, a lo largo de "una columna", sin matizar el diálogo, sin puntuación plástica, sin ambiente...

Verdad es que no vamos a exigir al periodista –casi siempre tan escaso de tiempo– un trabajo meticuloso de artífice, de novelista. Pero sí es recomendable sustituir tan insustanciales "encuestas" por el procedimiento informativo. En vez de llenar cuartillas y cuartillas con preguntas y respuestas, la mayoría insignificantes, más vale resumir lo que se nos haya dicho sobre un tema determinado, directamente expuesto por el que escribe. Sólo cederemos la palabra al interlocutor, es decir, que reproduciremos lo que dijo textualmente, cuando así lo exija la responsabilidad de una afirmación o el valor psicológico, el modo de expresarse, en un momento determinado.

Un consejo de índole moral: la entrevista no debe servirnos nunca de trampolín para lucirnos a costa del entrevistado. No quiere decir esto que sea preciso siempre halagar a la persona retratada; pero tampoco que la interviú sirva para que el escritor luzca sus dotes de hombre ingenioso, mordaz o satírico. Entre otras razones, el que escribe "lleva las de ganar", ya que puede meditar tranquilamente lo que dice, mientras que la persona entrevistada se expresó espontáneamente, muchas veces sin la necesaria meditación, quedando así *a merced* del entrevistador.

Y aquí volvemos a lo que decíamos al principio: una entrevista debe ser fiel reflejo de lo que ha sido. A ella puede aplicarse perfectamente aquel lema –de Saint Réal– estampado ante el Capítulo XIII de *Rojo y negro,* de Stendhal: "Una novela es un espejo que discurre a lo largo de un camino" ("Un roman: c'est un miroir qu'on promène le long d'un chemin"). Esta definición de Saint Réal, tan traída y llevada a propósito del realismo en arte, es de exacta aplicación en el campo de la entrevista.

Como tal "espejo", la interviú ha de ser lo más objetiva posible. Al personaje –o persona objeto de nuestro diálogo– hay que *mostrarlo* con fidelidad y sinceridad, pero también con toda corrección.

Si, por azar, nos tropezamos alguna vez con un tipo "extraño", con un hombre en el que destacan sobremanera su rareza, su hipocresía, su amaneramiento, su ingenuidad, etc., y si queremos reflejarlo tal y como es, procuremos que sea el propio entrevistado quien se defina, a través de sus palabras y gestos, de tal manera que, sin decir nosotros nada, el lector descubra por sí mismo los vicios o virtudes de la persona a quien le presentamos. Es una simple cuestión de enfoque, lo que ya implica un cierto criterio valorativo. De este modo, el escritor –"notario", en este caso de la realidad, de lo que ven sus ojos– salva su responsabilidad perfectamente, sobre todo si fue objetivo y ponderado en su exposición.

Nos consta que lo expuesto no es nuevo. Todo buen periodista sabe lo que he dicho y un poco más. Nos consta también que el tema es amplísimo. Si nos limitamos a estos apuntes personales en torno a la entrevista es porque este *Curso de Redacción* tiene un carácter práctico y elemental; porque no es una obra de investigación.

Podría hablarse mucho del entrevistador profesional que se aprovecha de la interviú para hacer reflexiones por su cuenta –pecado de exhibicionismo–; o de la entrevista por teléfono, falsa casi siempre, porque del interlocutor sólo captamos una arista: su voz. Cuando, por razones de tiempo o de espacio no haya más remedio que recurrir al teléfono, el lector debe saberlo. Nos comprenderá mejor. Se procurará siempre que estas interviús telefónicas sean simple reflejo de un diálogo mantenido a distancia. También puede hacerse una simple información, con los datos que se nos den por teléfono, sin reproducir las preguntas y respuestas.

Cabría citar aquí también a las famosas "ruedas de prensa", impuestas por el periodismo americano. Se trata de una mecanización masiva de la entrevista, cuyo valor, si alguno tienen, sólo es informativo, con algún que otro toque de diálogo cuando las preguntas y respuestas, por su intención o agudeza, merecen ser reproducidas.

Finalmente, se dan casos en que por razones especialísimas, al entrevistado le conviene aparecer como una figura más del cuadro que describe, es decir, aparecer más bien como actor que como autor. Se impone entonces el reportaje de la interviú. Aquí el escritor se ve a sí mismo como otro personaje más en el escenario que sus ojos contemplan.

Sólo así le es lícito al escritor trazar un retrato duro –sin contemplaciones– de su interlocutor; sólo así podrá tomarlo a broma, cuando lo merezca. Porque sólo a quien sea capaz de reírse de sí mismo, se le otorga el derecho de que se ría de los demás...

LA ENTREVISTA INFORMATIVA

La *entrevista informativa* comunica al público las opiniones del entrevistado.

Lo expuesto hasta aquí vale exclusivamente para, digamos, la entrevista psicológica, es decir, aquélla por la que se intenta revelar *quién es* y *cómo es* una persona determinada. Pero no siempre (y la enseñanza va dirigida a los futuros periodistas) es preciso ni preceptivo retratar a un tipo humano como lo haría un novelista.

En realidad, lo más frecuente en el campo periodístico no es la entrevista-retrato, sino la puramente informativa, es decir, la que interesa por las opiniones de la persona entrevistada. Dicho de otro modo: la entrevista como fuente de información. En estos casos, la técnica es la propia del reportaje escueto. Al personaje se le presenta aquí, no por el "cómo", sino por el "qué". Basta por ello decir su nombre y méritos profesionales, aval necesario de su opinión en torno a un tema determinado, que es lo que, en ese momento, interesa.

Un ejemplo aclarará lo que estamos diciendo:

Sea el caso de un famoso astrónomo. Si a este señor se le distingue, por ejemplo, con un Premio Nobel, automáticamente se convierte en noticia humana. Interesa, pues, entonces la entrevista-retrato; conviene decir todo lo que tenga interés humano de este personaje: cómo vive, qué hace, lo que estudia, si tiene hijos, cuál es su "hobby" o "violín de Ingres", etcétera.

Pero si acudimos a este mismo señor para que nos hable como especialista de alguna noticia relacionada con la Astronomía –por ejemplo, de una estrella recién descubierta–, entonces lo que interesa es lo que este astrónomo sepa del problema en cuestión. Lo que vale en este caso es la ciencia, no la personalidad del científico.

NOTA. Quien quiera ejemplos variadísimos de entrevista moderna, lea cualquiera de las firmadas por Oriana Falacci, periodista de fama universal.

El magnetófono en las entrevistas

Signo de los tiempos electrónicos: el *magnetófono*. Hoy, casi todas las entrevistas se realizan con ayuda del magnetófono: son entrevistas grabadas.

No vamos a enumerar aquí las indudables ventajas de la grabadora sobre el clásico procedimiento de tomar notas a base de lápiz –o bolígrafo– y papel. Destaquemos, sin embargo, dos fundamentales:

a) la fidelidad en la transcripción de lo dicho por la persona entrevistada, y

b) la posibilidad para el *entrevistador* o periodista de estudiar a su personaje mientras habla; el tono de su voz, sus gestos, etc.

Pese a las ventajas de la grabadora, si, tras el magnetófono, no hay un gran periodista, de poco servirá el procedimiento. Porque no siempre es interesante –y por tanto publicable– cuanto se dice en una entrevista. El buen periodista, una vez grabada la cinta, tiene que saber seleccionar: aprovechar el grano y tirar la paja. Hay excepciones o casos excepcionales: los de personajes tan relevantes que todo lo que dicen –aún lo más insustancial o banal– puede y debe reproducirse o publicarse.

Finalmente, una observación de orden deontológico: no debe manipularse nunca la entrevista grabada, de tal manera que, cortando aquí y empalmando por allá, hagamos decir a la persona entrevistada lo que no dijo nunca, o decirlo de otra manera a como en realidad lo expresó[80].

EJEMPLO ANALIZADO

Como simple muestra del método que puede seguirse, he aquí un breve análisis de un párrafo perteneciente a una entrevista que se publicó en 1929 en el periódico suramericano *Caras y Caretas* y que está considerada "como modelo en su género". Firmó esta entrevista Juan José de Soiza Reilly, y sus títulos decían: "EUROPA VISTA CON OJOS ARGENTINOS." "Georges Clemenceau. Dos horas en la jaula del tigre".

Circunscribámonos al retrato que el periodista nos hace del entonces famoso "tigre" Clemenceau:

> "... Ochenta y ocho años. Fuerte. Vigoroso. Está vestido de chaqué, con zapatillas de prunela y guantes. (Siempre anda con guantes. Hasta come con ellos, sin duda para esconder algún defecto de la piel.) Un gorro casi frigio cubre su cabeza gloriosa. Los bigotes de foca le caen sobre los labios como una madreselva. Cuando sonríe, el matorral de los mostachos se le sube, se le encoge y los dientes se asoman, terribles, lo mismo que los dientes de un dogo. En las polémicas parlamentarias, esos dientes postizos han hecho temblar a la Cámara –y al país y al extranjero– como armas terribles esgrimidas por el coraje de su elocuencia tribunicia. Las cejas grandes, selváticas, contribuyen a dar a Clemenceau un estallante aire de tigre. Yo sospecho que hay mucha teatralidad política debajo de sus gestos. En su vida de agitador de ideales jacobinos –sembrador de ideas contra el viento–, necesitó hacerse una máscara feroz que estuviera de acuerdo con la violencia de sus prédicas. Más que un tigre, hay en él la profesión de tigre, cuyo medio de expresión es el rugido. Claro es que de tanto jugar a la fiera, se termina por serlo. La careta del monstruo de Víctor Hugo imprime en las facciones del niño angelical visajes feroces de rabia. Empero, en el fondo, siempre queda el niño... Y en Clemenceau, el niño está en sus ojos. Ojos claros, pequeñitos, verdiazules, amorosos, buenos. Ojos de poeta. Ojos de médico, en los que la ternura y el amor a la belleza parecen pelar con los bigotes y las cejas peludas..." Etcétera.

---

[80] Véase el libro *La entrevista,* de Hugh C. Sherwood. A.T.E. Barcelona (págs. 65 y ss.). Y, como ejemplo de magistrales entrevistas grabadas, cualquiera de las realizadas por Oriana Fallaci. Consúltese de esta gran periodista *Entrevista con la historia.* Ed. Noguer. Barcelona. Véanse también las entrevistas de Rosa Montero en *El País semanal.* (Algunas de las entrevistas citadas de Rosa Montero son verdaderos modelos periodísticos del género interviú.)

¿Qué quiere decir de esta descripción de Clemenceau? Sencillamente, que es buena, pero que *no es científica*, porque no *es demostrativa* en su totalidad (véase lo que decimos acerca del "estilo científico" en la lección 43). Abundan aquí las afirmaciones gratuitas –que el lector se creerá o no, según la fe que tenga en el periodista–. Señalemos algunas de tales afirmaciones gratuitas:

"Siempre anda con guantes..., sin duda para esconder algún defecto de la piel."

¿Por qué "sin duda"? El lector necesita saber si ese defecto de la piel es en verdad la causa de que Clemenceau no se quite los guantes ni para comer. En vez de una demostración se ha planteado un interrogante sin resolverlo.

"Yo sospecho que hay mucha teatralidad política debajo de sus gestos." Comentario: al lector no se le convence con *sospechas*, si no se le dan los indicios de tales sospechas.

Finalmente, las líneas dedicadas a los ojos de Clemenceau quieren ser demostrativas, pero no lo consiguen. Porque hasta ahora ignoramos lo que son "ojos de poeta", como tampoco sabemos lo que son "ojos de médico". No son suficiente elemento de juicio para deducir de ahí la bondad y la ternura de Clemenceau. (Conocemos a más de un poeta y a más de un médico cuyos ojos no son poéticos ni... terapéuticos.)

Las primeras líneas de este apunte transcrito sí son demostrativas. Sólo diríamos, como simple reparo de expresión, que no acertamos a imaginar lo que es un "gorro *casi* frigio", del mismo modo que no sabríamos lo que es un "sombrero *casi* cordobés" o un "traje *casi* escocés".

En resumen, para que las afirmaciones del periodista o escritor que realiza la entrevista no resulten "gratuitas", conviene demostrarlas con hechos.

Así, por ejemplo, en el caso propuesto de Clemenceau y al denunciar la "teatralidad" de sus gestos, en imperativo que el lector vea de algún modo esa teatralidad.

Recomendamos en este caso al joven reportero que, al reproducir frases de la persona con quien habla, procure, cuando haya gestos reveladores, captarlos. Es el mejor procedimiento de hacer plástica a la entrevista y de que el lector *vea* lo que *vio* el "entrevistador".

Ejercicios

* * * * * * * * * * * * * * * * * * *

Por tratarse de un tema muy periodístico y que nos ofrece abundantes ejemplos en la prensa diaria, sólo recomendamos que, a la vista de las múltiples y variadas interviús que hoy se publican, el alumno (o el lector) elija unas cuantas, las estudie y enjuicie, y que señale los defectos o los aciertos, diciendo el por qué en cada caso.

III

EL COMENTARIO

INTRODUCCIÓN: "EL HOMBRE ES UN SER QUE COMENTA"

Sin pretensiones filosóficas ni intenciones humorísticas, podría afirmarse que *el hombre es un ser que comenta*. Comentar es actitud humana, consecuencia de nuestra naturaleza racional. "Comento, luego existo", podría decirse a lo Descartes. Porque comentar, a fin de cuentas, es poner en marcha el pensamiento, "razonar sobre lo dado", que diría un profesor de Filosofía. El comentario es la reflexión –reflejo en nuestra menta– del mundo, de la vida del contorno, de lo que "está ahí" –seguiría diciendo nuestro imaginario profesor–. Es, en suma, el enfoque personal, la luz que se proyecta sobre el cuadro y da vida al color.

El hombre, pues, comenta naturalmente, por propio impulso de su naturaleza racional. Como las plantas transforman, por las "fotosíntesis", la energía solar en savia vital, así el hombre, al comentar, transforma los hechos, los sucesos (y hasta los pensamientos de otro) en sustancia propia.

Pero el comentario, además de "fotosíntesis", es también –permítase la expresión– "fotoanálisis". Descomposición y resumen. Se descomponen las cosas al analizarlas, para luego componerlas nuevamente. Así el pintor, frente al paisaje, lo mira, lo estudia, lo descompone y lo analiza, para después volver a darlo a luz, compuesto ya según su visión personal, en el cuadro y sobre el lienzo.

Dicho en pocas palabras: las notas esenciales de todo auténtico comentario son el análisis científico y la síntesis artística.

Actitud humana el comentar; sí, todos comentamos; pero no todos lo hacemos igual: ni en extensión ni en intensidad. De la simple glosa en una frase, especie de "greguería" aguda, al desarrollo completo de una idea, media un abismo que es preciso salvar sobre el puente del saber y del conocimiento.

Porque la auténtica cultura, ese convertir lo que aprendimos en "carne y sangre" nuestra, es lo que nos transforma en auténticos comentaristas. Lo demás, será divagación más o menos atinada, pero no es comentario. No quiere decir esto que el comentario dependa sola y exclusivamente de la cultura; pero sí que la agudeza es una cosa y la sabiduría otra.

Ahora bien, no se crea –por lo expuesto– que basta el saber para bien comentar. El comentario técnico, escrito –tal como lo entendemos aquí–, no depende solamente de nuestros conocimientos. En toda ciencia, por muy modesta que ésta sea, hace falta el método. Y ese método o camino para comentar correctamente es el que vamos a estudiar a continuación.

Lección *57*

Técnica del comentario

Qué es comentar

> El *comentario* es el juicio, el parecer, la interpretación que se hace de una noticia, por lo general de actualidad, en un medio de comunicación.

EN realidad no debería hablarse propiamente de "técnica" del comentario, sino, más bien, de normas generales. No obstante, todo quehacer humano, hasta el más espiritual, tiene su técnica, su modo de hacer, en el más amplio sentido de la palabra. Así lo entendemos y deseamos que se entienda.

¿Qué es, en esencia, un comentario? Según Bartolomé Mostaza (en su trabajo sobre el particular, publicado en *El periodismo, teoría y práctica*), el comentario nos da la dimensión de profundidad. Si la noticia –dice el autor citado– es "el parte por escrito", el comentario es la interpretación de dicho parte. *Comentar, pues, es "interpretar"*.

Pero el comentario, además de interpretar un hecho dado, puede incluso prever lo que no ha sucedido, pero que puede suceder. Una cosa parecida al "tiempo probable" del Boletín Meteorológico. Diríase que el buen comentarista está dotado de una especie de "radar espiritual" que "detecta" el acontecer futuro, a base del suceso actual.

Para comprender mejor lo que intentamos explicar, sirvámonos de un ejemplo: ¿Qué hace el médico normalmente ante el caso clínico que se le presenta? Lo estudia, lo observa y dice, por ejemplo: "esto es una bronquitis; no es grave; pero el enfermo deberá guardar cama y tomar los medicamentos que voy a recetarle". Es decir, el médico hace el *diagnóstico*, dice el *pronóstico* y prescribe el adecuado *tratamiento*.

Función análoga, la del comentarista: ante un problema, un hecho comentable, el comentarista debe también diagnosticar, pronosticar y tratar.

> El tipo de comentario más completo es el que valora e interpreta lo sucedido, prevé lo que puede pasar y dicta lo que debe hacerse para evitar que acontezca algo que no debe suceder.

En el comentario, a diferencia de lo que sucede para la información, no hay reglas taxativas. No se puede hablar de un orden específico en la redacción; el escritor goza de más libertad. No obstante, para facilitar la tarea, podemos aceptar el siguiente orden (tal como lo expone B. Mostaza en el trabajo antes citado):

1.º *Planteamiento del tema.*
2.º *Manipularlo, desmontarlo en piezas.*
3.º *Fallo o juicio crítico del problema.*
4.º *Solución.*

¿Puede alterarse este orden? Efectivamente. Se puede empezar por la solución o por el juicio crítico. Todo depende de cómo se enfoque el asunto. En este terreno, el modo de concebir de quien escribe es de principal importancia.

A pesar de esta libertad, en todo comentario *son muy importantes el principio y el final;* el hecho y su última consecuencia. Empezar y terminar bien un comentario garantiza su efectividad. El primer párrafo debe captar la atención del lector, arrastrarlo a la lectura. El último párrafo, por su trascendencia, debe quedar grabado en quien lo lee. Ahora bien, todo ello sin "latiguillos". Al lector inteligente –a quien, a fin de cuentas, va dirigido el comentario– no se le convence con frases hechas, con lugares comunes, con sonoros latiguillos falsamente oratorios: *se convence con razonamientos, con hechos, con juicios lógicos.*

Como dice Manuel Graña, "todo redactor que no sepa medir el alcance o efecto de sus palabras o razones sobre el lector, ni percibir esa sutil eficacia del principio y del final no llegará nunca a dominar su arte. Claro está –continúa– que diferentes escritores empezarían de diferente manera; pero así como puede haber muchas maneras de empezar bien, hay muchas más de empezar mal. Hay maneras de decir las cosas que apenas admiten réplica; al contrario, captan en seguida el asentimiento del lector que no tiene interés en contra; otras provocan la objeción o el antagonismo".

"Una afirmación rotunda, una ley o máxima general, un hecho decisivo, un llamamiento a los sentimientos nobles, alguna vez una insinuación hábil, una salida irónica, humorística o sarcástica, según los casos, puede llenar ese primer párrafo, que ha de ser pórtico, el anuncio del editorial."

"Después de empezar bien es preciso que la documentación, la verdad, la lógica y el arte acompañen al escritor para seguir hablando. Cada tipo de comentario tiene su *apertura*, como también su plan, su ejecución y su *ritmo* distintos."

En cuanto al párrafo final, dice Graña que "dejarlo a la ventura o recurrir a la frase hecha" es poco acertado. El párrafo final debe tener *"un quid"* particular de sorpresa. Concluir con una ñoñez, es ñoño. "Puesto que la última impresión es la que queda, es preciso que sea tal que se imponga por cualquier razón, que perdure en el espíritu del lector como resumen, conclusión o propósito de lo dicho. Una sentencia que dé el meollo, la glosa; una conclusión lógica, ineludible, una consecuencia digna de tener en cuenta; una predicción importante, etc., pueden servir para poner fin al artículo airosamente."

EJEMPLOS COMENTADOS

Más bien a título de ejemplo que de ejercicio práctico, damos a continuación algunos principios y finales de artículos editoriales o comentarios de periódicos.

1. *"No hace muchas semanas, un inglés que invernaba en el mediodía de Francia preguntó a un hostelero de San Juan de Luz:*
– ¿Cuántos hombres armados necesito para viajar a España con alguna seguridad?
Y meses ha, un señor de Bruselas interrogó a un artista español acerca de si en las Cortes de Madrid se oía alguna vez el jaleo o si se tocaba el fandango. Nuestro compatriota repuso que los diputados llevaban consigo un pequeño guitarrín de mano, y el buen belga se quedó muy tranquilo. El hecho se le antojaba natural; respondía perfectamente a sus prejuicios..." (Publicado en el *Diario Universal*, el día 27 de mayo de 1903).

Este principio narrativo, con su leve ironía contra la clásica "españolada", es un buen modo de comenzar el comentario. En vez de entrar, muy seriamente en el tema, con una serie de consideraciones histórico-filosóficas acerca del desconocimiento que suele tenerse en el extranjero de España, el autor, ha recurrido a la anécdota –siempre atractiva de por sí– para captar la atención del lector.

No podemos decir lo mismo del final de este artículo, cuyas últimas líneas dicen así:

... *"De seguro no los habrá engañado la cortesía gubernamental, como no engañan los sueltos oficiosos que, de cuando en cuando, hacen circular por los periódicos extranjeros nuestros representantes diplomáticos. ¡Y son tantas las cosas que necesitan disimular nuestros gobiernos! ¡Es realmente tan anómala nuestra organización política! ¡Viven tan separados los partidos de la vida nacional! ¡Se hallan tan al aire sus programas! ¡Tan al aire sus hombres! ¡Tan al aire su sistema!"*

Y... ¡tan al aire resulta este final del artículo! Toda esta serie de exclamaciones caen en el "latiguillo". Es éste un modo de terminar que, sin duda, deja al lector lo mismo que estaba. No se le obliga a seguir pensando en la tesis del comentario. La exclamación retórica, entre puntos de admiración, es como la voz del pregonero. Hiere al oído, se le presta atención un momento y, al poco rato, se pierde, se aleja y se borra de nuestra memoria.

2. *"Las dimensiones que ha alcanzado la guerra y el ritmo sorprendente con que es conducida obligan al comentarista a dedicarle meditaciones continuadas, sin que en*

ningún momento quede agotado el tema ni parezcan baldías las reflexiones..."
(*Mundo*, 25 de junio de 1944).

He aquí lo que suele llamarse un principio "blando", sin garra. Todo este exordio justificativo, sobra. Al lector no le interesa que le expliquemos el porqué de nuestro propósito al escribir. Justificarse ante el lector, salvo rarísimas ocasiones, es más bien contraproducente. Vayamos derecho al grano, y dejémonos de titubeos que, en el mejor de los casos, sólo servirán para despertar la natural suspicacia del lector, que muy bien (o muy mal) puede pensar que, al escribir así, no estamos muy seguros ni convencidos del interés del tema propuesto.

3. *"De un modo u otro esto del deporte también 'entra' en la historia universal. La actitud deportiva podrá parecer relativamente mínima y baladí. Sin embargo, hay que considerarla en sí misma para descubrir que no es tanto. De otra parte, ¿no les parece a ustedes, señoras y señores, que la historia universal, aparte de la conferencia de Ginebra, carece esencialmente de frivolidad? La aventura olímpica nos devuelve a un mundo elemental, heroico, saludable y bueno. A la estatuaria griega. Al saber ganar y al saber perder con la sonrisa en los labios. A la ascesis atlética..."* (*Punta Europa*, julio-agosto, 1959).

Un buen tema de comentario y modo hábil de "arrancar". Lo profundo está perfectamente disimulado, suavizado, por el estilo fácil, por el período breve, por la tesis sana y por el lenguaje sencillo, dentro de su natural seriedad expositiva. El lector queda prendido y lee el comentario sin dificultad porque, sin dificultad, se le supo llevar hacia el tema.

Ejercicios

* * * * * * * * * * * * * * * * * * * *

Por tratarse de un tema muy periodístico y que nos ofrece abundantes ejemplos en la prensa diaria, sólo recomendamos que, a la vista de los múltiples y variados artículos editoriales y comentarios que se publican, el alumno (o el lector) elija unos cuantos, estudie y enjuicie sus principios y finales, y que señale los defectos o los aciertos, diciendo el por qué en cada caso.

Lección *58*

Condiciones del comentarista

El comentarista

> El *comentarista* es la persona que comenta regularmente noticias, por lo general de actualidad, en los medios de comunicación.

ESTUDIEMOS ahora, siquiera sea muy rápidamente, las condiciones, cualidades y requisitos del comentarista[81]:

AGUDEZA CRÍTICA, para distinguir lo pasajero de lo trascendente. Sólo los hechos de especial trascendencia exigen un comentario adecuado. Para lo menos importante, basta una simple *nota*.

PERSONALIDAD, es decir, firmeza y convicción de juicio. El comentarista debe orientar de buena fe. Opinar y sugerir es cosa grave. Por ello, el comentarista debe decir su opinión sinceramente. Ha de sentirse libre y no degenerar nunca en "la voz de su amo".

CULTURA, no erudición. No se convence con datos enciclopédicos. Los diccionarios o enciclopedias ilustran, pero no forjan opinión.

IMPASIBILIDAD para mantenerse a salvo de "la marejada sentimental". Quien ha de dar luz, es preciso que no se ofusque: muchas veces nos equivocamos, al juzgar un hecho, porque no arrastra de la mano el deseo de que el hecho signifique lo que buscamos y no lo que objetivamente significa. Como decían los romanos: "ea credimus quae volumus libentes" ("creemos con más gusto aquellas cosas que nos agrada creer"). Dicho de otro modo: conviene no ser impresionable.

---

[81] Seguimos en esta lección a Bartolomé Mostaza y Manuel Graña. Para mayor brevedad hemos fundido y adaptado su doctrina, adaptándola a las necesidades de nuestro *Curso de Redacción,* con ligeros toques personales.

PONDERACIÓN de criterio. El aplomo moral, la valentía, en suma, son condiciones precisas para cualquier clase de crítica, que tanto puede ser censura como defensa.

INDEPENDENCIA de juicio para no caer en el panegírico, la coba ni la consigna.

MAGISTERIO, es decir, dotes de maestro. El que comenta, forja, o debe forjar opinión, ha de reunir las cualidades de un buen maestro. En ese instante, el lector es un discípulo, ante el que hay que explicar –desplegar–, aclarar o interpretar una cosa.

PERCIBIR IRREGULARIDADES donde todo parece que marcha como una seda.

APRECIAR MÉRITOS que otras personas no ven y que sean dignos de ser tenidos en cuenta.

VER MÁS ALLÁ del hecho presente, es decir, prever. Es el "radar espiritual" a que nos referíamos en la lección anterior.

UN POCO DE FILOSOFÍA para fundamentar sólidamente la posición que se tome.

TENER SENTIDO HISTÓRICO para abarcar las perspectivas futuras de lo que acontece en la actualidad.

ROMPER CON LA INERCIA, lastre de la inactividad y del conformismo.

SABER PASAR DE LOS ACCIDENTES de un tema a lo sustancial.

CONOCER LAS NECESIDADES del sector en que nos movemos para fundamentar debidamente nuestro comentario.

RETENER LA PASIÓN, que enturbia la claridad y objetividad precisas.

DECIDIRSE A TIEMPO entre dos opiniones para dar con el justo medio o con la opinión que deba prevalecer.

Finalmente, se aconseja también: ser severo, cortés, alegre, brillante, irónico, serio, audaz, caritativo, independiente, según el problema en cuestión y a su debido tiempo, y desde luego en servicio constante a la verdad. Y hasta se suele recomendar la conviencia de "tener *quilla* suficiente para cambiar de rumbo, aún con temporal y sin zozobrar", cuando este cambio de rumbo sea preciso sin que ello signifique traicionar nuestras más íntimas convicciones.

Si quisiéramos resumir todo lo dicho, y reducirlo a la esencia, nos atreveríamos a decir que el comentarista, al enfrentarse con el problema que ha de comentar, debe tener en cuenta las cuatro virtudes clásicas: ha de ser, en lo posible, justo, prudente, fuerte y templado.

Y el comentario en sí debe apuntar a los "valores" reconocidos como fundamentales por la filosofía: a la Verdad, la Justicia y el Bien. Si se añade un poco de Belleza, mejor, el trabajo habrá salido redondo.

Lenguaje y estilo

> El *lenguaje y estilo* en el comentario debe ser: claro y denso; sencillo y correcto; vivo y penetrante; variado y preciso.

Apartado éste interesante, pero en el que no nos detendremos mucho. Baste con tener en cuenta lo que dejamos dicho en el capítulo referente al arte de escribir. No obstante, conviene recordar y precisar que el lenguaje y estilo en el comentario debe ser: *claro y denso; sencillo y correcto; vivo y penetrante; variado y preciso*. Ni rebuscado ni pedante; ni fraseología ni barroquismo. Como dice Graña, una cosa es hacer pensar al lector, y otra, muy distinta, forzarle a entender. Sencillez, pues, en la sintaxis; nada de cláusulas largas, sino párrafo corto y exacto. Húyase de la retórica y de la grandilocuencia.

Lo expuesto no quiere decir que el ideal sea la frialdad expositiva. Cuando el tema lo requiera, se puede recurrir a la imagen creadora; nunca a la imagen trillada, a la frase hecha, desgastada por el uso y sin valor ni fuerza atractiva. Así, se puede y debe ser emotivo cuando se quiera emocionar; pero sin caer tampoco en el lirismo exagerado, sentimentaloide y trasnochado o "démodé".

EJEMPLO COMENTADO

Veamos, a continuación, un ejemplo de estilo sencillo y penetrante, en un brevísimo comentario que, por su misma brevedad, podemos considerar como modelo del género. Lo firma Javier María Pascual y se publicó en el número 64 de la revista *Punta Europa*, de abril de 1961. Dice Así:

EL ESFUERZO BALDÍO

Teodoro Irazusta, un muchacho de Hernani, fuerte como una salsa de perdiz, ha alzado en un concurso de levantamiento de piedra para noveles —el chico no ha entrado en quintas— ochenta y seis veces, en ocho minutos, un pedrusco de un quintal.

No es infrecuente leer noticias hazañosas de este tipo en la columna rural de 'Basarri'. Y yo me pregunto:

—¿No sería preferible adiestrar a estos muchachos para que participasen en deportes olímpicos?

El celtiberismo de tanto y tanto esfuerzo baldío, irreducible a homologación, me duele como síntoma de pertinacia en el error.

El comentario es suficiente. No es preciso escribir más. El estilo es claro y la intención noble. Sólo podríamos poner un muy leve reparo de forma al comentario transcrito. El inciso "irreducible a homologación" suena a lenguaje doctoral que conviene evitar siempre en el comentario periodístico.

Ejercicios

* * * * * * * * * * * * * * * * * * * *

Entre los abundantes ejemplos que ofrece la prensa diaria de artículos editoriales y comentarios, elija unos cuantos, enjuícielos y señale los defectos y los aciertos, diciendo el por qué *en cada caso, en los siguientes aspectos:*

1. Las condiciones, cualidades y requisitos que reúne o no el comentarista.

2. El lenguaje y estilo de los mismos.

Lección **59**

Tipos de comentario

Tipos fundamentales de comentario editorial

Los *tipos fundamentales de comentario editorial* son: el informativo, el interpretativo, el convincente y el inductivo.

SIGUIENDO la doctrina de los Manuales de Periodismo, ya que en los periódicos diarios se reserva normalmente un espacio variable dedicado al comentario de los hechos o noticias más sobresalientes, existen cuatro tipos fundamentales de comentario editorial:

INFORMATIVO: En este tipo de comentario lo esencial son los hechos escuetos y precisos, razonadamente expuestos. El comentario *informativo puro* prácticamente no existe, porque sería una información, no un comentario. Su forma debe ser narrativo-expositiva.

INTERPRETATIVO: En el que, además de los hechos, se agregan otros elementos –causa o efectos– relacionados con esos hechos para valorarlos a la luz de la razón. En este tipo de comentario, el escritor se dirige a la comprensión del lector.

CONVINCENTE: El escritor se lanza ahora por los caminos de la dialéctica. Intenta arrastrar al lector, llevarlo de la mano hacia la verdad que se impone como indiscutible. Convencer es "vencer con", es modelar el pensamiento del lector y, cuando sea preciso, llegar incluso al mundo de sus sentimientos, lo que vulgarmente se dice "llegarle al corazón".

INDUCTIVO: Es el más eficaz de los comentarios, aunque también el más difícil. Como ha dicho un especialista en la materia[82]: si la noticia es la raíz, el comentario es la flor, pero la acción que de ello se deriva será el fruto. La tarea se complica porque si queremos inducir a la acción –remediar la injusticia, "desfacer un entuerto"–, hay que

---

[82] B. Mostaza (ob. cit.).

poner en juego todos los resortes de la humana psicología: el instinto, el sentimiento, los intereses y las convicciones del lector. En suma, hay que mover la voluntad. Este tipo de comentario resume todos los anteriores y es el más afectivo de todos.

Ahora podría preguntársenos qué tipo de comentario –entre los señalados– es el preferible. La respuesta se resume con una palabra: *depende...*

Queremos decir que depende del tema o problema que se comente, de las circunstancias de ambiente, lugar o tiempo, del espíritu del comentarista, etc.

Tomemos un tema como ejemplo: La Academia, Instituto o Facultad en que estudiamos.

El tema puede comentarse de modo informativo o interpretativo; puede intentarse que sea convincente o inductivo. Veamos cómo:

Se nos pide un *comentario informativo,* descriptivo, acerca de la Academia en que estudiamos. Se trata, en realidad, de informar a alguien que no la conoce.

Verdad es que, en este caso, lo mejor sería hacer una información o reportaje sobre la Academia. Pero es que, además de lo estrictamente informativo, se nos ha pedido un ligero comentario de lo que es y significa dicha Academia. En realidad, vamos comentando al ir narrando o describiendo. Es decir, estamos haciendo una "crónica". Se dice lo que es la Academia, cómo funciona, etc., añadiendo algunos detalles complementarios, que permitan agregar antecedentes o sugerencias sobre lo que se describe o narra. Así, por ejemplo, puede compararse el funcionamiento de esta Academia, sus dependencias, etc., con las de otra institución análoga.

Pasemos ahora a la *faceta interpretativa.* Queremos valorar la Academia o Instituto en que estudiamos; razonar lo que significa; decir lo que son y lo que pueden llegar a ser. Es decir, a lo descriptivo o narrativo se añade la "glosa", la conclusión que se saca: la institución que comentamos es buena o es mala. Debe decirse el porqué. Exige este tipo de comentario un juicio maduro y seguridad en lo que se dice o afirma. En suma, se trata de una crítica valorativa.

Un paso más y ya estamos en el comentario que hemos llamado *convincente.* La crítica de la citada Academia, por ejemplo, nos ha descubierto cualidades positivas que deben tenerse en cuenta o defectos que deben subsanarse. Ha llegado el momento de *convencer,* es decir, de imponer al lector, razonadamente, una tesis u opinión determinada. En el comentario interpretativo se daba una conclusión. Ahora lo que hace falta es inculcar dicha conclusión en el lector; persuadirlo de que llevamos razón.

Finalmente, llegamos al *comentario inductivo* que, en nuestro caso, se reducirá a lo siguiente: si hemos visto defectos funcionales en la Academia, debemos llevar al ánimo del que nos lea la necesidad de remediar dichos defectos. Si, por ejemplo, hemos observado, no defectos, sino cualidades positivas que deben tomarse como modelo para otra situación cualquiera, la virtud del comentarista, su fuerza, residirá en conseguir que dichas virtudes sean adaptadas por quien sea y para lo que sea. Se ha dicho que este tipo de comentario es el de "más alta categoría". Nosotros diríamos –insisto– que el comentario inductivo engloba y resume a todos los otros tipos. En efecto, para *inducir* a la acción es preciso *convencer* primero, *haber interpretado* y valorado bien el asunto o problema de que se trate y *haberlo expuesto* con la suficiente claridad.

Observaciones

Sin pretensiones de agotar el tema, permítansenos unas observaciones finales:

Al comentar, el simple rodeo no vale: hay que atacar a fondo, sin miedo, con decisión. Lo cual no quiere decir que convenga afirmar: "a raja tabla", con estilo tajante, ni tampoco ser tan cauteloso que no se diga nada: es el "sí..., pero no" de los que nunca saben tomar partido (B. Mostaza).

Otra nota característica del comentario es la *impersonalidad*. Se comenta casi siempre en nombre de una comunidad, de una institución, de una empresa. No es a mi voz la que suena, mi palabra la que debe imponerse, ni mi nombre o firmar lo que prevalece, sino la voz de la razón al servicio de la verdad y en nombre de la empresa, de la institución o de la comunidad de intereses a los que, en el momento de comentar, representamos.

La impersonalidad es lo que diferencia el comentario del artículo periodístico. En el artículo vale tanto lo *que* se dice como *quién* lo dice. Un artículo no es más que un comentario en primera persona, con la responsabilidad de una firma. En cambio, los comentarios "editoriales" normalmente no se firman: lo escrito en ellos vale por sí mismo, por la verdad o la justicia implícita, por el enfoque objetivo al servicio del bien común.

Finalmente, una observación: si en la introducción a este apartado decíamos que "el hombre comenta naturalmente" y que, en nuestra vida diaria todos comentamos, es porque el hombre, por naturaleza, tiende siempre a comprender, es decir, a abarcar los problemas, a verlos desde todos los ángulos, a extraerlos todo el jugo posible. *Comentar a fin de cuentas, no es más que "exprimir el limón" de la sabiduría.* Por eso, el comentario debe tener cierta altura de pensamiento y la necesaria elegancia de dicción. Lo demás –insistimos– es simple divagación o intrascendente "cotilleo".

EJEMPLO COMENTADO

Sólo queremos dar aquí un ejemplo de comentario, a nuestro juicio, perfecto en su género. Apareció en el diario *Ya* –en 1961–. Es el tipo ideal de *comentario inductivo*, incluso con sus gotas de humor, lo que, bien dosificado, nunca daña, antes bien, ayuda a la sana digestión de las ideas. Dice así el escrito a que nos referimos:

POLIFEMO, DEVORADOR DE NIÑOS

Cae de su peso que Polifemo, cíclope, hijo de Neptuno y comedor de carne humana, devoraría niños con preferencia, por ser manjar tierno. Lo imprevisible en la era mitológica es que muchos siglos después, Polifemo se dispusiera a devorar niños nuevamente y que los ofrecieran en bandeja sus propios educadores. A eso equivale el haber colocado el "Polifemo", de Góngora, como tema de literatura en el preuniversitario.

En buena hora se estudia al gran poeta cordobés por los jóvenes bachilleres en el año de su centenario. No hay nada que oponer a eso. Pero el "Polifemo" es un texto de increíble dificultad, que personas formadas y expertas no pueden interpretar a veces a primera vista. Dejémonos de discusiones que no son de este lugar, ni.... de curso preuniversitario. Nadie puede negar que el "Polifemo" hay que publicarlo en versión al castellano actual para que se entienda. Obligar a un muchacho de dieciséis o diecisiete años a que analice, estudie y explique el "Polifemo" es echárselo a Polifemo para que se lo coma.

Góngora es autor de cincelados sonetos en número crecidísimo, es autor de letrillas, romances y variadas composiciones, deliciosas muchas de ellas. Se le debe estudiar así como saber que existió el gongorismo y en lo que consistió. Pero tomar entre la obra del poeta aquella que representa su manera más discutible y que sus exégetas más entusiastas tienen que traducir para que se comprenda bien, es de lo más antipedagógico que se puede imaginar.

Suponemos que un clarísimo error puede ser rectificado. Autoridades hay que lo pueden hacer sin desdoro, dada la evidencia de que el estudio del "Polifemo" es tarea inadecuada en absoluto para jóvenes bachilleres.

Ejercicios

✳✳✳✳✳✳✳✳✳✳✳✳✳✳✳✳✳✳✳

A) *Entre los abundantes ejemplos que ofrece la prensa diaria de comentarios, elija uno de cada tipo (informativo, interpretativo, convincente e inductivo), enjuicielos y señale los defectos y los aciertos, diciendo* el *por qué* en cada caso.

B) *Elija un tema de actualidad y escriba sobre el mismo un comentario de cada tipo.*

IV

LA NARRACIÓN Y SU TÉCNICA

INTRODUCCIÓN

Aunque en este curso de Redacción –según se dice en la advertencia previa al primer capítulo de esta obra– "no se pretende forjar escritores ni artistas de la pluma", no obstante, parece oportuno dar un toque, siquiera sea elemental y esquemático, al estilo narrativo o arte de narrar. Pocas reglas prácticas caben en este apartado.

> *Narrar* es algo tan personal que escapa a toda didáctica.

¿Enseñar o narrar?... Parece casi imposible. Sin embargo, la mayoría de los tratados de Redacción dedican uno o varios capítulos a la narración. Por ello, para no desentonar en el concierto pedagógico, en las páginas que siguen se recogen algunas ideas de autores de reconocida solvencia. Sólo recomendamos que no se tomen tales ideas al pie de la letra: valgan como orientación, no como enseñanza irrefutable.

Lo que se aprende y lo que no se aprende

En nuestra vida diaria, todos –unos más y otros menos– solemos actuar como narradores en más de una ocasión. Si se nos apura, diríamos que, en el habla corriente y popular, casi todo es narración. Se cuenta, por ejemplo, a un amigo el argumento de una película; se dice a otro lo que nos ha pasado, hace unos instantes, al salir del cine; contamos, al llegar a casa, cómo fue la extracción de muelas que acabamos de sufrir; narramos, con más o menos detalles, el viaje que acabamos de hacer por una región determinada de España o del extranjero; reproducimos, con diálogo más o menos chispeante, la anécdota de un tipo célebre de la localidad, etcétera.

Todos conocemos a ciertas personas que, espontáneamente, como por un impulso natural, se pasan la vida narrando. Tales individuos, cuando nos cuentan algo, lo hacen con tal viveza que no parece sino que *estamos viendo* lo que nos narran. En estos casos, se trata, en realidad, de auténticos narradores –modernos juglares en prosa–, aunque ellos digan, si se les pone en el aprieto, que son incapaces de escribir lo que acaban de contarnos. Pero esta incapacidad, las más de las veces, es sólo aparente y obedece casi siempre a una falta de método. Si estos narradores espontáneos se decidiesen a coger la pluma y trasladasen al papel, con la mayor fidelidad posible, lo que acaban de contarnos, quedarían luego, al leer su escrito, asombrados de sus propias dotes. Verdad es que sus escritos tendrían faltas de estilo o de simple redacción –todas ellas corregibles y evitables–; pero lo fundamental, el nervio de la narración, *lo que no se aprende,* estaría, fijo ya para siempre, en las cuartillas.

Hemos dicho "lo que no se aprende". Con ello tocamos un punto muy interesante del arte narrativo.

El buen narrador, como todo artista –y perdónese el socorrido y repetido tópico–, *nace y se hace.* Lo innato es lo que no puede enseñarse. Lo artístico, lo genial en la narración, no cabe en formulario alguno. Pretender descubrir la "fórmula" de *El Quijote* o de *Los hermanos Karamazov,* de un relato de Edagar Allan Poe o de un cuento de Chejov, es ardua empresa. Y aun suponiendo –en el mejor de los casos– que hubiésemos dado con la fórmula narrativa de los escritores citados, sería imposible intentar aplicarla a un caso determinado, entre otras razones porque sería ir contra los principios de originalidad y sinceridad (estudiados en este capítulo, al referirnos al arte de escribir). Además, cada narrador es un caso diferente con su modo de hacer típico y personalísimo. ¿Imitar a Dickens, a Balzac o a Kafka?... Nadie ni nada nos lo impide. Pero tal imitación no pasará de ser una copia, es decir, algo sin fuerza, sin vida propia. Las copias, las imitaciones, tienen todas una existencia efímera porque les falta el sello personal del autor, es decir –repitiendo–, la originalidad y la sinceridad. Como simple ejercicio, puede imitarse a éste o a aquél escritor, aunque siempre sea más práctico *imitarnos a nosotros mismos*[83].

A pesar de lo dicho, la narración, como todo arte, tiene que someterse a un orden determinado. Toda construcción, por muy sutil que sea su andamiaje –desde una casa rústica hasta una sinfonía–, obedece a unos principios formales y depende de ciertas leyes psicológicas. Tales leyes y principios del proceso creador narrativo es lo que nos proponemos estudiar a continuación, sin pretensiones de exactitud matemática. Entre otras razones porque esas leyes y principios tendrán siempre que adaptarse al tema. No surge lo mismo ni puede desarrollarse igual la idea de un cuento que la de una novela; la de un drama que la de un poema narrativo.

"...No hay apenas una verdadera técnica del oficio", dice Francisco Ayala en su trabajo *El arte de novelar,* publicado por Taurus. "La técnica de hacer novelas –continúa– resulta ser tan abierta, tan libre, que cualquiera la halla a mano para los fines de cualquier relato, con el sólo pertrecho que le haya proporcionado la enseñanza primaria, y aun ésta le sobre si tiene genio; de tal ilustre novelista se sabe, cuya ortografía no era muy católica... En fin, esa técnica se reduce a usar cada uno, según su talante, de los recursos que el lenguaje común ofrece a todos."

Y Wolfgang Kayser dice que "sin sensibilidad especial para el fenómeno poético, resultarían vanas y estériles todas las nociones de la ciencia de la literatura y faltaría la verdadera comprensión, la que nos habilita para dominar por completo un asunto".

En suma, por ser esta materia muy discutible, nos limitaremos en las páginas que siguen a ofrecer al lector una recopilación de lo más interesante y práctico que conocemos sobre el tema de la narración, con algunas notas y opiniones personales y, siempre, sin pretensiones de dogmatismo.

---

[83] Véase lo que decimos en la Lección 41, Capítulo IV: "II. La composición literaria".

Lección *60*

Esquema de la narración

Qué es narrar

> *Narrar* es contar sucesos, acciones o historias reales o imaginarias.

NARRAR es contar una o varias acciones. La narración es una escena compleja, y, también, un encadenamiento de escenas. La diferencia fundamental entre *descripción y narración* reside, esencialmente, en el juego de un factor que se resume en dos palabras: *vida interior.* Mientras la descripción –según Hanlet– se contenta con fijar el aspecto externo de los hechos percibidos por nuestros sentidos, la narración intenta averiguar o conocer, además de las acciones, sus causas morales; los sentimientos, el carácter, en suma, que impulsa a actuar a los personajes en un sentido determinado.

Según Schoeckel, "lo primero que hacemos con la descripción para convertirla en narración, es *ampliarla...* Antes, era describir un parque con surtidor y árboles y yedra; ahora, me toca narrar toda la escena que se desenvuelve en aquel marco natural; antes, describía un barco que navega en noche serena; ahora narro cómo José y el hidalgo navegan para arrojar al mar el escudo señorial".

Narrar –dice González Ruiz– es "escribir para contar hechos en los que intervienen personas. Narrar el desarrollo de una tempestad, sin aludir más que al espectáculo de las fuerzas movilizadas, es describir una tempestad. La narración necesita al hombre, aunque en algunos casos pueda pasarse sin él cuando *personifica* individuos del reino animal o vegetal y nos cuenta las aventuras de un perro o de una rosa, a los que en realidad se *humaniza*".

Lógicamente, en toda narración hay también descripción. Por tanto, se puede aplicar aquí la técnica descriptiva, sobre todo en lo que se refiere a la *observación y selección* de datos[84].

Lo nuevo y específico de la narración, según Schoeckel, es el *principio de la acción*. El que narra debe excitar el interés, mantener la atención, despertar la curiosidad. Mas, antes de estudiar este aspecto psicológico del tema, conviene que veamos cuáles son las leyes principales del arte narrativo.

Leyes de la narración

> Las cualidades fundamentales de la narración son *la unidad* y *el movimiento,* que se rigen por la *ley de utilidad* y por la *ley del interés.*

Según Hanlet, *la unidad y el movimiento* son las cualidades fundamentales de la narración de las que se derivan todas las demás:

1) La unidad de la narración se consigue con la *búsqueda del punto de vista,* es decir, el centro de interés de las ideas y de los hechos. Al igual que en la descripción, el punto de vista nos servirá de guía para seleccionar ideas: las útiles serán conservadas; las inútiles, rechazadas. Esta es, en esencia, la *ley de la utilidad.*

Unas veces, el centro de interés de la narración será el personaje; otras, lo será la acción central; en ocasiones atraerá nuestra atención un objeto del mundo material; otra veces, será un problema moral el nudo fundamental de la narración.

Los detalles útiles, es decir, conformes con el punto de vista, habrá que buscarlos entre los elementos de la narración; éste es el trabajo que los autores llaman *invención o búsqueda de ideas.* No se olvide que una narración consta de actores, acción, circunstancias de lugar y tiempo, causas o móviles de los hechos, modo o manera de ejecución, resultado y juicio (implícito o explícito) de tales hechos. (Recuérdese lo dicho en la lección 54 al referirnos a las seis preguntas-clave de la información).

2) Pero la narración no es una construcción fija, sino algo que se mueve, que camina, que se desarrolla y transforma. Este movimiento progresivo está regulado por la *ley del interés.* Porque narrar es contar una cosa (un hecho o un suceso) con habilidad, de tal modo que se mantenga constantemente la atención del lector.

> Principios fundamentales para lograr el interés de la narración:
> a) *Comienzo significativo* que atraiga la atención y el interés del lector.
> b) *Desarrollo variado* que permita descubrir paulatinamente los elementos que se introducen sin necesidad de explicarlos demasiado.
> c) *Final carente de rotundidad:* la imprecisión y la vaguedad le dan mayor belleza y permiten las divagaciones del lector sobre el mismo.

---

[84] Ver Lección 45, Capítulo V.

Ahora bien, ¿cómo se logra el interés?, ¿cómo se mantiene la atención? He aquí un pequeño "intríngulis" que descansa en tres principios fundamentales: arrancar bien, no explicar demasiado y terminar... sin terminar rotundamente.

a) *Arrancar bien* significa que el principio –el buen comienzo– es esencial en toda narración. Evítense los principios blandos, explicativos, lentos. Búsquese, desde la primera línea, un hecho, una idea, una escena o un dato *significativo*, que atraigan la atención del lector.

La "exposición" –escribe Albalat– debe ser lo más rápida posible; abreviar los preliminares, ir derecho al grano, entrar rápidamente en materia, sacrificar lo inútil y desdeñar los preámbulos. Procurar la sencillez, no inflar el tono, no prometer demasiado. Cicerón dice que la exposición debe brotar del asunto como la flor de su tallo.

b) *No explicar demasiado,* porque una narración no debe confundirse nunca con una información ni con un comentario. En el reportaje informativo se debe descubrir todo; en la narración –según Schoeckel– hay que "descubrir a medias un objeto nuevo". No lo descubramos del todo porque muere la curiosidad. Narrar, pues, no es explicar, sino sugerir, es decir, *explicar a medias* para que el lector colabore con el autor en la comprensión de la tesis que se le muestra en el relato.

c) *Terminar sin terminar rotundamente;* es decir, que la buena narración no debe tener final *definitivo, seco, matemático*. Es más bello, más artístico, el final *indeterminado, impreciso*, un tanto *vago*. En nuestra vida nada acaba de golpe y porrazo; todos los episodios de nuestra existencia *acaban sin acabar*, y en ocasiones, esos finales son el principio de otro episodio. La vida, en suma, es una cadena, cuyos episodios o trances, son a modo de eslabones. Ni siquiera la muerte es un final definitivo.

Además, conviene dejar al lector un tanto en suspenso para que él, con su imaginación, colabore con el autor en la construcción definitiva del final inconcuso.

Como ejemplo de final inacabado, veamos el de *La mujer de otro,* de Dostoiewski. El protagonista, marido celoso, vuelve a su casa a hora avanzada de la noche. Su mujer, en contra de lo que él esperaba, está en la casa, acostada ya. El buen hombre, sudoroso, echa mano al pañuelo; pero, al sacarlo del bolsillo, sale también el cadáver de un perrillo faldero, muerto durante las aventuras nocturnas de este infeliz Otelo:

> – *¿Qué es eso? –gritó su mujer–. ¡Un perro muerto! ¡Dios Santo! ¿De dónde lo has sacado?... ¿Qué has hecho? ¿Dónde has estado? ¿De dónde vienes? ¡Dime en seguida de dónde vienes!*
> *–¡Vida mía –balbució Ivan Andrevitch–. ¡Amor mío!...*
> *Pero dejemos en este punto a nuestro héroe... Algún día reanudaremos y daremos cima al relato de sus desventuras. Pero convendrán ustedes, queridos lectores, en que los celos son una pasión imperdonable; más aún: una desgracia, una verdadera desdicha..."*

Maestro indiscutible en el arte de terminar es también Antón Chejov. Señalamos aquí, como finales ejemplares, los de sus novelas cortas: *Ionich, Una historia anónima y La señora del perro*. He aquí los párrafos finales de *La señora del perro*, de Antón Chejov:

"El amor de Anna Sergueevna y el suyo eran semejantes al de dos seres cercanos, al de familiares, al de marido y mujer, al de dos entrañables amigos. Parecíales que la suerte misma les había destinado y el uno al otro, resultándoles incomprensible que él pudiera estar casado y ella casada. Eran como el macho y la hembra de esos pájaros errabundos a los que, una vez apresados, se obliga a vivir en distinta jaula. Uno y otro se había perdonado cuanto de vergonzoso hubiera en su pasado, se perdonaban todo en el presente y se sentían ambos transformados por su amor.

Antes, en momentos de tristeza, intentaba tranquilizarse con cuantas reflexiones le pasaban por la cabeza. Ahora no hacía estas reflexiones. Lleno de compasión, quería ser sincero y cariñoso.

–¡Basta ya, pobre mía! –le decía a ella–. ¡Ya has llorado bastante! ¡Hablemos ahora y veamos si se nos ocurre alguna idea!...

Después invertían largo rato en discutir, en consultarse sobre la manera de librarse de aquella indispensabilidad de engañar, de esconderse, de vivir en distintas ciudades y de pasar largas temporadas sin verse...

"¿Cómo liberarse, en efecto, de tan insoportables tormentos?... ¿Cómo?... –se preguntaba él, cogiéndose la cabeza entre las manos–. ¿Cómo?..."

Y les parecía que pasado algún tiempo más, la solución podría encontrase... Que empezaría entonces una nueva vida maravillosa...

Ambos veían, sin embargo, claramente, que el final estaba todavía muy lejos y que lo más complicado y difícil no había hecho más que empezar."

El interés humano

La *curiosidad* del lector se consigue con la *novedad de interés humano.*

La ley del interés, cuyos recovecos vamos descubriendo, encierra otro problema: el de la *curiosidad*. Y para despertar la curiosidad del lector, es preciso que haya novedad.

Pero ¿qué es lo nuevo?

Lo nuevo en la narración, no es, como en la información, lo noticioso, sino *lo humano*. Lo nuevo es lo fuerte, lo vigoroso. No depende, pues la novedad del argumento, sino de cómo y cuánto se cale en dicho argumento. Lo nuevo es el enfoque personal –sincero y original– de un hecho o de una idea. Los argumentos posibles de una narración son limitados. Lo ilimitado es la dimensión humana de tales hechos. Es preciso convertir lo individual, en general; lo local, en universal. Sólo así, el relato de algo que no me ha sucedido a mí, podré sentirlo como algo mío, a lo que yo asisto y cuyo desarrollo me interesa.

Un ejemplo de lo que decimos lo tenemos en los cuentos del escritor ruso Antón Chejov. Sus relatos se desarrollan en la lejana Rusia anterior a la revolución marxista. Sus personajes tienen nombres rusos. El ambiente es ruso. Pero de tal modo se ha calado en el alma humana que, en estos cuentos, vivimos problemas que podían haber acontecido a un Pérez o a un García cualquiera en una provincia española. Chejov resulta ser así el maestro supremo en el arte de destilar el interés humano universal en una narración.

Al referirse al *interés humano*, dice González Ruiz que dicho interés reside "en la comprensión de los hechos en relación con los tipos de manera que todos sintamos, al leer, ese estremecimiento que nos produce el toque directo en un fondo común de humanidad. Sucesos trágicos o pequeños episodios apacibles tienen interés humano, pero éste procederá siempre de la lógica interna de la acción narradora, en la cual veamos al hombre enfrentarse con los problemas que a todos nos agitan en nuestro pequeño vivir diario".

"Si logramos hacer verdaderamente real el objeto –dice Schoeckel–, tenemos esperanzas de novedad, porque todo lo real es individual y, por lo tanto, nuevo, distinto de todo lo demás. El argumento descarnado: 'Se enamoran, tienen dificultades, se casan', es cosa viejísima... Pero el enamoramiento de estos dos individuos concretos, en su ambiente concreto, su época concreta, etcétera, es un singular, tiene valor de novedad o al menos posibilidad de tal valor."

En suma –y volviendo a repetir–, *lo nuevo es lo humano*, si el que narra sabe calar en el fondo y sacar a relucir lo que de "novedoso" late siempre en todo lo que acontece a los hombres.

Ejemplo: Un hombre pescando a la orilla de un río, como acontecimiento humano, es un hecho trivial, corriente. Sin embargo, si yo sé acercarme espiritualmente a ese pescador, si acierto a buscar en su alma, puedo descubrir algo nuevo. Y ese detalle nuevo puede estar en el modo peculiar de pescar que tiene ese hombre, en sus gestos, en lo que haga o diga. Veámoslo:

> *"Su aspecto es triste. Lanza el anzuelo al agua con gesto cansado, infinitamente cansado, como si ya no pudiera hacer otra cosa en el mundo. Sus manos, huesudas y delgadas, tiemblan ligeramente con el propio temblor de la caña. Sus ojos diríase que no miran, están como hipnotizados por el agua. Y allí, en la superficie tersa de este remanso del río, se refleja un rostro de hombre de unos cuarenta años: los ojos hundidos en las cuencas, marcadas arrugas y un pelo prematuramente canoso... Este hombre no está pendiente de los peces, no parece estar pescando, sino dejándose llevar por la pesca...*
>
> *Estoy a unos metros de él y no se ha dado cuenta de mi presencia, tan absorto está, tan ensimismado, tan apartado de todo... Me acerco y toso ligeramente para despertarlo de su letargo.*
>
> *Al toser yo, el pescador se ha revuelto rápidamente, como si lo hubieran sorprendido cometiendo una acción punible. Me mira fijamente, como reprochándome esta intromisión en su soledad...*
>
> *No sé cómo dirigirme a él y sólo se me ocurre la consabida frase:*
>
> *–¿Qué?... ¿Pican?*
>
> *Y entonces él, con una mirada dura, acerada (tiene los ojos grises); una mirada en la que se mezclan la dureza y el sarcasmo, me contesta:*

> *–Mal pueden picar..., el hilo no tiene anzuelo...*
> *Etcétera, etcétera..."*

Este principio podría dar lugar a un relato interesante. Lo nuevo no consiste sólo en que este hombre intente pescar sin anzuelo. Lo que interesa saber es "por qué" lo hace así. De mi acierto en responder a esta pregunta dependerá el interés de la narración.

Cómo se gana la atención del lector

> La *atención del lector* se regula según los tres principios siguientes: *extensión limitada, intensidad modulada* y *objeto variado.*

Escribimos para que se nos lea. Y se nos leerá si conseguimos ganarnos, atraer la *atención* del lector.

"Pensar que hay reglas para producir el interés del lector –escribe Pío Baroja– parece cándido. Es como suponer que puede haber reglas para que una persona sea simpática. Puede haber reglas para lo negativo; por ejemplo, para no ser impertinente o descortés en sociedad; para lo positivo, para atraer, para cautivar, no las hay" *(La intuición y el estilo,* pág. 153). Naturalmente que la opinión de Baroja es discutible, pero hay en ella un sentido lógico que debe tenerse en cuenta.

Los psicólogos –según recuerda Schoeckel– suelen señalar como cualidades de la atención: la intensidad, la extensión o número de objetos abarcados y la constancia o duración.

> Lo que se gana en *extensión,* se pierde en *intensidad.*

La extensión es limitada; es decir, que si atendemos a muchos objetos, no nos concentramos suficientemente en ninguno. Lo cual, aplicado a la narración, quiere decir que no se deben multiplicar los elementos de una escena ni las incidencias de la acción. "La acción tiene que ser una desde el principio al fin, y una en cada escena. Lo contrario es dispersar la atención, es decir, disminuirla, y amenguar el interés".

> La *constancia* es inversa a la *intensidad.*

Complemento de la anterior, es el siguiente: Si la atención es muy intensa tiende a relajarse. Lo que significa que no conviene abusar de la excitación intensa, sino alternarlo con momentos "más suaves".

> La *acción única* sobre el mismo objeto relaja la atención del lector.

También se relaja la atención si versa sobre un mismo objeto. Por ello, *conviene ir variando la acción única en escenas, incidentes, episodios,* etcétera.

Como la escena –dice W. Kayser–, también el cuadro es una unidad. Es cierto que siempre es preferida la descripción y, muchas veces, ella sola forma un cuadro. Sus características son la unidad de conjunto, la plenitud objetiva, el aislamiento del tiempo o, si se quiere, la estática, y, por último, una riqueza especial de significado... A causa de la estática, el cuadro desempeña en la épica un papel relativamente pequeño; pero cuando se presenta en todo su esplendor, es de un efecto sorprendente. Veamos un ejemplo de "cuadro" en *Pepita Jiménez,* de Juan Valera:

"... La huerta de Pepita ha dejado de ser huerta, y es un jardín amenísimo con sus araucarias, con sus higueras de la India, que crecen aquí al aire libre, y con su bien dispuesta, aunque pequeña estufa, llena de plantas raras.

El merendero o cenador, donde comimos las fresas aquella tarde, que fue la segunda vez que Pepita y Luis se vieron y se hablaron, se ha transformado en un airoso templete, con pórtico y columnas de mármol blanco. Dentro hay una espaciosa sala con muy cómodos muebles", etc., etc.

"Un cielo siempre despejado cansaría –dice Guyau–; hacen falta nubes. De las nubes provienen los innumerables tintes, las infinitas coloraciones del cielo; sin el prisma de la nube, ¿qué sería un crepúsculo, un amanecer? La sombra es, pues, una amiga de la luz."

Verdad y verosimilitud en la narración

> La *ley de la verdad* no significa que la narración sea la reproducción exacta de la misma, sino una interpretación personal de la misma: *narrar* es evocar lo conocido.

"La narración viva y verdadera –dice Hanlet– saca su interés, su movimiento, de la realidad, es decir, del recuerdo de unos hechos directamente observados: es la *ley de la verdad.*"

Este principio conviene comprenderlo en su exacto sentido. La ley de la verdad, bien entendida, no significa que la verdadera narración tenga que ser una reproducción, lo más exacta posible, de la realidad. *El realismo puro sería el del reportaje filmado: en arte no se da nunca.* Nadie copia la realidad exactamente, sino que todos las interpretamos, cada uno a nuestro modo o manera, según nuestra personal "estimativa". Ni siquiera el documental cinematográfico es realismo puro; lo que tales documentales nos ofrecen, por muy fieles a la realidad que sean, siempre estará limitado por el enfoque personal del "cameraman".

La famosa actriz de la Comedia francesa, Raquel, allá por el año de 1843, escribió la siguiente frase en el álbum del escritor danés H.C. Andersen: "El arte de la verdad. Espero que este aforismo no parecerá paradójico a un escritor tan distinguido como el señor Andersen".

Pero ¿qué es *la Verdad* en arte?... Sencillamente: nuestra verdad (ahora con minúscula), nuestro modo especial y específico de enfocar el mundo y la vida, es decir, la verdad subjetiva. La verdad objetiva pertenece al mundo de la Ciencia, no al del Arte.

El principio enunciado quiere decir que no se debe escribir sobre temas, ideas, asuntos, hechos, paisajes o personas que no se conozcan personalmente. Este es la realidad que hay que respetar. Es lo que los filósofos llaman "la vivencia". Tener vivencia de algo es requisito esencial para escribir sobre ese "algo".

Narrar, en suma, es evocar lo conocido, aquello de que tenemos experiencia propia. Incluso los más fantásticos relatos tienen que apoyarse en esa ley de la verdad, sostén y cimiento de los mismos.

No obstante lo dicho, podemos vernos en la situación de tener que narrar un suceso del que no hemos sido testigos presenciales. En este caso, lo mejor es contar el asunto tal y como nos lo hayan narrado quienes lo vieron y lo vieron. Como ayuda, la imaginación puede servirnos, siempre que tengamos en cuenta situaciones análogas a la narrada.

Un ejemplo: se nos plantea el caso de narrar lo que ha sucedido a una señora que, al subir al autobús y al arrancar éste súbitamente, quedó apresada por la puerta automática, con el consiguiente alboroto y protestas de los demás viajeros.

Aunque no hayamos sido testigos presenciales de tal escena podemos narrarla con visos de realidad, siempre que hayamos presenciado alguna vez, en el autobús, estos repentinos arranques con el consiguiente bamboleo de los viajeros.

La ley de la verosimilitud, según Hanlet, se expresa así: "No basta con que los hechos sean verdaderos, es preciso que lo parezcan para ser bien comprendidos; hay que presentarlos como *verosímiles,* indicando causas y motivos de las acciones y el modo como tales se han producido.

> Es *verosímil* lo que impresiona por su verdad aunque no haya sucedido.

Lo verosímil, en esencia, es lo que impresiona por su verdad aunque no haya sucedido nunca. O como dice el conocido adagio italiano: "Se non é vero é ben trovato".

Cuando una narración no responde a estos principios de *verdad* y *verosimilitud,* se dice que es *falsa.* Pero la falsedad no depende ni está en relación directa con la exactitud realista. Un relato puede ser de una exactitud ejemplar y, sin embargo, *sonar a falso.* Se cae en falsedad *porque no se vio* el hecho narrado, es decir, porque no se comprendió su íntima y esencial realidad.

Tampoco quiere decir la verosimilitud que, para convencer al lector, sea preciso razonar los hechos como lo haría un filósofo: basta con presentarlos de tal modo que el lector *asista* a tales hechos como espectador convencido de su verdad, por muy fantásticos que tales relatos sean. Un ejemplo: las narraciones de Edgar Allan Poe.

He aquí, finalmente, lo que, al referirse a la verosimilitud, decía Quintiliano: "En primer lugar, tenemos que interrogarnos atentamente a nosotros mismos para no decir nada que no esté de acuerdo con lo natural; después hay que dar causas y antecedentes, no de todos los hechos, sino de los importantes. Finalmente, hay que poner a los personajes y su carácter en armonía con los acontecimientos, hacer que concuerden con el lugar, tiempo y otras circunstancias semejantes".

Notas complementarias sobre la verosimilitud

Como notas complementarias a lo expuesto más arriba, veamos lo que opinan diversos autores sobre la verosimilitud de la narración.

"Lo que suele llamarse inverosimilitud, no es un inconveniente en el género novela. Basta con que haya congruencia. La verosimilitud estética es la congruencia interna del microcosmos creado por el autor, no la coincidencia del libro con el detalle del mundo que hay fuera." (José Ortega y Gasset. Notas sobre *El obispo leproso,* de Gabriel Miró.)

"Las almas de la novela no tienen por qué ser como las reales; basta con que sean posibles." (J. Ortega y Gasset, *Espíritu de la letra.)*

"Ningún drama puede comenzar a vivir en mi espíritu, si no lo sitúo en los sitios en que he vivido siempre."

¿Por qué condenarse a la descripción de un medio que se conoce mal?... Que cada uno explote su campo, por pequeño que sea, sin buscar la evasión.

"Cada vez que en un libro describimos un suceso tal como lo observamos en la vida, entonces, casi siempre, es cuando la crítica y el público lo juzgan inverosímil e imposible. Lo que demuestra que la lógica humana que regula el destino de los héroes de la novela apenas si tiene que ver con las leyes oscuras de la verdadera vida..." (François Mauriac, *Le romancier et ses personnages.)*

"Antes de escribir un cuento, se debe prestar el juramento sagrado de no escribir sobre personajes o lugares que no se conozcan perfectamente.

De todos mis mil cuentos, no escribí ni uno realmente cierto.., pero tampoco escribí nunca sobre una persona o lugar que no hubiera quedado impreso en mi memoria por mi propio conocimiento y observación." (Consejos que da Jack Sait, según artículo publicado en la revista *Meridiano,* de Madrid, en febrero de 1947.)

"En todo caso, más vale elegir cosas naturalmente imposibles, con tal que parezcan verosímiles, que no las posibles, si parecen increíbles." (Aristóteles, *El arte poética,* cap. IV.)

Ejercicios

* * * * * * * * * * * * * * * * * * * *

A) *Júzguense los siguientes principios de relatos, y dígase si atraen o no la atención del lector y por qué:*

1. "Los hechos que voy a relatar ocurrieron hace mucho tiempo: dos mil quinientos años.

En una nublada tarde de otoño, llegó un forastero a la ciudad Santa de Buda. Llamó a la puerta del Brahmán Shishupal y pidió albergue para pasar allí la noche..."

(El juez, del escritor hindú Sadarshan)

2. *"Hará cosa de un siglo que cierta mañana de marzo, a eso de las once, el sol, tan alegre y amoroso en aquel tiempo como hoy que principia la primavera de 1868, y como lo verán nuestros bisnietos dentro de otro siglo (si para entonces no se ha acabado el mundo), entraba por los balcones de la sala principal de una gran casa solariega, sita en la carrera del Darro, de Granada, bañando de esplendorosa luz y grato color aquel vasto y señorial aposento, animando las ascéticas figuras que cubrían sus paredes..."*

(La comendadora, de Pedro Antonio de Alarcón)

3. "Toda grandeza acaba: las montañas se desmoronan, y hechas polvo van al fondo del mar; los Imperios se derriban, y hechos pedazos se van al fondo de la Historia; las glorias se apagan, y apenas dejan chispas en la lejanía de lo pasado; el sol se apaga también, todo es cuestión de tiempo, y no dejará más que la osamenta fría rodando por el espacio.

¡Que mucho que el león, rey de las selvas, agonizara en el hueco de su caverna!"

(Los consejos de un padre, de José Echegaray)

4. *"El pueblo de B, formado sólo por dos o tres callejuelas retorcidas, está sumido en un sueño profundo. En el aire inmóvil, reina el silencio. Sólo se oye, allá a lo lejos, por los arrabales del pueblo, ladrar a un perro con voz ronca y apagada. Pronto va a amanecer.*

Todo, desde hace tiempo, duerme en un sueño profundo. Únicamente permanece despierta la joven esposa del boticario Chernomordik, el dueño de la botica del pueblo B. Por tres veces se ha acostado, pero no ha logrado conciliar el sueño, y no sabe por qué.

Está sentada junto a la ventana abierta, en camisa, mirando a la calle. La agobia el calor; está triste, aburrida..."

(La boticaria, de Antón Chejov.)

5. "El campesino estaba de pie frente al médico, ante el lecho de la agonizante. La vieja, tranquila, resignada, lúcida, miraba a los dos hombres y les escuchaba hablar. Ella iba a morir; pero no se rebelaba. Le había llegado su hora: tenía noventa y dos años.

Por la ventana y la puerta, abiertas, el sol de julio entraba a raudales, lanzando su llama cálida sobre el suelo de tierra marrón, ondulante y marcado por los zuecos de cuatro generaciones de gente rústica. Llegaban también, traídos por la brisa ardorosa, los olores de los campos, de las hierbas, de los trigos, de las hojas secas quemadas por el calor del mediodía."

(El diablo, de Guy de Maupassant)

6. *"Cuando uno bebe dos copas de más se vuelve muy fino, y todo son disculpas y explicaciones:*

–Estoy borracho, borrachísimo. Y no me importa. Sí, se lo digo a usted, no se haga el desentendido. ¿Que no le interesa? Tampoco a mí me agrada verlo y, sin embargo, me tengo que aguantar. Yo, cuando estoy borracho, soy amigo de todo el mundo: de los camareros, de la cajera, del gato, de aquel señor de luto, de los guardias de la circulación... Y ahora, soy amigo de todo el mundo, menos de usted. Porque usted me ha ofendido, porque sé lo que está pasando. Está pensando: "¡Uf, qué asco, un borracho!" Sí. ¿Qué pasa? ¿Usted no se ha emborrachado nunca? No, no se vaya. Espere un momento. Ha de saber que está hablando con un caballero. Y a mí nadie me deja con la palabra en la boca. ¿Se entera?..."

("Un borracho", por Julio Penedo. Publicado en el diario *Pueblo,* de Madrid, el día 19 de abril de 1958.)

7. "Nuestro presidio está situado en el extremo de la ciudadela, dentro de las murallas. Si se mira por las rendijas de la empalizada con la esperanza de ver algo, sólo se divisa un jirón de cielo y una elevada muralla de tierra cubierta por las altas hierbas de la estepa. Noche y día, constantemente, pasean por ella los centinelas, y el que mira se dice a sí mismo que transcurrirán así años, mirando siempre por la misma rendija y viendo siempre la misma muralla, los mismos centinelas y el mismo jirón de cielo; no el que está sobre el presidio, sino otro lejano y libre..."

(La casa de los muertos, de Fedor Dostoiewski. Capítulo 1)

NOTA. Nos limitamos en estos ejercicios al problema del *arranque* de la narración porque lo consideramos el más apto para ser *visto* con ejemplos prácticos. Además, los buenos principios o arranques responden perfectamente a la ley del interés, estudiada en esta lección.

B) *Escriba el principio del relato de un suceso local, nacional o internacional que considere de interés.*

Lección *61*

Elementos de la narración

Los *elementos fundamentales* de toda narración son: el *narrador,* los *tipos* o *personajes,* la *acción* y el *marco* o *ambiente.*

El narrador

El *narrador* es quien cuenta el relato en primera o en tercera persona.

No debe confundirse *narrador* con *autor.* El autor es quien idea el relato, lo organiza y escribe, mientras que el narrador es alguien, real o imaginario, de quien se sirve el autor para contar o narrar el relato desde un determinado punto de vista.

El narrador puede contar los hechos de forma objetiva, distanciándose del suceso, como suele ocurrir en el relato periodístico; o hacerlo de forma subjetiva, matizando el relato con adverbios, comparaciones, interpretaciones personales, etc., como sucede en los relatos literarios. En ambos casos, el relato debe producir en el lector la sensación de estar presenciando lo que ocurre.

Por otra parte, el narrador puede contar el relato en *primera* o en *tercera persona.* Cuando lo hace en primera persona, es uno de los personajes del mismo, frecuentemente su *protagonista;* en cambio, cuando lo hace en tercera persona, se atiene a lo que sabe por haberlo visto y oído, pero sin haber participado directamente, aunque, a veces, lo interprete como un simple testigo.

Los tipos

> Los *tipos* o *personajes*, entre los que destacan el *protagonista* o *protagonistas*, son los seres que viven los acontecimientos relatados y, cuando están bien definidos, provocan sentimientos de aceptación o rechazo en los lectores.

Característico de todo buen relato es la exactitud en la pintura de los *tipos*. Y el tipo será tanto más interesante –se ha dicho– "cuanto más amplia comunidad de sentimientos tenga con nosotros, aunque sea un tipo aparentemente vulgar y los hechos que de él se nos refieren sean comunes y corrientes".

Para ser interesante, "no es necesario que el tipo posea características fuera de lo normal, sino que tenga una personalidad acusada y representativa".

No es preciso, para buscar ejemplos, recurrir a los grandes tipos de la literatura universal: Don Quijote o Hamlet. Cualquier personaje, por ejemplo, de los que aparecen en los cuentos de Antón Chejov, nos resulta *interesante*, aunque sea un tipo *vulgar* o precisamente por serlo. No vamos a reproducir aquí uno de tales cuentos. Quien quiera un ejemplo demostrativo lea *Un ser indefenso, La obra de arte, Volodia, El camaleón, El escritor,* etcétera.

Como ejemplo de personaje presentado ya desde las primeras páginas del relato, tenemos al protagonista de *El viejo y el mar,* de Hemingway:

> "Era un viejo que pescaba solo en un bote en el Gulf Stream y hacia ochenta y cuatro días que no cogía un pez."

Así comienza la narración citada, para pasar inmediatamente a la descripción de este pescador (un pobre viejo que se convierte en héroe en su lucha denodada para demostrar a las gentes –y a él mismo– que aún es capaz de pescar como en sus buenos tiempos).

"Era el viejo flaco y desgarbado –escribe Hemingway– con arrugas profundas en la parte posterior del cuello". Viene luego una descripción un tanto excesiva de las pecas que el viejo tenía en su cuerpo, para darnos inmediatamente, en una frase, una descripción exacta y concreta, cuando dice: "Todo en él era viejo, salvo sus ojos; y éstos tenían el mismo color del mar y eran alegres e invictos".

"La presentación eficaz de un tipo verdadero –escribe González Ruiz– hace que podamos suponer de él muchas cosas que nos se nos cuentan y que rechacemos en el acto las que se nos cuentan y no sean propias de él. Al verdadero escritor el tipo se le impone. El mal escritor deforma y falsea el tipo.

Primera condición fundamental del narrador es, pues, la de ver los tipos y acertar a reflejarlos con sus rasgos característicos..."

Pero, porque la vida es lucha y es comedia, todos, desde que empezamos a luchar, empezamos a mentir un poco: con las palabras y con el gesto. Todos somos un tanto comediantes porque siempre aspiramos a representar un buen papel en la vida. El buen escritor ha de ser por tanto buen psicólogo; ha de saber "calar" en el hombre para descubrir la verdad que se esconde tras la pequeña mentira que se aparenta. "Raramente en la vida –sigue el autor citado– quiere nadie aparecer exactamente como es, sino que escoge aquella cualidad suya que su instinto le dicta, y la pone de relieve o se vale de ella como de un caparazón para ocultar las que no quiere que se vean. El observador sagaz advierte esto y define al tipo por esa ocultación de condiciones que adivina o por esa supervaloración de las que tienen en realidad, aunque en proporciones mucho mas modestas."

El buen observador, en suma, se mete dentro del personaje, le da un poco la vuelta y nos muestra lo más recóndito, casi siempre esencialmente característico[85].

Balzac y Dostoiewski son dos maestros consumados en esta tarea de descubrir el alma humana. He aquí, por ejemplo, cómo nos presenta Balzac al personaje principal de su estupendo relato *El cura de Tours*:

> "A principios del otoño del año 1826, al abate Biotteau, principal personaje de esta historia, le sorprendió un chaparrón cuando volvía de la casa donde había pasado la tarde. Atravesaba, todo lo rápidamente que se lo permitían sus carnes, la pequeña plaza desierta llamada del Claustro, situada tras el presbiterio de Saint-Gatien, en Tours.
>
> El abate Birotteau, bajito, de constitución apoplética y de unos sesenta años, había sufrido ya varios ataques de gota. Pero, entre todas las pequeñas miserias de la vida humana, lo que más le molestaba era este súbito riego de sus zapatos, ornados con grandes broches de plata, y la inmersión de las suelas en el agua. Y es que, a pesar de los escarpines de franela en los que empaquetaba sus pies en todo tiempo, con ese cuidado que los eclesiásticos se toman por sí mismos, siempre le alcanzaba la humedad; después, al día siguiente, la gota le daba infaliblemente algunas pruebas de su constancia. Sin embargo, como la pavimentación del Claustro está siempre seca y como el abate Birotteau había ganado tres libras y diez sueldos jugando al whist en casa de la señora de Listomère, soportó la lluvia con resignación desde el centro de la plaza del Arzobispado, en donde comenzó ya a caer en abundancia. En estos momentos, además, iba saboreando su quimera, un deseo de hacía doce años –¡un deseo de sacerdote!–, un deseo que, acariciado todas las noches parecía que iba a cumplirse pronto. En resumen, que iba muy bien abrigado, con la capucha de un canonicato como para sentir la intemperie: aquella tarde, las personas que se reunían habitualmente en casa de madame de Listomère, casi le habían garantizado su nombramiento para la plaza de canónigo, vacante en el capítulo metropolitano de Saint-Gatien, demostrándole que nadie merecía mejor que él, cuyos derechos, tanto tiempo ignorados, eran indiscutibles. Si hubiera perdido al juego o si hubiese sabido que el abate Poirel, su contrincante, se ganaba la plaza, entonces el buen cura si que hubiese sentido la frialdad de la lluvia. Incluso hubiera protestado de la existencia. Pero se encontraba en uno de esos raros momentos de la vida en los que las sensaciones gratas hacen olvidarlo todo. Al apresurar el paso obedecía a un movimiento mecánico,

---

[85] Ver lo que decimos sobre el particular en la lección 56, al referirnos al personaje de la entrevista.

y la verdad –tan especial en una historia de costumbres– obliga a decir que ni pensaba en el chaparrón ni en la gota"[86].

La descripción del abate Birotteau hecha por Balzac, no puede ser más reveladora, psicológicamente. El autor se ha metido, literalmente, dentro del personaje y nos ha descubierto su intimidad con cuatro trazos firmes, seguros, como los de un valiente y enérgico retrato al carboncillo. El lector caso no necesita más para conocer el personaje del relato; ahora le interesa ver lo que le va a suceder al abate Birotteau: le ha bastado este arranque para que su atención esté ya ganada.

De Dostoiewski, maestro en el arte de bucear en el alma humana –precursor de lo que luego sería el psicoanálisis del subconsciente en Freud–, apenas si hace falta reproducir nada. Cualquiera de sus novelas es un ejemplo demostrativo de la maestría en la pintura de tipos: *Pobre gente, El jugador, El idiota, Los hermanos Karamazov, Crimen y Castigo...*

Como simple ejemplo, veamos cómo describe Dostoiewski a uno de los personajes de *El idiota.* Nada más comenzar la novela, nos pinta así a uno de los viajeros de un vagón de tercera:

"Uno de ellos, de unos veintisiete años de edad, de poca estatura, tenía los cabellos crespos y casi negros; los ojos pequeños, grises y llenos de fuego; la nariz aplastada; los pómulos, salientes, y los labios, finos, que dibujaban de continuo una sonrisa insolente y burlona. Pero la frente alta y bien modelada compensaba la falta de nobleza de la parte inferior de aquella fisonomía. Sin embargo, lo que más llamaba la atención de aquel rostro era su palidez cadavérica, que, a pesar de agotamiento y una expresión tan dolorosamente apasionada que contrastaba violentamente con la insolencia de la sonrisa y con la mirada atrevida y presuntuosa."

Verdad es que lo transcrito no es aún pintura completa de un tipo, sino la parte descriptiva. Los tipos literarios hay que verlos a través de todo el relato. Pero el ejemplo citado sirve para darse cuenta de cómo, aun en la simple descripción. Dostoiewski va cubriendo a los personajes por sus contrastes. Y quien quiera un ejemplo de tipos perfectamente estudiados, lea *La caída* y *La mujer de otro*, dos novelas cortas del autor citado, en donde los personajes –con todas sus contradicciones, manías, vicios y virtudes– han quedado, para siempre, maravillosamente vistos.

Opiniones de Ortega, Mauriac y Baroja

"Si el novelista quiere presentarnos un hombre que es militar –escribe Ortega y Gasset en sus Notas sobre *El obispo leproso*–, es preciso que cree sus rasgos individuales, pero, a la vez, tiene que crear un tipo, una idea genérica del ser militar distinta y más aguda que la vulgar. Contra lo que al principio pudo parecer, no es tanto la creación de lo individual –cosa muy problemática– como la creación de tipos genéricos

---

[86] Traducción del original francés por G. Martín Vivaldi.

más profundos, lo que constituye el verdadero talento del novelista. Es preciso que nos descubra un modo de ser señorita provinciana más exacto, más recóndito, más evidente que el que nosotros ya conocíamos. Sólo así nos parecerá encontrar una criatura individual y no un fantoche abstracto. Porque, como en la realidad, vendremos a averiguar la nueva especie (el tipo), no por definición abstracta, como en la zoología, sino con ocasión de ver moverse a un personaje singular. En suma, el novelista, si se quiere, tiene que copiar la realidad; pero en ésta hay estratos superficiales y estratos hondos a los que aún no había llegado nuestra mirada. Es buen novelista quien posee perspicacia bastante para sorprender estos estratos profundos y gracia suficiente para copiarlos. La novela es casi ciencia: quien no sepa de la vida más que lo vulgar, lo tópico, fracasará irremisiblemente. Una monja de novela tiene que ser, claro está, monja; pero de una 'monjeidad' inaudita hasta entonces y mucho más verídica."

"El novelista –escribe F. Mauriac– *es, entre todos los hombres, el que más se parece a Dios; es el imitador de Dios. Crea seres vivientes.*

Nuestras pretendidas criaturas –sigue el autor citado– están formadas con elementos tomados de la realidad... Los héroes de novela nacen del matrimonio que el novelista contrae con la realidad..."

"Para mí –dice Baroja en la introducción a *La nave de los locos*–, en la novela y en todo el arte literario, lo difícil es inventar; más que nada inventar personajes que tengan vida y que nos sean necesarios sentimentalmente por algo. Hay personajes que no tienen más que silueta y no hay manera de llenarla. De algunos a veces no se puede escribir más que muy pocas líneas, y lo que se añade parece simple vano y superfluo."

El diálogo

> El *diálogo* es la transcripción de una conversación entre dos o más personajes. Debe ser *natural* y *significativo,* y puede escribirse en *estilo directo,* en *estilo indirecto* o en *estilo libre* o *semidirecto.*

Los hombres se definen a sí mismos por la palabra: por lo que dicen y por lo que callan; por su modo de hablar, por el gesto que acompaña a la expresión; por sus verdades y por sus mentiras. Por ello no se concibe una buena pintura de un tipo sin *diálogo.* A veces, un buen diálogo basta para describir a un personaje. Ejemplo de ello lo tenemos en el arte dramático, en donde la palabra es el elemento fundamental por medio del cual el autor descubre el alma de sus personajes.

Circunscribiéndonos al relato, cabe hacerse la siguiente pregunta: ¿Cómo ha de ser el diálogo? Respuesta inmediata: *natural y significativo.*

Natural no quiere decir que hayamos de reproducir todo lo que las gentes dicen en su conversación corriente. *Natural* significa que huyamos del rebuscamiento, del barroquismo expresivo, del amaneramiento, de la pedantería, en suma. El diálogo ha de responder al modo de ser del personaje: un campesino no puede expresarse como un profesor, ni un pintor como un comerciante. Pero, entre todo lo que suele decir la gente para expresar sus pensamientos y sentimientos, el escritor tiene que seleccionar. Si impresionáramos en cinta magnetofónica todo lo que hablamos durante el día, nos sorprenderíamos de la cantidad de cosas insustanciales que decimos. Insustanciales, no sólo por su falta de contenido, sino porque no revelan nada de nuestro modo de ser, de nuestro carácter.

"La primera condición del diálogo –escribe González Ruiz– es que sea *significativo, que diga algo.* Los hombres, en nuestra conversación habitual, no decimos nada casi nunca. Procedemos por tópicos y frases hechas, o significamos algo que tiene una transcendencia puramente particular y privadísima. Ahora bien, todo diálogo puede ser significativo porque el sentido de lo que se dice está en razón directa de lo que revela del carácter del que habla, en virtud de la situación en que se encuentra."

Supongamos –dice, sobre poco más o menos, González Ruiz– la siguiente frase: "¡Hola, hombre! ¿Que tal esa vida?" No la hay más vulgar. Pronunciada al comienzo de una conversación entre dos amigos que se encuentran, deberá ser omitida por vez primera por el gobernador de la ciudad. Tal frase pronunciada por un campesino en el ambiente serio del despacho del gobernador, es "todo un poema". Vale por sí misma y nos pinta maravillosamente al personaje.

Lo natural y significativo en el diálogo exige también que el narrador sepa "podar" las frases para quedarse con lo que verdaderamente tenga sentido. Incluso dentro de los interesante, conviene pulir y perfilar para que el diálogo gane en fuerza expresiva. *No reproducir, pues, sino lo que sea psicológicamente revelador.* Los titubeos de la expresión, por ejemplo, sólo se escribirán cuando tales titubeos nos sirvan para pintar mejor al personaje. En estos casos, conviene dominar la puntuación y emplear con gran precisión los puntos de interrogación y de admiración y, sobre todo, los puntos suspensivos.

Supongamos, como ejemplo, a un hombre muy tímido que se presenta ante el jefe de la oficina en que trabaja para pedirle un aumento de sueldo. Tal hombre, sobre poco más o menos, se expresaría así:

"–Pues…, verá usted… Usted sabe cómo está la vida… Es lo que dice mi mujer: que, cada día, en el mercado, una sofocación… Las mujeres…, usted lo sabrá mejor que yo, cuando se ponen a hablar de dinero, no paran. No se dan cuenta de que uno… Y es que yo digo: "Mujer, ¿yo que voy a hacerle si el sueldo no da para más?" Pero ella, ¡dale que dale!… Usted me comprende, ¿verdad?… Con las mujeres no hay quien pueda. Hablan y hablan y no le dejan a uno meter baza. De cualquier cosa hacen una montaña…

El empleado Martínez se da cuenta, de pronto, de que está hablándole a la coronilla de su jefe, el cual escucha el relato con la cabeza agachada, fijos los ojos sobre la carpeta de la mesa. Martínez siente como si un abismo se abriera entre los dos… Tose, pone una de las manos encima de la mesa, la retira, se mira las uñas –un poco sucias–, esconde las manos en los bolsillos de la chaqueta…, carraspea y, con un hilo de voz, apenas perceptible ya, continúa:

–...Y uno, señor Director, trabaja todo lo que puede. Uno se esmera en el trabajo. Pero...¿de qué le sirve?... Bueno, usted me perdonará, lo que yo le quiero decir
es que, a la hora de echar las cuentas..."

Obsérvese cómo en este ejemplo se ha partido el diálogo para explicar al lector lo
que, mientas habla, siente y hace el personaje. Es lo que se llama *matizar*. En la narración, el matiz es esencial porque contribuye poderosamente a la plasticidad del relato.
En el arte dramático, en el teatro, es el gesto del actor o actriz, el que ha de matizar lo
que dice el personaje.

Como ejemplos de diálogos reveladores, recomendaríamos casi todos los cuentos de
Chejov. Pero, a nuestro parecer, es en *La mujer de otro*, de Dostoiewski, donde el diálogo revelador llega al máximo de calidad artística, por su fuerza expresiva, por su
poder plástico.

Obligado es citar, como maestro indiscutible en este arte, a Cervantes, un cualquiera
de sus obras, pero, muy especialmente, en los inmortales diálogos de Don Quijote y
Sancho.

Finalmente, como muestra de diálogo artístico, selecto, de minoría, tenemos el teatro de Oscar Wilde. En cualquiera de sus obras dramáticas, el diálogo –paradójico,
ingenioso y sutil– puede ponerse como ejemplo inimitable de buen decir. Sólo puede
ponérsele un reparo: que no es *natural* aunque sea profundamente *significativo*. Las
personas no hablan por lo común derrochando ingenio constantemente. Aquí el autor,
Oscar Wilde, habla por boca de sus personajes. Algo análogo le acontece a Benavente.
Tanto en uno como en otro autor, lo que se gana en ingenio, en sutileza expresiva, se
pierde en naturalidad.

Modernamente –y por influencia de Chejov– se vuelve al diálogo natural, sencillo;
a que los personajes hablen en consonancia con su carácter. He aquí un ejemplo tomado de *Historia de una escalera,* obra de teatro de Buero Vallejo:

"*D.ª Asunción.*–¿Qué haces?
Fernando (desabrido). Ya lo ves.
D.ª Asunción (sumisa).–¿Estás enfadado?
Fernando.–No.
D.ª Asunción.–¿Te ha pasado algo en la librería?
Fernando.–No.
D.ª Asunción.–¿Por qué no has ido hoy?
Fernando.–Porque no."

Ahora bien diálogo tan *natural* encierra un grave peligro que ya apuntábamos más
arriba: el de la insustancialidad. Entre el preciosismo y la pedantería, de un lado, y la
naturalidad vacía o insustancial, está el diálogo con *sentido; natural* sin *vulgaridad,*
elegante sin *amaneramiento.* Un ejemplo de diálogo denso, dramático, perfectamente
conseguido, lo tenemos en otra obra del mismo autor *En la ardiente oscuridad.*

"¿Ha oído Vd. hablar a alguna persona de esas que necesitan más de diez veces el tiempo necesario para exponer una opinión?" –escribe *Fiswoode Tarlenton*[87]–. "¿Ha oído Vd. conversar a personas que no dicen nada importante, ni siquiera para justificar la visita a su casa? ¿Tuvo ocasión de escuchar a esas personas que hablan de ellas mismas sin cesar? ¿No tuvo ocasión de escuchar en un tren o en un lugar público conversaciones interminables, sin sentido ni razón? Y si es así, ¿no es verdad que esta palabras vacías acabaron por fatigarle?"

"Imagine, pues –sigue el autor citado–, los efectos de esta faltas en el lector de una obra literaria. Un soberano aburrimiento. Con la diferencia de que, en la vida corriente, muchas personas, por cortesía, fingen atención por la charla estúpida de un amigo o de un visitante. Pero esto no sucede con los libros, que son cerrados y olvidados con un bostezo."

"El diálogo –continúa Tarlenton– ha sido siempre uno de los más difíciles problemas para los escritores principiantes. Y esto sucede por tres razones. La primera, porque los principiantes tienen una falsa noción de las palabras usadas habitualmente por las gentes y hacen hablar a un trabajador manual como si fuera un profesor, o a la esposa de un granjero como una actriz. En segundo lugar, porque el escritor utiliza personajes de un mundo que no conoce directamente, ni sabe el léxico que emplean habitualmente. En tercer lugar, por la composición deliberada de discursos para nuestros personajes, por creer que así resultan más inteligentes, cuando en realidad les empujamos hacia el ridículo.

Por eso se debe hacer hablar a los personajes con la mayor naturalidad, como si vivieran en la vida real la misma situación inventada por la imaginación creadora. Sin olvidar que estos personajes hablan seriamente. No pueden expresarse como si ellos fueran los únicos auditores de sus palabras. Por eso no se aconsejan los grandes parlamentos…"

"No se debe utilizar nunca el diálogo por el diálogo –dice Jack Lait–[88], sino que debe ser progresivo, ampliamente progresivo. Esto significa que debe despertar el interés por los personajes, los incidentes y las situaciones.

Finalmente, unas recomendaciones de orden práctico que pueden servirnos a la hora de "construir" situaciones dialogadas:

Cuando hablamos con una persona con quien nos une cierta intimidad, nuestro diálogo –nuestras frases– no son algo rotundo (redondo), terminado y preciso. Casi siempre, en nuestro hablar corriente, exponemos nuestro pensamiento de un modo vago, vacilante, impreciso. Dejamos por decir más de lo dicho, confiando el acabamiento del juicio a un gesto de la mano, un movimiento de la cabeza o una determinada expresión de los ojos o la boca. Es decir, que hablamos con la palabra y con el gesto. Sólo fuera de la intimidad y, sobre todo, en esa especie de torneo oratorio que a veces surge entre personas cultas, es cuando, por presunción, se construyen períodos y frases redondeadas, precisas, como *construidas* por un académico.

---

[87] "Escriba Vd. Bien", en *Cuadernos Meridiano*, pág., 20.
[88] *Meridiano*, febrero de 1947.

No quiere decir lo expuesto que el diálogo literario haya de ser tan impreciso, tan descosido, como el del habla corriente, pero sí que es preciso acercarse a lo natural (sin caer en vacío realismo). Por ello es necesario saber utilizar las frases a medio construir, sin acabar, los titubeos, las vaguedades; ese modo de hablar en el que se inicia el pensamiento con dos o tres palabras y el resto se deja adivinar al interlocutor con un gesto, más expresivo que la palabra misma.

Aquí viene a repetirse la tan manoseada cuestión de "lo natural" y "lo artístico". Lo que significa, aplicado a este problema, que el naturalismo no debe caer en lo inexpresivo, por desmañado y torpe.

Un ejemplo de lo expuesto lo tenemos en el libro *Judíos, moros y cristianos* (magnífico como relato descriptivo), de Camilo José Cela. En una de las anécdotas que dan vida al libro, charlan el "vagabundo" (Camilo José Cela) y un "viejo decidor". A todo lo que el viejo dice, el vagabundo contesta con una sola palabra: "ya". Y cuando, en el diálogo, han surgido ya catorce "yas", es decir, cuando el lector comienza a sentir la monotonía de la monosilábica respuesta, el "viejo" le espeta al "vagabundo": "Oiga, amigo, ¿y usted no sabe decir más que "ya"?"

Con la cual "salida", queda artísticamente salvado el diálogo, y se da verismo a lo que parecía contrahecho.

Características del *diálogo:*

- *Estilos directo, indirecto* e *indirecto libre* o *semidirecto.*
- Intervención por *turno* de varios *interlocutores.*
- Ejes: *yo-aquí-ahora.*
- *Contenido* y *tono* en función del *contexto* y la *relación social.*
- *Registros de lengua* variados.
- Predominio de las *funciones representativa, expresiva, conativa* y *fática.*
- *Presente inmediato (presente dialógico).*
- *Contenidos explícitos* e *implícitos.*

Generalmente, los *diálogos escritos* reúnen las siguientes características:

a) Están escritos en *estilo directo, indirecto* o *indirecto libre,* solos o entremezclados.[89]

b) Presencia de dos o más interlocutores que hablan y escuchan en una serie de *turnos* enlazados.

c) El orden de intervención de los personajes viene determinado por la *raya (—)* o los *dos puntos (:)* que figuran delante de lo que dice cada uno.

d) Muchas veces, las *entonaciones* del habla de los interlocutores se escriben entre *signos de interrogación (¿ ?)* o *de admiración (¡ !),* y sus dudas e indecisiones se indican con *puntos suspensivos (...).*

---

[89] Véase la lección 40, cap.IV.

e) Casi siempre necesitan de la *narración* y la *descripción* para dar a conocer los *datos físicos* (entorno, objetos, personajes y su atuendo, etc.) y los *datos cenestésicos* (gestos y ademanes de los interlocutores, y los estados anímicos que manifiestan con la entonación y el ritmo de la voz), presentes en el discurso oral.

f) El *contenido* y el *tono* de cada diálogo dependen del *contexto* (personas, lugar, circunstancias y marco social) donde tiene lugar la conversación y de la *relación social* entre los interlocutores, que impone un determinado *registro de lengua (vulgar, coloquial* o *formal).*

g) La presencia de todas las *funciones del lenguaje,* aunque predominan la *representativa,* la *expresiva,* la *conativa* y la *fática.*

h) El tiempo verbal predominante es el *presente,* llamado *presente inmediato* o *presente dialógico.*

i) Además de los *contenidos explícitos,* pueden reflejar informaciones que se sobreentienden o se presuponen, es decir, *contenidos implícitos.*

La acción

La *acción* es la sucesión de acontecimientos y peripecias que constituyen el argumento de la narración. Sus elementos son la *exposición* o *introducción,* el *nudo* y el *desenlace.*

"Los tipos viven y hablan –escribe González Ruiz–, pero sobre todo hacen, de manera que el diálogo no es más que el vehículo de que se valen para ayudar a la acción descubriendo sus propósitos u ocultándolos."

Para el desarrollo de la *acción,* conviene tener en cuenta todo lo que hemos dicho en la lección 41, Capítulo IV, al referirnos a la Composición literaria. Anotemos aquí, simplemente, que la acción requiere un cálculo de los conocidos elementos: exposición, nudo y desenlace, es decir, del desarrollo minucioso de la intriga, pensad para provocar el interés, la colocación adecuada de los antecedentes, la oportuna mención de las consecuencias, de modo que al final resulte lógico y proporciona un término completo al relato.

En toda narración, novela o cuento, es esencial que pase algo. Entre el relato de acción pura y la narración "aséptica" en la que apenas sucede nada, cabe el término medio justo: movimiento con vida interior, o como hemos dicho anteriormente "lo que pasa" al servicio de "lo que pasa por dentro de lo que acontece". La narración que llamamos aséptica, es decir, sin dinamismo, sin acción, sólo contará con un reducido público: la "minoría selecta". El éxito de Dostoiewski reside, entre otras cosas, en que, en sus novelas y relatos, siempre pasa algo interesante. Incluso en *La novela del subterráneo* y en *Pobre gente,* la voz interior es dinámica, está repleta de acción y movimiento. ¿Quiere decir lo dicho que defendamos el folletín? En modo alguno. El folletín (como los modernos "seriales" radiofónicos" es acontecer puro, sin alma, sin profundidad. La gran novela se diferencia del folletín, no por el argumento, sino por la voz interior, por la profundidad psicológica; no por el "qué", sino por el "como".

El ejemplo del cinematógrafo puede servirnos para comprender lo dicho: Todos hemos visto, de vez en cuando, alguna película típica del Oeste norteamericano, uno de esos famosos "western", con sus tiros y puñetazos, casi imprescindibles. Estos filmes, no cabe duda, son de simple y pura acción; sin embargo, en algunos –tal, por ejemplo, *Sólo ante el peligro,* protagonizada por el que fue famoso actor Gary Cooper–, la trepidante acción está al servicio de un profundo estudio de tipos, ambiente y caracteres.

Insistimos en que la acción por la acción no es propia de la auténtica novela, sino en todo caso de la novela de aventuras o policiaca. Lo que ha de procurar el narrador es que el acontecer, la acción o argumento sirva para caracterizar a los personajes del relato. Incluso en la novela policiaca buena, interesa tanto *lo que pasa* como el retrato de los protagonistas. Ejemplo magistral lo tenemos en las novelas policiacas de Simenon, la mayoría de ellas tan interesantes por el suceso que se narra como por la galería de tipos que se describen, entre los que sobresale el del comisario Maigret, superior por su humano verismo al no menos famoso Sherlock Holmes, de Conan Doyle.

Un ejemplo magistral de personajes vistos a través de la acción o argumento, serían todos los de la novela *El Don apacible,* de Mijail Cholojov, y, entre ellos, el principal protagonista Grigori Melekhov.

Ese modo de narrar, dando sentido a lo que se cuenta, procurando que todo lo que sucede acontezca por algo, como signo de algo, es lo que convierte a la *acción* en peripecia significativa, en relato con valor psicológico.

"No, no es el argumento –dice Ortega, en *Ideas sobre la novela*– lo que nos complace; no es la curiosidad por saber lo que va a pasar a Fulano lo que nos deleita. La prueba de ello está en que el argumento de toda novela se cuenta con muy pocas palabras, y entonces no nos interesa." Y más adelante afirma que "la novela de alto estilo… más bien que inventar tramas por sí mismas interesantes", tiene que "idear personas atractivas".

A diferencia de las formas épicas clásicas –la epopeya, el cuento, la novela de aventuras, el melodrama y el folletín–, para Ortega, la misión de la novela moderna, más que referir una acción concreta ha de "describir una atmósfera". Para Ortega, la acción es, estéticamente, "un peso muerto, y, por tanto, debe reducirse al mínimo." Pero, al propio tiempo –frente a Poust–, considera que "este mínimo es imprescindible".

La novela o relato sin *acción* no es nada –afirmamos nosotros–, se nos diluye, al menor soplo, como pompa de jabón. Y el relato de acción pura y tensa, si bien nos atrae y cautiva por su argumento, para tener valor artístico ha de ser de acción reveladora.

La acción está determinada por la serie de acontecimientos narrados, lo que hacen, dicen, piensan y sienten los personajes. Estos acontecimientos principales –entre los que, a veces, se intercalan acontecimientos secundarios– están organizados cronológicamente, aunque no coincidan con el orden en que sucedieron realmente o en que el autor, según su interés expresivo, imagina que sucedieron.

La acción se compone de las siguientes partes o elementos:

a) La *exposición, introducción* o *presentación,* donde se plantea el problema que inicia la historia y, generalmente, sirve como presentación de los personajes y el marco o ambiente.

b) El *nudo* o *desarrollo,* que constituye el grueso del relato y contiene los hechos que se narran.

c) El *desenlace,* que narra la solución del problema planteado en la presentación del relato.

El ambiente

El *ambiente* o *marco* de la narración está constituido por el lugar y el tiempo en los que actúan los personajes.

Tocamos ya el último de los elementos básicos de la narración: el *ambiente* o *marco,* cuyo valor literario es indiscutible y fácilmente demostrable. En efecto, en el carácter humano influyen múltiples factores: fisiología, psicología, herencia… Pero no hay que echar en olvido la influencia familiar, profesional y geográfica, es decir, el ambiente en que nos movemos y que sin ser *causa formal y eficiente* de nuestro modo de ser, sí que es un *motivo,* una *condición* (según expresión filosófica), algo, en suma, que contribuye a modelar la humana psicología. Esta doctrina podría se resumida con el conocido aforismo del filósofo Ortega y Gasset cuando decía: "Yo soy yo y mi circunstancia", es decir, *mi ambiente,* ese aura en que nos movemos, ese aire que respiramos, ese idioma que hablamos y esa historia en que vivimos inmersos.

El ambiente o marco de la narración lo determinan y constituyen:

a) El lugar o espacio geográfico y social donde se desarrolla la acción y que puede variar a lo largo del relato.

b) El tiempo, pasado o presente, en que la acción tiene lugar y que también puede ser variable.

"…Del mismo modo que se debe evitar el escribir sobre personas que conocemos poco o nada –dice Fiswoode Tarlenton–, del mismo modo debemos rehuir utilizar ambientes que no conozcamos profundamente."

"No tratemos de escribir –sigue F. Tarlenton– detalladamente sobre sitios que no conozcamos perfectamente. Pensemos que en las vecindades de nuestra residencia hay muchos sitios y climas que se pueden estudiar literariamente.

Si por ejemplo, estamos escribiendo un cuento sobre un ermitaño, ideemos una casa apropiada para él en un bosque de los que conozcamos perfectamente, situados donde vivimos. Si el escritor habita cerca de un bosque de pinos, sería absurdo que tratara de describir una plantación de algodón, que sólo conoce por las revistas ilustradas."

"Todo el mundo –afirma Jack Lait– sabe mucho acerca de muchas cosas. Y las cosas que Vd. sabe pueden ser tan interesantes como cualesquiera otras. Rudyard Kipling escribía acerca de extraños personajes de la India; Myra Kelly se defendió muy bien con sus niños de las escuelas de suburbio; Damon Runyon vivirá siempre en sus historias de apuestas de caballos y de jugadores de dados.

Pero ningún método o sistema puede ayudarle a usted si usted mismo carece de hechos e impresiones auténticas, o, lo que es más grave, si trata de falsear sus situaciones y personajes. Ya es bastante difícil crear personajes, situaciones y lugares que uno conoce bien. Intentar hacerlo con seres ficticios en un falso ambiente es intentar algo imposible.

Mis personajes masculinos o femeninos –sigue diciendo Jack Lait– pueden ser un cóctel de rasgos reales, pero siempre he conocido a fondo su personalidad", "...tanto si mi personaje era un estafador como si era un actor, un jugador de fútbol, un policía, una corista o una camarera, o un reportero o un vagabundo, yo me daba cuenta automáticamente de la clase de lugares que una persona así frecuentaría, la clase de jerga que hablaría, la clase de reacciones y sentimientos que se podrían esperar de ella. Las conocía a todas ellas y a sus ambientes."

Y como ambientar es, en suma, describir, a lo expuesto sobre la descripción nos remitimos; es decir, que, para ambientar, no es preciso una prolija enumeración detallista; basta con saber destacar los datos esenciales, los que verdaderamente matizan y dan carácter a una situación determinada[90].

Maestro en el arte de ambientar es el novelista Georges Simeon. Y quien quiera una muestra de ésta su maestría lea la novela *Lluvia*, en donde el ambiente adquiere rango de protagonista. Incluso en sus novelas policiacas –en la colección del comisario Maigret–, lo que cautiva y hace interesante la lectura, no es tanto la trama policiaca, como el acierto descriptivo del ambiente en que se mueven los personajes. Y todo ello en un estilo limpio, impresionista; escueto, pero suficiente.

Para no citar más que un ejemplo, mencionemos la maravillosa novela *La sala número 6*, de Antón Chejov, en donde se nos describe, de modo insuperable, el ambiente de una sala de locos en el hospital de una pequeña ciudad rusa en los tiempos anteriores a la revolución marxista. Comienza así:

"Hay dentro del recinto del hospital un pabelloncito rodeado por un verdadero bosque de arbustos y hierbas salvajes. El techo está cubierto de orín; la chimenea, medio arruinada, y las gradas de la escalera, podridas. Un paredón gris, coronado

---

[90] Ver Capítulo V, lección 45.

por una carda de clavos con las puntas hacia arriba, divide el pabellón del campo. En suma, el conjunto produce una triste impresión.

El interior resulta todavía desagradable. El vestíbulo está obstruido por montones de objetos y utensilios del hospital: colchones, vestidos viejos, camisas desgarradas, botas y pantuflas en completo desorden, que exhalan un olor pesado y sofocante.

…Del vestíbulo se entra a una sala espaciosa, y vasta. Las paredes están pintadas de azul; el techo, ahumado, y las ventanas tienen rejas de hierro. El olor es tan desagradable que en el primer momento cree uno encontrarse en una casa de fieras: huele a col, a chinches, a cera quemada y a yodoformo.

En esta sala hay unas camas clavadas al piso; en las camas –éstos, sentados; aquellos tendidos– hay unos hombres con batas azules y bonetes en la cabeza: son los locos."

Como es natural, los tres elementos estudiados –acción, tipos y ambiente– no han de ir necesariamente equilibrados, sino que predominará siempre alguno de ellos, según la narración y según el narrador.

Como ejemplo de narraciones en las que predomina la acción, pueden citarse la mayoría de las novelas de Baroja, especialmente las dedicadas a Aviraneta, bajo el título común de *Memorias de un hombre de acción.* Otro ejemplo más moderno son las obras de Graham Greene, y muy especialmente, *El tercer hombre.*

Narraciones en las que predomina el estudio de un tipo (o de varios) podrían citarse muchas. Descuella por encima de todas *El Ingenioso Hidalgo Don Quijote de la Mancha.* Y, como es natural, todas las buenas biografías. Modelo: *Fouché,* de Stefan Zweig.

Narraciones de ambiente… todas las que conocemos porque en toda novela hay ambientación. Citemos, como ejemplos, las de "color" local: novelas de Pardo Bazán y de Pereda, algunas de las novelas de Simenon, por ejemplo *Los del Gabón,* la ya citada *Lluvia, Cuarenta y cinco grados a la sombra,* y, de Somerset Maugham, los relatos englobados bajo el título de *Mares del Sur.*

Tres tipos de relato literario

Partiendo de la definición de la novela como "la narración del mundo privado en tono privado" (mientras que la epopeya sería la "narración del mundo total en tono elevado"), distingue Wolfgang Kayser tres tipos fundamentales de relato novelesco: el de acontecimiento, el de personaje y el de espacio.

a) La *novela de acontecimiento,* según dicho autor, es la forma más antigua del arte narrativo. Dentro de ella, y como especies típicas, tenemos a las *novelas de amor* y las *de terror.*

b) La *novela de personaje,* para Kayser, se diferencia de la anterior porque en ella el personaje "es único". (Ejemplo, el *Werther,* de Goethe.) Criterio éste que no nos parece exacto, ya que lo característico de la novela de personaje (mejor, "personajes") no es el número de éstos, sino el acento o enfoque, que, en la de acontecimiento, recae sobre el asunto y en la de personaje sobre la psicología de los protagonistas.

c) En la *novela de espacio,* finalmente, "lo que importa –según W. Kayser– es la exposición del mundo múltiple y abierto".

Ejemplo típico de novela de personajes sería *Los hermanos Karamazov,* de Dostoiewski, y de espacio, la inmensa *Comedia humana,* de Honoré de Balzac.

En realidad, todas estas divisiones tienen muy poco interés práctico. Lo que debe interesar al escritor (lo que interesa al lector) es que el relato sea sincero y auténtico, sin pensar demasiado en clasificaciones que sólo sirven para la cátedra.

Ejercicios

* * * * * * * * * * * * * * * * * * *

A) *Indique los tipos de diálogo que hay en el siguiente texto:*

"Paco no podía estar callado. Caminaban a oscuras por el terreno desigual. Recordando al enfermo, el monaguillo dijo:

–Se está muriendo porque no puede respirar. Y ahora nos vamos y se queda allí solo.

Caminaban. Mosén Millán parecía muy fatigado. Paco añadió:

–Bueno, con su mujer. Menos mal.

Hasta las primeras casas había un buen trecho. Mosén Millán dijo al chico que su compasión era virtuosa y que tenía buen corazón. El chico preguntó aún si no iba nadie a verlos porque eran pobres o porque tenían un hijo en la cárcel, y Mosén Millán queriendo cortar el diálogo, aseguró que de un momento a otro el agonizante moriría y subiría al cielo donde sería feliz. El chico miró las estrellas.

–Su hijo no debe ser muy malo, padre Millán.

–¿Por qué?

–Si fuera malo, sus padres tendrían dinero. Robaría.

El cura no quería responder. Y seguían andando. Paco se sentía feliz yendo con el cura. Ser su amigo le daba autoridad, aunque no podía decir en qué forma. Siguieron andando sin volver a hablar, pero al llegar a la iglesia, Paco repitió una vez más:

–¿Por qué no va a verlos nadie, Mosén Millán?

–¿Qué importa eso, Paco? El que se muere, rico o pobre, siempre está solo, aunque vayan los demás a verlo. La vida es así y Dios que la ha hecho sabe por qué.

Ramón J. Sender, *Réquiem por un campesino español*

B) *Citamos a continuación una serie de novelas y narraciones muy conocidas. Dígase si en cada una de ellas predominan el ambiente, los tipos o la acción. O si hay equilibrio de dos o más elementos.*

Lazarillo de Tormes (anónimo). *La noche quedó atrás*, de Jan Valtin. *Hambre*, de Knut Hamsun. *Soberbia*, de Somerset Maugham. *Nada*, de Carmen Laforet. *Rojo y negro*, de Stendhal. *La buena tierra*, de Pearl Buck. *La familia de Pascual Duarte*, de Camilo José Cela. *El túnel*, de Ernesto Sábato. *Episodios Nacionales*, de Benito Pérez Galdós. *Zalacaín el aventurero*, de Pío Baroja. *Castilla*, de Azorín. *Los santos van al infierno*, de Gilbert Cesbron. *Cuadros de viaje*, de Heine. *Círculo de familia*, de André Maurois. *La máquina de lavar cerebros*, de Ludwig Ruff. *Un millón de muertos*, de José María Gironella. *El Don apacible*, de Mijail Cholojov.

Lección *62*

Desarrollo de la narración

El comienzo

> El *comienzo* de la narración debe relatar un momento intermedio de la acción que sea interesante.

NARRAR –hemos dicho– es contar una cosa, un suceso, con habilidad, de modo que mantengamos constantemente la atención del lector.

Tal habilidad ha de manifestarse desde las primeras líneas. Por ello se recomienda "no empezar por el principio, sino por el medio, en un momento interesante, emotivo, intrigante; lo que precede lo iremos dando después, disimuladamente, cuando sea necesario. La primera escena tiene que ser de las más interesantes" (Schöckel). Conviene, pues, despertar la curiosidad del lector desde el primer momento. Y esta curiosidad puede despertarla un suceso o una persona extraña, o un paisaje exótico, misterioso; algo, en suma que provoque en el lector una interrogante: "¿Qué será esto, qué va a pasar aquí?"

Este procedimiento de empezar por una escena sugestiva es el que siguen casi todos los autores de novelas policiacas y el que impera en la información periodística (véase lo que decimos al respecto al hablar de la Información). Pero lo "sugestivo" no quiere decir que sea indispensable siempre "empezar por el medio". Lo que importa es que el principio sea bueno, que cada palabra, según hemos dicho en otra ocasión, "esté preñada de sentido". El tema inicial puede ser... cualquier cosa: una escena dramática o humorística, un paisaje, el gesto de un hombre, una reflexión moral relacionada con el tema o idea que se va a desarrollar. Todo depende de la fuerza que el narrador sepa dar a este arranque. Se puede empezar describiendo una nariz ("Érase un hombre a una nariz pegado–, érase una nariz superlativa…"), o la propia mano, temblorosa, del escritor en trance de narrar lo que "sangra" por su pluma.

"Uno de los más importantes factores en los relatos o cuentos breves –escribe Fiswoode Tarlenton– es la oportunidad, que debe ser observada principalmente al principio de la narración. Exactamente como en la vida real hay personas que hablan para dar detalles innecesarios de lo que tienen que decir, del mismo modo hay escritores que aburren a sus lectores por extenderse desmesuradamente al principio, antes de entrar en materia. Los elementos de una historia breve deben ser condensados en breve espacio. Los propósitos se malogran si se procede como en la novela, que no tiene límites para sus creaciones… Precisamente porque tiene el espacio limitado, el autor de trabajos cortos no puede ser generoso en detalles para iniciar su relato. Tiene que empezar exactamente en el momento en que empieza la acción que interesa.

Todos los sistemas son buenos –sigue Tarlenton– cuando todo lo que se menciona o describe es de interés y necesario para el objetivo del escritor."

He aquí lo que podría ser el principio sugestivo de una narración corta:

"Es la hora de la siesta. Hace calor; un calor bochornoso, sofocante… Una mosca zumbona revolotea sobre la calva sudorosa del doctor Martínez, el cual despechugado, en mangas de camisa, dormita en cómoda poltrona, doblada la barbilla sobre el pecho, la mano derecha colgando hacia el suelo y la izquierda posada sobre el pomposo vientre… La mosca planea sobre la calva, preparando el aterrizaje; pero los resoplidos del doctor espantan una y otra vez al pegajoso insecto.

Entre sueños y resoplidos, una sonrisa beatífica se dibuja en el rostro sanguíneo –nariz chata, cejas pobladas y carrillos abundosos– del buen doctor…

Esta sonrisa, apenas esbozada, es el signo de un sueño feliz. El doctor Martínez está enseñando, realizando en el sueño, una de sus más caras ilusiones. Está viviendo lo que nunca vivió, teniendo lo que nunca tuvo, disfrutando ese pequeño gozo secreto de su vida, que no pudo gozar nunca:

El imperceptible zumbido de la mosca que sobrevuela su calva ha despertado en su alma una ilusión, perdida y nunca realizada: ser aviador; volar, volar…"

Y, pues que hemos puesto a la humilde mosca como "punto de mira" de lo que puede ser un principio de narración, veamos cómo este mismo insecto le sirve al maestro Chejov de arranque para uno de sus inmortales cuentos. Así empieza el titulado *En la oscuridad:*

"Se le mete una mosca por la nariz al vicefiscal, el consejero Gaguim. Aunque se metiera allí por curiosidad o por ligereza, aprovechando la oscuridad, lo cierto es que la nariz no soporta la presencia de un cuerpo extraño y Gaguim se lanza a estornudar con tal estrépito, que hace crujir la cama.

La esposa de Gaguim, María Michailovna, una rubia regordeta y robusta, se estremece y se despierta. Abre los ojos, escudriña en la oscuridad, suspira y se vuelve del otro lado. Al poco rato, da otra vuelta, aprieta los párpados, pero el sueño no vuelve. Después de varias vueltas y suspiros se incorpora, salta por encima del marido, se calza las zapatillas y se aproxima a la ventana…"

Anotemos otro tipo de arranque interesante, que cautiva por el clima extraño en que el escritor sumerge al lector desde las primeras líneas. Pertenece a la narración *El corazón revelador,* de Edgar Allan Poe. Empieza así:

"¡Es verdad! Soy muy nervioso, espontáneamente nervioso; lo he sido siempre. Pero ¿por qué se creen ustedes que estoy loco? La enfermedad ha agudizado mis sentidos, pero no los ha destruido ni embotado. Entre todos sobresale, sin embargo, el oído como superior en firmeza: he oído todas las cosas del cielo y de la tierra y he oído no pocas del infierno. ¿Cómo, pues, he de estar loco? ¡Cuidado! Observen ustedes con cuánta calma y cordura puedo contar toda esta historia..."

Se puede comenzar también con una nota lírica, descriptiva. Ejemplo, el principio del relato *Ultima noche,* de Carmen Laforet:

"Los dedos de la muchacha, delgados, van arrancando despacio, las hojas de un cuaderno. Un cuaderno viejo, manchado, usado y acariciado muchas veces. Por última vez lee estas páginas llenas de temblores y de tachaduras. Las dobla dulcemente y las va echando en la chimenea encendida..."

Finalmente, el humor, el buen humor es siempre signo de feliz comienzo en una narración.

Así empieza, por ejemplo, uno de los múltiples relatos humorísticos de Mark Twain, el título *Acerca de los barberos:*

"Todo cambia excepto los barberos, los procedimientos barberiles y su ambiente. Esto sí que no cambia. Lo que le sucede a uno cuando entra por primera vez en una barbería es lo mismo que le sucede siempre en todas las barberías hasta el fin de su muerte. Esta mañana, como tengo por costumbre, fui a afeitarme. Como siempre ocurre, cuando estaba yo cerca de la puerta, cuyo acceso se realiza por la calle central, otro individuo se acercó a ella procedente de la calle de Jones. Me apresuré, pero fue inútil; traspuso la puerta exactamente un paso antes que yo. Le seguí pisándole los talones, y lo vi ocupar la única silla vacante, precisamente la silla en que servía el mejor barbero. Siempre ocurre así..."

Otro ejemplo humorístico: el principio del *Viaje al Harz,* de Enrique Heine:

"La ciudad de Gottinga, famosa por sus embutidos y Universidad, pertenece al rey de Hannover, y cuenta con 999 hogares, varias iglesias, una casa de maternidad, un observatorio, una cárcel, una biblioteca y un restaurante municipal donde se expende buena cerveza. El arroyo que pasa junto a la ciudad se llama "el Leine" y en verano sirve para bañarse. Tiene el agua muy fría, y es en algunos lugares tan ancho, que Lüder, para saltarlo tuvo que tomar buena carrerilla. La ciudad es hermosa, y cuando más gusta es cuando se le vuelve la espalda..."

A continuación, veamos un principio de novela, típicamente cinematográfico, con arranque propio de película. Pertenece dicho principio a la novela de Erich María Remarque, *Náufragos,* que comienza así:

"Ken despertó, sobresaltado, en medio de la oscuridad. Como todos los que se ven perseguidos, despertó enteramente consciente, alerta y dispuesto para la fuga.

Sentado en la cama, inmóvil, con su débil cuerpo curvado hacia delante, hacía planes arriesgados de fuga, en la hipótesis de que las escaleras estuviesen ya ocupadas.

Estaba en un cuarto piso. La ventana daba al patio, pero no tenía barandilla, ni siquiera una cornisa que le permitiese llegar hasta el canalón. Era inútil intentar la salida por ese lado. Sólo le quedaba un camino: seguir el corredor y desde allí alcanzar el tejado de la casa vecina.

Kern miró la reluciente esfera del reloj: pasaba de las cinco, y la habitación seguía casi completamente a oscuras. En las otras dos camas, las sábanas blanqueaban notablemente en la penumbra. El polaco que dormía en la que estaba junto a la pared, roncaba fuerte..."

Insistimos: éste último ejemplo no es una muestra de estilo directo puro, sino de etilo cinematográfico. Lo visual, la acción, lo externo predominan aquí. Más cierto "clima" de intriga, muy característico de las producciones del séptimo arte.

La segunda escena y el desenlace

> La *segunda escena* debe servir de contraste entre el comienzo y el *desenlace,* fuerte o, mejor aún, suave e inacabado.

Schoekel dice que "la segunda escena puede servir muy bien de contraste, de descanso. Si la primera y la última son patéticas, la central puede ser idílica. Si la primera intriga mucho, la central puede alejar suavemente el ansiado desenlace, etc. Es también un momento oportuno para decir lo que al principio no hubiera interesado y, en cambio, ahora será bien recibido por el apetito despertado del lector.

La tercera escena puede ser el desenlace, y entonces hay que trabajarla con mucha fuerza. También puede acaecer el desenlace patético en la tercera y añadir, en la cuarta, una escena breve para descansar... El lector moderno prefiere que no le añadan nada después de la impresión final fuerte."

No obstante lo expuesto, el final en vez de ser fuerte, puede ser suave, sin estridencias. Un final de "puntos supensivos", es decir, inacabado –según hemos dicho en la lección 60–. Este "terminar sin terminar" nos parece el modo más elegante y artístico de dar remate a un relato. Se deja así al lector el regusto de continuar viviendo con su imaginación lo que pudiera ser el principio de un nuevo episodio. El buen relato, la narración artística –como una sinfonía incompleta– debe acabar suavemente, como la flor que, marchita ya, se va deshojando lentamente...

Ejemplo de este tipo de final, el de la narración de Chejov, *Ionitch,* que dice así:

"¿Y los Turkin? Ivan Petrovich no ha envejecido ni ha cambiado nada y continúa haciendo chistes y contando anécdotas. Vera Iosifovna sigue leyendo sus novelas con el mismo afán y la misma tierna sencillez. Kitten toca el piano cuatro horas dia-

rias. Ha envejecido bastante y, como está delicada de salud, su madre la lleva todos los otoños a Crimea. Cuando Ivan Petrovich, que siempre va a despedirlas a la estación, ve alejarse el tren, les grita, secándose las lágrimas:
– ¡Adiós! ¡Que os vaya bien!
Y agita en el aire el pañuelo."

Finalmente, una recomendación muy útil: ni un desenlace totalmente inesperado, ni que se vea venir demasiado claramente. Al lector –al buen lector– no le gusta que se le descubra lo que va a pasar antes de tiempo, ni tampoco que se le oculte con siete llaves, para, de pronto, abrir la puerta bruscamente. Nos gusta prever lo que va a suceder, pero sin estar seguros de que será así, de modo que, al ir leyendo, vayamos construyendo el relato con el autor, como ayudándole en su trabajo.

Tampoco convienen los finales reiterativos, morosos, pesados. Hay que saber poner punto final cuando la curiosidad del lector está ya satisfecha.

Consejos prácticos

> Antes de escribir el relato debe trazarse un plan claro, lógico, completo y preciso del mismo.

Los autores recomiendan que, antes de escribir un relato, se trace el esquema del mismo, repartiendo la acción en dos o tres escenas fundamentales que habrá que ordenar y graduar, según su importancia, dentro del conjunto. El plan –dice Hanlet– ha de ser "claro, lógico, completo y preciso".

a) *Claro.* Lo que quiere decir que deben distinguirse perfectamente las diversas partes del relato, las cuales habrán de distribuirse en párrafos determinados, cada uno con su unidad.

b) *Lógico.* Las partes se dispondrán según la progresión de los acontecimientos y según su importancia, de modo que el interés sea siempre creciente.

c) *Completo.* Para cada párrafo, conviene indicar las ideas que será necesario desarrollar, las descripciones que habrá que hacer; los retratos precisos, las comparaciones, los diálogos y las transiciones.

d) *Preciso.* Es decir, que conviene evitar las digresiones. Rechácese lo que aparte la atención de la idea principal. Por ello, tanto los retratos como las descripciones o diálogos han de estar en relación con el punto de vista, han de quedar fundidos en la trama de la narración como algo esencial, no como añadidos o "entremeses".

Lo que no debe ser la narración

> La narración no debe ser esquemática, intrascendente, rebuscada, falsa, lenta, confusa, pedestre ni pedante.

Expuesto ya, en líneas generales, cómo debe ser la narración, veamos ahora –complemento de lo dicho– lo que debe evitarse, lo que no debe ser la narración:

1. *Demasiado esquemática.* Los hechos, "per se", no tienen gran valor si no se sabe valorarlos, matizarlos, descubriendo su "voz interior".

2. *Intrascendente.* El realismo vulgar no interesa a nadie.

3. *Rebuscada.* Pecado en que se cae por huir de la vulgaridad, es decir, porque no se supo valorar lo natural.

4. *Falsa.* Por falta de verosimilitud en lo que se cuenta.

5. *Lenta.* Es decir, morosa, por no haber sabido tachar, suprimir, lo innecesario.

6. *Confusa.* Porque no se dieron algunos toques esenciales para que el lector comprenda.

7. *Pedestre.* Es decir, plebeya, de mal gusto. Vicio éste en el que suele caerse por un mal entendido naturalismo. Es el tremendismo soez, hoy en boga entre no pocos escritores.

Detengámonos unos instantes en este punto.

Lo fácil en arte es lo excesivamente natural, es decir..., lo que el hombre tiene de común con los animales. Describir cualquiera de las funciones fisiológicas humanas, quedándose a ras de tierra, es tarea al alcance de cualquiera. Lo que define al hombre y lo distingue del resto de los animales, no es el sometimiento al instinto, sino el elegante dominio de las pasiones instintivas. Lo bello está en sublimar lo puramente fisiológico, dándole trascendencia. Esto en cuanto al tema. En lo que se refiere al vocabulario, escritores hay que creen ser muy originales empleando expresiones vulgares, de mal gusto, plebeyas. Tales expresiones, en último caso, pueden ser legítimas en boca de uno de los personajes del relato; nunca provenir de la pluma del autor[91].

Y si el autor se decide por tocar algún detalle, digamos fisiológico, ha de hacerlo con elegancia o con gracia. Tal, por ejemplo, el siguiente párrafo de Camilo José Cela (cap. VIII de *Judíos, moros y cristianos*):

"Poco antes de llegar a Piedralaves, el vagabundo, por mor de hacer del cuerpo la sandía de Lanzahíta, que se conoce que ya se le había bajado lo bastante, se llegó hasta un arroyuelo –quizás el Venerito; puede que aquel que llaman de la Zarzosa; a

---

[91] Sobre el problema del naturalismo bien entendido, ver "El hambre en D. Quijote", por Gonzálo Martín Vivaldi. *Punta Europa,* núm. 64. Abril, 1961. Madrid.

lo mejor, el que Buitrago nombran; es posible que el bautizado Muñocojo–, donde pudo escuchar una voz de graciosas y cristalinas fragancias, que le sirvió de hermoso contrapunto a la necesidad. En aquellos momentos, y arrullado por música que, en sus argentinos gorjeos, dijérase celestial, el vagabundo, mientras obraba, se sintió poderoso como un rey. El vagabundo, ocupado a su saludable y aligerador menester, no pudo sonreír, en acción de gracias, a la dueña –que siempre imaginará elegante y esbelta como un hada– de cuerdas bucales de temple tan gentil".

El único defecto de este párrafo, a nuestro juicio, está en el inciso, demasiado extenso: "...quizás el Venerito, etc.", inciso que rompe la armonía de la frase anterior y subsiguiente: "se llegó hasta un arroyuelo... donde pudo escuchar...".

8. La narración, finalmente, tampoco debe ser *pedante,* porque un relato, aunque lleve implícita una lección moral, no debe confundirse nunca con un tratado de pedagogía, urbanidad o filosofía.

Podrían citarse muchos más vicios de los señalados, pero baste lo dicho para el propósito elemental de este *Curso de Redacción.*

El "fundido" y la "pausa" en el arte narrativo

Problema –y no de los fáciles– en toda narración es el de la trabazón o engarce artísticos entre las distintas partes que forman el relato.

Para orientarnos en la solución de este problema, nos puede servir de guía la técnica cinematográfica.

En cine, el *fundido* es el procedimiento mediante el cual se unen –se funden– dos momentos (secuencias) de una película, de tal modo que no se advierta un corte brusco. Gracias al fundido se pasa de una escena a otra sin que el espectador extrañe el corte. Es el fundido un pausa que engarza las diversas partes de un "film": pasamos, por ejemplo, de una habitación a una montaña; de ésta, al mar, y de aquí nos trasladamos de nuevo a la habitación de un hotel. Podemos también pasar del presente a una situación pasada. La cámara –gracias a la técnica del fundido– resuelve estas transiciones sin que el espectador advierta bache alguno en el proceso narrativo cinematográfico.

Es, pues, el fundido un corte que enlaza, una interrupción imperceptible entre dos secuencias diferentes.

Algo análogo a lo expuesto ha de conseguir el narrador en sus relatos (novelas o cuentos).

En las narraciones extensas (novelas), se salva el escollo con la socorrida división en capítulos[92]. Pero los capítulos son todo lo contrario del fundido: son cortes secos que nos recuerdan las distintas "partes" en que se dividían las películas en los primeros tiempos del cinematógrafo.

---

[92] Algo análogo se hace en los reportajes periodísticos con los títulos, llamados "ladillos", que parten del texto.

Donde el problema del fundido se destaca, por tanto, es dentro de un trozo narrativo continuado, en el relato corto y sin capítulos. Y consiste en pasar de un párrafo a otro, de una situación determinada a otra distinta, de un diálogo a una reflexión, de una imagen plástica a un pensamiento... Aquí está el escollo principal que es preciso salvar sin que el lector lo advierta: hay que procurar que, en la lectura, no se note el artificio del relato.

Acaso no puedan darse soluciones teóricas ni prácticas para resolver el problema del "fundido". Quizá todo dependa de la habilidad del escritor.

No obstante, hasta el más hábil narrador puede encontrarse en la embarazosa situación del corte brusco (como el orador que, de repente, "pierde el hilo" del discurso). Hay entonces que tender un puente para que el lector no advierta el pequeño abismo surgido en el camino narrativo.

Difícil es dar consejos para resolver este problema de arquitectura literaria. Acaso lo único que pueda recomendarse sea... *fidelidad* al proceso narrativo creador. Debemos narrar siguiendo la pauta *íntima* imaginativa. No preocuparnos del "corte", ni taparlo con "rellenos", siempre artificiosos. Al escribir, sigamos, lo más fielmente posible, el relato original tal como fue gestándose en nuestra mente en los momentos creadores, mientras nos lo contábamos a nosotros mismos. Si el narrador no advirtió interrupciones –al contarse el relato o cuento a sí mismo–, tampoco debe notarlas el lector. (Por eso es muy recomendable, siempre que imaginemos un relato, tener a mano un cuaderno de notas, para trazar el esquema, el bosquejo, procurando que no falte nada esencial.)

Si queremos un ejemplo de relato perfectamente fundido, basta con echar una ojeada a *La casa de los muertos,* de Dostoiewski. En este obra –maestra por su ejecución– el *fundido* es perfecto: no hay un solo bache. Capítulo a capítulo, párrafo a párrafo, línea a línea, frase a frase, todo está maravillosamente unido y ensamblado.

En suma, el fundido –como la pausa levísima de una sinfonía– sirve, a la par, para separar y para unir. Es un silencio rítmico, sonoro... La vibración de la última nota se sostiene y permanece, hasta engarzar con la primera nota siguiente.

"El propio silencio –escribe Sartre en *Situations*– se define con relación a las palabras; como la pausa en música, recibe su sentido de los grupos de notas que la rodean. Tal silencio es un momento del lenguaje; callarse no es ser mudo, es no querer hablar, es decir, seguir hablando."

El proceso creador

> Los momentos fundamentales del proceso creador son: la *concepción,* la *incubación* y la *realización.*

Tocamos ahora un tema que acaso parezca más propio de un libro de Psicología que de un curso de Redacción: *el proceso creador,* es decir, el nacimiento y desarrollo de un relato en la mente del narrador[93].

Como dice Schöckel, no puede hablarse de *técnica de la concepción* porque no existe tal técnica. Cada escritor –cada artista– es un caso único. Incluso en un mismo escritor será distinto el proceso creador –concepción y desarrollo del relato–, según las circunstancias y el momento psicológico del que escribe.

Es preciso también tener en cuenta que el hombre no crea de la nada; "pero podemos crear a partir de los materiales creados por Dios. El hombre, con todo su poder, no puede más que cambiar de sitio las cosas; con esta potencia minúscula ha realizado todas sus maravillas" (Schöeckel).

Y cabe preguntarse entonces: ¿cuáles son los *materiales* del escritor? Respuesta: todo es material, todo es tema para un relato. Lo que hace falta es ver ese tema que la vida nos ofrece y sacarle todo el jugo posible. Un relato puede arrancar de un suceso trivial; puede sugerirlo una escena en el autobús; un tipo extraño que gesticula, solo, por la calle; el canto de los ruiseñores en el bosque; una rotativa en plena "tirada", etcétera, etcétera. Todo es tema en arte –repetimos–; lo más importante es *cómo se enfoca y cómo se desarrolla.*

Tres son, en esencia, los momentos fundamentales del proceso creador; la *concepción,* la *incubación* y la *realización* (Schöckel).

De la *realización* nos hemos ocupado en las páginas anteriores. Detengámonos ahora en la *concepción* y la *incubación.*

"Hace falta –dice A. Maurois en su *Arte de vivir*–, que, aparte de su trabajo técnico (y en esto es en lo que difiere del artesano), el artista viva, o mejor, que haya vivido. (La poesía es una emoción que se recuerda en la tranquilidad.) Se vislumbra entonces que la vida de un artista tiene que estar formada por lo menos de tres partes: una parte de vida humana, carnal, sentimental, que si sola enseñará al poeta el conocimiento del hombre; una parte de meditación y ensueño literario (el artista es un rumiante que sin cesar debe remasticar su pasado para digerirlo y transformarlo en materia artística), y, en fin, una parte de trabajo técnico."

La concepción

Es éste acaso el momento más grato del proceso creador. Y surge, a veces, en los más inesperados momentos de la vida –es lo que suele llamarse también "inspiración", que otros dicen "intuición".

De pronto, cuando menos lo esperamos, un suceso cualquiera de nuestra propia vida o de la vida en torno, enciende en nosotros la *chispa* de la inspiración; *intuimos,* es

---

[93] Véase, como complemento, lo expuesto en la lección 41 acerca de la composición literaria.

decir, vemos como de golpe la esencia de un relato. Acuden a la mente las imágenes, más o menos felices, las frases, más o menos certeras. El principio y el final del relato suelen aparecer entonces con gran vivacidad. Estamos viviendo nuestra narración, contándonosla a nosotros mismos. Esta grata creación mental exige un esfuerzo inmediato: tomar pluma y papel y anotar el esquema del relato *intuido, concebido* en unos momentos de fertilidad. Si, por pereza o imposibilidad, dejamos "para luego" este trabajo, es muy posible que la narración muera apenas nacida o que languidezca sin fuerza, sin la jugosidad y gracia de su nacimiento.

Otras veces la inspiración no viene por sí sola, como "dictada por los dioses", sino que acude a nuestra llamada, tras un período, más o menos largo, de concentración, de esfuerzo mental.

En suma, cada artista creador podría darnos su propia fórmula creadora. Y todas serán legítimas y aceptables porque se trata de un problema personalísimo.

La incubación

Concebido ya el relato, con el esquema del mismo en una o varias cuartillas, viene la *incubación,* período éste, según Schöckel, "lento y trabajoso, época oscura en que revolvemos y registramos el problema; los materiales se agitan fundidos en ciego montón; nuestro espíritu contempla el caos informe... Son momentos dolorosos en que nos asaltan tentaciones de abandonar el trabajo...".

Pero aquí es donde ha de verse la calidad del verdadero artista, del hombre de temple, con fe en sí mismo, que no se arredra ante las dificultades y que continúa laborando, gestando, lo que fue concebido en un momento feliz, pero que requiere, antes de ver la luz, de nacer ya hecho, un período lento de gravidez.

"En los momentos en que la conciencia se apaga o se duerme, prosigue la *incubación* nuestro *subconsciente",* dice Schöckel. Esta labor subconsciente es, a veces, importantísima, casi definitiva: labor oscura, silenciosa, ignota, que ayudará luego al esfuerzo último de la *realización.*

La incubación será más o menos larga, según el individuo, el tema, las circunstancias. En esta fase es muy importante saber y poder concentrarse. Si nos dispersamos o dejamos que la vida disperse nuestra atención, es muy posible que lo concebido muera antes de nacer, que se produzca un *aborto* literario. La incubación o gestación exige un cierto reposo; un aislamiento, más o menos duradero, de la agitación de la vida; un dejar a un lado las preocupaciones. Si no conseguimos olvidar "lo demás", aunque sólo sea un par de horas al día, es muy posible que la gestión fracase y resulte estéril la concepción.

Se dice que Newton estuvo dieciséis años *incubando* el problema de la fuerza de la gravedad. Autor hay, como el prolífico Simenon (según confesión del autor publicada en prensa francesa) que, cuando llega el momento de "ponerse a trabajar", se encierra en su estudio y, mientras escribe o piensa en su novela, no permite ni siquiera a sus familiares que rompan esta voluntaria reclusión. Sólo así es posible *incubar* y, sobre todo, *realizar* una novela en poco más de quince días.

Finalmente, tras la incubación –más o menos lenta– viene el desarrollo del plan y la *realización* del mismo, cuyas normas esenciales han quedado expuestas anteriormente, al ir estudiando el arte de narrar.

Insistiremos, una vez más, en que, una vez realizada la obra, conviene dejarla cierto tiempo "en cuarentena", para releerla después, como si no fuera nuestra, con el fin de dar los últimos toques (el retoque): tachar lo que no haya salido bien o aprovechar alguna nueva *ocurrencia*, para matizar, en suma –según hacen los pintores– con una pincelada precisa de luz o de color.

El estilo narrativo

NOTA PREVIA. Todo lo que hemos dicho hasta ahora acerca del estilo literario y del estilo narrativo (lecciones 41, 42 y 43, Capítulo IV), no ha pasado de una ligera doctrina elemental, sin mayores pretensiones estéticas y circunscribiéndonos en todo caso, al propósito práctico y didáctico de esta obra. Sobre el tema podrían escribirse centenares de páginas, y ello con sólo recoger la doctrina dispersa en los más diversos tratados y ensayos sobre Estilística.

A lo expuesto en el Capítulo IV de este manual nos remitimos, todo ello perfectamente aplicable al estilo narrativo. No obstante, y para dar fin a este capítulo, tocaremos ahora algunos puntos que consideramos de interés: las "narraciones en voz alta", el "tiempo en la narración", las "narraciones enmarcadas" y el problema de "la hipertrofia del estilo".

Las narraciones en voz alta

Un relato, una narración, no se escriben para ser leídos en voz alta, sino para la lectura visual –salvo el caso especialísimo de los relatos escritos para ser radiodifundidos–.

Nuestra posición personal en este problema del estilo narrativo, queda resumida en la siguiente recomendación:

Debe huirse de la excesiva sonoridad del estilo, tanto en las palabras, frases y períodos, como en el tono general de obra.

> Escribimos para que se nos lea, no para que se nos escuche.

Aparentemente en contra de esta opinión, escribe Albalat: "Que no se diga que los libros están destinados a ser leídos con los ojos y no escuchados por el oído. Los ojos también oyen los sonidos. Lo mismo que el músico oye la orquesta al recorrer la partitura, de análogo modo basta leer una frase para gustar su cadencia".

Lo que nos da la razón. Porque si, al leer visualmente, estamos oyendo el sonido de las palabras, es porque, en lo escrito, predomina lo musical sobre lo significativo. Una cosa es evitar las disonancias chocantes y otra muy distinta buscar la sonoridad efectista.

El estilo puede resultar sonoro, declamatorio, por múltiples causas:

a) Por *rebuscamiento* intencionado de los vocablos. El escritor goza empleando palabras y frases inusitadas: la palabra es fin y no medio, adquiere rango de "protagonista" y parece como si quisiera penetrar en la mente del lector por la vía fácil del oído.

Ejemplos de este estilo sonoro los tenemos abundantes en la obra de Gabriel Miró:

> "Era una mañana inmensa de oro. Lejos, encima del mar, el cielo estaba blanco, como encandecido con tanta lumbre, y las paradas aguas, que de tiempo en tiempo hacían una blanda palpitación, ofrecían el sol infinitamente roto. Si pasaba una lancha, silenciosa y frágil, los remos, al emerger, desgranaban una espuma de luz..."
>
> ("Una mañana", de *El libro de Sigüenza*)

> "Estaba el huerto todavía blando, redundado del riego de la pasada tarde; y el sol de la mañana se entraba deliciosamente en la tierra agrietada por el tempero.
>
> En los macizos, ya habían florecido los pensamientos, las violetas y algunos alhelíes; las pomposas y rotundas matas de las margaritas comenzaban a nevarse de blancas estrellas; los sarmientos de los rosales rebrotaban doradamente; los tallos de las clavelinas engendraban los apretados capullos, y todo estaba lleno y rumoso de abejas."
>
> ("Los almendros y el acanto", de *El libro de Sigüenza*)

Este estilo puede aceptarse para un poema en prosa breve; nunca para un relato o narración. Acaba por empalagar al lector.

"Varias veces me he acercado a algún libro de Gabriel Miró –escribe Ortega y Gasset–. He sorbido unas líneas, tal vez una página, y me he quedado siempre sorprendido de lo bien que estaba. Sin embargo, no he seguido leyendo. ¿Qué clase de perfección es esta que complace y subyuga, que admira y no arrastra?"

b) También resulta declamatorio el estilo por el *abuso de los signos de exclamación*. Abundan las personas que, al escribir, quieren –pretenden– transmitir al lector una emoción o llevarlos a admirarse de algo, utilizando el facilísimo expediente de los signos de admiración. Olvidan –ignoran– los que tal hacen que el lector se emociona o admira, no porque el escritor abunde en colocar junto a sus palabras aquellos socorridos signos caligráficos, sino porque, en realidad, lo que se cuenta o dice sea emocionante o digno de admiración. Cosa muy distinta es el empleo de tales signos en el diálogo. Aquí sí cabe utilizarlos siempre que queramos describir al lector el tono de voz (emotivo, airado, admirativo, etc.) del personaje que habla.

Ejemplos:

"Se le paró la respiración. Allí estaba la Verdad pronunciada casualmente por una boca humana. El Señor le había enviado su Palabra desde lo alto... ¡De Él venía la palabra, de Él el sonido, del Él la Gracia!...

("La Resurrección de Jorge Federico Haendel", por
Stefan Zweig. Momentos estelares de la Humanidad.)

En el párrafo transcrito sobran evidentemente los signos de exclamación que encierran las últimas frases. Sin dichos signos, y sin alterar el sentido, la expresión hubiera resultado más natural, menos sonora. En cambio, en el siguiente trozo de diálogo, los signos de exclamación son perfectamente lógicos:

–¡¡Arrea!! –exclamó Luis–. ¡Que barbaridad!.. ¿Te has fijado cómo va aquel coche?... ¡Ese conductor es un loco! ¡Así no se debe ir por una calle céntrica!...

c) Finalmente, y éste es el caso que aquí nos interesa especialmente, abundan los escritores que caen en el *tono oral* porque, al escribir, *narran en voz alta*. Con todos los respetos, podría llamárseles "oradores por escrito". Son en suma los *novelistas rapsodas*[94] que escriben con un incontenible deseo de ser escuchados, de encontrar un eco de masas, de galería. Su obra no va dirigida al lector, sino a un coro de oyentes. Por ello su prosa narrativa resuena, aun en la lectura visual.

Olvidan quienes así escriben que el tono del relato sólo admite un eco legítimo en el espíritu, en la mente del lector. La narración –salvo en el caso del diálogo apuntado más arriba– no debe ser nunca sonora. Puede y debe ser plástica cuando se quiere que el lector vea lo que se le cuenta; puede ser también poética, lírica, emotiva, etc., pero no por el modo de construir las frases, sino porque lo que se narra sea, en realidad, poético, lírico o emotivo.

En su obra *Interpretación y análisis de la obra literaria,* dice Wolfgang Kayser que "la parte considerablemente mayor de la prosa *literaria* de los últimos siglos ya no se destina a la declamación, ya no vive en la atmófera de la asamblea, de lo retórico... Esta prosa sólo quiere ser leída a solas y en silencio, y no le interesa destacar expresivamente determinados paisajes".

Verdad es que estamos ante un problema de estilo que depende del modo de ser y hacer del escritor. Hay quien es naturalmente retórico, como hay naturalezas plásticas o mentes fundamentalmente reflexivas. Pero reconozcamos que el tiempo de los rapsodas pasó ya y que, como dice W. Kayser, "el poeta no encuentra ya auditorios reunidos, sino que tiene que escribir para lectores".

Acaso podría hablarse de un estilo sonoro legítimo, de una "narración en voz alta" justificada, cuando se escribe para la radiodifusión. Aunque el tema se sale del propósito de este libro, cabe admitir en este caso la sonoridad, ya que, al escribir para la radio, el escritor ha de tener en cuenta que sus palabras van dirigidas, no al lector, sino a los

---

[94] En la Grecia antigua se llamaba "rapsoda" al cantor que iba de pueblo en pueblo recitando trozos de los poemas homéricos o de otras poesías.

radioescuchas o radiooyentes. Y entonces sí que podría hablarse de un posible renacimiento de los rapsodas...

Un ejemplo de *novelista rapsoda* contemporáneo lo tenemos en el famoso escritor Stefan Zweig. La mayoría de sus narraciones y relatos –novelas, biografías, etc.– parecen estar contadas en voz alta. Mientras leemos es como si escucháramos la voz del narrador, como si su voz se escapase de las páginas impresas. Oigámosle:

"¿Pero qué significa este pequeño goce de la comodidad y de la distensión, al lado de la dicha mayor, la que embriaga y arrebata a Magallanes en su ardiente atmósfera? Ya se acerca, se cierne en el aire. Al tercer día, la chalupa vuelve dócilmente, y otra vez los marineros hacen señales de lejos, como antes, en el día de Todos los Santos, después de descubrir la entrada del estrecho. ¡Pero lo de ahora es mil veces más importante! Han descubierto la salida y han visto por sus propios ojos el mar en que desemboca el canal, el desconocido gran mar del Sur..."

(De la biografía *Magallanes*)

"Lenta, persistente, pero irremisiblemente van minando los colosales cañones, al relampagueantes mordiscos, los muros de Bizancio. De momento sólo puede cada uno de ellos efectuar seis o siete disparos al día, pero a diario va introduciendo el sultán nuevas unidades en su batería y, entre nubes de polvo y humo, se van abriendo nuevas brechas en el acosado baluarte, al conjuro de cada una de las concentradas descargas."

(La conquista de Bizancio. *Momentos estelares de la Humanidad*)

Sin pretensiones de validez absoluta, hemos de distinguir, pues, entre el tono solemne, elevado, como de predicación, y el tono natural, privado, para la lectura silenciosa. Quien quiera ganarse la intimidad del lector, ha de escribir en un tono íntimo, sin resonancias oratorias.

El "tiempo" en la narración

Normalmente, en las narraciones largas –novelas– suele escribirse en tiempo pasado (imperfecto o indefinido). En cambio, en los relatos breves –cuentos– es preferible el presente, siempre que se trate de una narración actual. En el cuento clásico ("Erase una vez..."), en el que la acción se sitúa en época remota, es casi preceptivo utilizar el tiempo pasado. Ejemplo:

"... Y entonces el rey, indignado por la respuesta del vasallo, mandó que le dieran cien azotes...".

Narración actual. Dos ejemplos:

"El escritor Lorenzo Martínez, hombre delgaducho y nervioso, había decidido –por consejo médico– pasarse una temporada fuera de la ciudad, para descanso y recuperación de sus maltrechos nervios, para curarse de sus insoportables insomnios. Pero he aquí que, ya en plena Naturaleza, comprobó con dolor que no podía dormir.

El "espeso silencio" del campo –según decía– le impedía conciliar el sueño. No podía acostumbrarse a la falta de ruidos..."

Si ponemos estas líneas en presente, comprobaremos que el relato tiene más fuerza:

"El escritor Lorenzo Martínez, hombre delgaducho y nervioso, ha decidido –por consejo médico– pasarse una temporada fuera de la ciudad, para descanso y recuperación de sus maltrechos nervios, para curarse de sus insoportables insomnios. Pero he aquí que, ya en plena Naturaleza, comprueba con dolor que no puede dormir. El "espeso silencio" del campo –según dice– le impide conciliar el sueño. No puede acostumbrarse a la falta de ruidos..."

Claro está que escribir en presente (aun combinándolo con el perfecto) es más dificultoso que relatar en pasado. Y ello porque, utilizando este procedimiento, disponemos de más formas: el imperfecto, el indefinido, el anterior y el pluscuamperfecto. Por ello es casi imposible escribir una novela larga, toda en presente. En la novela, por su longitud y pluriformidad, cabe utilizar el tiempo pasado y el presente: aquél, para el relato o referencia; éste, para la presentación de escenas.

Otro de los problemas del relato es el que se refiere a la narración en primera o tercera persona. Ejemplos:

Narración en primera persona:

"Reconozco que soy un hombre tímido. Este defecto –si defecto puede llamarse a ser tímido o rubio o pelirrojo– ha sido la causa principal de mi éxito en la vida... ¿Os reís? Pues no es cosa de risa. Que ser tímido y vencer es cosa de valientes..."

El mismo tema en tercera persona:

"El reconocía que era un hombre tímido; pero ese defecto –si defecto, decía él, puede llamarse a ser tímido o rubio o pelirrojo– había sido la causa principal de su éxito en la vida.

–¿Os reís –solía decir a sus amigos–. Pues no es cosa de risa. Que ser tímido y vencer es cosa de valientes..."

Para este tipo de relato, llamado de "voz interior", es decir, para el *monólogo,* indudablemente es preferible la narración en primera persona. Como también es indispensable para las memorias o confesiones.

Cabe también combinar los dos procedimientos: monólogo interior y narración en tercera persona. Ejemplo:

"Henri seguía sin decir nada. Lulú entró empujándolo un poco. Qué fastidioso es, siempre se le encuentra al paso, me mira con sus ojos redondos, tiene los brazos colgando, no sabe qué hacer con su cuerpo. Cállate, anda, cállate, bien veo que estás emocionado y que no puedes hablar. El hacía esfuerzos para tragar saliva y fue Lulú quien tuvo que cerrar la puerta..."

(*Intimidad*, de Sartre. Citado por Tomás Cabot en artículo publicado en *Índice*, marzo de 1961).

Este tipo de "monólogo interior" lo cultivan hoy casi todos los narradores modernos. Todos, claro está, siguen la pauta impuesta por Dostoiewski en su magistral relato *La novela del subterráneo.*

La narración en primera persona, dice Wolfgang Kayser, robustece la impresión de autenticidad[95].

En cambio, respecto a los relatos en tiempo presente antes estudiados, dice Kayser que aunque el lector presencie así "un drama que está desarrollándose", no obstante, tales libros "no producen el efecto apetecido: su actitud constantemente *ofensiva,* los hace más bien fastifiosos".

De todo lo cual, sólo podemos deducir una sencilla lección: que no conviene encastillarse en un modo de hacer inalterable porque caeremos en monotonía. La variedad, en arte, es señal de buen gusto.

Las narraciones enmarcadas

Según Kayser (ob. cit., pág. 317), la "narración enmarcada" es un artificio técnico por el cual "el autor se oculta detrás de otro narrador, en boca del cual pone la narración". Y afirma que se trata de "un recurso técnico excelente para satisfacer una exigencia primordial que el lector reclama del arte narrativo: la confirmación de lo narrado".

Este procedimiento lo han utilizado casi todos los novelistas. (Pío Baroja lo utiliza en más de una ocasión. Y el propio Cervantes se sirve de la narración enmarcada para muchos de los cuentos o relatos insertos en *El Quijote.)*

Las principales modalidades de narración enmarcada son dos: presentar a un narrador encargado del relato, o bien el hallazgo de unos papeles o documentos de donde surja la narración. Clásica en este sistema es la obra *Papeles póstumos del Club Pickwick,* en la que Carlos Dickens se convierte en simple cronista de su historia.

Este tipo de *narración enmarcada* podemos decir que está pasada de moda. Al escritor se le exige hoy que se enfrente abierta y directamente con su relato, sin recurrir a papeles, documentos ni narradores ficticios, todo lo cual nos parece innecesario subterfugio. No obstante, cuando el escritor es artista, transforma el artificio de la narración enmarcada en un sugestivo recursos artístico. Ejemplo: la magnífica novela de Elizabeth Mulder *Preludio a la muerte* (Ed. Apolo, Barcelona).

---

[95] La narración en primera persona se usa siempre en la novela picaresca. También se encuentra muchas veces en la novela humorística (en Fielding, Dickens...). Predomina en la novela de carácter formativo (Keller, Dickens, Stifftet).

La "hipertrofia del estilo"

Si toda narración es escribe para ser leída, para conseguir la atención del lector, hace falta algo más que la pura técnica. La narración, además del más depurado estilo, exige nervio, fuerza, viveza.

Son muchos los narradores –sobre todo de la última generación– que dominan perfectamente la técnica y, sobre todo, el estilo narrativo. "Se las saben todas", como suele decirse y, sin embargo, sus narraciones resultan frías, como faltas de vida. Carecen de ese estro[96] fundamental, de ese vigor imaginativo, requisito esencial del arte de contar o de narrar.

Por todo ello –y aunque nosotros hayamos procurado *disecar* el proceso narrativo–, resulta un tanto artificioso hablar, en arte, de problemas de *forma* y de *fondo*. En el verdadero artista creador, el fondo y la forma son una misma cosa: lo que se dice y cómo se dice emergen al unísono de la propia fuente creadora. El impulso narrativo, como toda fuerza natural, lleva ya en sí mismo, en su propia esencia, la forma; es decir, lo que va a ser, al nacer, no es una figura uniforme, sino criatura viva, indiferenciada, individual y específica: nace ya formada.

Ahora bien, puede suceder –de hecho sucede en la mayoría de los casos– que aquella forma original no sea perfecta. Entonces es cuando es preciso acudir a la sabiduría, a la técnica, a la estilística, para corregir defectos. Aunque siempre habrán que respetar, al menos, las líneas fundamentales de la forma primera.

Escritores hay –y pintores también– que, a fuerza de retocar una obra, acaban por deshacerla materialmente, por desfigurarla.

No conviene la excesiva autocrítica porque puede ser causa de esterilidad en el artista. La suma perfección no es posible al hombre. Bueno es tenerla a la vista, como lejano punto de mira, como meta olímpica hacia la que se corre... sin estar seguro de alcanzarla.

El peligro de la escesiva preocupación estilística y técnica ha sido visto muy claramente por J. Middleton Murry en su obra *El estilo literario*.

"La técnica –escribe el autor citado– empieza a cobrar vida propia. Se adorna de complicaciones, sutilezas y economías que bailan en complicados diseños en el vacío. La obra del novelista escapa al gobierno de la verosimilitud; insensiblemente, el escritor renuncia al privilegio propio de la creación artística, al arduo goce de obligar a las palabras a aceptar extraño contenido y nueva significación, a cambio de la sutil y estéril satisfacción de contemplar cómo giran obedientes a su propia ley."

Es lo que el propio autor citado llama "hipertrofia del estilo", "una especie de vitalidad –dice–, pero es la vitalidad de la cizaña y el hongo...".

---

[96] Estro: Inspiración ardiente del poeta o del artista al componer sus obras.

Guyau considera a "la obsesión por la palabra" como uno de los rasgos característicos de la "literatura de decadentes y desequilibrados". "En la irregularidad del curso de las ideas –escribe– se levanta aislada una palabra, llamando por completo la atención de los trastornos, aparte de su sentido. La prueba de la impotencia de espíritu es precisamente esta potencia de la palabra, de la palabra que choca por su sonoridad, no por el encadenamiento y la cordinación de las ideas."

Y más adelante dice este autor: "En una obra decadente, en lugar de estar hecha la parte para el todo, es el todo el que está hecho para la parte... La palabra, ése es el tirano de los literatos de decadencia: su culto reemplaza al de la idea..."

"El genio raya en locura –apostilla Guyau– siempre que el artista siente demasiado la imperfección de su obra y se obstina en perfeccionarla ante el modelo inimitable, sin darse cuenta de que hay un límite en que el arte se transforma en divagación." (Ob. cit., págs. 489, 505 y 167.)

Contra los peligros enunciados de "hipertrofia" o hinchazón del estilo y de la excesiva autocrítica estelirilizadora, sólo se nos ocurre recomendar al autor novel que sepa mantenerse en su nivel, que sea fiel a sí mismo y que no pretenda metas inalcanzables.

Midamos, pues, nuestras propias fuerzas y no nos lancemos tras una "marca" sobrehumana. En las tareas intelectuales, como en las competiciones deportivas, no conviene desgastarse inútilmente en esfuerzos desmesurados, porque –como el corredor en la pista– se puede caer extenuado antes de alcanzar la meta.

El heroísmo tiene un límite marcado por la prudencia. Fuera de este límite, el esfuerzo heroico queda en simple temeridad.

Nota: "El estilo psicológico"

Bajo el título que antecede, el gran periodista Julio Camba escribió un día uno de sus magistrales, intencionados e irónicos artículos. Entre otras cosas, decía así Julio Camba:

"Hay un estilo especial para novelistas en el que todo lo que se cuenta resulta psicológico, ya se trate de una niña o de un paraguas, de un joven teniente o de un viejo galápago; un estilo en el que cualquier cosa que se describa parecerá haber sido vista con los ojos escudriñadores de un profesor en ciencias ocultas. En el estilo a que nos referimos, para decir, por ejemplo, que Aurora se impacientaba esperando a su novio, se dice lo siguiente:

"¿Vendría? ¿No vendría? Aurora conocía por experiencia la puntualidad de Alfonso, pero ¿y si se había encontrado a otra mujer por el camino? ¡Las hay tan lagartas!... A cada instante, la hermosa muchacha miraba el reloj de pulsera, aquel reloj de pulsera (descripción del reloj de pulsera) que Alfonso le había regalado el día de su santo..."

Continúa Camba su parodia del "estilo psicológico" y comenta:

"Los críticos... afirman que nadie como el escritor en cuestión sabe 'adentrarse por los parajes más ocultos y más deliciosos del alma femenina'. Y como en el mercado hay una gran demanda de psicología..., hétete aquí al pobre escritor hecho todo un hombre de la noche a la mañana..."

Y es que –apostillamos por nuestra cuenta– del "estilo psicológico" así concebido al estilo plúmbeo no hay más que un paso.

Ejercicios

* * * * * * * * * * * * * * * * * * * *

A) *Indique el comienzo, la segunda escena y el desenlace de este breve relato:*

"El general tiene sólo ochenta hombres, y el enemigo cinco mil. En su tienda el general blasfema y llora. Entonces escribe una proclama inspirada, que palomas mensajeras derraman sobre el campamento enemigo. Doscientos infantes se pasan al general. Sigue una escaramuza que el general gana fácilmente, y dos regimientos se pasan a su bando. Tres días después el enemigo tiene sólo ochenta hombres y el general cinco mil. Entonces el general escribe otra proclama, y setenta y nueve hombres se pasan a su bando. Sólo queda un enemigo, rodeado por el ejército del general, que espera en silencio. Transcurre la noche y el enemigo no se ha pasado a su bando. El general blasfema y llora en su tienda. Al alba el enemigo desenvaina lentamente la espada y avanza hacia la tienda del general. Entra y lo mira. El ejército del general se desbanda. Sale el sol."

Julio Cortázar, *Historias de cronopios y de famas*

B) *Indique cómo son los siguientes comienzos de relato:*

1. "Por dificultades en el último momento para adquirir billetes, llegué a Barcelona a media noche, en un tren distinto del que había anunciado y no me esperaba nadie.
Era la primera vez que viajaba sola, pero no estaba asustada; por el contrario, me parecía una aventura agradable y excitante aquella profunda libertad en la noche. La sangre, después del viaje largo y cansado, me empezaba a circular en las piernas entumecidas y con una sonrisa de asombro miraba la gran estación de Francia y los grupos que se formaban entre las personas que estaban aguardando el expreso y los que llegábamos con tres horas de retraso."

Carmen Laforet, *Nada*

2. "Ha pasado una cosa terrible en la escuela: ¡expulsaron a Alcestes!
La cosa ocurrió durante el segundo recreo de la mañana.
Estábamos todos allí, jugando al balón-tiro, ya sabéis cómo se juega: el que tiene la pelota trata de darle con ella a un chaval y después el chaval llora y a su vez tiene que tirar. Es fenómeno. Los únicos que no jugaban eran Godofredo, que faltaba a clase; Agnan, que repasa siempre sus lecciones durante el recreo, y Alcestes, que se

---

comía su última tostada con mermelada de la mañana. Alcestes guarda siempre su rebanada más grande para el último recreo, que es un poco más largo que los demás. Le tocaba tirar a Eudes, y eso no ocurre a menudo; como es muy fuerte, siempre intentamos no darle con la pelota, porque cuando quien tira es él hace mucho daño. Y entonces Eudes apuntó a Clotario, que se tiró al suelo con las manos en la cabeza; la pelota pasó por encima de él y, ¡bang!, fue a darle en la espalda a Alcestes, que soltó su rebanada, que cayó del lado de la mermelada. A Alcestes no le gustó la cosa; se puso todo rojo y empezó a dar gritos; entonces el Caldo –es nuestro vigilante– vino corriendo a ver lo que pasaba, pero no vio la rebanada, y entonces la pisó, resbaló y estuvo a punto de caer. Se quedó muy extrañado el Caldo, ¡su zapato estaba lleno de mermelada!..."

Sempé/Goscinny, Los recreos del pequeño Nicolás

3. "... Bajo los volcanes, junto a los ventisqueros, entre los grandes lagos, el fragante, el silencioso, el enmarañado bosque chileno... Se hunden los pies en el follaje muerto, crepitó una rama quebradiza, los gigantescos raulíes levantan su encrespada estatura, un pájaro de la selva fría cruza, aletea, se detiene entre los sombríos ramajes. Y luego desde su escondite suena como un oboe... Me entra por las narices hasta el alma el aroma salvaje del laurel, el aroma oscuro del boldo... El ciprés de las guatecas intercepta mi paso... Es un mundo vertical: una nación de pájaros, una muchedumbre de hojas..."

Pablo Neruda, Confieso que he vivido

C) *Cambie a presente el tiempo de esta narración e indique si tiene más o menos fuerza que en pasado.*

"En casa había una enciclopedia de la que mi padre hablaba como de un país remoto, por cuyas páginas te podías perder igual que por entre las calles de una ciudad desconocida. Tenía más de cien tomos que ocupaban una pared entera del salón. Era imposible no verla, ni tocarla. Yo mismo, por aburrimiento, abría muchas veces uno de aquellos libros desmesurados, de tapas negras, y leía lo primero que me salía al paso con la esperanza de encontrar un callejón oscuro, pero sólo veía palabras pequeñas que desfilaban por la página con la monotonía de una hilera de hormigas infinita. Mi padre estaba obsesionado con la enciclopedia y con el inglés. Cuando decía que iba a estudiar inglés, era que en casa estaba a punto de suceder una catástrofe que no tenía nada que ver con los idiomas."

Luan José Millás, El orden alfabético

D) *Copie un ejemplo de narración enmarcada e indique si presenta a un narrador encargado del relato o si la narración surge de un hallazgo.*

APÉNDICE

NOTAS SOBRE EL ESTILO NARRATIVO Y LA NOVELA

Como complemento de lo expuesto en estas lecciones dedicadas a la narración, damos aquí algunas opiniones que consideramos interesantes acerca del arte de narrar y sus principales problemas. Se incluyen algunos conceptos acerca de la actual problemática de la novela, sin pretender, ni mucho menos, un estudio completo sobre el tema. Procuremos dar nuestro parecer sólo en muy contadas ocasiones, cuando lo consideramos preciso para mejor explicar las tesis expuestas.

Escribir para el hombre

Lo que sigue son unos consejos de buen gusto literario dados por Voltaire a Monsieur de Cideville (antiguo compañero suyo de colegio), en carta fechada en 26 de noviembre de 1733.

"... Acabo de recibir su carta –escribe Voltaire– y el principio de su novelita *Allegorie*. En nombre de Apolo, sujétese al tema y no lo ahogue bajo una montaña de flores extrañas. Que se vea claramente lo que quiere Vd. decir; demasiado ingenio es nocivo a veces para la claridad. Si me atreviera a darle un consejo, sería el de ser sencillo y que urdiera Vd. su obra de modo muy natural, muy claro, para no obligar demasiado la atención del lector. No se preocupe del ingenio, sea verdadero al pintar, y su obra será encantadora. Me parece que le cuesta a Vd. trabajo apartar ese montón de ideas ingeniosas que se le presentan siempre ante sí: es éste un defecto de hombre superior –Vd. no puede tener otro–, pero es un defecto muy peligroso... Le repito: más sencillez, menos preocupación por brillar. Vaya derecho al grano y *no* diga más que lo preciso. Tendrá Vd. más ingenio que los demás, cuando se haya librado de lo superfluo..."

El problema que nos plantea la carta transcrita de Voltaire no es otro que el ya estudiado en el capítulo IV, al referirnos a la naturalidad y sencillez como cualidades del buen estilo literario.

Ahora, al fijarnos concretamente en el estilo narrativo, cabría plantear la cuestión de si debemos escribir para la minoría o para la mayoría, si para los "selectos" o para el pueblo.

En esto, como en todo el arte de escribir, no hay preceptos taxativos, sino gustos y preferencias. Pero convendría preferir lo mejor. Y en este sentido sólo diríamos que los escritos minoritarios, a la larga, se quedan sin lectores. El "gran público" les vuelve la espalda, dejándolos aislados en su torre de marfil. Contra esta tendencia de minoría selecta, el poeta Antonio Machado escribió un día lo siguiente:

"Escribir para el pueblo es, por de pronto, escribir para el hombre de nuestra raza, de nuestra tierra, de nuestra habla... Y es mucho más, porque escribir para el pueblo nos obliga a rebasar las fronteras de nuestra patria: es escribir también para los hombres de otras razas, de otras tierras y de otras lenguas. Escribir para el pueblo es llamarse Cervantes, en España; Shakespeare, en Inglaterra; Tolstoi, en Rusia."

Naturalmente que escribir para el pueblo no significa dirigirse a una determinada clase social. Significa –y así lo ha dicho Machado– escribir para el hombre. Tan minoritario es el escritor que sólo se dirige a los intelectuales, como el que sólo piense, valga el ejemplo, en la clase obrera.

El destinatario de la creación literaria, el lector, necesita que se le hable en tono humano. Y lo humano, salvo pequeños detalles de exotismo ambiental, se repite en todas las latitudes. Los estados de ánimo son siempre y en todas partes los mismos –con leves matices diferenciales–: el amor, el odio, la maldad, la bondad, la ira, el miedo, el valor, la avaricia...

Para el hombre, pues, ha de escribir el escritor –para todos y para cada uno–, no para esta clase social, ni aquella minoría profesional. Una cosa es que el protagonista de un relato sea un catedrático o un minero, y otra muy distinta el que la narración está concebida y realizada "sólo para" catedráticos o para mineros.

Hay que evitar, por consiguiente, tanto lo que Machado llamaba el "señoritismo" literario, como el puro y simple "obrerismo".

El narrador, en primer término, narra para sí, para satisfacer su elemental necesidad de contar una historia. Y a quien hay que contarle nuestro relato no es a éste ni a aquel individuo, sino a todos los hombres.

El estilo narrativo, así concebido, es uno de los secretos o claves del éxito de los grandes narradores. Su obra perdura y se extiende, venciendo al tiempo y al espacio, porque ellos, los grandes, no fueron cortesanos ni gregarios. Fueron, sencillamente, humanos.

Distinción entre el realismo y la vulgaridad, según M. Guyau

En su obra *El arte desde el punto de vista sociológico,* al estudiar el idealismo y el realismo, escribe M. Guyau entre otras cosas:

"Goethe decía: *Precisamente por la realidad es como el poeta se manifiesta, si sabe discernir en un asunto vulgar un lado interesante.* El realismo bien entendido es precisamente lo contrario de lo que podría llamarse el *trivialismo...*" Consiste "en disociar lo real de lo trivial", en "encontrar la poesía de las cosas que nos parecen algunas veces menos poéticas, sencillamente porque la emoción estética está gastada por la costumbre... Se trata de devolver la frescura a sensaciones marchitas, de encontrar algo nuevo en lo que es viejo como la vida de todos los días, de hacer brotar lo imprevisto de lo habitual; y para eso el único verdadero medio es profundizar lo real, ir más allá de las superficies en que se detienen habitualmente nuestras miradas".

Y en la siguiente frase de Guyau queda perfectamente expresado su pensamiento: "Algo nuevo percibido allí donde todos habían mirado antes."

Hoy abunda entre los novelistas un neorrealismo novelístico que, de seguir así, va camino de acabar con la novela auténtica. Son los "behavioristas" a ultranza –de que hablamos más adelante– que se contentan con la humilde misión de reporteros de la realidad.

"Si el músico para hacer su sinfonía de la primavera –ha escrito Mercedes Ballesteros, en artículo publicado en *ABC*–, tomase una cinta magnetofónica en la que captase el murmullo de la brisa sobre la fronda, el rumor del agua y el trinar de los pájaros, es posible que lograse una cierta armonía; pero no podrían firmarla. Honestamente no podría firmarla. Y éste es el fallo de muchos novelistas de hoy: que están firmando la realidad."

"El poema –dice Rafael Morales– es el arte del poeta, es decir, la expresión, porque la poesía empieza donde empieza el escritor, el poeta, como la novela, empieza donde el novelista y no en la vida, como muchos se creen todavía."

"El simple relato periodístico –sigue Morales– de la tragedia de un terremoto o de un accidente de aviación es más conmovedor humanamente que cualquier poema. Vemos, pues, claramente, que el tema no es lo esencial en poesía, puesto que un género menor de la literatura, la crónica periodística, nos puede llegar a conmover mucho más que cualquier poema... El tema puede ser valioso, pero nunca será lo más importante en poesía, ya que lo esencial y diferenciador en ella es la forma." ("Realidad, realismo y poesía". *Punta Europa,* núm. 64.)

La fábula y el argumento

"Es cosa manifiesta –dice Aristóteles– que se han de componer las fábulas como las representaciones dramáticas en las tragedias, dirigiéndose a una acción total y perfecta que tenga principio, medio y fin."

Es decir, que, según el filósofo griego, en el relato es esencial lo que modernamente se dice exposición, nudo y desenlace. Efectivamente, aun en el relato breve o cuento son precisos los tres elementos mencionados, pero sin que forzosamente sea preceptivo seguir el orden señalado. En los relatos modernos, según hemos dicho en la lección 62, se suele empezar "por el medio", es decir, que se entra directamente en el "nudo" para pasar después a la "exposición".

"Si se intenta reducir el desarrollo de la acción a extrema sencillez, a esquema puro –dice W. Kayser–, se obtiene precisamente lo que la ciencia de la literatura suele designar como *fábula* o argumento de una obra... El modo de elaborar la fábula pertenece a las cuestiones técnicas que ha de resolver cada autor."

En cuanto al modo de ver, de intuir cada autor la esencia de su relato –la fábula–, varía según el temperamento del escritor. Hay quien saca la esencia de su narración de un hecho vivido, y quien lo ve en la meditación, digamos abstracta. Es decir, hay quien se inspira en la vida para después urdir la historia sobre el cañamazo de la realidad, y quien parte del pensamiento, de la fantasía, para injertarlos luego en la vida.

Si reducimos a esquema, a pura fábula, la mayoría de los relatos, podremos comprobar, en la mayoría de los casos, su extremada sencillez, su simplicidad. Y es que el argumento, como el armazón de los edificios, es poco variado; lo esencial es la envoltura, la "forma", según Horacio, que es la que caracteriza y diferencia una obra de otra.

"La materia –dice Ortega y Gasset en *Ideas sobre la novela*– no salva nunca a una obra de arte y el oro de que está hecho no consagra a la estatua. La obra de arte vive más de su forma que de su material y debe la gracia esencial que de ella emana a su estructura, a su organismo." Claro es –sigue Ortega– que, "sin asunto no existe obra de arte, como no hay vida sin procesos químicos. Pero lo mismo que la vida no se reduce a éstos, sino que empieza a ser vida cuando a la ley química agrega su original complicación de nuevo orden, así la obra de arte lo es merced a la estructura formal que impone a la materia el asunto."

Autores hay que dan consejos acerca del procedimiento para encontrar o urdir argumentos. Lo que nos parece, sobre inútil, imposible. Empeñarse en la búsqueda de argumentos, como si de buscar minas de oro se tratase, no es recomendable. La mayor parte de las veces el escritor se tropieza con el tema de su relato, como en la fabulilla del asno y la flauta: "por casualidad". Acontece, sin embargo, que estas *casualidades* sólo las aprovecha el artista de verdad. En el arte, como en la ciencia, sólo las mentes preparadas y con dotes creadoras son las que saben aprovechar, encontrar (inventar), lo que la casualidad pone ante su vista. El resto de los mortales, faltos de capacidad "detectora", pasan indiferentes ante la posible veta aurífera que a sus pies yace.

A pesar de que la *fábula* sea necesaria a la novela –que no al simple relato de sucesos–, no obstante, según afirma W. Kayser (ob. citada, página 123), "no es extraño que el autor, habiendo concebido claramente el tema general, comience la novela sin saber cómo va a continuar su historia, sin tener una fábula. Así lo hizo, por ejemplo, Thackeray con su obra maestra, *Vanity Fair.* Se puso a escribirla sin haber trazado un camino, sin preocuparse de dónde iría por fin a desembocar. También se asegura que Dickens y otros autores de novelas por entregas ignoraban con frecuencia lo que había de suceder en la siguiente entrega".

Lo normal, sin embargo, es que el novelista o cuentista sepa, antes de escribir, lo que tiene entre manos. Lo contrario sería como si los arquitectos construyesen sin sujetarse a plan alguno, que edificasen como los niños: poniendo un ladrillo aquí, una puerta allá y el techo... donde salga.

El propio Kayser nos cuenta cómo formuló Goethe la fábula de su obra *Las penas de Werher (Werther Leiden):* "... presentó a un joven, dotado de profunda y fina sensibilidad y de verdadera penetración, *que se pierde* en sueño y divagaciones y *se va minando* con especulaciones *hasta que, por fin,* destrozado por pasiones desgraciadas, especialmente por un amor infinito, se mete una bala en la cabeza".

Y comenta Kayser: "Las expresiones *se pierden, se van minando, hasta que, por fin,* testimonian claramente el carácter de composición de la fábula".

Lo importante, en suma, en esta cuestión del argumento es *saber ver* un tema posible entre la múltiple y frondosa anécdota de la vida.

Vamos, por ejemplo, en un autobús. Junto a nosotros, un señor ya "otoñal" está intentando parecer "primaveral" a los ojos de una jovencita que coquetea ligeramente con el caballero. De pronto, una parada. La señorita que baja del autobús y el caballero que intenta seguirla; pero que se decide tarde. El autobús cierra sus puertas y arranca veloz. El "otoñal" sigue con la mirada a la joven que, ya en la acerca, le corresponde con una sonrisa...

Y nada más. Con esta simple anécdota, el narrador de fibra puede urdir un buen cuento. De él depende seguir a estos dos seres, desde el autobús a sus casas. Ponerlos en contacto de nuevo o que no se vean nunca más. Del escritor auténtico –del artista creador– depende el que este simple suceso pueda ser el *tema* de un relato interesante en el que se nos pinte la angustia de una *simpatía* que se perdió, apenas nacida, en el tráfago de la gran ciudad.

La novela "behaviorista", el monólogo interior y la novela clásica

Planteamos ahora un problema "de palpitante actualidad", según expresión periodística. Dicha cuestión podemos resumirla en las siguientes preguntas:

El novelista o narrador, ¿debe aparecer en la narración?, ¿se debe escuchar su voz o sólo la de sus personajes? Dicho de otro modo: el novelista ¿ha de ser un simple reportero de su creación? ¿Ha de ser tan objetivo e imparcial como una cámara cinematográfica, como un documental cinematográfico?

El problema planteado se relaciona con los temas de estilo directo e indirecto, estudiados en la lección 40. En dicha lección hemos defendido el estilo directo y hemos dicho que *no se debe ver al escritor.* Lo que, aplicado al arte de narrar, podría decirse así: el novelista debe mostrar, no explicar; novelista que explica mucho, mal novelista.

La cuestión se entronca con lo que ahora se dice novela "behaviorista" (de "behaviour" = conducta), lo que significa que la tarea principal del novelista es la de reflejar conductas humanas, sin hacer reflexiones por su cuenta, dejando al lector que saque las conclusiones que quiera de nuestro relato.

En artículos publicados en la revista *Índice* (marzo y abril de 1961), y refiriéndose al tema que nos ocupa, dice José Tomás Cabot:

"Observemos que la mayoría de las narraciones en tercera persona, antes de la influencia del cine y del behaviorismo científico, nos ofrecían, en cuanto a la participación humana, los siguientes elementos.

a) Consideraciones teóricas, efusiones sentimentales, comentarios del narrador como tal, dirigiéndose a sí mismo, al lector o a los personajes.

b) La vida interior o psiquismo de los personajes.

c) El aspecto físico y el comportamiento externo –actitudes, movimientos, palabras– de los personajes."

"El joven literario actual –afirma Cabot a continuación– no está conforme con este estado de cosas": elimina al narrador, cuya paternal tutela, "que asoma en el libro para orientar al lector, se ha hecho necesaria y molesta". Se tiende también a suprimir toda referencia a la vida interior de los personajes. "Y de esta forma –comenta Cabot– el joven literato actual se va quedando solo con el aspecto físico y el comportamiento exterior de los personajes. Y aún no trata estas cuestiones a la manera antigua. Porque los autores decimonónicos *referían* sobre todo. Y el joven actual *presenta,* en vez de referir."

"Ya señaló Ortega –sigue Cabot– la diferencia entre referencia y presentación. Para señalar el comportamiento habitual de un personaje, el autor decimonónico inventaba una definición y escribía: *María era tímida, se turbaba ante los hombres.* En cambio, el autor actual escribe: *María bajó los ojos y enrojeció en el momento de entrar Juan.* Deja que el lector deduzca de este hecho objetivo, concreto y actual la timidez de María"[97].

"No quiero ofender a los behavioristas –sigue Tomás Cabot– cuyos anhelos e inquietudes creo comprender y en gran medida comparto." Pero "lo cierto es que el lector actual no agradece ni poco ni mucho los esfuerzos de los behavioristas. Por el contrario, cuanto más objetivo y cinematográfico se hace el narrador, más se aparta el público de él". El lector "quiere solamente una de estas dos cosas: o que le dejemos tranquilo, o que le ofrezcamos algo capaz de recordarle la fuerza, la emoción y la maestría de un Tolstoi o de un Galdós... La sed de evasión que el público antiguo saciaba en las novelas, puede hoy, con mucho menos esfuerzo, satisfacerla en un muelle, perfumado y climatizado local de cine."

Y, finalmente, dice Cabot a los nuevos escritores, que "o se entregan totalmente y sin embozos al cine, empleando su talento, preparación y sensibilidad en la confección de los guiones, o buscan nuevas fórmulas literarias que les aparten cada día más de la realidad cinematográfica".

Creemos –con todo el respeto para el señor Cabot– que la cuestión, así planteada, no responde a la realidad literaria de nuestro tiempo. El dilema o disyuntiva no está entre irse

---

[97] A estos dos modos de hacer los hemos llamado en este libro, respectivamente, estilos indirecto y directo. Véase lección 40.

al cine o leer a Galdós; ni tampoco es verdad que las modernas novelas no satisfagan la sed de evasión del lector de nuestro tiempo. La prueba está en el éxito de venta de muchas de estas novelas llamadas "behavioristas" (Hemingway, Sartre, Faulkner, etc.).

Y verdad es también que la novela tipo siglo XIX, aquella en que el autor aparece a cada instante en el relato para *explicarnos* lo que pasa o va a pasar o para hacer reflexiones por su cuenta, suele cansar al lector contemporáneo. Este lector, en realidad, no sabe lo que es el behaviorismo ni le importa gran cosa averiguarlo; pero lo que está demostrado es que no soporta la plúmbea pesadez, ni las excesivas parrafadas de algunos vates decimonónicos, ni las descripciones que antaño llenaban páginas y páginas de apretada prosa. Hoy el lector quiere que se le cuenten cosas y que la novela esté pletórica de vida.

Lo que sucede es que, con el famoso behavorismo, suelen confundirse novela y reportaje. Es el caso, por ejemplo, de la mayoría de las novelas hoy llamadas de "testimonio", como si desde *Lazarillo de Tormes* hasta Pío Baroja, pasando por *El Quijote* todas las novelas no fueran testimonio de algo y el novelista, testigo que narra, que quiere testimoniar acerca de algo.

Lo que nosotros hemos llamado "estilo directo" y que, aplicado a la novela, resulta ser el behaviorismo, no es, necesariamente, narración puramente cinematográfica. Un relato objetivo, revelador de conductas humanas, escrito en puro estilo directo, no quiere decir que haya de resultar necesariamente insustancial, sin "voz interior", sin subjetividad ni profundidad.

Todo depende del enfoque del narrador, de lo que nos *muestre* –sin necesidad de mayores explicaciones–, de su capacidad para ver y revelar cosas y datos interesantes. Se puede ser perfectamente behavorista –mejor, objetivo– y profundo, como también se puede querer ser muy subjetivo, a base de *referencia* y discursos, y quedar en insoportable *dómine,* en maestrescuela pedante, con pruritos de "sabidor".

Todos –o casi todos– los cuentos de Chejov son behavioristas –en ellos se nos muestran múltiples conductas, sucesos y panoramas vitales y humanos–, y todos estos relatos son profundos, reveladores, llenos de vida interior. ¿Por qué? Sencillamente, porque la *cámara mental* de Chejov sabía enfocar y proyectar lo más hondo de un hecho. Y ello sin necesidad de que el autor tome la pluma para aclarar o explicar lo que nos cuenta.

"El estilo directo –dice W. Kayser– da más vivacidad e interés a la narración... Al público le gusta oír de vez en cuando la voz de un personaje diferente del narrador. Mas para esto es indispensable que el autor emplee con mucha prudencia el estilo directo. Un exceso en este sentido destruye los efectos de la variedad, pues el lector desea, un último término, ser conducido por el narrador y quedar, por principio, a cierta distancia de la realidad poética. Por eso, las novelas dialogadas del siglo XVIII no cumplieron las exigencias inherentes del arte narrativo y desempeñan el papel de experiencias técnicas de resultado negativo."

No obstante, el propio Kayser reconoce a continuación que el estilo directo satisface plenamente la exigencia del lector, respecto a la "credibilidad de lo que se cuenta" (Ob. cit. Págs. 338-39).

Sucede también que muchos autores modernos, acaso por falta de capacidad creadora, caen en el reportaje trivial cuando escriben sus pretendidas novelas. A tales autores se les llama "behavioristas" cuando, en realidad, sólo son narradores superficiales o, en el mejor de los casos, escritores uncidos al carro de la moda o los modos imperantes[98].

Como ejemplo típico de este modo de hacer, como modelo –buen modelo– del género, veamos un trozo dialogado de la novela *El Jarama,* de Rafael Sánchez Ferlosio, obra ésta considerada por Tomás Cabot (artículo citado), como una muestra casi perfecta de behaviorismo:

"... La chica traía unos pantalones de hombre que le venían muy grandes. Se los había arremangado por abajo. En la cabeza un pañuelito azul y rojo, atado como una cinta en torno a las sienes; le caían a un lado los picos.

– A disfrutar del campo, ¿no es así?

– Sí, señor; a pegarnos un bañito.

– En Madrid no habrá quien pare estos días. ¿Qué tomáis?

– No sé. ¿Tú qué tomas, Pauli?

– Yo me desayuné antes de salir. No quiero nada.

– Eso no hace; yo también desayuné –se dirigió a Mauricio–. ¿Café no tiene?

– Creo que lo hay hecho en la cocina. Voy a mirar.

Se metió hacia el pasillo. La chica le sacudía la camisa a su compañero.

– ¡Cómo te has puesto!

– Chica, es una delicia andar en moto; no se nota el calor. Y en cuanto paras, en cambio, te asas. Esos tardan un rato todavía.

– Tenían que haber salido más temprano.

Mauricio entró en el puchero.

– Hay café. Te lo pongo ahora mismo. ¿Habéis venido los dos solos?

Ponía un vaso.

– ¡Huy, no, venimos muchos! Es que los otros han salido en bicicleta.

– Ya. Échate tú el azúcar que quieras. Esa moto no la traías el verano pasado. ¿La compraste?

– No es mía. ¿Cómo quiere? Es del garaje donde yo trabajo. Mi jefe nos la deja llevar algún domingo.

– Así que no ponéis más que la gasolina.

– Eso es..."

Etcétera, etcétera.

¿Behaviorismo?... Nosotros diríamos, mejor, que lo transcrito es pura y simple información, más o menos periodística. Se quiere reflejar el carácter de los personajes, a base de recoger lo más fielmente posible la trivialidad del diálogo insustancial. Para un trozo de relato breve –nunca para un cuento con pretensiones artísticas– puede

---

[98] Ver lo que decimos sobre este problema al estudiar el reportaje en la lección 55.

admitirse este procedimiento de narrar pero no para una novela larga. Al novelista se le exige que sepa hacer hablar a sus personajes cuando su diálogo sea revelador, según hemos dicho insistentemente. Si, según hemos expuesto, las páginas de apretada prosa suelen resultar pesadas cuando el escritor abusa del procedimiento indirecto, tampoco es admisible que una novela no sea más que una especie de cinta magnetofónica de sucesos y charlas intrascendentes, un documental sin exigencias de enfoque.

"Lo que hay que vigilar estrechamente –ha dicho Lorenzo Gomis en la revista *Ateneo*. 'La misión del que escribe...'–, no es tanto el objeto que se escoge como la mirada con que se mira. Para hacer justicia a un vino hay que empezar por gustarlo, por probarlo. Para hacer justicia a una criatura, cualquiera que sea, hay que empezar por consentir su existencia, por compadecerla. Sin haberse implicado de alguna manera en su vida –sea a través de la administración, del remordimiento, de la compasión o del entusiasmo–, no podemos hablar de nadie ni de nada con dignidad."

"A cualquier trabajador –sigue Lorenzo Gomis– se le exige que haga bien su trabajo, que respete las reglas que su mismo trabajo le impone. También al escritor hay que exigirle esto. Y la primera regla de su trabajo es el respeto a su propia mirada. Lo que al artista se le pide que ponga sobre las cosas, es esto: una mirada *distinta*".

"El escritor –sigue Gomis– no es sólo un altavoz, ni siquiera una caja de resonancias; es algo más: es "uno" que piensa, "uno" que mira, "uno" que habla. No sólo responde con su pluma, responde también con su mirada."

Y esto es, precisamente, lo que falta a más de un pretendido escritor contemporáneo: saber mirar. Que si supieran y, después, acertaran a reflejar, sabia y poéticamente, lo visto, no habría lugar a discusiones bizantinas en torno al modo de novelar.

"...Se asegura –dice Pío Baroja, en el prólogo a *La nave de los locos*– que el autor no debe hablar nunca por su voz, sino por la de sus personajes. Esto se da como indiscutible; ¿pero, no hablaron con su propia voz, interrumpiendo sus textos, Cervantes y Fielding, Dickens y Dostoiewski? ¿Por qué no ha de haber un género en que el autor hable al público, como el voceador de las figuras de cera en su barraca?"

La opinión de Baroja es tan legítima como respetable, porque, a fin de cuentas, lo que no puede decirse es que la novela tiene que ser de este modo u otro. Lo más que puede admitirse es la *preferencia* por un modo u otro de novelar, pero respetando siempre la amplitud de criterio en un género literario como éste, tan pluriforme, tan adaptable al temperamento y personalidad del escritor. Una novela no es un soneto, sino, según Edwin Muir, "la manifestación más compleja y amorfa de la literatura".

En el cuento sí cabe aceptar una fórmula más rígida. El cuento moderno ha de respetar al máximo la forma directa de narrar. En el relato breve sobran las disgresiones del autor. El poco espacio de que dispone el narrador exige sujetarse a la *presentación* y a prescindir de la *referencia*.

En sus *Ideas sobre la novela* dice Ortega y Gasset que es menester "que veamos la vida de las figuras novelescas y que se evite referírnosla. Toda referencia, relación, narración, no hace sino subrayar la ausencia de lo que se refiere, relata y narra. Donde las cosas están, huelga el contarlas".

"Según esto –sigue Ortega– la novela ha de ser hoy lo contrario que el cuento. El cuento es la simple narración, de peripecias. El acento, en la fisiología del cuento, carga sobre éstas." Lo que no es absolutamente verdad –a nuestro juicio–, pues, en el cuento moderno, la peripecia ha de estar al servicio de un *cuadro humano*. Lo que interesa no es la peripecia en sí, sino lo que, a través de ella, se nos muestra. El enfoque es particularmente interesante en el cuento. Este género literario no es, como pudiera creerse, una novela condensada, sino un trozo de la vida, un capítulo de la existencia, una anécdota, en suma, pero con argumento, con su principio, su término medio y su conclusión; un modo de convertir en relato interesante lo que, sin arte, sería sólo una estampa intrascendente, o que, sin trama, no pasaría de ser un poema en prosa.

Presente y porvenir de la novela

Podría plantearse, finalmente, la cuestión de si la novela, como tal, ha dado ya de sí todo lo que podía esperarse de este género literario.

Tal parece ser la opinión de Ortega cuando dice que "como producción genérica correcta, como mina explotable, cabe sospechar que la novela ha concluido. Las grandes venas someras, abiertas a todo esfuerzo laborioso, se han agotado".

Opinión que no compartimos y que el propio Ortega rectifica –a renglón seguido de lo anterior– cuando afirma que aún "quedan los filones secretos, las arriesgadas exploraciones en lo profundo, donde, acaso, yacen los cristales mejores".

En efecto, pese a los que opinan que la novela va camino de ser destronada por el reportaje, nosotros creemos que habrá novelas mientras existan novelistas del nervio, es decir, mientras el hombre necesite volar sobre la escueta realidad, mientras haya imaginación y fantasía creadora, esos poderes anímicos taumatúrgicos plasmados en hombres a los que –en frase de Ortega– "interesa su mundo imaginario más que ningún otro posible".

Y existirán novelas también mientras el resto de los mortales necesitemos de tales relatos ficticios. Como dice André Maurois –en su estudio sobre Dickens– "nuestra vida real transcurre en un universo incoherente". Y por ello, "deseamos un mundo sometido a las leyes del espíritu, un mundo ordenado. Por nuestros sentidos –sigue Maurois– sólo conocemos fuerzas oscuras, seres sometidos a confusas pasiones. A la novela le pedimos un universo de ayuda, en el que podamos ser partícipes de emociones, sin tener que exponernos a las consecuencias de las emociones verdaderas, donde podamos encontrar personas inteligentes y un destino a la medida del hombre".

"La novela es imperecedera" –afirma Marcel Barrière–; y ello a causa de sus cualidades, "de las cuales es, precisamente, la principal, su facilidad de adaptación a todos los géneros y a cualquier clase de composición". Esta forma literaria –añade Barrière– "es la más expresiva y la más flexible, la más representativa del individuo y de la sociedad".

Es posible –y hasta probable– que nuestro tiempo no haya producido aún obras de la talla que tuvieron las producciones de Dostoiewski, Balzac, Stendhal o Dickens. Es posible también que no haya surgido aún el novelista genial, capaz de contar y cantar la tragedia de nuestro tiempo. Nos falta acaso el vuelo de águila –sereno y "con garra"– que capte la panorámica del mundo actual (vivimos una época literaria con sobrecarga de análisis y escasez de síntesis).

Lo dicho, en definitiva, no significa que el género novela está agotado. Significa, a lo sumo, que estamos esperando al Cervantes o Dostoiewski de la "era interplanetaria", que aguardamos, con esperanza, al novelista que sea capaz de sumirnos en su mundo imaginario, aislándonos por completo del mundo en torno, al par que iluminando el horizonte de nuestra vida con la luz poderosa y clara de sus creaciones.

Nota: El "Mortal aburrimiento"

"Algo así como una losa de cemento para el espíritu de cualquier lector"... Con esta frase lapidaria resumía Fernando Sánchez Dragó, en TVE[99] la situación de la novela española en estos últimos tiempos. Hablaba Sánchez Dragó aquel día (3 de mayo de 1979) del "mortal aburrimiento" y de "la insulsez académica o experimental" como síntomas patológicos de nuestra producción novelística, de lo que se viene editando en España en las últimas décadas. Sentencia Sánchez Dragó: "Dentro de poco no habrá nadie que se atreva a hincarle el diente a una novela". Y, refiriéndose a algunos de nuestros editores, dice tajante: "O dejan de darnos gato por liebre, o se quedan sin clientela". Pero ellos (los editores aludidos) siguen "publicando presuntas novelas que casi nadie compra, que casi nadie empieza a leer y que nadie, absolutamente nadie, alcanza a terminar".

Tras analizar –y fustigar– las cuatro falsas "preceptivas narrativas" hoy imperantes (la de la *moralina,* la del costumbrismo de vía estrecha, la del sociologismo y la del experimentalismo de biblioteca), afirma Sánchez Dragó que, frente a estas *nefandas* preceptivas, sólo hay una solución por el momento: "volver al exotismo, al cosmopolitismo, a lo inusual, a lo lejano, a lo fantástico y, por ende de todo ello, a lo que sea capaz de divertir, cautivar y conmover". Y termina así Fernando Sánchez Dragó su acertado diagnóstico, pronóstico y tratamiento de nuestra anémica novelística: "Fuerza será" –dice– "tener ahora, ya, lo que desde hace mucho tiempo no tenemos: escritores que sepan añadir mundos fantásticos al de la mezquina realidad; y que nos lo cuenten en un idioma rico, bello, literario, universal y comprensible".

---

[99] "Encuentros con las letras". Televisión Española, 2ª cadena (UHF). 3 de mayo de 1979. (Por tratarse de la transcripción resumida de una grabación, la puntuación de lo transcrito, naturalmente, no es la de Sánchez Dragó sino la que, a nuestro entender, hemos puesto "de oído" a sus palabras). Con fecha 19-12-79 se le concedió a Sánchez Dragó el premio Nacional de Ensayo por su obra *Gargoris y Habidis. Una historia mágica de España.*

A MANERA DE EPÍLOGO

AUTODIDACTISMO Y PERSONALIDAD

Insistimos, por última vez, en que casi toda la doctrina expuesta en este *Curso de Redacción* no debe aceptarse como palabra de fe, sino que debe adaptarse a nuestro especial temperamento y gusto personal. Nuestra teoría es elástica, no inflexible.

Hemos dado algunas lecciones teóricas, una serie de ejercicios prácticos y numerosos ejemplos comentados y analizados. Nuestra intención ha sido la de ahorrar al alumno el esfuerzo ímprobo de aprender a escribir por sí solo. Precisamente porque el autodidactismo no es siempre una virtud, nos parece oportuno ayudar al instante, al aficionado a estas cuestiones, para que salve con facilidad los escollos más frecuentes que suelen presentarse al escribir.

Nos consta que este *Curso de Redacción* es incompleto. Escribir bien es algo que no se aprende nunca de un modo definitivo. Un ejemplo lo tenemos en los grandes escritores: ellos son los que más dudan, los que más tachan, los menos satisfechos de su trabajo..., precisamente porque es mayor su sabiduría.

Un Curso completo de Redacción podría comprender la Lingüística, la Lexicografía, la Estilística, la Gramática Histórica, la Fraseología... Podría escribirse un volumen de mil páginas y no habríamos agotado el tema.

Nuestros apuntes, pues, no son –ni pretender ser– otra cosa que un esquema de los problemas más importantes. Hemos dado algunas normas y procurado aclarar lo más interesante. Con todo –volvemos a insistir–, lo expuesto en esta obra no es artículo de fe. Sólo hemos pretendido llamar la atención, obligar a meditar antes de escribir; procurar que el alumno se detenga y reflexione antes de lanzarse sobre un tema "a vuela pluma".

Somos latinos. Nuestra inteligencia es rápida. Asimilamos velozmente la esencia de un problema... y nos lanzamos apresuradamente al trabajo. He aquí nuestro gran perfecto: la improvisación; el querer ganar todas las batallas "en las últimas cuarenta y ocho horas". Peligrosa "cualidad" ésta de la facilidad improvisadora. Verdad es que no vamos a pedir a un estudiante español la lentitud y meticulosidad propias de un sesudo germano. Sería ir contra nuestro temperamento y nos expondríamos al fracaso. Pero sí conviene frenar algo nuestra marcha un tanto alocada.

Sobre todo al escribir, el "tempo lento", la meditación despaciosa, son muy convenientes. Es preciso que el alumno, antes de escribir, reflexione. Y luego, ya ante las cuartillas, que sepa valorar las dificultades, para sortearlas con seguridad.

Iván Bunin –premio Nobel de Literatura– ha contado que el gran cuentista ruso Antón Chejov le dijo en cierta ocasión lo siguiente: "Nadie debería leer sus propias obras en público antes de ser impresas. No debemos escuchar nunca los consejos de los demás. Si nos equivocamos, si escribimos disparates, tanto peor: nosotros soportaremos las consecuencias. En el trabajo hay que ser audaz... Hay perros grandes y perros pequeñitos, y no es preciso que los pequeños se dejen desconcertar por los grandes: todos tienen la obligación de ladrar con la voz que Dios les haya dado".

Nos parece exagerada esta opinión; demasiado individualista. El consejo de Chejov, aplicado a todas las ciencias y artes, equivaldría a considerar superfluas todas las formas de enseñanza, de maestría, para caer de lleno en el autodidactismo más exagerado.

Respondamos a Chejov con unas líneas del autor inglés Somerset Maugham y con una opinión de nustro Baroja.

En el prólogo a su novela *Cautiva de amor,* Somerset Maugham se juzga a sí mismo, afirma que dicha novela es una obra suya de juventud, que la ha corregido un poco y, a continuación, escribe:

"... El inglés es un idioma difícil y el autor (se refiere a sí mismo), con cuya obra me he tomado las libertades que acabo de enumerar, no lo había aprendido nunca. Lo poco que sabía lo había espigado aquí y allá como pudo. Nadie le explicó jamás las dificultades de la composición, ni en qué consistían los misterios del estilo. Empezó a escribir como los niños empiezan a andar. Cierto que se tomó el trabajo de estudiar a excelentes escritores; pero como no tenía a nadie que le guiara, no siempre acertaba en la elección de modelos..."

Por su parte, Baroja nos dice lo siguiente:

"Tener un censor agudo y penetrante que tome la obra de uno, la diseque, señale sus deficiencias y diga: Usted ha querido hacer esto y no lo ha hecho por tal o cual razón, ha de ser para el escritor gran fortuna.

Claro, es muy posible –sigue Baroja– que la mayoría de los defectos fundamentales de un autor sean incorregibles y no haya manera de evitarlos; pero seguramente debe de haber otros a los cuales se puede poner remedio."

"Georges Duhamel –nos dice W. Kayser–, en su *Defensa de las Letras. Biología de mi oficio,* exhorta a los maestros a dar a los noveles consejos prácticos y recetas de su profesión. Voces semejantes –sigue el autor citado– se oyen también en otros países. Quien se ocupe de los problemas técnicos de la literatura, ya sea poeta o investigador, no necesita hacerlo ocultamente, ni tiene que disculparse por ello. Al contrario, tiene motivos para acentuar la necesidad de tales estudios y puede afirmar con toda razón que la actual degradación de la literatura en todos los países procede, en gran parte, del desprecio por la técnica, por lo que es profesional y, consecuentemente, por la tradición. De semejante concepción errónea... proviene el repudio de toda reflexión, debido también, no pocas veces, a la pereza."

Conviene, por tanto, después de escribir, contar con alguien a quien podamos leer nuestro escrito con la seguridad de que sabrá juzgarlo y valorarlo. La crítica es también creación. Un buen crítico –un buen maestro– es fundamental para todo escritor.

Verdad es que hay muy buenos escritores que no estudiaron nunca un curso regular de Redacción. Sin embargo, ¿qué fue toda su vida sino un estudio continuo del arte de escribir? Leer las obras maestras de la Literatura, ¿no fue para estos hombres un continuo aprendizaje?

En resumen, se puede ser un escritor correcto sin necesidad de seguir cursos especiales de Redacción; pero nadie podrá negarnos que estos estudios facilitan nuestra tarea.

Ahora bien, es preciso que las reglas estudiadas no coarten nuestra personalidad; que las normas de Redacción no deformen nuestro estilo personal.

Respetemos, por tanto, las normas y los consejos cuando provengan de quienes saben más que nosotros; pero sin hacer entrega de nuestro modo de ser íntimo, sin doblegar ni retorcer nuestra personalidad. La corrección, la maestría y la sinceridad son perfectamente compatibles.

OBRAS DE CONSULTA

La lista que sigue no es, ni pretende ser, un índice bibliográfico completo. Citamos solamente las obras que pueden servir al lector para perfilar alguno de los temas estudiados en este *Curso de Redacción,* para profundizar en el estudio de algún problema o, simplemente, para satisfacer la curiosidad del estudioso en cuestiones gramaticales, lingüísticas o estilísticas relacionadas con la Redacción.

A) DICCIONARIOS

- REAL ACADEMIA ESPAÑOLA: *Diccionario de la Lengua Española.* XXI edición. Madrid, 1992.
- JULIO CASARES: *Diccionario ideológico de la lengua castellana.* Ed. Gustavo Gili. Barcelona, 1996.
- MANUEL SECO: *Diccionario de dudas y dificultades de la Lengua Española.* 10ª edición. Ed. Espasa Calpe. Madrid, 1998.
- MANUEL SECO, OLIMPIA ANDRÉS, GABINO RAMOS: *Diccionario del Español Actual.* 1ª edición. Ed. Aguilar. Madrid, 1999.
- A. SANTAMARÍA, A. CUARTAS, J. MANGADA: *Diccionario de incorrecciones, particularidades y curiosidades del lenguaje.* 4ª edición. Ed. Paraninfo. Madrid, 1984.
- J. COROMINAS: *Breve diccionario etimológico de la Lengua Castellana.* 3ª edición. Ed. Gredos. Madrid, 1987.
- F. VARELA, H. KUBARTH: *Diccionario fraseológico del español moderno.* 1ª edición. E. Gredos. Madrid, 1994.
- F. LÁZARO CARRETER: *Diccionario de términos filológicos.* 3ª edición. Ed. Gredos. Madrid, 1999.
- A. J. ONIEVA: *Diccionario múltiple.* Ed. Paraninfo. Madrid.
- J. MARTÍNEZ DE SOUSA: *Diccionario de tipografía y del libro.* Ed. Paraninfo. Madrid.
- E. MUÑOZ: *Diccionario de palabras olvidadas o de uso poco frecuente.* 1ª edición. Ed. Paraninfo. Madrid, 1993.

B) GRAMÁTICAS

- REAL ACADEMIA ESPAÑOLA: *Esbozo de una nueva Gramática de la Lengua Española.* 1ª edición. Ed. Espasa-Calpe. Madrid, 1991.
- MANUEL SECO: *Gramática esencial del español. Introducción al estudio de la lengua.* 1ª edición. Ed. Espasa Calpe. Madrid, 1998.
- RAFAEL SECO: *Manual de Gramática Española.* 11ª edición. Ed. Aguilar. Madrid, 1993.

- S. Gili Gaya: *Curso superior de sintaxis española.* SPES. Barcelona.
- A. J. Onieva: *Tratado de Ortografía razonada.* 4ª edición. Ed. Paraninfo. Madrid, 1987.
- J. Martínez de Sousa: Dudas y errores del lenguaje. 3ª edición. Ed. Paraninfo. Madrid, 1983.
- E. Alarcos Llorach: *Gramática de la Lengua Española.* 1ª edición. Real Academia Española. Ed. Espasa Calpe. Madrid, 1994.
- L. Gómez Torrego: *Gramática didáctica del español.* 1ª edición. Ed. SM. Madrid, 1998.
- Real Academia Española: *Ortografía de la Lengua Española.* 1ª edición. Espasa Calpe. Madrid, 1999.

C) *Lingüística y teoría literaria*

- F. de Saussure: *Curso de Lingüística General.* 8ª edición. Alianza Editorial. Madrid, 1998.
- Walter Porzig: *El maravilloso mundo del lenguaje.* 1ª edición. Ed. Gredos. Madrid, 1974.
- V. García de Diego: *Lecciones de Lingüística Española.* Ed. Gredos. Madrid.
- Amado Alonso: *Estudios lingüísticos. Temas españoles.* 3ª edición. Ed. Gredos. Madrid, 1998.
- Amado Alonso: *Estudios lingüísticos. Temas hispanoamericanos.* 4ª edición. Editorial Gredos. Madrid, 1976.
- F. Lázaro Carreter, E. Correa Calderón: *Cómo se comenta un texto literario.* 28ª edición. Ed. Cátedra. Madrid, 1989.

D) *Estilística*

- Gonzalo Martín Vivaldi, Arsenio Sánchez: *Curso de Redacción.* Ed. Paraninfo. Madrid, 1999.
- A. Albalat: *L'art d'ecrire.* Librairie. A. Colin. París.
- C. Hanlet: *La technique du style.* H. Dessain, editor. Liège. Belgique.
- M. Courault: *Manuel pratique de l'art d'ecrire, I, II.* Classiques Hachette. París.
- Arsenio Sánchez: *Redacción Avanzada.* Ed. International Thomson Publishing. México, 2000.
- F. Lázaro Carreter: *El dardo en la palabra.* 1ª edición. Ed. Galaxia Gutenberg-Círculo de Lectores. Barcelona, 1997.
- Álex Grijelmo: *Defensa apasionada del idioma español.* 1ª edición. Ed. Taurus. Madrid, 1998.

- RODRÍGUEZ JIMÉNEZ: *Manual de redacción. Ortografía. Recursos literarios.* Ed. Paraninfo. Madrid.

E) PERIODISMO

- GONZALO MARTÍN VIVALDI: *Géneros periodísticos.* Ed. Paraninfo, Madrid.
- *ENCICLOPEDIA DEL PERIODISMO:* Ed. Noguer. Barcelona.
- CLEMENTE SANTAMARÍA: *Manual de Periodismo.* Ed. Pan América. Buenos Aires.
- E. DOVIFAT: *Periodismo. I. II. Ciencias Sociales.* Ed. U.T.E.H.A. México.
- JOHN HOHENBERG: *El periodista profesional.* Ed. Letras, S.A. México.
- JOHN HOHENBERG: *Los medios informativos.* Ed. Letras. México.
- M. CALVO HERNANDO: *Periodismo científico.* Ed. Paraninfo, Madrid.
- F. FRASER BOND: *Introducción al periodismo.* Ed. Agora. Buenos Aires.
- LUIS A. ROMERO: *Curso práctico de periodismo.* Ed. Hobby. Buenos Aires.
- COMMITTEE ON MODERNS JOURNALISM: *Periodismo moderno.* Ed. Letras. México.
- NEALE COPPLE: *Un nuevo concepto del periodismo.* Ed. Pax. México.
- WILLIAM L. RIVERS: *Periodismo. Prensa, radio y T.V.* Ed. Pax. México.
- M. GIL TOVAR: *Introducción a las Ciencias de la Comunicación Social.* Bogotá, D. E. COLOMBIA.

F) VARIOS

- PÍO BAROJA: *La nave de los locos* (Prólogo). 1ª edición. Cátedra. Madrid, 1987.
- VOLTAIRE: *Lettres choises.* Libraire Hachette. París.
- FERNANDO SAVATER: *La infancia recuperada.* 9ª edición. Taurus Ediciones, S.A. Madrid, 1995.

Clave de ejercicios

Introducción

Damos en esta Clave las soluciones que nos parecen más acertadas para los ejercicios propuestos en nuestro Curso de Redacción. Para mayor facilidad en el manejo de esta Clave, con cada grupo de "soluciones", se indican las páginas del texto a que corresponden los ejercicios aquí reseñados.

Los autores insisten, una vez más, en que nada de lo que aquí se expone hay que considerarlo como indiscutible ni irrebatible. Por consiguiente, la mayoría de las soluciones que aquí ofrecemos no son las únicas posibles. Los autores respetan la opinión del *ejercitante* y admiten la posibilidad de otros resultados. En el Arte de escribir se puede llegar a muy análogas conclusiones con diferentes criterios, sólo aparentemente contradictorios. El estilo depende, en más de una ocasión, del gusto literario, materia ésta muy personal.

Sirve, pues, esta Clave de Ejercicios como simple guía, nunca como única "llave maestra".

Nuestra misión es la de orientar, no la de llevar de la mano al caminante. Que tan perniciosa es la absoluta falta de sujeción a una norma como el *dirigismo* anulador de la propia personalidad.

CAPÍTULO I

LECCIÓN 1

A) *Se colocan* las comas *a continuación de las palabras que se indican de cada ejercicio:*

1: ansiosos, desdeñosa, fastidio, distraimiento, profundo),.

2: quitó, tocador, negro, temporadas,.

3: Lisboa, belleza, cosmopolita, allí, calles, él, comerciantes, población, embargo, ambiente, ciudad, Lisboa,.

4: atmósfera, es, Tierra, hombres,.

5: sencilla, mesa, piano, biblioteca, preferidos, fumar, sueltos,.

6. Oye, No, Sí, fue, no, Páramo,.

B) *Se coloca el signo* punto y coma, *según las normas dadas para las soluciones de los ejercicios anteriores, detrás de las palabras indicadas:*

1: gozo; amor; virtud; alegre;.- 2: continuada;.- 3: desazón;.- 4: bastante; pensamiento;.- 5: asunto;.- 6: sombrío;.- 7: tal; Europa;.- 8: calambre; inmovilizaban...; muerte;.- 9: manos;.- consistió;.- 10: tiempo, indiferente;.- 11: pobre; solo; navegar; empleo;.

LECCIÓN 2

A) *Las frase propuestas quedan corregidas así:*

1: Póngase *punto* a continuación de "extremeño".

2: Póngase *punto y coma* a continuación de "20 minutos".

3: Póngase *punto y coma* a continuación de "en 1904".

4: Póngase *punto y coma* a continuación de "a Martínez".

5: Póngase *punto y coma* a continuación de "la Tierra".

6: Póngase *punto y coma* a continuación de "patriotismo".

7: Póngase *punto y coma* a continuación de "trabajan juntos".

8: Póngase *punto y coma* a continuación de "nuestra época".

9: Póngase *punto* a continuación de "mala reputación".

10: Póngase *punto* a continuación de "la playa".

11: *El texto correctamente puntuado es el siguiente:*

"Los barrios son como una casa grande en la que hay de todo. En una esquina está la farmacia; en la otra, la tienda, donde uno compra el calzado y los cigarrillos, y las muchachas compran géneros, aros y peines; el almacén está en frente. La Superiora, bastante cerca, y la panadería, a mitad de cuadra.

La panadera atendía a su público impasiblemente. Era majestuosa, amplia, sorda, blanca, limpia, y llevaba el escaso pelo dividido en mitades, con ondas sobre las orejas, grandes e inútiles. Cuando le llegó el turno, Gauna dijo, moviendo mucho los labios:

–Me va a dar, señora, unas facturitas para el mate.

Supo entonces que la muchacha lo miraba. Gauna se volvió; miró. Clara estaba frente a una vitrina con frascos de caramelos, tabletas de chocolate y lánguidas muñecas rubias, con vestidos de seda y rellenas de bombones. Gauna notó el pelo negro, liso, la piel morena, lisa. La invitó a ir al cinematógrafo."

B) *Las frases propuestas quedan corregidas colocando* dos puntos *a continuación de las palabras que se indican:*

1: abandono.- 2: dijo.- 3: hijas.- 4: decían.- 5: juego.- 6: saber, piensa.

C) *Reproducimos completo el ejercicio 27; en los demás sólo figuran los trozos corregidos. Las frases propuestas quedan corregidas así:*

1: Certifico: que don... Academia.

2: ... es muy sencilla: no queremos... palmaria.

3: ... Rubicón, dijo César: "¡la suerte está echada!"

4: ... que no es capaz de... ¡Parece mentira!

5: Los mares, las selvas, los montes, los ríos... del mundo.

6: ... seres inanimados, los vegetales, los animales... racional.

7: El juez, oídos los testigos, pronunció la sentencia.

8: Luis y Pedro, que son amigos por su profesión, se odian en silencio.

9: Escribiré a su padre, puesto que usted me lo ruega.

10: Insistió tanto, que no hubo más remedio que atenderle.

11: Si quieres la paz, prepárate para la guerra.

12: ... los exámenes, tendremos que... lo ya estudiado.

13: ... de lo que me dices, voy a... complacerte.

14: ... se estudia, mayor... ignorancia.

15: Acuérdate, hombre, de que tu caso no tiene remedio.

16: ... en cuenta, por tanto, la importancia... correcta.

17: He aquí, pues, el resultado de nuestras pesquisas.

18: Madrid, la capital, es una ciudad muy populosa.

19: Él, muy tranquilo, siguió su camino.

20: El "Enola Gay", que bombardeó Hiroshima, tenía... en Tinian.

21: Yo, además, se lo dije.

22: ... con orden; pero no las apoyó suficientemente.

23: Él, entonces, se detuvo.

24: Mis amigos, una vez comprada la casa, se instalaron en ella.

25: Yo, si me lo proponen, lo acepto.

26: La mona, aunque se vista de seda, mona se queda.

27: Un joven operario entró de la calle silbando el vals de "La viuda alegre". Al ver gente extraña en el taller, se calló, puso sobre una mesa dos paquetitos envueltos en papel de china y aprovechando el silencio que al entrar él se hizo entre el maestro y aquellas personas dijo:

–Ojos de venado le traje. Dice que le siga poniendo de ésos, porque no hay otros en plaza. En el otro paquetito vienen unos de tigre, por si le gustan; hay otros de loro, pero éstos son muy redondos y muy claros.

–Y de caballo, para ponerte a vos... –gritó el santero, avanzando hacia el aprendiz que escabulló el bulto atolondrado ante la cólera verde del maestro que cuando se enojaba se ponía como la hoja de un árbol–. Ese tendero –dijo después– me ha estado engañando; ojos para imágenes leí en el catálogo, y qué tiene que ver un animal con una imagen...

–El que me despachó –dijo el operario tímidamente– al dármelos, le dijo a la señorita que está en la caja: "Las bestias y los santos tienen los mismos ojos, porque son animales puros."

–El puro animal es él, imbécil; me van a venir a devolver la Señora Santa Ana de Pueblo Nuevo, porque ¡quién va a querer una Señora Santa Ana con ojos de venado, y el Nazareno de San Juan!...

LECCIÓN 3

A) *Los sujetos de las frases propuestas son los siguientes:*
1: el coche.- 2: Los ingenieros de la Compañía RWI.- 3: La pelota.- 4: Juan.- 5: el fútbol, el baloncesto.- 6: La construcción de la escuela.- 7: Una buena colección de libros.- 8: El libro de Matemáticas.- 9: Arreglar un aparato de radio.- 10: Más de veinte personas.- 11: (No debe subrayarse nada porque se trata de una oración impersonal sin sujeto expreso).- 12: El paquete que contenía los valores.

B) *Las frases propuestas en los ejercicios pueden quedar así:*
1: Intransitivo; la frase puede transformarse en: "La niña lloraba lagrimas amargas".
2: Intransitivo; la frase puede transformarse en: "Mi tío no fuma puros".
3: Intransitivo; la frase puede transformarse en: "Lo espera a Vd. mañana".
4: Intransitivo; la frase puede transformarse en: "Respiraba aire puro".
5: Transitivo; la frase puede transformarse en: "Le susurró al oído".
6: Transitivo; la frase puede transformarse en: "Antonio lee".

C) *Los tiempos de presente utilizados son los siguientes:*
1: venden. Durativo.- 2: oye. Histórico.- 3: caigo. Conativo.- 4: se casan. Presente por futuro.- 5: madruga, ayuda. Gnómicos.- 6: descubre, conquistan. Históricos.- 7: viene. Habitual.- 8: chuta, marca. Actuales.- 9: son. Gnómico.- 10: busco. Presente por futuro.

D) *El tiempo y el valor de las formas verbales en cursiva son los siguientes:*
1: Infinitivos: *comer* y *arrascar,* sujeto; *empezar,* complemento circunstancial.
2: Futuro imperfecto de indicativo, mandato.
3. Infinitivo, complemento directo.
4. Pretérito imperfecto de indicativo, de cortesía.
5. Futuro perfecto de indicativo, de duda.
6. Infinitivo, complemento de sujeto.
7. Futuro imperfecto de indicativo, probabilidad.
8. Pretérito imperfecto de indicativo, durativo.
9. Pretérito perfecto simple: *llovió.* Pretérito prefecto compuesto: *ha llovido.* Acción terminada.
10. Futuro imperfecto de indicativo, de cortesía.

E) *Las formas por las que se sustituye el futuro hipotético son las siguientes:*
1: puedo.- 2: viene.- 3. llega.- 4: hubiera o hubiese visto.- 5: hubiera o hubiese sabido.

F) *Los tiempos a que se refieren las formas de subjuntivo de estas frases:*
1: termines: presente.- 2: estuviera: presente.- 3: vayas: futuro.- 4: volviera: futuro.- 5: estuviera: pretérito.- 6: hubiera podido: pretérito.

G) *El tiempo de las formas verbales y la acción que expresan son los siguientes:*
1: entrar: Infinitivo. Complemento circunstancial.
2: tenía: Pretérito imperfecto de indicativo. Acción inacabada.
3: Vuelvo a entrar: Perífrasis de infinitivo en presente de indicativo. Acción actual.
4: dijo: Pretérito perfecto simple. Acción terminada.
5: consiguió: Pretérito perfecto simple. Acción terminada.
6: sonara: Pretérito imperfecto de subjuntivo. Acción inacabada.
7: deslumbraba: Pretérito imperfecto de indicativo. Acción inacabada.
8: disparaban: Pretérito imperfecto de indicativo. Acción inacabada.
9: parecía volar: Perífrasis de infinitivo en pretérito imperfecto de indicativo. Acción inacabada.
10: sueña: Presente de indicativo. Acción pasada inacabada.
11: cumpliría: Condicional simple. Acción inacabada.
12: viviera: Pretérito imperfecto de subjuntivo. Acción eventual.
13: tropezó: Pretérito perfecto simple. Acción acabada.
14: llevaba: Pretérito imperfecto de indicativo. Acción inacabada.
15: Estaba: Pretérito imperfecto de indicativo. Acción inacabada.

Lección 4

A) *La voz pasiva se puede sustituir por la pasiva refleja, del modo siguiente:*
1. El bromuro se utiliza como calmante.
2. La pared se hundió por (con) el peso de la techumbre.
3. Los pájaros se alborotaron por (con, a causa del) el ruido.
4. El crimen se descubrió al fin.
5. Se ha visto un avión volando a gran altura.

B) *Las frases propuestas quedan así:*
1: Tú prefieres el amor de Julia.
2: El dictador no temía el desprecio de su pueblo.
3: El criminal teme el castigo severo.
4: Cuando termine el trabajo, contará con la admiración de sus Jefes.
5: Ese rey no merece el respeto de sus súbditos.

C) *Las frases propuestas quedan así:*
1: Este cuadro es obra de usted.
2: El Presidente es el ídolo de su pueblo.
3: Esta prueba será el instrumento de su condena.

4: La casa fue pasto de las llamas.

5: Nuestro equipo fue objeto del aplauso de todos los espectadores.

D) *Las frases propuestas quedan así:*

1: Carlos I tuvo por sucesor en el trono a Felipe II.

2: El cloro se utiliza para desinfectar el agua.

3: Luis aprendió de un gran maestro el arte de la pintura.

4: Este libro se publicó en el año 1956.

5: Pedro goza de la estima de todos.

LECCIÓN 5

A) *Hay que subrayar los siguientes adjetivos:*

1: alto; vieja.

2: grandísimo; soleadas; pequeño.

3: corriente; diez (determinante numeral cardinal); amplios; cómodos.

4: vieja; mohosa; usada; gordo; escuálidos; su (determinante posesivo); pesada.

5: pequeño; roja; veloz; grande; amarillo.

B) *Se subrayan los adverbios en versalitas; las palabras a las que modifican se escriben, sin subrayar, al lado de los adverbios.*

1: ENTONCES gritó JUBILOSAMENTE; CUANDO vio CLARAMENTE; llegaba POCO A POCO; MUY ESTRECHA.

2: humedecer CONTINUAMENTE; hundir COMPLETAMENTE.

3: ha llamado NUEVAMENTE; envíe DEFINITIVAMENTE.

4: contempló CALLADAMENTE; DESPUÉS desapareció RÁPIDA, SILENCIOSAMENTE.

5: caminaron EN SILENCIO (equivale a SILENCIOSAMENTE) NO había YA.

C) *Se intercalarán los siguientes adjetivos:*

1: lujoso.- 2: excelente.- 3: confortable.- 4: fantásticos.- 5: prudente.- 6: magnífico.- 7: maravilloso.- 8: encantadora.- 9: delicado.- 10: acogedor.- 11: hábil.- 12: atractivas.

D) *Se intercalan los adverbios o frases adverbiales que se indican. A continuación se escriben, en versalitas, las palabras a que modifican.*

1: a menudo VENIR.- 2: encima HE COLOCADO.- 3: En realidad SE REDUCE.- 4: demasiado HE COMIDO.- 5: nunca más HARÉ.- 6: a gatas ENTRAR.- 7: De repente SE OYÓ.- 8: de memoria HA RECITADO.- 9: de vez en cuando VENGO.- 10: Sobre todo TENGA VD.- 11: bastante HE HECHO.- 12: después de COMER.- 13: muy RÁPIDAMENTE.- 14: mucho más BONITO.- 15: suficientemente FUERTE.- 16: mucho más AIROSAMENTE.- 17: tan RÁPIDAMENTE.- 18: convenientemente DISCRETO.- 19: mucho más TEMPRANO.

E) *Los ejercicios quedan corregidos como van a continuación. Las palabras a que modifican los adverbios o frases adverbiales van en versalitas:*

1: ... COMBINÓ EXCELENTEMENTE...

2: ...RESOLVIÓ MARAVILLOSAMENTE...

3: A LA POSTRE, los asesinos PAGAN...

4: ... TIRASTE ADREDE... (o bien: ... TIRASTE la piedra ADREDE).

5: DE HECHO FUE un...

6: NO VAMOS POR FIN a tu casa...

7: VAYA usted DESPACIO...

8: DORMITABA COMODAMENTE arrellanado...

9: si CAMINAMOS DETRÁS...

10: VIVE FASTUOSAMENTE porque...

11: ...FUE RECIBIDA AGRADABLEMENTE.

12: ... que MARCHAR PRONTO a casa.

13: pedía limosna POBREMENTE VESTIDO.

14: ... la salud; DE VEZ EN CUANDO DEBEMOS HACER...

15: ... que COME INSUFICIENTEMENTE; está...

16: se COMIERON A ESCONDIDAS las manzanas...

17: ... LLEGABAN ESCASAMENTE a dos...

F) *Las palabras clasificadas aparecen en el mismo orden que en el texto. Entre paréntesis, se indican los determinantes.*

Adjetivos: desparramados, educativas, ensamblables, moldeadas, basculante, gran, inmediato, infantil, ese (determinante demostrativo), preferido, claro, esas (determinante demostrativo), buena, su (determinante posesivo), contrario, mío (determinante posesivo), dos (determinante numeral), últimas, creciente, su (determinante posesivo), pendiente.

Adverbios: así, luego, no, no, como, no, más, Así, Cuando, fuera, enérgicamente, no, como, antes, incluso, no, encima.

Locuciones adverbiales: entre tanto, de nuevo, a veces.

LECCIÓN 6

A) *El término figura en mayúsculas junto a la preposición.*

1. de MIGUEL, de LISTO.- 2. de VOSOTROS, del JUEGO.- 3. Desde LO ALTO de LA MONTAÑA.- 4. mediante UNA TRETA, tras SU DINERO.- 5. con NOSOTROS.- 6. contra LA FAROLA de LA ESQUINA.- 7. a MANUEL por FASTIDIAR.- 8. sobre EL AGUA al ATARDECER.- 9. hasta LA ENTRADA del TÚNEL.- 10. hacia EL PONIENTE.- 11. para NADA.- 12. en SU COCHE desde MADRID hasta SEVILLA.- 13. a LA CALLE en ZAPATILLAS, sin ABRIGO.- 14. entre LAS NUBES sobre LAS MONTAÑAS.- 15. tras ÉL en SILENCIO durante UN BUEN RATO.

B) *Se indican las frases prepositivas.*

1. encima de.- 2. a causa del (de).- 3. por culpa de.- 4. gracias a.- 5. acerca de.- 6. de acuerdo con.- 7. junto a.- 8. a fin de.- 9. respecto de eso.- 10. con relación a.

C) *Se indican las preposiciones en el mismo orden en que aparecen en las frases.*

1. por, en.- 2. de, en/durante.- 3. de, hasta.- 4. con, de, entre.- 5. de, a.- 6. con, en.- 7.a, en.- 8. en, por/a por.- 9. de por.- 10. hasta.

D) *Las preposiciones están relacionadas en el mismo orden en que aparecen en el texto. No hay locuciones prepositivas.*

para, a, de, del, hacia, en, de, hasta, de, con, por, por, de, a, de, en, de, con, entre, en, de, de, hasta.

LECCIÓN 7

A) *Se señala la calificación correspondiente a cada gerundio. A continuación de los calificados como MAL, se escriben las palabras correctas que sustituyen al gerundio.*

1: MAL: y enviar.- 2: MAL: que modifica.- 3: MAL: que prohíbe.- 4: MAL: y se perdieron. Puede considerarse como BIEN, si se tiene en cuenta la posibilidad de perderse de vista mientras se corre.- 5: MAL: y murió.- 6: BIEN.- 7: MAL: que describe.- 8: MAL: y destruyeron.- 9: BIEN.- 10: BIEN.- 11: BIEN.- 12: BIEN.- 13: MAL: y se rompió.- 14: BIEN (aunque sería preferible: "a fuerza de repetirla").

B) *Se indican los gerundios en el orden en que aparecen en el texto.*

poniéndolos (gerundio modal), apoyándoles (gerundio modal), pasando (gerundio temporal), actuando (gerundio explicativo), participando (gerundio explicativo), ejecutando (gerundio explicativo), tomando (gerundio que indica acción durativa o matiz de continuidad).

LECCIÓN 8

A) *Se señala la calificación de cada ejercicio. A continuación de los calificados como MAL, se escriben las formas correctas.*

1: BIEN.- 2: MAL: le dije.- 3: MAL: Los he visto pasar y los he llamado.- 4: MAL: no me lo sé.- 5: MAL: no te lo doy.- 6: MAL: no lo encuentro.- 7: BIEN.- 8: MAL: y los condenó.- 9: BIEN, pero preferible: "... se la admiraba".- 10: BIEN, aunque preferible: "Los vi y al momento los conocí".

B) *Se transcriben las frases del texto tal como figuran en la obra citada y, a continuación, el tipo de error que hay en el ejercicio en cada una de ellas.*

... *la* atropella un carro. Leísmo.

... y hasta *le* enseñé el dibujo... Loísmo.

Pero *le* recité la fábula y *le* enseñé el dibujo... Loísmos.

... que parecía que *le* habían ofendido... Loísmo.

Entonces yo *le* expliqué la moraleja... Loísmo.

... no se sabe si *le* hubiera ido mejor o peor... Laísmo.

¿Cómo va a saberse si no *le* dan la oportunidad? Laísmo.

... porque mi padre *le* dijo sin mirar*la*... Laísmo. Leísmo.

LECCIÓN 9

A) *Se sustituyen las oraciones de relativo de los ejercicios propuestos por un sustantivo en oposición.*
1: autor de esa comedia.
2: perturbador de la paz pública.
3: compilador de tantas anécdotas.
4: dueño de una gran fortuna.
5: granero de Roma.
6: panegiristas de Napoleón.
7: testigos de tantas batallas.
8: discípulo de Nietzche.
9: biógrafo de Luis XIV.

B) *Se califican los ejercicios. A continuación de los que están MAL, se escribe la forma correcta.*
1. MAL: la cual es de mármol.
2. BIEN.
3. MAL: que aún no me has devuelto.
4. BIEN.
5. MAL: los cuales llevaban a los jóvenes paracaidistas.
6. MAL: que parecen ser prehistóricos.
7: BIEN.
8: MAL: Por lo cual venimos para rogarle que nos atienda.

C) *Se sustituyen las frases de relativo por un adjetivo sin complemento.*
1: permanente.- 2: efímera.- 3: crónica.- 4: temporal o provisional.- 5: prematura.- 6: momentáneo.- 7: nómadas.- 8: sabrosa.- 9: medicinales.- 10: autónomo.- 11: beligerantes.- 12: incompetente.- 13: susceptible.- 14: enciclopédico.- 15: superficial.- 16: parásita.- 17: volátil.- 18: potable.- 19: incomprensible.- 20: inexpugnable.

D) *Se sustituyen las frases de relativo por un adjetivo seguido de un complemento.*
1: fiel a.- 2: sordo ante.- 3: ciega para.- 4: anterior a.- 5: lleno de mentiras.

E) *Se sustituyen por una preposición sola o seguida de un sustantivo.*
1: al abrigo del peligro.
2: un refugio a prueba de terremotos.
3: un libro apto para niños.
4: un ladrón al acecho.
5: una multitud en efervescencia.
6: contra el proyecto de ley.
7: de nuestro partido.
8: de la misma edad.
9: de una madre para sus hijos.
10: fuera de peligro.

LECCIÓN 10

A) *Se califica cada ejercicio. A continuación de los que están MAL, se escribe la forma correcta.*

1: MAL: debo subir.- 2: BIEN.- 3: MAL: debe de ser.- 4: MAL: debes tener.- 5: BIEN.- 6: MAL: deben de estar.- 7: MAL: debe de ser.

B) *Se califica cada ejercicio. A continuación de los que están MAL, se escribe la frase correcta.*

1. MAL: En la exposición había muchas personas extranjeras.
2. BIEN.
3. BIEN.
4. MAL: Por esa zona ha habido varios robos en los últimos días.
5. MAL: En el hotel sólo habrá siete u ocho habitaciones libres.
6. MAL: Durante el verano hubo varias tormentas.

C) *Las frases propuestas, una vez corregidas, quedan así:*

1: MAL: ...*sino* castaño.- 2: BIEN.- 3: MAL: ...*sino* lo que debía.- 4: BIEN.- 5: MAL: ... *sino* al contrario.- 6: MAL: ... *sino* algo mucho mejor.- 7: MAL: ... *sino* vuela.- 8: MAL: ... *sino* condicionado, *si no* nos empeñamos.

D) *Se indican las partículas que han de ir en lugar de los puntos suspensivos de cada frase.*

1: porque.- 2: por qué.- 3: porqués.- 4: por que.- 5: por qué.- 6: porque.- 7: porqué.- 8: por que.- 9: por (la) que.- 10: por que.

E) *Se indican las partículas que han de ocupar el lugar punteado de cada frase.*

1: qué hacer.- 2: haber.- 3: así mismo o asimismo.- 4: a donde.- 5: tan bien.- 6: tampoco.- 7: con qué.- 8: atrás.- 9: quehacer.- 10: adelante.- 11: a sí mismo.- 12: adónde.- 13: también.- 14: Conque.- 15: tan poco.- 16: adonde.- 17: que hacer.- 18: así mismo.- 19: detrás.- 20: dónde.- 21: con que.- 22: delante.- 23: a ver.- 24: donde.

LECCIÓN 11

A) *Se indican los nombres en español y, en su caso y entre paréntesis, en el idioma extranjero de procedencia.*

1: Asociación para la Defensa de la Naturaleza.
2: Síndrome de Inmunodeficiendia Adquirida (SIDA: Adquired Inmunodeficiency Syndrome).
3: Ayudante Técnico Sanitario.
4: Código de Instrucción Simbólico de Uso Múltiple para Principiantes (Beginner's All-Purpose Symbolic Instruction Code).
5: Boletín Oficial del Estado.
6: Emisora de Radio y Televisión, de EE UU (Columbia Broadscasting System, Inc.).

7: Confederación Europea de la Agricultura (Confederération Européenne de l'Agriculture).

8: Consejo General del Poder Judicial.

9: Comite Olímpico Internacional.

10: Cadena de Noticias por Cable, de EE UU (Cable News Network).

11: Dispositivo Intrauterino.

12: ADN: Ácido desoxirribonucleico (Desoxyribonucleic Acid).

13: Diccionario de la Real Academia Española.

14. Unidad monetaria de la Unión Europea (European Currency Unit).

15. Unión Europea de Radiodifusión (European Broadcasting Union).

16. Organización de las Naciones Unidas para la Agricultura y la Alimentación (Food and Agriculture Organization of the United Nations).

17. Feria Internacional del Turismo.

18. Fondo Monetario Internacional (Fonds Monétaire International).

19. Grupo de los Ocho: los siete países más ricos del mundo y Rusia.

20. Alta Tensión (High Tension).

21. Asociación Internacional de Material Electrónico (International Business Machines).

22. Jesús Nazareno, Rey de los Judíos (Iesus Nazarenus Rex Iudaeorum).

23. Policía Internacional (International Police).

24. Impuesto sobre la Renta de las Personas Físicas.

25. Número Internacional Uniforme para los Libros (International Standard Book Number).

26. Impuesto sobre el Valor Añadido.

27. Dietilamida del Ácido Lisérgico (Lysergsäurediäthylamid.- Lysergic Diethylamide).

28. Administración Nacional de Aeronáutica y del Espacio, de EE UU (National Aeronautics and Space Administration).

29. Número de Identificación Fiscal.

30. Organización para la Cooperación y el Desarrollo Económico (Organisation de Coopération et de Developpement Économiques).

31. Organización Internacional del Trabajo (Organisation Internationale du Travail).

32. Organización Nacional de Ciegos Españoles.

33. Organización de los Países Exportadores de Petróleo (Organisation des Pays Exportateurs de Pétrole).

34. Organización del Tratado del Atlántico Norte (NATO: North Atlantic Treaty Organization).

35. Objeto Volante No Identificado (UFO: Unidentificied Flying Object).

36. Producto Interior Bruto.

37. SIDA: Síndrome de Inmunodeficiendia Adquirida (Adquired Inmunodeficiency Syndrome).

38. Tren Articulado Ligero Goicoechea Oriol.

39. Transporte Internacional por Carretera (Transport International Routier).

40. Unión de Asociaciones Europeas de Fútbol (Union of European Football Associations).

41. Organización de las Naciones Unidas para la Educación, la Ciencia y la Cultura (United Nations Educational, Scientific and Cultural Organization).

42. Organización de las Naciones Unidas para la Infancia (United Nations Children's Fund).

43. Muy Altas Frecuencias (Very High Frecuencies).

44. Sistema de Vídeo Casero (Video Home System).

LECCIÓN 12

A) *Corrección de los ejercicios propuestos:*

1: Por eso estás preocupado.

2: Hay que enviar ese automóvil al taller de reparaciones.

3: No debemos mover demasiado las manos al hablar.

4: No tiene bien entrenados a sus caballos.

5: Estoy haciendo mi trabajo por etapas.

6: *Si se refiere a la madre del señor Pérez escríbase:* Estuvieron en Cádiz el señor Pérez y su hijo, y la madre del señor Pérez se quedó con nosotros.

7: (Es normal. Vale como está escrita.)

8: (Suprímase el "le" que va después de "al cual").

9: La familia de usted se excedió en atenciones.

10: *Según de quien fuera el coche se escribirá:*

    a) Luis fue en su coche a casa de Pedro.

    b) Luis fue a casa de Pedro en el coche de éste.

11: *Según de quien sea el hermano se escribirá:*

    a) Manuel encontró a su hermano en casa de Antonio.

    b) Manuel estuvo en casa de Antonio y allí encontró al hermano de éste.

12: *Según de quien sean los hijos se escribirá:*

    a) Cuando Juan se casó con Luisa, los hijos de ésta lo llevaron muy a mal.

    b) Cuando Juan se casó con Luisa, los hijos de aquél lo llevaron muy a mal.

B) *Las frases, corregidas, quedan así:*

1: ¡Qué bella es esta ciudad!

2: "El gran escritor Lope, nació..."

3: Apenas había salido, cuando la casa se vino abajo.

4: Venga usted mañana para que le presente al director.

5: Fue entonces cuando Luis decidió salir de paseo.

6: Es haciendo gimnasia como se desarrollan los músculos.

7: Fue en 1957 cuando los rusos lanzaron el primer satélite artificial.

8: Es con flexibilidad con lo que se deben templar los rigores de la justicia. *O mejor:* Con flexibilidad se deben templar los rigores de la justicia.

9: Insistimos en que viniera con nosotros.

10: Parece que había más gente de la autorizada.

11: Me alegro mucho de que vengas.

12: Todos creyeron que lo había hecho solo.

13: Confío en que tengas razón.

14: Acuérdate de que no puedes ir mañana.

15: Hace mucho frío. Es fácil que nieve.

CAPÍTULO II

LECCIÓN 13

A) *Se indican los sujetos en versalitas; a continuación se escribe la clase de predicado.*

1: LA LUNA; predicado verbal.

2: LA LUNA; verbal con complemento.

3: EL PÁJARO; verbal.

4: EL PÁJARO; verbal con complemento.

5: NOSOTROS; verbal.

6: NOSOTROS; verbal con complemento.

7: LUIS; nominal.

8: LUIS Y ANTONIO; nominal.

9: TÚ (implícito); nominal.

10: EL TRABAJO; nominal.

11: LA LUNA LLENA; verbal con complemento.

12: LA CIVILIZACIÓN DEL MUNDO; verbal.

B) *Se indican dos ejemplos de cláusula y dos de período.*

La sombra del portal era agradable y el vino, fresquísimo. Período.

Estaban sentados en esas sillas enanas que las mujeres emplean para coser al sol por las tardes. Cláusula.

Yo le he tanteado muchas veces, pero siempre me ha dado la vuelta o se me ha ido por la vereda... Cláusula.

Se lo entregó el de ojillos inquietos y él lo apoyó en la rodilla mientras se limpiaba la boca con el dorso de la mano. Período.

LECCIÓN 14

A) *Hay que subrayar los siguientes elementos modificadores:*

1: de nuestras colmenas; de la jara y del romero; para la fabricación de la miel.

2: fornidos; de hierro; con sus poderosos brazos.

3: enérgico; activo; y de clara visión política; plenamente; en las elecciones alemanas de septiembre de 1957.

4: alazán; maravillosamente; jadeante; a la meta.

5: de ahora; muchas; estable.

6: claros; de esta clase; en el ánimo del estudiante.

7: algodonosas; aquí y allá; altivos; de la serranía abrupta y escarpada.

8: del doctor; contra unas rocas.

9: con andar acompasado y lento.

10: de nuestro tiempo; artesanamente; con morosa delectación.

B) *Se subrayan las siguientes frases modificadoras, y se indica a continuación si son EXPLICATIVAS o ESPEFICIATIVAS.*

1: que han partido leña - ESPECIFICATIVA.

2: que vivían lejos - EXPLICATIVA.

3: que estaba madura - ESPECIFICATIVA.

4: que te presenté ayer - ESPECIFICATIVA.

5: que escribe versos - ESPECIFICATIVA.

6: que había quedado vencedor en la prueba anterior -EXPLICATIVA.

7: que tenían rejas - ESPECIFICATIVA.

8: que me pretaste - ESPECIFICATIVA.

9: que vivían lejos - ESPECIFICATIVA.

10: que han partido la leña - EXPLICATIVA.

11: que escribe versos - EXPLICATIVA.

12: que tiene la camiseta amarilla - ESPECIFICATIVA.

13: que tenían rejas - EXPLICATIVA.

14: que estaba madura - EXPLICATIVA.

C) *Se da el texto completo, puntuado según aparece en el original.*

"Carmelo, visiblemente complacido, se ajustó las gafas, dio media vuelta y entreabrió las puertas correderas que comunicaban con la pieza inmediata, una habitación espaciosa, con una potente lámpara, sin pantalla, en lo alto, pendiente de una moldura circular de escayola, y una gigantesca mesa ovalada debajo, alrededor de la cual se sentaban, en sillas desiguales, una veintena de muchachos y muchachas cuyos rostros se difuminaban entre el humo del tabaco. Hablaban todos al tiempo y sus voces se confundían con la voz del televisor sobre una banqueta minúscula, en el rincón que formaba la pared con la puerta de acceso al vestíbulo. Olía a posos de café, a alcohol y a tabaco revenido, mal apagado en los ceniceros. En los espacios libres que dejaban las tazas vacías, las botellas, los paquetes de cigarros y los ceniceros, se apilaban los impresos rectangulares de las candidaturas y montones de sobres blancos y amarillos. Como en otras habitaciones de la casa, también aquí detonaba el chafarrinón de los posters y banderas y la sonrisa triunfal del líder, sujetos con chinchetas a las paredes."

LECCIÓN 15

A) *Las frases propuestas quedan así:*

1: Luis, el hijo del conserje, ha entregado todos sus ahorros para los dannificados.

2: El coche de mi hermano chocó violentamente contra un árbol de la carretera.

3: Las bailarinas de la compañía X interpretaron "El amor brujo" de Falla en un escenario giratorio.

4: El vampiro de Francfort asesinaba a las mujeres con un estilete puntiagudo.

5: El caballo "Loto" ha ganado la última carrera en el hipódromo de Madrid.

6: Los niños del Colegio representaron un juguete cómico en el salón de actos del Ayuntamiento.

7: Las grandes tormentas del mes pasado destrozaron la cosecha de aceituna de Jaén y Córdoba.

8: La policía no ha encontrado a los raptores del industrial Juan Alonso.

9: El jefe resolvió la comprometida situación con gran serenidad.

10: El profesor, desde su niñez, se dedicó al estudio de todo lo relacionado con el átomo.

11: El avión tenía doce metros de envergadura por siete de longitud.

12: La Casa de Campo está situada en la acogedora capital de España.

B) y C).- Respuesta libre.

LECCIÓN 16

B) *Las frases propuestas son las siguientes:*

1: La gran preocupación de los fabricantes de automóviles de todos los países europeos en los años sesenta fue el coche de tipo popular.

2: En todos los países europeos, la gran preocupación de los fabricantes de automóviles en los años sesenta fue el coche de tipo popular.

C) *Las frases serán:*

1: En la actualidad, los sistemas audiovisuales ocupan un lugar preferente en la enseñanza de las lenguas vivas.

2: En la enseñanza de las lenguas vivas, los sistemas audiovisuales ocupan en la actualidad un lugar preferente.

D) *Las frases quedan ordenadas así:*

1: El hombre sincero confiesa con franqueza las faltas que ha cometido.

2: Con un criterio completamente arbitrario, el crítico de arte hacía una serie de apreciaciones acerca de los cuadros expuestos.

O también:

El crítico de arte, con un criterio completamente arbitrario, hacía una serie de apreciaciones acerca de los cuadros expuestos.

3: El pastor no cuenta con mejor defensor que su perro, leal y valiente.

4: Todo el pueblo amaba a la señora de Martínez, providencia de los pobres.

5: Los grandes hombres también tienen en su carácter defectos censurables.

6: El delantero, con gran habilidad, hizo una serie de fintas sobre el césped.

LECCIÓN 17

A) *Los párrafos propuestos quedan ordenados así:*

1: Cuando reventaron las tuberías de la casa se produjo una gran confusión entre los vecinos. Todos gritaban y daban órdenes; pero nadie se entendía. El agua corría por todas partes; las habitaciones estaban convertidas en pequeñas lagunas.

2: El ladrón corría por las calles blandiendo una enorme navaja y sembrando el pánico entre los transúntes. La gente se apartaba al paso del enfurecido y peligroso delincuente. La policía corría tras él y, varias veces, estuvo a punto de darle alcance. Hubo varias personas que se sumaron a la policía en esta accidentada persecución.

3: Pasamos una alegre mañana de campo: comimos, reímos y cantamos. Nuestro sano holgorio no iba a durar mucho. De pronto, nos llegó una mala noticia que turbó nuestra natural alegría.

4: Era un paisaje de una desolación profunda. No se veía un árbol, ni una persona, ni siquiera un perro. Fernando se detuvo allí y quedó pensativo, absorto, la respiración contenida.

5: Fue anocheciendo. Las luces del crepúsculo se fueron extinguiendo, apagándose. Parpadearon las primeras estrellas. Se levantó un vientecillo agradable y fresco.

6: A la mañana siguiente, se comentaba el asesinato en toda la ciudad. No se hablaba de otra cosa. La gente se asombraba de que alguien hubiera sido capaz de matar a un niño inocente. La Policía no descansaba en la búsqueda del asesino. La Guardia Civil ayudaba a las pesquisas.

B) *Las frases quedan así:*

1: Según calculé después, el número de cuartillas que tenía que escribir eran unas cincuenta.

(La frase correcta sería: "Según calculé después, tenía que escribir cincuenta cuartillas".)

2: Dicen los historiadores que las ciudades antiguas...

3: (Puede admitirse tal como está redactado).

4: (Puede admitirse la redacción propuesta; pero si se habló con anterioridad del temporal, entonces conviene alterar el orden de la frase: "A causa del temporal reinante...").

5: (Puede admitirse la redacción propuesta).

6: Cuando se incendió el autobús hubo muchos heridos, algunas mujeres quedaron magulladas y dos niños fueron pisoteados.

7: Mientras se esperaba la llegada de los bomberos, el guarda, acompañado de su perro, vigilaba los alrededores de la casa incendiada.

8: Dicen los expertos de la OMS que, según recientes datos estadísticos, las aguas fluorizadas disminuyen la caries dental.

O también:

Según recientes datos estadísticos, las aguas fluorizadas disminuyen la caries dental, dicen los expertos de la OMS.

9: Si lo que se cuenta es verdad, Luis hizo muy bien en presentar la dimisión de su cargo. Tal es mi opinión.

(Obsérvese que, en este caso, ha sido preciso alterar la puntuación de la frase, poniendo un punto antes de "tal es".)

10: Mientras nosotros dormíamos a pierna suelta, un lobo entró en el gallinero, se comió dos pollitos y mató tres gallinas.

LECCIÓN 18

A) *Las frases propuestas quedan así:*

1: En este momento sale al campo el árbitro, que da la señal de empezar el partido.

2: Tengo que entregar al director un trabajo que me tiene muy preocupado.

3: Estoy haciendo, para la academia en que trabajo, un proyecto de libro que me ocupa todo el día.

4: Entonces, a la cabeza de los dirigentes del partido, se vio aparecer al líder, cuya presencia animó a los asistentes al mitin.

5: Compré hace un año una casa, con un hermoso jardín, la cual pienso vender ahora.

Más correcto:

Pienso vender ahora la casa que compré hace un año, y que tiene un hermoso jardín.

6: En esta película hay una escena que emociona a los espectadores.

7: Traigo a los niños unos caramelos cuyo sabor es agradabilísimo.

8: Entre la multitud surgió un hombre que empezó a dar gritos estentóreos.

9: Os recomiendo la lectura de este estudio acerca de Cervantes.

10: Estoy hablando del hijo de nuestro vecino, de Pablo, a quien usted conoce muy bien.

B) *Respuesta libre.*

LECCIÓN 19

A) *Las frases propuestas quedan como van a continuación; se ponen en versalitas los "modificativos" que estaban mal colocados.*

1: En este establecimiento se venden camas DE HIERRO para niños.

2: ENTONCES, cuando el profesor explicó la lección, el alumno la compendió.

3: El buen comerciante quiere saber SOLAMENTE lo que el público desea, no decirle lo que debe comprar.

4: EN UN ACCESO DE IRA, Luis se quedó CASI sin habla, al recibir la carta de su abogado.

5: Luis tenía que dormir la siesta DESPUÉS DE COMER.

B) *Los modificativos, en versalitas quedan colocados así:*

1: "... de los efectos de la droga; APENAS parecía poder comprender...".

2: "EN SU MANIFESTACIÓN AL TRIBUNAL, el acusado afirmó que..."

3: "... de matemáticas; SOLAMENTE tuvo que pedir prestados los otros".

4: "... que comprobásemos el nivel del aceite CON FRECUENCIA".

5: "... y fueron recibidos CON CIERTA FRIALDAD por la señora de la casa...".

C) *Las frases propuestas quedan así:*
1: Martínez consiguió al fin permiso para volar en avión.

2: El marinero pudo arreglar por fin la avería con una herramienta bastante útil que le prestó un amigo.

3: El niño miraba al enorme perro danés que, con la boca abierta, iba detrás de su dueño.

4: Alarmó a los vecinos la noticia, dada por la radio, de que se había hundido una casa.

La noticia dada por la radio de que se había hundido una casa, alarmó a los vecinos.

5: López tiene permiso de dos semanas por enfermedad.

LECCIÓN 20

A) *Sobra la frase* número 3.

B) *Sobran las frases* números 5 y 6.

C) *Sobran las frases* números 6, 7 y 8 (en último caso, puede dejarse la frase número 8).

D) *Sobra la frase* número 6.

E) *Sobran las frases* números 7 y 8.

LECCIÓN 21

A) *Se subrayan las siguientes frases:*
1: c) ... le alegraban las travesuras de los niños de la vecindad.
2: a) ... se recomienda emplear sellos de urgencia.
3: b) ... no tendremos que volverlas a pintar durante mucho tiempo.
4: c) ... Carmen Laforet escribió su segunda novela *La isla y los demonios*.
5: a) ... el carpintero nos puso una cuenta de más de 30.000 pesetas.

B) *El texto quedaría así:*
"Los tres vagos, desconsolados, caminaron rodeando la ciudad hasta perderse por los campos de occidente. (Los tres vagos) Iban encorvados bajo el peso de los sacos, llenos de hierros herrumbrosos. Ya era de noche.

Los tres vagos se adentraron en un bosquecillo bajo, húmedo. (Los tres vagos) Encendieron una hoguera y comenzaron a meditar.

–Ya está. Esto no lo podemos devolver (nosotros), nos cogerían. Hay que enterrarlo para borrar las huellas.

–Sí. Hay que enterrarlo como si fuera un tesoro. Esto es mucho mejor que devolverlo, porque igual nos verían y entonces sí que (nosotros) no nos escapábamos de una buena.

Lino se puso serio.

–¿A ti que te parece, Andrajos?

–A mí (me parece) bien.

–Pues manos a la obra. La tierra está blanda y no es necesaria mucha profundidad.

(Los tres vagos) Comenzaron a trabajar cercanos a la hoguera. Las llamas les derretían las sombras. Había algo ridículo y espantable en aquellos seres enterrando hierros enroñecidos."

Ignacio Aldecoa, *Pedro Lloros*

LECCIÓN 22

A) *Las partículas precisas son las siguientes:*

1: al fin.- 2: sin embargo.- 3: por eso.- 4: además.- 5: por ello.- 6: por eso.- 7: puesto que.- 8: por otra parte.- 9: acaso por ello.- 10: por eso.

B) *Los marcadores textuales figuran en versalitas.*

"La abuela de Alfanhuí incubaba pollos en su regazo. Le solía venir una fiebre que le duraba veintiún días. Se sentaba en la mecedora y cubría los huevos con sus manos. DE VEZ EN CUANDO les daba la vuelta y no se movía de la mecedora, ni de día ni de noche, hasta que los empollaba y salían. ENTONCES se le acababa la fiebre y le entraba un frío terrible y se metía en la cama. POCO A POCO, el frío se le iba pasando y volvía a levantarse otra vez y se sentaba al brasero. Aquella fiebre le entraba diez veces al año. CUANDO venía la primavera, todos los niños le llevaban los huevos que encontraban por el campo. La abuela solía enfadarse PORQUE le parecía poco serio aquello de incubar pájaros entre los huevos de gallina. PERO niños y niñas venían con huevos pintos y huevos azules y huevos tostados y huevos verdes y huevos rosa. "Éste, PARA ver de qué pájaro es"; "éstos, PORQUE quiero criar dos tórtolas"; "éste, PORQUE la madre lo ha aborrecido"; "éstos, PORQUE estaban en mi tejado"; "éstos, PORQUE quiero ver qué bicho sale"; "éste, PORQUE quiero tener un pajarito"; EL CASO ES QUE sobre los quince huevos que solía incubar la abuela, se le juntaban A VECES hasta cincuenta de aquellos huevos primaverales y multicolores sobre su negro regazo."

LECCIÓN 23

A) *Las frases propuestas quedan como van a continuación:*

1: Cuando se ha trabajado intelectualmente toda la vida, NO SE ADAPTA UNO fácilmente al trabajo corporal.

2: Los policías consiguieron acorralar al bandido en lo alto de una peña y entonces SE PRODUJO una "ensalada" de tiros.

3: El profesor cree que Luis es el autor del ruido y que todas las faltas las HA COMETIDO él.

4: Nuestro crítico ha elogiado el drama estrenado ayer que HA SIDO CONSIDE-RADO como inmoral por la crítica de otras revistas.

5: Algunas gentes ignorantes acuden a los curanderos porque CREEN que dichos curanderos saben más que los médicos. (En este caso se repite la palabra "curanderos" para precisar el sujeto de "saben" –los curanderos–. Si no lo escribiésemos, así y dijéramos "porque CREEN que saben más que los médicos", el sujeto sería "las gentes", tanto para "creer" como para "saber".)

6: Si se procura leer a los clásicos, SE CONSEGUIRÁ un buen estilo literario. O también: SI LEEMOS a los clásicos, conseguiremos un buen estilo literario.

7: La directiva del equipo local tropezó con muchas dificultades para el fichaje del nuevo jugador y ESTÁ HACIENDO gestiones en la Federación Nacional para conseguir lo que se propone.

8. Los dos amigos se miraron; luego Luis ABRIÓ la puerta y ENTRARON silenciosos en la sala.

9: Sofía Loren brilló primero en Italia, pero luego HA SIDO APLAUDIDA en toda Europa y América como gran artista.

10 y 11: (Valen como están.)

12: Al atravesar la selva, siempre llevábamos el fusil cargado porque NO SABÍAMOS nunca lo que PODÍA PASARNOS en tales parajes inexplorados.

B) *El texto propuesto queda así:*
"Un día yo *pensé* que podíamos jugar con Nin a las damas. El abuelo *tenía* un tablero muy bonito, de marfil y ébano, pero *ése* no se *podía* tocar. Además, a Nin no le *hubiera* servido de nada. Entonces yo *cogí* mis lápices y *dibujé* uno en un cartón. *Recorté* las fichas y a las negras les *di* tres pinchazos en el centro, con un alfiler. El abuelo me *vio* hacerlo.

–¿Qué *es* esto? –me *preguntó*.

–*Es* un juego de damas, para Nin y para mí –*dije*–. Y para que Nin *conozca cuáles son* las negras, les *hago* estos pinchazos. A los cuadros negros del tablero también les *marcar*é formando un aspa, del mismo modo.

El abuelo se *quedó* pensativo. Me *acarició* la barbilla y *dijo:*

–Me *gusta* mucho que *hayas* hecho eso."

LECCIÓN 24

A) *Los párrafos propuestos pueden quedar así:*

1: Me había retrasado mucho; el tren iba a salir de un momento a otro y tenía miedo de perderlo. Corrí hacia la ventanilla y pedí un billete de primera. No encontraba la cartera para pagar. Estaba tan nervioso que no daba una: me dejé la maleta olvidada junto a la ventanilla de los billetes y tuve que volver por ella. Al fin, pude coger el tren: en ese momento, la máquina silbaba y se ponía en marcha.

2: Se oía el canto de los pajarillos en el bosque. En aquellas horas de la mañana, y a causa del rocío nocturno, se notaba una sensación especial de frescura. Todo ello, unido a la luz clara y al cielo azul, hacía deleitoso el paseo entre los árboles que, moviendo su ramaje suavemente, lucían el verde nuevo de sus hojas.

3: El mar estaba sereno, tranquilo. Tenía ganas de nadar y me puse el traje de baño. Me acerqué a la orilla; toqué el agua: estaba fría. Me lancé de cabeza y estuve nadando casi una hora.

4: Llegaba la hora, y al sonar la campana para el "rancho", no faltó nadie aquel día al refectorio. Como era la fiesta del regimiento, se había anunciado un menú extraordinario, especialmente confeccionado por el cocinero del mejor hotel de la ciudad. Este cocinero lució aquel día sus dotes culinarias para servir a los que, en aquellos instantes, eran la defensa de la plaza.

5: Guillermo tenía que elegir carrera y no sabía qué camino tomar; no le gustaban las ciencias y, para las letras, se consideraba perezoso. Deseaba estudiar lo que fuese más fácil. A última hora, se decidió por la carrera de veterinario. Sus padres pusieron el grito en el cielo: pero Guillermo afirmó que era su vocación. Siempre le había gustado los animales y ahora tendría ocasión de cuidarlos.

CAPÍTULO III

LECCIÓN 25

A) *Se sustituye la palabra COSA por:*

1: un VICIO.- 2: un DEFECTO.- 3: un VICIO VERGONZOSO.- 4: una OBRA.- 5: una TAREA.- 6: una SUSTANCIA.- 7: el ASUNTO; el PROBLEMA.- 8: un solo PENSAMIENTO.- 9: un ESPECTÁCULO tan magnífico.- 10: el único RECURSO.- 11: un INSTRUMENTO.- 12: los ACONTECIMIENTOS; los SUCESOS.- 13: una ACTIVIDAD.- 14: de PROEZAS.

B) *Las frases corregidas quedan así:*

1: Vale como está.

2: Sus palabras tienen *una intención maliciosa.*

3: Esto es *prodigioso.*

4: He visto en sus ojos *un brillo* de odio.

5: Este libro es *estupendo.*

6: Vale como está.

7: Esto es *infame.*

8: En estas ruinas hay *vestigios / restos* de estilo románico.

9: En su cara había *un sello* de ferocidad.

10: Esta mujer es *imponente.*

11: El hombre más fuerte tiene *su lado* débil.

12: Vale como está.

13: Esta señora tiene *un aire* distinguido.

14: El nuevo modelo es *formidable.*

15: Vale como está.

C) *Se sustituyen ESTO y ESO por:*

1: Este vicio.- 2: Este ejercicio.- 3: lo cual.- 4: Este trabajo.- 5: lo cual.- 6: ya.- 7: lo que.- 8: lo cual.- 9: Estas cualidades.- 10: lo cual (o este olvido impersonable).

LECCIÓN 26

A) *Se reemplazan "está", "se encuentra" y "hay" por:*

1: yace.- 2: figura.- 3: vigila.- 4: Vale "hay", quizá más correcto que el "archipreciso" *funcionan*.- 5: se dibuja.- 6: reside.- 7: vibra.- 8: vive o alienta.- 9: canta o vibra.- 10: descansan, resbalan.- 11: anida, ruge, truena.- 12: Vale "hay".- 13: arden.- 14: marcha.

B) *Se reemplaza "tener" por:*

1: perseguir.- 2: abrigar, alimentar.- 3: ejercer.- 4: hablar.- 5: observar.- 6: sentir.- 7: disfrutar de.- 8: vive o alienta.- 9: canta o vibra.- 10: ganarse.- 11: exhala.- 12: proyecta.- 13: ofrece.- 14: mide.- 15: obtuvo, ganó.

LECCIÓN 27

A) *Se sustituye el verbo "hacer" por:*

1: cavar.- 2: construir.- 3: fundir.- 4: trenzar.- 5: escribir.- 6: esculpir.- 7: obrar.- 8: pronunciar.- 9: amasar, ganar.- 10: urdir.- 11: producen.- 12: ha realizado.- 13: que redacte.- 14: someterse.

B) *Se sustituye "poner" por:*

1: apoyar.- 2: aplicar.- 3: colocar.- 4: traducir al inglés.- 5: intercalar.- 6: emplear.- 7: coordinar.- 8: aplicar.- 9: comprometer.- 10: emitir.- 11: guardar, encerrar.- 12: dividir.- 13: desplegó.- 14: entregó el ladrón a la justicia.- 15: sustituyo en el equipo a Juan.

C) *Se sustituyen los tiempos de "decir" y "ver" por:*

1: ha pronunciado.- 2: contando.- 3: citar.- 4: anunciar.- 5: advierto.- 6: recita.- 7: confía.- 8: fijar.- 9: proclamaré.- 10: afirmo, sostengo.- 11: estudiar.- 12: observar.- 13: observar.- 14: apreciar.- 15: considere, juzgue.- 16: compruebe.

D) *Se sustituyen "producir" y "tema" por:*

1: asuntos.- 2: ocasionó.- 3: asunto.- 4: Vale como está.- 5: causaron.- 6: se originan.- 7: Vale como está.- 8: problema.- 9: proporcionaron.- 10: propósito.

LECCIÓN 28

A) *Se tachan las siguientes palabras entrecomilladas y se sustituyen por las escritas entre paréntesis, a continuación de ellas.*

1: "Uno debe" (Debemos); "Solemos" (Suelen).

2: "narraba" (narra); "pudo" (puede); "atrajo" (atrae); "consiguió" (consigue).

3: "abusan" (se abusa); "que no debe abusarse" (para que no se abuse); "uno vive" (vivimos); "se duerme" (dormimos); "el hombre busca" (buscamos); "su" (nuestro).

4: "debemos lanzarnos" (debe lanzarse); "empecemos" (empiece); "quedarnos" (quedar): "simples bodegonistas" (simple bodegonista).

5: "tratan" (hayan tratado); "debe usted" (debemos); "Manda" (Mandó); "estorbe" (estorbarse); "ha sido" (es); "interpretó" (interpreta).

LECCIÓN 29

A) *Los párrafos quedan así:*

1: "Aún hay más, y es que durante el verano y en las siempre breves vacaciones que durante el curso puedo tener, salgo a hacer repuesto de paisajes, a almacenar en mi magín y en mi corazón visiones de llanura, de sierra o de marina para irme luego de ellas nutriendo en mi retiro. Así como también llevo al campo el recuerdo de las espléndidas visiones de esta dorada ciudad de Salamanca cantada por mí hace algunos años."

2. Vale como está.

3. –Inauguraremos la fábrica a principios de año, cuando hayan terminado las vaciones de Navidad.

4. "Engreído y satisfecho estaba con mi cañón, que encomiaron extraordinariamente los amigos; todos ardíamos en deseos de ensayarlo. Fue mi intención añadirle ruedas antes de la prueba oficial, pero mis camaradas no lo consintieron: tan viva era la impaciencia que sentían por cargarlo y admirar sus admirables efectos."

5. Vale como está.

6. "Eso no quita para que Antonio Merino le haga a uno la tara bien a menudo con sus catarros:

–Catarro, catarro. Esto es una traqueítis y tengo fiebre.

–Pero, oye ¿te das cuenta de que quedan cuatro días?

–¿Y qué le voy a hacer yo?"

7. –Si fuera a Roma, lo primero que haría es ir a la Fuente de Trevi a tirar unas monedas. Dicen que así volverás a ir.

–Eso lo vi en una película. Pero eso es una tontería: uno nunca sabe lo que pasará. Nosotros no fuimos allí primero. Preferimos ir al Vaticano.

8. "Ya bien de mañana (yo) me he encaminado por las calles anchas, de casas bajas, con las puertas, a esa hora, entornadas, con los zaguanes silenciosos; el sol va bañando lentamente las blancas fachadas; de cuando en cuando se oyen las campanadas rítmicas y cristalinas de la iglesia, y las herrerías negras, las herrerías calladas durante la noche, comienzan a cantar. Os diré que éstos son los instantes supremos en que despiertan todos esos oficios seculares, venerables, de los pueblos."

Azorín, *Los pueblos*

B) *Los textos pueden quedar así (van entre paréntesis las palabras que figuran en los originales y que se pueden suprimir o dejar):*

1. "A Roa se pasa por un puente de piedra de cinco ojos tirado a cordel sobre el río Duero. A mí, al entrar en Roa, quizás agobiado por el peso de la historia que llevaba encima, se me antojaron los dedos huéspedes y el tabardo, dorada chupa de noble. Al entrar en Roa, enderecé las espaldas, hinché la tabla del pecho y levanté el mirar con altanería. Después busqué la posada, me zampé dos arenques y un vasillo de aloque y me tumbé a dormir en el zaguán, con unas mantas de caballería por cabezal. Mi sueño de aquella noche fue un sueño poblado de brillantes marchas de caballeros y de lucidos cortejos de paladines. A la mañana siguiente, bien temprano, empecé a subir y bajar las calles de Roa, las mismas calles que vieron tanto rey y tanta infanta, y tanto obispo juntos."

2. "–Ahora quiero usar contigo de una liberalidad, y es que ambos comamos este racimo de uvas y que hayas del tanta parte como yo; partillo hemos desta manera: Tú picarás una vez y yo otra, con tal que me prometas no tomar cada vez más de una uva; (yo) haré lo mismo hasta que lo acabemos y desta suerte no habrá engaño.

Hecho así el concierto, comenzamos; mas luego al segundo lance el traidor mudó de propósito y comenzó a tomar de dos en dos, considerando que yo debería hacer lo mismo. Como vi que él quebraba la postura, no me contenté con ir a la par con él; más aún pasaba adelante dos a dos y tres a tres y como podía las comía. Acabado el racimo, estuvo un poco con el escobajo en la mano, y meneando la cabeza, dijo:

–Lázaro, engañado me has: juraré yo que has tú comido las uvas de tres a tres.

–No comí –dije– mas, ¿por qué sospecháis eso?

Respondió el sagacísimo ciego:

–¿Sabes en qué veo que las comiste tres a tres? En que comía yo dos a dos y callabas.

Reíme entre mí, y (aunque muchacho) noté mucho la discreta consideración del ciego."

LECCIÓN 30

A) *No se reproducen enteros todos los ejercicios; sólo se transcriben aquí las frases que han sido corregidas. Los párrafos propuestos pueden quedar así:*

1: ... su juego y que sus goles de tacón son inimitables. Es quizá uno de los futbolistas que más partidos ha jugado sin lesionarse, aparte (o "a más") de ser un creador de juego espléndido... y en el área de castigo; y en ocasiones, es algo más que un gran jugador: es un malabarista del balón y el inspirador...

2: Finalmente, ganó el Madrid porque sus delanteros... reaccionaron en los últimos minutos: querían marcar un gol a toda costa, pero no lo consiguieron.

3: ... en sociedad y llevaba un vestido azul muy sencillo, con algunos adornos estampados, y en la mano un bolso pequeño. Su melena le caía graciosamente sobre los hombros y, en el cuello, se adornaba con un collar de perlas.

4: Pedro tenía mucha prisa: sólo disponía de cinco minutos para tomar el autobús. Tuvo que guardar cola para sacar el billete; pero el taquillero era muy lento y Pedro refunfuñaba en voz baja. Miraba el reloj con impaciencia porque no quería perder este coche por nada del mundo.

5: Los Martínez Cámara están construyendo una casa nueva en la Avenida de las Acacias. La casa será casi un palacio, con veinte habitaciones, un amplio jardín y una piscina.

6: Mi hermana estaba arreglando el equipaje para irse al internado; mi padre andaba de un lado para otro y mi madre iba y venía, de la cocina al comedor, preparando la merienda para el viaje. Mientras tanto, mi hermano pequeño lloraba en un rincón porque nadie le hacía caso.

7: El nuevo chófer se quedó parado junto a la portezuela del coche. Era un hombre muy alto con uniforme azul de paño grueso.

8: (No conviene alterar este párrafo. A pesar de que abunda el "punto y seguido", no resulta monótono ni malsonante.)

9: Hoy se habla mucho de la relación de causa a efecto, entre nuestra vida agitada y el aumento de las enfermedades mentales en los últimos veinte años. Vivimos en continua agitación y sobresalto, y nuestro psiquismo está sometido a un zarandeo constante. Además, la vida de las grandes ciudades es insana. El habitante de esta inmensas urbes no descansa lo necesario. Vive, como los monos, en constante alteración; trabaja mucho, va de acá para allá continuamente y no reposa lo suficiente.

10: Los viajes interplanetarios son ya una posibilidad más o menos inmediata desde que los satélites rusos y americanos han abierto al hombre el camino de los espacios siderales. Los sueños fantásticos de Julio Verne se están realizando y llegará un día en que los viajes espaciales serán tan corrientes como lo son hoy los vuelos transoceánicos. No se tardará mucho en realizar estos fantásticos proyectos: el siglo XXI parece que va a ser el siglo del hombre interplanetario.

LECCIÓN 31

A) *Se subrayan las siguientes palabras e ideas porque se trata de repeticiones innecesarias:*

1: para publicar después de su muerte.

2: de cinco años.

3: que cura todos los males.

4: Pero.

5: No hay nada que subrayar. "Se pavonea orgullosamente" puede dejarse de destacar el sentido de la frase.

6: Vale como está.

7: *contra* (el primer "contra" se sustituye por "de").

8: fuera del recinto.

9: trabajando.

10: el dolor de cabeza.

11, 12 y 13: Valen como están.

14: arriba, abajo.

15: vendrás (el segundo).

16: Redacción correcta de la frase: "Creo que tu cálculo está mal; Juan lo ha hecho bien".

17: arriba.

18: volver a.

19: que le adelantara.

20: Redacción correcta de la frase: "Lo que me dices no es posible" o "Lo que me dices no puede ser".

LECCIÓN 32

A) *Los párrafos propuestos quedan como sigue (en algunos ejercicios, sólo se transcribe lo corregido):*

1: ...para prepararte con vistas a los exámenes. Si fracasas, el director quedará muy disgustado y posiblemente...

2: Es un hombre digno de su familia, de su país y de su rey.

3: El Missisipí es un río inmenso en el que desembocan grandes afluentes.

4: Juan tenía una colección de sellos de gran valor.

5: ... teme que sea un caso de cáncer.

6: ... de las aguas nos impide...

7: ... Sólo usted consigue que no hable tanto.

8: Es un hombre que critica a todo el mundo. Acabarán por odiarte todos.

9: ... Creo que este año lo estará usted también.

10: (Puede admitirse en este caso la repetición de la palabra "sangre", porque se quiere llamar la atención sobre la idea.)

11: ... pero cuando llegó la fecha me pidió un nuevo plazo.

12: (Se suprime la primera "coma" y las dos últimas palabras: "del autobús".)

13: Creo que ya domino lo esencial de la redacción. Y me avergonzaría de no redactar bien, después de haber estudiado tantos temas sobre el arte de escribir.

B) *Los textos originales son los siguientes:*

1: "Miraba al mar desde los ventanales de su casa, abiertos de par en par, porque sabía reconocerlos hasta el horizonte, y también sabía verse ella misma mirando desde el fondo de la Isla hasta dibujarse en sus ojos el color plata que inba tiñendo la cara del agua con la luminosidad del alba. Como si tarareara un bolero antiguo cuya letra llevaba tatuada en su aliento el calor y la luz de la esperanza, sabía sentir el aire fresco de la mañana barriendo con murmullo suave las calles envejecidas del santuario en ruinas. Sabía traducir sin mayor esfuerzo las señales que le llegaban en la amanecida desde todos lados, las tramas cromáticas que anunciaban con sus guiños crecientes las luces del día, el olor a recuerdo de la noche fundiéndose con la fragancia de las flores que ascendía de los jardines para perderse en el cielo, las gotas del rocío humedeciendo las paredes de los edificios y sombreando el asfalto cuarteado de las calles de La Habana. Sabía sobre todo inventar la vida de ese día que comenzaba sin alterar su energía de intérprete privilegiada."

2: "Había allí, en efecto, un desorden de leonera, con bastidores a medio armar desperdigados por el suelo, lienzos secándose en las paredes (pero el grado de humedad dificultaba la labor), trapos para limpiar los pinceles que parecían cuadros de Pollok y tubos de pintura exprimidos y hechos un gurruño. Había un caballete muy sucio de churretones, como un esqueleto condecorado de medallas, y un fogón donde Chiara guisaría sus platos ascéticos mientras durasen los ejercicios espirituales. Había una puerta desenganchada de los goznes que comunicaba con un cuarto de baño más bien angosto, y un camastro que tampoco invitaba a la compañía o el conocimiento bíblico, apenas un jergón con las sábanas revueltas."

LECCIÓN 33

A) *Las frases propuestas quedan así:*

1: Como Luis llevaba veinticuatro horas de ayuno, encontraba apetitosa la bazofia que nos sirvieron.

2: Pedro llegará a la estación a buena hora, salvo que se lo impida el tráfico.

3: El criado, al sentir la llamada del señor, tropezó con una arruga de la alfombra y derramó el café por el suelo.

4: El director llamó a su ayudante, con quien había discutido varias veces el problema.

5: ... del general P. de R., desarrolló año tras año. El coronel X actuó a las inmediatas órdenes del general P. de R., en la Secretaría de la Presidencia del Consejo, hasta que cayó aquel Gobierno.

6: Al darse cuenta de su culpa, el gerente ha prometido presentar la dimisión.

7: En la opinión pública alemana estaba latente la reacción contra el envolvimiento de Alemania en una guerra nuclear, cuando aún no habían salido de la escuela los niños nacidos bajo los bombardeos en masa de la otra.

8. Si se piensa en lo necesitada de reorganización que está la Alianza Atlántica, es de desear que von Brentano acierte en sus gestiones. Por cierto que Brasil ha pedido entrar en dicha alianza y a ella se querría incorporar algún otro país europeo, ya aliado de los Estados Unidos y en una excelente posición estratégica.

9. La exposición titulada "Sorolla y su tiempo", actualmente abierta en el Museo Municipal, que reúne un importante número de cuadros del pintor junto con algunas obras de sus discípulos, así como el catálogo que contiene artículos de importantes expertos, aportan estimables novedades para los amantes de la pintura de esta época: el impresionismo español.

10. La palabra "autorretrato" no aparece en Holanda hasta el siglo XIX. Este tipo de pinturas, al igual que en España, aparecía descrito en los inventarios, por ejemplo, como "retrato de X, que se pintó a sí mismo".

B) *Eliminando lo superfluo, los ejercicios quedan redactados del siguiente modo:*

1: Desenvainando la navaja, de mango labrado y tres muelles, Pedro se preparó para desarrollar la pieza cazada.

Se puede tachar también "de mango labrado y tres muelles".

2: El viejo coche de Luis, un Fiat tipo 1930, apenas si podía subir la cuesta de las Perdices, en la carretera de Madrid a La Coruña.

3: Dado que se preocupaba mucho por la confección de su libro, que versaba sobre las plantas medicinales de la Sierra Nevada, don Manuel Gómez escribía constantemente a su editor y le insistía sobre la ordenación de las páginas, el tipo de letra y la encuadernación.

4: La señora de Gálvez, una maniática de los animales, muy aficionada a los "periquitos", se disgustó con nuestro agente de seguros cuando dicha señora pidió a éste que le suscribiese una póliza de 25.000 pesetas, como seguro de vida de su loro "Pedrín".

5: Los tomates, reconocidos hoy como alimento muy rico en vitamina C, fueron considerados por nuestros antepasados, allí por el siglo XVIII, como venenosos.

6: El doctor, antes de tomar una determinación, quiso consultar con la familia del enfermo aquella mañana, y Luis tomó el autobús para ir a la casa del doctor, situada en las afueras de la ciudad, en un barrio pobre.

7: Durante los meses estivales de julio y agosto, Luisa se encontraba con su marido en Bergondo, pequeño pueblecito cercano a La Coruña sobre la río de Betanzos y donde el marido estaba destinado como empleado de Correos.

LECCIÓN 34

A) *Se subrayan las palabras en versalitas y se sustituyen por las que van en cursiva:*

1.- AFFICHES: *carteles de propaganda.*

2.- BAQUET: *pescante, asiento delantero* (podía admitirse "baqué", entrecomillado).

3.- BOCATTO DI CARNINALE.- *rico bocado.*

4.- BLOCK: *cuaderno.*

5.- BOICOTEADO: (El Diccionario de la RAE admite el verbo "boicotear".)

6.- CACHET: *sello.*

7.- CLOWNS: *payasos.*

8.- DESTROYER: *destructor.*

9.- ESPRIT: *ingenio, gracia, finura de espíritu.*

10.- GENTLEMAN: *caballero.*

11.- BALLET: (El Diccionario de la RAE admite el vocablo).

12.- BASE-BALL: *béisbol.*

13.- CAMUFLADO: admisible.

14.- CARNET: (El Diccionario de la RAE admite el vocablo).

15.- CONTROLAR: admitido, legítimo.

16.- HACER CAMPING: Preferible, ir de campo, o mejor, ir de excursión al campo.

17.- DETECTIVE: admitido.

B) No damos en esta Clave las soluciones para el "ejercicio de recapitulación" de las páginas 187-188 por dos razones: porque las soluciones no serían indiscutibles y porque, tras la lectura de tan extensa lección, consideramos al alumno con suficiente criterio para corregir lo que sea susceptible de corrección.

LECCIÓN 35

A) *Respuesta libre.*

CAPÍTULO IV

LECCIÓN 36

PRIMERA REGLA.- Los ejercicios propuestos quedan así:
1: Corregid, con la máxima atención, las faltas que hayáis tenido en vuestros ejercicios.
2: Isabel I de Castilla dio a los españoles ejemplos de gran entereza de ánimo.
3: Este libro tiene en sus páginas una serie de ejemplos interesantísimos.
4: Mi padre ha comprado a Luis un coche de carreras muy elegante.
5: El leñador cortó, en 15 minutos, un enorme y voluminoso tronco de árbol.
   O también: "el leñador, en 15 minutos, cortó...".

SEGUNDA REGLA.- Los ejercicios propuestos quedan así:
1: Le dijo que no entrase en casa del alcalde.
2: Se ha hecho rico: hoy es una de las grandes fortunas de la ciudad.
3: Tengo mucha prisa: mi mujer me espera a las siete para ir al teatro.
4: A lo lejos, el mar; y, sobre la azul superficie de las aguas, se divisaban los "snipes".
5: He estudiado, por regiones, toda la orografía del país.

TERCERA REGLA.- Se subrayan, en versalitas, las cacofonías, los elementos que producen monotonía y las asonancias; se separan con guiones (-) los períodos con ritmo de verso.
1: La CArretilla de CARmen no CABía en la Cabina.
2: Es PEnoso PENsar que el PENtágono no PERciba el PEligro de la PEnetración de espÍas entre su PERsonal.
3: SEgún tú, no debo SEcundar a Luis porque SEguramente que SE ha equivocado al SEleccionar sus pruebas de SEmilla.
4: Cualquiera puede llegar a ser UN GRAN hombre sin estar dotado de UN GRAN talento ni de UN ingenio superior, con tal de que tenga UN juicio sano y UNA cabeza bien organizada.
5: (Debe subrayarse la palabra "talento", muy repetida.)
6: (Debe subrayarse el adjetivo "grande", muy repetido.)
7: (Se deben subrayar las consonancias "carreteras", "rastacuera" y "aventurera".)
8: En las tardes DORADAS –paseando por la SOLANA– y durante las noches LARGAS -bajo el temblor dela vela- que se DERRAMA.
9: ¡Con cuánto dolor ahora – cosas piadosas os dejo – para tornar viejo y triste – al lugar donde nací!
10: Antes de irme, he sentido – pasar por mi frente un soplo – de terror.

LECCIÓN 37

A) *Destacan, en los ejercicios propuestos, los siguientes detalles pintorescos (se señalan también las frases grises).*

1: "arrodillado en una silla, los codos sobre la mesa y la cabeza entre las manos".

2: "con la cabeza agachada y los hombros hundidos; arrastrando suavemente los pies".

3: "con gesto nervioso, haciendo guiños con sus ojos brillantes".

4: "con las alas abiertas, como si remara en el aire" es un detalle pintoresco porque es una imagen, una comparación.)

5: "con las orejas tiesas y el pelo del lomo erizado".

6: *(Frases grises).*

B) *Reproducimos las imágenes de los ejercicios propuestos. Se indica si la comparación es "buena", "regular" o "mala", razonando, en el último caso, por qué.*

1: "como las cuentas de un rosario".- BUENA.

2: "como una ardilla".- MALA: es una comparación vulgar, corriente, muy vista.

3: "como hormigas atareadas".- NI BUENA NI MALA: La imagen es corriente.

4: "como una melée en un partido de rugby".- REGULAR.

5: "como claveles encendidos; como la esmeralda".- Las dos imágenes son MALAS porque están "muy vistas".

6: "como una interrogación blanca".- Sería BUENA si no resultase un tanto "rebuscada", poco natural.

7: "como la cera; como la hoja de un árbol".- MALAS; imágenes demasiado usadas.

8: "voluble como una veleta".- MALA; muy usada.

9: "como boca de lobo".- MALA; muy usada.

10: "rubio como el trigo; blanca como el mármol".- MALAS ambas imágenes; además de muy usadas, no son justas: el trigo no es "rubio" y el mármol no siempre es "blanco".

NOTA. Ex profeso, "dejamos en blanco" la sustitución de las imágenes calificadas como MALAS, sin dar otras que pudieran ser BUENAS. Es éste un asunto muy personal. Cada alumno procurará buscar comparaciones originales. No se pueden (ni se deben) dar como soluciones "imágenes ejemplares" que sirvan de pauta.

C) *Se califican a continuación, con un breve razonamiento, las antítesis de los ejercicios propuestos en este tema:*

1: CORRECTA. Aunque la antítesis se ha usado mucho, no obstante por tratarse de un tema de gran responsabilidad, no caben las piruetas estilísticas.

2: CORRECTA. La idea es admisible; aunque la antítesis ha caído en el defecto de convertirse en un juego de palabras. Podría admitirse con sentido humorístico.

3: INCORRECTA. La antítesis resulta un poco enrevesada. El lector necesita hacer un esfuerzo para comprender este otro juego de palabras.

4: CORRECTA.

5: INCORRECTA. Hubiera quedado mejor diciendo: "... pero el populacho aún estaba sediento".

NOTA. El juicio crítico de las antítesis expuestas no es definitivo, inapelable. Hay que respetar el gusto personal, la opinión del alumno, que pudieran resultar acertados, a pesar de no estar completamente de acuerdo con nuestro parecer.

LECCIÓN 38

A) *Se subrayan y juzgan las siguientes metáforas:*

1: "el aterciopelado oleaje de los naranjales".- MALA; exagerada y fuera de lugar; los naranjales nunca son aterciopelados.

2: "se le encendían las rosas rojas de sus mejillas".- REGULAR; un tanto rebuscada.

3: (Se subraya todo el párrafo, plagado de metáforas).- BUENAS en sí; pero el estilo resulta demasiado brillante, recargado de adornos. Bien para un trozo poético; excesivo para un trozo de prosa descriptiva.

4: "desgarrar su voz; su voz ya no jugaba, su voz era un chorro de sangre".- BUENAS.

5: "la serpiente del deseo".- REGULAR; un poco usada.

6: "columna polícroma de sonidos".- REGULAR; resulta forzada.

7: "la oscura noche de sus ojos".- REGULAR; metáfora no muy original.

8: "los cuchillos helados del desaliento".- BUENA; para poesía.

9: "en una gloria de polvo".- REGULAR; metáfora demasiado "gloriosa". (La frase copiada es de A. Daudet.)

10: "Un río de vehículos y de gente corría entre nosotros". REGULAR; metáfora no muy original.

B) *Se subrayan las siguientes frases hechas:*

1: "interpretaron primorosamente; la inspirada composición".

2: (Toda la frase).

3: "sinceros plácemes; atinado certamen".

4: "culto profesor; documentada conferencia".

5: "bizarro militar; reconocido valor".

6: "el cieno del pecado".

7: "sumergidos en hondo pesar".

8: "va viento en popa".

9: "prorrumpió en amargo llanto".

10: "su luz plateada".

11: "las tinieblas de la ignorancia".

12: "la tiranía de las pasiones".

13: "la espada de la ley".

14: "la hidra de la anarquía".

15: "pasaron las de Caín".

16: "son habas contadas".

17: "de bóbilis, bóbilis".

18. "se le cayeron los palos del sombrajo".

19. "Por fas o por nefas".

20. "perder el hilo".

C) *Respuesta libre.*

LECCIÓN 39

A) *Se indica la figura predominante en cada texto:*
1.: Hipérbole.- 2: Ironía.- 3: Paradoja.- 4: Sinestesia.- 5: Paradoja.- 6: Ironía que raya en el sarcasmo.- 7: Paradoja.- 8: Hipérbole.- 9: Hipérbole.- 10: Sinestesia.
B) *Respuestas libres.*

LECCIÓN 40

A) *Los estilos utilizados en el texto son los siguientes:*
El autor del texto anterior expresa lo pensado, hecho, visto y oído en diferentes estilos.
Unas veces, reproduce textualmente las palabras expresadas por alguien, utilizando el estilo directo:
Y dijo:
–Otro agarre como éste y nos acaban.
En seguida, atragantándose como si se tragara un buche de coraje, les gritó a los Joseses: "¡Ya sé que falta su padre, pero aguántense, aguántense tantito! ¡Iremos por él!"
Otras, reproduce con sus propias palabras lo dicho por otro, utilizando el estilo indirecto:
Nos dijeron que venían de allá abajo, de la Piedra Lisa, pero no supieron decirnos si ya se habían retirado los federales.
B) *Los párrafos propuestos quedan así, en estilo directo:*
1: El primer día de clase, el profesor dijo a los alumnos:
–Ante todo, exijo orden y disciplina. Prefiero que se me falte a clase a que se me alborote dentro.
Hizo una pausa y...
–Recomiendo a los buenos alumnos –continuó– que no se dejen contaminar por los malos.
2: El piloto, mientras volaba, sintió lo que no había sentido nunca: sus nervios estaban tensos y sus manos no le obedecían. "Esto es que no me funcionan los reflejos –pensó–. La culpa debe de ser de las copitas que me tomé anoche."
3: Desde el aire, el paisaje de la ciudad le parecía totalmente nuevo. "Merece la pena volar –pensó– aunque sólo sea por descubrir nuevas facetas de cosas conocidas."
4: Su hijo tiene un tumor maligno", dijo el médico al padre del enfermo. "La amputación se impone... ¡Vamos! ¡Hay que tener valor!"
5: Mi padre me dijo: "No estoy contento contigo; tienes que estudiar más; si no estudias, no tendrás más remedio que ponerte a trabajar y aprender un oficio."
6: María, la criada, dejó su cesta sobre un banco.
–¿Por qué no viniste ayer? –le preguntó el soldado, su novio.
–Sí que vine –respondió ella–, pero ya te habías marchado.
–Puede ser –contesto el novio–. Es que, verás, estuve aquí un rato, pero tocaron retreta y no tuve más remedio que irme; no pude esperarte más.

7: (Esta frase no merece ser convertida en estilo directo.)

8: Los dos amigos recordaron entonces sus tiempos de guerra.

–Y ¿a qué te dedicaste cuando te licenciaron? –preguntó Juan a su amigo Luis.

–Al principio –respondió Luis– estaba como despistado, no sabía qué camino tomar, pero, al fin, me decidí por emprender otra vez los estudios.

C) *La respuesta de este ejercicio es libre. Un ejemplo del texto en estilo indirecto es la siguiente:*

Dupont y el vagabundo se beben su cántara de chacolí, del primer chacolí que les sale al encuentro. El tabernero, que es un viejo marino al que el mar desmanteló, los mira fijamente, acodado sobre la húmeda tabla del mostrador y, como quien no quiere la cosa y dando bordadas a favor del viento, les somete a un examen prudente y concienzudo. Les pregunta si son asturianos y el vagabundo le dice que no. Entonces, pregunta si son vascos y el vagabundo le contesta que tampoco lo son.

Como Dupont y el vagabundo no tienen por qué ocultar de dónde son, éste pregunta al tabernero si quiere saberlo y él responde que sí, si ellos quieren decirlo.

El vagabundo dice que por qué no lo van a decir y añade que él es de Galicia, de un pueblecito muy antiguo y muy pequeño que no se encuentra con facilidad si no se le busca bien.

El tabernero le pregunta a continuación que de dónde es su compañero y el vagabundo le dice que es aún de más lejos, que es francés de la Francia.

CAPÍTULO V

LECCIÓN 45

A) *Respuesta libre.*

B) El punto de vista del trozo descriptivo propuesto está anunciado en la última línea: "... Se sentía aquí una rara impresión de soledad, de vacío, de tedio..."

C) Se deben tachar los siguientes detalles accesorios de los párrafos penúltimo y último: "El agua llega al estanque conducida por una tubería desde un lejano manantial. No es agua potable, sino de riego." "... Hay un dormitorio, con cuarto de baño; un comedor con chimenea, la cocina y un cuarto trastero."

NOTA. Téngase en cuenta que estos detalles se consideran accesorios, no porque lo sean en sí, sino porque no se ha sabido darles valor descriptivo. Nada es accesorio y todo es interesante si se le sabe sacar partido. Sin matiz, sin alma, las cosas externas carecen de significación y de sentido.

D) Los dos ejemplos propuestos son buenos y todos los datos descriptivos valen.

LECCIÓN 46

A) *Respuesta libre.*

B) El retrato es mediocre. Le falta vida. Los rasgos por sí solos no dicen nada. Este retrato, salvo en las dos últimas líneas del primer párrafo ("Había heredado el pliegue doloroso..."), es un modelo de cómo *no debe hacerse* una descripción de este tipo.

C) Retratos defectuosos. No se ve al personaje. Están plegados de toques abstractos sin fuerza descriptiva.

En estos retratos deben subrayarse los siguientes detalles tópicos o poco significativos:

1): "... de castiza fisonomía, de maneras graves... un aire de majestad y orgullo... un aire entre rústico y militar."

2): "... dulce y enérgico al par; actitudes poco resueltas, pero muy graciosas, y una expresión de hidalguía, de contenido vigor."

3): "... la blanquísima dentadura entre los encendidos labios. Su rostro..., etc., etc.", hasta el final. Sólo se salvan "los ojos zarcos" en esta serie de vulgaridades descriptivas.

D) Retrato rápido, pero expresivo. Con cuatro rasgos se ve al personaje. Los rasgos son significativos. Es un "apunte" bueno con tendencia a la caricatura.

E) Este trozo descriptivo no puede ser más desdichado. Parece un catálogo hecho por un agente de seguros para valorar, con vistas a la firma de una póliza contra incendios, los objetos que hay en la habitación descrita. En suma, es una enumeración sin vida.

LECCIÓN 47

A) *Respuesta libre.*

B) 1. Enumeración, ya que expresa con rapidez una serie de ideas sobre el mismo asunto.

2. Descripción, ya que pone de relieve las cualidades del sujeto.

C) 1. Prosopografía, pues describe los rasgos físicos de una persona, aunque en ella figuran muchas notas caricaturescas.

2. Etopeya, puesto que sólo describe los rasgos morales del personaje.

D) 1. Descripción pictórica: el autor y lo descrito están inmóviles.

2. Descripción topográfica: el autor en movimiento describe algo que está inmóvil.

LECCIÓN 48

A) *Respuesta libre.*

B) *Breve juicio sobre los ejercicios de este tema:*

Los cuatro principios de biografía propuestos en este tema son buenos. El primero, porque plantea el problema que tanto ha interesado al mundo: ¿Por qué pintaba el Greco así? El segundo, porque, con cuatro rasgos, se ve a Corot tal como era. El tercero, porque nos da una imagen viva de la robusta naturaleza del Tiziano. El último, porque citando un texto de Alberti expone en unas líneas su deseo de morir en el lugar donde nació, fuente primera de su inspiración poética. En ninguno de los ejercicios que comentamos se ha caído en la vulgaridad de seguir el orden cronológico-biográfico. Sólo en el retrato de Corot podríamos señalar una frase *explicativa* –no demostrativa– que no responde al estilo directo propio de una buena técnica biográfica. Es la frase en que el autor afirma que el pintor tiene *"el corazón de un niño"*. Afirmación ésta un tanto gratuita, porque el lector no ha visto aún ese *corazón infantil* del personaje.

Lección 49 a 51, ambas inclusive.

Todos los EJERCICIOS de estas lecciones son de *Respuesta libre*.

Lección 52

A) *R. libre.*
B) *Las titulaciones propuestas podrían quedar así:*
1. Exigen a Zedillo que cumpla su promesa.
2. El amparo de Raúl continúa vigente.
3. Capturan a extranjeros que robaban líneas telefónicas.
4. Moctezuma y Gates pactan modernizar los municipios.
5. Un vuelco (volcadura) provoca 16 muertes.
6. Hoy deciden los lores el destino de Pinochet.
7. Cuba condena a muerte al salvadoreño Cruz León.
8. La OLP aplaza hasta abril la decisión final.
9. Europa pretende limitar las exportaciones agrarias.
10. El exceso de trámites paraliza las inversiones.

Lección 53

Todos los EJERCICIOS son de *Respuesta libre*.

Lección 54

A) *La noticia responde a las siguientes preguntas:*
– ¿Quién? Las autoridades de Washington.
– ¿Qué? Han comunicado a la familia Sánchez, grupo de empresarios de origen cubano afincado en Florida, que el Departamento de Estado de Estados Unidos enviará un ultimátum formal a la cadena española Sol Meliá.
– ¿Para qué? Para que abandone los hoteles que gestiona, situados en terrenos expropiados por Fidel Castro a la familia Sánchez.
– ¿Dónde? En Cuba.
– ¿Cuándo? En el plazo de 45 días.
– ¿Por qué? Porque en caso contrario, y en cumplimiento de la ley Helms-Burton, la cúpula de la empresa y sus familiares perderán el derecho a entrar en territorio estadounidense y sufrirán sanciones. El titular y la entradilla son correctos, ya que resumen lo esencial de la información.
B) *Respuesta libre.*

LECCIÓN 55

A) *Juicio crítico, esquemático, del ejercicio:*

El reportaje empieza con fuerza; desde las primeras líneas, el reportero demuestra que sabe cómo iniciarlo, combinando con acierto el tiempo pasado con el presente.

B) *Respuesta libre.*

LECCIÓN 56 A 59, *AMBAS INCLUSIVE.*

Todos los EJERCICIOS de estas lecciones son de *Respuesta libre.*

LECCIÓN 60

A) *Juicio crítico, esquemático, de los ejercicios propuestos:*

1: Buen principio, dentro del tipo clásico de relato. Atrae precisamente por *lo remoto* del tema: lo que se va a contar ocurrió hace "2.500 años".

2: Defectuoso comienzo. Demasiados incisos con detalles que no interesan. Bastaría con lo siguiente: "Hará cosa de un siglo que cierta mañana de marzo el sol entraba por los balcones de la sala principal de una gran casa solariega de Granada, bañando con su luz y calor, aquel vasto y señorial aposento, animando las ascéticas figuras..." Aun así, eliminado lo accesorio, es un principio narrativo blando, lento, sin fuerza.

3: Retórica pura. Principio oratorio. Consideraciones filosóficas innecesarias.

4: Buen comienzo: plástico, descriptivo. Ambientación rápida. Acción inmediata: los personajes aparecen ya, dibujados, tras las cuatro primeras líneas.

5: Buen principio. El protagonista ("la vieja") está presente desde la primera frase. Buena descripción del ambiente.

6: Principio original. En la línea de *La novela del subterráneo,* de Dostoiewski. Monólogo con fuerza.

7: Excelente principio descriptivo. Poético y plástico al par: se ve y se siente lo que el autor quiere que veamos y sintamos.

B) *Respuesta libre.*

LECCIÓN 61

A) *El texto analizado utiliza los siguientes tipos de diálogo:*

1. En *estilo directo,* en los siguientes fragmentos:

... el monaguillo dijo:

–Se está muriendo porque no puede respirar. Y ahora nos vamos y se queda allí solo.

Caminaban. Mosén Millán parecía muy fatigado. Paco añadió:

–Bueno, con su mujer. Menos mal.

....

–Su hijo no debe ser muy malo, padre Millán.

–¿Por qué?

–Si fuera malo, sus padres tendrían dinero. Robaría.

....

... Paco repitió una vez más:

–¿Por qué no va a verlos nadie, Mosén Millán?

–¿Qué importa eso, Paco? El que se muere, rico o pobre, siempre está solo, aunque vayan los demás a verlo. La vida es así y Dios que la ha hecho sabe por qué.

2. En *estilo indirecto,* en el siguiente párrafo:

Hasta las primeras casas había un buen trecho. Mosén Millán dijo al chico que su compasión era virtuosa y que tenía buen corazón. El chico preguntó aún si no iba nadie a verlos porque eran pobres o porque tenían un hijo en la cárcel, y Mosén Millán queriendo cortar el diálogo, aseguró que de un momento a otro el agonizante moriría y subiría al cielo donde sería feliz. El chico miró las estrellas.

3. En *estilo indirecto libre* o *semidirecto,* en algunas oraciones:

Paco se sentía feliz yendo con el cura. Ser su amigo le daba autoridad, aunque no podía decir en qué forma.

B) *Juicio sobre las novelas citadas:*

El lazarillo de Tormes: personajes, ambiente y acción (equilibrados los tres elementos).

La noche quedó atrás: acción y ambiente.

Hambre: personajes y acción.

Soberbia: personajes, acción y ambiente (por el orden citado).

Nada: ambiente.

Rojo y negro: personajes, acción y ambiente.

La buena tierra: ambiente, acción, personajes (por el orden citado).

La familia de Pascual Duarte: personajes, acción y ambiente (por este orden).

El túnel: personajes.

Zalacaín el aventurero: acción y ambiente.

Episodios Nacionales: acción, ambiente y personajes (por este orden).

Castilla: ambiente.

Los santos van al infierno: ambiente, acción y personajes.

Cuadros de viaje: ambiente.

Círculo de familia: ambiente y personajes.

La máquina de lavar cerebros: ambiente y acción.

Un millón de muertos: acción y ambiente.

El Don apacible: acción, personajes y ambiente.

LECCIÓN 62

A) *Comienzo:* "El general tiene sólo ochenta hombres, y el enemigo cinco mil. En su tienda el general blasfema y llora.

Segunda escena: Entonces escribe una proclama inspirada, que palomas mensajeras derraman sobre el campamento enemigo. Doscientos infantes se pasan al general.

Sigue una escaramuza que el general gana fácilmente, y dos regimientos se pasan a su bando. Tres días después el enemigo tiene sólo ochenta hombres y el general cinco mil. Entonces el general escribe otra proclama, y setenta y nueve hombres se pasan a su bando. Sólo queda un enemigo, rodeado por el ejército del general, que espera en silencio. Transcurre la noche y el enemigo no se ha pasado a su bando. El general blasfema y llora en su tienda.

Desenlace: Al alba el enemigo desenvaina lentamente la espada y avanza hacia la tienda del general. Entra y lo mira. El ejército del general se desbanda. Sale el sol."

B) 1. Arranque interesante.

2. Comienzo lleno de humor relatado en un estilo infantil.

3. Comienzo lleno de lirismo.

C) *El texto queda así en presente:*

"En casa hay una enciclopedia de la que mi padre habla como de un país remoto, por cuyas páginas te puedes perder igual que por entre las calles de una ciudad desconocida. Tiene más de cien tomos que ocupan una pared entera del salón. Es imposible no verla, ni tocarla. Yo mismo, por aburrimiento, abro muchas veces uno de esos libros desmesurados, de tapas negras, y leo lo primero que me sale al paso con la esperanza de encontrar un callejón oscuro, pero sólo veo palabras pequeñas que desfilan por la página con la monotonía de una hilera de hormigas infinita. Mi padre está obsesionado con la enciclopedia y con el inglés. Cuando dice que va a estudiar inglés, es que en casa está a punto de suceder una catástrofe que no tiene nada que ver con los idiomas."

D) *Respuesta libre.*

Índice alfabético de materias*

Advertencia. Las cifras hacen referencia a las páginas. Sin entrar en excesivo detallismo indicador, sólo se recogen en este índice los temas o cuestiones principales estudiados y analizados en la obra.

A

A (preposición: significación y empleo): 53
ACADEMIA (las decisiones de la... y lo urgente): 240
ACCIÓN (ejemplos de relatos de...): 450
– (en la narración): 450
– (... según Ortega): 450
– (la... y la novela policíaca): 462
– (predominio en el idioma español): 144
ACRÓNIMOS: 88
ADAPTACIÓN ANALÓGICA (la... y los neologismos): 203
ADAPTACIÓN MORFOLÓGICA (la... y el vocablo extraño): 203
ADELANTE y DELANTE: 85
ADQUISMO: 97
ADJETIVO: 42
– (abuso del...): 46
– (normas de redacción): 44
– (reacción nominal): 46
ADMIRACIÓN (signos de ...): 19
ADVERBIO: 44
– (normas de redacción): 44
ADONDE, A DONDE, ADÓNDE, DÓNDE y DÓNDE: 86
AERONÁUTICA (terminología): 230
AFECTIVIDAD (en la lengua española): 114
AGUDEZA CRÍTICA (en el comentarista): 419
ALGO (uso y abuso del pronombre): 156, 157
AMBIENTE (ejemplo de Chejov): 452
– (en la narración): 451
AMPLIO (lo ... y lo ampuloso): 147
– (el período amplio y la belleza): 180
AMPULOSIDAD: 147
ANALÓGICA (la adaptación ... y los neologismos): 202
ANGLICISMO (del galicismo al ...): 202
– (causas del predominio de ...): 202
ANIMADA (la descripción...): 344
ANTÍTESIS: 253
ARGUMENTO (según Ortega y Gasset): 450
– (... y fábula): 478
ARMONÍA (en el arte de escribir): 247
ARRANQUE (en la narración): 456
ASIMISMO, ASÍ MISMO y A SÍ MISMO: 83
ASONANCIAS (y consonancias en la prosa): 248
ASTRONÁUTICA (terminología): 230

ATENCIÓN del lector (en la narración): 434
ATRÁS y DETRÁS: 84
AUTOCRÍTICA (la): 302, 487
AUTODIDACTISMO (y personalidad): 2, 487
AUTOMATISMO (de las palabras): 292
AUTORRETRATO: 339

B

"BACHES" (el estilo y los...): 309
BARBARISMO (concepto, clase y ejemplos): 198, 199
 – (sintáctico: el condicional de suposición): 221
BARBARISMOS (innecesarios y su equivalencia española): 219
"BEHAVIORISMO" (en la novela): 417
 – (y estilo directo): 482
"BEHAVIORISTA" (novela): 480
BIOGRAFÍA (técnica de la...): 352
 – (concepto): 353
 – (requisitos): 353
BREVEDAD (o concisión en el estilo): 297
 – (en la noticia): 390
CACOFONÍA: 248
CARICATURA: 339
CARTAS (arte de escribir): 357
 – (clases: diplomática, de negocios, privadas, de amor, de pésame): 358
"CASTELLANO NEUTRO" (en los "telefilmes"): 234
CINEMATOGRÁFICA (descripción): 340
CLARIDAD Y ORDEN: 99
 – (introducción al capítulo): 99
 – (concepto): 296
CLÁUSULA (frase y período): 105
COHERENCIA (y claridad en los párrafos): 143
 – (del texto): 170
 – (entre la idea principal y las secundarias): 132
COHESIÓN (en el párrafo): 123
 – (procedimientos de ... textual): 170
COMA (uso de la): 6, 18
COMENTAR (actitud humana): 414
COMENTARIO (análisis y síntesis en el ...): 414
 – (concepto): 415
 – (ejemplos analizados): 417, 421, 425

 – (introducción al...): 414
 – (lenguaje y estilo): 421
 – (orden en el...): 416
 – (principio y final): 416
 – (técnica del...): 415
 – (tipo de...): 416, 423
COMENTARISTA (condiciones del): 419
COMIENZO (en la narración): 456
COMILLAS: 20
COMPARACIÓN (concepto y reglas): 252
 – (y metáfora: diferencias): 257
COMPONER y escribir: 246
COMPOSICIÓN LITERARIA: 287
CON (preposición: significación y empleo): 53
CONCEPCIÓN (en la narración): 464
CONCISIÓN: 297
CONCISO (estilo... y arte de tachar): 195
CONDICIONAL DE SUPOSICIÓN (barbarismo sintáctico): 221
CONEXIÓN (entre las fases): 169
CONFERENCIA (arte de resumir una...): 364
CONFERENCIAS EXCEPCIONALES: 369
CON QUE, CON QUE y CON QUÉ: 81
CONSONANCIAS (asonancias y ... en la prosa): 248
CONSTRUCCIÓN (fisionomía de la ... española): 113
 – (lógica: orden de las palabras): 119
 – (lógica: cohesión en el párrafo): 123
 – (nominal y elipsis): 135, 137
 – (sintáctica): 115
 – (la... y el relativo "que"): 126
 – (verbal española, características): 27
CONTRA (preposición: significado y empleo), 54
CONTEXTO (y situación): 100
CONVINCENTE (comentario...): 423
CORRECCIONES (en los escritos): 3, 290
COSA (uso y abuso del vocablo): 156
CRÍTICA (concepto): 381
 – (condiciones): 382
 – (en funciones): 384
 – (exigencias de la): 385
 – (periodística): 383
 – (teoría y práctica): 381
CRÍTICO (cualidades del...): 385
 – (el ... y el lector): 382

– (papel del...): 384
CUENTO (el... y la novela): 484
CULTURA (en el comentarista): 419
CUYO (valor posesivo): 72

D

DE (preposición: significación y empleo): 54
DEBER Y DEBER DE (obligación y suposición): 77
DECIR (sustitución del verbo...): 166
DECLAMATORIO (estilo ... en la narración, ejemplos): 466
DEQUEÍSMO: 96
DEÍXIS: 170
DESCENDENTE (ritmo ... en la noticia): 392
DESCRIPCIÓN (animada): 343
– (cinematográfica): 340
– (clases de...): 332
– (cualidades): 348
– (definición): 331
– (ejemplos comentados): 343
– (estática): 343
– (exactitud en la...): 336
– (mecanismo): 332
– (narración y...; diferencias): 429
– (observación en la ...): 333
– (pictórica): 340
– (plan en la ...): 334
– (punto de vista en la ...): 333
– (reglas de la ...): 341
– (técnica de la ...): 331
– (tiempos de la ...): 335
– (tipos de ...): 339
– (topográfica): 340
– (... y reflexión): 334
– (dinamismo plástico. Describir y enumerar): 346, 349
DESCRIPCIONES (de animal, objeto, personal): 339
DESCRIPTIVO (detalle): 251
– (estilo-reglas): 341
DESCRIPTIVOS (análisis de textos): 343
DETERMINANTES: 42
DESDE (preposición; significación y empleo): 54
DICCIONARIO de la Real Academia (nuevos artículos en el ...): 204
– (algunas "novedades" comentadas): 242

DESENLACE (en la narración; ejemplos): 405
DIÁLOGO (en la entrevista): 406
– (en la narración): 444
DIRECTA (expresión): 266
DIRECTO (estilo): 274
DISPOSICIÓN (en la composición): 289
DOS PUNTOS: 15, 18

E

ELEGANCIA (en el lenguaje): 245
– (introducción al tema): 245
ELEMENTOS (de enlace): 140
– (... modificadores): 109
ELIPSIS: 171
– (... comparativa): 171
– (... nominal): 171
– (... verbal): 171
– (la ... y la construcción nominal): 135, 137
ELOCUCIÓN (en la composición): 289
EN (preposición; significación y empleo): 55
"ENCABEZADITIS" (en la información): 393
ENCONTRARSE (sustitución posible): 161
ENCUESTA (..., entrevista y rueda de prensa): 409
ÉNFASIS (y modestia): 176
ENLACE fraseológico: 170
– (... tonal): 170
– (... semántico): 170
ENTONACIÓN 309
ENTRE (preposición; significación y empleo): 67
ENTREVISTA (ambiente en la ...): 403, 404, 409
– (apuntes acerca de la ...): 403
– (definición): 403
– (el diálogo en la ...): 406
– (el retrato en la ...): 405
– (ejemplo analizado): 412
– (encuesta y rueda de prensa): 409
– (impresionista y expresionista): 404
– (informativa): 411
– (la ... y el arte de preguntar): 406
– (la ... y las notas del entrevistador): 406
– (las personas en la ...): 404
– (misión de la ...): 403
– (el magnetófono en la ...): 411

ENUNCIADO (frase, oración, período y cláusula): 105
EQUÍVOCOS (por causa del relativo "que"): 73
ESCENA (primera ... en la narración): 456
 – (segunda ... en la narración): 459
ESCRIBIR (arte de ...): 2, 245, 246, 285, 299, 329
 – (definición): 285, 299
 – (directamente): 278
 – (para el hombre, para el pueblo): 476
 – (sobre lo conocido): 451
 – (... y componer): 246
ESTAR (sustitución posible): 161
ESTÁTICA (descripción): 343
ESTILÍSTICA 294, 295, 301
 – (reglas): 301
 – (¿hacia una ... generativa?): 313
ESTILÍSTICO (perfil... del idioma español): 114
ESTILO: 274
 – (ciencia del): 294
 – (científico): 307
 – (cliché): 304
 – (conciso): 195
 – (cualidades del buen...): 296
 – (declamatorio): 466
 – (definiciones): 294
 – (demostrativo): 307
 – (descriptivo): 341
 – (directo): 274
 – (directo y "behaviorismo"): 482
 – (exactitud en el ...): 306
 – (en el comentario): 421
 – (hipertrofia del ...): 472
 – (indirecto): 280
 – (indirecto libre o semidirecto): 280
 – (informativo): 283
 – (literario –cualidades–): 294, 296
 – (musicalidad en el ...): 305
 – (narrativo): 466
 – (narrativo y novela; notas): 476
 – (naturalidad en el ...): 298
 – (el ... no es nada): 306
 – (original): 303
 – (oscuro): 296
 – (pintoresco): 251
 – (psicología y...): 298
 – (psicológico): 473

 – (... puede conseguirse): 2
 – (resumen de reglas): 324
 – (semidirecto): 280
 – (sencillo): 298
 – (subjetivo): 295
 – (... tono y "baches"): 309
 – (tipos de ...): 277
 – (utilización de los diferentes tipos de ...): 208
 – (el ... psicológico): 473
ESO (uso y abuso del pronombre ...): 156, 159
ESTO (uso y abuso del pronombre ...): 156, 159
ETOPEYA: 339
EXACTITUD (en el estilo): 306
EXCLAMACIÓN (signos de...): 18
EXPLICACIÓN (en la narración): 431
EXPLICATIVOS (y determinativos: términos): 7
EXPRESIÓN LINGÜÍSTICA: 286
EXPRESIONISMO (en la descripción): 335
 – (en la entrevista): 404
EXTRANJERISMO: 198, 199

F

FÁBULA (la ... y el argumento): 478
FIGURAS RETÓRICAS: 265, 267
 – (preocupación renovadora): 266
FILOSOFÍA (en el comentarista): 420
FINAL (en la narración): 431
FISIONOMÍA (de la construcción española): 114
FOLLETÍN (y novela): 450
FORMAS VERBALES (no personales): 28
 – (personales): 29
FORMA Y FONDO (en el relato): 472
FRASE (claridad de la ... y modificativos): 129
 – (concepto): 106
 – (conexión entre las...): 169
 – (construcción de la ...): 115
 – (construcción de la ... y armonía): 247
 – (desordenada): 124
 – (elementos de la): 102
 – (especificativa y explicativa): 110
 – ("hecha"): 260
 – (inarticulada): 107
 – (larga y corta): 107
 – (larga y la armonía): 146
 – (larga y período): 107

– (ligada): 135
– (lugar del verbo en la ...): 117
– (modificadora): 110
– (nominal): 107
– (trabazón entre las ...): 179
"FUNDIDO" (en el arte narrativo): 462

G

GALICISMO (del ... al anglicismo): 202
– (los ... "c'est ... qui", "c'est ... que", fórmula de insistencia): 95
GERUNDIO: 28, 60
– (correcto e incorrecto): 60
GRAMÁTICA (y gramaticalismo): 1
– (del texto): 100
GRAMATICALIZACIÓN (en el idioma
español): 114
GUIONES Y PARÉNTESIS: 19

H

HABER y A VER: 82
HABER (sustitución posible): 161
HACIA (preposición: significación y empleo):
46
"HA HABIDO" (frecuente dislate): 78
HABLAR (y escribir): 1, 299
HACER (sustitución del verbo): 164
HASTA (preposición; significación y empleo):
46
HIPÉRBOLE: 272
– (la ... en Quevedo): 274
"HIPERTROFIA" (del estilo): 472
HISTÓRICO (sentido ... en el comentarista):
420
HOMBRE (escribir para el ...): 476

I

IDEA (desarrollo de una ...): 372
IDIOMA (español, perfil, estilístico): 114
– (el ... y los neologismos): 224
– (el ... y la responsabilidad del escritor): 224
– (momento de crisis en el ...): 237
– (política del ...): 238
IMPASIBILIDAD (en el comentarista): 419
IMPERSONALIDAD (en el comentarista): 425
IMPRESIONISMO (en la descripción): 335

– (... y expresionismo en la entrevista): 404
IMPROVISACIÓN (y la técnica): 292
INCISOS (los ... y el arte de tachar): 192
– (los ... y la unidad de la frase): 192
INCUBACIÓN (en la narración): 465
INDEPENDENCIA (en el comentarista): 420
INDIRECTO (estilo): 280
INDUCTIVO (comentario): 425
INERCIA (... en el comentarista): 420
INFINITIVO: 28
INFORMACIÓN (el comienzo en la ...): 392
– (técnica de la ...): 389
– (y atención del lector): 392
– (y noticia): 388
INFORMATIVO (comentario): 423
– (orden): 391
INNOVADORES A ULTRANZA (los ... y los
neologismos): 200
INSISTENCIA (fórmula de): 95
INSPIRACIÓN: 291
INTERÉS (ley del ... en la narración): 430
– humano (en la narración): 432
INTERPRETATIVO (comentario): 423
INTERROGACIÓN (signos de): 18
INTUICIÓN (en la narración): 464
INVENCIÓN: 287
IRONÍA: 270
IRÓNICO (estilo): 271

J

JÓVENES (el lenguaje de los ...): 154

L

"LEAD" (en la noticia): 395
LAÍSMO (leísmo y loísmo): 65
LEER (para aprender): 3
LENGUA (instrumento imperfecto): 286
– (la ... en peligro): 239
LENGUAJE (elegancia en el ...): 245
– (en el comentario): 421
– (el ... como medio de comunicación): 2, 285
– (política del ...): 238
– (precisión en el empleo del ...): 151
– (publicitario): 232
– (el ... de los jóvenes): 154
LINGÜÍSTICA TEXTUAL: 100

LITERATURA (y pintura): 331
"LOISMO": 69

M

MAGISTERIO (en el comentario): 420
MAGNETÓFONO (el ... en las entrevistas): 411
MANERA (y estilo): 294
MARCADORES TEXTUALES: 140, 171
MATERIAL (del escritor): 464
MATIZ (en el diálogo narrativo): 446
METÁFORA: 256
   – (la ..., el pueblo y los sentidos): 262
   – (cómo se remueva la ...): 261
"METAFORITIS": 259
MODESTIA (énfasis y ...): 176
   – (plural de): 174
MODIFICADORAS (frases): 110
MODIFICADORES (elementos ... y puntua-ción): 110
MODIFICATIVOS (colocación de ... y claridad en la frase): 129
MODISMOS (o idiotismos en ciertos sectores sociales): 200
MODO (imperativo): 35
   – (indicativo): 30
   – (subjuntivo): 34
MONÓLOGO interior (en la novela): 480
MONOTONÍA (como vicio del estilo): 248
MORFOLOGÍA (adaptación): 203
MOSTRAR (lo que se quiere decir): 251
MOVIMIENTO (con vida, en el relato): 461
MUSICALIDAD (y estilo): 317

N

NARRACIÓN (acción): 449
   – (ambiente de la ...): 451
   – (concepción en la ...): 464
   – (comienzo de la ...): 456
   – (consejos prácticos): 460
   – (desarrollo de la ...): 456
   – (diálogo en la ...): 444
   – (diferencia con la descripción): 429
   – (elementos de la ...): 440
   – (enmarcada): 471
   – (en voz alta): 466
   – (esquema de la ...): 429

   – (incubación de la ...): 465
   – (intensidad y extensión): 434
   – (interés humano en la ...): 430
   – (la ... y la atención del lector): 434
   – (la imitación en la ...): 428
   – (leyes de la ...): 430
   – (lo que se aprende y lo que no se aprende en la ...): 427
   – (lo que no debe ser la ...): 461
   – (plan en la ...): 460
   – (proceso creador en la ...): 463
   – (segunda escena y desenlace): 459
   – (tiempo en la ...): 469
   – (tipos en la ...): 469
   – (tipos de relato literario): 453
   – (verdad y verosimilitud en la ...): 435, 437
   – (y su técnica): 427
NARRADOR (nace y se hace): 440
NARRAR (qué es ...): 429
NARRATIVO (estilo): 466
   – (estilo ... y novela): 476
   – ("fundido" y "pausa" en el arte ...): 462
NATURALIDAD (en el diálogo): 444
   – (en el estilo): 298
NEOLOGISMO (definición): 198
   – (su aceptación): 200
NEOLOGISMOS (actitud de la Real Academia Española ante los ...): 204
   – (de construcción o solecismos): 201
   – (los ... y el idioma): 199
NOSOTROS (el énfasis y la modestia): 174
NOTA BIOGRÁFICA: 352
NOTAS (por escrito en la entrevista): 408
NOTICIA (concepto y definiciones): 389
   – (condiciones de la ...): 390
   – (las seis preguntas de la ...): 390
   – (lo que debe destacarse en la ...): 392
   – (observaciones prácticas): 397
   – (orden al redactar la ...): 391
   – (redacción de la ...): 390
NOVEDADES en el Diccionario de la Acade-mia: 204
NOVELA ("behaviorista"): 480
   – (clásica): 484
   – (clases de): 453
   – (diferencias con el reportaje): 399, 477, 483

– (presente y porvenir de la ...): 485
– (la novela actual y el "aburrimiento"): 486

O

OBSERVACIÓN (clases de ...): 333
– (directa o indirecta en la descripción): 334
OBSERVAR (arte de ...): 333
OFICIO (el ... y la inspiración): 291
ORACIÓN (elementos de la ...): 205
– (activa): 37
– (pasiva): 37
– (y sintagma): 102
ORDEN (de las ideas): 119
– (de las palabras): 113, 119
– (informativo): 391
– (sintáctico): 115
ORIGINALIDAD (en el estilo): 303
OSCURANTISMO LITERARIO: 296

P

PALABRAS ("alfileres"): 322
– (ambigüedad de las ...): 322
– (belleza y magia de las ...): 317
– (como utensilio): 314
– ("fáciles"): 153
– (frases y ...): 315
– (idea y ...): 327
– (gramaticales): 320
– ("llenas"): 152, 153, 321
– (las ... y las nuevas unidades lingüísticas): 323
– (orden de las ...): 113
– (precisión en el uso de la ...): 314
– (sentido aproximativo de las ...): 326
– ("vacías"): 152, 153, 321
PARA (preposición; significación y empleo): 56
PARADOJA: 261
PARÉNTESIS: 19
– (mecánica del ...): 193
PÁRRAFO (coherencia y claridad): 143
– (cohesión en el): 123
PARTICIPIO: 28
PARTÍCULAS (su importancia en la frase): 140
PASIVA (sustituciones posibles de la ...): 39
– (voz: uso y abuso): 37
"PAUSA" (en el arte narrativo): 462

PERIODO: 105, 106
– (corto y amplio): 179
– (elección entre el ... corto y amplio): 146
– (... amplio y belleza): 180
PERCEPCIÓN (en el comentarista): 420
PERFIL ESTILÍSTICO DEL IDIOMA ESPAÑOL: 114
PERSONAJES (en el relato): 452
PERSONALIDAD (en el comentarista): 419
– (y autodidactismo): 487
PICTÓRICA (descripción): 340
PINTORESCO (estilo): 251
"PIRÁMIDE INVERTIDA" (crítica de la ...): 394
PLAN (el ... en la descripción): 334
– (el ... en la narración): 460
POLICIACA (la novela ... y la información): 391
PONDERACIÓN (en el comentarista): 419
PONER (sustitución del verbo...): 165
POR (preposición; significación y empleo): 56
PORQUE, POR QUE, POR QUÉ y PORQUÉ: 80
PORVENIR (y presente de la novela): 485
POSESIVO "SU" (anfibiologías evitables): 92
PRECISIÓN (en el lenguaje): 151
– (introducción al tema): 151
PREDICADO (nominal y verbal): 24, 103
PREGUNTAR (arte de): 406
PRENSA (ruedas de ..., entrevista y encuesta): 409
PREPOSICIONES (empleo correcto e incorrecto): 51
– (juntas): 51
PRODUCIR (abuso del verbo): 167
PRONOMBRES (abuso de los ...): 97
– (átonos de tercera persona): 65
PROPÓSITO (unidad de): 132
PROSA (diferencia con el verso): 296
PROSOPOGRAFÍA: 339
PSICOLOGÍA (y puntuación): 6
PUBLICITARIO (lenguaje): 232
PUEBLO (escribir para el ...): 476
PUNTO: 13, 17
– (diferencias con punto y coma): 13
PUNTO DE VISTA (en la descripción): 333
PUNTO Y COMA (reglas): 9, 18

PUNTOS SUSPENSIVOS: 16, 18
PUNTUACIÓN (posibilidad de crear nuevos signos): 22
  – (... las reglas y el temperamento): 5
  – (la ... y las pausas): 17
  – (la ... y la psicología): 8
  – (reglas de): 5
  – (y elementos modificadores): 109
PURISTAS (los ... y los neologismos): 199

Q

QUE (pronombre: construcción): 126
  – (uso y abuso): 70, 71
  – (supresión en la frase): 73
QUEHACER, QUE HACER Y QUÉ HACER: 83
"QUEÍSMO": 93, 96

R

RAYA (o guión mayor): 19
REAL ACADEMIA ESPAÑOLA (la ... "abre sus ventanas": Actitud de apertura ante los neologismos): 204
  – (las decisiones de la ... y lo urgente): 240
REALISMO (en la narración): 435
  – (y vulgaridad): 477
RECURRENCIA (o repetición): 170
REDACCIÓN (alumno de): 3
  – (resumen de reglas prácticas): 324
  – (y Gramática): 1
REDACTAR (concepto): 1
REFLEXIÓN (en la descripción): 334
RELATIVO: 70
  – "CUYO" (y su valor posesivo): 72
  – "QUE" (cómo se suprime una frase de ...): 73
  – (uso y abuso): 70
  – (y la construcción): 126
  – (y su antecedente): 126
REPETICIÓN (de ideas y palabras): 183, 184, 248
  – (modo de evitarla): 188
  – (viciosa y legítima): 184
  – (recurrencia o ...): 170
REPORTAJE (arranque en el ... ejemplos): 399
  – (concepto): 399

  – (y novela): 401
REPORTERO: 399
RESUMEN (técnica del ...): 367
  – (de una conferencia): 367
  – (de un libro): 369
RETOQUE (en la composición): 290
REVELADOR (lo ... en el diálogo): 444
"RUEDA DE PRENSA" (y entrevista): 409

S

SEGÚN (preposición; significación y empleo): 57
SELECCIÓN (de datos, en la descripción): 335
SEMBLANZA: 355
SEMIDIRECTO (estilo): 280, 282
SENCILLEZ (en el estilo): 298
SER (sustitución del verbo): 161
SIGLAS (concepto; uso y abuso): 87
  – (reglas de redacción): 89
SIN (preposición; significación y empleo): 57
SINESTESIA: 267
SINTAGMA (y oración): 102
SIGNIFICATIVO (el diálogo ... en la narración): 444
SINO Y SI NO (reglas de empleo): 79
SITUACIÓN (contexto y ...): 100
SOBRE (preposición; significación y empleo): 57
SOLECISMO (concepto, ejemplos y juicio del ...): 198, 199
SU (anfibiologías evitables): 92
SUBJUNTIVO (decadencia del modo): 33
SUJETO: 24
  – (alteraciones en torno al ...): 143
SUPOSICIÓN (y obligación): 77
  – (condicional de; barbarismo sintáctico): 221

T

TACHAR (arte de ... y estilo conciso): 192, 195
TAMBIÉN y TAN BIEN: 79
TAMPOCO y TAN POCO: 79
TECNICISMOS (aplicaciones prácticas): 229
  – (y "cientifismos"; criterio para la admisión de los vocablos técnicos de uso corriente): 226
"TELECISMOS" (concepto y ejemplos): 233
TEMA (elección del ... en la composición): 287

– (abuso del nombre...): 167
TENER (sustitución del verbo): 162
TÉRMINOS (unívocos y equívocos): 322
TEXTUAL (lingüística): 100
TIEMPO (el ... en la narración): 469
TIPOS (los ... en la narración): 441
TITULACIÓN (ideas sobre la ...): 375
– (de un comentario): 377
– (de informaciones): 377
– (literaria): 377
– (periodística): 377, 378
TITULAR (¿reglas para ...?): 375
TONO (el ... y el estilo): 309
TOPOGRÁFICA (descripción): 340
TRABAZÓN (de las frases): 179
TRADUCCIÓN (normas, ideas): 357, 362
– (condiciones para la ...): 362
– (libre y liberal: ejemplos): 362
– (requisitos): 362
TRAS (preposición; significación y empleo): 67

U

UNÍVOCOS (términos): 322
UNO (impersonal: empleo): 175
URGENCIA (la ... de lo urgente y las decisiones
de la Academia): 240
UTILIDAD (ley de la ... en la narración): 430

V

VARIEDAD (y armonía en el párrafo): 146
VER (sustitución del verbo): 166
VERBO: 24
– (alteraciones en el ...): 144
– (auxiliar): 26, 27
– (copulativo): 26
– (dinamismo del): 25
– (frecuentes): 161, 164
– (lugar del ... en la frase): 117
– (predicativos): 26
– (sustitución de ... frecuentes): 161, 164
– (tiempos del): 29, 33, 34
– (transitivo e intransitivo): 26
VERDAD (en la narración): 435, 437
VERSO (diferencias con la prosa): 296
VOCABULARIO (disponible, frecuente y técnico): 152
VOCABLOS TÉCNICOS Y CIENTÍFICOS
(criterios de admisión): 226
VOZ PASIVA (uso y abuso de la ...): 37
– (sustituciones posibles de la ...): 39
VULGARIDAD (y realismo): 477

Y

YO (el énfasis y la modestia): 173

Otras obras afines publicadas por

El comentario periodístico. Los géneros persuasivos. *L. Santamaría.*

Analiza en profundidad cuanto se relaciona con el comentario periodístico como modo expresivo peculiar de los textos de opinión. En el periodismo, información y opinión son la cara y cruz de la misma moneda, en cuyo entramado, el comentario es uno de los géneros más delicados, en el que un profesional debe especializarse para "contar y comentar" lo que está sucediendo.

Curso general de redacción periodística. *J.L. Martínez Albertos.*

Un verdadero tratado acerca de las cuestiones científicas relacionadas con el mensaje informativo en sus modalidades contemporáneas: el periodismo de la prensa escrita, el periodismo radiofónico, el periodismo televisivo y el periodismo cinematográfico. Todo ello, analizado desde todos los ángulos particulares de los estilos periodísticos.

Cómo hacer periodismo deportivo. *A. Alcoba.*

Texto especialmente dirigido a los estudiantes de Ciencias de la Información con deseos de especializarse en el apasionante género periodístico deportivo. Ofrece una visión muy completa de la realidad actual de este tipo de periodismo. Expone cómo prepararse para conseguir una información veraz que transmitir a los interesados en el deporte.

Diccionario de la Comunicación y Periodismo. *Aguadero.*

Este Diccionario se introduce *simultáneamente* en el campo de la *imagen,* la *infografía*, el *audio* y el *vídeo.*

No se limita a la mera descripción de los términos, sino a sus diversas acepciones, apoyado siempre con numerosos ejemplos y frases para ilustrar mejor el sentido de cada vocablo.

Aparte de su actualidad, es necesario insistir en que pocos diccionarios reúnen a la vez las diversas materias que se dan conjuntamente en esta publicación.

El autor ha tratado de ofrecer un diccionario bilingüe inglés-español realmente útil y para ello complementa toda la terminología con determinadas normas (televisivas), sistemas y formatos y su evolución histórica.

Ética y Deontología de la información. F. Vázquez Fernández.

Reúne gran número de respuestas de los programas de la disciplina de "Ética y Deontología profesional" que se exigen en los planes de estudios de Ciencias de la Información. Alude a los problemas que surgen hoy entre los medios de comunicación para una interpretación imparcial, una respuesta ética al desarrollo o comentario de la noticia.

Géneros periodísticos. Reportaje, crónica, artículo. G. Martín Vivaldi.

Expone con absoluta claridad, gracejo y despreocupada sencillez de estilo, cómo debe desarrollar hoy su trabajo el periodista. La obra, a través de numerosos ejemplos, trabajos periodísticos y técnicas de la comunicación, se centra en el desarrollo profundo de tres grandes temas que abarcan las principales facetas del periodismo: el reportaje, la crónica, el artículo.

Las ideologías en el periodismo. O. Aguilera.

Realiza su autor una excelente síntesis con intención analítica de extraordinario valor para estudiantes y estudiosos del tema. Viene a cubrir un hueco bibliográfico hasta ahora existente en el campo de los manuales de la ciencia periodística, especialmente en los textos de estudios del Periodismo. Obra debida a un excelente profesional y profesor.

La literatura en el periodismo. O. Aguilera.

Las relaciones entre la Literatura y el Periodismo han centrado buena parte de las investigaciones del autor de este libro, en el cual se recoge una serie de trabajos que ha ido presentando en congresos o publicando separadamente sobre el tema. Interesantes estudios que versan sobre el aspecto lingüístico del mensaje informativo y su ética, deontología profesional y libertad de los receptores.

El lenguaje periodístico. J.L. Martínez Albertos.

Expone con amplitud lo que debe ser hoy el mensaje periodístico y el importante papel mediador del informador, con especial consideración para la producción de la noticia. Analiza todos los pormenores de la ciencia de la información en sus aspectos culturales, políticos y sociales. Su autor ha formado como profesor varias generaciones de actuales periodistas.

Periodismo científico. M. Calvo Hernando.

Sin duda la más reciente y actualizada publicación sobre la materia. Desarrolla brillantemente todas las facetas que abarca esta especialidad: sus fuentes principales; la noticia científica con el debido rigor; sus conductos más apropiados de difusión; cualidades de este especialista del periodismo; la relación ciencia-comunicación; consejos y normas.

Periodismo económico. *C. Coca / P.P. Diezhandino.*

Obra que viene a llenar un vacío en la bibliografía española sobre periodismo: el referido a la información ecónomica. Hace un repaso muy importante de su influencia en el desarrollo social, su historia y sus modelos; la independencia de los periodistas y la necesidad de adecuar el lenguaje sobre información de economía al público en general.

Periodismo moderno. *M. Piedrahita.*

Plantea cuáles son los derechos a la información del ciudadano y cómo se le debe prestar este servicio, dentro de un concepto dinámico, pero riguroso, veraz, ético y libre.

Obra de lectura y estudio imprescindible para quienes cursan la asignatura de Periodismo.

Periodismo de opinión. *J. Gutiérrez Palacio.*

Dirigido especialmente a los alumnos de Ciencias de la Información en general, y muy concretamente a los de Redacción Periodística. Selección de textos de alto valor didáctico que permite un contacto del alumno con la disciplina y que configuran un auténtico Manual de Periodismo. Contrasta estilos, terminologías y opiniones en el desarrollo de la profesión.

La televisión y los españoles. Análisis periodístico de un vicio nacional. *F.J. Rodríguez.*

Pone al descubierto, el proceso de este fenómeno de comunicación y sus connotaciones positivas o negativas en nuestro comportamiento social, analizando en profundidad uno de los medios de información más controvertidos. *La Televisión,* medio convertido hoy, en un elemento casi imprescindible de nuestras fuentes informativas.

SERVICIO DE INFORMACIÓN PERIÓDICA

Envíe cumplimentado por correo este cuestionario y recibirá un catálogo completo de nuestros libros:

NOMBRE: _____

CALLE: _____

CIUDAD: _____

CÓDIGO POSTAL: _____ PROVINCIA: _____

TELÉFONO: _____ FAX: _____

ÁREAS DE SU INTERÉS

Aeronáutica y Astronomía . . . . ❑

Alimentación . . . . ❑

Arquitectura, construcción, obras públicas, ingeniería . . . . ❑

Audio-Estereofonía HiFi . . . . ❑

Automovilismo-Motociclismo-Motores . . . . ❑

Ciencias de la Información . . . . ❑

Circuitos - Componentes - Semiconductores - Válvulas . . . . ❑

Colección Filología Paraninfo . . . . ❑

Colección "Lógica y teoría de la Ciencia" . . . . ❑

Dibujo . . . . ❑

Diccionarios . . . . ❑

Educación .... ☐

Electricidad .... ☐

Electrónica .... ☐

Filología .... ☐

Física y Química .... ☐

Geología - Cristalografía - Petrología - Topografía .... ☐

Grafología .... ☐

Hostelería - Turismo y Restauración .... ☐

Informática .... ☐

Legislación, Sistema constitucional, Reglamentos y normas .... ☐

Matemáticas - Estadística - Problemas .... ☐

Medicina - Enfermería .... ☐

Metales - Soldadura .... ☐

Navegación - Técnica naval .... ☐

Neumática e hidráulica .... ☐

Obras varias .... ☐

Organización comercial y empresarial .... ☐

Pedagogía - Enseñanza - Sociología .... ☐

Peluquería y Esteticien .... ☐

Psicología .... ☐

Radio, transmisión, telecomunicación y radioafición .... ☐

Refrigeración y calefacción .... ☐

Seguridad y control .... ☐

Televisión - Vídeo .... ☐

Vestido y calzado .... ☐